智元微库
OPEN MIND

成长也是一种美好

沟通力

高效人际关系的构建和维护

COMMUNICATION

MAKING CONNECTIONS

ELEVENTH EDITION
（原书第11版）

威廉·J. 瑟勒 (William J. Seiler)

[美] 玛丽莎·L. 贝尔 (Melissa L. Beall)　著

约瑟夫·P. 梅泽 (Joseph P. Mazer)

张豫 | 译

人民邮电出版社

北京

图书在版编目（CIP）数据

沟通力：高效人际关系的构建和维护：原书第11版/
（美）威廉·J.瑟勒（William J. Seiler），（美）玛丽
莎·L.贝尔（Melissa L. Beall），（美）约瑟夫·P.梅
泽（Joseph P. Mazer）著；张豫译. -- 北京：人民邮
电出版社，2021.10
ISBN 978-7-115-56953-0

Ⅰ. ①沟… Ⅱ. ①威… ②玛… ③约… ④张… Ⅲ.
①人际关系—通俗读物 Ⅳ. ①C912.11-49

中国版本图书馆CIP数据核字(2021)第157701号

版权声明

◆ 著 ［美］威廉·J.瑟勒（William J. Seiler）
　　　　［美］玛丽莎·L.贝尔（Melissa L. Beall）
　　　　［美］约瑟夫·P.梅泽（Joseph P. Mazer）
　　 译 张 豫
　　 责任编辑 王振杰
　　 责任印制 周昇亮
◆ 人民邮电出版社出版发行　　　　北京市丰台区成寿寺路 11 号
　　 邮编 100164　　电子邮件 315@ptpress.com.cn
　　 网址 https://www.ptpress.com.cn
　　 天津千鹤文化传播有限公司印刷
◆ 开本：787×1092　1/16
　　 印张：30.5　　　　　　　　　　　2021 年 10 月第 1 版
　　 字数：630 千字　　　　　　　　　2025 年 2 月天津第 9 次印刷
　　　　 著作权合同登记号　图字：01-2019-5584 号

定　价：128.00 元
读者服务热线：（010）67630125　印装质量热线：（010）81055316
反盗版热线：（010）81055315

前言

Facebook 创始人马克·扎克伯格（Mark Zuckerberg）说："我们在 Facebook 上所做的就是帮助人们更加有效地联络和沟通。"我们写这本书，也正是为了帮助人们在日常生活中建立联系、更有效地沟通、努力成为成功而卓有成效的人。想象一下，如果没有智能手机、平板电脑、无线网络、全球定位系统以及我们每天使用的社交媒体工具，人们的生活会是什么样子。也许我们无法想象，因为这些工具已经渗透到我们生活的各个方面。我们把它们看得像空气一样理所当然，因为它们越来越成为我们个体的延伸。很显然，扎克伯格以及谷歌（Google）、苹果（Apple）等许多高科技公司的创始人，已经实现了他们的雄心壮志，改变了人们沟通和生活的方式。

我们的世界，特别是我们的社交生活，已经发生了深刻的改变，并且这样的改变比过去任何时候都要迅速和显著。这些变化对我们的日常沟通以及沟通学的发展产生了重要的影响，这也是本书强调的一个重点。和以前的版本一样，我们致力于为读者提供关于沟通的最新、最及时的信息，并阐明沟通对于我们日常生活的重要性。让我们一直备感欣慰和感激的是，有如此多的读者选择了这本书。在新的版本中，我们将一如既往地坚持我们的目标——帮助人们提升沟通能力，并努力做到对基本沟通原则和最新研究成果支撑的坚实理论基础做出深入浅出的阐述。

第 11 版的新变化

在新版本中，我们精炼和更新了一些内容。经典的沟通入门课程仍在不断改进，但其核心前提坚定不移——沟通是我们在职业和个人生活中获得成功的首要技能。我们认真对待每一次修订，以确保它更前沿、更有用、更可读。

新版本主要进行了以下改进。

- 探讨了技术对沟通的影响。新增第 6 章（"社交媒体和新技术环境下的人际交往"）对沟通和技术进行了更广泛的讨论。这一章介绍了从短信到在线社交网络、从博客（Blogging）到流媒体视频等新的沟通媒介。

- 强调了社交媒体对沟通的影响。新版本强调如 Facebook、Twitter、Instagram、Snapchat 等社交媒体工具对我们发送和接收信息的影响、对如何在网上交流情感的影响，以及最终对我们的互动和关系的影响。

- 关注了文化多样性在沟通中的重要性。新版的第 3 章（"多元文化背景下的人际交往"）强调了沟通与文化多样性、差异性之间的联系；总结了沟通如何导致文化差异；解释了沟通如何影响群体关系；指出了跨文化沟通的障碍；帮助人们提高跨文化沟通能力。

- 对内容做了精简。考虑到大家时间宝贵，本次再版对各章逐字做了审查，对内容进行了精简、对章节进行了合并，并重新编辑，以确保只把最相关的信息和研究成果以最有用和最简明的方式呈现给大家。

- 补充了大量的新例子。为了适应时代变化和沟通方式的变化，我们用更加贴近当今生活的例子对原书案例进行了替换、更新或增加。"联系日常生活"板块提供了常用的沟通知识，供大家在现实生活中遇到相关情境时参考。

- 增添了新的研究成果。每一章的研究成果和理论观点都是最新的。

各章具体调整情况

第一部分：沟通与交际

- 第 1 章介绍了交际过程和原则，修订和更新的内容涵盖了社交媒体和沟通新技术，并以 Snapchat 等流行社交平台为例进行说明。

- 第 2 章是本书（第 11 版）新编辑的一章。这一章把旧版的第 2 章有关"感知"的内容和第 3 章有关"自我"的内容进行了合并。修改后的内容包括"感知"和"自我"的所有重要方面及其影响，涉及我们如何发送及接收信息，对于"自我"和"自我感知"如何影响我们与他人的沟通进行了更加简明的概括。

- 第 3 章也是新编辑的一章，侧重于文化与沟通之间的复杂联系。本章强调了沟通与文化多样性、差异性之间的联系；解释了沟通如何影响群体关系；指出了跨文化沟通的障碍；总结了沟通如何导致文化差异；帮助人们提高跨文化沟通能力。

- 第 4 章阐述了语言沟通，并强调了思维与语言选择之间的紧密联系。我们的语言选择反映了我们的思维，因此要谨慎地选择语言，并准备好向与我们想法不同的人解释自己。本章还讨论了视觉语言和听觉语言的区别。

- 第 5 章对非语言沟通的内容进行了修订和更新，扩展了社交媒体和新技术在非语言沟通中的作用，并讨论了表情符号和表情包对沟通过程的影响。

- 第 6 章是新增的一章，这一章专门介绍了社交媒体和新技术，讲述了信息技术的发展史，强调了通过社交媒体沟通与当面沟通之间的差异，结合了新技术的相关理论，指出了以社交媒体为媒介的沟通的弊端，帮助人们通过社交媒体培养自己的沟通能力。

- 第 7 章提供了更多关于通过所有感官获取信息的方式，以及我们的思维偏好会如何影响倾听的内容。通过一种新的倾听模型——哈菲尔德认知倾听模型展示了不同的思维模式是如何影响我们倾听和回应他人的。鼓励人们对自己听到的和分析的内容进行反思，并根据自己处理的信息来评估自己得出的结论。

第二部分：面向公众的沟通与交际

- 第 8 章在演讲主题的选择与听众分析中重新强调了思维过程，并讨论了社交媒体在我们寻找演讲主题时的作用。

- 第 9 章涵盖了信息的收集和使用。对内容重新进行了整理，其中有一节专门讲解研究计划，鼓励人们通过寻找可靠的信息来源提高演讲中的信息质量。

- 第 10 章的内容加强了对演讲内容的组织和演讲提纲的分析。

- 第 11 章包括如何应对沟通焦虑和发表演讲。新增了关于使用社交媒体增强演示效果的讨论、关于使用 Prezi 和 PPT 作为演示辅助工具的讨论，以及关于应对沟通焦虑问题的探讨。

- 第 12 章是这个版本中新编辑的一章，我们将旧版的告知性演讲和说服性演讲的内容精简，合并为一章。修订后的内容更加简明，阐述了公共场合与他人的沟通，包括新技术和社交媒体对演讲的影响。本章讲述了如何列演讲提纲和准备演讲，进一步强调了对听众信息的分析和应用，以及为完成有效演讲而整合信息的策略。

- 第 13 章也是新编辑的一章，我们将前几版的两个关于人际沟通的章合并，并对内容进行了精简。本章对与人际沟通相关的重要理论（不确定性管理理论、社会交换理论、人际需求理论、辩证理论、社会渗透理论）进行了深入的解读，并阐述了人际沟通能力和人际关系维护的策略。

- 第 14 章是对第 10 版中第 15 章和第 16 章的整合与重新修订。这个精炼后的新的一章更准确地涵盖了群体和团队沟通，提供了与团队沟通相关的新例子，包含了与领导力、群体合作、群体或团队成员角色相关的最新研究。

- 第 15 章是题为"工作中的沟通与交际"的新的一章。该章保留了第 10 版中附录的主要内容，并将其扩展到与工作场所中的沟通相关的方面，同时启发学生思考他们在校期间已经完成或将要完成的事情，以帮助他们实现职业目标。通过阐释如何与未来的雇主沟通，引导学生展望校园之外的世界。

特色

- **"联系日常生活"板块**　通过引入生活中的实例，我们对"交际"的主题进行了补充。每一章开头的"联系日常生活"板块的场景，描述了人们在日常生活中可能遇到的沟通情境或问题，比如在 Facebook 和其他社交网站上应该透露什么、不该透露什么，或短信社交是如何影响家庭关系的。每个场景后面都有发人深省的问题，建议大家思考这些问题，并将它们应用到自己的生活中。

联系日常生活

卡莉慢慢走进她的公寓，看起来像是遭受了重大创伤。她往沙发上一靠，不由自主地开始流泪，并开始放声痛哭。

她的朋友达娜赶紧过去搂着她，轻轻地拍了拍她的肩膀。卡莉眼巴巴地看着达娜，她的表情和举止告诉达娜事情不妙，好像整个世界都塌了一样。达娜不知道该说什么，所以她继续握着卡莉的手安慰她。卡莉无法控制自己的情绪，也说不出一句话来。最后，卡莉看着达娜，达娜也看着卡莉。达娜脸上担心的神情好像在说："亲爱的，怎么了？"

她们紧紧地抱着对方，一个字也没说，但她们的表情和动作却说明了一切。

问题与思考

1. 非语言沟通如何有助于沟通？如何使沟通更困难？
2. 为什么我们很少或根本不考虑我们的非语言沟通？
3. 为什么你认为非语言沟通比语言沟通更可信？
4. 解释哪些行为属于非语言沟通，哪些不是。
5. 在网络或通过短信交流情感有什么挑战？有风险吗？

- **"交际与成功"板块**　我们生活在一个相互联系的世界。沟通帮助我们在日常生活中彼此建立联系、与外界发生的事件保持联系。技术让我们能够以多种形式进行沟通，并改变了沟通的途径，以及在互联网上沟通的方式。

日新月异的技术应用增加了收发信息，也就是与他人进行有效沟通的挑战。《沟通力》（原书第 11 版）不仅涉及各种可行的沟通途径，还分析了媒体对我们的沟通和信息收发质量的影响。

各章的"交际与成功"板块旨在鼓励人们批判性地思考生活中的沟通问题。该板块中包含技能培养活动和启发性问题，帮助人们反思问题和自己的沟通行为，从而成为更优秀的沟通者。该板块内容的设计大多是为了强

调技术在我们互动中的作用和重要性。此外，我们拓展了关于通过社交媒体进行沟通的讨论，并且在很多"交际与成功"板块和其他讨论中着重强调了技术的影响。这些讨论可以让人们了解技术是如何影响我们表达信息的，它又是如何促进或阻碍有效沟通的。

- **在学习中沟通**　很多教学辅助内容可以帮助大家复习、记忆和掌握重要的章节概念。贯串全书的各板块内容加强了"沟通"的主题，展示了沟通如何在各种环境中影响我们：工作场所、家庭、朋友网络、社区、学校、公共沟通环境、互联网以及跨文化场景。这些板块提供了真实的案例，帮助人们更好地理解如何更有效地发送和接收信息。此外，每一章都包含一个或多个"参考指南"板块，这些指导原则清晰简明地总结了各章以技能为导向的核心概念。

- **以目标为导向的学习**　在每章的开头提出了章节学习目标，每个学习目标都对应于该章的特定部分。因此，对本书的学习是以目标为导向的，这些学习目标着重于特定的沟通概念、原则和实践。此外，每章后面的小结会再次强调各个学习目标，便于读者更加直观地回顾章节，确保目标已经达成。

- **教学辅助**　与之前的版本一样，我们在新版本中保持了"交际"这一主旨，帮助人们理解沟通是建立人际关系的途径。我们新增并更新了一些特色板块：

  - **演讲范例节选**　在第 10 章中，我们通过信息翔实的演讲范例展示了如何提炼整句提纲和演讲提纲。在第 11 章中，我们通过一个提纲范例阐述了如何将 PowerPoint 成功应用于告知性演讲。在第 12 章中，我们利用第 10 章的演讲范例，讲解了如何对告知性演讲进行分析和评价。在第 12 章中，通过一个说服性演讲的提纲范例，阐明了如何对说服性演讲进行全面的分析和评价。

  - **各章小结与问题讨论**　章后小结与章前学习目标相呼应，帮助

参考指南

作为优秀的沟通者，一定要验证自己的感知

1. **区分事实与假设。** 接受假设很容易，但我们必须认识到，假设并不等于事实，也不总是准确的。当我们做出假设时，我们得出的结论几乎没有事实依据。因此，我们应该给假设贴上标签，这样，当我们在沟通中用到假设时，就能够区分假设和事实。

2. **认识到你的个人偏见。** 人人都有偏见，偏见会对我们的看法产生影响。我们必须留心的是，偏见更多的是让我们戴上有色眼镜看问题。当我们意识到自己的某个偏见可能影响了沟通中对事、对人的态度时，我们应该随时予以矫正。

3. **记住，感知，特别是第一印象，并不总是准确的。** 明白这一点很重要，因为当我们根据有限的信息或第一印象做出判断时，我们可能会固守这种印象或看法，就好像我们已经了解一切。

4. **一定要记住，来自不同文化背景的人，对人、对事的定义和看法可能千差万别。** 重要的是要认识到，并不是每个人都和你一样的态度来看待这个世界，来自不同文化背景的人尤其如此。如何看待和理解特定的行为，取决于文化规范或背景差异。

5. **记住，感知是基于感知者、被感知者和感知所在情境的一个功能。** 要想确保感知的准确性，重要的是理解感知是观察者的主观行为，理解感知的"是什么"和"为什么"，并考虑感知发生的情境或背景。

6. **不要害怕通过沟通来验证你的看法。** 重要的是，你要提出问题，并寻求更多的信息，以确保你的看法的准确性。不要给原本可以避免的误解留机会。

7. **愿意承认误解，并在必要时加以改变。** 重要的是要纠正错误的认识，并承认当感觉是不准确的，当错误或误解发生时，感知者有责任做出改变。

读者专注于学习每一章中应该掌握和理解的内容，明确了阅读每一章应该收获什么；"问题讨论"中的问题可以作为课堂讨论或个人学习和复习的参考工具。

- **参考指南**　"参考指南"板块简洁地总结了技能导向的关键概念。

内容的组织

与之前所有版本一样，本书的章节设置是为了通过一种实用且可操作的方法来传授沟通的基础知识。第一部分"沟通与交际"指明了各类沟通的必要背景和基本原则；第二部分"面向公众的沟通与交际"，阐述了如何选择演讲主题、分析听众、收集和运用辅助材料、组织和概述演讲材料、自信地发表演讲，以及有效地告知和说服听众，帮助大家提升演讲技能。同时，第二部分还描述了人际关系、群体和团队沟通，以及如何备战职场。

本书由浅入深地讨论了公共沟通和人际关系技巧。在讨论"人际沟通"之前先讨论了"公共沟通技巧"，因为我们认为公共演讲的信心和技巧是所有沟通的基础。无论是在社交场合、工作场合、一对一沟通、小群体沟通还是面对听众，要想在生活中有效地沟通，就必须能够自信地表达、论证和阐明自己的想法，组织信息，了解沟通对象，从而有效地达成对沟通对象的告知或劝说。

致谢

本书各个版本的修订都包含了很多人的贡献。首先要感谢的是那些使用本书并花时间与我们分享学习经验的同学、耐心地教导我们沟通与生活的指导老师、和我们分享专业知识的同事，以及多年来参与我们基础沟通课程工作的众多研究生。

每次版本更新都投入了很多人的才能和努力。感谢内布拉斯加大学林肯分校职业规划和就业助理主任凯莉·史密斯（Kelli Smith）和克里斯·蒂姆帕斯特（Kriss Timmpast），感谢他们对第15章的部分内容进行了审查和指导，同时感谢内布拉斯加大学职业规划和就业服务主任比尔·瓦茨（Bill Watts）授权使用第15章中的大部分资料；感谢肯特州立大学的杰夫·查尔德（Jeff Child）对第8章、第13章和第14章的深刻评论与建议；感谢北艾奥瓦大学沟通入门课程的讲师玛丽莲·肖（Marilyn Shaw）协助编写《教师手册》；感谢蒙特瓦洛大学的蒂法尼·王（Tiffany Wang）和内布拉斯加大学林肯分校的布里吉特·托金顿（Brigit Talkington）在修订试题库方面的帮助；感谢其他教职员工和研究生为我们提供了很多的想法和建议，尤其是詹娜·阿贝茨（Jenna Abetz）、埃莉萨·阿特伯恩（Elissa Arterburn）、蔡斯·安司伯茨（Chase Aunspach）、戴安娜·巴津斯基（Diane Badzinski）、阿琳·贝赫拉诺（Arleen Bejerano）、卡拉·伯根（Karla Bergen）、布兰登·博特赖特（Brandon Boatwright）、玛丽·鲍特（Mary Bort）、唐·布雷斯韦特（Dawn Braithwaite）、安·伯内特（Ann Burnett）、约翰·考林（John Caughlin）、凯恩·克里克（Kane Click）、苏珊·库斯马诺（Susan Cusmano）、琳达·迪克迈耶（Linda Dickmeyer）、萨拉·德克斯（Sara Dirks）、乔希·埃瓦尔特（Josh Ewalt）、格斯·弗里德里克（Gus Friedrich）、玛丽安·格拉泽（Marianne Glaser）、格塔乔·戈达纳（Getachew Godana）、鲍比·哈里（Bobbie Harry）、黑利·克兰斯图伯·霍斯特曼（Haley Kranstuber Horstman）、克里斯蒂娜·艾维（Christina Ivey）、亚当·琼斯（Adam Jones）、杰克·凯（Jack Kay）、乔迪·凯尼格·凯拉斯（Jody Koenig Kellas）、凯伦·李（Karen Lee）、罗纳德·李（Ronald Lee）、克里斯腾·卢卡斯（Kristen Lucas）、罗伯·帕特森（Rob Patterson）、德鲁·麦古金（Drew McGukin）、米歇尔·马雷什·福勒（Michelle Maresh-Fuehrer）、卡罗尔·摩根（Carol Morgan）、比尔·马伦（Bill Mullen）、理查德·墨菲（Richard Murphy）、埃米莉·兰姆·诺曼（Emily Lamb Normand）、达米安·菲斯特（Damien Pfister）、杰克·萨金特（Jack Sargent）、凯特琳·德诺维奇（Kaitlyn Dernovich）、保罗·施罗德（Paul Schrodt）、乔丹·索利兹（Jordan Soliz）、萨拉·施泰梅尔（Sara Steimel）、布莱尔·汤普森（Blair Thompson）、肖恩·沃尔（Shawn Wahl）、威廉（比尔）·威尔莫特［William（Bill）Wilmot］和妮科尔·仲巴赫（Nicole Zumbach）。余者不胜枚举，恕不一一致谢。

特别感谢内布拉斯加大学学生萨拉·约翰森（Sarah Johansen）为我们提供了第 10 章和第 12 章的告知性演讲及说服性演讲的演讲资料，她不仅提供了她的演讲提纲和录音，而且还允许我们录像。

感谢内布拉斯加大学林肯分校、北艾奥瓦大学和克莱姆森大学为我们提供资源和实例的学生们。感谢内布拉斯加州韦恩州立学院的以下荣誉学生为本书提供场景和文本信息，他们是：阿莉莎·比什（Alyssa Bish）、林赛·博伊姆（Lindsey Boyum）、斯潘塞·J. 布拉德利（Spencer J. Bradley）、塔比莎·伯格（Tabitha Burger）、凯尔西·多赫特（Kelsey Doht）、洛根·J. 费希尔（Logan J. Fischer）、凯莉·芬克（Kylie Funk）、基尔斯滕·格德维洛（Kjirsten Gedwillo）、阿曼达·E. 古贝尔（Amanda E. Gubbels）、亚历山大·汉密尔顿（Alexander Hamilton）、阿什莉·妮科尔·哈蒙德（Ashley Nicole Hammond）、杰西卡·亨德森（Jessica Henderson）、布里塔尼·赫尔姆森（Brittany Hermsen）、科迪·豪瑟（Cody Howser）、考利·琼·詹克（Callie Jean Janke）、米切尔·泰勒·约翰逊（Mitchell Tyler Johnson）、克拉丽莎·克拉克（Clarissa Kracl）、扎卡里·D. 莱茨丘克（Zachary D. Leitschuck）、凯西·迈纳（Cassie Minor）、肖恩·尼尔（Sean Neal）、雷切尔·尼德巴尔斯基（Rachel Niedbalski）、莎拉·普莱辛（Sarah Plessing）、悉尼·G. 波科尔尼（Sydney G. Pokorny）、蒂芬妮·兰德尔（Tiffinie Randall）、埃莉莎·伦珀（Elisa Rempe）、迈克拉·雷蒙（Michala Remund）、凯拉·罗迪克（Kella Rodiek）、莫莉·B. 施罗德（Molly B. Schroeder）、斯蒂芬妮·安·舒马赫（Stephanie Ann Schumacher）、萨曼莎·西沃特（Samantha Siewert）、邦妮·西斯科（Bonnie Sisco）、切尔西·西默尔曼（Chelsea Simmerman）、克里斯·瓦尼（Chris Varney）、斯蒂芬妮·惠特洛（Stephanie Whitlow）、考特尼·威泽（Courtney Wiese）和扎卡里·J. 佐贝尔（Zachary J. Zobel）。

感谢培生（Pearson）的工作人员帮助我们将手稿顺利成书①。感谢课件制作总监卡伦·鲍尔斯（Karon Bowers）对我们的持续支持。感谢我们的策划编辑爱德华·多德（Edward Dodd）在与我们每个人合作时的经验和耐心，他真的是个行家。

任何一本书的出版都需要有人致力于质量控制，本书也不例外。我们感谢所有参与该书前 10 版的校对者：

丽塔·阿贝尔（Ritta Abell）、鲍勃·亚历山大（Bob Alexander）、戴维·艾利森（David Allison）、菲利普·M. 巴克伦（Philip M. Backlund）、威廉·帕特里克·巴洛（William Patrick Barlow）、马特·巴顿（Matt Barton）、马蒂·伯克霍尔特（Marty Birkholt）、芭芭拉·L. 布雷克伦（Barbara L. Breaclen）、斯科特·布里顿（Scott Britten）、艾伦·R. 布罗德赫斯特（Allan R. Broadhurst）、迈克尔·布鲁纳（Michael Bruner）、黛安娜·O. 卡萨格兰德（Diane O. Casagrande）、帕特里夏·科莫克斯（Patricia Comeaux）、朱厄妮塔·E. 戴利（Juanita E. Dailey）、琳达·Y. 德夫尼什（Linda Y. Devenish）、卡莉·H. 多德（Carley H. Dodd）、特伦斯·多伊尔（Terrence Doyle）、肖恩·M. 邓恩（Sean M. Dunn）、理查德·C. 伊曼纽尔（Richard C. Emanuel）、斯基普·伊诺（Skip Eno）、珍妮·法斯尔（Jeanine Fassl）、朱莉娅·芬内尔（Julia Fennell）、玛丽·C. 福雷斯蒂尔（Mary C. Forestieri）、罗伯特·E. 弗兰克（Robert E. Frank）、约瑟夫·加纳科斯（Joseph Ganakos）、安吉拉·吉布森（Angela Gibson）、安妮·格里索姆（Anne Grissom）、凯尔比·K. 哈龙（Kelby K. Halone）、罗克珊·海曼（Roxanne Heimann）、特德·欣德马什（Ted Hindermarsh）、科琳·霍根·泰勒（Colleen Hogan-Taylor）、戴维·D. 赫德森（David D. Hudson）、玛丽·李·赫默特（Mary Lee Hummert）、戴维·A. 汉弗莱（David A. Humphrey）、斯蒂芬·K. 亨特（Stephen K. Hunt）、卡拉·凯·詹森（Karla Kay Jensen）、凯瑟琳·C. 琼斯（Kathryn C. Jones）、埃里克·坎特（Erik Kanter）、阿莉莎·考夫曼（Alyssa Kauffman）、托马斯·J. 克努森（Thomas J. Knutson）、查尔斯·J. 科恩（Charles J. Korn）、埃米·伦诺斯（Amy Lenoce）、唐纳德·L. 莱弗尔（Donald L. Loeffler）、路易斯·A. 卢卡（Louis A. Lucca）、玛丽·Y. 曼德维尔（Mary Y. Mandeville）、科琳娜·E. 莫里斯（Corinne E. Morris）、威廉·L. 马伦（William L. Mullen）、凯·E. 尼尔（Kay E. Neal）、丹·奥鲁尔克

---

① 这里指本书英文版。——编者注

（Dan O'Rourke）、纳恩·佩克（Nan Peck）、凯利·佩特库斯（Kelly Petkus）、桑德拉·E.普雷萨尔（Sandra E. Presar）、马琳·M.普雷斯顿（Marlene M. Preston）、理查德·G.雷（Richard G. Rea）、马克·E.鲁蒂埃（Marc E. Routhier）、托马斯·鲁迪克（Thomas Ruddick）、贾里德·萨尔茨曼（Jared Saltzman）、苏珊·斯凯勒（Susan Schuyler）、玛丽莲·M.肖（Marilyn M. Shaw）、唐纳德·B.西蒙斯（Donald B. Simmons）、谢里·J.西蒙兹（Cheri J. Simonds）、唐纳德·史密斯（Donald Smith）、特雷莎·蒂勒（Theresa Tiller）、夏洛特·渡具知（Charlotte Toguchi）、玛丽·安妮·特拉西亚蒂（Mary Anne Trasciatti）、贝丝·瓦根斯帕克（Beth Waggenspack）、凯瑟琳·埃格利·瓦格纳（Catherine Egley Waggoner）、格雷琴·阿格特·韦伯（Gretchen Aggertt Weber）、凯茜·A.韦伯斯特（Kathie A. Webster）、拉里·A.韦斯（Larry A. Weiss）、谢丽·C.惠尔（Cherie C. While）、科拉·安·威廉斯（Cora Ann Williams）、卡伦·沃尔夫（Karen Wolf）、戴维·W.沃利（David W. Worley）。

目录

第一部分

沟通与交际

第**1**章
21 世纪的交际过程和原则

→ **本章导读**

如今，我们习惯于通过手机、平板电脑等工具和亲朋好友或陌生人沟通。在本章，我们会讨论沟通的定义和基本原则、沟通过程的基本构成、沟通的类型等内容。

章节大纲	学习目标
1.1 沟通与交际	解释如何运用沟通力与外界打交道
1.2 沟通的定义	定义沟通
1.3 学习沟通的理由	指出学习沟通的 4 个理由
1.4 沟通的基本原则	解释沟通的基本原则
1.5 沟通的基本要素	定义沟通过程的基本要素
1.6 沟通的类型	区分沟通的几种类型
1.7 对沟通的认知误区	总结关于沟通的 5 个常见误区

联系日常生活

问题与思考

1. 请大家讨论：社交媒体技术正面和负面的特征。
2. 投入到社交媒体中的时间如何影响你做事的效率？
3. 你每天花多少时间与人当面交谈？你对此有

什么想法？

4. 解释高效沟通者和低效沟通者之间的区别。
5. 制定一套在课堂上、工作中和社交场合使用社交媒体工具的规则。
6. 从当面沟通和通过社交媒体沟通两种情境分别阐述：为什么你认为自己是有效的沟通者。

1.1 沟通与交际

沟通力
指有效沟通的能力，即能够准确、成功地传递信息所需的表达力和理解力。

我们生活在一个互联互通的世界，到处都可以看到人们拿着手机打电话、发消息、听音乐。不管是上班还是上学，做作业还是交朋友，我们都离不开互联网。互联网已经成了我们生活的信息枢纽，从写论文查资料，到发邮件，再到用 Snapchat 聊天。通过网络，我们可以展现个性化的自己，也可以与亲朋好友保持联系。我们在空闲时间里，通过网络、电视、手机、音乐或电脑游戏相互联系。生活就是一系列通过媒介或面对面实现的联系。虽然联系有各种形式，但我们并没有真正思考如何建立和维护这些联系。我们通常把沟通看作再自然不过的事情，认为聊天或发消息就是沟通。然而，会聊天、会发消息是否就能有效沟通呢？什么才算好的沟通力？对我们来说，沟通力就是有效沟通的能力，是指沟通者具有准确、成功地传递信息所需的表达力和理解力。

沟通帮助我们与彼此、与世界建立联系。我们每天都在各种场景下与人沟通：随时接收来自老师、领导、同事、家人、朋友及其他很多人的信息；频繁地给朋友和家人发消息；在 Snapchat 上向好友分享短视频；通过 Facebook 和天南海北的网友分享感受；用 Twitter（每条不超过 280 个字）维护社交。不管你的文化背景如何、学习方式是怎样的、身处何地，你都会发现，良好的沟通力可以让你学业进步、人际关系得到改善、找到更好的工作，进而提高生活质量。

如果你停下来认真回顾你平常的一天，你会对你花在社交上的时间感到惊讶。而且，你还会发现，这些交往都离不开沟通。沟通的形式有很多，作为沟通者，你要学会面对不同的社交场景灵活地切换角色。在本书中，我们提供了丰富的观点和方法，帮你了解更多适合 21 世纪通过沟通与人建立联系的好方式。本章将介绍日常生活中有效沟通的概念和方法，探究"沟通"的基本构成、原则、类型和场景，以及关于沟通的一些常见误解。你将有机会深入思考在这个日益多元化、科技迅猛发展的世界中，沟通所扮演的角色。我们提供了一些实践活动和问题反馈，请你结合自己的个人生活，通过沟通建立社交联系。

1.2 沟通的定义

什么是沟通？当我们说"进行了沟通"的时候，我们指的是什么？如何判断沟通是否有效？如何通过沟通在生活中建立社交联系？要回答这些问题，我们需要先了解沟通的原则和方法。

一般来说，我们可以认为沟通是一个让我们分享和创造含义的过程。更正式一点说就是，沟通是指通过人类的符号互动，即时分享和创造含义的过程。虽然看起来很简单，但必须强调一点：沟通是复杂的。如果它很简单，人们在沟通时就不会遇到那么多困难，我们也就没必要去研究它了。但这个复杂且具有挑战性的过程，对于我们在所有关系中建立联系都至关重要，包括工作关系、情感关系，以及其他一切关系。

沟通
通过人类的符号互动，即时分享和创造含义的过程。

沟通作为一门学科，已经存在了数千年。古希腊和古罗马的学者把沟通看作一种强有力的影响手段。古典演说家侧重于研究如何有效地撰写和发表有说服力的演讲。在中世纪的西欧，圣奥古斯丁（St. Augustine）等人发展了书面沟通和口头沟通。在西方世界，公开演讲、讲故事和辩论，一直都是改变公众舆论和说服他人采取政治行动的重要手段。非洲、东方和中东文化也一贯强调有效沟通的重要性。引用跨文化沟通学者拉里·萨莫瓦尔（Larry Samovar）和理查德·波特（Richard Porter）的话来说："佛陀告诫他的弟子们勿打'妄语'。"[1]中国、印度尼西亚、日本、韩国、马来西亚、墨西哥、秘鲁、葡萄牙和西班牙的沟通学学者也证实，对交流和传播的研究，在其各自的文化中都是古老而有价值的传统。

沟通（communication）是指我们创造和共享含义的过程，而通信（communications）通常表示媒介沟通和大众沟通的传递系统。人们经常

通信
通常表示媒介沟通和大众沟通的传递系统。

交际与成功

沟通力

问题与思考

1. 请列出"沟通高手"的五种特质。

2. 你认为哪种特质对于成功的沟通最重要？在这些品质中，你认为自己拥有哪些？

3. 在社交活动、课堂和工作中，沟通力如何影响你的生活？

4. 在你的心目中，谁可以被称为一个成功的沟通者？描述一下你认为是什么让他如此成功。

混淆这两个词，实际上它们完全不同。沟通是指你和朋友讨论下一次演讲或你们的周末计划时所做的事，而通信是指电话等用于传递沟通信息的系统。

根据本书的定义，沟通包含发生在各种场景中的一系列行为，包括公共场合沟通或私人沟通、商务沟通或社交沟通、家庭或学校里的沟通、正式或非正式的沟通等。这些复杂的场景和活动都由一个共同点联系在一起——人类的符号互动，或者说是人们使用符号系统（语言）来分享想法、感受、信仰、态度、习俗和观点。你在阅读本书的过程中，也将学习人类的符号互动，因为它在个人、群体、组织、不同文化和共同文化之间都在发生。通过倾听、思考、公开演讲、小组发言、在社交场合与少数人交谈等，你将更加深入地了解沟通的本质。通过语言进行有效沟通的能力，将是你在学校、工作单位和个人生活中取得成功的决定性因素之一。成为一名高效沟通者，可以为你节省时间，使你的生活更愉快，有助于你建立和维护人际关系，推进人生目标的实现。

1.3 学习沟通的理由

虽然你很多年来一直在与人沟通，但你可能从未专门研究过沟通力。沟通力似乎与生俱来，因为除非身体有缺陷，否则对于大多数人来说，掌握说话的技能并不难。但事实上，沟通力（不只是把话说出口）其实是一种后天习得的能力。成为一个成功沟通者的过程，是一个艰难的终身课题。但是，如果你认真研究沟通的原理和概念，并在日常生活中加以应用，你也可以很快取得突破。这些技能还将使你在很多方面获益，例如职业发展前景更好、言行得体，以及和不同文化背景的人建立更加积极的关系等。

此外，科技作为生活的重要组成部分，持续影响并改变我们的沟通方式。

1.3.1 沟通与科技发展

你是否还记得那个"通信基本靠吼"的时代？现在的年轻人估计都没什么概念了。如果你回忆起自己还是个宝宝的时候，可能会记得你爸妈也会在你的摇篮里放一个监护器，你一哭，监护器就会提醒他们。这个沟通的过程，可能就是你与这个科技爆炸的世界所做的第一次互动。虽然现在你早就不再需要宝宝监护器了，但你仍旧依靠一系列技术工具和你生活中的人们保持联系。我们会使用社交媒介——便于人们沟通、互动、联系的

交际与成功

你如何与他人保持联系？

我们大多数人无法想象没有智能手机的生活。美航 1549 航班在哈德逊河上迫降瞬间的照片就是通过 Twitter 率先发布的。比兹·斯通（Biz Stone）和埃文·威廉姆斯（Evan Williams）将 Twitter 视为提供社交网络应用的基本通信工具，它已经变成"世界上最有价值的实时信息工具之一"。Twitter 现今甚至已发展成了一种强大的新通信工具：区域应急组织（regional emergency preparedness）将 Twitter 视作灾难发生时联系数百万灾民的方式。美国航空航天局（NASA）正在使用它对外发布航天飞机飞行的最新情况。通过 Facebook 的个人简介，我们可以向世界展示我们想要展示的一切。Snapchat 独特的"阅后即焚"功能让我们与他人分享的图片和视频在完成分享后迅速被自动删除。领英（LinkedIn）让我们可以与业内同行或我们向往的行业的从业者建立联系，帮助我们获得推荐或提升人际关系。要知道，Facebook 最初只是为大学生创建的，而今其用户已涵盖了各年龄段的人群（包括本书作者），无论距离远近，大家都可以用它来保持与朋友和同事的联系。

问题与思考

1. 你如何使用社交媒体平台进行沟通和维护人际关系？
2. 在通过社交媒体沟通建立和维护关系时，你会遵循哪些原则？
3. 给那些想要通过社交媒体建立和维护关系的人提供两三条具体建议。
4. 在与家人、朋友沟通时，你认为通过社交媒体沟通和当面沟通相比，是更容易还是更难？

极其便捷的技术工具。

科学技术在提升沟通效率的同时，也增加了传达和接收高质量信息的难度。我们使用社交媒体和我们的社交网络中的人（由友谊、家庭、共同兴趣、信仰或知识关联起来的一群人）保持联系。

社交网络
由友谊、家庭、共同兴趣、信仰或知识关联起来的一群人。

如今，社交网络的规模超过历史上任何时期，其复杂程度更是不可同日而语。我们高度依赖 Facebook 与世界各地的朋友保持联系；我们给朋友发问候短信，讨论、制订当天的活动计划；我们通过 Snapchat 给朋友发视频；我们在 Twitter 上发布推文以扩大交际圈；我们的智能手机上会跳出热点新闻提示。最酷的是，所有这些社交行为，我们只需要在一个台式机、笔记本或智能手机上花几秒就可以完成。社交媒体成了人们沟通的主要途径。无论我们身在何处，都随时可以连接社交网络、纵览天下大事。

社交媒体让我们有机会即时了解重大时事，有时甚至成为参与者。严格意义上说，社交媒体让我们有机会参与到世界任何一个角落发生的事件中。

社交媒体
高度便利的技术工具，进一步促进了人际沟通、互动和联络。

当自然灾害发生时，比如飓风、地震或龙卷风，社交媒体可以及时播报一线灾情。通过电脑或智能手机上的摄像头，我们可以随时发布图片，或与各地的人们面对面地交谈。如果你恰巧在某个时间、某个地点，用智能手机捕捉到了热点事件，你的图像、文字或声音可能会被瞬间广泛传播。蒂莫西·麦金托什（Timothy McIntosh）在飓风"哈维"（Hurricane Harvey）发生时，通过 Twitter 发布了一张得克萨斯养老院的照片。照片中的老人们站在及腰深的水中，令人揪心。在这场暴雨中，得克萨斯州南部地区降雨量近 50 英寸（约 1.27 米）。随着麦金托什的推文迅速散播，急救人员得以迅速前往灾区救助受困人员。这条推文救了他们的命。

社交媒体中进行的沟通的体量大得惊人。一个成功的沟通者如何从海量工具和信息中选取适当的渠道和信息？技术发展对一个人的信息质量有何影响？社交媒体是会降低还是会提高互动的质量？这些问题都是你需要了解的。本书将提供指导和观点帮助你解答这些疑惑。你只有花时间学习、遵循正确的沟通原则并学以致用，才能最好地利用社交媒体维护和提升人际关系。

1.3.2 沟通与职业发展

在职场，我们希望找到满意的工作，并获得职业成就；上大学，我们希望完善自我，为将来筑牢根基。不管在人生的哪个阶段，沟通都在你的成功道路上扮演重要的角色。沟通力是教育和工商业内领军人物公认的几项职场核心技能之一。比如最近的几项研究[2]结果表明：老板们希望各级员工都具备一定的口头和书面沟通能力，他们希望员工善于倾听，懂得用眼神、手势或声音、语调等非语言技能沟通；希望员工表现得自信、言语简洁、肢体动作大方得体，并能适时给出恰当的反馈；希望员工能够灵活应对工作中的新形势，并具有强烈的职业道德感和主观能动性。

换句话说，在工作中，高效的沟通者可以清晰地表述自己的思路，并指出明确的方向。高效的沟通者同时也是优秀的倾听者，他们善于与他人协作，能够在各层级团队中体现公司的意志。然而在现实中，很多老板认为自己的员工缺乏这些技能。本书作为学习沟通的入门级书籍，而侧重于帮助读者掌握这些技能。

人事主管们对新人的期许很简单：他们只需要带上嘴巴、耳朵和脑袋就行了，其他的事情由我解决，只要他们认真倾听、知道如何思考、能够清楚地表达自己，特定的工作技能是可以培养出来的。[3]实际上，很少有什么工作是不用和别人打交道的，有效沟通的能力不可或缺，尤其在工商业领域，招聘的时候找的就是最优秀的沟通者。虽然有的公司会提供沟通技巧等职业培训，但在求职之前先培养自己优秀的表达、倾听和分析技能是非常必要的，尤其是面对一份能决定职业前途的工作时。

熟练的社交媒体技能对于职业发展至关重要，很多雇主和大学教授都认为电子媒体为沟通和信息的获取带来了便利，但他们同时批评了因电子

交际与成功

工作中的沟通效率

在上文引用的调查中，高管们表示所有员工都需要提升他们的沟通技巧，他们同时还指出，在为自己的职业生涯做准备时，应重点培养更高的灵活度，提高自己的道德标准。

问题与思考

1. 请你描述高效工作沟通者的必备技能。
2. 请你描述在某次谈话过程中，感觉自己作为倾听者表现不够好的例子。
3. 在学校或工作中，你有哪些沟通方面的问题需要改进？你是怎么知道你需要在这些方面进行改进的？
4. 关于沟通，你有哪些焦虑？詹姆斯·麦克罗斯基（James McCroskey）和他的同事开发的个人沟通恐惧程度报告（PRCA）可以帮助你确定自己的沟通焦虑程度。你可以尝试在网上搜索"沟通焦虑"，并在网络上完成 PRCA 报告。我们在第 8 章到第 12 章将会更详细地讨论沟通焦虑问题。

媒体衍生的拼写不规范之类的问题损害了人们书面和口头表达的质量。在日常发送消息的时候，类似"gr8"（great）这样的简写问题不大。但是，在工作报告、备忘录、电子邮件或论文中使用类似的拼写，就可能导致降职、失业或差评。虽然一些研究表明，只要投入足够的精力，通过社交媒体沟通在建立和维持人际关系方面同样有效，[4] 但也有其他研究结果表明，这样做会降低人们的社交技能，不利于社交，并且通常会影响当面的交流。[5] 比如，你在 Facebook 上分享过一个信息，可能在当面交流时就不会再提了。社交媒体也是一把双刃剑，雇主通过在社交网站上进行检索，可以了解更多有关准员工的信息，如果他发现不当之处，则可以立即取消面试和工作邀请。由此来看，一条推文真的有可能导致一个人失去工作机会。本书中，我们提供了有关如何在个人生活和职场中有效使用社交媒体的建议。有关职场沟通与职业发展的更深入内容，请参阅第 15 章。

1.3.3 沟通与道德行为

所有的社会群体都有自己的道德标准和规范。在大多数社会群体中，当人们违反道德标准时，往往会因为自己的不道德行为受到惩罚。道德规范（ethics）指的是个人的道德原则体系。人们会因为违反道德标准和原则被从行政岗位上开除、失去工作，或受到公开处罚，这些不当行为通常与沟通有关。前白宫发言人安东尼·斯卡拉穆奇（Anthony Scaramucci），只在白宫待了 10 天。因为他刚上任没几天，就在一次《纽约客》的采访中抨击了政府的几名官员，还讲了粗话，这种做法引发了争议，他被开除了。[6] 还有个例子是金融业从业人员因参与内幕交易（使用非法获取的信息在股市上捞钱，透露此类信息属于非法沟通行为）而入狱。另一种不道德的行

道德规范
个人的道德原则体系。

为是撒谎——无论是为了伤害别人还是为了保护或稳固自己的地位。实际上，缺乏诚信的问题比比皆是：例如，在简历中夸大事实以增加被录用的机会，或"借用"朋友的以往学期的论文或演讲稿蒙混课程考试等。

人们在完成任务的过程中，有时会觉得自己需要寻找一些捷径，比如在经营中做假账，或通过内部交易牟取私利，或在写论文时剽窃他人的想法。所谓剽窃（plagiarism），是指使用他人的信息、语言或想法而不标明原创者，让别人误以为使用者是原创者的行为。技术让我们可以轻易获取各种信息，但也带来了道德隐患。技术可能会诱使我们随意使用他人的作品或信息，而不去认真筛选或评估信息的可靠性、真实性。互联网的快速检索能力为论文的写作提供了大量资源，以"最低成本""最低风险"诱惑写作者。虽然这些资源可以为你节省很多时间和精力，但稍不小心，它也可能让你成绩不及格，甚至无法毕业。

剽窃
使用他人的信息、语言或想法而不标明原创者，让别人误以为使用者是原创者的行为。

交际与成功

工作中的沟通原则

艾琳正努力打造自己的职业口碑。她创建了一个领英页面和一个 Twitter 企业版账户，在领英上与那些职业兴趣相似的人交流。因为她当时在一家广告公司供职，便经常通过自己的 Twitter 账户分享一些行业信息。对她来说，与全国各地的同行们联系非常重要，所以她经常收藏并转发自己关注的帖子。为了寻找更好的工作机会，她希望自己能与社交媒体上认识的业内精英保持联系并获得帮助。

问题与思考

1. 艾琳正在寻求一份薪水更高的工作，这样的动机将会如何影响她通过社交媒体与他人沟通？
2. 艾琳可能会如何调整她在网络社交中的行为？这样做是否合乎道德标准？
3. 在这个案例中，哪些沟通原则很重要？
4. 将你自己在工作中的沟通情况与其他人进行比较，对于这些事例中的沟通原则，你有什么想法？

在网上获取信息非常容易，这为剽窃创造了更多的机会。在这个信息爆炸的社会，人们常常认为他们可以肆意地从网站上复制粘贴他们想要的东西，反正没人会发现。实际上，社交媒体虽然让抄袭变得更容易，但同时抄袭行为也更有可能被发现。例如在 Twitter 上，最初的推文可能会很清楚地标明来源，但是由于 Twitter 上的信息要力求简短而迅速，当推文被反复转发后，标注来源的信息可能就逐渐变得含糊甚至消失了。无论何种形式，抄袭终究是不道德的，不管是在学校还是在工作单位，剽窃和其他不道德行为都会带来严重后果。

有道德的沟通者会对自己的言论负责，并且在使用任何对他们有帮助的信息时，一定会注明出处。有道德的沟通者不会剽窃，也不会欺骗他人。古希腊演说家亚里士多德（Aristotle，公元前 384—前 322 年）认为，当讲话者的社会角色或社会精神（道德诉求）旨在说明真相时（第 12 章将进一步讨论这个概念），他的沟通才是最强大的。[7]另一位演说家昆提利安（Quintilian，约公元 35—100 年）说（在中性语言出现之前），沟通需要通过"有德行的人有技巧地"表达。[8]

特别需要留意区分的是，不道德的沟通可能会构成有效沟通，但它就是不道德的。例如，如果一个人说服另一个人做出不道德的事情，那么虽然沟通是有效的，但动机不端。人们不应该宽恕或接受不道德的沟通。在我们努力成为有道德的高效沟通者的过程中，我们需要用批判性思维来评估他人的沟通行为，以确定其内容是否道德。本书会通过一些案例阐述道德困境和相应观点，帮助你更加深刻地意识到在沟通中恪守道德原则的必要性。

交际与成功

道德视角

问题与思考

1. 用你自己的话来定义什么是道德。

2. 对道德标准的无知是违反道德的借口吗？给出详细解释。

3. 当你发现某人不道德时，你会采取什么行动？

4. 当有人剽窃、考试作弊，或涉嫌其他违反道德的行为时，你们学校有什么相关政策？对这种违反道德的行为有什么惩罚措施？

1.3.4 沟通与多元文化社会

工作调整、政治经济环境的变化，以及诸多其他因素，迫使人们背井离乡到处迁徙，甚至出国定居。很多国家的人口流动率都在增长。例如，美国的人口曾经以欧洲移民的欧洲裔美国人占多数，如今演化为多种族和多文化大融合。在这样的环境中，我们可以看到，每种文化都有各自的特色，而各种文化之间又有奇妙的联系，我们的世界因此有时被称为地球村。然而，不同文化背景的人们要想成功地进行沟通并和睦相处，则需要大量的知识、灵活性和敏感度来维持。

美国目前的人口趋势和预测，说明了不同种族、不同民族、不同文化和不同信仰之间融洽互动的必要性。表 1-1 是 2010 年和 2016 年美国人口普查局按种族（所有年龄段）分列的人口统计报告。[9,10]

表 1-1 中，2016 年的数据大致可转换为如下百分比：74% 的人口是欧洲裔美国人，13% 是非洲裔美国人，5% 是亚洲人，美洲印第安人不足 1%。美国人口普查局的预测，西班牙裔、拉美裔、非洲裔美国人和亚洲人的数字在不久的将来会显著增加，而欧洲裔美国人的数量会下降或趋于

表 1-1 按种族划分的美国人口统计表（2010 年和 2016 年）

群体	2010 年人口数量	2016 年人口数量
单一种族	296 635 891	307 067 138
欧洲裔美国人	224 895 700	232 943 055
非洲裔美国人	37 978 752	39 908 095
美洲印第安人和阿拉斯加土著	2 480 465	2 569 170
亚裔	14 185 493	16 235 305
夏威夷土著和其他太平洋岛民	491 673	546 255
其他种族	16 603 808	14 865 258
混血	7 329 381	9 447 883
人口总数	303 965 272	316 515 021

资料来源：美国人口普查局（U.S. Census Bureau.）

稳定。在美国，这些变化对世界观的影响，不只发生在大学课堂，在小学和中学中早已体现。语言差异使许多校内沟通变得复杂，在美国东部和西部沿海地区，以及芝加哥、辛辛那提、达拉斯和圣路易斯等其他人口稠密的地方，一些 K–12 学校（从学前教育至高中教育的学校），学生的母语种类多达 50 ~ 100 种，甚至更多。大学里非英语母语的学生也越来越多，每个人的文化和种族背景都会影响这些学生在教室、宿舍、超市和工作场所的交流方式。

语言结构与文化互相影响。在不同语言、社会和风俗背景下，学习如何有效沟通需要极大的耐心、理解和尊重。因此，仔细观察在学校、单位或社区等不同情境下人与人在交往过程中所发生的各种细节是非常重要的。要考虑到，我们的习俗在其他文化背景的人看来可能很怪异。我们必须拥有开放的心态和幽默感，这种态度将促进交流，丰富我们的生活。我们在第 3 章将进一步讨论如何在多文化环境下与他人建立关系。

1.4 沟通的基本原则

要理解沟通的本质，重要的是要理解以下四个基本原则。

1. 沟通是一个过程。

2. 沟通是一个系统。

3. 沟通是交互的。

4. 沟通可以是有意或无意的。

当我们讨论沟通活动时，你一定会想到你个人生活的很多方面——家庭关系、工作经历、网络互动，或你参与的体育小组、音乐小组、社交俱乐部、社区活动社团等。了解这些原则会改变你的生活，让你在人际关系的任何层面都能建立更好的理解与合作。

1.4.1 沟通是一个过程

沟通过程是一系列无始无终、不断变化的活动。[11]

沟通过程中所涉及的变量是不能简单复制的，不同的人、环境、技能、态度、当时的情形、经历和感受之间的相互关系决定了某个特定时刻的沟通。想想你最近与某人建立的关系，它是怎么发生的？它可能是偶然发生的（去上课的路上与你遇到的人进行对话），也可能是一个安排好的会议（与潜在客户的商务会谈）。没有哪两种关系会以同样的方式发展，就像天气一样，有些关系很温暖，而另一些则比较冷淡。

沟通是一个不断变化的过程，它会持续产生影响。例如，你经常会为自己说过的话感到后悔，但是无论你多么努力地想要收回那些不恰当的措辞或欠考虑的评论，你都不可能做到。因为影响已经发生了，并且很可能已经以某种方式影响了你与另一个人的关系。这些影响所导致的变化可能不会马上出现，也可能不太明显，但它一定会发生。

此外，沟通及其导致的变化并没有明确的、可识别的开始或结束。沟通的发生是由某个事件引起的，而在沟通开始之后又会有某些结果随之出现。所以说沟通通常没有明确的开始和结束，它是一个持续产生影响的过程。当你在一段对话结束转身离开后，你们之前所谈论的内容仍会一直产生影响，它不会因为你的离开而消失。你会从谈话中获取一些新鲜的、积极或消极的信息，或至少是一个大致的印象。理解了沟通是一个过程，你就能够明白，各种事件和关系都是不断变化且具有持续性的。

1.4.2 沟通是一个系统

简单来说，系统是由若干相互作用、相互依存的部分组成的整体。人体就是一个很好的例子：我们身体的所有器官都是共同作用、相互依存的，它们共同组成了一个复杂的有机系统以实现正常的生命活动。当某些器官无法正常发挥作用时，我们的身体通常就会出现一些症状，这是身体在试图修复故障或发出警告。比如当你头疼时，受到影响的不仅是你的脑袋，还有身体的其他部位，你可能会发现自己的视线模糊，走路困难；也可能失去胃口，因为头疼影响了你的食欲；如果头痛很严重，你甚至可能会思维混乱、表达不清。由于人体系统的所有部分都是相互关联的，所以你的思考、表达、倾听的能力都会受到影响，而这些问题最终可能会导致

过程
一系列不断变化的活动。

系统
由若干相互作用、相互依存的部分组成的整体。

无效沟通。

职场、家庭和学校也同样构成一个系统。比如你的领导和家里人吵架了，这件事可能会影响他与同事的关系，他可能会表现得烦躁不安、态度很差。虽然大家都不知道是什么导致了他情绪烦躁，但这个消极情绪确实会影响所有面对它的人。换句话说，该领导在家里的矛盾，不仅会对其家庭系统产生影响，还会对工作系统产生影响。同理，沟通过程也是一个系统活动，只有当必要的组成元素相互作用时沟通才能进行下去。如果沟通的组成元素出现故障或缺失，沟通则会被阻断或失效。

1.4.3 沟通是交互的

交互

沟通双方同步发送和接收信息，也就是说，编码和解码同时发生。

沟通经常被视为一个高度复杂的交互过程——信息的同步发送（编码）和接收（解码）。为了理解沟通的交互性质，我们先来比较一下单向行为（action）和互动（interaction）的相关概念。如果我们将沟通完全视为单向行为，我们就只会关注沟通者发送信息给接收者这一单向过程，而不会考虑接收者的反应。我们在早期的沟通研究中能看到这样的理论，沟通过程被描述得像给接收者打一针那么简单。[12]

如果把沟通视为一个互动的过程，我们就不仅要考虑信息发出者发送信息的过程，还要考虑信息接收者的反应。这样的观点标志着我们对于沟通的理解迈出了里程碑式的一步。互动过程的理论让我们知道，沟通不是一个简单的单向过程。我们来看一个作为互动过程的沟通例子：A 和 B 在打电话，先是 A 说话，B 听；然后 B 说话，A 听。每次发送信息都是一个独立的单向行为，虽然每条信息都有相应的反馈，但这些反馈和信息并不是同步的。

而大多数当面沟通，并不是由一系列独立的单向行为构成的。现在几乎所有的沟通学学者都把沟通看作一个实时交互（transactional）的过程。与"互动"观点非常相似，"交互"视角也考虑了倾听者对信息的反应。这也进一步说明了，人们在沟通过程中实际上同时扮演表达者和倾听者的角色。在任何互动中，每个人都会通过持续的参与和交谈来提供反馈和回应。我们用一位教授和一名学生之间的互动作为例子：教授怀疑该学生有剽窃行为，两人之间发生了一段对话。如果将沟通视为一种互动过程，我们会先关注教授说的内容，然后关注学生说的内容，之后再去关注教授说的内容。但是，如果我们将沟通视为一个交互的过程，我们会同时关注教授和学生。教授可能会根据学生的非言语反应随时改变谈话的内容或语气，同时，学生也可以通过改变他的行为举止来回应教授所传递的信息。

如果没有这些同步的行为，沟通的交互性将极大地受到限制，就像你给某人寄一封信，要等一两周才能得到回复。当面沟通时，两个人在整个沟通过程中会同步分享信息，不断影响对方。发邮件或发短信的方式则与当面沟通不同，你虽然既是信息发送者又是接收者，但这两者不是同时发生的。等待回复的过程确实令人焦虑，但发送文字信息的优势在于你有时间整理思路。图1-1更加全面地展示了交互式沟通的原理。

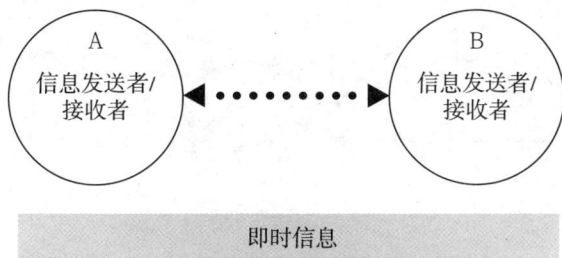

图 1-1　交互式沟通

在交互过程中，参与者的沟通是同步进行的。也就是说，沟通双方同时在进行沟通。但这并不是说他们在同时说话，而是说各方在同时接收信息、做出反应。信息发送者同时也是接收者，接收者同时也是发送者，每种角色都活跃于沟通过程中。

　　沟通的交互过程也会受到语境和场景的影响。不仅参与者之间会不断相互影响，沟通的语境也会影响他们的互动方式。例如，在聚餐的轻松环境中，朋友之间会聊天吹嘘嬉笑打闹，而在职场中可能会传达截然不同的信息。对沟通交互本质的了解，除了让我们意识到沟通的复杂性，也可以在很多方面帮助我们提高与他人互动时的沟通力。

1.4.4 沟通可以是有意识的或无意识的

　　我们与他人沟通时，会发出具有特定目的和意图的信息。然而，无论这样的行为是有意还是无意而做出的，沟通都会发生。基于有意识和无意识沟通，会出现如图1-2所示的四种沟通情形。箭头1是沟通发生的普遍形式。箭头2所表示的沟通过程属于"说者无心，听者有意"的情形。这种情况下，听者往往会过度解读沟通者的行为。例如，某一天，一位领导对每个员工都皱着眉头，满脸不高兴，有人和她说话时经常被她打断，于是员工们对她这种行为进行了各式各样的解读。有的员工可能会揣测公司遇到了资金问题，自己可能要面临被裁员；有的员工开始反思自己是不是做错了什么，会不会受到处分；还有的员工会认为该领导只是和她老公吵架了，带着怨气上班。而事实是，该领导只是头疼而已。尽管她并没打算在工作中传递任何负能量，但其他人还是会用自己的想法解读她的行为。

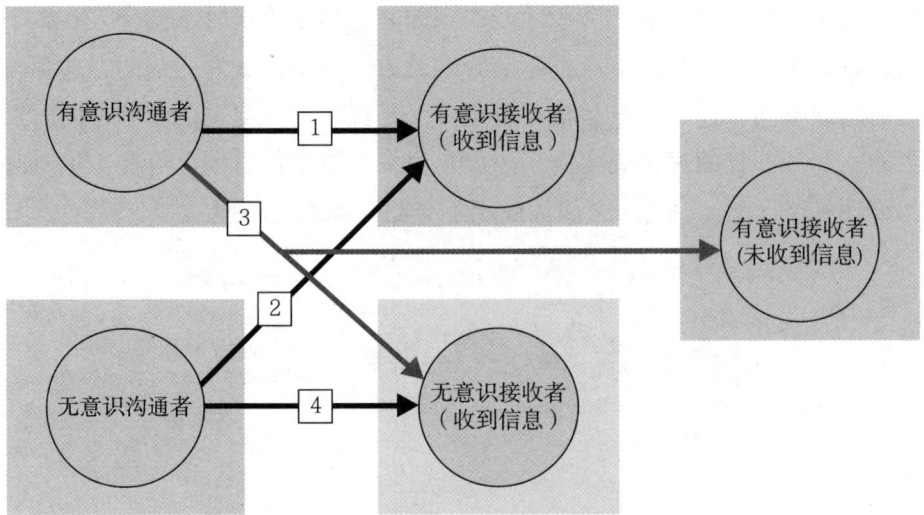

图 1-2　有意识和无意识沟通的类型

既然有意识和无意识都可以进行沟通，那我们就必须认识到，即使我们没有任何意图，沟通也可能发生。回想一下，有没有发生过你自己无意沟通，别人却收到你的信息的情况？

有意识沟通
沟通者有意地将信息发送给特定接收者。

无意识沟通
沟通者无意发送，或发送的信息不针对该接收者。

　　箭头 3 的情况与箭头 2 恰好相反。在这个过程中，沟通者确实有意发送信息，但信息所针对的接收者并没有用心地接收信息。例如在课堂上，老师在认真地讲课，而学生却在下面走神。

　　箭头 4 的过程说明，即使沟通者和接收者都是无意的，没有任何人有意发送或接收信息，沟通也有可能发生。这种无意发送且无意接收的沟通通常是非语言的。例如，一个人的着装可能不是为了传达任何信息，路人看到这个人穿着的行为可能也不是有意要接收任何信息，但事实是他们确实看到了。因此，即使这个人和路人都没有任何有意沟通的行为，沟通还是发生了。回想一下你是否接收过一条信息，虽然你知道它并不是针对你而发送的，但你还是觉得有点不开心。你为什么会不开心呢？

1.5　沟通的基本要素

　　沟通过程中有 8 个最基本的要素值得详细研究：

1. 信息源 / 发送者；
2. 信息；
3. 干扰 / 噪声；
4. 信息渠道；
5. 接收者；
6. 反馈；

7．环境；

8．语境。

图 1-3 展示了当两个人进行沟通时这些要素是如何相互作用的，但这只是局限性地描述了各要素的动向及其对其他要素的依赖关系。在实际的沟通过程中，当沟通各方相互做出反应时，这些元素会不断发生变化。该模型还表明，沟通是一个过程，其所有组成要素作为一个整体系统共同工作，无论是互动式沟通、交互式沟通还是有意识或无意识的沟通，都有可能发生，这充分展示了我们之前讨论过的沟通原理。

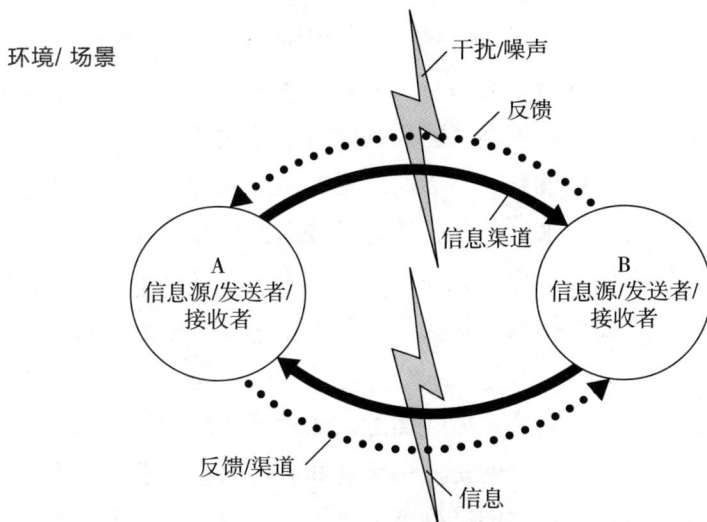

图 1-3　沟通的基本要素模型

交互沟通过程的基本组成是动态的，它们不断变化，具有持续性，且相互影响。

明白了这些元素在沟通过程中如何互相作用之后，接下来，我们将针对每个元素进行单独讨论。

1.5.1 信息源 / 发送者

信息源是信息的创建者。由于沟通往往涉及多人，因此一次沟通可能存在多个信息源。在图 1-3 的模型中，两个人互为信息源。例如，在课堂上老师和学生都可以作为信息源，同时向对方发送信息：老师给学生发送信息，学生给老师发送信息，或学生之间相互发送信息。

信息源
信息的创建者。

沟通的信息源有四个任务：确定沟通的意图，通过编码将意图转化为信息，发送信息，感知并回应倾听者的反应。每个沟通者作为一个独特的个体，在作为信息源的同时，也展现了他独特的交际能力、知识、态度和社会文化背景。没有两个沟通者的沟通力完全相同，他们也不会以完全相同的方式待人接物。沟通各方之间的差异越大，他们之间进行有效沟通所需的努力和技巧就越多。如果别人与自己的观点不同，要尊重他人的观点，这也是有效沟通的第一步。

确定意图 信息背后的意图决定了你创建信息的方式。你的措辞、语音语调，以及其他非语言行为，都向接收者传达你的意图，这需要你做出谨慎的选择。例如，当你准备告诉你的朋友你要去加勒比海度假时，你必须先确定你最终想要传达的意图。你是想让他们为你感到兴奋，还是想让他们嫉妒？你是想询问他们是否一起去，还是向他们了解有关旅行和住宿的优惠信息？或者你只想表达你对这次旅行的喜悦。在确定意图之后，选择用怎样的言语和行为来传达你的信息，这些都是你需要思考的问题。

编码
信息源将人们的想法或感受转化为构成实际信息的词句、声音和其他物理表达的过程。

编码 信息发送者在确定了沟通意图之后，开始进行编码。换句话说，根据社会学家乔治·赫伯特·米德（George Herbert Mead）及其学生创建的符号互动理论，人类最能表现自身人性化的活动就是彼此交谈。我们与他人的对话，也就是我们参与沟通的某个社交场景，使我们能够将自己的沟通意图构建出来。例如，快递员按门铃让你签收包裹，不用看寄件地址，你就告诉快递员你一直在等着收这个笔记本电脑。符号互动理论还解释了当我们在面对挑战、解决问题和做出决定时，进行自我交谈（内在沟通）的过程。

发送信息 编码完成之后，信息发送者把信息发送出去。在这个过程中，发送者的沟通力，也就是使用声音和肢体语言等准确地表达意图的能力，会影响表达预期意图的准确度。比如，假设你的意图是想表达对去加勒比海度假的喜悦之情，你就必须用准确的言语和行动来表达你的感受和想法。

回应 最后，信息发送者必须解读接收者对信息的反应。在大多数情况下，信息发送者对接收者反应的感知与做出对应反馈同步进行。例如，听你讲述加勒比之旅的人会在你说话的同时向你发送信息（微笑、点头、目光接触等），以回应你说的内容。如果你将该反应解读为肯定和鼓励，你可能会继续分享关于这次旅行的更多信息。

1.5.2 信息

信息
信息是由信息源产生的沟通内容。

信息是由信息源产生的沟通内容。信息由词语、语法、构思、表情、肢体动作、声音、个性、自我概念及个人风格构建而成，环境和噪声干扰也会影响信息。无论信息发送者是否有意识，任何来自信息发送者的、能影响接收者的刺激信号都是信息。因此，如果你看到一个朋友愁眉苦脸、好像出了什么问题，当你上前询问时，朋友却说："哦，没什么。"听到这个回答时，你肯定不会真觉得没问题。皱眉这个动作传递的信息与你朋友的言语所表达的内容和做出的反应不相符，而你可能倾向于相信他的面部表情，而不是他说的话。虽然你的朋友没有和你进行任何讨论，但你会对所见所闻做出自己的解读。

需要注意的是，每条信息都是独一无二的。即使相同的信息被重复多次，它在每种情况下都会传达不同的意图，因为信息不可能以完全相同的方式，或在完全相同的语境中被重复或接收。

1.5.3 干扰 / 噪声

任何改变信息预期意图的因素都可以被称作干扰。之所以把这个因素列入沟通模型，是因为在所有沟通环境中都不同程度地存在这个因素。

干扰
任何改变信息预期意图的因素。

干扰可以是外部干扰或物理干扰，比如摔门的声音、打电话的声音或是办公室电脑的外放音乐引起的噪声等。外部干扰还包括令人不快的环境，比如充满二手烟的房间、太高或太低的温度；也可以是一种气味，比如呛鼻的香水味；还可以是一些让讲话者分心的特征，例如对方化着大浓妆、穿戴夸张的服装或珠宝、语速太快或太慢、吐字不清等。

干扰也可以是内在的或心理上的。例如，一个人内心的想法可能会干扰信息的接收或表达。当一个人为了引起别人注意而大声说话时，这可能会给接收者造成身体和心理上的干扰。如果接收者将高分贝的讲话声解读为愤怒，那么这声音不仅会造成干扰，还会造成解读偏差。如果接收者根据自己的解读做出相应的反馈，说话者可能会感到非常惊讶。从本质上讲，干扰是降低或扭曲信息的清晰度、准确性、内涵、理解或保真程度的任何因素。

1.5.4 信息渠道

信息渠道是使信息在信息源和接收者之间流动的媒介。通常的沟通信息渠道是光波和声波，这使我们能够在当面沟通时看到和听到彼此。如果沟通方式是从一个人手上送到另一个人手上的一封信，则传递信息的媒介就是这张信纸。如果你在电视上观看晚间新闻，那么电视机就是媒介。书籍、电影、计算机、收音机、杂志、报纸和社交网站都是传递信息的渠道。

信息渠道
使信息在信息源和接收者之间流动的媒介。

生活中，我们还会通过嗅觉、触觉和味觉等感觉器官来接收信息。我们经常会忽视这类沟通过程的存在，但它在我们的生活中必不可少。想象一下，当你走进一家面包店，却无法闻到香气或尝到味道；或者你可以去抱一抱你在乎的人，感受一下这个拥抱，你就会知道触觉的重要性了。因此，所有五官感受都有助于沟通。

1.5.5 接收者

接收者
分析和解读信息的个体。

在图 1-3 的模型中，两人都是信息接收者。接收者是指分析和解读信息的个体，接收者将符号化的信息转化为对意图的理解，这个过程被称为解码。人们在沟通过程中既是接收者又是信息源：当你倾听他人的信息时，你会通过身体动作和面部表情做出反应，发送信息的人会收到你的身体反应所传达的信息。与信息源一样，接收者也有几个任务，包括接收所有感官刺激信号，关注这个信息，解读和分析信息，存储和回忆信息，并对信息源、信息、信息渠道、环境和干扰做出反应。此外，两位沟通者的沟通技巧、知识、态度和社会文化背景也会影响他们的沟通效果，双方之间的差异越大，接收者需要为有效沟通所付出的努力就越多。

解码
将符号化的信息转化为对意图理解的过程。

1.5.6 反馈

反馈
信息接收者根据信息对信息发送者做出的回应。

沟通过程中的另一个要素是信息反馈，即信息接收者根据信息对信息发送者做出的回应。反馈使信息发送者能够确定所发送的沟通内容是否已按预期被接收和理解了。为了准确地传达意图，信息发送者必须及时纠正信息中的错误和误解，补充遗漏的信息，并在必要时纠正自己错误的响应。

信息反馈是有效接收的自然延伸，接收者要对信息的预期意图进行关注、解码、确认，并给出相应反馈，让发送者知道自己已经收到和理解了信息。接下来，信息发送者要判断该反馈是否提供了足够的信息，以确认接收者是否准确解读了信息。因此，信息反馈可以说是沟通过程中的一种控制机制。遗憾的是，我们经常意识不到自己的沟通问题，尤其是他人对此的反应。所以我们发出的信息常常会被忽略或被误解。例如下面这种情况，某餐厅成功举办了一次派对，给餐厅带来了一笔可观的收入，于是员工要求加薪或发奖金。老板告诉他们奖金和下次工资一起发，却没有把这个信息体现在工资表里。这就会让员工心存疑惑，不知哪里出了问题。

反馈是沟通过程的重要组成部分，因为它既是一种纠错机制，也是我们了解自己的途径，它可以帮助我们适应他人、评估自己。向他人提供反馈与接收反馈同样重要，这样才能让沟通成为真正的共享过程。

不仅如此，信息反馈还有其他好处。一项经典研究发现，当反馈增加时，信息的接收度也随之增强。[13] 该实验让四组学生分别构建一个几何图形，由教师为每组设定不同的实验条件。（第一组）零反馈组：教师背对学生，不允许他们提问或发出声音；（第二组）可视的反馈组：学生可以看到老师的脸，但不能提问；（第三组）有限制的口头反馈组：允许学生向老师提问，但老师只能回答"是"或"否"；（第四组）完全自由的反馈组：所有沟通信息的渠道都是开放的，对于向教师提问的类型和可以解答的程度都没有任何限制。实验结果表明，表现结果与反馈水平成正比，没机会接收老师反馈的学生表现不佳。这项研究有两个重要发现：（1）随着反馈量的增加，沟通的准确度也会增加；（2）随着反馈量的增加，接收到反馈信息者对自己的表现也会更加自信。

1.5.7 环境

沟通的环境或气氛，指的是沟通发生时的心理环境和物理环境。沟通环境包括沟通者的态度、感觉、认知和人际关系，以及沟通发生时的场景特征，如房间的大小、颜色、布置、装饰和温度等。

环境
沟通发生时的心理环境和物理环境。

环境会影响沟通的性质和质量。例如，在私密、安静、舒适的环境中进行私密交谈比在公共场所、嘈杂、不舒服的环境中要容易得多；大多数人都认为与熟人沟通比与陌生人沟通更容易。有些环境可以促进沟通，有些环境则会抑制沟通。试想一下两种对比强烈的环境。

一个办公室打扫得窗明几净，墙面刷着浅蓝色的墙漆，房间里播放着轻音乐，办公室里弥漫着一种令人愉悦的香气。两个人坐在柔软舒适的座椅上，面前的办公桌干净整洁，他们并肩微笑着工作，累了就休息一会儿，各自讲讲有趣的故事和家里的情况，他们表现出了对彼此真正的关切，他们的沟通是开放和充满关怀的。

另一个办公室杂乱无章，墙面漆成深褐色，没有背景音乐，办公室里一股霉味儿，书桌横七竖八地摆放在一个个小隔间里。两个人并排坐在小隔间里，不舒服的椅子上，一个人在他的电脑上大声开着外放，扰乱对方的工作。他们对彼此缺乏尊重，他们之间的沟通是充满敌意的。

大家可以思考一下，房间的环境最终会如何影响沟通？有效沟通和无效沟通的产生，都在一定程度上受到环境的影响，虽然在任何地方、大多数环境下都能产生有效的沟通，但显而易见，令人愉悦、舒适的环境和开放、信任的关系，更有利于产生积极的沟通。

1.5.8 语境

沟通发生的广泛情境或场景被称为语境。沟通不是在真空中进行的；它发生在正式或非正式的场景中。例如在两个朋友之间，在五个开商务会议的同事之间。人员的数量、沟通的类型以及沟通发生的环境，都属于语境。各种语境都会影响我们说话的内容及方式。此外，语境还有助于我们确定所要使用的沟通类型。

语境
沟通发生所处的广泛情境或场景。

参考指南

了解自己，并了解沟通过程中所发生的一切

1. **始终努力成为一名优秀的沟通者**。优秀的沟通者会竭尽全力帮助倾听者理解自己的意图。

2. **要明白干扰可能会削弱你的信息质量**。来自外部和内部的干扰可能会使信息源的意图难以解读。

3. **要知道在沟通中，经常会有一些不可控的环境因素（如太冷或太热、外部噪声、光线太暗或太强）**。但是，你可以通过控制自己的语速、音量、停顿、手势、发音的准确度等来提高你的沟通效率。

4. **谨慎选择你的说话内容和你提供信息（编码）的方式**。这样你的倾听者才能更好地理解你。

5. **仔细观察你的受众（接收者）**。这样做能让你知道如何解读他们的非语言反馈，让你发出的信息更有针对性。

6. **记住，倾听是沟通过程的一个至关重要的方面**。优秀的倾听者会用自己的方式让别人明白自己在积极地参与沟通。

1.6 沟通的类型

沟通的类型通常根据所涉及人员的数量、沟通的目的及发生的正式程度来划分，每种类型的沟通都有各自适用的语言和非语言行为。本书讨论的五种沟通方式是自我沟通、人际沟通、公共沟通、大众沟通及通过社交媒体沟通。另外，我们还会在本书中提到群体沟通和团队沟通。

1.6.1 自我沟通

自我沟通
理解自己内心信息的过程。

要与他人沟通，我们必须首先了解如何与自己进行沟通。这个理解自己内心信息的过程被称为**自我沟通**。随着不断地成长，我们会获得很多关于周边环境和对自身的认知，并从过去的经历中得到历练、积累经验。尽管别人也会教会我们很多东西，但有很多东西是必须亲身经历的，没有其他任何学习方式可以替代。

当我们评估或试图理解自己内心的信息如何相互作用时，就会产生自我沟通。当我们接收、参与、解读、分析、存储、回忆，或以某种方式回应信息时，都涉及自我沟通。

自我沟通包括各种内心活动，如思考、解决问题和冲突、计划、情绪、压力、评估和发展关系等。我们创建的所有信息都是先在内心形成的。可以说，当我们对沟通做出反应时，自我沟通过程就已经发生了。自我沟通可以在没有任何其他类型沟通出现的情况下进行，但如果没有自我沟通，所有其他类型的沟通都不会发生。实际上，自我沟通时时刻刻都在发生，但我们常常并不认为这也是一种沟通方式。

1.6.2 人际沟通

人际沟通是在人际关系中创造和分享意图。它与自我沟通的相似之处在于，它也有助于我们分享信息、解决问题、解决冲突、理解我们对自己和他人的看法、与他人建立关系。（第 13 章将更详细地讨论人际关系以及我们与朋友、家人的关系。）

二元沟通是人际沟通中的一种。二元沟通是仅在两个人之间进行的信息交互。它包括非正式的对话，例如与父母、配偶、孩子、朋友、熟人或陌生人之间的谈话；也包括正式访谈。访谈是一个精心策划和执行的问答过程，旨在交换双方所需的信息。

人际沟通的另一个类型是小群体沟通，在一个小群体（最好 5 ~ 7 人）中，成员们交换信息，他们有共同的目的，例如完成任务、解决问题、做决策或分享信息。（第 14 章将讨论小群体沟通的目的、特征、领导、参与、决策、问题解决和评估。）

1.6.3 公共沟通

公共沟通是信息由一个人发出，而由多人接收的过程。最广泛应用的公共沟通形式是公开演讲。生活中我们会作为听众参与一些公开演讲，例如讲座、会议和庆祝仪式等。

虽然公开演讲和其他类型的沟通之间存在很多相似之处，但我们也能发现一些区别。公开演讲通常比其他类型的沟通更结构化，它要求演讲者进行详细的规划和准备。与其他形式的沟通的参与者不同，参加公开演讲的听众不会频繁地用问题或评论打断发言者，所以公开演讲者需要预先设想听众可能出现的疑惑，并尝试解答这些问题。

公开演讲通常需要使用比其他类型的沟通更正式的语言和表达方式。在公开演讲中通常不能使用俚语、行话，或出现语法错误。演讲者必须准确地使用语言，并且发音准确，以确保听众能够听清和理解信息。这需要演讲者摒弃那些可能分散听众注意力的发音和动作习惯，有些在其他类型的沟通中被认为是无伤大雅的习惯，在公开演讲中就不宜出现。

公开演讲通常有三个目的：告知、说服和娱乐。当然也可以是介绍事物、表达敬意、接待或欢迎等其他目的。（这些目的将在第 8 ~ 12 章中详细讨论。）

1.6.4 大众沟通

大众沟通通常表示专业人士通过广播、电视、报纸和杂志等传统媒体渠道与大众进行沟通。这些渠道构成了将信息传递给大规模群体（大众）

人际沟通
在人际关系中创造和分享意图。

二元沟通
仅在两个人之间进行的信息交互。

访谈
一个精心策划和执行的问答过程，旨在交换双方所需的信息。

小群体沟通
在一个小群体（最好 5 ~ 7 人）成员之间交换信息，他们有共同的目的：例如完成任务、解决问题、做决策或分享信息。

公共沟通
信息由一个人发出，而由多人接收的过程。

大众沟通
专业人士通过广播、电视、报纸和杂志等传统媒体渠道与大众进行沟通。

的手段。在这种情况下，专业的沟通者——新闻记者、主播或书籍作者等人充当信息源，大量受众和读者都是信息接收者。在大众沟通中，鉴于沟通的单向性，反馈的机会通常很少，只能通过例如读者（接收者）给报纸的编辑写信，受众向新闻记者发送电子邮件、打电话给电台栏目组等方式进行反馈。

1.6.5 通过社交媒体沟通

通过社交媒体沟通
以数字设备或平台（智能手机、短信、Facebook、Twitter、Snapchat 等）为媒介进行的沟通。

通过社交媒体沟通是指以数字设备或平台（智能手机，短信，Facebook，Twitter，Snapchat 等）为媒介进行的沟通。众所周知，这些技术带来很多便利，而且让我们可以同时做很多事。例如，可以用智能手机与朋友互相发短信，查看 Facebook 和 Twitter，发推文，收发电子邮件，拍照片发布到 Facebook，录制视频发到 Snapchat 或 YouTube 上。（第 6 章将讨论通过社交媒体沟通和当面沟通之间的差异，讲述新科技的发展史，重点探讨新的技术理论，进一步解释如何利用社交媒体进行沟通。）

不管技术怎么发展和变化，有一点始终不变：沟通的目的是建立联系。沟通是一种可以学会的技能，使我们能够在个人、家庭、社交、工作，甚至作为世界公民等各个层面扮演好自己的角色。很多人担心技术会对我们的当面沟通产生负面影响，因此，了解怎样合理利用技术也变得愈发重要。如果你要向辅导员、教授或未来的雇主发送电子邮件，记住务必正确使用语法、拼写和标点符号，不要使用平时发消息时常用的"表情"。如果你通过发邮件或打电话提出某种请求，就更要确保自己有礼貌，摆正自己的位置，想清楚你希望得到什么样的帮助。别人会通过你的沟通方式对你有所评价，因此，沟通的时候一定要考虑到接收者的身份、不同的语境，以及对方对你发出的信息可能存在的认知差异。

1.7 对沟通的认知误区

由于对沟通存在一些认知误区，很多人无法认真审视自己的沟通过程，这里要重点强调"自己的"！因为大多数有沟通问题的人，都倾向于在自身之外的方面找原因。意识到这些常被当成真理的错误认识，有助于我们理解为什么有必要研究沟通。以下是一些影响个人提高沟通力的最常见的认知误区。

1.7.1 误区 1：沟通可以包打天下

第一个认知误区是认为沟通具有解决我们所有问题的神奇力量。实际上，谁也无法确保沟通有这种能力。没有沟通，我们无法解决问题，但有时，沟通造成的麻烦比解决的问题还多。

这里有一个例子。安德鲁的邻居艾琳是一名房地产经纪人。艾琳印了传单在家门口分发，她把传单给安德鲁看，让他提提建议。很显然，艾琳在传单上花了不少心思，但安德鲁看了传单之后说："我真心觉得你这份传单设计得一般，估计达不到你想要的宣传效果。"艾琳听完这话情绪非常激动，指责安德鲁只有他才会说这种丧气话。安德鲁虽然理解了艾琳请他看看传单的表面意思，但他并没意识到，其实艾琳想要的只是"你做得很棒"这种鼓励。那么安德鲁用怎样的沟通方式才能不激怒艾琳呢？

沟通的确有助于消除或减少问题，但它不是灵丹妙药。问题往往不在于沟通本身，而在于沟通过程中所传递的信息。

1.7.2 误区 2：沟通越多越好

人们经常会认为沟通得越多越好。那些进行大量有效沟通的人通常被认为比进行更少的沟通的人更友好、更有能力、更强大、更具有领导潜力。但是，沟通的数量并不能和沟通质量画等号。例如，一位母亲告诉她的高中生儿子，他不能在他哥哥的大学毕业典礼上穿某件衬衫，而小儿子却认为自己很喜欢那件衬衫，穿着去也没有什么不妥，而且其他人都穿类似的衬衫。母亲和儿子都不会改变他们各自的观点，他们会继续争辩下去，矛盾会愈发激烈。此时除非另一位家庭成员介入阻止争论，否则两个人会变得越来越不肯让步、越来越大声。在这种情况下，正如分析第一个认知误区时讲到的，具有影响力的并不是沟通的行为或数量，而是沟通的内容。

社交媒体的便利性使我们能够快速连续地发送电子邮件、推文和短信。你是否曾在几秒内收到过朋友发来的很多条消息？可能因为消息发得太急，短信中的某个词被输入法的自动纠错功能误改了，结果，你的朋友又要接着发一堆消息来纠正这个错误，再发一堆消息来道歉。所以，一条精心撰写的消息，比很多条带有文字错误的消息的沟通效果更好。

1.7.3 误区 3：言辞等于意图

如果你的朋友说她感觉不舒服，你会如何解读这条信息？她生病了？感冒了？肚子不舒服？还是情感上受到了伤害？这可能有很多种可能性，但因为缺少语境和更充分的信息，所以你无法确定她的意图。如果她说自己感冒了，并且感觉不舒服，那么这个信息是否清楚？至少它略微缩小了你的猜测范围，但还是可能会让人困惑，因为不同的人在说"我感觉不舒服"这句话时，感受的程度可能有所不同。也就是说，同样的表述，对你们两个人来说，可能意味着不同的感受。有些人使用这句话时只是表达轻微的不适，而有些人可能用来表达更加严重的病情，同样的话可以包含很多不同程度和类型的情况。因此，确定对方的沟通意图还是要根据他们的实际情况，而不能只看他们的言辞。当今社会，大家的立足点和层次千差万别，明白言外之意更加重要。

对沟通最严重的认知误区莫过于把言辞本身简单地等同于对方意图。言辞本身的含义都是由人赋予的。没有任何两个人对某个词句的理解一模一样，因为没有两个人拥有完全相同的背景和经历。因此，不能脱离开说话人的具体情况去理解言辞所表达的意义。

1.7.4 误区 4：沟通能力是与生俱来的

沟通素材库
有效沟通者积累的巨量沟通行为作参考素材，可供随时选用。

许多人认为，因为我们天生就具备沟通所需的身心条件，所以它一定是一种天生的能力。这样想是不对的。沟通的能力，就像我们从小到大学习做每件事一样，是后天习得的。我们大多数人都拥有系鞋带的身体条件，但我们小时候仍然需要学习怎么把鞋带系好。同样，我们大多数人天生就有视觉，但这并不代表我们天生就能够阅读。阅读需要掌握字母知识、积累词汇并不断练习。想掌握沟通能力，不仅需要拥有一定的知识基础，还需要了解人类沟通的方式和原则，并在生活中找机会实践各种沟通技巧。本书将讲述一些非常重要的沟通技巧，其中包含建立自己的沟通素材库，以便在与他人建立联系时可以从中选择恰当的沟通行为。

1.7.5 误区 5：沟通是可逆的

我们都会在沟通中犯错误，你可能会认为这些错误是可以挽回的，但实际上这是不可能的。话一旦说出来，就不可能收回了，接收者不得不处理这个信息，而表达者也不得不尝试解释和弥补所犯的错误。例如，我们在愤怒时会说一些让我们后悔的话，之后又要求对方"忘记我说的这些话"。虽然对方可以原谅我们的气话，但他不可能忘记我们说过的话。当我们通过写作沟通时，写完之后可以进行审校修改，但是当我们发送口头信息时，其他人会听到这些信息并立即回应我们说的内容，即使这些话可能并不代表我们的真实想法。

当你准备向经理或同事发电子邮件的时候，请务必检查一下你的收件人栏是否填写正确。如果你在邮件中提到了敏感的工作问题，并贸然单击"发送"，你可能会发现你把主管的邮件地址填到了抄送栏，如果你并没打算给主管发这封邮件，那你可得好好和主管解释了。永远记住，沟通是不可逆的。通常情况下，通过社交媒体进行的沟通也是如此。就像当面沟通一样，我们一旦通过 Twitter 发出推文，这个信息就会被全世界看到并做出反应。因此，在我们和他人说话（或发送文字信息）之前，认真组织一下我们的想法并谨慎措辞是很重要的。

参考指南

提高沟通力

1. **了解沟通在你生活中的作用。**注意沟通过程的复杂性，了解不同类型的沟通，并了解当面沟通与社交媒体沟通的区别。
2. **认识到沟通的一些认知误区。**我们需要认识到，关于沟通的一些认知误区可能会妨碍我们发展有效沟通的能力。
3. **增加你对有效沟通行为的储备。**优秀的沟通者会建立自己的沟通素材库，并在面对不同情况时从中选择适当的沟通行为。[14]

4. **优秀的沟通者具有同时协调多个沟通任务的能力。**一个优秀的沟通者会同时进行以下任务：选择传达信息的方式、考虑接收者的各种可能的反应、计划好在第一次尝试无效时重述信息的方式。
5. **学习沟通理论、实践经验和信息反馈等一些专业知识，将帮助你在沟通时思考并做出更好的决策。**你也将因此获得自信和对沟通技巧进行评估的能力。

》小结

1.1 沟通与交际
沟通力是指沟通者能够准确、成功地传递信息所需的表达能力和理解能力。

1.2 沟通的定义
沟通是指通过人类的符号互动，即时分享和创造含义的过程。它涉及一系列行为，并在各种情况下发生。

1.3 学习沟通的理由
沟通力（不只是把话说出口）其实是一种后天习得的能力；成为一个成功沟通者的过程，是一个艰难的终身课题。
- 我们生活在一个科技社会，需要使用**社交媒体**与社交网络中的其他人互动。
- 沟通对于事业的成功起至关重要的作用。
- 沟通涉及高标准的道德行为。
- 我们生活在一个多元文化的社会中，需要与来自不同文化背景的人们互动。

1.4 沟通的基本原则
要想了解沟通的本质，就必须了解沟通的四个基本原则。
- 沟通是一个过程，因为它涉及一系列没有明确始末界限、不断变化的行动。
- 通信是一个系统，是由若干相互依赖的部分构成的一个整体。
- 通信是**交互**的，因为信息在彼此间同时发送和接收。
- 沟通可以是**有意**的，也可以是**无意**的。

1.5 沟通的基本要素
当两个人沟通时，几个组成部分之间相互作用、融合转化。
- **信息源/发送者**是信息的创建者。
- **信息**是由信息源产生的沟通内容。

- 任何改变信息预期意图的因素都被称为**干扰**。
- **信息渠道**是使信息在信息源和接收者之间流动的媒介。
- **接收者**分析、解读信息的意图。
- 信息**反馈**是接收者对信息的反应。
- **环境**包括沟通发生的心理环境和物理环境。
- 沟通的广泛情境或场景称为**语境**。

1.6　沟通的类型

沟通的类型由所涉及的人数、信息意图以及正式程度来划分。

- **自我沟通**　理解自己内部信息的过程。
- **人际沟通**　在人际关系中创造和分享意图。
- **公共沟通**　一条信息由一个人发出而由多人接收的过程。
- **大众沟通**　是专业人士通过广播、电视、报纸和杂志等传统媒体渠道与大众进行沟通。

- **社交媒体沟通**　是通过数字设备或平台如智能手机、短信、Facebook、Twitter、Skype 等传输的沟通行为。

1.7　对沟通的认知误区

对沟通的一些认知误区让我们无法认真审视自己的沟通过程。

- 沟通具有解决我们所有问题的神奇力量？这是不可能的。
- 沟通得越多越好？实际上，并非沟通越多，沟通质量就越高。
- 言辞本身即为意图？判断意图的重点在于使用者本身，而不是他们所使用的词句。
- 沟通力是与生俱来的？沟通力就像其他大部分能力一样，都是后来习得的。
- 沟通是可逆的？事实上，说出的话就像泼出的水，很难再收回了。

》问题讨论

1. 为什么有时候沟通对我们来说很难？
2. 根据你在本章中所阅读的内容，用你自己的语言描述一个有效的沟通者应该是什么样子。
3. 当我们说沟通是一个过程时，它意味着什么？
4. 反馈如何让你的沟通更有效？
5. 如何改善与来自不同文化背景的人的沟通？提一些你的建议。
6. 短信、Snapchat 和 Twitter 分别如何影响我们的沟通，以及我们收发信息的质量？
7. 从本章所学的知识中选择一个你认为最重要的、能帮助你成为一个更优秀沟通者的观点、概念或原理。

第**2**章

连接感知、自我与沟通

本章导读

感知是我们对外部世界和自身的一种感受和认知，我们每个人都会选择自认为值得关注的东西，以自己的视角解读外部世界。本章将讨论感知在日常沟通中的作用，了解感知如何影响我们的自我概念、对外部环境及他人的认知。首先，我们将讨论什么是感知，以及它如何赋予我们所处的环境和我们自己含义；其次，我们将研究自我概念的定义，以及自我概念对于沟通和公共形象管理的影响。

章节大纲	学习目标
2.1 感知与沟通	解释感知和沟通能力之间的关联
2.2 感知的过程	了解感知的三个阶段对沟通的影响
2.3 感知差异	确定不同的人可能以不同方式感知相同事物的 7 个原因
2.4 提高感知能力和感知验证	准确解释和验证感知，提高沟通能力
2.5 感知与自我概念	理解感知在决定自我概念中的作用
2.6 理解自我概念	区分自我概念、自我形象和自尊
2.7 社交媒体和自我概念意识	确定影响自我概念的社交媒体因素
2.8 文化与自我概念意识	描述文化在确定自我概念中的作用
2.9 性别与自我概念意识	描述性别在决定自我概念中的作用
2.10 自证预言效应与印象管理	解释自证预言效应和印象管理在自我概念方面的作用
2.11 提升自我概念	确定提升自我概念的 6 种方法

联系日常生活

如第 1 章所述，如今社交媒体在我们的日常生活中起着主导作用。我们可以随时在线发布信息与家人、朋友分享，并且认为看到帖子的每个人都会完全按照我们的预期来理解。的确，看我们帖子的人看到的是完全相同的消息，但更多时候，他们的理解并不相同。为什么没有两个人以完全相同的方式理解我们的帖子呢？这是因为我们每个人都会选择自己关注的内容，然后根据我们对内容的理解和不同传播方式赋予它们含义。例如，你发了一张自己在聚会上玩得很兴奋的照片，你的朋友看到了，认为你参加了一个很棒的聚会，但你的父母只会感到担忧，而同事看到了，却认为你非常不负责任。他们谁是对的呢？

大多数人都会害怕别人错误或消极地看待自己。我们一度认为，作为同学、朋友、同事、队友、个体、爱人等，无论我们多么努力或多么成功，也不管我们对自己的评价有多高，我们付出的努力可能还是不够。我们可能认为其他人比我们更聪明、更有魅力、更强壮、更快，或更有影响力。强烈的自尊心通常导致我们感觉自己很特别，优于常人。即使是我们中最成功的人，也常常将"平凡"视为一种侮辱，并将"平凡"这一标签等同于失败。对付这个问题的一种"方法"是不断进行社会比较，试图以贬低他人来夸大自己的形象；另一种"方法"是自暴自弃。这两种方法都不能以积极的方式建立自我概念。

我们或多或少要承认，他人对我们的评价，无论是当面的还是通过社交媒体的，都会影响我们的自尊——尤其那些来自我们崇敬和钦佩的人的评价。例如，想象一下你欣赏的密友、恋人、父母、教授、音乐老师、同事或教练对你说了下面的话：

"你是个天才，真的了不起——你做得太棒了！"

"连你都能解决，真是瞎猫碰见了死耗子。"

"你真搞笑，笑死我了。"

"一派胡言，你什么都没听懂。"

"你确实胖了很多。"

这些评论或行为，无论是通过社交媒体的还是当面的，都会短暂或永久地影响我们认识自己，影响我们与他人交流关于自己的事情。

问题与思考

1. 你认为哪方面对我们的感知影响更大——是我们看到的还是听到的？请说明原因。
2. 关于感知以及感知在与他人沟通中的作用，我们可以从上述内容中学到什么？
3. 描述在某个或多个场景中，技术（比如社交网站、短信、Twitter、Snapchat 或其他媒体）如何影响你对他人或事件的看法。
4. 描述自我概念如何影响自己与他人的沟通。讨论积极和消极两方面的影响。
5. 对自己的认识是如何帮助一个人成为更优秀的沟通者的。
6. 我们所拥有的在社交网络或其他网络平台上塑造人设的能力是如何影响我们的自我概念的。

2.1 感知与沟通

感知
选择、组织和诠释信息的过程，使我们所收到的信息具有个性化的含义。

感知包括选择、组织和诠释信息，使我们的沟通和生活充满意义。基于经验可知，我们的感知为沟通赋予含义，并影响我们与他人沟通的内容和方式。

感知是沟通的核心。一些学者认为，没有沟通，感知就不可能存在。因此，换个说法，沟通也是感知的核心。沟通学者罗伯特·L. 斯科特

（Robert L. Scott）写道："词本无意，意由境生；因人而异，因境而迁。"[1]例如，两个人感知有差异，并不一定说明一个人比另一个人的感知更恰当或更精确。而这意味着，在思维差异大的个体间进行沟通时，可能需要对这些差异有更多的理解、协商、劝说和容忍。

像沟通一样，感知是一种复杂的现象。要想从我们周围的环境中接收刺激信号并形成感知，在听觉、触觉、嗅觉、视觉和味觉五种感官中，我们至少需要使用其中一种。

我们的感知无论是否完整、准确，都会影响我们的沟通和决策。我们对人、环境、事件、物体等元素的感知，以及这些元素之间的关系，构成了我们的主观世界。然而，我们对客观世界的感知可能与其他人感受到的不太一样。比如，当一个人对另一个人说"我知道这对你来说有多难"时，这句话说明了一个人对另一个人的经历感同身受，但这并不意味着他真的知道对方正在经历什么。优秀的沟通者理解感知的作用及其对沟通的影响，反之亦然。他们也知道自己对单次沟通、某个事件或情形的感知可能并不完整，在得出结论之前，往往需要更多的信息。在得出任何结论之前，他们都敢于寻求更多信息或提出问题。

2.2 感知的过程

感知本身看起来很简单。毕竟，我们总是这样做，这似乎很自然，以至于我们几乎没有考虑过它。但是感知是一个复杂的思维过程，如果不被理解，可能会导致误解，有时人们会为之付出高昂的代价，例如失去实习和晋升机会，甚至失去一位朋友。感知的第一阶段是对周围环境的意识，即从我们面对的所有刺激信号中选出我们需要关注的。第二阶段以一种更合乎情理的方式来组织我们所感知的信息。第三阶段对感知到的信息进行诠释或赋予含义。最后，我们必须将自己的感知传达给他人。表 2-1 说明了此过程。

表 2-1　感知过程

术语	定义	示例
选择	筛选一种刺激信号	选择性接触 选择性注意 选择性记忆
组织	整理、构建或分类	完整化 临近归类 相似性

（续）

术语	定义	示例
诠释	赋予刺激信号以含义	根据过去的经验 根据新情况 根据他人观点 根据语言交流

2.2.1 选择

选择
筛选刺激信号。

　　很多人认为大脑的工作方式类似于摄像机：信息通过一种感官形成、进入并储存在大脑中。事实上，环境中的信息太多，大脑无法同时吸收，所以大脑会选择性忽略很多信息。它接收一定数量的信息，并将其组织成有意义的模式，这一系列关联都在毫秒内完成。比如，当你第一次走进教室，你注意到了什么？通常情况下，你完全或至少部分地运用你的感官观察教室里还有谁。你看到或听到了其他学生传递的信息，其中一些人可能是你认识的其他班的同学，另一些人你并不认识。你也可能注意到了电子白板、老师和教室的其他事物。问题是，你从经验中学到了什么？为什么？你与认识的人交流了什么（如果有认识的人）？

　　我们会对每一个人、每种声音、每种物体或周围的事物进行处理和分类，特别是面对新事物或新奇事物时。然而，我们都是有习惯的生物，当其他人以常规或可预测的方式行事时，我们更容易掩盖或忽略重要的细节，这可能导致误解、隔阂或沟通偏差。优秀的沟通者能够意识到正在发生的事情，所以他们在忽略什么和关注什么上做出了很好的选择。因为优秀的沟通者明白，他们不可能关注、感觉、感知、记住所遇到的每一个刺激信号，并赋予其一定的含义，所以他们选择有关联的信息，并缩小关注范围。选择是发生在我们根据以往经验对各种事件进行心理归类的基础上的。选择有三种类型：选择性接触、选择性注意和选择性记忆。

选择性接触
通过刻意选择体验或避免特定的刺激信号。

　　选择性接触　当我们刻意选择体验或避免特定刺激信号时，就会使用选择性接触。当我们选择关注一件事而不是另一件事时，也会使用选择性接触，例如，选择回复手机消息而不是和路上碰到的朋友打招呼。我们只有在注意具体事件的情况下，才能看到、听到、闻到一些信息。

选择性注意
有选择地注意特定信息而忽略或轻视其他信息。

　　选择性注意　我们有时会有选择地注意特定的信息，而忽略或轻视其他信息。也就是说，我们专注于感兴趣的人或事，忽略其他无关信息的影响。例如，我们关注某人的口音而忽略其内容。注意某事通常需要意志力，但即使我们试图集中精力，也容易出现中断。例如，在安静的教室里，手机关机的声音、一个响亮的喷嚏、讲话声、警笛声、婴儿的啼哭声、呼救声、一股气味或一个动作，都很容易让我们转移注意力。继续完成被打断的任务通常需要额外的努力。同样，当我们在一个拥挤而嘈杂的休息室里与人交谈时，我们会更加专注于对方的话语而忽略其他的声音。这种排除所有额外的刺激信号以保持注意力的做法（称为鸡尾酒会效应），是选择性注意的一个例子。优秀的沟通者很快就能抓住重点，忽略额外的刺激信号，以确保沟通无误。

选择性记忆 因为我们不可能记住遇到的所有信息，所以我们对信息的记忆也是选择性的。当我们选择处理和存储最终要检索并会再次使用的特定信息时，就会发生选择性记忆。我们倾向于长期记住任何与我们观点一致的信息，有选择地忘记那些不一致的信息。此外，在感知和选择某些刺激信号之后，我们可能只保留其中的一部分。例如，有多少次，老师布置完作业，过了几天，你问同学或老师关于作业的问题，却发现，你以为自己做完了，实际上只完成了一部分？这是因为你有选择地记住了愉快的部分，而忘记了不愉快的部分。选择在我们的沟通内容、沟通动机和沟通方式中起重要作用。

选择性记忆
对我们已经选择、组织和诠释过的信息进行处理、存储和检索。

2.2.2 组织

为了更好地理解我们如何组织接收到的信息，以及信息组织对沟通的影响，想象一下，当你走进一个人满为患的房间时会发生什么。你第一次走进房间，你就开始把人们分成不同的群体或类别。有可能你最初会寻找熟人，通过这个行为，你会根据你认识的人和不认识的人对房间里的人进行分类。你最有可能与你认识的人或碰巧离你最近的人交流。你也可能会花更多的时间和你认为像你的人在一起，而远离那些与自己差异大的人。

组织是对信息进行整理、构建或归类。我们的大脑组织信息的方式，对于我们如何看待他人、如何与他人交谈，以及他人如何回应我们，有深远的影响。我们对事物、地点和人的感知，取决于我们的角色、背景和经历以及自我概念。我们也可能更关注具体的信息，比如一个人的身高、吸引力、年龄或种族，而不是抽象的心理层面，比如罪恶感、诚实等。

组织
整理、构建或分类。

认知复杂性是心理学家用来衡量和解释我们处理、诠释和储存复杂信息能力的一个术语。我们的认知越复杂，感知就越复杂。例如，作为一个认知复杂的人，你会同时注意到某个人的几个特点：健谈，衣着得体，言辞幽默，而且很有吸引力；而一个认知不那么复杂的人，可能只注意到其中的某一个特征。在抽象的心理层面上，你可能会推断你观察到的行为反映了对方外向、真诚和自信的性格。这一级别的评估解释起来很复杂，因为这涉及人们为什么会像他们所做的那样——仅仅根据观察结果来决定感知。

认知复杂性
衡量我们处理和存储简单到复杂信息的能力。

认知复杂度高的人在解释复杂的事件和情境时可能更加灵活，并且能够将新的信息整合到他们的感知中。这些人也可能使用"以人为本"的信息，并在与他人沟通时考虑多种属性。例如，有些人能够将他人的价值观、信念、外表和情感需求融入他们的信息。这种能力使那些具有高认知复杂度的人成为有效的沟通者，因为他们能够同时理解和处理多视角的信息。

完整化
补充细节以便使感知到的实体或信息变得完整。

完整化　我们有一种完整化的本能，比如填写缺失的内容和单词，画延长线以完成一个图形或信息。完整化是使不完整的感知变得完整的细节填充，其动机是因为我们总是试图使无意义或不完整的信息变得有意义或完整。

填补空白或丢失的信息，有助于我们对自己看到和听到的事物进行分类、标记和理解。我们在试图了解他人的时候，也会做同样的事情。例如，如果我们在一个班上遇到不同种族或不同文化背景的同学，可能会自己在脑海里补充一些未知的信息，比如此人的价值体系、信念、政治观点，或他是否受过良好教育、是否富裕等，帮助我们了解此人。不幸的是，我们有时会基于自己的偏见和无知来填补缺失的东西。

当获取的信息有限时，优秀的沟通者会意识到他们在做什么，并记住"知之为知之，不知为不知"。否则，对他人形成错误或不准确感知的概率就会大大增加。有偏差的认知会对沟通产生负面影响，甚至会让你失去一段关系、一份工作或新的体验机会。例如，在没有完整信息的情况下，你随意评论，认定某个人和你的世界观不同，进而由于偏见失去对他人进一步了解的兴趣。也极有可能因为没有充分了解对方的观点，而失去一份珍贵的友谊。

邻近归类
两个或多个相互邻近的刺激信号的组合。

邻近归类　邻近归类是指基于"物以类聚、人以群分"的假设，将两个或两个以上个体归为一类的趋向。人们通常认为，外貌、国籍、种族和出身相似，居住在同一社区或属于同一组织、联谊会、俱乐部的人，会以同样的方式看待他人、事件和活动。这样的做法不仅不准确，而且是错误的，我们必须小心谨慎，不要轻易把人归类，或套用同一个模板进行交流。好像那些经常在一起的人，在面对所有问题或状况时，就会持有相同的思维方式、行为和信念似的。优秀的沟通者会因人而异进行交流，不会因为"相似性"而给对方贴标签。

相似性
在大小、形状、颜色或其他特征上彼此相似的刺激信号的组合。

相似性　基于相似性形成的小圈子在相似性方面包括大小、形状、颜色或其他特征。例如，谢莉（Shelley）喜欢聚会，可能认为其他喜欢聚会的人在各个方面也和她很相似。因此，如果谢莉既喜欢聚会又喜欢徒步旅行，她可能误以为其他喜欢聚会的人也会喜欢徒步旅行。当然，这只是她一厢情愿的想法，两个人在某方面相似，并不意味着他们在其他方面也会相似。当我们看到不同文化背景的人时，有时也会这样形成主观假设。我们倾向于臆测：长相近似的人，他们的行为和思维也应该相似。当我们认为人、事件或物体相似时，就很难看到差异，这让我们与对方进行交流时，往往无法将他们彼此区分开。在某些情况下，这反过来也会使讨论不同的看法变得困难。

2.2.3 诠释

我们对看到、听到、尝到、触摸到和闻到的信息的诠释，是自我概念的重要组成部分，也是感知可以影响交流的重要因素。所谓诠释，就是赋予刺激信号以含义。我们会基于过去和现在的经验，以及其他人的意见，对刺激信号进行定义和解释。

诠释
赋予刺激信号以含义。

基于经验的诠释　我们往往凭个人经验对刺激信号进行解释。例如，当你第一次来到大学校园时，你可能要通过找人问路或查看地图才能找到某些楼房和教室的位置。但随着时间的推移，你发现你很容易找到这些地方，甚至还发现了一些近路。随着我们对周围环境的熟悉，我们越来越没必要对想去的地方规划路线，只要去就行了。因为太熟悉了，如果有人在学校里问路，你可以想都不想随手一指。我们的错误在于，我们认为问路的人会完全理解我们说的方位，这会造成我们的感知和沟通脱节。

基于新情形的诠释　尽管经验是诠释环境的基础，但我们仍必须当心，别让经验主义妨碍我们在新情形中寻找新的含义。例如，一个教授遇

交际与成功

网络与感知

韦德（Wade），一个农场的孩子，是一个大四学生，他的 Facebook 页面上有他打猎的照片，包括他多年来拍摄的动物照片。他花了几个小时编辑页面，以确保别人知道他是一个狂热的猎人，一个环保主义者，以及他对自然的热爱，在他发的每张照片中，他手里都拿着步枪或弓。

韦德的领英简历显示，他的 GPA 成绩是 3.87，他是生物化学荣誉俱乐部的主席（他是生物化学系的学生）、生态系统科学和可持续发展俱乐部的副主席，以及美国未来农民协会的成员。他还表示，他计划下个月毕业后去医学院继续深造。韦德在各种校园和社区组织中非常活跃，是辩论小组的成员。

问题与思考

1. 仅根据第一段对韦德的描述，你会如何描述他？

2. 如果你只在领英上看了韦德的简历，且从来没见过他本人，你会如何描述他？

3. 如果你在一个聚会上遇到了韦德，发现他的行为举止很狂野，但你也看到了他的领英简历，你会怎么形容他？

4. 在这个练习中，关于感知和交流，你学到了什么？

到了倒霉事，并不意味着另一个教授也会有同样的经历。优秀的沟通者会把以前的经验看作一个教训，在得出最终结论前坚持多问、多思考。

优秀的沟通者知道，无论什么来源或形式的信息，都必须被赋予含义。他们也知道自己对这些信息的初步诠释并不总是准确或完整的。其实我们心里应该清楚，我们每个人对这个世界的感知，或多或少都戴着"有色眼镜"。因此，我们眼睛看到的和耳朵听到的信息，如一条河流、一棵树木、一座山丘、一个人或一件事，和别人感知到的信息都不尽相同，也无法用同样的方式来诠释和理解。然而这是否说明，由于其他人看法不同，所以他们的诠释就有错误呢？一点儿也不，只是诠释不同而已。

基于他人观点的诠释　我们的感知受到与他人交流的影响。杂志、报纸、电视、社交媒体和互联网，很大程度上影响了我们对这个世界的理解，这些媒体常常塑造我们的感知。比如一些社会热点推文或博客的内容，都可能会影响我们的感知和沟通方式。

基于语言交流的诠释　说到感知，大多数时候我们会把这个词与我们所看到的联系起来，其实我们也会根据个体的语言模式（包括语音、语法和对词汇的选择）形成感知。语言模式创造了形象，包括年龄、能力、智力、文化背景或种族背景，以及性别。例如，人们通常认为一个细声细气的人胆小或缺乏自信，大嗓门的人专横或控制欲强；粗哑刺耳的声音让人烦躁，低沉的声音充满阳刚之气。我们会根据人们的口音、语速、流畅度和音质在头脑中形成人物画像。

人们如何通过声音在头脑中形成各种正面和负面的人物画像？

想想一个人的声音或用语是如何影响你对他的可信度、竞争力、智力、年龄或性别的看法的。

一个大学生说："好吧，我不知道你在说什么。"一个接受采访的教练回答说："你们知道的，我们被虐了。"一个店主说："我们受够了。"或一个流浪汉说："我们的经济体系是世界最好的。"这些言论会如何影响你对表述者的看法？如果那个大学生穿西装打领带，会改变你对他的看法吗？如果那位教练赢得了全国最多的比赛，你的看法会有所不同吗？了解到那位店主刚成为美国公民，会影响你对他的看法吗？得知流浪汉受过大学教育，最近刚失业，你会改变对他的看法吗？这些额外的信息是否会彻底改变你的看法？

我们大多数人相信眼见为实，真是这样吗？未必！由所见所闻产生的感知有强大的影响力。当一个你尊敬的人告诉你，不要选某门课或某位教授，因为那个教授的外国口音很重，你根本听不懂，这时你可能就不会选那门课或那位老师了。

你的语言可能使你受损，这些都和感知有关

在《纽约时报》的一次采访中，一位美国参议院候选人被问及她为什么相信自己会成为一名优秀的参议员时，她引用了以下话：

"所以我认为，在很多方面，你知道，我们希望有各种不同的声音，你知道，代表我们，我认为我带来的，你知道，是我作为一个母亲，作为一个女人，作为一名律师的经验，你知道。"[2]

问题与思考

1. 仅仅根据受访者在采访中说的话，你的最初印象是什么？

2. 如果在你采访的过程中，她说了 142 次"你知道"，你对这个人的最初印象会有什么改变？

3. 如果你发现她写了七本书，其中两本是关于宪法的，两本是关于美国政治的，她毕业于哈佛大学和哥伦比亚大学法学院，她的家族在国家政治领域很有名，这些信息会如何影响你对这个人的看法？

4. 如果你知道这是她的第一次重要采访，而且她非常紧张，你会怎么想？

你可能还会告诉其他人，你听到的关于这个课程和教授的情况可靠。而实际上，你对这个课程和对教授的看法，只是基于熟人的一面之词，你并没有亲身经历。几个礼拜后，你和另一个你也比较尊重的朋友聊天，他正好在上这个教授讲的另外一门课，并对其赞不绝口。最终你意识到你可能错过了一门好课程和一位好老师。优秀的沟通者不仅会在得出结论前核实自己的感知，还善于根据现实情况调整自己的看法。稍后你将学习一些核实新信息的方法。

2.3 感知差异

我们的经验、身体构成、文化背景及目前的心理状态，决定了我们的感知和对感知的诠释。这些因素还决定了我们如何评估、组织并用行动来回应感知。以下各节将讨论这些因素如何影响我们的感知。

2.3.1 感知定式与刻板印象

当我们忽视新的信息，而仅仅依赖我们对事件、对象和人固定的、先入为主的观点来诠释时，我们使用的就是感知定式。[3] 感知定式让我们的看法过度受制于经验，从而忽略了信息、事件、对象或人的差异与变化。这是一种刻板印象。刻板印象是指对事件、对象和人进行分类，而不考虑其独特的个人特征和品质。例如，在几乎所有的跨文化情境中都存在刻板印象，主要还是因为人们对外部文化不熟悉。由于人类对信息进行分类和归类的心理需要，刻板印象普遍存在。人们习惯于通过刻板印象解释他人

感知定式
对事件、对象和人固定的、先入为主的观点。

刻板印象
对事件、对象和人进行分类，而不考虑其独特的个人特征和品质。

及其行为，这种倾向会使我们忽视个人特点和差异，从而妨碍沟通。

刻板印象使我们过于简化、概括或夸大某些特征或品质，因此是建立在半真半假、歪曲和虚假的前提之上的，这很难作为成功沟通的基础。刻板印象会重复并强化信念。例如，有些人认为体育生上大学只是为了参加他们从事的运动项目，就是一个典型的假设。刻板印象最终会导致认知偏差永久化，从而阻碍或加强我们与被标签化对象之间的交流。尽管许多刻板印象都是负面的，但也存在积极的刻板印象。例如，当我们刻板地认为男生都是多谋善断的，或女生都是善解人意的时，我们会形成适用于两性的积极印象。

像刻板印象一样，感知定式也并不总是限制或阻碍我们，有时还能帮助我们更有效地做出决定。它们为我们设定了对事或对人的期望值，使我们能够将我们的期望与当前的现实进行比较，并做出相应的反应。例如，一个中国学生到美国上大学，很多人都会认为这个学生的英语不流利。然而，在和这个学生聊了几分钟之后，你发现她不仅英语流利，而且听起来比许多在美国出生的人都地道。优秀的沟通者会避免这样的幻觉：感知定式或刻板印象总是完整或准确的。许多沟通学者认为，人类在沟通中的最大问题就是对自己的感知过度自信。[4]

2.3.2 归因错误

人的本性是把原因归属或分配给人的行为。归因是人们试图理解他人行为背后的原因的复杂过程。有两个因素会影响我们对自己和他人行为的假设：情境（环境 / 外部因素）和性格（人的特征 / 内部因素）。我们总是试图解释行为的原因，但要想寻求解释，我们必须先做出假设。例如，假设你看到了下面的场景：一位同学上课迟到了一个多小时，他走进教室，平板电脑掉在地上了；他弯腰捡平板电脑的时候，眼镜从上衣口袋里掉出来摔碎了；他伸手去捡眼镜，又把可乐洒得满地都是。面对这个场面，你如何解释？很有可能你会得出这样的结论，比如，"这人颠三倒四、笨手笨脚"，你的结论准确吗？也许你猜对了。不过，也有可能他迟到是因为车子打不着火了，平板电脑掉地上是因为外壳太滑了，而洒可乐是因为要捡眼镜。研究表明，我们更容易高估主观原因，而低估客观原因。这是一个基本的归因错误。[5]当我们认为他人有一些行为是因为他们是"那种人"，而不是任何可能影响他们行为的外部因素时，就会出现基本归因错误。

假设你遇到一个同学，车子打不着火了，你决定帮帮她，给她一些关于如何发动汽车的建议。结果她却不友好地看着你，白了你一眼然后不

归因
人们试图理解他人行为背后的原因和动机的复杂过程。

基本归因错误
把别人的行为归因于他们是"某种人"，而不是任何可能影响他们行为的外部因素。

理你了。你有点生气，心想，"这个不知好歹的人，真以为天下人都是欠你钱吗，居然不理我"。有没有可能，在你之前已经有几个人提出了同样的建议，却没奏效？或者说她经历了极其艰难的一天，考试不及格，和男友分手了，而汽车问题是"压垮骆驼的最后一根稻草"？这是另一个基本归因错误的例子。这个归因错误之所以发生，是因为除了对象的可观察行为，我们没有其他的参照点。因此，我们很可能做出主观判断以安抚自己，而这会导致错误和不准确的沟通，特别是在我们沟通那些没有经过核实的事实或情况时。

我们知道自己的实际情况，所以很容易解释自己的行为。但对于他人，我们往往更容易"假设"，而不是理性判断是什么导致了某人的行为方式。例如，一个说话带口音、在课堂上不擅长表达自己的学生，很可能会被认为不是很聪明。然而，在第一次考试之后，你会发现这个同学的考试成绩最好。其与第一印象的反差让你很惊讶。当你和这个学生交谈时，你发现他是生物系的，平均成绩是 A。你不知道的是，这个同学患有社交恐惧症。根据某人的自我表达能力做出这种归因错误和不准确的判断是很常见的事。因为那位学生说话不利索，就认定他智商不高，这是一个基本的归因错误。

作为一名优秀的沟通者，我们需要学会如何避免出现基本归因错误或拥有过于狭窄的视角。在对别人的行为进行判断之前，我们应该停下来思考，至少应该问问自己，我们是否有可能反应过度或判断错误。通过这样的反思，我们可以提升自己感知的准确性，并改善我们的沟通能力。

2.3.3 生理特征

我们的体重、身高、体形、健康状况、优势和运用五官的能力都可以左右我们的感知差异。例如，如果你有视觉障碍，你可能会认为视力正常的人难以理解你、难以想象你体验这个世界的方式，他们通常不会自动考虑这种差异，沟通也因此变得更加困难。

在我们第一次和某人见面时，我们通常会对各种各样的因素有所反应，不管这些因素有多肤浅，都会导致情绪反应，从而对那个人产生正面或负面的印象。其中一个因素是穿着。除了整洁或质感等因素，服装颜色和款式也会对我们的感知产生影响。对很多事物，我们会自然而然地得出结论，比如光明是好的，黑暗是坏的。[6]影响感知的其他因素还包括明显的身体缺陷、眼睛、身高和体格，以及胡须。[7]再次强调，感知可以导致假设，而这些假设可以影响我们沟通的方式和内容。

2.3.4 心理状态

另一个影响或改变我们对人、事件和事物看法的因素是我们的精神状态。我们接收和感知的所有信息，都会经由大脑进行过滤和筛选。显然，当我们一切顺利、心态积极时，我们看待人和事的态度要比心态消极时好得多。如果我们处于巨大的压力下，或妄自菲薄，这些情况将影响我们对周围的世界的看法。有时这种扭曲是细微和暂时的，对沟通没有明显的影响；但有的时候，我们的精神状态甚至可以颠覆信息和其含义，改变我们选择、组织和解释信息的方式。不可否认的是，心理倾向会影响或改变感知，最终影响沟通。想想当你对某人或某事感到沮丧、生气或挫败的时候，你看待这些事物是什么样的心理状态；而你不带这些情绪的时候，你的看法又是怎样的。

你的性格如何影响你与他人的沟通？本章随后将更详细地讨论自我概念和感知之间的联系。

2.3.5 文化背景

文化
对影响相对较大群体行为的信念、价值观、规范和社会实践等的统称。

文化背景也会影响我们对人、事件和事物的感知。文化有一百多个不同的定义，每个定义都有不同的视角。对于我们来说，文化是"对影响相对较大群体行为的信念、价值观、规范和社会实践等的统称"。[8] 文化通过沟通、信念、文化产品和人们共有的生活方式而发展。一个群体的文化通常在信仰、语言、思想、社会规则、法律、感知、沟通和态度等方面体现出相似之处，所有这些都有助于一个群体建立身份认同，从而区别于其他文化群体。

花点时间思考一下你所持有的文化信念，它影响你的世界观，也决定了你身处其中的行为方式。你对工作、教育、自由、年龄、竞争、个人空间、清洁卫生、性别、忠诚、死亡和哀悼、礼仪、健康、身份差异、身体装饰、求偶、家庭、艺术、音乐、技术等的看法，都会影响你的文化身份，你的观点也会影响你与他人的沟通和互动。

文化身份与身体特征（如肤色、眼睛形状或性别等）几乎或根本没有关系，因为这些特征是通过遗传获得的，而不是通过交流形成的。特定种族或国家的人，从小被引导类似的信念、价值观和态度，这些相似性创造了诸如"非洲裔美国人""拉丁裔""美洲土著"或"欧洲裔美国人"的标签。根据定义，每个标签都暗示这些群体之间存在文化差异，但是这些标签无法表明群体内部存在的差异。我们大多数人相信，相似种族或国籍的人有相同的思维和行为方式。然而，这种思维方式很可能导致误解和感知错误。例如，两个拉丁裔企业主，一个在纽约市，另一个在内布拉斯加州的农村，虽然都被贴上了"拉丁裔"的标签，但由于他们居住在不同的地方，他们可能有截然不同的价值观、信念和生活方式。因此，仅仅因为他们都是拉丁裔，或因为他们的外貌特征相同，而假设他们的思维和行为类似，这是不严谨的。优秀的沟通者不会依赖标签或身体特征来对人们的价值观、态度、信念或行为做出假设。然而，优秀的沟通者确实会通过沟通和感受对方的行为来了解他人，他们还会通过提问以确保准确性。

交际与成功

感知差异

创建一组列表，如执法人员、运动员、教师、银行家、中产阶级、主管、企业主、公司领导、会计师等。你可以直接使用上面的职业完成列表，但也可以自己创建三到五组列表。选择其中两组，并分别描述每一个职业的特征。例如，对于运动员，你可以列出一些特征，比如竞争性、进取性、专注的、技术娴熟的、强壮的、快速的等。

问题与思考

1. 在创造你的特质列表中感知起到什么作用？
2. 性格和特征列表会如何影响你与这些群体中的个人沟通？

2.3.6 性别

影响我们感知世界的另一个因素是性别。区别于生物性别，本书重点讨论的是由社会构建的社会性别，这涉及与男性、中性和女性有关的习得行为。一些理论家认为，我们对男性和女性的判定标准，决定了我们学习、理解周边世界的方式，进而决定了我们的感知和交流方式。

两位沟通学学者科里·弗洛伊德（Kory Floyd）和乔治·B.贝（George B. Bay）对人们初次见面互动时的声调和情感感知进行了一项有趣的研究，研究发现声调较高的男性被视为软弱或柔弱，因此不会被女性

性别
与所习得的男性和女性行为相关的社会性概念。

中性
一种社会性概念，同时具有男性和女性特征。

交际与成功

性别决定沟通方式？

肯西咨询服务公司总裁卡罗尔·肯西·高曼（Carol Kensey Goman）博士做了一项研究，以了解人们在工作场合如何看待沟通中的性别差异。列出你认为女性和男性的前三大沟通优势和前三大沟通劣势，然后和班上的其他几位同学讨论你的清单，以确定一个商定的清单。

1. 感知在你的列表中有什么作用，如果有请解释一下。

2. 你们班 / 组的男生和女生之间，对各自所列的优缺点的看法，有什么差异吗？如果有，是哪种方式的区别？

3. 你是否认同卡罗尔·肯西·高曼在她的研究中的发现？解释一下。

4. 解释为什么她的发现可能对所有男性和女性都是准确的，或者可能不是准确的。

视为合适的交往对象。[9]然而，对于女性，事实恰好相反，高音调的女性被认为比低音调的女性更深情。[10]

2.3.7 媒体

有时别人会故意影响我们的感知，比如广告商、政治倡导者等，他们试图塑造我们的观点。广告商已经掌握了一些技巧，让人们以有利于客户的方式思考和行动。

很多使用社交媒体的人认为，我们的信息不会产生感知，就算产生了感知，也不会被解读。然而，和与沟通有关的其他事一样，包括使用电子邮件、Snapchat、Instagram 或 Twitter，都会让我们产生感知，有时受众对我们发布的信息的解读，并不是我们想要的。因此，我们需要注意写什么和怎么写，我们想展示什么或不展示什么。那些接收我们电子邮件或看我们 Twitter 的人，会根据我们使用的语言、拼写的准确性、写邮件的语气或发布的照片，形成对我们的印象，得出一些推论。

我们必须注意，从网络和社交媒体中获取的信息是否真实可靠，与信息源头有很大关系。我们在互联网、电子邮件、Facebook 页面、Twitter 或其他媒体上看到、听到或阅读的内容，确实会影响我们的认知，并最终影响我们对世界的看法。互联网和社交媒体都是强大的工具，但与其他媒体一样，它们并不能确保信息完全可靠。

交际与成功

感知与道德

鲍勃是一名摄影师，你们学院邀请他来拍摄照片，使学院的互联网网页尽可能地吸引人。当鲍勃到达校园时，发现学校位置偏僻，周边环境差，停车很困难，而且校园急需维护。因此，他不拍任何显示周边环境的照片，而专门拍了一张学生的照片，照片上的学生打扮得像一个成功的商人，正走近新改建的行政大楼入口。他还拍了一组学生的特写，以展示校园的多样性。他在一栋教学楼前面拍摄了一个小池塘，用了广角镜头，给人一种有湖的错觉。鲍勃的照片在网上给人留下了这样的印象：学院吸引了各种各样的学生，有一个现代化的校园，还有一个湖。

问题与思考

1. 鲍勃通过他拍摄的照片创造了怎样的感知？
2. 因为校园周围是一个破败的贫困社区，鲍勃决定拍摄城市另一部分的景点和住宅，并使用它们，给人一种这些地方离校园很近的印象。你认为使用鲍勃的照片合乎道德吗？说出原因。
3. 你怎么能保证你浏览的网站以真实的方式呈现图片和信息呢？

媒体可以以强有力的方式塑造和强化人们的看法。你可能认为这没什么问题，但如果我们考虑到大众获取刺激信号时对媒体的依赖程度，以及人们对媒体内容不加辨别的接受程度，便不会这么乐观。我们的感知和现实之间的差距是巨大的。优秀的沟通者会核实他们收到的信息以确定其真实性和准确性，特别是当信息来源不明时。

2.4 提高感知能力和感知验证

要想成为一个优秀沟通者，我们必须了解感知的重要性，明白如何与他人交流，并弄清我们所认为的现实或真相。人们习惯于对自己的感知不加判别，对背后的因素也缺乏深入了解。例如，你和斯蒂芬妮（Stephanie）一同上生物课。你听另一个同学说斯蒂芬妮经常外出，而且非常喜欢聚会。她的 Facebook 页面上贴满了乱七八糟的照片，还通常端着杯啤酒。因此，你把她看作一个派对女郎，并认为她上大学的唯一动机就是玩得开心。她很少准时上课，逃课更是家常便饭。除非上课被点名回答问题，她平时话语寥寥，但她似乎总是知道正确的答案。

眼看期中考试临近，你从她的室友那里听说，斯蒂芬妮经常往外跑，几乎不翻书，更别说学习。刚考完不久，你遇到斯蒂芬妮，问她考得怎么样，她说感觉还行，而且卷子很容易，但在你看来，考试挺难的。成绩出来以后，你发现斯蒂芬妮排名全班第二。这时你推断斯蒂芬妮肯定作弊了，因为据你所知，她不可能考得那么好。在这个例子里，不管你选择哪种理由，你都是在做推断。如果你在传达这个推断时没有说清楚这只是一种猜测，你就可能是在传达关于斯蒂芬妮的错误信息，或者至少是误导性信息。要想成为一个更优秀的沟通者，你必须认识到你的感知是片面的，通常是主观的，并且可能是错误的。[11] 为了避免误解，你需要做到如下几点：你必须是一个积极的感知者；认识到你的感知可能不同于其他人；意识到事实不同于推断；理解感知在沟通中的作用；保持开放的心态；在条件允许的情况下，尽可能地进行感知验证。

2.4.1 成为一个积极的感知者

第一种方法是，成为一个积极的感知者。对于特定的人、主题、事件或情境，我们必须主动寻找尽可能多的信息。我们获得的信息越多，我们的理解就越深刻，感知也就越准确。我们必须质疑自己的看法以核实其准确性。通过承认我们可能会曲解信息，我们可以促使自己在得出结论之前区分事实和印象。花时间收集更多的信息，并重新检查我们感知的准确性是非常值得的。例如，斯蒂芬妮上课迟到是因为她懒惰，还是因为她在生物课之前刚上完其他的课？她是因为不感兴趣而旷课，还是因为公交车有时停运？一个积极的感知者会问斯蒂芬妮为什么她经常迟到或缺课，并且不会犯归因性错误。

2.4.2 认识到每个人的思想体系都是独一无二的

第二种方法是，承认自己的思想体系的独特性。必须记住，我们对事物的看法可能只是众多看法中的一种。每个人都有一个独特的世界之窗，以及理解和存储数据的独特体系。有些人根据他人的外表对他人做出判断，有些人则根据他人的能力、收入、教育、性别、种族或其他因素做出判断。视角的多样性表明，所有人都有各自不同的感知系统，认为一个系统优于另一个系统的观点是狭隘的。

2.4.3 区分事实和推断

第三种方法是，区分事实和推断或假设。事实是一种客观陈述，很容易被证实。例如，众所周知，校园里哪栋科学楼最高，吉娜这学期迟到了五次，排球队在过去的八场主场比赛中获胜。这些事件或行为是你所观察到并可证实的，因此它们是事实。推断是一种超越了我们所知的事实的解释。例如，当你说斯蒂芬妮懒惰、没有准备、缺乏学习动力时，你所做的推断可能是事实，也可能不是事实。

因为事实和推断往往极难辨别，很容易混淆，我们有时会把推断当作事实来看待。像"斯蒂芬妮很懒"这样的陈述听起来就像是事实。我们倾向于把这类表述当作事实，而不是通过交流来找出什么是事实，什么是推断。当我们交流时，我们需要把我们的陈述标识为推断。例如，"斯蒂芬妮看起来很懒"是一种试探性的说法，并不一定是事实，也不是确定的。下一步可能是更多地去了解斯蒂芬妮，试着和她沟通，在对她做出推断之前，找出是否有什么影响她的生活，或更多地了解她的背景，然后再对她做出判断。

交际与成功

实事求是

问题与思考

1. 参加派对的大学生在考试中不太可能考好——事实还是推断？

2. 如今上大学的女性比男性多——事实还是推断？

3. 大学毕业生的平均收入高于非大学毕业生——事实还是推断？

4. 在课堂上使用社交媒体的学生学习动力差——事实还是推断？

5. 运动员使用特殊设备提高成绩是不道德的——事实还是推断？

优秀的沟通者能区分事实和推断，并会通过给推断贴上标签来限制推断被滥用。你可以做到吗？你如何对上述不符合事实的陈述加以限制？

（答案：事实：2、3；推断 1、4、5）

2.4.4 认识感知在沟通中的作用

第四种改善我们的感知和诠释的方法，是意识到感知在沟通中的作用，多考虑他人的感知，避免对我们感知的内容做过多假设。为了充分利用已获取的信息，我们必须首先对其加以评估，然后检查信息的来源和背景。为了确保感知的准确性，我们应该尽可能地提出问题并获得反馈。我们应该对自己感知的准确性保持警惕。

2.4.5 保持开放的心态

第五种改善我们的感知和诠释的方法，是保持开放的心态，并提醒我们自己，我们的感知可能不完整或不准确。因此我们必须持续观察，寻找更多相关信息，通过思考或用语言描述我们观察到的内容，并陈述这个观察结果向我们展示的含义。最后，还应该通过语言表达来测试感知的逻辑性和可靠性。例如，斯蒂芬妮在课堂上不怎么交流是因为她害羞，还是因为她没有做好准备，或者有其他原因？如果她没有作弊，那要么是她很聪明，要么是她很用功。我们需要进行感知验证，以确保我们的思考和沟通的准确性。

2.4.6 感知验证

最后，为了提高我们感知和诠释的准确性，我们必须学会验证感知。

交际与成功

优秀的沟通者会验证他们的感知是否准确

本章已经讨论了感知与沟通的关系，以及我们作为沟通者的能力。

为了验证我们的感知，我们应该做到：①尽量陈述我们观察到的内容；②认识到我们观察到的只是一种可能的诠释；③考虑其他可能的诠释；④询问或验证各种可能的诠释的准确性。

例子：你看到运动员朋友杰森从一家卖类固醇产品闻名的诊所走出来。在过去的几个月里，杰森的运动能力有了显著的提高。

感知验证步骤：我看到杰森，一个好朋友和运动员，从一家据说出售类固醇的诊所出来。（①这是亲眼所见，不是猜测）杰森是来买类固醇的。（②这是一个可能的诠释）杰森去诊所检查他扭伤的脚踝，看望一个受伤的朋友，或者为他的脚踝扭伤打止痛针。（③这些是其他可能的诠释。）哪

种诠释是正确的？（④通过承认自己尚不能确定杰森从诊所出来的原因，来验证准确性或确认观察结果。）

现在根据以下场景创建你自己的感知验证步骤：

黛布拉是你的一个朋友，她一直认为上演讲课是一种煎熬，在历次演讲考核中得了不少 C。她向你借了一份你上学期得了 A 的演讲提纲，然后你无意中听到她向另一个朋友吹嘘，她上次演讲得了 A。

问题与思考

1. 描述观察到的行为。
2. 至少对观察到的行为考虑两种诠释。
3. 验证你的诠释。

参考指南

作为优秀的沟通者，一定要验证自己的感知

1. **区分事实与假设。** 接受假设很容易，但我们必须认识到，假设并不等于事实，也不总是准确的。当我们做出假设时，我们得出的结论几乎都没有事实依据。因此，我们应该给假设贴上标签，这样，当我们在沟通中用到假设时，就能够区分假设和事实。

2. **认识到你的个人偏见。** 人人都有偏见，偏见会对我们的看法产生影响。我们必须当心的是，偏见更多的是让我们戴上有色眼镜看问题。当我们意识到自己的某个偏见可能影响了沟通中对事、对人的态度时，我们应该随时予以矫正。

3. **记住，感知，特别是第一印象，并不总是准确的。** 明白这一点很重要，因为当我们根据有限的信息或第一印象做出判断时，我们可能会固守这种印象或看法，就好像我们已经了解了一切。

4. **一定要记住，来自不同文化背景的人，对**人、对事的定义和看法可能千差万别。重要的是要认识到，并不是每个人都和你用一样的态度来看待这个世界，来自不同文化背景的人尤其如此。如何看待和理解特定的行为，取决于文化规范或背景差异。

5. **记住，感知是基于感知者、被感知者和感知所在情境的一个功能。** 要想确保感知的准确性，重要的是理解感知是观察者的主观行为，理解感知的"是什么"和"为什么"，并考虑感知发生的情境或背景。

6. **不要害怕通过沟通来验证你的看法。** 重要的是，你要提出问题，并寻求更多的信息，以确保你的看法的准确性。不要给原本可以避免的误解留机会。

7. **愿意承认误解，并在必要时加以改变。** 重要的是要纠正错误的认识，并承认当感觉是不准确的，当错误或误解发生时，感知者有责任做出改变。

在诠释感知时，导致误解的变量和可能性都不少，因此，在对信息了解不周全的前提下就断然下结论的可能性很大。例如，我和我的一个朋友定期互发短信，但如果我在收到他的短信后 10 ~ 20 分钟没有回复，他就会认为我在生他的气。当然，我并没有对他感到不满，但当他没有收到我的即时回应时，他的确就是这么想的。想想这个例子，想想有多少次别人误解了你的想法、感觉或动机。

发展感知验证的技巧有助于避免对他人的想法、感觉或动机做出错误的推断。例如，当你最喜欢的一个教授从你身边走过时，你会和她打招呼并微笑，但是那个教授可能没注意到你，尽管你相信她看到了你。你很容易解读为：老师忽视你，因为她不怎么关注你，或你对她不重要。一个优秀的沟通者擅长使用感知验证技能，这包括以下内容。

1. 描述观察到的行为——事实：你的老师忽略了你的存在。

2. 推断老师的行为——至少可以有两种诠释：

（1）她忽视你是因为她不怎么重视你；

（2）她忽视你是因为她心不在焉，没有听到你的声音或看到你。

3．最后，验证你的诠释：你可以问老师，"怎么了老师，出什么事了吗"，这将立即澄清可能存在的任何误解。

通过使用这种验证来验证你的感知，你就不太可能假设你的第一个诠释是唯一的或正确的。为了避免误解或感知误读，我们应当带着善意主动沟通，并对沟通反馈保持开放的心态。

2.5　感知与自我概念

我们大多数人都想过，或至少曾经想过这样一个问题："谁才是真正的自我？"当大学生被问到"你是谁"或"你怎么形容你自己"时，他们的回答通常包括社会关系（比如，某某的男朋友、某某的儿子）；社会身份（比如，克莱姆森大学二年级学生、沟通学专业、游泳队成员）；或个人特征（例如，好学生、勤奋、有组织、爱运动、善良、友好、真诚和值得信任）。然而，这些描述真的能说明你是谁，或哪个是真实的你吗？我们知道，我们对他人、事件或物品的感知通常是主观的。通过本章的探讨，我们了解到个人感知的准确性常常是有问题的，因为我们所感知的内容，可能与其他人感知到的不一样，也可能与现实不一样。所以，谁才是真正的你？

"我犯过的最大的错误就是认为自己很愚蠢。"芭芭拉·柯克兰（Barbara Corcoran）讲述了一个老师改变她生活的故事。老师看到她注意力不集中，就把她从椅子上拉了下来，并且直视着她的眼睛说："如果你学不会集中注意力，你永远都是个蠢货。"作为一个 8 岁的孩子，巨大的心灵冲击使柯克兰发生了两个方面的改变：她隐藏了真实的自我，成了班上最安静的孩子。柯克兰说，她的不安全感使她成了一个细心的准备者；这使她在工作上加倍努力，不断地试图证明自己并不愚蠢。她知道自己能成功，但她仍然怀疑自己。2001 年，她出售了拥有 1000 名员工、价值 6600 万美元的产业；2008 年，她成为"今日秀"的房地产专家；2012 年，她开始在美国广播公司（ABC）的真人秀节目《创智赢家》（Shark Tank）上为企业家提供咨询。那么谁才是真正的芭芭拉·柯克兰呢？[12] 在她的网站上，你会了解到更多关于她的信息，以及她为什么说"冒险几乎总是能带来快乐的结局"。

我们每个人都非常复杂。我们自小就开始了解自己是谁——或至少了解我们心目中的自己是怎样的。我们形成社会身份或自我定义，包括我们如何看待和评价自己。我们中的大多数人都会设法保持自己的一致形象，但我们意识到，我们的自我定义在不同的情况下表现不同。例如，当你和父母在家时，你作为一个负责任的成年人的自我形象，有时可能会受到质疑。你可能不会打点自己了，甚至可能希望别人帮你洗衣服。然而，当你离家上学的时候，你能胜任这些任务，把自己看作一个负责任的成年人。尽管你如此容易"堕落"，你会认为自己是不负责任的人吗？不，当然不是！我们的自我概念，以及我们如何与他人沟通，取决于三个方面，一是环境、场景和涉及的其他人；二是我们如何在这种环境或情况下评价自己；三是我们如何将自己与其他人进行比较。他人对待我们的方式、与我们沟通的方式，以及我们相信他人将来会如何对待我们并与我们沟通，对于我们如何看待自己有重要的影响。说到自我概念，没有人是一座孤岛。当我们怀疑别人会因为自己的某些缺陷或不足而拒绝我们时，我们可以选择只改变那些特定的缺陷或不足。换言之，人们可以试图隐藏自我的某些方面，不让别人反感。要想成为一个优秀的沟通者，我们就必须明白，自我概念在我们如何与他人沟通以及他人如何与我们沟通上起重要的作用。因此，我们必须努力理解什么是自我概念，及其与感知和沟通之间的关系。

2.6 理解自我概念

自我概念
是一个人对自己感知的有组织的集合，包括对自己的信念和态度。

我们的自我概念，或者说自我身份，是我们感知到的自我，是我们自己的信念和态度的一个有组织的集合。我们的经历与他人的沟通、我们的人设和价值观，以及我们认为的别人眼中的自己，决定了我们对自己的感知。自我概念包含两个部分：一是自我形象，也就是我们如何看待自己，或我们对自己的心理图景（例如，觉得自己没什么吸引力，觉得自己是运动员、学生、工人、女性、女儿或一年级学生等）；二是自尊，即我们对自己的感觉和态度，或我们如何评价自己（例如，我觉得自己被喜欢、孤独、自信、成功、不受赏识、受人尊敬等），见图 2-1。自我形象和自尊决定了我们的自我概念。

自我形象
一个人对自己的心理图景。

自尊
一个人对自己的感觉和态度。

自我概念与感知的关系极为密切，彼此互为因果，很难将两者分开。例如，你对自己的看法在很多方面决定了你的言行。你从别人那里得到的信息又会影响你对自己的看法和感受，从而创造了关于自己是谁的感知。如果你认为自己是一个优秀的演说家，你会把外界对你在沟通方面的积极评价看作对自己能力的肯定。而如果有人发表了贬损性的评论，你可能会

自尊

我们对自己的感觉和态度，或者我们如何评价自己

我们如何看待自己

自我形象

自我概念

我们认为他人是如何看待自己的

图 2-1 自我概念

自我概念取决于多个方面，包括我们的经历、与他人的沟通、我们的人设和价值观，我们认为他人如何看待自己，以及我们如何评价自己。

认为这并不是对你沟通能力的反馈，你可能会将这样的评论解读为嫉妒或幽默，可能只是觉得发表评论的人对你本人或沟通知识缺乏了解，或者他们试图提高你已经非常优秀的口语能力，使之变得更好。为什么理解沟通、感知和自我概念之间的联系对我们非常重要？思考这个问题，然后继续阅读寻找答案。

2.6.1 自我概念的发展

小时候，我们的第一次沟通，涉及感知我们周围环境中的所有景象、声音、味道和气味。当别人抚摸我们、和我们交谈时，我们开始了解自己。别人的反应有助于我们确定如何看待自己。亲子沟通，无论是言语的还是非言语的，通常都会对自我概念的最初发展产生极其强烈的影响。例如，他们提供的衣服和玩具，以及他们与我们沟通的内容和方式，在某种程度上影响我们成为什么样的人。随着年龄的增长、生活环境和人际关系的扩大，我们与其他人的沟通可能会加强或改变我们对自我的看法。安妮·格里克（Ann E. Gerike）在她的书《变老不简单：中年指南》（*Old Is Not a Four-Letter Word: A Midlife Guide*）中写道：老有老的好处。例如，她说年龄的增长带来了自信；带来了更可靠的内心声音或"直觉"；带来了对自己不完美的接纳；带来了摆脱困境的信念；接纳生活并不总是公平的；愿意承担责任而不是推卸责任。[13]

假设格里克的观察是正确的，你认为为什么随着年龄的增长会发生这样的进步？

社会心理学家达里尔·J. 贝姆（Daryl J. Bem）认为，有时我们并不知道或理解自己的态度、感受或情绪。因此，我们关注他人，以获取这些信息。[14] 然而，贝姆也表明，通过观察自己的行为，我们可以对自己了解得更多。他认为，我们的所作所为是我们内心活动和自我感觉的风向标。此外，根据贝姆所言，我们推断自己的方式，和我们推断他人的方式是一样的。因此，我们认识自己的过程与我们了解他人的过程非常相似。

自我概念不仅受到我们如何认识自己的影响，还受到我们如何认识他人、如何认识他人眼中的自己的影响。我们过去和现在的经历也会影响我们将来如何看待自己。我们所拥有的价值观、态度和信念，以及我们如何以这些品性连接他人和自己，进一步决定了我们的自我概念。

价值观　在我们的生活中相对持久地指导我们行为或判断主次的原则与标准，被称为价值观。价值观可以分为几个大类，如审美、信仰、人道主义、知识和物质。每一类都决定着我们的行为以及我们的沟通，并且常常会在自我概念中得到反应。

交际与成功

残障人士的价值观、态度和信念

诸如"残障人只能坐在轮椅上"或"年轻的脑瘫妇女"之类的字眼和短语，会形成错误认识。耻辱感和消极的态度，往往是残障人士必须克服的最大障碍。大多数残障人士并不认为自己的残缺是一种障碍或限制，相反，他们认为残缺就是自己的一部分。对我们大多数人来说，问题在于他人显著的特征和外观会强烈地影响我们的感知，进而影响我们的沟通。除非有人指出这些问题，否则我们可能不会意识到自己的行为。然而，无论是否意识到我们的行为，沟通都会传达我们的价值观和态度，最终也会影响我们的信念。

1. 为什么像上述例子中的短语，会让我们对残障人士形成某种特定价值观、态度和信念呢？

2. 列出与残障人士互动时可以和不可以做的行为。先列出自己的单子，然后和小组同学或全班同学分享。

3. 用"与残障人士互动"这一关键词在互联网上搜索，将你的列表与互联网上的列表进行比较。有什么需要注意的地方你没有讨论或列出？

《与残障人士沟通应用与研究手册》是与残障人士沟通的优秀资源，由唐·O. 布雷斯韦特（Dawn O. Braithwaite）和特雷莎·L. 汤普森（Teresa L. Thompson）编辑（新泽西州，马华：劳伦斯·埃尔鲍姆联合公司）。

态度
关于自己、他人、事件、想法或物品的评价性感觉或思考方式。

信念
不需要绝对的证据而确信或信任某事的真实性。

态度　态度是指关于自己、他人、事件、想法或物品的评价性感觉或思考方式。态度有助于确定自我概念，但不同于价值观，它的定义更为狭隘。价值观和态度之间的关系是密切的，因为价值观会反映在我们的态度中。

信念　信念与态度密切相关。信念就是，不需要绝对的证据而确信或信任某事的真实性。例如，我们对历史、学校、事件、人和我们自己都有信念。我们的信念像我们的态度和价值观一样，是分轻重等级的。也就是说，有些信念比其他信念重要得多。我们最重要的信念，如教育和家庭生活，不会轻易改变，但那些不太重要的，比如今天的天气，体育赛事的结果或排名，只是暂时的，只持续到结果被知晓为止。

很难在价值观、态度和信念之间进行明确和绝对的区分，因为它们之间相互关联。例如，考虑以下三句话之间的密切关系。

价值观（理想）： 大学教育对社会进步是有益的。

态度（感觉或立场）： 大学教育有益于社会。

信念（信心）： 大学教育将使我们的社会更美好。

态度不同于信念，因为态度包括对某人或某事优劣的评价，而信念反映的是我们对某事真伪的判断。你对大学教育的态度和信念可能会因为你的经历而发生改变，但你对大学教育的重视是持久的。表 2-2 提供了价值观、态度和信念的定义和示例，最后一列留有空格，供你添加自己的示例。

表 2-2　价值观、态度和信念

术语	定义	示例	你的示例
价值观	基础广泛、相对持久的原则与标准	社交媒体使我们的生活更加方便	
态度	对自己、他人、事件、想法或物体的评价性感觉或思考方式	社交媒体用户比非用户更懂技术	
信念	不需要绝对的证据而确信或信任某事的真实性	社交媒体是与他人有效沟通的唯一途径	

2.6.2 沟通与自我概念

自我概念和我们沟通的方式与他人如何看待我们有直接的联系。我们可以得出这样的结论：沟通影响我们的自我概念，而自我概念影响我们沟通的方式和内容。社会心理学家约翰·W. 金奇[15]（John W. Kinch）开发的一个模型说明了这种关系（见图 2-2）。他人如何回应我们的看法（P）影响我们的自我概念（S）；我们的自我概念影响我们的行为（B）；我们的行为直接关系到其他人对我们行为的回应（A）；他人的实际回应，与我们对他人回应的感知有关（P）。由此形成了一个完整的循环。

金奇认为，我们的自我概念来自社会交往，而社会交往又反过来指导或影响我们的行为。[16] 他的理论表明，他人的反应方式，以及我们如何感知这些反应，将指导或改变我们的行为。为了测试金奇的理论是否正确，他班上的四个男生决定试试看他们是否真的能改变自己的自我概念。班上有一个相貌平平但气质不错的女生。那四个男生选她进行实验。这四个人在几周内轮流和这个女学生沟通，好像她是校园里最漂亮的女人之一。他们都尽可能表现得很自然，这样她就不会知道他们在做什么。他们一个接一个地约她。每当他们和她在一起的时候，他们的行为和互动都极尽殷勤。几周后，他们努力的成果开始显现。她的着装更加整洁，穿上了她最漂亮的衣服，梳理了发型，在与身边人的互动中变得更加外向。事实上，当第四个男生打算约她出去时，她回答说自己没时间，因为有其他约会。

金奇认为，这个女生对这些男生的行为和反应的感知，改变了她自己的自我概念，进而改变了她的行为。有趣的是，男生们也改变了对这个女生的看法。他们不再把她看作"凡桃俗李"，而是把她看作一个更有吸引力的漂亮女生。这证实了金奇的循环理论是对的。[17] 换句话说，他人的行为和与我们之间的互动，影响我们对自己的看法、我们的行为以及我们和他人的互动，也影响他人对我们的看法。

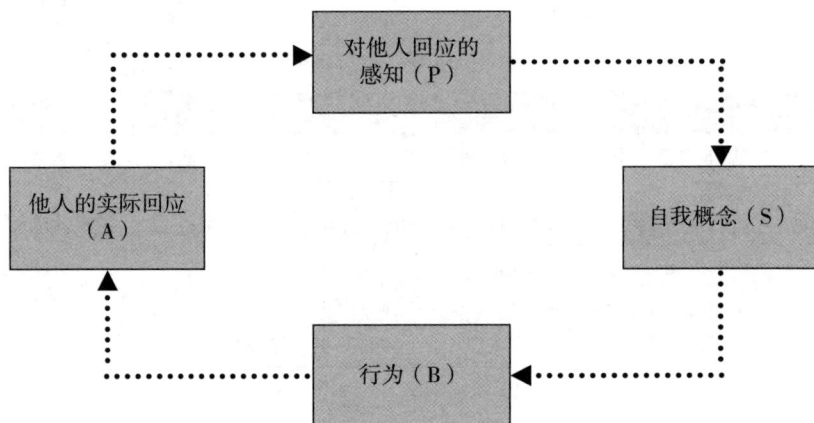

图 2-2　金奇关于自我概念与沟通之间关系的模型

金奇阐释了自我概念与沟通的关系。我们的自我概念是建立在我们与他人沟通的基础上的。资料来源：金奇，"自我概念的形式化伦理论"，美国社会早期刊 68（1963 年 1 月）：481-486.芝加哥大学出版社。经许可刊印

人格理论家卡尔·罗杰斯（Carl Rogers）认为，自我概念是我们人格中最重要的一个方面。我们的自我形象形成了我们的个性，而个性又决定了我们的沟通方式，以及我们是否与他人沟通。例如，西蒙·考威尔（Simon Cowell）是一位音乐大亨、电视名人，制作了许多电视节目。西蒙以直言不讳而闻名，他对参赛者的批评、侮辱和花式嘲讽经常引发争议。他认为自己很有能力、很重要，是人才的最终评判者，他不在乎别人怎么看他。因为他觉得自己比别人优秀，相信自己可以说出自己想说的话，管它自私自利还是冒犯他人。此外，他总认为别人理解不了他的识才之道，这一自我概念也影响了他与别人沟通的方式和内容。关于自我，有

交际与成功

借口?

假设你和一个好朋友约好一起吃饭，结果她迟到了，你收到一条短信："@我在参加一个很棒的派对，马上就来哈。"然而，等了一个小时，你开始怀疑你朋友不会来了。最后她还是来了，对你说："对不起，我刚刚和一些朋友在聚会上玩得太投入了，完全没注意时间！"你认为你在这个朋友的心目中有地位吗？

现在想象一下，如果她给你发短信说："老天，出车祸了，严重追尾，我可能要晚点到。"这个短信对你意味着什么？

如果这是你朋友第一次迟到，而且以前从没用过这种借口，你可能会相信这个理由。

现在假设你朋友在和你见面时总是迟到，而且总是用类似的借口，但是当她和别人约见时，总是第一个到达。另外，如果这次她既没给你打电话也没发消息，就是放了你鸽子，你做何感想呢？

问题与思考

1. 描述一下你认为的朋友对你的看法。
2. 她的行为是否会影响你的自我概念，是如何影响的？
3. 通过发短信，或使用 Facebook、电子邮件来解释情况，是否比当面解释更容易？
4. 技术是否改变了我们为自己的不靠谱行为找说辞的方式？

必要考虑到你所处的环境和你正在与之沟通的人。

我们一般认为，高自我概念的人在大多数人际关系中比低自我概念的人表现得更好。这里的问题并不是"你如何看待自己"，而是"当你面对最好的朋友，面对父母或陌生人时，问自己是谁"。换言之，我们的自我形象决定了我们的沟通方式，它被别人感知，也被我们内化，进而影响我们自己的感知以及我们与他人的沟通方式。上文中金奇的实验就清楚地表明了这个概念，当女生开始内化男生与她沟通时的所言所行后，会反过来影响她与其他人的沟通和行为。

社会身份视角是决定自我概念的基本要素，[18] 这说明个体对自己感知的不同，取决于他们在某一特定时刻所处的位置。这一要素引出了"个人 – 社会身份连续体"的概念。在这个连续体中，个人身份层面倾向把自己主要看作个人，社会身份层面则把自己看作特定社会群体的成员。我们不可能同时体验自我概念的所有层面，某个时刻在某个层面的突出表现会很明显地影响我们对自己的看法，而这反过来又会对我们的行为产生影响。当我们认为自己是独一无二的个体时，这种现象更加明显，我们的个人身份很可能导致自己对个体差异的强化认知。例如，当你处在个人身份的层面思考自己时，你可能会把自己描述成一个充满乐趣的人，你会强化自己比别人更快乐的自我概念。

作为一个需要经过对比而产生的结果，基于个人身份的自我描述涉及与其他组内个体的比较。因此，我们对自己的描述取决于我们和哪一组

个人 – 社会身份连续体
自我可以分为两个层面：在个人层面，强调个人的独特性；在社会身份层面，自我被认为是某个群体成员。

进行对比。[19] 例如，如果要求你描述自己与他人的不同之处，你会如何看待自己？在与父母比较时，你可以把自己标榜为自由主义者，但如果要求你描述自己与其他大学生有什么不同，你可能会说你更保守。这里的关键点是，我们依赖于与他人的比较描述自己。根据教育心理学家克里斯汀·内夫（Kristen Neff）的说法，更高的自我评估意味着你要付出更多的努力。高自尊通常需要一点自命不凡且表现高于平均水平。对于大多数人来说，被别人看作平庸之辈是一种侮辱。例如，"你觉得我昨天的演讲怎么样？""还行。""还行？"我们总觉得自己比一般人强，但是根据内夫的说法，我们不可能在所有方面都高于平均水平。[20]

在个人 – 社会身份连续体的社会层面上，我们将自己视为群体成员，用群体成员的共同属性以及"我们的群体"与其他群体的区别来描述自己，这意味着我们强调自己与群体内其他成员的相似之处。也就是说，在社会身份层面对自我的描述本质上是基于群体间的，通常涉及群体之间的对比。例如，你可以从自己是学校乐队成员的社会身份这一角度来看待自己，可以把自己描述为有音乐天赋和外向的人，认为自己与乐队其他成员有共同的特质。同时，你也将乐队与其他群体区分开，比如辩论队成员，你认为他们比较勤奋好学。

在其他场合，你可能会根据你的性别群体来定位自己。例如，如果你是女性，你可能会强调你与其他女性有哪些共同的特质（例如热情和爱心），以及你认为的女性与男性的区别特征。值得注意的是，当你把自己看作一个个体时，自我描述的内容很可能与你把自己看作某同类群体的一员时有所不同。

当然，我们大多数人都属于各种各样的群体（如按年龄、种族、民族、职业、体育、艺术能力等界定的群体），但我们不可能同时在这些方面表现得都很突出。当某种特定的社会身份表现优异时，人们很可能会以强调自我概念的方式进行沟通。我们能说基于个体身份的自我，或是基于某个潜在的社会身份的自我，就是"真实的自我"吗？当然不能。每一种对自我的看法，都有助于塑造一个广义的自我概念，而这种认知在本质上赋予了我们真正的身份。

因此，在任何特定的环境或时间，我们可能都会以不同的方式感知自己，从而创造出许多不同的"自我"。我们能说这些描述中的哪一个是"真正的"自我吗？我们也不能。所有的感知都有可能揭示真实的自我，但它们取决于情境和比较的维度。[21] 由此，我们是否可能基于对不同情境的感知，做出相反的自我描述呢？例如，有趣与矜持、开放与封闭、自由与保守等。

2.7 社交媒体和自我概念意识

我们对在线沟通的态度是另一个影响我们自我概念的重要因素，这个态度决定了我们通过社交媒体与他人互动的方式和展现自己的方式。而决定我们在线沟通态度的前提是我们如何看待社交媒体，它影响我们对媒体和信息的选择。研究人员确定了五种在线沟通的态度，这些态度决定了我们在面对社交媒体的沟通机会时，是选择接近还是回避：在线自我展示、在线社交、寻求线上便利、在线沟通恐慌和沟通偏差。[22]当你读到这些态度时，想想它们与你自己的经历有什么关系。

在线沟通的态度
决定了我们通过社交媒体与他人互动的方式和展现自己的方式。

2.7.1 在线自我展示

在线自我展示是指个人通过社交媒体进行不同程度自我调节的自我表达方式。在这方面，社交媒体用户差别很大。有些人只透露他们的名字和位置，有些人则使用 Facebook 来展示他们的个人哲学、兴趣和其他隐私，还有一些人更进一步，贴出了宠物以及参加派对的所有照片。所有这些例子都代表了人们在线自我展示的不同偏好。研究发现，很多人通过社交媒体分享大量个人信息，但在与朋友当面沟通时则不太可能这样做。在某些情况下，这些人逐步变得更依赖社交媒体并将其作为分享生活珍贵细节的重要渠道。因此，他们在社交媒体上的对外沟通，会影响他们对自我概念的感知。

在线自我展示
个人通过社交媒体进行不同程度自我调节的自我表达方式。

2.7.2 在线社交

那些使用社交媒体的人，通常认为在线沟通是一种保持在线社交联系的有效手段。在线社交是指人们相信在线沟通能够促进社会联系。研究表明，一个人的沟通能力与其对沟通社交的态度呈正相关关系。[23]反过来，他们的在线沟通或通过社交媒体与他人沟通的倾向，也会影响他们对自我概念的感知。

在线社交
认为在线沟通能促进社交。

2.7.3 便利

在线沟通态度的另一个维度是人们通过社交媒体与他人沟通的容易程度（简称为便利），它包含了用户对社交媒体的欣赏和享受程度。如你所料，对大部分人而言，使用网络沟通工具越久，就越觉得便利。社交媒体的便利性会对你如何向别人展示自己产生影响。你可以在聚会上用智能手机轻松地拍摄照片或视频，几秒内就可以将其发布到你的 Facebook 页面或 Snapchat 账户上，并提醒你的好友观看。几秒钟之内，你不仅改变了你的在线形象，而且改变了你朋友的形象。虽然使用社交媒体很方便，但它

便利
人们通过社交媒体与他人沟通的容易程度。

会很快影响别人对你人际沟通能力的看法，也会影响你的自我概念。

2.7.4 在线沟通焦虑

在线沟通焦虑
因社交媒体沟通产生的焦虑和紧张。

在线沟通焦虑是指因社交媒体沟通产生的焦虑和紧张。对社交媒体带来的机遇和挑战感到紧张的人，通常会对在线沟通态度消极。人们不愿意使用社交媒体，可能是因为对社交媒体普遍不熟悉，或局限于某些沟通环境。例如，一些人在使用社交媒体与朋友沟通时很少感到焦虑，却完全避免在工作环境中使用它。人们避免在工作场所使用社交媒体，主要因为他们在网上的表现方式可能对他们的职业生涯产生影响，比如你在朋友的周末单身派对上的照片，可能会影响你上司的决定，包括对你提拔、批评或开除。

2.7.5 沟通偏差

沟通偏差
社交媒体自然会一定程度上影响沟通的清晰性。

另一种与在线沟通相关的态度是认为社交媒体自然会一定程度上影响沟通的清晰性。这种观点被称为沟通偏差，它涉及社交媒体的许多固有方面，从拼写错误或发错"表情"，到纠结为什么朋友没有像你一样立即回复消息。有经验的用户能够学会如何预测沟通偏差，并有一些避免犯错的方法。你可以通过理解在线沟通时可能的信息偏差来提高你的沟通能力。

2.8 文化与自我概念意识

自我概念的发展因文化不同而异，因为我们的自我概念是在一定文化背景下形成的，因此会有明显的文化烙印，特定的文化因素可以影响自我的发展和感知。例如，研究人员发现，生活在难民营中的青年往往缺乏积极的自我概念，因为他们生长在传统家庭和学校的专制环境中，没有什么独立性和责任感。[24] 然而，中国中学生出现低落情绪的较少，和睦而目标统一的家庭环境造就了更积极的自我概念 [25]。

对所有人而言，衰老是必然的。关于它如何被感知，以及它如何影响自我概念和沟通，由于文化的因素，这个问题不经常被讨论。霍华德·贾尔斯（Howard Giles）、沙德·戴维斯（Shardé Dawis）、杰西卡·加西奥雷克（Jessica Gasiorek）和简·吉尔斯（Jane Giles）在他们的《成功的老龄化：授权的沟通指南》（Successful Aging: A Communication Guide to Empowerment）一书中写道：老龄化不仅是一种生物必然，同时也是一种社会结构的必然趋势。根据这些学者的研究，人们对老龄化进程的看法各有不同。他们指出，不同国家对"青年"的年龄段看法不同，例如在美国，青年指 17 ~ 28 岁；而在保加利亚，青年指 16 ~ 32 岁。美国的中年指 33 ~ 59 岁，蒙古国的中年则指 29 ~ 45 岁。美国的老年从 61 岁算起，而加纳则是 50 岁。[26]

在西方社会，对"老人"持消极态度是很普遍的。这种消极看法往往会转化为一些有害的成见，因为它们塑造了我们心目中老年人的形象，影响了年轻人对待老人的方式。例如，一些关于老年人的刻板印象包括缺乏能力、思维迟缓、无望、天真、自私、孤独、抑郁等。这些偏见可能会影响老年人的自我概念，并最终影响他们如何沟通和如何看待自己。[27]

许多关于文化差异的研究都集中在个人主义和集体主义对自我概念的影响上。个人主义取向倾向于强调自我或个人的目标和成就，而不是群体目标，有明显的自我意识和个人成就倾向。在西方世界中强调个人主义是其较为独特的文化，自我利益是一个人行为的核心决定因素。[28]

集体主义取向倾向于把个人的幸福和目标放在次要考虑的位置。研究人员研究了特定的情境安排分别对日本学生和美国学生的影响，学生被要求描述其在如下情境中的自我概念：在一个小组中；和一个老师在一起；和一个同龄人在一起；独自一人。[29] 他们发现影响自我概念的三个要素是文化、情境和互动。例如，与美国学生相比，日本学生不仅更加倾向于自我批评，而且受情境的影响也更大。而美国学生更倾向于用抽象、内在的属性来描述自己，在提到亲朋好友时也更倾向于用"我爱我的家人"这样的语句。日本学生偏向于用生理特征和外表、活动、当下的情境和经济状况来描述自己，比如说，"我是家里最小的孩子"。相比日本人，美国人总体上更倾向于做出积极的自我描述。你认为，为什么美国人更倾向于进行积极的自我描述呢？[30]

想与来自不同文化背景的人沟通，不仅要能了解他们的文化及文化对

个人主义取向
倾向于强调自己或个人，而不是群体的目标和成就。

集体主义取向
为了集体利益而放弃个人利益的倾向。
文化的功能之一便是影响自我概念。集体主义社会的人通常把个人的目标放在一边，为集体或整个社会谋福利。

自我概念的影响，还需要具备调整感知以适应差异的技能。一位非裔美国妇女说，这种沟通之所以困难，有一个原因："如果人和人之间没有相近的生活经历，就不能指望他们相互理解。"[31] 当不同背景或经历的人走到一起时，也会产生同样的恐惧或误解。在当今的全球化社会中，我们的自我概念一定程度上是建立在与不同文化背景的人互动这一基础上的。在自我概念形成初期，如果有机会与其他文化背景的人接触，可以帮助我们避免一些沟通问题。

2.9 性别与自我概念意识

性别是我们个人和社会身份的一个关键因素。也就是说，你可能会不太注意你的社会阶层或种族身份，但你很少会对自己是男性还是女性没有意识或漠不关心，因为我们的穿着、行为，以及他人对我们的反应时刻都在以各种方式提醒着我们的性别。

2.9.1 性和性别

性
男性和女性之间由基因决定的结构和生理上的差异。

"性"和"性别"这两个词经常互换使用。我们前文将性别定义为社会建构的男性行为和女性行为。而"性"是一个生物学概念，是由基因决定的男女之间的结构和生理上的差异。[32]

性别差异的起源有时是一个有争议的问题。大多数研究人员都认为，性别属性完全基于一个人的学习和感知（例如发型和女性气质之间的关联），当然也有些研究人员认为性别完全基于生物决定因素（例如面部毛发的存在）。我们每个人都有一个性别认同：自我概念的一个关键组成就是男性或女性的标签。按照沟通学者茱莉亚·伍德（Julia Wood）的观点，对绝大多数人来说，生物性别和性别认同是一致的。尽管在人口中所占的比例相对较小，但性别认同与生物性别不同也是存在的，例如一直认为自己是男性的女性。[33]

某些男女差异的解释是基于大脑结构和发育的生物学差异而得出的。阶段性研究表明，男性和女性尽管都使用大脑的左右半脑，但对左右半脑的使用各有所长。男性大脑左脑的发育程度一般较高（主司数学能力、分析思维和顺序信息处理），而女性大脑右脑的发育程度较高（主司直觉思维、想象力和艺术活动，以及一些视觉和空间任务）[34]。研究表明，女性更倾向于同时使用大脑的左右半脑来完成语言任务，而男性则更倾向于依赖左脑。根据这项研究，在对情感进行深入解读上，女性的大脑似乎不像男性大脑那么费劲。[35]

从出生的那一刻起，我们的生理性别就决定了我们受到了不同的待遇，比如用蓝色还是粉色的毯子包裹婴儿，或孩子穿上"女性化"还是"男性化"的衣服，给孩子特定类型的玩具，或鼓励他们玩某类游戏以塑造他们的行为。这些最初的影响形成了稳固的性别印象和期望，强烈影响一个人的自我概念。

因此，当性别成为自我概念的一部分时，性别认同就发生了。我们大约在 4 ~ 7 岁之间形成两性意识[36]，并建立性别恒定性的概念（一个人永远是男性或女性的感觉）。我们开始意识到自己的身体与异性之间的差异。至少在短时间内，我们甚至可能认为异性是令人厌恶的，选择只和同性玩。我们会选择用不同的方式社交，比如，男孩们通过沟通来表达自己和自己的想法，或是达成某种目的；女孩们则用协同或合作式的谈话来建立人际关系，尽量避免批评或贬低。[37]我们开始接受这样一个定义，即性别是我们自己的基本属性。这个概念一旦被我们接受，就会根深蒂固，我们的自我概念就会受到"性别信条"的影响，并随即影响我们与他人沟通的方式。

2.9.2 性别成见

一项研究发现，当儿童（5 ~ 9 岁）和青少年（15 岁至大学年龄）观看 4 个 9 个月大婴儿的视频时，两个年龄组都认为，被看作女性的婴儿（称为凯伦或苏），比那些被看作男性的婴儿（被称为威廉或马修）看起来更小巧、更漂亮、更可爱，更温柔。[38]事实上，实验者只是随机用男性或女性的名字给婴儿分配了名字。也就是说，有一半参与者正确地识别出了一半男婴，而把另一半男婴误认为是女婴；同样，一半参与者正确地识别出了一半女婴，而把另一半女婴误认为是男婴。从这个研究中我们可以看到，对男女姓名的感知如何形成性别成见。

尽管社会在减少男女性别成见的思想方面取得了长足的进步，但性别成见和狭义的角色期望仍然被许多西方文化所接受，在某些文化中更是如此。这些刻板印象会影响沟通行为。男女在交际行为上有很多相似之处。例如，有说话温和的男人和说话咄咄逼人的女人。相比男性，对女性的刻板印象往往更强烈和持久，往往比对男性更消极，虽然对于女性行为也有正面印象，包括会照顾人、敏感和温柔等特征，但有些人认为，与男性的性别刻板印象相比，这些特征不太可取，拥有这些特征的人也不适合担任领导和权威的重要角色。[39]这个问题很复杂，因为即使观察到这种性别差异，也许更多的只是反映我们的成见和自我性别定位，而不是实际的女性和男性之间的差异。[40]然而有研究证据表明：在行为和衰老的某些方面，男性和女性之间确实存在一些差异，但是，整体上说，这些差异比过去普遍存在的性别成见所认为的差异小得多。[41]

2.9.3 性别预期

大量的证据表明，沟通上的性别差异是性别预期的结果。心理语言学家德博拉·坦嫩（Deborah Tannen）认为，男性和女性都确实认为存在性别差异，因此他们选择了不同的沟通方式。她暗示，在男人的世界里，谈话往往就是为了占上风而进行的谈判，可以被看作一场"保持独立，避免失败"的竞赛或斗争。[42] 在男人的世界里有等级森严的社会秩序，要么成为人上人，要么被人踩。根据坦嫩的说法，在女性的世界里，对话是为了寻求或给予确认及支持以达成共识而进行的谈判。女人不希望自己被排斥，因此通过寻求社群来获得亲密感和避免孤独。女人的世界也是等级分明的，但其更多的是为了友谊，而不是为了权力和成就。[43]

交际与成功

女性与形体

《林肯星报》（*Lincoln Journal Star*）的一则标题是"渴望变瘦"。该报连续三天报道美国文化中关于变瘦的压力。很明显，我们关注的是体重和身体形象。电视、电影、互联网、杂志和商店商品目录上的瘦身形象无处不在。也许最具代表性的是维密泳装夏日版目录和体育画报泳装特刊。

问题与思考

1. 媒体如何影响女性的自我概念？
2. 技术如何影响女性在沟通中的自我概念？
3. 在你看来，以社交媒体上获知的个人信息与当面沟通获知的个人信息有何不同？

男性和女性在社会和心理上有不同吗？

社会学家辛西娅·弗茨·爱泼斯坦（Cynthia Fuchs Epstein）博士说："两性本质上是相似的……性功能相关的差异与心理特征或社会角色无关。"[44] 她进一步认为，大多数性别差异都是相对肤浅的。因此，男女行为的感知差异是文化熏陶下的社会性构建。

当被要求描述自己时，男性和女性在自我描述上也有所不同。男性倾向于提及雄心、精力、力量、主动性和控制力等品质。他们很可能会和女性讨论自己在体育运动中的成功。然而，女性通常会列出诸如慷慨、敏感、体贴和关心他人等属性。[45] 看起来，男性被期望强大且有权威，而女性则被期望擅长社交和表达能力出色。如果男人和女人要打破他人的成见和期望，就必须避免把行为归类为只属于男人或女人。心理学家指出，与那些在行为上完全男性化或女性化的人相比，中性的女性或男性（兼具男性和女性的特质）在沟通和职业生涯中更容易获得成功。比如，当你从与同事互动转向与家人互动时，你可能会从更"男性化"的行为转向更"女性化"的行为。如果你是某个企业的主管或老板，你就要自信并以任务为导向；但当你照顾孩子时，你就要充满耐心和富有爱心。

2.10 自证预言效应与印象管理

除了价值观、态度和信念，期望还决定我们的行为方式、最终成为什么样的人，以及与他人和自己沟通的内容。我们自己和他人的期望会影响我们的感知和行为。因此，我们的经历、与他人的互动、他人对我们的期望，以及我们对自己的形象打造，都会影响我们的自我概念。

2.10.1 自证预言效应

我们在自己或他人的期望的引导下，以可预见的方式行动，这种期望最终成为一个自我实现的预言。[46] 它可以成为塑造自我概念的强大力量。在一项研究中，研究者让那些性格乐观或普遍悲观的大学生描述自己的未来。[47] 结果显示，这两种类型的学生都能想象一个积极的未来，但比起悲观的学生，乐观的学生对自我成就有更高的期望。因此，如果我们有积极的期望，并相信自己有成功的潜力，我们就更有成功的可能。同样，如果我们相信自己注定失败，我们就更有可能失败。

自证预言效应
在自己或他人的期望引导下，以可预见的方式行动。

自尊会影响人们对自己的预测。这是一个归因问题：具有积极、高度自尊的人，会自信地将自己的成功归因于过去的成功，因此他们对未来的成功也充满期待。然而，自卑的人把他们可能获得的任何成功都归因于运气，因此他们预测，除非运气好，否则不一定会再次成功。我们如何描述自己，会对我们自己产生巨大的影响。因此，我们的期望是塑造自我概念的强大力量。

我们中的大多数人对自己抱有积极的期望，而且能很好地感知自己。事实上，我们大多数人都有"高于平均水平效应"——认为自己在几乎所有可以想到的维度都比普通人更棒，这有力地证明了我们渴望从相对积极的角度感知自我。[48] 即使其他人传达出了与我们对自己的乐观看法相悖的消极社会反馈，我们也常常会忽略这样的信息，而关注支持自己建立积极自我概念的信息。[49]

我们很容易接受这样的观念：我们要对自己的成功负责。高自尊者尤其赞同这一点。[50] 然而，不同文化对争名夺利的冲动，确实是有相应限制的。例如，对中国人来说，谦虚是自尊的一个重要基础。[51] 因此，一些中国学生把他们在学校的成功归功于他们的老师，而一些美国学生则把它归功于自己的技能和智力。相反，当谈到失败时，一些中国学生更倾向于把自己的失败解释为自己的失误，而一些美国人则倾向于把失败看作别人的错。

你可能会想到，有很多次你对某个结果的期望都没有实现。因此，我们越了解期望在我们生活中的作用和它们对我们自我概念的影响，就越要学会对他人和自己设定切合实际的期望。

自证预言效应是一种影响自我概念的交际力量，但它不能解释所有的结果。重要的是要传达对他人的高期望，而不是对他们施加不必要的限制。当然，前提是我们传达的期望应该是符合实际且可实现的。

2.10.2 印象管理

你在乎是否能留给别人好的第一印象吗？研究结果表明，你必须在乎，因为第一印象会产生强烈而持久的影响。有研究调查了闪电约会（Hurry-Date）的 10 526 名参加者，研究发现，在这一活动中，男性和女性相互沟通的时间很短，通常不到 3 分钟，然后需要表明他们是否对进一步互动感兴趣。当他们看到一个人时，他们几乎立刻就知道对方是否对他们感兴趣。研究中的男性和女性会在短暂的会面中评估潜在的相容性，他们的相容性建立在年龄、身高、吸引力和体格等生理方面可观察的属性上，而不是建立在教育、文化和收入等难以观察的属性上，这些内在品质对他们的选择几乎没有什么影响。[52] 很明显，别人第一次感知我们的方式强烈地影响了他们对我们做出的行为，以及他们是否想与我们互动。

印象管理
塑造自己的正面形象以影响他人对自己的认知。

那么，第一印象到底是什么呢？此外，我们可以采取哪些步骤来确保我们给别人留下好的第一印象呢？由于想给别人留下好印象的愿望很强烈，所以我们大多数人在第一次见到别人的时候都会尽力让自己"看起来很好"。创造一个积极的自我形象来影响他人对自己的认知就是印象管理（或自我呈现）。

自我强化
为了保持自尊，努力使自己感觉良好。

你可能有所体会：印象管理可以采取很多不同的形式。但大致可以分为两类，一类是自我强化，就是通过让自己感觉良好以保持自尊（努力提升自己的形象）；另一类是他人强化，也就是为了让他人感觉良好而赞美他人（努力让对方在你面前感觉良好）。

他人强化
为了让他人感觉良好而赞美他人。

为了更好地理解印象管理，我们必须对"自我"有更多的了解，我们感知到的自我是我们自我概念的反映，这个"自我"是随时保持自我意识的。我们对自我的许多方面都保持着隐私，因为我们不想告诉别人；例如，即使其他人都说我们已经很瘦了，我们可能还是会认为自己太胖；不善于和陌生人相处；或者觉得自己比谁都聪明。

我们展现的自己是公众形象，或者是我们想表现给别人看的自己。一项研究要求大学生从 108 个形容词中选择 15 个形容词来描述他们感知的自我和呈现的自我。男性和女性在 15 种选择中有 12 种描述相似，只有 3 种不同。无论男女，都最有可能选择积极的、有魅力的、忙碌的、能干的、好奇的、忠诚的、友好的、慷慨的、快乐的、独立的、礼貌的和负责任的。男性还选择了有能力的、风趣的和聪明的，而女性还选择了细心的、灵敏的和独特的。[53] 在描述他们最常见的特征时，男性和女性在以下特征选择上相似：能干、积极、自豪和负责的。男性列出了狂野的、强壮的、聪明的、勇敢的、能干的和粗鲁的，而女性则更普遍地选择聪明的、风趣的、独立的、敏感的和热情的等特征。[54] 你如何描述你所展现出来的自我呢？

一些研究人员提出了一个问题：使用社交媒体是否会增强或削弱我们的自尊？根据沟通学者艾米·冈萨雷斯（Amy Gonzales）和杰弗瑞·汉考克（Jeffrey Hancock）的观点，社交网站旨在分享个人信息，包括个人的喜好、参与的活动、在即时动态上发表想法和更新状态。[55] 研究人员从他们的发现中得出结论，当参与者在他们研究过程中查看了自己的 Facebook 个人资料后，参与者的自尊会得到增强；当参与者更新了他们的个人资料，并在实验中查看这些资料时，他们的自尊进一步提升。[56] 记住，自尊包括我们对自己的感觉和态度，而这些感觉和态度决定了我们的自我概念。因此，你在社交网站上的自我介绍的确会影响你的自尊。这是否因为我们在社交网站上提供的信息具有选择性，并且我们对这些信息进行了印象管理？答案应该是肯定的。根据冈萨雷斯和汉考克的说法，自尊可能会提升，因为网站的选择性给了我们展示自己正面信息的机会，让我们忽略或避免了涉及任何负面的信息。[57]

面子是向他人展示自我时使用的具体策略。面子是由社会学家欧文·戈夫曼（Erving Goffman）首次使用的一个术语，用来描述我们为维持自己的形象而采取的言语和非言语行为。[58] 戈夫曼说，我们每个人都创造了各种身份或角色，我们希望别人相信这些身份或角色代表了我们。他还表示，当我们想给别人留下深刻印象时，通常会展示出正面的形象来保持面子。

面子
一个用来描述我们用言语和非言语的方式来维持自己的形象的术语。

印象管理有效吗？大量的研究结论都是肯定的，前提是策略使用得当。例如，2009 年，在与印象管理相关的研究进行回顾时发现，这种策略在工作面试中很有用。[59] 根据研究，那些有效使用印象管理的人，在获得面试官高度评价方面相当成功，因此更有可能被录用。

其他许多印象管理策略方面的研究也得出了类似的结论。但是如果过度或错误地使用这些策略，很可能会事与愿违，导致消极的结果。例如，一项研究报告称，过度使用不同的印象管理策略（尤其是过分奉承他人），会导致别人的怀疑和不信任，而不是原本期望的好感度增加或更高的评价。[60]调查结果清楚地显示，虽然印象管理通常会成功，但也不能说万无一失，有时甚至会适得其反。

交际与成功

自尊、道德和自我形象

我们用 1000 种不同的方式表达我们的价值观和形象。我们大多数人试图"做正确的事"，因为我们关心别人如何看待我们。对于我们的家人、朋友、同学、老师和同事来说，尤其如此。

问题与思考

1. 用自己的话定义拥有个人诚信意味着什么。
2. 描述成为一个有道德的人意味着什么。
3. 社交媒体如何影响我们的诚信和道德？
4. 如果可能，你能做些什么来确保别人把你看作一个正直或具有高道德标准的人？

2.11 提升自我概念

在本章中，我们讨论了什么是自我概念，它是如何发展的，以及它如何与感知和沟通联系在一起。我们大多数人或许已经有了不错的自我形象，但我们还有很多想改进或改变的地方。几乎每个人都想要一个正面的自我形象，并希望将其积极地展示在他人面前。基于我们对自我概念的了解，我们正在探索可以增强或调整自我概念，并让我们成长为优秀沟通者的途径。"提升自我"指南可以帮助你开始这个过程。

参考指南

提升自我

1. **确定你想改变或改进以提升自我的地方。** 要想发生改变，你必须知道或说明需要改变的内容，尽可能准确、具体、全面地描述你想改变或改善的关于你自己的状况。如果你对自己的某方面不满意或不喜欢，那么就认清它并做出说明，例如，"我不希望自己在公共场合讲话时感到害怕""我想被朋友们认真对待"或"我想变得更有条理"。

2. **描述你对自己的感觉。** 你的问题或缺点是由你自己或他人引起的吗？例如，许多学生不想上大学或不想学某一专业。他们上大学或选某个专业，是出于父母或朋友的期望，或是被逼的。尽管这些学生中的很多人想做一些别的事，但是他们又不敢自作主张做自己想做的事。想让自我感觉变好一点，你必须先弄清楚自己为什么不快乐，以及是谁导致了你的问题。你可能坚持认为你不能换专业，你不能在某个特定的科目上取得好成绩，或者你太害羞而不能交新朋友。如果你想改变自己，你必须先问问自己为什么会这么想？比如，你是不是活在一个自证预言效应中？

3. **做出改进或改变的承诺。** 改变我们的自我概念或自己的某些方面并不容易，如果我们想要改变的东西已经伴随我们很长一段时间，情况更是如此。然而，任何事情都不会自行改变，要做出改变，我们必须从更加努力、坚定承诺和坚信改变开始。例如，在2004—2016年播出的电视节目《最大的输家》中，节目中的人尽管会有外部奖励，但除非他们做出了个人承诺，否则他们并不能达到目标。希望或思考某些事应该改变只是第一步，仅仅只是希望或思考不会使任何事情发生改变，你必须在改变发生之前先对改变做出承诺。这个过程要求你声明你想改变的内容及你要做出的关于改变的决定。

4. **为自己设定合理的目标。** 给自己设定的目标一定要合情合理。有些事可以在一夜之间改变，但更多的事可能需要长期努力。

例如，你可能决定通过每晚学习几个小时来提高成绩。你可以马上开始新的学习计划，但实际上要提高成绩可能需要更长时间的努力。

5. **确定你将要采取的具体行动。** 为你想达到的目标制订一个行动计划。当然，任何时候行动都有失败的风险，但是成功的人都明白，获得大部分成就都会有一定的风险。你了解了自己的缺点，学会如何处理它们，相信并致力于改变自己，然后采取适当的行动，那么你将会实现你的目标。重要的是要认识到，改变你的自我概念不仅需要承诺和行动，还需要时间。

如果你对与他人沟通感到不确定或缺乏信心，你可以通过逐步接近他们来克服或管理这些感觉。例如，如果你会对去办公室拜访你的教授感到犹豫，那你可以先在课前或课后和你的教授进行简短的交谈，你可以先问一个与你最近的进步、作业或与课程相关的问题。一旦你开始觉得自在些了，就可以提出在办公时间内进行预约或拜访。为了打开话题，你还可以准备几个问题。如果你继续这样的访问，你会逐渐获得更多的信心。

6. **尽可能与积极的人交往。** 试着与你喜欢和信任的人在一起，这将使讨论关于你的任何问题或寻求支持变得更加容易。当别人知道你想做什么时，他们可以提供支持，帮助你做出你想要的改变。

》小结

2.1 感知与沟通

感知是通过选择、组织和诠释信息，赋予其个人含义的过程。它是沟通过程的核心，影响到我们所做的一切事情。

2.2 感知的过程

感知包括选择、组织和诠释。

- **选择**是在头脑中对多个刺激信号进行排序的过程。
- **组织**是对刺激信号的组织或分类，以便我们能够理解它们。

- **诠释**是给刺激信号赋予含义。

2.3 感知差异

因为每个人都是不同的，他们对相同情况的看法可能会有所差异。

- **感知定式**——对人、事物或事件的一种固定的、先入为主的看法，可以扭曲我们对现实的看法。刻板印象是感知定式的一种形式，也会导致我们感知的不准确，并最终导致沟通偏差。
- **归因错误**在我们认为他人的行为是因为他们是"那种人"，而不是因为任何可能影响他们行为的外部因素的时候，就会发生归因错误。
- 生理特征会导致感知差异。
- 心理状态或精神状态可以改变我们对人、事件和事物的看法。
- 文化背景会影响人们对他人以及事件和事物的看法。
- **性别**是社会性的，会影响我们对周围世界的认知方式。
- 媒体，包括报纸、杂志、电视和各种形式的社交媒体，能够并确实正在影响我们对人、地点、事件和事物的看法。

2.4 提高感知能力和感知验证

要想成为优秀的沟通者，我们必须认识到感知差异的影响。

- 主动的感知者寻找信息。
- 对每个人来说，看法并不总是一样的。
- 事实是客观的，推论是主观的。
- 感知在沟通中起作用。
- 另一种看法可能是正确的。
- 验证你的看法总是明智的。

2.5 感知与自我概念

感知和**自我概念**影响我们如何看待自己，反过来又会影响我们如何了解自己，或者至少影响我们认为自己是谁。

- 社会身份或自我定义包括我们如何感知和判断自己。
- 他人对我们做出的行为，以及他人与我们沟通的方式，影响我们对自己的定位。

- 为了成为一个优秀的沟通者，我们必须了解：我们的自我形象对于我们如何沟通，以及他人如何与我们沟通，有重要的影响。

2.6 理解自我概念

自我概念（或自我身份）指的是我们如何看待自己，它包括我们对自己的信念和态度。**自我形象**是我们如何看待自己的心理图景。**自尊**是我们对自己的感觉和态度，或者我们如何评价自己。

- 自我概念取决于我们的**价值观**（指导我们行为的持久理想）、**态度**（评价性的倾向、感觉或对自己的立场）和**信念**（我们所确信的或无须绝对证据的对事物真相的信心）。
- 我们的自我概念决定了我们的行为和相关的沟通。

2.7 社交媒体和自我概念意识

- **在线自我展示**是指个人通过社交媒体对自我表达进行自我调节的程度。
- 认为在线沟通能促进社交的信念称为**在线社交**。
- **便利**是人们通过社交媒体与他人联系的容易程度。
- 通过社交媒体沟通的焦虑和紧张称为**在线沟通焦虑**。
- **沟通偏差**有这样一种理解：通过社交媒体途径，自然会一定程度上影响沟通的清晰性。

2.8 文化和自我概念意识

优秀的沟通者知道，与来自不同文化背景的人沟通，需要了解其他文化，并有能力适应不同的文化。

2.9 性别与自我概念意识

那些了解性别角色的人，比那些不了解性别角色的人，更有可能在人际互动和职业生涯中取得成功。

- 比起生理性别，性别认同才是一个人自我概念的一部分。
- 性别刻板印象会影响男性和女性的沟通行为。

2.10 自证预言效应与印象管理

我们自己和他人的期望决定了我们的行为。

- **自证预言效应**是一种影响自我概念的交际

力量。

- **印象管理**旨在创造积极的自我形象以影响他人的行为。

2.11 提升自我概念

- 确定你想改变或提升自己的地方。

- 描述一下你对自己的感觉。
- 做出改善或改变自己的承诺。
- 为自己设定合理的目标。
- 决定你将要采取的具体行动。
- 尽可能与积极的人交往。

》问题讨论

1. 为什么感知在我们与他人的沟通中扮演如此重要的角色？

2. 解释感知与沟通能力之间的关系。

3. 鉴于你所学的内容可知，社交网络对感知有哪些影响？你对通过这些工具进行沟通有什么建议？

4. 描述一个能说明归因错误的个人经历，这个错误是如何影响沟通的？

5. 技术如何影响我们的感知以及我们与他人的沟通？

6. 解释好莱坞媒体在塑造我们的感知中扮演的角色，以及我们最终是如何感知周边世界的。

7. 当我们了解了自我概念的影响后，如何提高沟通能力？

8. 你如何利用社交网站的个人资料、照片和朋友圈等与他人沟通并传达自己想要构建的自我形象？

9. 讨论文化对自我概念的影响。

10. 讨论我们如何运用印象管理技巧来塑造积极的自我形象。

第**3**章
多元文化背景下的人际交往

本章导读

无论个体还是社会，都植根于相应的文化土壤。文化在塑造你我的同时，也在影响我们的偏见。

章节大纲	学习目标
3.1 跨文化沟通的定义	阐述跨文化沟通的定义
3.2 文化的多元和差异	阐述文化、多元和差异之间的联系
3.3 沟通与文化差异	了解沟通是如何导致文化变迁的
3.4 群体关系	解释群体关系对沟通的影响
3.5 跨文化沟通障碍	总结跨文化沟通障碍
3.6 培养跨文化沟通能力	掌握如何提升跨文化沟通能力

　　马克是美国的一位商务主管，他的公司在萨尔瓦多有些业务。有一次，马克去萨尔瓦多出差，他认为自己懂西班牙语，而且去过几次了，应该不存在沟通障碍。到了萨尔瓦多，当地的合作商热情邀请马克和随行人员到家里做客。当天晚上，马克三句话不离业务，而主人似乎对这样的单刀直入不太适应，一直努力将聊天引向轻松一点的话题，比如美景、美食之类的。结果，马克刚一回国，就被告知他弄丢了萨尔瓦多的业务。

问题与思考

1. 马克出差去萨尔瓦多之前应该做什么准备？
2. 你认为马克的公司为何会丢掉萨尔瓦多的业务？
3. 你对与不同文化背景的人进行沟通有什么顾虑？
4. 你多久与不同文化背景的人沟通一次？这对你的世界观有什么影响？

　　文化根植于每个人的生命，决定了人们很多方面的个性特征。就如同在第 2 章讨论的，文化是人们作为特定群体成员的社会标签，塑造人们的价值观和偏见。大多时候，文化对人们的影响是潜移默化的，人们通常意识不到文化对自己行为的影响。我们和人打招呼的方式、表达方式、餐饮习惯，甚至很多"个人偏好"，都与文化有千丝万缕的关系。[1]

　　文化和沟通之间的关系很复杂，沟通基于文化产生。例如，一个韩国人、埃及人或美国人，会学着像其他韩国人、埃及人或美国人那样沟通。每个人都知道某个行为表达何种意思，因为他们都是在各自的文化环境中学习和成长的。[2]人们不仅会养成各自不同的行为习惯，更会形成基于文化的思维习惯、独特视角和价值观。比如，从纯粹的科学角度看，月球就是个岩石球体。然而，当人们抬头赏月的时候，美国人觉得月面上是个男人的身影，印第安人觉得那是个兔子，中国人说那是嫦娥，而萨摩亚人认为那是位织女。[3]这个例子里，人们的认知差异可能还不算明显，但我们可以看到，在不同文化背景下，人们对同一现象有不同的解读。当文化差异明显的时候，我们需要保持足够的敏感、耐心和宽容，尽量避免或减少误解，提高沟通效率，并增进相互信任。

3.1 跨文化沟通的定义

　　无论你是想融入一个团队，想和邻居友好相处，还是想成为职场达人，都不能小看跨文化沟通的重要性。可能你正苦恼于如何更好地和长辈沟通，或者试图理解信仰对室友沟通方式的影响，或者纠结自己在"当下移民问题"的全国性辩论中该选择什么立场。理解不同文化间的异同，对于提升你的跨文化沟通能力和水平至关重要。

来自不同文化背景的人们，对世界的看法有很大的不同，这会导致他们在互动时很容易面对误解、情感伤害、孤立无援等挑战。为此，沟通学专家投入大量时间和精力研究跨文化沟通。所谓跨文化沟通，就是不同文化背景和思维特征的人群之间的交往。

不同文化背景的人们对同一事实产生不同的阐述和期待，他们之间的沟通便是跨文化沟通。[4] 减少文化差异造成的误解和隔阂的关键是：不要局限于自己熟悉的文化圈。试想，如果每个人都窝在自己熟悉的圈子里，这世界该有多无聊。随着科学技术的发展，人们在工作和学习时，和文化差异大的人打交道的机会越来越多，所以，了解和学习跨文化沟通，显然是非常必要的。

跨文化沟通
拥有不同文化、不同世界观的人之间的沟通。

跨文化沟通之所以如此重要，是因为我们和来自不同文化背景及语系的人打交道的可能性越来越高。无论是军事活动、人道援助，还是工作需要、出国旅行、休假，或社区活动，我们都不可避免地面对多元的文化环境。大部分人会对那些与本族人在长相、语言、生活习惯等方面差异大的对象充满好奇，深入了解各方的文化习俗，是跨文化沟通的关键。毕竟，沟通的前提是理解。

3.2　文化的多元和差异

我们回顾一下第 2 章，文化是一个关于思维和行为的学习系统，它属于并代表一个相对较大的群体。在很多方面，这是他们共同的信仰、价值观和生活实践的组合。我们时常会狭隘地把文化和国籍画等号，其实文化的内涵远不止于此。

3.2.1　文化是习得的

一个人的文化不是天生的，但他生来便处于某种文化环境中，通过与人交流，他会慢慢习得文化。幼年时期，他会通过观察父母、弟兄姐妹、爷爷奶奶或者其他家庭成员的言行举止，明白什么是礼貌，学会谈话中的眼神交流以及"心照不宣"的表达方式。上学后，他会在与老师和同学们互动中，逐渐适应适合在同龄人之间讨论的话题，这和之前与大人们的交流明显不同，他也逐渐开始意识到和同性或异性互动的复杂性。上大学后，他会接触更多形形色色的人，每个人都有自己独特的成长经历。和大学朋友的交往，会继续影响一个人对文化的理解。

通过交流，我们通常能意识到，在特定的环境中什么样的行为是得体的。很多非语言行为，比如手势、眼神和声调（第 5 章会具体阐述），通常会在无意识中传递信息。[5] 这意味着你可能意识不到自己的这些表达方式，直到你发现对方的反应和你期待的不同。比如，你可能没注意到你在谈话中用眼神和对方交流，直到对方没有及时回应你的某个眼神，又比如，你可能会礼让对方发言，直到发现对方一直在打断你。[6]

3.2.2 文化是通过沟通来表达的

就像通过沟通了解自己的文化一样，人们也会用沟通来表达自己的文化。一个人的文化会影响其在私人场合或职场讨论的话题，也会影响其如何看待别人的交流。

在包括美国在内的许多西方文化中，女人身材苗条往往被等同于美貌，媒体信息中到处透露着这样的暗示。如果你不相信，可以去翻翻杂志、看看电视广告，或者看看社交媒体上的那些广告，传统媒体和社交媒体中都充斥着对名人及其身材的评价。以 Lady Gaga 2017 年超级碗中场表演为例，她在节目中穿了多套服装，其中一套暴露了腹部。她因此遇到了网络恶意攻击，并被称为"肥"。[7] 而在其他许多文化中，人们对身材和外表吸引力的看法却截然不同。例如，在乌干达，妇女以肥为美，因此该国的一些女性结婚前要先在"育肥小屋"里养膘 [8]。这种文化习俗向乌干达人民传达了女性以肥为美的审美观，就像美国的传统媒体和社交媒体追求骨感一样。

3.2.3 文化是由仪式组成的

进入大学后，你就必须学习一套全新的文化仪式（即人们、组织或机构共有的惯例、行为、庆祝活动等）。例如，在上课的第一天，老师通常会分发一份课程大纲，说明课程作业、阅读材料和作业的截止日期等；对一些人来说，参加校园联谊会是重要的校园仪式；你将来要参加的另一个校园仪式是你的大学毕业典礼，这是你一生中最自豪的文化仪式之一！你的校园文化就是由许多仪式组成的，这些仪式让你能够体验到校园文化的日常生活。

文化仪式
人们、组织或机构共有的惯例、行为、庆祝等。

很多人会被禁锢在自己的文化中，包括它的仪式、语言和规范，当这些被看作理所当然的规则被抵触或破坏时，他们可能会感到焦虑，出现沟通障碍。在与不同文化背景的人交往时，可能就会出现这样的情况。文化冲击是指当出现文化冲突，或一个人的原生文化被反驳或破坏时，所经历的心理不适。

文化冲击
指当出现文化冲突，或自己的原生文化被反驳或破坏时，个体或群体所经历的心理不适。

当你为了出国留学或找工作而被迫进入另一种文化的时候，对文化冲

交际与成功

文化仪式和你的大学：你的大学有什么样的文化传统

　　大多数院校都有各式各样的文化仪式。在一些大学里，学生社团组织的生活很受欢迎；而有些在大学非常成功的体育项目会受到追捧，例如车尾派对（场外后援派对）、粉丝团以及众人参与的比赛。花点时间回想一下你大学里的文化仪式。

问题与思考

1. 选择一个你认为对你的大学来说独一无二的文化仪式，解释它为什么独一无二。
2. 你们学校还有哪些常见的文化仪式？你是否了解其文化？
3. 你听过的什么故事可以解释你的校园文化？

击的感受自然最深刻。不过，即使与本国人交流，同样可能会感受到文化冲击。例如在一个只有一盏红绿灯的小镇长大的简（Jan），当她去纽约拜访她的朋友时，那里的交通堵塞、城市气味、嘈杂的噪声、拥挤的人群和混乱的地铁，可能会让她感到不知所措。如果简想克服文化冲击，享受在纽约的时光，她需要迅速适应这种新文化。

3.3 沟通与文化差异

　　我们可以通过人们的语言、衣着或个人物品来了解他们的文化，但这并不能帮助你理解他的价值观或沟通习惯。外表本身并不能解释人们的价值观、世界观、态度或信仰，也不能直接决定他们如何与自身所属的文化内外的其他人联系和交流。

　　吉尔特·霍夫斯塔德（Geert Hofstede）和爱德华·T. 霍尔（Edward T. Hall）进行的一项研究，提供了一种理解文化间异同以及文化差异如何影响沟通的方法。作为 IBM 欧洲公司的经理，霍夫斯塔德开展了一项涉及 50 个国家、3 个地区的大型研究项目。他的研究发现，在人们的跨文化交际和沟通方式上，有四种文化差异：

　　一是个人相对于群体被重视的程度；

　　二是对可预测性的重视程度和对不确定性的容忍程度；

　　三是文化规范对权力平等或不公的支持程度；

　　四是文化的成功导向和教养导向程度。[9]

　　霍尔基于此发现进一步指出了另外两种对跨文化沟通有重要影响的文化差异。

　　一是关于时间的文化规范；

　　二是语境对理解信息的重要程度。[10]

　　我们所讨论的差异性，只针对人和国家。如果仅仅因为一个人来自某个特定的国家或文化，就认为他会以某种特定的方式进行沟通，这种想法是不对的。下面的讨论，只是为了提供框架，并帮助我们更好地理解让世界变得多彩多姿的文化差异。

3.3.1 个人主义文化和集体主义文化

我们在第 2 章对个人主义文化和集体主义文化进行了讨论。许多有关文化差异的研究都重点关注了个人主义和集体主义的影响。个人主义强调个人目标与成就多过集体目标，自我意识强烈、更专注于个人成就。个人主义文化重视个体的自主和隐私，相对来说，他们很少关注因年龄或家庭关系形成的地位和等级差异。

集体主义倾向于为了集体利益而牺牲个人利益。集体主义文化重视群体目标，强调群体的和谐与合作。集体主义文化中的沟通通常基于群体成员之间的地位和等级进行，强调忠诚于群体，重视家庭荣誉。

3.3.2 对不确定性的容忍度

不同文化的个体成员对未知事物的焦虑程度不同。所有文化都会调整自己的行为以减少不确定性，这一过程称为不确定性规避。对未知事物更焦虑的文化被认为高度不确定性规避文化，来自这些文化的人们会努力将风险和不确定性降到最低。在高度不确定性规避文化中，沟通充满繁文缛节，以满足对绝对真理、政治正确和稳定性的需求。在这样的环境中，人们重视共识、不太接受意见分歧，他们会通过遵循社会规则和减少异议，降低沟通场景中的不确定性和焦虑感。[11]

不确定性规避
通过文化性的行为调整减少不确定性的过程。

对不确定性具有较高容忍度的文化被称为低不确定性规避文化。[12] 他们对未知的焦虑程度较低，这通常意味着处在这种文化中的人更容易适应各种沟通方式，更能容忍不同意见。[13] 正如你所料，在一个社会中，人群越是多样化，主流文化中的不确定性规避就越少。思考一下我们的文化如何教会我们看待不确定性，并影响我们与他人的沟通。

3.3.3 对权力分配的态度

不同文化对权力分配的不公平看法不同，这影响人际沟通。权力差距是指某文化中人们预期和接受权力不公平的程度。文化中的社会地位差异，导致个体或群体的权力不平衡。一个人在文化阶层中的地位，可能来自社会阶层、年龄、职位或生活经历等方面。在高权力差距文化中，权力较低的人接受自己较低的社会地位，并把这种差距看作生活的基本事实。当他们与社会地位较高的人沟通时，可能会更焦虑。他们也倾向于对压迫

权力差距
不同文化群体对权力分配公平性的期待和接受程度。

见怪不怪，避免挑战权威。在权力差距小的文化里，人们不喜欢等级分明，权力较低的人和社会地位高的人沟通时也没那么紧张。他们更有可能挑战现状，考虑多种选择或行动的可能性，并抵制压迫。

我们对权力差距的文化信仰，自然会影响我们与权威人士的互动。如果你是一个学生，或是一个非技术工人，或是一个高权力差距文化中的普通人，你可能不会去挑战一个有权威或有地位的人。你会愿意接受权势高的人的领导，认真倾听，老老实实地按照别人的要求去做。相比之下，在低权力差距文化中，你可能更容易与当权者争论，在和权威人士打交道时可能会没那么拘束，甚至会在必要时挑战他。

3.3.4 成功文化与教养文化

成功文化
一种重视自信、成就、抱负和竞争力的文化。

教养文化
重视人际关系和生活质量的文化。

不同的文化传统对男女性别特征的强调程度也会影响沟通。成功文化通常重视自信、成就、雄心和竞争力。[14] 这些文化中的性别差异十分明显，比如认为男性更强势、女性更被动。而在教养文化中，人们重视人际关系和生活质量，这些文化高度重视情感、友善和社会支持，而不是坚定和进取。

3.3.5 时间观念

每种文化都会向其成员灌输时间观念，而这些观念是不同的。在有些文化中，大家特别看重守时；而在有些文化中，守时并不重要，甚至迟到一点更好。例如，在美国文化中，人们希望你能准时参加晚宴，但迟到 20 分钟在社交礼仪上还是可以接受的，并且仍会被认为是"准时"。而在日本等其他国家，晚宴迟到可能会被认为是一种侮辱。[15] 我们对时间的使用方式会传递关于我们的信息，因此，遵守我们沟通时所处的文化中与时间相关的规范是很重要的。

共时性文化
人们坚持使用时间表、重视准时性、任务过程不间断、满足最后期限和遵循计划。

多向性文化
一种可以同时面向多人并处理多项任务的文化。

在共时性文化中，时间被视为有限的资源，人们严格遵守时间表、重视守时、做事有始有终、按时完成任务和遵循计划。而多向性文化则可以同时面向多人并处理多项任务。在多向性文化中，人们不太关心如何让每一刻都有意义、不刻意遵守严格的时间表、很少预约，而且经常随意改变计划。

3.3.6 高语境文化与低语境文化

高语境文化
在高语境文化中，沟通行为真正的意图通常是从语境或场合推断出来的。

人类学家爱德华·T. 霍尔认为，在某些文化中，沟通的特定语境能够传递很多语义之外的内容。[16] 在高语境文化中，沟通行为的含义通常是从语境或场合推断出来的。例如，在日本（一种高语境文化），商人不在社交场合谈生意，尽管他们有可能会提及自己的商业利益。如果一个人因公访问日本并被邀请共进晚餐，晚餐就是一种纯粹的社交活动，他们不会在晚餐时谈生意。生意是在办公室或会议室里谈的。

交际与成功

理解高、低语境文化

无论是当面沟通还是通过社交媒体沟通，也无论是跨国旅行者或其他跨文化沟通者，都需要明白，时间观念是文化和语言的重要特征之一。中美洲和南美洲等高语境文化下的人所形成的文化往往是多向性的，这些人对时间及其重要性的看法与西欧和北美那些处于低语境、共时性文化下的大多数人不同。在北美，学生们会收到一份详细的课程和作业大纲，而在多向性文化国家，学生可能永远无法直接得到完整的课程计划，他们得自己去发现每门课的规则和要求。

低语境文化国家的员工休息室的微波炉或冰箱上可能会贴有一些提示，以此提醒使用者用后清理干净。高语境文化的人则不需要提示，他们知道应该怎么做。

问题与思考

1. 现在你已经意识到高语境文化和低语境文化之间的差异，请找出两种不同语境文化的人之间可能产生冲突的根源。
2. 高、低语境文化在语言使用上有什么不同？
3. 你如何判断听众是否能理解你的信息？

此外，在高语境文化中，语言是间接、模糊和隐喻的。在低语境文化中，沟通的内容由表达的信息决定，而不是根据沟通的场合推测。霍尔认为，美国是一种低语境文化，在这种文化中，商务人员在高尔夫球场、餐厅或酒会上进行商业活动时，可能会与在工作场所中一样谈论生意。低语境文化中的人通常更自信、更直接，沟通时往往直奔主题。理解这些差异有助于不同文化的人们顺畅地表达和理解信息，所以优秀的沟通者应该尽可能多地了解语言和文化差异。

低语境文化
在低语境文化中，沟通的内容由表达的信息决定，而不是由沟通的场合推测。

你还要意识到，不同文化对沟通参与度的期望值是不同的。在中国、芬兰、法国、日本、韩国、墨西哥、南美国家、印度尼西亚和泰国，大部分学生在课堂上会安安静静地听课，不会贸然向老师提问。这些文化似乎不喜欢学生过多参与课堂。而在俄罗斯、丹麦、加拿大和美国，会鼓励学生们在学习过程中与老师高度互动，多提问、多参与。

3.4 群体关系

奥普拉·温弗瑞（Oprah Winfrey）是一个非洲裔美国女性，在婴儿潮时期出生于密西西比州的农村。她是脱口秀主持人、演员、女商人、慈善家，也是世界上最有影响力的女性之一。所有这些特征，以及其他许多特征，构成了温弗瑞的独特身份。这些特征也使她成为不同群体的一员，其中，她与一些群体的关系可能是正式的，比如她与主流媒体的关系。当然，更多的是非正式的，这些非正式关系反映了人们基于特定特征，对自己和他人进行分组的更普遍使用的方式。

你的身份也有很多方面，包括你的许多群体成员身份。当然，你的一些群体成员身份，对你来说可能比对其他人而言更重要，这些群体成员身份，有力地塑造了你与他人进行沟通和建立关系的能力，并影响了他人与你沟通的方式和内容。下面我们将探讨跨文化沟通，回顾社会认同理论以及跨群体沟通。

3.4.1 亚文化群体

人与人之间的差异往往源于多种因素，如种族、民族、信仰、性别、性取向、年龄、社会阶层等，这些术语通常被理解为与跨文化沟通有关。许多学生按照国别和语言来描述文化，但一个人可以同时归属于很多不同文化群体，并且大多数与国别或地域无关。当你想到自己的大学校园时，很可能会有一种文化感。

主流文化
社会中当权阶层掌握的关于价值观、信仰、态度和目标等的习得系统。

虽然美国是一个多元化的社会，但少数派群体仍旧会遵循由大多数人主导的态度、价值观、信仰和习俗等。主流文化是一个社会中当权阶层掌握的关于价值观、信仰、态度和目标等的习得系统。在美国，占主导地位的文化随着时间的推移而演变，曾经反映并赋予过欧洲裔美国人、西欧人、讲英语的人、新教徒等以特权。自 20 世纪 60 年代以来，美国经历了一场文化方面的巨大变革，这场文化变革导致主流文化视角有所调整，更能反映美国公民认同的多种文化。我们已经理解并接受，不同的人会遵循不同的沟通模式，为了与他人沟通，我们需要适应多样性。

在美国，虽然有占主导地位的主流文化，但是许多美国人也认同在一个大的主流文化之中，存在一个或多个不同于主流文化的亚文化。亚文化群体围绕一个或多个共同特征形成，如性别、种族、民族、信仰、性别认同、出生年代、兴趣、活动、观点或群体资格。例如，一群在特定时间段出生的人，可能会对人际关系的处理方式产生不同的看法。经历过"二战"的美国人有一段共同的记忆，经历过肯尼迪总统遇刺或"9·11"恐怖袭击的美国人也是一样。这些记忆以相似但不一定相同的方式塑造了他们的世界观，并影响他们的沟通方式。

亚文化
存在于一个更大的、主导性的文化之中，但区别于主流文化。

3.4.2 社会认同

毫无疑问，我们亚文化群体的身份，会影响我们与他人沟通和交际的能力。这是因为我们的群体成员身份在很大程度上决定了我们是谁。社会认同理论告诉我们，我们有一个个体身份，这是我们对自己独特个性的感知；我们还有一个社会身份，这是我们自我概念的一部分，来自我们的群体身份。[17] 我们基于自己与各种亚文化群体的关系，把自己分为"我们"和"他们"。我们认同的群体，和我们认为自己属的群体，是我们的"内部群体"；我们定义为"他人"的群体，是"外部群体"。我们希望"我们"与众不同，比"他们"更好，因此我们不断地将我们的亚文化与其他文化进行比较，希望我们是更理想的群体的一部分。兄弟会和姐妹会的成员通常认为自己是一个"内部群体"的一部分。参加其他组织、俱乐部和活动的大学生也一样，比如，某大学仪仗队，规模不小，训练有素，而且很受欢迎，这个组织的队员就很自然会有种集体荣誉和归属感。

> **社会认同理论**
> 我们有一个个体身份，这是我们对自己独特个性的感知；我们还有一个社会身份，这是我们自我概念的一部分，来自于我们的群体成员身份。

3.5 跨文化沟通障碍

由于我们所属的许多亚文化之间都存在各种文化差异，因此出现沟通困难也不足为奇。即使面对你自认为很了解或在很多方面与你相似的人，你也常常会在与其交往和沟通时遇到跨文化障碍。与不同文化成员沟通时最常见的障碍包括焦虑、民族中心主义和歧视。

3.5.1 焦虑

当你意识到自己与身边大多数人不同，或进入一个不熟悉其风俗习惯的文化时，你会感到某种程度的焦虑，这很正常。大多数人第一次与来自不同文化的人交往时，都会经历恐惧、厌恶和不信任。[18] 如果你曾经到过外国，经历过某些场合也全是与你不同文化的人的情况，或你从家乡小镇到一个完全陌生的大城市开始你的大学生活时，你可能过焦虑——一种忧虑、紧张或不安的感觉。

> **焦虑**
> 忧虑、紧张或不安的感觉

3.5.2 民族中心主义

不能欣赏不同于自身文化背景的思想、习俗或信仰，并自以为是地假定自己的观点优于任何其他文化的观点，称为民族中心主义。民族中心主义是一种习得性的信念，认为自己的文化优于其他文化。[19] 那些缺乏与其他文化的互动或接触的人，可能会很难理解一点：其他文化及生活习惯，其实与我们自己的文化一样可以接受。即使我们知道自己的文化中的弱点，比如过度竞争、太物质化或太随意等，我们也不太可能在与他人比较时批评自己的文化。

> **民族中心主义**
> 一种习得性信仰，认为自己的文化优于其他文化。

虽然民族中心主义也有一定的作用，但它确实改变了我们的一些看法，而且常常会让我们戴着有色眼镜看待与自己不同的人。我们通过文化习得了行为习惯，而我们大多数人相信，这些行为习惯应该是"普世标准"。我们用自己的文化和行为习惯作为衡量其他文化和人的标准。一个人在判断自己的文化和其他文化之间的差异时，通常会建立一个优劣标准，人们常把与自己不同的文化视为劣等文化。不同文化间的差异越大，这种低劣感越强。

3.5.3 歧视

歧视
这是一种助长偏见的语言或非语言沟通行为，这些行为包括根据种族、性别、残障等因素排除或拒绝他人获得产品、权利或服务。

民族中心主义会把一个人引向歧视的毁灭之路，这是一种助长偏见的语言或非语言沟通行为，这些行为包括根据种族、性别、残障等排除或拒绝他人获得物品、权利或服务。当一个群体因对另一个群体充满优越感而出现损人利己的规则和行为时，歧视就产生了。歧视可以表现得很明显，比如用种族称呼代指老板或同事；歧视也可以相当隐晦，比如因担心轮椅太占地方而不邀请坐轮椅的人参加在公寓里举行的聚会。

对群体间交流的研究可以部分解释歧视现象。研究表明，我们有一种偏向，即对待"内部群体"比对待"外部群体"好。[20] 事实上，我们通常对"内部群体"行为的解释比对"外部群体"行为的解释更积极正面。例如，如果你发现你的姐妹会里有人在考试中作弊，你很可能会把这种行为解释为情势所迫，不得已而为之。但如果你听说另外一个姐妹会（一个外部群体）的人作弊，你很可能就会给那个人贴上不诚信的标签。

3.6 培养跨文化沟通能力

读了本章前文所述，你可能已经开始意识到，与来自不同文化的人进行有效沟通是多么困难。然而，你也知道，移民、互联网和日益全球化的商业环境，需要有效的跨文化沟通。要想培养跨文化沟通能力，你需要采取行动、时时留意、不断学习、克服偏见、相互尊重，并在实践中不断练习。

3.6.1 对文化差异保持敏感

正如你在第二章学到的，时刻注意自己和他人的行为是很重要的。事实上，你的许多沟通态度和行为，都深深根植于你自己的文化，以至于它们通常是无意识发生的。当有人站得离你太近时，你可能会觉得不太舒服。你可能会把一个人直视的眼神理解为一种挑衅信号，而不只是一种文化差异。当然，并非所有令人不安的互动都源于文化差异，但注意到这种可能性，会给你提供更广泛且有效的应对方式。

你可以想一想，你是否会根据某人是否属于你的群体来解释他的行为。时时留意自己的行为意识，包括练习跨文化敏感度，或觉知自己的行为是否会冒犯他人。[21] 保持敏感，这并不一定是必须放弃自己的信仰和习惯，但一定是不将它们盲目地强加给他人。

跨文化敏感度
对自己的行为可能冒犯他人的觉知力。

3.6.2 学习其他文化

当你思考影响跨文化沟通的诸多因素时，了解一种新文化可以让你更容易适应它。但是，你应该如何学习另一种文化或亚文化呢？你如何了解那个文化群体的沟通偏好？在新文化中，是否可以提问或寻求澄清？是否需要一个来自那个文化的亲密朋友来帮助你理解其文化中的沟通常识？当你成长为一个沟通者时，你应该提出尊重他人又真诚的问题，以各种方式体验其他文化。你可以研究或尝试自己文化之外的事物，研究其他文化领导人的演讲或著作，或考虑出国留学。其实，即使你不能亲身周游世界，也可以利用当今新技术的便利通过网络社区接触各种文化。

交际与成功

跨文化敏感度

在美国出生长大的女商人杰拉（Jayla）在日本开了一个办事处，她正在为自己在新办公室的第一次会议做准备。杰拉的几个日本助手也一起帮她做准备。她打算招呼一个助手到她的办公室来，但杰拉没有用食指指着助手，而是走到助手面前，礼貌地请她一起去办公室。在美国，招呼别人过来是可以勾食指或用食指指对方的，但在

日本，这种行为被视为冒犯。

问题与思考

1. 杰拉是如何做到文化敏感的？
2. 杰拉还能做些什么来增强对文化差异的敏感？
3. 根据你对高权力差距文化的了解，如果杰拉冒犯了她的一个助手，她该如何判断？

3.6.3 克服偏见

当你学习其他文化，以提高跨文化沟通能力时，你也可以积极地试图与其他文化或亚文化的成员相处。然而部分问题是，当不同的群体聚在一起时，我们常常陷入行为强化——只看到或听到自己想看或想听的东西。例如，如果你认为学校"兄弟会"的人都很懒、只喜欢参加聚会，那么不管你的室友在联谊会招新期间学习有多努力，你都看不到他的努力，而是只注意到他总和那几个新入会的朋友在一起，所以你仍然认为他学习不用功。如果我们对某个群体的预判刚好实现了，就会使我们产生行为确

行为强化
只看到或听到自己想看到或想听到的东西。

行为确认
我们对某个群体的预判刚好实现。

认。[22] 还是举例你认定你的"兄弟会"室友是一个不用功学习的人，那你很可能不会要求他打扫公寓或倒垃圾，因为你认为他应该更专注于学习。如果你得知你的室友最近的会计考试不及格，你很可能会自证："我就知道他考不好。"

如果你参加了几次"兄弟会"的活动，见到了那位室友和他的几个更常参加聚会的好兄弟，你可能会了解到这些人很多都是很认真的学生，其中有些人并不热衷聚会活动。在与其他的文化群体互动的时候，我们要意识到自己的行为和偏见，这样我们才不会一味地强化既定的预判。

3.6.4 相互尊重

通过了解不同文化间的差异，你可以培养与不同种族、民族、信仰、性别的人之间的关系。当个人和群体以相互尊重为目标进行沟通时，文化紧张、误解和冲突就可以被避免。[23] 当一个人试图以开放的态度并通过对话来理解另一个人时，他人也会以类似的方式回应他，这样就形成相互尊重。

调适
通过调整自己的语言和说话风格以更好地与他人沟通的过程。

我们可以通过"调适"，即调整自己的语言和说话风格，表达我们对沟通对象的尊重。当你蹲下来和孩子进行眼神交流、用简单的词汇和她说话时，你就是在练习一种"调适的方式"；警察们巡逻时的用语就像是在和邻居聊天，他们这也是在练习"调适"。当讲话者根据对方的沟通方式调整自己的语言或非语言行为时，他们的表现称为"趋同"。典型的趋同行为，是向对方表示尊重，并获得他人认可，同时表明共同的群体身份。[24] 趋同是显示相互尊重的一种方法，通常会产生积极的反应。实质上，如果我说的和你一样，这是一种表示"我是你们中的一员"的方式。

趋同
讲话者根据对方的沟通方式调整自己的语言或非语言行为。

调适过度
基于对另一个群体的错误认识或成见而过度调整自己的语言。

但是有一点要特别注意，不要调适过度，也就是基于对另一个群体的错误认识或成见而过度调整自己的语言。[25] 例如，当你放慢语速、加大音量对你年迈的祖母说一堆幼稚话时，她会觉得你的装模作样是对她的侮辱。在和不同文化或不同亚文化的人沟通时，对语言和说话风格的调整要特别谨慎；传达彼此的尊重是跨文化沟通至关重要的要求。

3.6.5 沟通练习

本章明确指出，在跨文化语境中，你需要有效且恰当地使用语言和非语言行为来与他人沟通。在你的留学之旅中，你需要熟练运用新文化环境的语言。在其他情境中，你要对他人的生活经历和观点表达在意、关心和欣赏。研究表明，社交能力较低的人，在面对跨文化沟通的复杂性时会遇到更大的挑战。[26] 为了能够有效地跨文化沟通，你可以做以下练习。

- **有效地倾听**。如果不先听别人说什么，不注意他们说什么，你就无法做到"时时留意"。知道什么时候该说话，什么时候该倾听，对跨文化沟通至关重要。本书第 7 章将详细讨论如何成为一个有效的倾听者。

- **说话前要三思**。想象一下，如果有人在和你面对面交谈时完全不看你，或在敏感问题上说得很直接，你会有怎样的感受。当有人以一种你觉得奇怪的方式与你沟通时，你可以花点时间想一想他 / 她的行为是否只是一种文化差异，而不是在表达不友善。本书第 4 章将学习更多关于语言和非语言交流的知识。

- **练习共情**。善于共情的人能够站在对方的角度看问题，所以他们能对对方的经历感同身受。练习共情，可以改变你的认知，提高你对他人的沟通方式受文化影响的理解。

- **提倡有效沟通**。当有人因为种族、信仰或文化而被嘲笑时，一定要站出来支持他。当朋友说了你认为在那种文化中属于不敬的话时，尽管提醒他言论不当。这将促进有效沟通，并传递出一个有力的信息，帮助你的朋友明白什么才是能促进关系的有效沟通和适当沟通。

》小结

3.1 跨文化沟通的定义

跨文化沟通是指拥有不同文化背景和世界观的人之间的交往。

3.2 文化的多元和差异

- 文化是习得的。
- 文化是通过沟通来表达的。
- 文化是由仪式组成的。

3.3 沟通与文化差异

光凭外表不足以解释一个人的内在、他们如何感知世界、他们如何与他人联系和沟通。

- **个人主义**强调个人目标与成就多过集体目标，自我意识强烈、更专注于个人成就。而**集体主义**倾向于为了集体利益而牺牲个人利益。

- 对未知事物较焦虑的文化被称为高度**不确定性规避**文化，而对不确定性有较高容忍度的文化被称为低不确定性规避文化。

- 在高**权力差距**文化中，权力较低的人接受自己

较低的社会地位，并将其看作生活的基本事实。而在权力差距小的文化里，人们不喜欢等级分明，和社会地位高的人交流也没那么紧张。

- **成功文化**重视自信、成就、抱负和竞争力，而**教养文化**则重视人际关系和生活质量。

- 在**共时性文化**中，时间被视为有限的资源。而在**多向性文化**中，可以同时面向多人并处理多任务。

- 在**高语境文化**中，沟通的真正意图往往是从情境或场合中推断出来的。在**低语境文化**中，沟通的内容由表达的信息决定，而不是由沟通的场合推测。

3.4 群体关系

群体关系对沟通的影响。

你的一些群体成员身份，对你来说可能比其他人更重要，这些群体成员身份，有力地塑造了你与

他人进行沟通并建立关系的能力。

- **亚文化**存在于一个大的主流文化之中，但不同于主流文化。
- **社会认同理论**告诉我们，我们有一个人体身份，这是我们对自己独特个性的感知；我们还有一个社会身份，这是我们自我概念的一部分，来自于我们的群体成员身份。

3.5　跨文化沟通障碍

由于我们所属的许多亚文化之间都存在各种文化差异，因此出现沟通困难也不足为奇。

- 当你意识到自己与身边大多数人不同，或进入一个不熟悉其风俗习惯的文化时，你会感到某种程度的**焦虑**，这很正常。
- **民族中心主义**是一种习得性的信念，认为自己的文化优于其他文化。
- **歧视**是一种助长偏见的语言或非语言沟通行为，这些行为包括根据种族、性别、残障等因素排除或拒绝他人获得物品、权利或服务。

3.6　培养跨文化沟通能力

要想培养跨文化沟通能力，你需要采取行动、时时留意、不断学习、克服偏见、相互尊重，并在实践中不断练习。

- 时时留意自己和他人的行为是很重要的。
- 当你思考影响跨文化沟通的诸多因素时，了解一种新文化可以让你更容易适应它。
- 当你学习其他文化来提高跨文化沟通能力时，可以积极地试图与其他文化或亚文化的成员相处。
- 通过了解不同文化间的差异，你可以培养与不同种族、民族、信仰、性别的人之间的关系。
- 在跨文化语境中，你需要有效且恰当地使用语言和非语言行为与他人沟通。

》问题讨论

1. 除了你自己的文化，你要认同或更喜欢哪种文化？
2. 根据你在本章中所读的内容或你个人的经验，你会提出什么建议来提高你或他人跨文化沟通的能力？
3. 解释一下你曾经历过的一个尴尬的社交场景，包括种族、信仰或其他方面，当时你有什么反应？
4. 本章所涉及的哪些问题与你在沟通和文化方面的生活经历关系最密切？
5. 找出你所属的至少两种亚文化，并描述每种文化对你的行为和沟通的影响。

第**4**章
交际中的语言沟通

本章导读

语言是我们分享意义的有力工具，用于表达和理解一个社区、国家、地理区域或文化传统中的人们之间的思想和感情。

章节大纲	学习目标
4.1 语言的力量	评估语言在沟通活动和生活中的力量
4.2 语言的要素	在有效的沟通中使用语言的各要素（声音、字词、语法和含义）
4.3 语言造成的沟通障碍	解释语言是如何对有效沟通造成障碍的
4.4 语言与社会影响	阐明社会影响对语言的冲击
4.5 如何有效地使用语言	描述准确、生动、直接和恰当的语言是如何帮助你成为一个更有效的沟通者的

联系日常生活

问题与思考

1. 在你周围，你在哪里听到过使用"选择性报道"的语言？

2. 你在哪些方面会担心、质疑媒体的言论是否将削弱明辨真假的重要性？

3. 报纸和电视在向有知情权的公众提供各种观点方面发挥了什么作用？

4. 如何从各种渠道获取信息，使你能够批判性地思考真相与扭曲的行为、事件，并帮助你做出明智的判断？

　　语言是我们分享意义的有力工具。每种文化都有一种或多种语言可以帮助人与人分享含义。一些语言学家估计，当今世界上有 6000 多种语言，而在七八十年前，只估计有 60 种语言。由于 24 小时无休的新闻轰炸，鸡毛蒜皮的事情都会被媒体发布并深挖其意义和影响。世界变得越来越小，语言也显得更加强大和重要。例如，许多人定期发 Twitter，还有很多人虽然不发言但是长期"潜水"当观众。由此，媒体正在改变语言，发明了很多新词。（更多示例请参见第 6 章。）

　　研究显示了大脑不同区域的分工，而语言是我们大脑的一个特殊组成部分，大脑的每个部分都有自己的语言。人们容易被同一类语言表达所吸引。有没有人拍着大腿对你说："哎呀！这就是我想说的？"这很正常，你的确说到对方心里去了，因为对话中的人容易表现出相同的思维偏好。我们如何发出信息，如何倾听，以及我们对自己所收发信息的看法，在很大程度上是由我们的思维偏好决定的。[1]

4.1 语言的力量

语言

语言是一个由信号、声音、手势或符号组成的结构化系统，用以表达和理解一个社区、国家、地理区域或文化传统中的人们之间的思想和感情。

　　语言是一个由信号、声音、手势或符号组成的结构化系统，用以表达和理解一个社区、国家、地理区域或文化传统中的人们之间的思想和感情。当我们用语言来分享我们是谁时，语言有能力影响我们对他人（和他人对我们）的看法。它影响我们的情绪，让我们建立关联。语言帮助我们获得并维持与爱人、家人、朋友和陌生人的关系。离开了语言，人类将很少或根本没有沟通。语言使我们能够以一种更深刻的方式接触世界，因为它使得我们能与他人分享含义。你能想象如果不能告诉别人你所知道的、所想的或所感到的东西，那是什么感觉吗？语言是一种强有力的工具，但那取决于人们是否能有效地使用它。虽然我们常常认为语言是中立的，但实际上它传达了我们是谁和我们的想法。因此，语言是主观的，必须谨慎使用，应该根据语境来选择怎么说话。此外，要注意书面用语和日常口语的区别。

YouTube上有一个名为"文字的力量"的短片，一个盲人坐在人行道上，牌子上写着"我是盲人"。[2] 他收到的捐款很少，一个年轻女孩把牌子改成"今天天气很好，可是我看不见"，引来很多路人往他罐子里扔了钱。这个例子很好地展示了正确使用语言的力量。

语言能在我们大脑中创造形象。我们会对自己听到的内容赋予含义和态度，会接受或反对表达者的某个信息，对不同的信息赋予不同的含义。社会理论家提出语言视角的问题，他们想要一个更加包容的世界。非裔女权主义者、作家帕特里夏·希尔·柯林斯（Patricia Hill Collins）在其著作《格斗的话语》（*Fighting Words*）中，探讨了非裔女权主义思想，对应该如何有效地应对非裔美国妇女目前所面临的不公正现象表达了自己的观点。她的书深入讨论了贫穷、母爱、欧裔美国人至上和非洲中心主义、按种族和阶级划分的美国社会、索杰纳·特鲁斯（Sojoarner Truth）的思想，以及它们如何为更加自由的社会理论打下基础。[3]

任何人都可能遭遇语言偏见。例如，当你听到"医生"这个词时，你会想到什么形象？如果听到"强势领导者"呢？当你听到"护士"这个词时，你的印象是什么？许多人认为领导者和医生是男性，而护士是女性，但越来越多的实际情况并非如此。人们应该自由选择自己喜欢的职业，不要在乎这些职业被贴了什么样的标签。我们需要带着开放的心态，接受他人各种各样的身份。同样的道理，和不同的人说话时，要选择合适的表达方式。卓有成效的语言表达，可以让大家对同一事件持有相近的看法。

交际与成功

我说什么了

你有没有过这样的体会，当别人描述一个你经历过的事件或场景时，你惊讶于其描述怎么和你的印象有那么大差距？为什么对于同一件事，三个目击者的描述有那么大区别？这是因为人们有着截然不同的视角，会用不同的词汇来描述这些视角，并赋予它们不同的含义。事实上，思维偏好的差异是如此之大，以至于产生了不同的"语言"。这样，我们就不难理解为什么世界上的语言数量激增了。即便我们表面上使用相同的词汇，不同的偏好也会导致我们赋予相同的词汇不同的含义，从而以大相径庭的视角描述世界。[4]

问题与思考

1. 描述一些有效的沟通互动。
2. 在与他人沟通时，你会遇到什么样的问题？
3. 你如何解决问题，或与他人达成谅解？
4. 当与你对话的伙伴文化背景各异、年龄段不同时，会创造什么独特的语境？
5. 阐述你在书面沟通中碰到或因使用口语而导致的尴尬的例子，你觉得导致这些情况发生的原因是什么？

4.2 语言的要素

语言、交谈、演讲和沟通是四种不同但相关的现象。如前文所述，语言是一个由信号、声音、手势或符号（也就是"记号"）组成的结构化系统，它使人们能够向他人表达思想和情感；交谈是我们每天都做的事情；演讲是用来传递语言的一种工具；沟通涉及含义的交换。语言的目的是沟通，而演讲是我们使用语言的一种方式。事实上，会使用语言，并不意味着我们能很好地沟通；但是没有语言，就不存在任何口头或文字沟通。如果语言不能帮助我们传达信息内涵，那么所有的语言就都是无用的。当然，非语言沟通也能帮助我们表达自己的想法。

非语言沟通的目的是协调语言和表述，进而产生有效的沟通，或传递意图和含义。通过分别研究语言的四个要素：语音、文字、语法和含义，我们可以了解更多关于语言的知识。

4.2.1 语音

我们绝大多数人在学会写字之前先学会了说话，而且我们天生就具有能够发出语音的生理机制。然而，我们并不都以完全相同的方式学习发声。即使使用同一种语言，特定区域或文化群体的人说话也区别很大。方言或其他表述方式会使说同一种语言的人之间的沟通变得复杂化。

4.2.2 文字

文字
代表其命名的对象或概念的符号。

文字是代表事物和概念的符号。一个单词可以代表一个物体或一个抽象的概念，比如"书桌"这个词代表一件家具、一个物体，而"愤怒"这个词则代表了当我们极度沮丧和不愉快时与我们的感觉相关的一系列情绪。

习语
某些内涵无法通过字面理解的词语。

文字的含义来自沟通和文化。人们习惯于以一定的语音组合代表一定的事物。语言的一个有趣的方面是习语，或某些无法通过字面理解内涵的单词。如果你听到有人说"千载难逢"，你就会意识到有罕见的事情发生，但其他文化的人听到这样的成语可能就会完全迷失，因为这个成语不能被逐字翻译。如果沟通各方希望相互理解，就需要先对一些基本概念达成一致理解。

4.2.3 语法

语法
规范单词组成短语和句子的规则。

正如语言对于发音拼读存在对应规则一样，用单词组成短语或句子也有相应的规则规范。这套规则叫作语法。例如，英语语法体系要求谓语动词对名词做出单复数对应（例如 friend is；friends are）。

交际与成功

语言的力量

阿拉伯人非常欣赏语言的力量。一句古老的阿拉伯谚语清楚地说明了这种力量："一个人的舌头就是他的剑。"在阿拉伯文化中，用来描述事件的词汇可以变得比事件本身更有意义。沟通学学者萨莫瓦尔和波特认为，在阿拉伯语中，"文字的使用更多是为了它们自己，而不是为了人们所理解的它们背后的意思。北美洲人可以用十个词充分表达自己的想法，而阿拉伯语使用者可能会用一百个词。"[5]

处于阿拉伯文化背景中的人知道语言是强大的，其他文化也有相似的观点。非洲文化经常用口头语代替书面语，他们擅长用谚语来说明问题。非裔美国人也有重视交谈、喜欢口头讲故事的传统。[6]肯尼亚有一句话谚语："好好说话就是财富。"这句谚语表明，历史和新闻都是在口头表达的传统中分享的。[7]萨尔瓦多人至少有五种对应于英语单词"you"的表达形式。例如，"usted"用于和长者或上级交谈，"tu"用于非正式场合，但不用于和长者或上级交谈。[8]

问题与思考

1. 举一个你认识到语言力量的例子。
2. 如果你说的不是你的第一语言而是外语，你在外语环境的交流沟通中学到了什么？
3. 在你的日常沟通中，社交媒体对你的语言有何影响？

当我们把音节连在一起形成单词，把单词连在一起形成短语、句子和段落时，我们同时使用了语言的发音和语法系统。正确使用语音和语法的能力对良好的沟通至关重要。语法使我们能够造出完整的句子，也使我们能够理解别人造出的句子。

尽管语言有很多规则，但是基于这些规则创造出的信息几乎是无限的。据估计，基于英语创造出的包含 20 个单词的句子多达 10^{19} 个，[9]这还不包括短于或多于 20 个单词的句子。因此，可能组成的句子和信息的数量几乎是无限的。

4.2.4 含义

对含义的研究，或对词语与思想、情感和语境之间的联系进行的研究，称为语义学。如果语言没有含义和内涵，它就没什么用处。正因为词语和字词组合可以用于人与人之间交换含义，所以语言才是沟通的必要工具。

文字本身有含义吗？我们习惯于把语言符号（文字）与特定的含义联系起来，并认为这种关系是理所当然的。但我们要明白一点，事实上，语言本身并没有含义。

到目前为止，这个观点似乎与我们前面的讨论相矛盾。你可能想知道，既然语言本身没有含义，那么它如何成为一个包含规则和含义的系统？实际上，这完全是随机的。例如，英文单词"desk"代表一件家具，

语义学
对含义的研究，或对词语与思想、情感和语境之间的联系进行的研究。

人们可以坐在那里写字。然而教室里的桌子和办公室或家里的桌子大不相同，而且字母 d、e、s 和 k 与现实中的办公桌也没有本质上的联系。只是当我们看到或听到这个符号时，我们赋予了它含义。

文字是表示人、对象、概念和事件的符号，但文字本身并不真的就是那个人、对象、概念或事件。例如，民主、自由、音乐和朋友，这些都只是文字，而不是它们所象征的实体。我们很容易忽略这一区别。虽然文字只是符号，但是如果你对着一个晕血的人大叫"我流血了"！你很快会看到这句话引起了什么样的作用，他会好像真的见了血一样。

人们普遍认为文字有特定的含义。在过去的几年里，我们不断在沟通课上问学生，文字是否有特定含义。虽然没有科学地收集这些数据，但数据表明，超过 75% 的学生相信文字确有其特定含义。但事实是，文字只带有我们赋予它们的含义。文字只有通过其使用的语境，以及使用者赋予其含义的事件，才能获得含义。文字的含义在于人。图 4-1 显示了两个不同的人如何给 house 这个词赋予不同的含义。

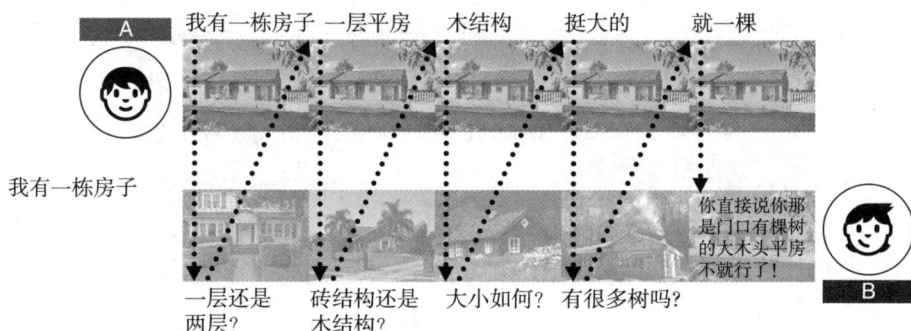

图 4-1　含义不在于字，而在于人

我们不能假定，使用我们认为适当和足够的词语来传达特定的信息，就能成功地传达给每个听众。如图 4-1 所示，即使是最简单的词语，不同的人也会联想到不同的意思，因为词语是符号，只有人才能赋予其含义和内涵。

下面是刘易斯·卡罗尔（Lewis Carroll）所著的《镜中世界》（*Through the Looking Glass*）中的对话。矮胖子（Humpty Dumpty）和爱丽丝（Alice）卷入了一场关于语言和含义的争论。

"我不知道你说的'光荣'是什么意思。"爱丽丝说。

矮胖子轻蔑地笑了："你当然不会知道——除非我告诉你。我是说我有一个能轻易驳倒你的观点。"

爱丽丝反对道："但'光荣'并不意味着'一个轻易驳倒对方争论。'"

　　"当我用一个词的时候，"矮胖子用一种相当强硬的语气说，"它的意思就是我想表达的意思，不多也不少。"

　　"问题是，"爱丽丝说，"字词不能随心所欲，想怎么定义就怎么定义。"

　　"问题是，"矮胖子说，"字词的内涵完全取决于用它的人怎么定义，这一点我不接受反驳。"[10]

　　谁决定了文字的含义？答案是你自己。你可以选择用不同的文字来传达你想表达的意思，如果你的沟通技巧足够熟练，你还可以控制他人对你的表达的反应。尽管每个人都有能力赋予文字含义，但每个人赋予的都不是完全相同的含义。因此，虽然表述者对自己的用词赋予了某个特定含义，但接收者会有意无意间出现理解偏差。尤其是在发送者和接收者具有不同的文化背景，或有不同的生活经历和知识水平时，这时传达的含义和接收的含义之间可能天差地别。例如，计算机专业人士经常使用一些对外行来说像天书一样的语言和文字。类似情况下，选择用词、用语尤其重要。

　　文字含义有外延和内涵之分。外延是指一个词的常见含义，这也是字典、词典的标准定义，外延含义通常比较容易理解。许多人用词时，就好像它们只有一种外延，或只有某种特定的含义，事实并非如此。虽然我们通常理解的词典释义（外延含义）的确存在，但当我们交流时，我们更常使用的是文字的内涵。

> **外延**
> 文字的客观含义，这也是词典标准的释义方式。

　　内涵是一个文字的主观含义，取决于某个字词唤起了何种感觉或联想。文字内涵建立于使用文字的语境、非语言信息的传达方式（语调、讲话者的面部表情等），以及接受者的理解程度等基础上。优秀的沟通者能够区分文字的外延和内涵，并理解在特定场景下使用的是何种含义。大多数使用这种语言的人——某一特定群体或个人，普遍更能理解文字内涵。对于一个住在南方的人来说，一杯茶被默认为"甜茶"；对于一个来自中西部的人，它意味着"不加糖的茶"；而对于大多数加拿大人，它意味着"柠檬茶"。因此，当中西部人在南方或加拿大点茶时，他们可能会对所喝的饮料感到惊讶。

> **内涵**
> 文字的主观含义，取决于某个字词唤起了何种感觉或联想。

　　词语可以是具体的，也可以是抽象的。具体的词描述特定的事物，这些事物可以被指认，也可以被亲身体验，比如看到、尝到、闻到、听到或触摸到。例如，汽车、房子、食物和汽水之类的词是具体的，它们代表具体的、有形的物体，因此它们的含义通常相当清楚。因此，基于具体词语进行的交流留给误解的空间较小，任何分歧通常都可以通过参照对象本身

> **具体词**
> 具体词描述特定的事物，这些事物可以被指认，也可以被亲身体验。

来解决。

抽象词
思想、品质或
关系的象征。

　　然而，抽象词语是思想、品质或关系的象征。抽象词语代表无形的事物，或是无法通过感官体验的事物。因此，它们的含义取决于使用它们的人的经验和意图。例如，对于不同的人来说，美、爱、道德、音乐和决心等词有不同的含义和象征。

　　"抽象阶梯"（图 4-2）最早由艾尔弗雷德·科日布斯基（Alfred Korzybski）于 1933 年描述，1964 年由早川（S. I. Hayakawa）扩展，[11] 依然是解释具体和抽象词汇及其含义的有用方法。图 4-2 说明了一组相关词语之间的具体化程度。"德里克"是最具体的词，因为它指的是一个叫德里克的特定个人。你可以看到，随着单词从具体到抽象，它们指代的概念也更普遍、更无形，人们对这些概念的理解也更加开放。

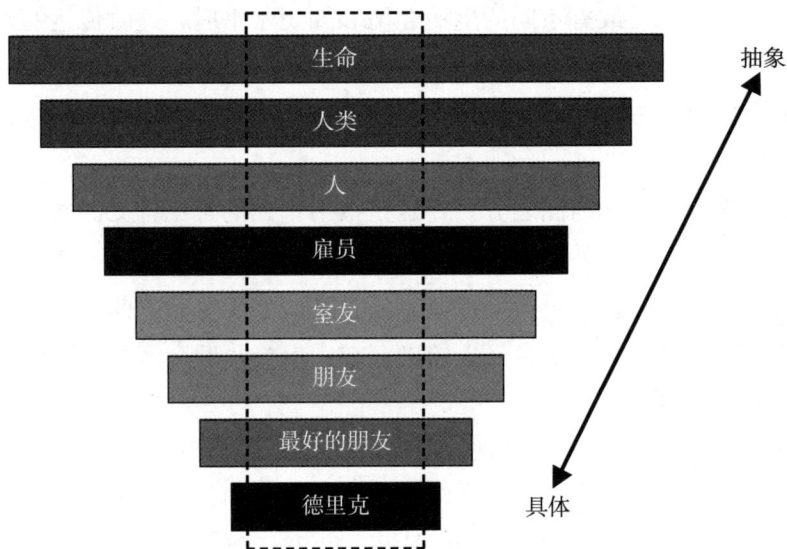

生命

人类

人

雇员

室友

朋友

最好的朋友

德里克

抽象

具体

图 4-2　抽象阶梯

当词语指代一个特定的人、地方或事物时，词义会变得更加具体。具体的词义有助于减少人们对信息的过多注解，降低误解的可能。

　　语言可以是明确的，也可以是模糊的　就像抽象词汇很难界定有形事物一样，语言的具体或模糊化会影响你想要表达的内容。某个人下午 5 点离开会议时说"晚点给我打电话"，他给出了一个开放性的时间段。所以，如果你晚上 9 点以后打电话，而对方正好是个暴脾气，你很可能听到他说："这么晚了打什么电话，我家孩子都睡觉了！"可见，含糊的表达很容易造成冲突，也可以看到误解是很容易发生的。模糊的语言混淆了问题，传递了不明确的信息。明确的表述可以让听者准确理解你的意图，含糊的语言很容易导致误解，进而导致无效沟通，就像下面这段对话。

沙尔（Shar）：朱莉安，昨晚你说你下课后在图书馆的图书角见我，我下课后就去那儿等了一个小时。你人跑哪儿去了？忘记了吗？

朱莉安（Julian）：我是说今晚下课以后，我们今晚不是一起上课嘛。

沙尔：昨天我们说话的时候，你怎么不说清楚是今晚？

朱莉安：我以为你肯定知道是今晚而不是昨晚，周二（昨晚）我们又不在一起上课。

沙尔：下次说具体点！

朱莉安：下次你自己先问清楚！

这段对话的问题在于，朱莉安语焉不详，沙尔又没有要求说清楚。虽然这只是个鸡毛蒜皮的小事，但真正有效的沟通并没有发生，因为双方都不明确对方的意思。因此解释、定义或说明任何可能被误解的模糊表述，都绝非多此一举。

含义取决于共性　沟通者在背景、经验和态度方面的共同点越多，他们沟通所使用的言辞的含义就越可能趋于一致。然而，优秀的沟通者不会太在意别人如何解读他们的信息，他们会不断根据反馈完善自己的信息。

林晨和麦迪是室友，他们手头都不宽裕。林晨想批发一堆碟子和洗衣皂，因为这样整个学期可以省点钱。麦迪对此很不高兴，因为她不想在一个月的第一周就花掉所有的预算。对于经济、预算或精打细算这些词，两个人所理解的含义不同，而基于这些理解偏差进行的沟通很容易引起严重冲突。这对室友没有把事情摆到台面上摊开说清楚，而是各自按照自己觉

交际与成功

文字的真正含义是什么

沙尔和朱莉安之间的对话所暴露出来的问题，不仅仅是用词的模糊或具体。文化、教育背景、社会地位、年龄、关系性质和性别，这些只是影响语言选择和含义的部分因素，很多沟通学学者还探讨了语言交流中的性别与文化差异。心理语言学家德博拉·坦嫩在其著作中强调：交流方式和语言选择上男女有所不同，这一度成了流行文化现象。

问题与思考

1. 找出你和异性对语言有不同看法的两个具体例子。结果如何？

2. 你是否注意到了代际语言差异？你会像对你特别好的朋友一样对你的祖母说话或写信吗？说出理由。

3. 列出适合撰写课堂论文或工作报告的语言特点，再列出适合在课堂上或工作中用作口头陈述的语言特征。

4. 和同学一起，对你在第3题中列出的两个单子进行比较，它们有什么相同点和不同点？

5. 向一群高中生和一群退休的专业人士做演讲时，你的语言选择会有什么不同？

得最靠谱的思路去花费并公摊预算，从来没有花时间了解对方的想法。他们各自的背景和经历，决定了他们对语言的选择和使用，也影响了他们对特定词句含义的理解。除非能够深入沟通，否则他们不会达成共识。

语言会模糊含义　每个人都有不同的经历或经验，这些经历和经验又与相应的文字关联，所以对不同的人来说，文字意味着不同的内容。不熟悉的文字，如医学术语，会让听者对观点产生负面影响。当你对某个字词没有概念又没有相应解释时，你会不知所云。如果可以选择更容易理解的词汇，就可以帮助听者理解问题的本质，并减少一些因知识和信息的不对称而产生的挫败感。

此外，词语的含义，就像词语本身一样，也会随着时间和地点的变化而变化。我们很容易忽略，自己对一个词的理解可能与其他人不同。例如，问 80 岁以上的老人微博热搜、病毒营销、戒网瘾、闺密控，看看他们有什么反应。我们不断地在语言中添加词汇，特别是与技术相关的词汇。由于这些进步，有多少新词被添加到语言中？博客、短信、谷歌、Twitter、煤气灯效应（心理学名词）、垃圾邮件、鲶鱼游戏、颜文字和网络钓鱼都是最近出现的一些例子。

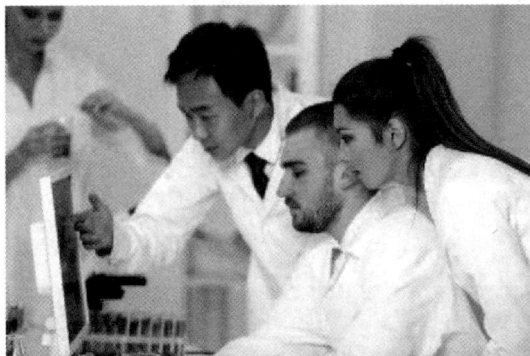

区域差异同样导致词义因地区而异。例如，在美国的一些地区，如果你去店里要瓶 pop（汽水），店员应该不知道你在说什么，除非你换个说法——要瓶苏打水或可乐。在怀俄明州和俄亥俄州，人们习惯从饮水机处接水喝，但在威斯康星州和马萨诸塞州，人们常用喷泉式饮水龙头接水喝。区域性的用词会导致误解，我们必须对这种潜在的差异保持敏感。此外，某些词在不同的文化和亚文化下有不同的含义。例如，在美国，对大多数人来说，"非常珍贵"意味着一些很有价值或者心爱的东西，而在加拿大和爱尔兰，"非常珍贵"意味着价钱很贵，与个人价值或爱无关。

特定群体或学科所使用的语言或行话，可能有较强的专业性和技术性，对公众而言难以理解。在这种情况下，一个人需要具备这个学科的专业知识才能理解所说的话。

在同一个语言群体亚文化里，有时会以其群体特有的方式使用单词或短语。比如科学家、工程师或医生使用的语言可能过于专业，普通老百姓难以理解，这种独特的语言用法，非专业人士称之为行话（行业术语）。其他的亚文化群体，比如学生，可能会使用俚语或只在小圈子里通用的词，而这些词及其含义变化得很快。有时这些词会流行起来并被大众接受，最终会被词典收录。"电臀舞"（Twerking）是一个相对不为人所知的词，直到米利·赛勒斯（Miley Cyrus）表演此舞引起媒体的关注，这个词和这种舞蹈形象才在网上传播开来。在报纸和待售房屋广告中，房地产经纪人可能会使用术语"匠人特供"（handyperson's special）来指代需要修理的房屋。[12]

许多大学已经创建了他们定期更新的流行语库。你可能想去你的浏览器输入"网络热词"，看看其他学校的流行语是否类似于你们学校的。这样的搜索为相互了解提供了一个学习流行语的机会，就像我们学一个地方的方言一样。旧的流行语不断被抛弃，新的流行语不断被发明或改进——有时只是为了确保某个特定群体之外的人不会理解其意思。各种各样的群体，包括特定职业的成员、大学生、少数民族甚至帮派，都会发展和使用俚语或流行语。[13]

语言是用来分享含义的，但也可以用来模糊、歪曲或隐藏含义。模糊含义的一种方法是使用委婉语。委婉语是一种无冒犯性或比较温和的表达方式，代替了可能引起冒犯、尴尬或不悦的表达方式。美国的社会也会使用委婉语来避免可能引发负面反应的禁忌话题或语言。对于一些有争议或者沉重的概念，委婉语可以化解情绪上的负担。例如，当一个人过世时，我们经常使用"去世"这样的委婉语而不是用"死"字，"去世"这一表达让人在情感上更容易接受。

委婉语也可以用来美化某些东西，使它看起来比实际更迷人。在我们的社会中，我们已经变得如此关注标签，以至于我们给许多事物重新命名，赋予它们更积极的内涵。例如，我们很少使用"推销员"这个词，因为除了性别歧视，它还可以让人想象出一种负面的形象，其标签是不择手段的商业道德。这种不好的印象一部分由媒体造成，一部分由个人经验积累。因此，把推销商品的人叫作销售助理、销售顾问或销售代表，听起来更让人舒服。此外，清洁工这个词之所以被重新定义为环卫工，似乎也是为了让这份工作更有吸引力。

语言也会被用成"双言巧语"，或者使信息含糊不清。罗格斯大学（Rutgers University）教授威廉·卢茨（William Lutz）写了一本书就叫《双言巧语》（Doublespeak），谴责使用词语来隐藏含义。他说，他可以接受普通的委婉说法，但当一名员工被告知由于公司的"竞争上岗"而被"劝退"时，他就感到很不舒服。事实上，该员工就是在裁员中被解雇了，但没人愿意这么说。[14]某个在线项目提供了一个双言巧语及其含义的列表。例如，把雇佣兵或为他们提供服务的机构叫作"安全承包商"。[15]卢茨（Lutz）认为这些说法"可耻，对民主有害，有悖常理，而且无处不在"，

行话
某些群体或特定学科使用的语言，可能因为其技术性或过于专业化而不为大众理解。

俚语
用以保持群体内部交流含义的语言。俚语词汇变化频繁，且专属于特定地区和（或）群体。

委婉语
一种无冒犯性或比较温和的表达方式，代替了可能引起冒犯、尴尬或不悦的表达方式。

双言巧语
故意玩弄文字来扭曲含义。

但这并不意味着双言巧语很容易被创造和使用。双言巧语不是官僚们脑子里自然蹦出来的想法，而是官方为了掩盖真相而精心发明的。双言巧语不是由于无知而失言，或是使用不当的语言。它是一种强有力的工具，让在不需要和他人明确沟通的情况下就能实现自己的目的，并让他人可能受其影响，甚至为其买单。根据卢茨和其他学者的观点，双言巧语在混淆是非方面危害巨大。

如你所见，语言和其含义在沟通中密不可分，在成功的沟通中珠联璧合。不幸的是，当信息被误读时，沟通也会走样儿。

4.3 语言造成的沟通障碍

尽管对别人说一件事并不需要消耗很大的体力，但要确保我们说的东西准确传达我们的意图，却需要耗费不少精力。即使我们创造了我们认为完美的信息，也总有一种可能性，即接收者会曲解信息，或理解得模棱两可。因此要记住，接收者也必须努力解读对方想要传达的信息。

"在美国，日常使用的语言有 300 多种。这一数字包括 160 多种美洲土著语言、移民语（英语、法语和西班牙语）、侨民语言以及该国不同地区使用的各种方言。"[16] 我们必须意识到，沟通是一种微妙的符号互动，它永远不会绝对地具体或客观，因此总是有可能引起误解。误解的产生有许多生理、心理和文化因素，语言的低效使用也是因素之一。有效沟通最常见的语言障碍是误读、一概而论和极端化。[17]

4.3.1 含义可能被误解

误读
由于语言的符号性而在发送者和接收者之间发生的误解。

讲话者的意图和聆听者听到和理解的往往不同。发送者和接收者之间的这种误解称为误读。你对别人说过多少次"我不是那个意思"？下面是误读的示例。

> 你的上司说："把新办公大楼的面积计算出来，尽快给我一份报告。"你找到这些信息，进行计算和比较，并找出优缺点，三天后把报告交给了你的上司。你被告知"你怎么花了这么长时间？我两天前就想知道这些，现在已经太晚了"。主管从来没有说过第二天就要这些信息，所以你精雕细琢后做出了一份完美的报告，却被告知提交晚了。谁错了？是因为主管没说清楚吗？你核实过什么问题吗？

每天都会发生类似的误读情况。

误读通常是因为错误地认为每个单词只有一个意思，而且单词本身有含义。看看我们的日常用语，你很快就能明白大多数单词都有多种用途和含义。词汇具有多种含义，因为它们随着时间的推移而变化，在不同的文化和地区被不同的人使用和理解，并且常常反映用户的知识水平和所处情境。因此，对于所有的沟通者，无论是发送者还是接收者，保持警惕并认识到这一点是至关重要的：不同的人确实会以不同的方式解读文字。

来自不同文化背景的人，在日常交流中对词句的理解会变得更加复杂。当有人使用了非英语母语者不熟悉的常用短语时，这个问题就更加严重了。例如，想想这句话："你不要来杯茶？"非英语母语者听懂了这个问题的字面意思，如果他们真的想喝茶，他们会回答"不"。因为他们经常使用这句话，以英语为母语的人忘记了它含有否定词。但一个非英语母语者可能不知道，实际上，"你不要来杯茶？"和"你要喝茶吗？"是一个意思。在这种情况下，两位交流者之间的文化差异造成了误读现象。

有些表达者故意利用误读、委婉语或双言巧语来软化或扭曲意思，我们必须要意识到这一点。有时政客和广告商说某件事的目的是让人们相信或接受其他事。说和听也涉及伦理问题，从良知角度判断什么是对、什么是错、什么有益、什么有害，这是每个人的责任。

4.3.2 语言可以塑造我们的态度

一概而论是对个体差异的忽视，以及对相似性的过分强调。不分青红皂白地一把抓是一种感知定式，在这种定式中，一个人选择忽略事件、事物和人的差异和变化。语言在我们对事物的相似性归类倾向中起着重要的作用，即使相似性并不存在。比如将人分类的名词：青少年、离婚者、学生、教授、拉丁美洲人、保守派、南方人、朋友、政府官员、政治家、运动员、销售人员等，鼓励我们关注相似性。诸如"我父母这代和更老辈的人对计算机和社交媒体知之甚少"之类的说法，可能会被解释为包括所有50岁以上的人，而不是特指父母或祖父母。由于无法区分个体的特殊性，这样的分类常常导致刻板印象。

在形成刻板印象时，我们会将事件、对象和人简单归类，这时我们对独特的个人特征和品质缺乏考虑。刻板印象往往是消极的，但也可能是积极的，例如，"所有自由主义者都很努力"，"所有保守主义者都希望和平"，"所有教师都是敬业的专业人士"，以及"所有环保主义者都关心公民"。无论刻板印象是消极的还是积极的，问题都是一样的：个人品质被忽略。由于不需要分析、调查或思考，所以很容易形成刻板印象。通过减少差异，刻板印象给我们提供了整齐划一、过于简单的分类，这也扭曲了我们对人、情境和事件的评价。

一概而论
对个体差异的忽视，以及对相似性的过分强调。

参考指南

减少误读[18]

1. **要深入人心，切勿浮于字面意思**。思考语言及其含义，同时考虑使用语言的人及其可能赋予的含义。不断质疑自己的诠释："这个词对我来说是什么意思，对别人来说又意味着什么呢？"

2. **询问和释义**。当有潜在的误解可能时，要及时提问，并解读你的信息，或你从他人那里得到的信息。不同的背景、年龄、性别、职业、文化、态度、知识和观念都可能影响沟通。如果你自己不能确定，就请其他人解释。你可以用自己的话复述一下，以确认理解无误。随着信息的重要性和复杂性不断增加，询问和释义也越来越有必要。

3. **平易近人**。鼓励开放和自由地沟通。有效沟通最常见的障碍是不愿意倾听他人的意见。允许别人质疑和诠释你的信息，并尊重他们说的话。认真倾听某个具体信息并不总是很轻松，但这样的努力将确保信息沟通准确明了。

4. **对语境保持敏感**。考虑你沟通互动时的语境。当你考虑到词语、句子、段落的上下文和沟通发生时的情境，便可以更加精确地诠释语言的内容。

5. **考虑社交媒体的影响**。你班上有许多同学都属于 Z 世代，当你使用网络用语时，你的父母和祖父母可能弄不懂你的意思。

索引
通过区别对待陈述所指的特定的人、概念、事件或对象来减少"一概而论"的技巧。

日期标注
根据时间来对人、想法、事件和对象进行分类的索引形式。

极端化
从极端的角度看待问题的趋势。

钟摆效应
由于使用极端化语言来描述和捍卫各自对现实的看法而导致的个人或群体之间的冲突升级。

　　下面介绍一些交流时减少一概而论的办法。**索引**是方法之一，通过区别群体中不同成员的差异，减少一概而论。索引可以识别陈述中所引用的特定的人、概念、事件或对象。当你听到有人说一些把人、想法、事件或对象归为一类的话，比如"所有职业运动员都是自负的""所有教授都是自由主义者""女权主义者不在乎家庭价值观"时，你需要分析并质疑他的话："你说的是谁？"每个人都是独一无二的，但也不是非此即彼的，我们不可能完全像其他某个人。职业运动员、教授、女权主义者，他们可能属于一个阶级或一个群体，有相同的身份，与其成员有相似之处，但这个群体是由独特的个人组成的。

　　日期标注是另一种减少一概而论的方法，它是一种根据时间来对人、想法、事件和对象进行分类的索引形式。通过标注某件事情发生的时间，我们承认事情会随着时间的推移而改变，这种标注为陈述增加特殊性。

4.3.3 语言会导致极端化

　　极端化是指从极端的角度看待问题的趋势，富饶或贫穷、美丽或丑陋、大或小、高或低、好或坏、聪明或愚蠢，即便大多数事物存在于两者之间。这种非黑即白的思维方式会因语言的某些方面而恶化。

　　极端化可能是破坏性的，会使冲突升级到双方根本无法沟通的地步。这种升级被称为钟摆效应。钟摆代表一个人对现实的感知，包括对世界的感觉、态度、观点和价值判断。当钟摆挂在中心时，一个人的感知被认为是现实、道德、聪明、理智、诚实和可敬的。当然，我们大多数人相信我们钟摆的大部分时间都处于中心或接近中心的位置。当两个人对现实的看法不一致时，他们的钟摆开始朝相反的方向摆动。钟摆摆动的距离代表了他们在观点或信念上的差异。随着谈话的深入，每一句话都会引起对方更强烈的反应，直到双方都被推到相反的极端。例如，当两个室友为轮到谁打扫而争吵时，一个室友可能会说："这次轮到你了，我上次做过了。"另一个可能会回答："上次是我做的，现在轮到你了。"如果分歧继续又没有找到解决办法，双方的立场就都会变得更加坚定，他们的对话可能会演变为人身攻击："你又邋遢又懒""你就是个事儿精"。情况甚至会恶化到其中一个威胁要搬走。这种典型的极端后果就是由钟摆效应驱动出来的。双方的情绪最终会变得如此高涨，以至于彼此的分歧似乎无法逾越，想达成双方都能接受的方案似乎遥不可及。

如果演讲者意识到误解的可能性，并避免使用极端言论，就可以避免极端化的危险。例如，像"艾奥瓦州夏天很热"这样一个看起来没有争议的说法，就很可能会导致极端化，因为"热"这个词代表了一种广义的极端。对信息的进一步深入可以防止误解，比如：对比"热"的基准是什么（亚利桑那州或曼尼托巴州）。艾奥瓦州每年的夏天都一样，还是每年都有变化？艾奥瓦州的夏天是全州都一样，还是南北不同？夏季平均气温是多少？避免过度概括和极端化错误的说法是："艾奥瓦州的夏天可能很热。平均气温为29℃，最低气温在23℃，最高气温在40℃左右。"当话题可能引发情绪化、防御性或不可预测的反应时，这种澄清尤其重要。

4.3.4 语言可以造成性别歧视

男性和女性在使用语言的方式和交谈的方式上表现出很大的不同。例如，心理语言学家德博拉·坦嫩表示，男性倾向于使用语言来维护地位，而女性倾向于使用语言来建立和维持社会关系。[19] 坦嫩说，女性倾向于建立亲密关系并支持他人，而不是使用语言来支配他人。相比之下，男人更倾向于通过语言来支配或竞争。坦嫩的结论是男女加入的是同一个沟通游戏，但规则是不同的。当男人和女人互相沟通时，由于对语言的使用方式不同，双方可能会产生矛盾和冲突。当带有性别歧视性的语言被有意或无意地使用时，问题就扩大了。我们的目标应该是使用具有性别包容性的语言——既不歧视女性，也不歧视男性。

性别包容性语言
既不歧视女性，也不歧视男性。

不幸的是，有的语言本身自带固有的男性偏向。例如，英语没有单一的中性代词。因此，传统上，男性代词（he，him，his）通常被用来指代一般人，即其所指对象可以是男性或女性。就男性化问题而言，有时是语言造就了带有歧视和刻板印象的心理定式。按照传统用法，he 和 him 无所不在，而 she 和 her 普遍缺席，潜移默化给人一种印象：男性扮演重要的角色，而女性却没有。

因此，我们的语言创造了这样的期望：男性是积极的，扮演重要的角色；而女性是消极的，扮演次要的角色。此外，带有性别歧视性的语言可能会产生误导。当一个演讲者经常只使用女性或男性代词，如"她（she）可以预料到"或"这符合他的（his）最大利益"时，被排除在外的性别听众可能会认为这一信息与他们几乎或根本没有关系。当这种情况发生时，大约 50% 的听众可能会忽略重要信息。如果沟通的是一种医疗信息，那些认为相关疾病不影响他们的人，可能不会注意采取预防措施，因以为"不适用"于自己的性别而使自己面临更大的危险。好在他们（they）和他们（them）的代词是包容且可接受的，对所有人而言都更清楚。

性别歧视语言
造成性别刻板印象或暗示一种性别优于另一种性别的语言。

性别刻板印象和性别优越感，是性别歧视语言的特征。[20] 就像使用专属词汇（相比于通用词汇）一样，性别歧视语言也包含了很多态度取向。比如，男性通常与具有积极内涵的词语关联，这些词语用来形容男性独立、逻辑性强、自信、好斗；女性通常与具有消极内涵的词语联系在一起，这些词语具有依赖性、不合逻辑、软弱、易受骗和胆小。性别歧视语言所传达出来这样的信息——一种性别比另一种更重要、更优越。这种带有偏向性的语言可能相当微妙。当我听到"他是公司的总裁"这样的话，感觉稀松平常，没什么特别的；然而，想想下列表述："她是公司总裁，她是个女人""苏珊得到那个职位是因为她是一个女人"。这两句话描述了那些已经晋升到高层职位的女人，但同时暗示，女性通常不会担任这些职位，或者苏珊获得这个职位的唯一原因是因为她是女性。换言之，这意味着女性的能力不如男性。

刻板印象不会出现在社会真空中。相反，刻板印象会对那些被扣上刻板帽子的人的生活产生巨大的影响。性别的刻板印象影响着男性和女性的认知和行为。刻板印象既影响人们在社会上的待遇，也影响他们对自己的看法。语言是延续这些刻板印象的重要手段之一。电影《隐藏人物》（*Hidden Figures*）中有一个很重要的场景，其中一个男性角色说他没有意识到他们雇了个女的来负责电脑，这个女人没给她面子，反驳了他并转头离开。如果你管那些有博士学位的女教授叫某某小姐或女士，但把男性教授称为某某博士，你就是在使用性别歧视语言。当你学会避免使用性别歧视语言，改而使用一些性别包容性强的词句时，你就是在采取积极的步骤消除语言上的刻板印象。

优秀的沟通者会使用包容性的语言，避免贬低他人。语言影响我们如何看待身边的人，我们应该警惕不当用语引起的个人和社会问题。

4.3.5 文化影响语言使用

正如性别差异影响语言使用的特征一样，文化差异也是如此。每种语言都有自己的语法规则，对某种语言的初学者来说，有些规则似乎很奇怪。人类学家爱德华·T. 霍尔断言："所有人都是他们所说语言的俘虏。"[21] 跨文化沟通学学者和语言学家都在研究不同文化的语言使用特征。字词的多重含义以及俚语的使用，让一些字词听起来像字典里的，有时候又不像字典里的，让人抓狂。再加上不同的文化、不同的语言规则，总之，各种稀奇古怪的体验让我们很容易理解，为什么学美国英语的人会感到压力巨大。语言学家盖伊·多伊彻（Guy Deutscher）认为，虽然我们不认为语言能决定我们的思想和我们对现实的看法，但我们确实需要意识到"当我们学习母语时，我们确实……养成了某些思维习惯，这些思维习惯以显著且不可思议的方式塑造了我们的体验"。[22] 多伊彻进一步指出，由于语言习惯是自幼年时期开始培养的，因此它们自然会形成超越语言本身的思维习惯，影响你对世界的体验、感知、联想、感觉、记忆和取向。[23] 西班牙语、法语、德语和俄语，会用一系列无生命的物体代指男性或女性的性别，而西班牙语用来指代男性的物品，可能是德语里用来指代女性的物品。多伊彻提供了澳大利亚某些土著人使用的语言"古古伊米蒂尔"（Guugu Yimithirr）的例子，该语言用方向描述空间位置，他们总是用"东南西北"四个基本方向来定位。比如，他们可能会警告你："小心你脚北边的那只大蚂蚁。"[24]

当代语言学家认为，我们的文化从小灌输给我们的心理习惯，塑造了我们基本的世界观，以及我们对所遇事物的情感反应。因此，理解他人的第一步，是记住并非每个人的想法或表达方式都一样。[25]

我们在沟通时，首先形成思想，然后决定如何表达。优秀的沟通者首先要有清晰的思维，然后要仔细地选择语言，具体包括考虑用什么样的语言、如何用、对听者能达成什么样的影响。

沟通学学者詹姆斯·诺伊普（James Neuliep）以如下方式将语言和文化联系起来：

> 我们将思维编码与进行沟通的能力，让我们超越自己的想象。如果我们的思维是由语言载体所塑造的，那么，所说语言截然不同的人的思维方式必然大不相同。这可能使有效和成功的跨文化沟通变得极为困难，甚至无法完成。[26]

萨丕尔 – 沃尔夫假说（Spair-Whorf hypothesis）解释了语言、文化和思想是如何密不可分地关联在一起的。从文化和语言的角度来看，本杰明·沃尔夫（Benjamin Whorf）认为，一个人所说的语言会影响他的思维方式。[27] 这一假说表明，语言选择（词汇和语法选择）会塑造其含义以及我们理解词汇的方式。特雷西（Tracy）和罗伯斯（Robles）在《日常谈话》中建议，如果我们改变日常用语，有时可以改变自己的想法和行为。他们举了一个例子：那些认为自己是"宠物监护人"而不是"宠物主人"的人能够更好地对待宠物。[28] 萨丕尔 – 沃夫假说的意义在于说明了语言并不是凭空运行的。我们自身和我们的语言选择受到很多因素的影响，特别是受到与身份、思想和文化相关的因素的影响。

沟通学者切里斯·克雷梅雷（Cheris Kramerae）认为，没有"正确或适当"的语言能力的人，在他们的世界里几乎没有发言权。她的"沉默群体"理论表明，这种沉默与地位和权力之间有着明显的联系。[29] 克雷梅雷说，沉默群体通常包括妇女、少数民族或外来群体，包括残障人、老年人和穷人等。当人们被迫沉默时，他们既没有必要的表达方式，也没有可以被倾听的社会地位。我们经常可以看到有人跟弱势群体说话时不停打断他人或态度颐指气使，给人的印象是，这个谈话的对象很卑微。有效的沟通者要避免这样的沉默，并确保其他沟通者之间也不会出现话语霸权。

另一位沟通学者玛莎·休斯顿（Marsha Houston）在报告中说，有色人种和其他外来群体的女性会进行代码转换或风格转换，也就是在"主流文化"语言和她们自己的亚文化语言之间进行转换，以便在主流社会和她们自己的亚文化中都能游刃有余。[30] 当人们进行代码转换或风格转换时，他们在与自己的群体交谈的过程中会使用适当的语言，也知道何时选择特定的表达方式与其他文化或群体的人进行有效沟通。

语言使我们能够与他人分享自己的思想。我们可以命名事物，并与他人交谈，以了解彼此的共同点。语言可以让我们接受某个具体的想法，或创造一个更好的环境。虽然有时我们没有足够的语言来充分解释我们的想法，但我们彼此间通常可以达到相当不错的理解程度。由于这类的原因，沟通者需要在沟通时做到言辞谨慎。

4.4 语言与社会影响

媒体沟通学者尼尔·波兹曼（Neil Postman）曾经写道，技术的使用创造了"与魔鬼的交易"。[31] 他在《技术垄断》（*Technopoly*）中说，技术通过对信息的控制和迭代重新定义了文化。他声称，技术提供的每一

沉默群体理论
该理论认为：沉默群体（妇女、穷人、残障人、老年人、非裔人、拉丁美洲人等）往往没什么自由或能力表达自己的旨意选择时间和地点。

代码转换或风格转换
来自亚文化的人会说他们自己文化的语言，但在需要和适当的时候会转换到主流文化语言。

个好处，其背后都有消极或不利的一面。波斯曼担心，随着我们"娱乐至死"，我们面对面的互动将越来越少，技术终将接管世界。[32] 随着技术迅速发展，很多变化纯粹是技术驱动的。Reddit、YouTube、Instagram、Snapchat、Pinterest、Facebook、Twitter 等社交媒体，已然加强了人们对个人、社会和政治问题的认知与反馈。杰夫·蔡尔德（Jeff Child）、约瑟夫·梅泽等沟通学学者研究了社交媒体如何影响用户，特别是对我们的语言选择的影响，社交媒体也导致人们缺乏隐私（有关详细信息请参阅第6章）。

4.5　如何有效地使用语言

不同年龄、文化和教育水平的人，每天都在使用语言。然而，想具备有效和成功地使用语言的能力，需要多年的实践和学习。虽然影响语言有效性的变量有很多，但有五个方面值得特别注意：准确、生动、直接、恰当和隐喻。

4.5.1　使用准确的语言

准确的语言对讲话者来说就像准确的导航对空中交通管制员来说一样重要。一个错误的词会扭曲你想要传达的信息，误导你的沟通对象，损害你的可信度。当你说话的时候，你的目标应该是精确的，不要留下误解的余地。你应该经常问，"我想说什么"和"我想表达什么意思"必要时，注意别人说的话，确保你能选择正确的词来表达你的信息。

你能准确使用的词越多，就越有可能找到你需要的词来表达你的意思。你必须扩大你的词汇量，这里有两个方法，一是多听别人讲话，二是阅读。注意你不懂的词句，每当你遇到一个不熟悉的词时，确定它的使用环境，并在适当的时候请教别人。计算机应用中的词典或同义词表可以帮助你增加用词的丰富性。一旦你学会了一个新词，试着用它，不常用的词很容易被遗忘。

当你的词汇量渐渐得到提升后，请注意，能用短的或普通的词句说清楚时，请避免使用长的或鲜为人知的词句。另外，在使用生字词之前，一定要知道生字词的含义和内涵的深浅，记住，陌生字词对不同的人可能有不同的含义。

有时，信息传达模糊不清，是因为没有很好地组织语言。句子结构和用词不当会严重影响语句的清晰度。例如，报纸上的一些广告在用词上往往过于压缩，以至于其意图被扭曲或模糊，其结果可能导致类似"电视广告促进肥胖儿童的饮食""早产 10 个月的婴儿"这样的标题出现。我们希望这些头条作者知道他们想要传达什么，但他们较差的语言组织能力干扰了他们表达自己的意图。

当我们交谈时，我们通常可以消除由于句子结构混乱或用词不当而产生的误解。但要想做到这一点，我们首先必须意识到听众对我们讲话的反应。如果他们看起来很困惑，或问了一个问题，我们应该更清楚地重新表述这个信息。

有效的演讲者并不认为，自己很清楚的东西对听众来说一定是清楚的。在公众演讲等场合，听众可能无法提问，演讲者尤其应意识到这一潜在问题。为了确保听众能理解，这些演讲者努力使用熟悉而具体的语言（而不是抽象的语言），注意特定词语的含义等策略，使自己的意思表达得更清楚。（回顾本章"语言的要素"章节）

4.5.2 使用生动的语言

生动
积极、直接、鲜活的语言，使信息具有兴奋感、紧迫感和有力感。

为了达成有效的沟通，你要让自己的信息生动有趣。直接而鲜活的语言配以活跃的语音语调，可以带来兴奋、紧迫和有力的感觉。如此生动地对你的听众讲话，他们会更好地倾听，因为你说的内容显得很重要。

交际与成功

使用生动的语言

比较以下两条消息。前面一句是富兰克林·罗斯福（Franklin Roosevelt）说的。后面一句表达了类似的内容，尽管方式不同。

"我看到这个国家有三分之一的人住房简陋，衣衫褴褛，营养不良。"

"显然，在美国大陆范围内，有相当数量的人没有足够的财政资源购买农业社区和工业机构的产品。具体说来，可能有高达 33.333% 的人住房设施不足，相当一部分人被剥夺了适当的衣着和营养。"

问题与思考
1. 你如何描述每条信息中的字词选择？
2. 上述信息如何影响你的情绪？
3. 第一个例子中使用的生动（简洁）的语言，如何给讲话者留下不同于第二个讲话者的印象？

假设一个组织试图为无家可归的人筹集资金，他们可以选择两种方式向你募捐。一是提供统计数据，说明无家可归的人数，或无家可归者的实际情况，包括儿童及其家属。这种方法理性、信息量大、抽象、冷漠。如果换一种方式，采用情感化、紧急、具体和有力量感的方法，其生动性至少会引起你的注意，也许你会受此影响而献出爱心。

根据社会心理学家的说法，生动的语言在很多方面影响着我们。它比平淡、苍白的表达更有说服力，因为它更令人难忘，而且会让人有情感触动。生动的信息更有可能创造出易于记忆和回忆的心理图像。归根结底，人们倾向于更仔细地倾听生动的信息，而不是枯燥乏味的信息。[33]

有效的沟通者在他们所有的沟通中都会使用生动的语言，无论是跟朋友或家人进行的一对一沟通，还是在小群体或公共场合中的沟通。沟通时，我们要使用有趣的语言，尽量包含主动语态的动词，并考虑句子长度的多样性，尽可能避免陈词滥调，对特定的听众适当使用俚语。如果你用新鲜的语言，以新的、令人兴奋的方式表达你的想法，你就更有可能让听众对你的讲话感兴趣。

4.5.3 使用直接语言

语言的直接性　可以让讲话者的感受更加准确地传递给听众，增加讲话内容和听众之间的关联性。语言的直接性容易引人入胜，让听众快速融入主题。下面的陈述说明了不同层次语言的直接性，第一句话显示的是高直接级别，最后一句显示的是低直接级别：

1. 我是一个社会建构主义者，我相信我们可以在互动中创造和分享含义，因此，我们将在这门课上分享关于有效沟通的理念，希望大家共同参与，一起学习。
2. 我们将分享关于有效沟通的想法。
3. 我想，你们可能会喜欢与我探讨有效沟通。
4. 人们通常喜欢谈论有效沟通。

第一句话与讲话者、听众和背景直接相关，这样的表达是自信的，讲话者用"我们"这个词与听众建立联系。在其后的几个陈述中，讲话者降低了与听众以及事件的关联强度。这种语言变得不那么直接，语调也更加疏远。

语言的直接性也使讲话者显得轻松、自信、能干和有效率。另外，相比那些和讲者、听者、主题都没什么关联的信息，具有直接性的内容让听众感觉内容与其三观更加相投。

> **语言的直接性**
> 识别并表达讲话者的感受，使信息与倾听者更加相关。

4.5.4 使用恰当的语言

你每次说话时，你的听众都会对你使用的语言有特定的期望。不同的词或语言适用于不同的场景。例如，你与你们大学的校长说话，这时你使用的语言会比和朋友聊天时正式得多。你不太可能用昵称称呼总统，也不太可能管朋友叫博士、先生或女士，除非是在专业场合，或者是在开玩笑。

在特定情况下使用不恰当的语言会损害你的可信度，你的传达信息可能会被误解为不尊重别人或被别人忽视。我们在写作中使用的语言，在说出来时可能听起来有点生硬、正式和不自然。耳朵听到的话语应该是生动活泼和自然的。评估每一种交际场景并相应地调整你的语言，是至关重要的。在公共场合，亵渎和不合时宜的话永远是不受欢迎的。

4.5.5 使用隐喻性语言

一些语言学者认为，我们看待周围世界的方式基本上是隐喻性的。隐喻是一种修辞手法，它把两件事或两种思想关联起来，而不是简单地画等号。隐喻帮助我们构建自己的想法，比如我们如何感知世界，我们应该做什么。隐喻渗透在我们的日常语言和思想中。

隐喻
一种修辞手法，它把两件事或两种思想关联起来，而不是简单地画等号。

隐喻语言与文化直接相关，大多数隐喻只有在特定的语言群体中才有意义。如果你的沟通对象不能理解你使用的某个隐喻，那这个隐喻对他们来说就毫无意义。此外，正如我们在本章前面指出的，应避免使用消极或不公平地将特定个体或群体分类的隐喻。作为一个学生，你可能会想到很多描述你的大学经历的隐喻。例如，一些学生说大学生活就像坐过山车：跌宕起伏，峰回路转。你还用会什么比喻来生动地描述你的大学经历？

语言的误用不仅仅体现在字词使用方面，它还会影响我们的思维能力。思维和语言是密不可分的。大多数学者都认为，语言帮助我们形成思维。你是否经常发现自己在努力寻找一个合适的词，找不到这个词，你就无法准确表达你真正的意思？只要你认真思考一会儿，这个词通常就会出现。说出去的话就像泼出去的水，在我们说话之前，仔细斟酌措辞是很重要的。我们可以更正或撤回一项声明，并为此道歉，但我们没法完全消除这句话已经造成的影响。

那些深深受益于沟通能力的职业成功者，在评估遣词用语的潜在影响方面，都花费了大量精力。许多词曲作者，都有一些创作上的例子。这些作品在作者受到启发，找到神来之笔的歌词之前，会经历多年的求索。领导者对自己演讲的内容应该是深思熟虑的。语言也有赋予表达者正面或负面形象的潜力。18 世纪英国政治家、"文人墨客"切斯特菲尔德勋爵（Lord Chesterfield）曾说过："文字是思想的外衣，理应得到比衣服更多的关怀，衣服只是人的外衣。"[34]

》小结

4.1　语言的力量

- **语言**是我们创造和分享含义的方式。
- 语言在我们生活的方方面面都很重要。
- 语言能使我们与他人建立联系。
- 语言有能力影响我们对他人以及他人对我们的看法。

- 语言影响我们的情感。
- 语言影响我们的关系。

4.2　语言的要素

- 语言的四个要素是语音、词汇、语法和含义。
- 大多数人天生就有发声的能力，但人们并不都学同一套发音方式。
- **字词**代表事物和概念。
- **语法**是我们把单词连接成短语或句子的一套规则。
- 含义让我们可以通过语言和图案来交换人与人之间的信息。

4.3　语言造成的沟通障碍

- 语言可能会被误解，因为含义依赖于共性。
- 语言可能会被误解，因为人们相信文字本身带有含义。
- 语言可以塑造我们的态度。
- 当我们忽视个体差异，把事情混成一团时，就会出现**一概而论**的情况。
- 当我们不能按不同时间或时期来识别人、物、想法或事件时，就容易产生误解。
- 我们钻牛角尖时的语言会导致**极端化**。这种非此即彼的语言会导致沟通失败。
- 如果我们想避免刻板印象，并通过语言来构建

人际关系，就应该避免使用**性别歧视性语言**。

4.4　语言与社会影响

- 技术的进步创造了一种更快捷、全球化的沟通方式。
- 社交媒体对我们的生活以及我们与他人的沟通有着巨大的影响。

4.5　如何有效地使用语言

- 准确的语言可以让你表述精准，消除误解。
- **生动**的语言让你的信息变得鲜活有趣。
- **直接**的语言让人可以识别讲话者的感受，并让信息与倾听者更加相关。
- 语言在不同的情况下有不同的用法。你应该选择适合于特定听众和语境的语言。记住，口头语言和书面语言是不同的。写作和演讲需要选择不同的语言。
- 当你对比已知和未知时，**隐喻**可以帮助你创造共通的含义。隐喻使我们能够勾画和描述我们的想法、我们对世界的感知、我们在做什么。
- 科技创造出了新词汇，影响了我们在全球范围内与他人沟通的方式，但同样，我们需要做出有效的选择，以便与他人分享含义。
- 语言是受文化制约的，因此我们需要特别注意选择清晰的言语，以便有效地沟通。

》问题讨论

1. 举两个例子描述语言的力量在个人身上的体现。
2. 解释语言与思维的关系。
3. 为什么语言、沟通、谈话和表述各有其定义，而不是同义词？
4. 我们说语言既有规则，又有随意性，为什么这是一个可以对立统一的定义？
5. 我们为什么以及如何避免语言使用不当？
6. 我们说的"因人而异"是什么意思？举一个因某人语义偏差造成混乱或沟通失败的例子。
7. 在我们讨论过的语言障碍中，哪一个最有可能

发生在你的互动中？
8. 善于交际的人如何在沟通过程中使用索引和标注时间？
9. 创建一个列表，列出技术带来的沟通常用新词汇。
10. 当前的政治和社会事件，在哪些方面影响了我们对语言的使用？
11. 找出口语和书面语的四个不同点。
12. 语言是如何帮助我们识别自己，理解他人的身份，并与他人建立联系的？

第**5**章
交际中的非语言沟通

本章导读

　　非语言沟通是指所有超越口头或书面语言的沟通行为。尽管很难量化它对沟通过程的贡献，但非语言沟通所表达的含义往往比人们通常意识到的要多得多。

章节大纲	学习目标
5.1 非语言沟通的定义	区分非语言沟通和语言沟通
5.2 非语言沟通的特征	解释非语言沟通的六个关键特征
5.3 非语言沟通的功能	确定非语言沟通的五种基本功能
5.4 非语言沟通的类型	比较并对比不同类型的非语言沟通，以及优秀的沟通者对其非语言沟通的认知方式
5.5 提高传达和解读非语言信息能力的方法	说明为什么非语言沟通难以诠释和理解，以及如何确保接收到的信息是准确的

卡莉慢慢走进她的公寓，看起来像是遭受了重大创伤。她往沙发上一靠，不由自主地开始流泪，并开始放声痛哭。

她的朋友达娜赶紧过去搂着她，轻轻地拍了拍她的肩膀。卡莉眼巴巴地看着达娜，她的表情和举止告诉达娜事情不妙，好像整个世界都塌了一样。达娜不知道该说什么，所以她继续握着卡莉的手安慰她。卡莉无法控制自己的情绪，也说不出一句话。最后，卡莉看着达娜，达娜也看着卡莉。达娜脸上担心的神情好像在说："亲爱的，怎么了？"

她们紧紧地抱着对方，一个字也没说，但她们的表情和动作却说明了一切。

问题与思考

1. 非语言沟通如何有助于沟通？如何使沟通更困难？
2. 为什么我们很少或根本不考虑我们的非语言沟通？
3. 为什么你认为非语言沟通比语言沟通更可信？
4. 解释哪些行为属于非语言沟通，哪些不是。
5. 在网络或通过短信交流情感有什么挑战？有风险吗？

5.1 非语言沟通的定义

非语言沟通包括传达具有社会含义信息的所有行为、符号、属性或对象，无论它们是否有意。非语言沟通包括语调、面部表情、姿势、手势和外表，所有这些都是交流信息的方式。非语言沟通可以增强或改变语言的含义，例如通过语调、音量或面部表情强调某个语义。根据沟通学学者马克·纳普（Mark Knapp）和社会心理学家朱迪斯·豪尔（Judith Hall）的研究，值得关注和理解的重点是："实际上不可能将语言和非语言行为截然分开。"[1]遗憾的是，有时非语言沟通也可能改变信息的意图，或使其变得混淆或不清楚。

非语言沟通
传达具有社会含义信息的所有行为、符号、属性或对象，无论它们是否有意。

我们可能对非语言沟通司空见惯，因为它是如此基本的沟通方式，但它的重要性是毋庸置疑的，它与沟通效果之间的联系也是不可否认的。在大多数沟通场景下，我们花在非语言沟通上的时间比花在语言沟通上的还要多，而且我们的非语言信息比语言信息承载了更多的含义。

纳普和豪尔对非语言沟通研究的回顾表明，一些人依赖于语言信息，而另一些人似乎更依赖于非语言信息。[2]另一项研究发现，非语言行为的影响力，是与之相伴的语言信息的 12 ~ 13 倍。[3]这些发现都表明了非语言行为的重要性和影响力。有一点我们通常意识不到，那就是我们日常的许多决定都建立在非语言沟通的基础上。什么时候别人更有可能帮你？是他们心情好的时候，还是心情不好的时候？你能想起最近你根据他人的非语言沟通做出的某个决定吗？例如，教授的面部表情表明她心情非常好，所以你觉得现在是时候问她你是否可以缺席下周的课，以提前开始你的春节之旅。有些时候，比如你无法直接问别人感受的时候，就更应该注意观察那些能表达情绪的非语言线索，包括面部表情、眼神接触、姿势、身体动作等。心理学家认为，这种行为很难被压抑或控制，所以即使他人试图隐瞒自己的内心感受，也会通过非语言暗示表达这些感受。[4]

5.2 非语言沟通的特征

学生们经常问："为什么要学习非语言沟通？"在众多原因中，最主要的原因是非语言沟通对我们沟通的内容和方式产生了普遍影响，我们无时无刻不在以非语言的方式沟通。此外，非语言沟通依赖于语境，比语言沟通更可信，是一种主要的表达方式，与文化有关。当然，非语言沟通有时也会模棱两可，容易被误解。

5.2.1 非语言沟通经常发生

当有人意识到你的出现或你意识到他时，不管说话与否，都会产生沟通。如果你和对方用眼神交流，或微笑、皱眉，甚至完全无视对方，其实都有沟通发生。有时无声胜有声。例如：你没有按时参加会议；你参加就业面试迟到；要求穿正装时，你却穿着牛仔裤；要求穿牛仔裤时，你却穿了西装；你谈论一个悲伤的事情时面带微笑；或者你对某人说话，却从不直视他的眼睛。以上种种做法和表现都传达了强烈的信息。面部表情、外貌（性别、种族、体格）、衣着、眼神交流的意愿、身体动作和姿势，这些都传达着沟通信息。

通过外表、面部表情、衣着、眼神交流、身体动作和姿势等传达的信息，可能并不总是清晰的，也不一定是你想要的。然而，有传达就会有相应的感知，不管是否有意为之。

为了说明我们总是在不经意间沟通，请看图中的两个学生：萨姆（Sam）打扮得像个衣着光鲜的专业人士，身上喷着昂贵的香水；奥利弗（Oliver）戴着一顶帽子遮住头发，穿着一件旧 T 恤。如果只看表面，我们也不知道他们想传达什么信息。萨姆可能只是爱整洁，使用香水是为了给自己增加信心，或者他可能真的想表明名牌服装和昂贵的香水对他来说很重要，或者他想让大家知道他有钱。奥利弗可能只是想表明他不会与众人一样；或者，他可能会说他鄙视社会对外表的强加要求。归根结底，与其说萨姆和奥利弗打算"说"什么，不如说是别人看到了什么。两者都通过外表表达了自己的一些东西，不管是有意还是无意的。

5.2.2 非语言沟通依赖于语境

非语言沟通发生的语境对非语言沟通的诠释起着至关重要的作用。在会议中猛砸桌子以表明观点，与被称为骗子而猛砸桌子的意思完全不同。与陌生人的直接眼神接触，和与亲密朋友的眼神接触有着完全不同的含义。

在沟通时，非语言暗示和语言通常是相辅相成的。你的外表、语调、眼神、姿势和面部表情为沟通关系提供了线索。例如，当你和一个朋友交谈时，你放松的语调、眼神交流和姿势都会透露你们关系的亲密程度。你的非语言暗示可以告诉你的朋友你多么看重他们，你感觉很自在，或者你们的关系有多亲密。这是对在密友间随意的个人对话情境下发生的非语言沟通的解读。

5.2.3 非语言沟通比语言沟通更可信

大多数人倾向于相信非语言信息，即使它与对应的语言信息相矛盾。下面是母亲和女儿关于女婿的谈话：

> 杰西的妈妈："怎么了？你在生查德的气吗？"
>
> 杰西（瞪着眼睛、皱着眉头）："无所谓。我不生气，我有什么好气的？"
>
> 杰西的妈妈："你看起来很烦，你在逃避和我说话。怎么了？你和查德吵架了吗？"
>
> 杰西（愤怒地喊道）："我说了没什么事！请离我远点！一切都很好！"

在整个谈话过程中，杰西显得心烦意乱、疾言厉色。她向母亲发出了一个信号：事情没那么简单。母亲从对话情况和直觉判断，杰西显然隐瞒了什么，因此，妈妈认为应该第二次确认。事实上，真实的情况是，杰西和她丈夫的确有事，他们为钱吵架了。母亲感觉到杰西有心事。非语言信息比语言信息更难控制，因为非语言细节更能代表我们的情绪，而情绪控制起来难度更大。

非语言沟通与语言沟通，究竟哪个更真实、更准确？语言沟通更加有意识，它涉及更多关于想法和冲动的文字处理。尽管非语言信息也可以是有意甚至刻意的，但正如我们所认为的，它们更多的是无意的和潜意识的。我们几乎总是很容易确定自己要说什么，但是当我们感到不安、受伤或生气时，大多数人很难控制自己的声音、面部表情和其他肢体动作。杰西的母亲认为，女儿的非语言信息比语言信息更准确地反映了杰西的真实感受。

5.2.4 非语言沟通是一种基本的表达方式

我们经常可以察觉到别人的沮丧、愤怒、悲伤、怨恨或焦虑等感受，即使他们什么也不说。我们能察觉他人的情绪，得益于非语言沟通的强大，几乎所有的情感和态度都是通过我们的非语言行为表达的。例如，在一个大型聚会上，一位女士和她的朋友一起进来，发现了以前的一位室友。她仰着头走开了。她的朋友追上来问她为什么突然离开，这位女士回答说："我不喜欢那边那个女孩，她是我大学时期的室友，她是个疯子。"这种非语言沟通真的不需要太多解释，很显然，这位女士用行为表达了一切。

5.2.5 非语言沟通与文化有关

文化对非语言行为的差异有明显的影响，每种文化都有独特的行为规范和规则。当然，由于全世界的人类都有共同的生物和社会功能，因此在非语言沟通中有相似的地方也不足为奇。例如，对比面部表情的研究发现，某些普遍的表情，如表示悲伤和恐惧的表情，不存在跨文化理解的障碍。虽然许多外在的行为是天生的（如微笑、触摸、眼神交流、移动），但我们并不是天生就知道这些非语言信息所传达的含义。[5]

大多数学者认为，文化规则规范了非语言表达的时间、方式和后果。例如，在不同的文化中，人们坐的方式会传递不同且重要的信息。在美国，随意和开放是很重要的，因此人们会在有意无意间通过坐姿传递这种品质。在美国，男性通常会坐得四仰八叉，因此占据了很大的空间。[6]然而，在其他国家，如德国和瑞典等更讲规矩的地方，懒散被认为是没素质和不礼貌的表现。腿怎么放也有相应的文化解读。例如，在沙特、新加坡、泰国或埃及，许多美国男子喜欢跷二郎腿，这种无意识行为可能被理解为对别人的一种侮辱。[7]许多与性暗示有关的手势也与文化有关。在美国，竖中指用来传递侮辱性或淫秽的信息。然而，这种手势并不普遍。在某些文化中，用来表示同样侮辱性的手势是用拇指和食指形成一个"O"

的形状，在美国文化中这是"OK"（一切正常或做得好）的意思，而在法国，这种手势只是意味着"零"或"无价值"，在拉丁美洲和中东的部分地区则表示"混蛋"，在日本则表示"钱"。

　　来自不同文化的人推测他人情绪的方式也有区别。[8] 例如，美国人通常看面部表情、身体姿势和其他非语言性的暗示。相比之下，日本人在考虑这些暗示的同时，还会考虑这个人与其他人的关系。换句话说，在日本文化中，一个微笑的人不一定真正快乐，除非他身边某位重要人物也很开心。[9] 虽然在所有文化中，非语言暗示都提供了关于他人情绪的重要信息，但这些暗示可以用来推断他人情绪的程度因文化而异。由于美国盛行个人主义文化，其面部表情、身体动作、眼神交流和其他非语言暗示是推测情绪信息的主要来源。相反，在集体主义文化中，人与人之间的关系和地位更加重要。那么情感存留于何处，在个体内部，还是在人与人之间？答案似乎取决于你的文化。

5.2.6 非语言沟通是含糊不清的

　　虽然缺乏非语言渠道，但是很多人还是更喜欢发消息，而不是打电话或当面沟通。一项焦点小组的研究[10] 显示，人们在异步通信（如发短信）中可能比在同步通信（立即对他人做出反应）中感受到更大程度的可控性。人们喜欢异步通信的原因，包括更大的控制力以及对回复进行思考的机会，由此人们可以更好地控制他人对自己的感知。

　　尽管使用异步通信的形式，如电子邮件和短信，似乎更加便利，但这些途径实际上容易导致沟通偏差和误解。研究表明，电子邮件接收者往往无法理解发件人的讽刺或幽默（即使是用表情符号）。例如，在短信、社交媒体和电子邮件中不存在用于感受讽刺的非语言表达（如语调），因此，这些信息可能会被误解，并具有攻击性。表情符号有助于使我们文本中的含义更清晰；在消息中加入发送者的卡通表情包，可以使消息个性化并清晰简洁地传达意图。

　　除非我们了解沟通的语境，否则几乎不可能知道一个特定的非语言行为意味着什么。事实上，即使完全理解了语境，也会发生误解。这就是为什么我们必须三思我们对他人非语言行为的解读，以及他人可能对我们的解读。当你在没有完全理解语境的情况下，看到和听到非语言信息时，你可能无法收到预期的信息。当你对一个非语言信息假设太多时，可能会导致进一步的误解。

　　因为非语言信息无处不在，我们必须认识到它们的重要性和影响力，并且在解读它们时小心谨慎。与语言沟通一样，非语言行为也有模棱两

交际与成功

肢体语言和面部表情所表达的含义取决于文化

查看下面的照片，并解读手势的含义。在美国和其他大多数西方文化中，每个手势都有特定的含义。

问题与思考

1. 你沟通时会用哪些手势或动作？
2. 将照片展示给其他文化（特别是非西方文化）的人，以确定他们对这些手势的理解是否与你的一样。
3. 对于非语言沟通和跨文化旅行，你会给别人什么建议？

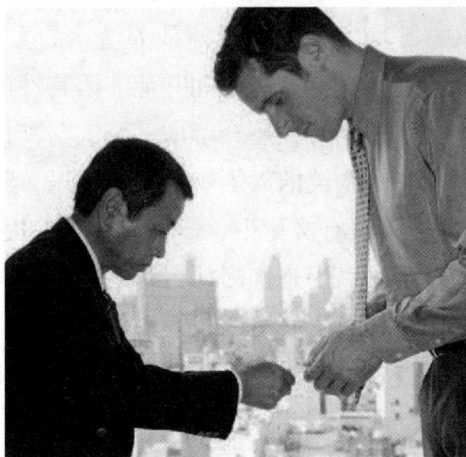

可、抽象和武断的一面，我们不能认为非语言信息只有一种含义。例如，哭泣是否总是表示哀痛或悲伤，是否还可以表示快乐或痛苦？想有效地解读非语言行为，我们就需要理解它发生的语境和决定它的文化规范。

但是，即使一个人了解这些不确定因素，也很容易误解非语言行为。例如，一个同学的哈欠是无聊还是疲劳的信号？演讲者是否因为紧张或兴奋而发抖？大多数非语言行为都有很多潜在的含义，如果你自认为你已经掌握了唯一可能的含义，那就可能导致严重的误解。在使用或解读非语言沟通时，没有定规。

5.2.7 了解非语言沟通的原因

需要了解非语言沟通的原因很多，下面列举最重要的几点。

- 传达信息的大部分内涵，特别是对他人的情感和态度。
- 是很多误解的根源。
- 没有定规。
- 渠道多、复杂，且不断变化。
- 与语境和文化息息相关。
- 比语言沟通更可能是自发的和无意识的。
- 比语言沟通更有力、更可信。
- 是习得的（并非总是有意识的）。
- 对关系的开始、发展和终结至关重要。

5.3 非语言沟通的功能

非语言沟通通过补充、重复、调节、替代和掩饰我们的语言，为我们的沟通增添活力。有时我们甚至用它来欺骗别人（见表5-1）。

表 5-1　非语言沟通的功能

类别	特性	例子
补充	通过非语言线索完成、描述或强调语言信息	当一个人需要立即帮助，他就会尽可能地大声喊叫
重复	表达与语言信息相同的信息	一个人说"是"，然后上下点头
调节	控制沟通节奏	一个人点头作为一种沟通方式表示："我对你所说的很感兴趣。"暗示："告诉我更多的信息。"
替代	用非语言信号代替语言信息来进行思想沟通	在环境太吵、听不清对方声音的时候，两个人通过手势沟通
欺骗（掩饰）	故意伪装或误导以造成错误印象的非语言暗示	医生为患者做检查时，发现了一个严重的问题，但医生的面部表情保持平静，以免让患者觉察到不安

5.3.1 语言补充行为

使用非语言信息来完成、描述或强调语言信息被称为补充。例如，一名高尔夫球手在75码处打了一杆切球，她告诉搭档只差了几英寸，并用拇指和食指来比画距离。当你向朋友打招呼时，你会以热情的微笑、稳定的眼神交流和握着朋友的手来表达你的热忱。

补充
使用非语言线索来完成、描述或强调语言线索。

在口语沟通中，人们会通过重音或停顿等非语言补充强化语言表达。例如，一位母亲试图让她的孩子安静下来，并轻轻地问："请你小声点好吗？"如果这不起作用，而且吵闹声真的让她烦躁，她就会提高音量再说一遍，表示她想立刻安静下来。

那些兴奋或热情的人，比那些拘谨、难以表达自己、注意力不集中或不理解他人意思的人，更有可能使用非语言暗示来传达他们的信息。

5.3.2 语言重复行为

语言重复行为所表达的信息与语言表达的信息相同。例如，一位父亲试图让他的孩子在教堂里保持安静，把食指放在嘴唇上说："嘘！"或者讲话者说她要讲两个要点，并举起两个手指。父亲和讲话者的动作被称为语言重复动作，因为它们传达的意思与语言信息相同。

重复
使用非语言暗示来传达与语言信息相同的意思。

这种重复在体育运动中尤其常见。例如，篮球场上的裁判喊道："走步！"她的手臂同时会做出转动双拳的动作，或是棒球裁判喊着："击球！"同时举起他的右臂。这些重复的非语言信号是精心设计的，以便所有的球员和观众都明白裁判的指示。

5.3.3 语言调节行为

调节
使用非语言提示来控制沟通的节奏。

如导言"联系日常生活"所示，非语言信号也可以用来控制沟通的节奏，这种行为被称为调节。例如，我们经常使用非语言信号来表示"我要发言"；阻止别人在我们说话时打断我们；或者表明我们已经说完了，别人可以接着说了。当我们真正聆听时，我们可能会迅速点头，暗示讲话者快点说完；或者我们可能会慢慢点头，表示我们想听到更多的信息。

动作发出者甚至可能不知道他们何时发送了调节信号，但接收者通常能意识到这样的信号。例如，在课堂上，当学生们穿上外套或合上笔记本来表示该下课了时，教授会收到一个明确的信号；学生们可能只是看看钟表来暗示快下课了，但教授可能会收到完全不同的信息。如果你的朋友在谈话中打断了你，你可以伸出手掌向你的朋友表示她不应该插话。

5.3.4 语言替代行为

替代
当使用语言无法表达、不受欢迎或不适当时，使用非语言提示代替语言信息。

当我们用非语言信息代替口头信息时，我们就是在替代。当无法说话、说话不方便或不宜说话时，替代很常见。例如，由于噪声太大无法进行语言沟通，机场的停机坪控制员使用手势引导飞机到卸货位置；在某个场合中，想私聊时，给朋友的一个眼神；一些听力受损的人使用复杂的正式手语代替口语。当我们在沟通中加入符号、表情符号或表情包时，它们可以代替语言信息。你可以在社交媒体中使用表情符号来代替语言信息和传达情感。想想下面的微博："好不容易赶去上早上8点的课，结果教授说今天的课取消了！😠"

5.3.5 欺骗

欺骗
通过使用非语言暗示制造错误印象或传达错误信息以故意误导他人。

当我们故意用非语言暗示误导他人、制造错误印象或传递错误信息时，我们就是在掩饰。这种掩饰性的非语言行为中，最常见的是一些人在打牌时使用的扑克脸。他们通过掩饰面部表情，尽量不让其他玩家知道他们手里拿着什么牌。掩饰也是一种欺骗。当我们感到紧张或不安时，可能会试图表现得很平静；当我们表现出惊讶、警觉或高兴时，我们的实际感觉却时常完全相反。

研究表明，大多数人每天至少撒谎一次，在社交活动中使用欺骗手段的时间约占20%。[11] 欺骗的发生有很多原因，例如为了避免伤害某人的感情，为了隐藏我们的真实感情或反应，或者为了避免因某些不端行为被抓住。这个显而易见的事实提出了两个问题：（1）当有人欺骗我们时，我们能否善于识别？（2）当有人试图欺骗我们时，我们如何才能更好地发现？第一个问题的答案不是很乐观。这项研究似乎表明，在判断别人是否在欺骗我们方面，我们的表现略高于50%。[12]许多原因导致我们无法察觉欺骗，其中最根本的原因是我们想相信人们说的都是真话；另一个重要原因是某些暗示我们可能被骗的非语言暗示并没有引起我们足够的关注。[13]另外一个隐藏的原因是我们中的大多数人都认为，如果某人在某一场景或语境下是诚实的，那么他在其他所有情况下都应该是诚实的，这可能会让我们意识不到，他们在某些情况下可能会说谎。[14]一项研究发现，说谎的人很少做手部动作，而且当他们说假话时，往往会把目光从一个人身上移开。这项研究进一步发现，说谎者的声音也可能带有明显的信号。相比说实话，人在说谎时更容易犹豫和改变音调。[15]另一项研究发现，说谎者经常试图控制他们的声音，这常常导致听起来过度控制或不受控制，从而暴露了他们的焦虑或欺骗。[16]

最近的研究表明，当人们发现自己在被欺骗时，他们会对说谎者产生不信任和不友好的反应。[17]事实上，一个陌生人说的谎言越多，这个人就越不受欢迎和信任。一旦接触到说谎的人，大多数人都会有这种自发的反应。[18]研究人员告诉他们的研究参与者，他们即将观看的视频中的某个人在说谎。有些谎言含有夸大成分（例如，说谎者说他在高中时曾是一名三好学生，但事实并非如此），还有一些谎言含有贬低成分（例如，说谎者表示她的学习成绩比

对欺骗的察觉通常来自非语言暗示，如面部表情、眼神交流和肢体语言，这些可以帮助我们判断一个人是否在说谎。

实际情况差）。研究人员还改变了说谎的次数，让说谎者每四次表述只进行一次欺骗。当参与者对说谎者进行评分时，他们对经常说谎的人，以及夸大而非贬低自己成就的说谎者，在可爱度和可信度方面的评分较低。这一发现似乎表明，有些谎言比另一些谎言更糟。

尽管我们能通过非语言行为判断谎言，但很少有人能够察觉并解读那些欺骗信号。能察觉不诚实的人，通常会考虑用多个非语言信号来判断某人是否说了真话。有些真正焦虑的人的非语言信号与说谎者十分接近。因此，单凭非语言行为是无法证明说谎的。

男人真的对非语言暗示一无所知吗？对性别差异的研究显示，答案有些复杂。总的来说，没有明确证据表明女性在非语言感知的各个方面都优

真相，不在于你说什么，而在于你在做什么

如果欺骗是社会生活中一个非常普遍的现象，那么它的影响是什么？如你所料，它们基本上是负面的。通常，我们会根据人们的非语言和语言信息的不一致性来猜测他们的真实性。一名学生在考试时眼神不定，但他声称自己没有偷看邻桌的试卷；一名学生盯着笔记本屏幕露出迷之微笑，当被问到在看什么时，她说她在做笔记；一名学生低着头，盯着手机，但被问到是否在发消息时，他说他只是在看时间。

问题与思考

1. 什么样的非语言暗示可以表明一个人不诚实？
2. 在 1 ～ 10 分（10 分表示非常有把握）的范围内，你有多大把握根据非语言暗示得出一个人不诚实的结论？解释你的评分。
3. 在什么情况下，欺骗是合理的？

于男性，但她们在完成一些重要任务时，似乎的确表现得更出色。例如判断他人的特定性格特征，[19] 识别他们当前的情绪，以及发送和解读非语言信息。[20]

女性在解读面部表情的能力上明显优于男性；她们在解读身体动作和手势方面也有优势。[21] 然而，她们在领会声调和辨别非语言信息之间的差异（例如面部表情和身体提示之间的不一致）方面的能力较弱。

虽然这项研究并不完全是结论性的，但它确实表明，女性在发送和解读非语言暗示方面都比男性好，在记住细节方面也比男性好。在很多情况下，这成了女性的重要优势，也解释了人们普遍认同的女人的直觉，以及女性判别言行一致性的能力。

5.4 非语言沟通的类型

当你穿着西装去开会，对某人微笑；在课堂上坐在一个特定的座位上；说话时用手势；听的时候玩钢笔或铅笔；调暗灯光来营造浪漫气氛；大声播放音乐；直视某人的眼睛；用熏香来营造一种令人愉悦的气味时，你都是在用非语言进行沟通。我们每天都在做各种各样的非语言行为，甚至根本意识不到它们的存在。因为非语言沟通是如此多样、复杂、普遍和寓意丰富，我们需要对它的各种表现形式保持敏感。在下面的章节中，我们将探讨一些更为重要的非语言沟通形式，如身势语（包括手势、面部表情和眼部行为）、生理特征、触觉（接触）、空间关系（空间）、时间、副语言或发声（控制声音）、沉默、形象配置，还有环境。

5.4.1 身势语

我们使用肢体动作、手势、面部表情和眼神来创造难以数计的非语言信息。身势语，有时被称为肢体语言，是面部或身体传达信息的任何动作。两个特别重要的身势语类型是眼部动作和面部表情。眼部动作是面部表情的一个子类，包括眼睛的任何运动或行为，也被称为"眼部行为学"，是一种研究眼睛运动或眼部动作的科学。眼睛通过与他人的目光接触，具有建立关系的主要功能。面部表情包括能够表达出反应、强化、反驳或漠然等情绪的面部行为组合。

眼部行为学／目光学 一些研究者认为，眼睛行为是我们注意到的其他人的首要特征。研究人员发现，在互动过程中，人们大约花 45% 的时间看对方的眼睛，[22] 通过眼睛的行为建立关系。眼睛的行为也传达了许多重要的信息。例如，我们会注意与讲话者的眼神接触，与朋友进行眼神交流，如果有人盯着我们看，我们会感觉不舒服等。沟通学者戴尔·莱瑟斯（Dale Leathers）认为，眼部行为可以起到六个重要的沟通功能：（1）影响态度的转变及说服；（2）表示关注、兴趣或兴奋的程度；（3）表达情感；（4）调节互动；（5）表示权力和地位；（6）形成印象。[23]

在人际关系层面，凝视传达出真诚、可信和友好。当浪漫的伴侣彼此表达爱意时，他们更可能长时间地凝视对方。[24] 群体或团队成员通过眼神接触建立关系，并表现出团结或对团队的归属感。我们会在第 11 章讨论讲话者和听众之间眼神接触的重要性。一般来说，有效的讲话者比不太有效的讲话者与听众进行更频繁的眼神接触。眼神接触对听众也很重要，因为听众看着讲话者，表示他们对讲话者所说的内容感兴趣，表示对讲话者的尊重。

你与戴墨镜的人交谈过吗？如果有，你知道这有点不舒服，因为你看不清对方对你的反应。我们可以从别人的眼睛里解读到很多关于他们感受和情绪的信息。例如，我们将他人的凝视或直视看作喜欢或友好的标志。[25]相反，如果其他人避免与我们目光接触，我们可能会得出结论，认为他们不友好、不喜欢我们或只是害羞。[26] 虽然目不转睛可以解读为积极的，但还是会有些例外。如果有人一直看着我们，不管我们做出什么反应，他就那样一直盯着我们看，我们往往会回避这种情况。[27] 一般来说，人们会发现被盯视是一种不愉快的经历，会让人紧张和不安。[28] 这尤其适用于所谓的"冷眼盯视"，因为这是一种恐吓，在我们的社会中，这种盯视常常被解读为敌意和愤怒的表现。[29] 这也是导致"路怒症"的原因之一，建议开车的时候尽量避免跟那些违章驾驶者眼神接触，他们可能会故意干扰你正

身势语
也被称为"肢体语言"；通过面部或身体传达信息的任何动作。

眼部行为学
包括眼睛的任何运动或行为，属于人体动作学中面部表情的下一级分支。

目光学
对眼部运动或眼睛行为的研究。

常驾驶，有时甚至会做出实际的攻击行为。

面部表情　面部表情

面部表情　面部表情是我们情绪的窗口。它们提供了关于我们和他人情绪状态的线索，这些情绪状态有时非常复杂，难以准确解读。

能反映、增强、反驳，或表现出与讲话者的话语无关的面部形态。

2000 多年前，罗马演说家西塞罗（Cicero）说过："脸是灵魂的表象。"他说的是，人的感受和情绪经常反映在自己的脸上。现代研究表明，西塞罗和其他观察人类行为的人是正确的：从他人的面部表情中，了解更多关于当前情绪和感受的信息是可行的。研究人员发现，从很小的时候起，我们的脸就能清楚地表达出六种不同的基本情绪：愤怒、恐惧、快乐、悲伤、惊讶和厌恶。[30] 其他研究表明，蔑视也可能是一种基本情绪。[31] 但关于什么样的面部表情代表蔑视，没有达成像其他六种情绪一样的普遍共识。

重要的是要认识到，虽然基本面部表情只有几种，但绝不意味着人类的表情仅限于此。据说，人类的脸能产生 1000 多种不同的表情。而且情绪常常以多种组合出现（例如，带着悲伤的喜悦，带着恐惧的惊喜），每一种反应的侧重点都可能有很大的不同。因此，虽然面部表情可能只有少数的几个基础表情，但这些基础表情的变化范围是巨大的。

面部表情在沟通和人际关系中起着极其重要的作用。在所有的肢体语言中，面部表情传达的信息最多。研究人员在研究我们对他人面部表情的判断时发现，我们不仅通过面部表情判断对方的情绪，还判断对方性格和倾向，比如友好或不友好，严厉还是仁慈。[32] 我们会认为面部表情放松的人比面部表情紧张的人更有控制力。[33]

总体而言，我们似乎可以得出这样的结论：虽然面部表情不是完全通用的，文化和语境都会影响其表达的精确性，但肯定没有语言那么依赖翻译。尽管有文化规则，但在面对某些状况时，我们的脸通常会不由自主地流露出感情和情绪。例如，当你打开家门，一群躲在黑暗中的朋友忽然开灯大喊："惊喜！"你的脸可能会不由自主地表达出震惊和惊讶；如果你打开门的时候他们大叫："Boo！"你的脸可能会表现出恐惧或紧张。

表情控制术

控制面部肌肉以隐藏不适当或不可接受的反应。

尽管许多面部表情是对特定刺激信号的无意识和非主观反应，但研究人员发现，面部表情所传达的信息也不是完全可靠的。在一项关于日常交谈面部表情的研究中，沟通研究人员迈克尔·莫特利（Michael Motely）发现，这些表情极难解读，而且可能只与它们发生的特定对话内容或场景有关。[34] 之所以会这样，部分原因是大多数人都学会了向他人隐藏真实的情感。[35] 我们学会了如何控制面部肌肉，以便隐藏不适当或不可接受的反应。这种控制面部表情的行为称为表情控制术。表情控制术可用于夸大、弱化、隐忍或掩饰被感觉到的情绪[36]（见表 5-2）。

表 5-2 表情控制术

技术	定义	例子
夸张	夸大对他人期望的反应	你收到一份礼物，试着让自己看起来十分惊讶、兴奋和高兴
淡定	对理所当然的反应做淡化处理	你在演讲中得了 A，朋友得了 C。你缓和一下自己的兴奋，以免你的朋友不高兴
隐忍	避免任何情绪化的表达；"扑克牌脸"，不表露情绪	当你不想表现自己的情绪时，你不会表现出恐惧或悲伤，即便是合理的恐惧或悲伤
掩饰	将一种表达替换为另一种被认为更顾全情面的表达	当一个朋友获得奖学金而你却没有，即使你认为你也应该拿到奖学金，你还是报以微笑

肢体动作 心理学家保罗·艾克曼（Paul Ekman）和华莱士·弗里森（Wallace Friesen）根据非言语行为的起源、功能和编码，设计了一个分类系统来解读成千上万种不同的肢体动作。[37]这个系统将肢体动作分为五类：标识、明示、调整、情绪表达和适应（见表 5-3）。由于肢体动作有很多，而且很多都是相互依存的，所以我们必须明白，类别之间并不是相互排斥的。有些肢体动作可能会分为很多类。

最后，肢体动作和姿势可以揭示我们的身体状态（活力、年龄），或许还包括我们拥有某些特征的程度。[38]这一结论有很多研究依据。例如，一项研究调查了四个年龄组（5 ~ 7 岁、13 ~ 14 岁、26 ~ 28 岁和 75 ~ 80 岁）的男性和女性，要求参与者以他们认为舒适的速度来回走动。[39]他们记录

表 5-3 肢体动作和面部表情的类别

类别	特点	实例
标识	它们可以直接翻译成特定的单词或短语。象征动作的含义就像是词语的含义，因时间和个人认知而不同，也随文化而不同	一个搭便车的人竖起大拇指，大拇指 + 圆圈代表 "OK"，是和平的标志
明示	对口头信息进行强调、补充、着重	一个孩子举起手来表示他有多高，同时说 "我是个大男孩"；一个老师在幻灯片上画出一个单词来强调它
调整	它们控制、监视或维持讲话者与听众之间的互动。这是一些提示，告诉我们什么时候该停顿、继续、加快、详细说明、说得更有趣，或者让别人开口说话等。本章开头的对话很好地说明了监管者的必要性	眼神交流、姿势变换、点头、看钟表或手表
情绪表达	这些是表达情感的身体动作。虽然脸是显示情绪的主要途径，但也可以通过肢体展示	愁眉苦脸、无精打采、蹦蹦跳跳
适应	这些动作有助于人们在沟通中感到轻松自在。这种动作很难明确解读，大多需要猜测	挠痒、抚头发、玩硬币、捂脸、靠近某人

了步行过程，然后将视频展示给其他人，让其对步行者的步态、特征、年龄和性别等各个维度进行评分。通过技术调整，研究人员将步行者的形象隐藏，使受试者只看到他们的步态。

受试者对步行者做了两次不同的判断。第一次，他们对步行者的步态所显露出的特征（顺从或支配、虚弱或强壮、胆怯或胆大、悲伤或快乐、不性感或性感）进行评价。第二次，他们被要求根据其他几种特征（髋关节摆动、膝关节弯曲、向前或向后倾斜、慢或快的步伐、关节僵硬或松散的步态、短步或长步）评价步行者的步态。此外，受试者还被要求估计每个步行者的年龄，并猜测步行者是女性还是男性。

结果很有趣，并且清楚地表明，人们的步态中包含了重要的非语言线索。例如，正如预测的那样，性格和步态的评分确实会随着年龄的变化而变化。进一步分析发现，拥有年轻步态（以髋关节摆动、膝关节弯曲、手臂摆动、关节灵活和步频为特征）与步行者的幸福感及力量评分密切相关。因此，步态年轻的人，不管他们的实际年龄多大，在几个方面都比步态年老的人得到了更积极的评价。你能想象一个人走路的方式会影响你对他的看法吗？走路的方式如何影响你的感知？

5.4.2 生理特征

虽然肢体动作和面部表情变化很快，但在一定程度上还是可控的。而身体特征，如形体、吸引力、身高、体重和肤色，都是相对恒定的，更加难以控制，特别是在某次互动过程中。在我们的文化中，外貌在沟通和人际关系中起着重要的作用。我们可能会说"以貌取人是肤浅的"，但我们的确对那些外貌有吸引力的人反应更积极，而对那些外貌没有吸引力的人反应消极。[40]

外貌对日常沟通有着极其强大的影响力，无论男女都会受到外貌的强烈影响，尽管男性似乎比女性对外貌更敏感。[41]不过，总体而言，吸引人的外表被认为是影响人际吸引（更多关于人际吸引的信息见第 13 章）和人际偏好的积极特征。很多刻板印象总是与外貌联系在一起，如果你持有其中一些刻板印象也不足为奇。在下面的"交际与成功"中，考虑一下你对这位年轻女性化妆前后照片的反应。

许多研究表明，有魅力的人比没有魅力的人更受欢迎、更成功、更善于交际、更有说服力、更感性、更快乐。外貌不仅影响信誉，还事关说服力、就业能力，以及获取高薪的能力。相比那些被认为不怎么吸引人的男人，英俊的男人可能被认为更具男子气概，而漂亮的女人则更具女人味。[42]

交际与成功

你不能以貌取人，或许，不一定？

看看下面照片中的年轻女子，想想她可能的样子。看化妆前的照片并回答下面的第 1 问；然后看化妆后的照片，重新回答第 1 问，然后回答第 2 ~ 4 问。

1. 列出此人的生理特征。然后，根据这些特征，从社交能力、智力、沉着、独立、男性或女性气质、知名度、虚荣、成功潜力、正直、关心他人、脾气等方面来描述这个人。

2. 你认为你或他人与化妆前照片中所示人员的互动，可能与化妆后照片中所示人员的互动有何不同？

3. 你认为男性和女性对上述问题的回答是否不同？为什么相同或为什么不同？

4. 从对这两张照片的判断，是否出现了任何刻板印象？如果是，描述一下。

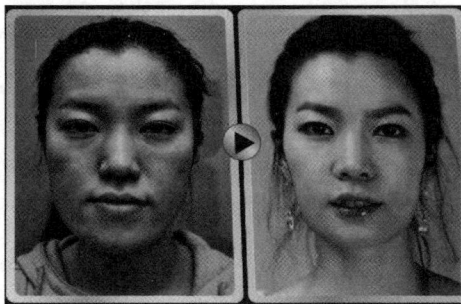

5.4.3 身体接触

这里的"接触"是指触觉沟通或触觉。触觉是最基本的沟通方式之一。当你和别人说话，对方碰触到你，你会做何反应？对方的身体接触传达了什么？这两个问题的答案很可能取决于如下几个因素：接触你的人（朋友、陌生人、亲人还是异性）、接触的性质（短暂或长时间、温和或粗暴、身体的哪一部分被接触）以及接触发生的环境（在学校、工作、社交场合还是医生办公室）。根据个人和环境的不同，身体接触可以暗示关心、爱慕、支配或攻击。尽管接触沟通很复杂，但现有证据表明，只要身体接触是适当的，就能对接受者产生积极作用。[43] 切记，只有适当的接触，才会被看作积极的。

触觉
触觉沟通或接触沟通，是最基本的沟通形式之一。

触觉是人类最原始、最敏感的人际沟通方式之一，是沟通的一个重要方面。它在给予鼓励、表达柔情、表达情感支持等方面发挥着重要作用，并且它比语言更有力量。例如，当你收到一些坏消息时，一个朋友拍拍你的肩膀，比任何一个能理解的词语都要让你安心得多。

适当身体接触的种类和数量根据个人、彼此关系和场景而定。基于美国的主导文化，研究人员对各种触觉沟通分门别类。分类的标准包括：功能 – 职业，社交 – 礼仪，友谊 – 温暖，爱 – 亲密。[44] 具体的定义和例子见表 5-4。

表 5-4　触摸 / 触觉的定义及举例

接触类别	定义 / 解释	例子
功能 – 职业	缺乏同情心的、非个人的、冷漠或商业的接触	医生在体检时接触患者，裁缝在测量时接触顾客
社交 – 礼仪	根据社会规范或规则与他人打交道	两个人在美国文化中握手或亲吻以互相问候
友谊 – 温暖	表达对一个人特性的欣赏或温暖的情感；这是最容易被误解的触摸行为	· 两个男人或两个女人在机场相遇，拥抱，然后搂着对方离开 · 运动员们互相碰触肩膀或轻拍臀部
爱 – 亲密	发生在恋人和配偶之间的浪漫关系中；高度沟通，通常需要双方同意，即使一方可能没有回应	两个人拥抱，亲吻

　　身体接触的特定含义取决于接触的类型、发生的场景、接触的对象，以及参与者的文化背景。有些文化比其他文化更倾向于身体接触行为。研究表明，美国人比其他文化的人更不注重身体接触。例如，一项关于咖啡店里每小时身体接触行为的经典研究发现，在波多黎各圣胡安，一小时内人均接触高达 180 次，法国巴黎是 110 次，而在佛罗里达州盖恩斯维尔，人均接触只有 2 次。[45]

　　身体接触行为的性别差异也值得注意。男性比女性更倾向于身体接触，女性则更倾向于被接触，而且女性似乎比男性更看重身体接触。针对不同性别身体接触行为差异的研究很少。一项研究发现，无论在男性还是女性之间，轻柔而舒适地拍打对方手臂可以带来安全感，当然前提是女性是主动的。[46]另一项研究调查了在运动环境中，性别差异对同性间身体接触的数量、类型和因素方面的影响。研究发现，总体而言，女性比男性表现出更多的触碰行为，但男性在客场比在主场表现出更多的触碰行为，而女性在比赛落后的情况下表现出更多的触碰行为。[47]在接触行为上的性别差异，可能部分归结于美国文化中男性的攻击性，代表了他们的权力欲和主导欲。

5.4.4 空间

　　诸如"给我一些操作空间"，写着"请勿靠近"的标语，在一张包含驴的形象的车贴图片上写着"勿吻我"，都是为了调节人与人之间的距离。空间关系学的研究人员对这类行为特别感兴趣，他们研究人们在沟通时，如何定义空间及人与人之间的距离。人类学家、两本经典著作《无声的语言》《隐藏的维度》的作者爱德华·霍尔创造了"空间关系"一词。[48]霍尔是研究如何在北美文化中合理使用空间的先驱。在对空间关系的研究中，

空间关系学
研究个体在沟通时对空间和距离的使用。

霍尔确定了四种空间关系。亲密空间是指两个人之间从 0 ~ 1.5 英尺 [①] 的距离。这个区域是最私密的，通常我们只对熟人开放，除非这种亲密关系是物理性强加给我们的，例如在拥挤的火车或电梯里。

第二种空间关系被称为个人空间，人与人之间的距离为 1.5 ~ 4 英尺。在这个距离内，我们与亲朋好友进行交谈或者其他互动很平常。如果陌生人进入这个范围，我们可能就会感到不舒服或受到侵犯。

第三种空间关系叫作社会空间。它的距离范围是 4 ~ 12 英尺，最职业化的对话会在这个空间内发生，包括小组互动和会议。

第四种空间关系是公共空间，距离是 12 英尺或更远。这个距离在公开演讲或其他正式演讲中很常见。

人之所以需要确定一个合适的空间距离，源自空间关系学研究的一个方面——领地意识。我们经常放置诸如书籍、外套、铅笔、纸张或其他物品作为标记来定义我们的空间。当其他人坐了自己经常占的座位，一些同学会感到不舒服，即便并没有指定座位。这种不舒服源于一种强烈的欲望，即要坚守和保护领地。当有人不敲门闯进房间或不打招呼直接从后门上车，我们也会产生同样的感受，这似乎是对我们领地的入侵。

领地意识
明确某个区域为个人专属的需求。

通常，我们很少有意识地关注空间在我们沟通中的作用，然而，通过他人对空间的使用，我们很容易感受到对方的想法，以及对方对我们的态度。人们在沟通时，许多变量影响着空间的使用，地位、性别、文化和背景等因素只是其中的一部分。

社会地位会影响沟通者之间的距离。研究表明，不同地位的人沟通往

交际与成功

当开展国际贸易时，你应该知道哪些非语言沟通

在另一个国家做生意，需要的不仅仅是语言知识或能干的翻译。跨文化沟通，你需要了解所在国的基本商务礼仪。英国的商务礼仪相当正式，很友好，但也很直奔主题，赴约非常准时。在日本，做生意要先精心打扮，入座前务必等待指引，因为座位安排通常表明参与者的地位，客人通常会给主人准备一个小礼物。在西班牙文化中，守时可能没有那么重要，所以如果主人迟到了别生气，就算聚会取消了也很正常。无论如何，如果

你准备做跨国生意，一定要研究好当地的文化习俗。文化理解上的差异会导致误解甚至失去生意。有鉴于此，请回答以下问题：

1. 当有人准备在国际商务环境中进行沟通时，需要记住哪些重要的非语言沟通行为？
2. 你会给那些做跨国生意的人什么非语言沟通的建议？
3. 美国人在国际商务场合可能会犯哪些常见的非语言错误？

---

① 　1 英尺 =0.3048 米。——编者注

往比同等地位的人离得更远。此外，地位较高的人往往会拉近与地位较低的人之间的距离，但地位较低的人很少会主动靠近地位较高的人。

虽然男性和女性的空间关系模式存在差异，但其差异在一定程度上取决于与之互动的人是同性还是异性。在同性中，男性比女性更喜欢、更期望并且通常会保持更大的沟通距离。而异性之间沟通的距离，取决于两性关系的亲密度。

在不同的文化沟通时，彼此的身体距离有很大差异。例如，与许多欧洲和中东国家的人相比，美国人在交谈中往往站得更远。例如，有些中东国家男性认为，与同性沟通时紧挨着对方是一种礼貌。有多少文化，就有多少文化差异，同样的沟通距离，一组人被视为冷漠不友好，另一组人则被看成死皮赖脸。优秀的沟通者能够意识到，并非所有的文化或人都以同样的方式看待距离。

西方文化中的男人一般都倾向于保持对话距离，但在某些情况下，比如在体育赛事上的队友，则站得很近，甚至是身体接触，都不稀奇。

场景也会影响个体间的空间距离。例如，在自动柜员机前排队的人通常站得足够远，让操作柜员机的人感觉到交易是相对私密的。但是，排队上车的乘客通常站得很近，方便抢位子。

5.4.5 时间

时间学
研究人们如何感知、组织及利用时间进行沟通的学科。

时间学是研究人们如何感知、组织及利用时间进行沟通的学科。[49] 在西方文化中，大多数人都很关注时间，任何事情都需要一个时间界定。例如，他们担心某件事还要等多久或做某事需要用多长时间，他们甚至说时间就是金钱。由于高度重视时间，所以时间在他们的非语言沟通中扮演着非常重要的角色。他们对浪费时间或提出特殊要求的人和事特别敏感。如果你碰到下面几种情况，试着考虑一下自己的反应。例如：约会的时候，对方让你等半天；老师拖堂；上司只给你一天的时间来完成一个重要项目。你的感受可能从困惑、不爽到愤怒，但你肯定不会觉得事不关己。在某种程度上，你的反应取决于对方的身份。如果冒犯的一方是你的朋友或有权势的人，比如你的老板，你可能会更加宽容。例如，相亲让你等得太久，你可能会决定离开；但如果你的教授赴约迟到，你可能会默默忍受，继续等待。

我们习惯于把对时间的使用态度作为一个衡量尺度，经常会根据对时间的使用来评价他人。例如，我们认为准时上下班是员工的基本义务。因此，守时的员工更容易给人留下积极的印象，而一贯迟到的员工则可能被视为不负责任、懒散或倦怠。我们必须时刻意识到我们使用（或滥用）时间所传递的信息。

每个人对时间的态度都可能不同。例如，有人总是展望未来，有人喜欢缅怀过去，还有人坚持活在当下。每种态度都会传达一定的个人信息，同时表明了他们的自我认知。每种文化都会教导其成员关于时间的期望，而这些期望是不同的。在一些文化中，守时是被期望的；在另一些文化中，守时并不重要，甚至人们被期望迟到。例如，在美国文化中，人们期望你准时参加晚宴，但迟到 20 分钟也能被大众接受，仍然被认为是准时的。在另外一些国家，比如日本，参加晚宴迟到被认为是对别人的一种侮辱。[50] 我们对时间的态度和行为传递着关于我们的信息，因此在交际中谨守不同文化关于时间的规范十分重要。

5.4.6 副语言或发声

你还记得你第一次听到自己声音的录音吗？不出意外，你会和大多数人一样有点惊讶，因为你的声音听起来不像你自己的。副语言或发声是我们的发声方式或说话方式。副语言包括语音，但也包括语速、口音、清晰度、发音和沉默，还包括呻吟、打呵欠、咳嗽、笑声、哭泣和尖叫等声音，这些声音是非符号性的，但可以传达非常具体的信息。诸如"嗯""嗯哼""你知道""挺好的""没问题"这样的表达方式称作语音填充，被认为是副语言。在交谈过程中，人们经常会在没有预先考虑或设定顺序的情况下随意添加一些声音填充词。它们可能反映出紧张、特定亚文化的语言模式或个人习惯。无论如何，声音填充的使用都会对我们的形象产生影响，或是积极的，或是损害或贬低自己和他人。

副语言或发声
我们说话的方式或我们所说的话。

交际与成功

不是你说什么，而是你怎么说！

"我的工作真的很难。"

用以下四种不同的方式朗读前面的陈述：
（1）平铺直叙。
（2）好像你的工作极度艰难。
（3）好像你的工作一点儿都不难。
（4）好像你在试图说服别人你的工作很难。
注意你如何在不改变词句的情况下改变意思。

问题与思考
1. 为了改变句子的意思，你在声音方面做了什么？
2. 当你用你的声音改变句子的意思时，你注意到自己的其他非语言行为了吗？
3. 你从这个练习中学到了什么关于声音表达的知识？
4. 声音表达如何帮助你成为一个更优秀的沟通者？

副语言包括音调（声音的高低）、音量（声音的强度或大小）、速率（速度）、质量（声音的整体印象）以及停顿或沉默。我们通过调整声音向接收者传达不同的含义。例如，说话快的人与说话慢的人所传达的信息不同。即使内容相同，如果速率、音量音调和音质不同，接收者的解读也会不同。研究人员估计，大约有 38% 口头沟通所表达的信息受声音的影响，通过说话的方式而不是说话的内容来传递。[51]

基于副语言，我们可以对词句、双方角色、信息的可信度等做出许多判断，虽然这样的判断和基于形体的判断一样，并不完全可靠。我们还是要认识到副语言对沟通的影响，并在沟通中做出相应的调整。

5.4.7 沉默

"沉默的声音"是一种矛盾的说法，不管你怎么努力，也不太可能有完全或绝对的沉默。沉默或声音停顿，是一种交流性的、强有力的暗示，无论是否刻意，信息量都很大。声音的停顿或犹豫通常持续时间很短，而沉默通常是指较长时间不发出声音。声音停顿可以用来强调一个词或一个想法，或用来引起别人的注意。例如，一个讲话者站在听众面前，注视着听众，希望能引起听众的注意，这样听众就会开始听讲；或者老师在讲课时停下来引起学生的注意。有时，人们用声音停顿来集中自己的思想，或者让别人有时间思考。声音的停顿或长时间的沉默，也会让人感觉到你对自己没把握、没有准备或紧张。不管声音停顿为什么出现，它们都会传达某种信息。

沉默有时在谈话中会显得很尴尬，尤其是当你和一个你不太了解的人谈话时，他可能比你地位更高。在这种情况下，大多数人会感到压力，希望说点什么打破沉默。你有没有过和你敬佩或尊重的人打招呼，而他 / 她却不理你，或根本没注意到你？你可能会觉得自己被轻视或冷落了。用沉默来避免与他人沟通并不少见，沉默可以阻止某些话题发酵，也可以阻止某人说一些以后可能会后悔的话。

在某些场景下，例如在葬礼上或聆听演讲时，人们希望保持沉默，你可以假装在思考，或者什么都不做。沉默有很多可能的含义，但没有一个是容易理解的。下次好朋友跟你打招呼时，试着停顿 5 ~ 10 秒再做出反应。你将很快理解沉默作为一种信息的沟通效果。

沉默也与文化差异有关。在美国文化中，如果在商务会谈或社交聚会上保持沉默，会传达出哪些负面信息？在许多文化中，沉默看起来会更加积极。例如，在日本，很多情况下，沉默被认为比讲话更为恰当。[52] 同样，在日本，沉默也与信誉度有关，一个沉默的人比一个经常说话的人更可能

声音停顿
一个迟疑，通常持续时间很短。

沉默
相对长的时间不发出声音。

被认为是一个高信誉的人。日本人还会使用沉默来避免冲突和尴尬。[53] 例如，"在自己接受对方就特定事件或主题的态度、观点和想法之前，不会在交谈中畅想未来，这是典型的亚洲人作风。"[54] 沉默的跨文化差异，与其他非语言暗示的文化差异一样多。优秀的沟通者明白，他们必须小心，沟通远不仅局限于言语。

5.4.8 形象配置

形象配置是指传达个人有关信息的饰品或物品。诸如汽车、眼镜、公文包、装饰品、衣服、头发的颜色、体环、文身或化妆等物品或特征，可以传达关于我们的年龄、性别、地位、角色、重要性、群体成员、个性和与他人的关系等信息。例如，想想你所驾驶车辆的类型和颜色可以传达出什么信息？一辆黑色的 SUV 配上有色的车窗，会传达出一种与绿色轿车不一样的信息，就像跑车与货车、凯迪拉克与雪佛兰伏特的区别一样。[55]

你对那些身上有体环和文身的人有什么反应？有效的沟通者会根据具体情况调整他们对形象配置的判断，而不仅仅通过外表判断他人。如果你希望别人把你看作一个不那么墨守成规的人，你可能就不会选择那些保守和传统的人使用的形象配置。例如，如果你在面试时穿西装，你所传达的信息与你穿运动衫和牛仔裤是不一样的。

形象配置
用以传达个人信息的个人饰品和物品。

5.4.9 环境

如第 1 章所述，环境是指发生沟通时的心理和物理环境，其中物理环境包括家具、建筑设计、照明条件、温度、气味、颜色和声音等，心理环境包括参与者的态度、感觉、感知和人际关系。环境对于个体、他们的背景，以及他们在互动时对重要事物的感知都有影响。好的环境可以让讲话者的信息传递准确并达到预期效果。因此，柔和的背景、昏暗的灯光、壁炉里燃烧的原木、一盘开胃菜和两支蜡烛，可以为一场浪漫的邂逅营造一个完美的环境，却不太适合赛前运动员。

5.5 提高传达和解读非语言信息能力的方法

我们必须不断地意识到自己的非语言信息，注意他人如何接收这些信息。优秀的沟通者经常监控自己的沟通行为，确保不会被误解，并保证信息能够按照预期被接收。当你表现出关注别人如何看待自己的行为时，你就是在进行自我监控。自我监控包括改变行为以适应特定情境的意愿、对自己是如何影响他人的感知，以及调节非语言暗示或其他因素以改变他人

自我监控
改变行为以适应特定情境的意愿；对自己是如何影响他人的感知；以及调节非语言暗示或其他因素以改变他人印象的能力。

印象的能力。它涉及表达意愿的能力，以及评估所表达内容对他人造成影响的能力。

我们的非语言信息会极大地影响别人对我们沟通的内容，以及对我们自身的看法。例如，一个非常聪明且有才华的学生，面对他完全可以胜任的职位却经常被拒。当他被问到为什么会这样时，他回答说他也不知道。为了寻找答案，朋友们录了一个模拟采访视频，其中一个同学采访了他。一看视频，他马上注意到自己从不正视面试官。相反，他的目光在房间里到处游荡。这个学生缺少直接的眼神交流，给人的印象是缺乏自信，并且在沟通过程中可能不完全坦诚。一旦他知道了自己被拒的原因，他就可以努力改变自己的行为。为了帮助他练习，他的朋友们制作了另一段采访视频。这一次，每当他目光游离的时候就提醒他看着面试官。经过几轮这样的纠正，他逐渐适应了直接的目光交流，因此在沟通中显得更自信和真实。

虽然非语言行为的改变并不简单，但只要你渴望改变并付出努力，就可以实现。关键是要认真反思非语言暗示是如何破坏你想要传达的信息的。如果你意识到你有注意力不集中的习惯，比如傻笑、玩硬币、撩头发、抖腿，或者说"你知道""挺好的"或"没问题"太多，可以请身边的人提醒你注意这些行为，然后有意识地努力改变。

非语言沟通是复杂的，但是你可以通过几个步骤提高你的理解力。首先，对你收到的非语言信息要有敏锐的观察力和敏感度。其次，核实不清楚或不一致的非语言信息。例如，假设一个朋友过去经常拜访你，但最近几个星期没来了，你猜想她不想见你，这似乎很合乎逻辑。不过，换个角

交际与成功

短信沟通很死板，是这样吗？

我们可能认为，口语中的面部表情和语调等非语言行为，比在短信或电子邮件中更容易表达情感和含义。事实是这样吗？

想象一下，朋友的车子在倒霉的周一发生了剐蹭。如果你想对你的朋友说"太棒了"，并且用讽刺的口吻表达：

1. 你如何确保发送的邮件能够准确表达出你预期的效果？

2. 你还可以通过其他什么途径发送相同的信息？

3. 为什么你认为短信和电子邮件经常被误解？相比当面沟通或电话沟通，它们有什么优势？

你给指导老师发了一封附有学期论文的邮件，而且是提前提交，然而你的指导老师只回了"收到"：

1. 你就只知道老师收到了你的论文，否则你还能怎么解释老师的回复？你应该在他的回复里读到其他信息吗？我们该如何理解那些缺乏语调或表情等非语言沟通信息的邮件或短信？问候语比如"嗨"或"亲爱的"，或者结束语比如"保重"或"祝福"，如何影响整体信息？

2. 如果不用更多的词汇，指导老师如何传达"进展顺利"或"工做出色"这样的鼓励信息？

度，她可能陷入了学习的泥潭，或者做了一份兼职，也有可能生病了。为了准确地理解她的行为，首先考虑所有的可能性，不要妄下结论。我们还要注意，基于非语言行为的推断是如此诱人，所以要记住，也不要超过实际观察的内容盲目猜测，这很重要。当我们一次寻找不止一个非语言信息的含义时，可以使用功能性方法。这种方法不是通过孤立的非语言线索推测非语言行为，而是通过观察每一个线索如何相互作用、如何与其他线索一起演绎解读复杂的沟通信息。

功能性方法
一次使用一个以上的非语言线索来确定含义。

至少有三个原因可能会导致非语言信息被误读。

1. **非语言信息有多种含义**。非语言沟通很难理解，原因之一是某个单一行为可以有许多潜在的含义。比如皱眉可能表示不快乐、悲伤、愤怒、痛苦、沉思、攻击性、不赞成、沮丧、恐惧、疲劳、气馁，或以上种种因素的组合。与字词不同，非语言信息缺乏词典定义。

   解读是不可靠的，因为它们在很大程度上依赖于感知。例如，假设你刚看完一部悲伤的电影，看到一个朋友含着眼泪和她姐姐说话。她的眼泪可能反映对电影情节的感动，或者刚和男友分手；也可能是她受到了某种伤害，或者她刚听到家里有人过世的消息；甚至可能是电影散场后有什么事让她笑出了眼泪。当然，某些非语言行为，比如点头表示同意、摇头表示不同意，在含义和解释上都是一致的。遗憾的是，这样的一致性只是个例，并没有什么规则。

2. **非语言信息之间是相互依存的**。一个非语言信息的含义，往往取决于对其他几个同时出现的非语言信息的正确解释。例如，当我们看到某人进入一个房间时，我们就开始选择有关此人的某些信息，比如性别、身体特征、面部表情、说话声音和衣服。每一种信息与其他信息相互配合，并添加到总印象中。这种非语言行为的相互依赖，以及我们无法全面感知任何一次非语言沟通，使得对非语言信息的解读都是有风险的。

3. **非语言信息是微妙的**。很多非语言行为都是微妙的，难以观察。某个人可能会忽略的非语言信息，另一个人却可能立刻觉察到。因此，在相同的情境下，不同的人可能会有很多种解读。例如，某个朋友告诉你，一个你感兴趣的人一直在看你，但是你没有注意到他的眼神，或者你认为他看你一眼只是偶然的，并非暗送秋波。

   当你不确定行为人的意图时，一种有助于验证非语言信息含义的方法，就是使用描述性反馈。描述性反馈并不总是必要的，

描述性反馈
向信息发送者描述你自己对信息的理解。

但是当一个行为看起来与情境不一致，或者与他的其他行为不一致，或者当你不确定自己是否准确解读了一条重要信息时，你应该向对方核实你的看法。当你使用描述性反馈时，不要问对方同意或不同意，也不要得出结论，只需描述你所认为的对方传达的信息。例如，如果你认为某人的行为表明他在你的身边感到不舒服，但你不确定时，不要直接问："为什么我在你身边时你这么紧张？"而是要做确切的非评判性描述："吉姆，我觉得你在我身边可能不太舒服。是这样吗？"这可以让另一个人在没有防御感的情况下做出解释，也可以让你避免做出不准确的解读。

参考指南
传达和解读非语言沟通

传达
1. 注意他人对你做何反应。
2. 向朋友或同事求助。
3. 录制并观看视频，以查看你在他人面前的表现。
4. 适应你所处的环境或场合。

解读
1. 非语言信息有多种含义。
2. 非语言暗示是相互依存的。
3. 非语言暗示是微妙的。
4. 使用描述性反馈以减少误解。

》小结

5.1 非语言沟通的定义
非语言沟通 是指通过所有的行为、符号、属性或对象等传达具有社会含义的信息，无论传达本身是否有意。它不仅是我们所说的，而且包括我们如何通过我们的语调、身体动作、外表以及空间、触觉和时间表达的。

5.2 非语言沟通的特征
之所以要研究非语言沟通，其中最主要的一个原因是它对人际沟通无所不在的影响。
- 非语言沟通随时随地发生，它的特征取决于语境。
- 比口头沟通更可信。
- 是一种基本的表达方式。
- 与文化有关。
- 不是绝对精确的。

5.3 非语言沟通的功能
非语言沟通给我们的沟通增添了活力，因为它能够：
- **补充**正在说的话。
- **重复**语言。
- **调节**语言。
- **代替**语言。
- **掩饰**意图。

5.4 非语言沟通的类型
每天，我们都会不假思索地做出各种各样的非语言行为：
- 面部表情和身体动作
  - **眼部动作**

- ·面部表情
- ·身体动作
- 生理特征
- 身体接触（触觉）
- 空间（空间关系学）
- 时间（时间学）
- 副语言或发声
- 沉默

- ·形象配置
- 环境

5.5 提高传达和解读非语言信息能力的方法

为了避免误解，优秀的沟通者对他们所接收到的非语言信息是敏锐且敏感的，会考虑它们所有可能的含义，避免匆忙下结论。

》问题讨论

1. 短信、电子邮件和其他通信技术如何影响非语言沟通？
2. 在发展与他人的关系时，非语言沟通扮演什么角色？
3. "沟通无处不在。"描述这样几个情景：你自认为没有任何沟通行为，但后来发现你的确还是在沟通。
4. 为什么副语言对有效沟通如此重要？
5. 解释为什么你认为非语言沟通比语言沟通更可信。
6. 你从本章中学到的最重要的教训是什么？

第6章
社交媒体和新技术环境下的人际交往

本章导读

社交媒体极大地改变了我们与他人联系的方式。如今，我们随手可用成百上千种联系方式。

章节大纲	学习目标
6.1 社交媒体和新技术环境下的人际交往	定义以计算机为媒介的沟通和社交媒体
6.2 媒体技术发展史	叙述媒体技术的发展史
6.3 通过社交媒体沟通与当面沟通的异同	描述通过社交媒体沟通与当面沟通的异同
6.4 社交媒体理论与新技术	总结社交媒体和新技术相关理论
6.5 社交媒体和新技术的消极面	解释构成社交媒体和新技术的消极因素
6.6 通过社交媒体提高沟通能力	确定通过社交媒体提高沟通能力的方法

联系日常生活

里卡多（Ricardo）为早上的课做好准备后，他先浏览一会儿他的 Twitter，看看昨晚睡觉后朋友们又发布了些什么信息；接着他快速浏览新闻 App，了解当天的头条新闻；然后他打开 Tinder 查看是否有新的匹配对象；最后通过 Snapchat 向他的朋友发送一个晨拍。在短短两分钟的时间里，里卡多访问了四个不同的应用程序，了解朋友和新加好友的最新动态以及当天的新闻。与此同时，里卡多 80 岁的爷爷则在家里一边等着晨报送到家门口，一边看着早间新闻。爷孙二人对外联络的能力天差地别。

问题与思考
1. 社交媒体如何影响你与他人联系的能力？
2. 对于里卡多使用社交媒体，你有什么担忧？
3. 你多久通过社交媒体与他人互动一次？这对你与人面对面互动的能力有何影响？

很多人都会花费大量时间通过新技术与他人联系，并且常常同时使用两种或两种以上的技术。[1] 虽然我们在描述新闻事件时可能会提到"媒体"，但媒体实际上并不是一个统一的实体。媒体有许多不同的形式，有许多不同的平台，使我们能够以不同的方式与他人联络。

6.1 社交媒体和新技术环境下的人际交往

随着 Twitter 和 Snapchat 等新技术的快速发展，人们的交往和联系已经从当面沟通转变为以计算机为媒介的沟通。以计算机为媒介的沟通是指通过电子邮件、社交媒体、聊天软件、博客、应用程序，甚至网络游戏等一系列新技术实现的沟通。人们通过新技术和别人建立广泛联系，有时还是匿名的，这使得用户可以自行编写个人简介和自我描述，并且虚构在线社交头像。

多年前研究人员就认为，将计算机引入人们的日常生活，将极大地改变人们的沟通方式和联系方式。[2] 如今，他们的想法已成为现实。当你依靠新技术与朋友、家人、同事甚至陌生人建立联系时，你必须了解这个渠道对你的语言和非语言沟通产生的影响，必须批判性地思考如何通过新技术与他人沟通。

我们在 1.6 节中讲过，通过社交媒体进行的沟通，是指通过数字设备或平台（如智能手机、即时通信应用、Facebook、Twitter、Instagram 等）进行的沟通。社交媒体通常被理解为允许人们发布公开信息、维护和查看拥有共同兴趣的用户列表的网络平台。这些技术通常便捷、易操作、可以实现多种功能。例如，你可以使用智能手机给朋友发消息；查看 Facebook 和 Twitter 的动态；面向粉丝发布 Twitter；收发电子邮件；拍摄照片发布到 Instagram；录制视频发布到 Snapchat 或 YouTube。"社交媒体"一词的

以计算机为媒介的沟通
通过各种新技术实现的沟通，包括电子邮件、社交媒体、聊天软件、博客、应用程序，甚至网络游戏等一系列新技术实现的沟通。

使用，意味着我们倾向于优先关注那些能加强社交属性的设备功能。通过社交媒体，你可以发展新的人际关系、通过信息共享与他人建立联系，以及与那些你日常线下社交圈外的人打交道。

6.2 媒体技术发展史

图 6-1 用时间轴线图描述了媒体技术的发展历程。在 19 世纪中期到 20 世纪中期，人们有简单的社交网络，由经常见面的亲朋好友，以及通过信件或电话（很少）联系的其他人组成。在 19 世纪末电话第一次被使用时，他们的家人和朋友们可能相当兴奋，因为他们能够更好地与他人保持联系了。注意轴线图前半部分重要节点之间的间距较大，表示那时虽然技术在发展，但发展速度很慢，而轴线图右半部分的节点比较密集，表示自从 1962 年发射第一颗通信卫星和 1973 年第一次用手机打电话以来，技术迅速发展。在短短的几年时间里，第一条短信被发送出去；谷歌进入了互联网领域；Facebook、MySpace、YouTube、Twitter 和 Snapchat 成了流行的社交媒体。

6.2.1 媒体融合与多任务处理

尽管电视和广播等传统大众沟通渠道和电话、电子邮件、Twitter、Instagram 等更多应用于人际交往的媒体有所区别，但不断变化的媒体环境，日益模糊了这些沟通方式之间的区别。例如，当埃玛（Emma）在

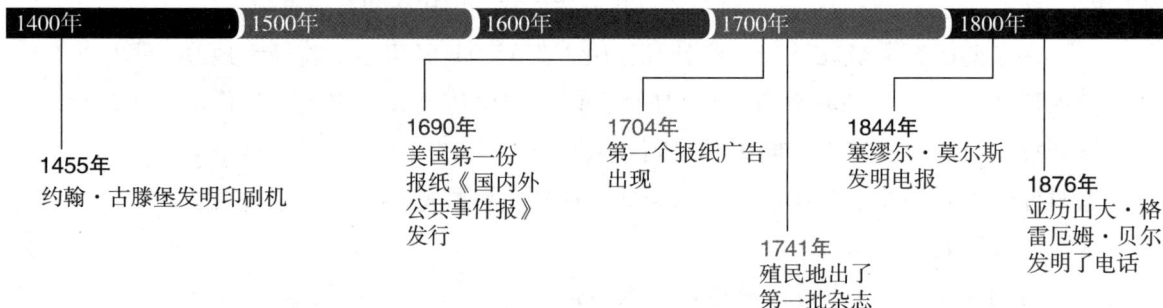

图 6-1 社交媒体的演变

注意轴线图前半部分节点之间的巨大间隙，表示技术在发展，但速度很慢；
而轴线图后半部分的节点分布密集，表示近年来技术发展加速。

Twitter 上发布一段视频，讲述她感觉自己受到了某食品店一名员工的虐待时，她的 Twitter 信息可能最终会被成千上万甚至数百万人观看。这可能会给沟通增加一个"大众"元素，而原本的"沟通"特指人际间的交往。另外，如果你在某个大型电视台的采访中看到新闻主播盘问政府官员时感到愤怒，你可能会选择通过 Twitter 与该新闻主播互动。大众沟通曾经是一种单向的沟通形式，而社交媒体提供了互动和反馈这样的新维度。

　　传统的大众沟通与社交媒体等新技术的融合，通常被称为媒体融合，也可以说是在我们的日常生活中，多种形式的技术媒介和线下沟通的结合。当今世界，媒体融合是生活的一个重要组成部分，它影响了媒体的内容，也左右了媒体信息对受众的影响方式。[3] 当面沟通和通过新技术进行的沟通，曾经被认为是独立的、不同的互动方式，但今天，它们是紧密相连的。这种媒体融合程度之深已经触及了核心问题：我们是谁，我们如何在物理世界（线下）和数字空间（如 Snapchat）表现。

媒体融合
各种形式的技术媒介和线下沟通的结合。

　　鉴于媒体融合的发展，人们彼此间联系的机会在数量和方式上都大幅增加，我们无疑将面临一些挑战。其中一个主要挑战是，媒体的多功能化或多种媒体同步使用。在当今世界，我们几乎不可能逃离媒体。你有没有这样的经历：停用社交媒体，甚至关掉电子设备？做到这一点很难，因为太多的人际关系都是通过新技术联系的。

媒体多任务处理
同时使用多种媒体。

6.2.2 媒体技术发展的利与弊

　　随着多年来新技术的不断发展，以及媒体融合机会的增加，传统的

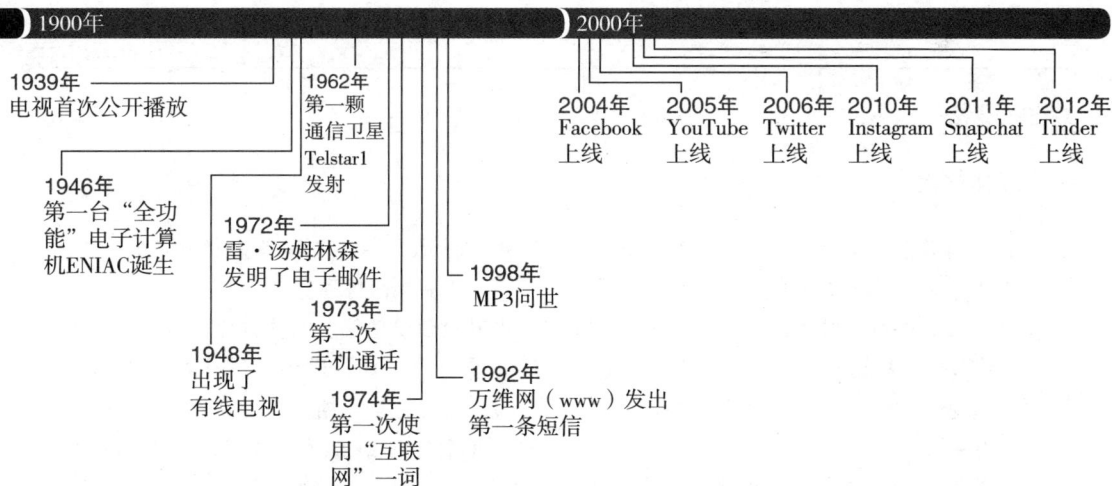

1900年　　　　　　　　　　　　　　　　　2000年

1939年
电视首次公开播放

1946年
第一台"全功能"电子计算机ENIAC诞生

1948年
出现了有线电视

1962年
第一颗通信卫星Telstar1发射

1972年
雷·汤姆林森发明了电子邮件

1973年
第一次手机通话

1974年
第一次使用"互联网"一词

1998年
MP3问世

1992年
万维网（www）发出第一条短信

2004年
Facebook上线

2005年
YouTube上线

2006年
Twitter上线

2010年
Instagram上线

2011年
Snapchat上线

2012年
Tinder上线

交际与成功

逃离社交媒体

你想挑战不可能吗？试着暂停使用社交媒体 24 小时，你能做到吗？比如，关闭智能手机上的数据开关；停用 Facebook 或 Twitter；只准用手机打电话，不准发短信。完成挑战后，回答以下问题：

1. 描述你 24 小时脱离社交媒体的经历。
2. 关于社交媒体在你生活中的作用，这次经历告诉了你什么？
3. 为什么你认为延长停用社交媒体的时间很重要（或者不重要）？

信息过载
难以对巨量信息进行整理和利用。

线下沟通与新技术之间的界限变得越来越模糊。[4] 毫无疑问，媒体融合为人们提供了更多的社交机会，也为社会带来了诸多好处和挑战。媒体融合所导致的信息爆炸，可能会导致信息超载，难以对巨量信息进行整理和利用。

6.3 通过社交媒体沟通与当面沟通的异同

我们更喜欢使用社交媒体，因为我们觉得它很便捷。不同社交媒体之间的差别很大吗？通过社交媒体沟通和当面沟通真的有那么大的不同吗？简单的回答就是：是的。不过，完整的答案要复杂得多。多年来，通信技术学者南希·拜厄姆（Nancy Baym）一直在研究人类在日益依赖社交媒体的时代是如何建立个人联系的。[5] 她表明，我们可以通过七个概念来理解通过社交媒体沟通与当面沟通的区别。

参考指南

善用媒体融合

1. **积极参与政治进程**。媒体融合的优点之一是它为个人和群体更积极地参与政治进程提供了极大的可能性。通过新技术，人们有机会发现和提出与传统媒体竞争的声音，并与本地、本州、全美乃至全球的其他人取得联系。

2. **避免信息过载**。当你打算使用新技术工具的时候，考虑一下哪些工具是必需的，哪些是可有可无的。当海量信息向你涌来，批判性地评估一下你指尖上的信息质量，还是很有挑战性的。

3. **提升自我价值感**。媒体融合使得个人的声音能够对新闻、政治和整个社会做出贡献。通过社交网络，人们能够将自己的个人生活提升到公共层面。你的 Twitter 内容、状态更新、发布的照片和视频，可以让所有你认识的人了解你在做什么、你的感受和你的想法。

6.3.1 互动性

互动性是指社交工具促进群体或个人之间达成社交互动的能力。不同于大多数电视节目（某种程度上也包括广播），社交媒体允许人们参与和反馈。社交媒体的互动功能，为人们保持联系和接触带来了新的可能性。某些社交媒体甚至可以像当面沟通一样高度互动。Facebook 和短信让我们可以与本地或远方的亲朋好友保持联系。许多企业使用 Facebook、Twitter 和其他社交网络工具与客户保持联系、收集客户反馈。

互动性
是指社交工具促进群体或个人之间达成社交互动的能力。

6.3.2 时间结构

当面沟通是即时的，你对你的朋友说了些什么，他几乎会立刻用语言和非语言的信息来回应。某些形式的社交媒体可能达不到这样的效果。社交工具的时间结构是指发送和接收消息所需的时间。当面交谈、电话和在线即时消息是实时发生的，是同步的通信方式，每个人同时充当发送者和接收者。当我们使用电子邮件、发短信或在 Twitter 上直接向某人发送消息时，通常会发生延迟，我们必须交替作为消息的发送者和接收者。这些沟通交互都是异步通信方式，但它们在使用中的同步性通常可以和电话差不多。你回复一条短信需要多长时间？你很可能强烈希望即时回复，并与发信人保持联系。在工作场所，同事们发送和回复消息的速度通常非常快（有时通过 Slack 等协作工具），所以这样的信息交互很容易被视为一种同步通信形式。

时间结构
指发送和接收消息所需的时间。

同步通信
参与者可以同时充当发送者和接收者的通信渠道。

同步社交媒体可以让你的信息感觉更私密[6]，而且当你与另一半天各一方时，会有近在咫尺的感觉。[7]与同步社交媒体不同，异步通信可以让你更从容地斟酌待发送的内容。你可以多花些时间给你的教授写一封电子邮件，解释你最近缺课的原因；如果你和你的情侣发生激烈的争吵，并且冲出房间之后，你可能会发现，还是写一封长邮件详细描述你的痛苦、感情和未来计划更容易。使用异步社交媒体时，我们对回复的速度要求不会太高，但回复时间通常比我们期望的要久一些。

异步通信
参与者轮流充当发送者和接收者的交流渠道。

6.3.3 社交线索

我们在社交媒体上遇到的许多挑战都源于缺乏社交线索，也就是信息的语言和非语言特征，这些特征提供了有关语境、含义和参与者身份的更多信息。当面社交线索通常包含面部表情、声调、眼神交流和手势。缺乏特定的社交线索和功能简化的社交媒体工具可能会造成沟通困难与误解。丰富的沟通形式，比如 Skype、FaceTime 和当面沟通，提供了全方位的社交提示，而其他精简的工具，比如电话，提供的社交线索则很少。[8]

社交线索
信息的语言和非语言特征提供了有关语境、含义和参与者身份的更多信息。

表情符号可以使文本中的意思更清晰，表情包将发送者的卡通形象代入信息中，使信息更加个性化，沟通更加清晰、简洁。

　　与功能简化的沟通工具相比，丰富的社交媒体工具提供了更多的社交线索。假设你和朋友两人都在校园里，你给朋友打电话，朋友接了之后你首先要说的是什么？你可能会说："嘿，你在哪儿呢？"正如许多功能精简的社交媒体一样，我们不知道对话伙伴的实际位置。然而，我们还是要寻求这些信息，目的是建立一个可理解的语境，使通过社交媒体的沟通不会看起来那么突兀。在当面交谈中，你可以确定你的朋友是否在忙、是否在专注地做事或是不方便说话。如果是通过手机沟通，我们不主动询问，就无法得知这些社交线索。像 Snapchat 这样的应用程序有丰富的社交线索，允许用户快速录制并编辑他们所在位置的短视频，并在社交媒体上与粉丝分享。

6.3.4 可复制性

可复制性
为沟通和沟通的信息提供很容易被复制并转发的大环境。

　　当面沟通很难（即使不是不可能）情景重现。简单地说，在一个特定的互动中，要重新创造出准确重视某个场景下沟通的用词、非语言信息和情感，是极其困难的，比如你可能会发现很难向妈妈复述最近你和男朋友吵架时说的话。社交媒体的可复制性是指在这种环境下发生的沟通和沟通的信息很容易被复制并转发。例如，我们在博客或 Twitter 上发表的在线文章可以很容易地被复制并与他人分享。当然，这也意味着我们无法更改或撤回已经发送的信息，这些信息将被永远保留。

6.3.5 存储功能

　　当面交谈发生的很多事情发生后就会永远消失，而社交媒体的存储功能则可以用数字方式保存消息，并使其他人可以访问这些消息。Facebook、Twitter 等工具可以记录对话内容，并将其永久存储。你在好友的 Facebook 页面上回复的帖子可能会一直存在，除非好友删除它们。你发送给同事的乱七八糟的异步电子邮件，可以很容易地转发给你的主管，可能会被存储起来以备后用。一个朋友把周末愉快玩耍的照片发布到 Facebook，你觉得过多久会有人评论？很快。几分钟之内，你的活动记录就被在线存储了。Snapchat 等应用程序允许用户拍摄照片和视频（称为"闪照"）发送给收件人，随后将其自动删除。尽管 Snapchat 独树一帜地消除了社交媒体的存储功能，但现在，我们空前需要适应线上沟通与线下沟通之间的差异，尤其是考虑到如今社交媒体的影响力。

6.3.6 传播力

线上沟通与线下沟通的不同之处在于，社交媒体有着巨大的传播力，或者说有能力在本地和远程与无数个体建立联系。线下沟通通常仅限于那些能够身处特定空间的人。然而，在智能手机上，只需要一个按键，消息就可以发送给很多人。Twitter 提供了一个信息"病毒式传播"的平台，通过"感染"访客和用户来影响数量庞大的受众。社交媒体不可思议的影响力极大地改变了我们发送、接收和诠释信息的方式。录制视频、抓拍照片、向数千人发送信息的能力，现在对我们来说已经尽在掌握。

病毒式传播
形容通过"感染"受众和用户来影响数量庞大的受众。

6.3.7 移动性

不同形式的社交媒体具有不同程度的移动性，或者说是设备的便携性和固定性。

与线上沟通不同，线下沟通是移动的，人们可以走路、跑步或旅行到特定的地点进行交谈。笨重的台式计算机和固定电话把人们约束在一个特定的地点，但只要有手机信号或无线互联网接入，社交媒体用户就可以从在任何地方访问固定的台式机、便携式笔记本、平板电脑或智能手机等设备上的应用程序。社交媒体的移动性使我们能够随时随地与朋友家人保持联系。Facebook、Twitter、Instagram 和其他社交网络不再只能在台式机上访问；它们很容易在智能手机和其他平板电脑等设备上使用。

智能手表有助于增强社交媒体的移动性，它能让我们与他人进行即时联系。

由于社交媒体让我们可以随时与他人保持联系，所以我们通常会对电子邮件、短信或 Twitter 做出即时回应。社交媒体把我们联系在一起，但本质上也使我们随时都对他人负责。像智能手表这样的设备，进一步增强了我们与他人保持联系的能力。

6.4 社交媒体理论与新技术

各种各样的新技术有助于我们处理人际关系，并建立与他人的联系。你可以使用 Facetime 与正在国外学习的朋友保持联系；你可以与你的伴侣整天发信息；你可以使用 Snapchat 在出门时与家人保持联系。你可能有很多朋友、熟人、至交或家人，但不管你的社交圈中有多少朋友和熟人，你都可以使用社交媒体来维持关系，保持联系。幸运的是，当下流行的关于新技术和社交媒体的理论，可以帮助我们了解在上述背景下的沟通是如何进行的。

6.4.1 社会信息处理理论

社会信息处理理论

这种理论认为，线上人际关系的发展，取决于掌握彼此信息的程度以及根据这些信息形成的印象。

社交媒体一方面给人们制造了不断增加的海量网络信息，另一方面也给人们提供了沟通的便利，我们有必要更好地理解社交媒体沟通是如何影响我们的现实生活关系的。社交信息处理理论是由沟通学学者乔·沃尔特（Joe Walther）提出的，这个理论提出，线上人际关系的发展取决于掌握彼此信息的程度，以及根据这些信息形成的印象。[9] 社交信息处理理论的局限性在于，它只试图解释在线互动的本质，以及这些互动如何能够并确实导致现实生活中的关系。

沃尔特描述了电子媒介沟通的两个特征，为社会信息处理理论提供了一个依据：[10]

- **语言暗示**。当某人有打造自我形象和发展人际关系的动机时，他们会尽可能使用任何可用的语言符号进行沟通。这样会让社交媒体用户仅凭数字信息内容形成对他人的整体印象。
- **延时性**。在社交互动和对他人形成印象方面，社交媒体要比现实生活中的互动慢得多。然而，只要有足够的时间，线上人际关系并不逊于任何其他方式的人际关系。

社交媒体让人们可以和素未谋面的人成为朋友，这可能是因为 Facebook、Twitter 和 Snapchat 等社交工具在自我展示方面与现实沟通不同。因此，我们很可能没有足够的信息来确认对方是不是自己希望建立亲密关系的人。沃尔特认为，在网上认识的人，能够对彼此产生并保持绝对的积极印象，因为他们能够展现自己最吸引人的特质、成就、思想和行为，不会因为自己真实的外表或者了解自己阴暗面的第三方而穿帮。想想在聚会上认识的玛丽莎和朱利奥，以及通过 Tinder 在网上认识的斯蒂芬妮和洛林。根据社会信息处理理论，尽管斯蒂芬妮和洛林是在网上认识的，但随着时间的推移，你和他们的关系可能会和你与玛丽莎和朱利奥的关系同样亲密。

超人际沟通

数字沟通可能会存在一些夸大，因为与传统的当面沟通相比，其语境为信息发送者提供了很多通信优势。

尽管发展在线关系有很多好处，但这些互动也带来了潜在的挑战。超人际沟通理论表明，数字沟通可能会存在一些夸大，因为与传统的当面沟通相比，其语境为信息发送者提供了大量的通信优势。[11] 与普通的当面沟通相比，超人际沟通信息发送者能够更有策略地展示自我。如果安迪通过某交友网站寻求一段浪漫关系，他可能会发布一些他经常在健身房锻炼时期身材苗条的照片。换句话说，超人际沟通用户可以有选择性地向他人展示自己的信息。

通过社交媒体进行的沟通，可以让人们编辑或美化他们的信息，创造一个更好的在线形象或角色，而不必担心他们的非语言信息会改变或破坏他们的形象或信息。例如，你可以查看在社区活动中偶遇的某个人的 Facebook 个人资料。在她的个人资料中，此人自称"沉默寡言"，将自己的兴趣列为"读书和锻炼"，还"是一个'扶贫志愿者'组织的活跃分子"。她的朋友圈里仅有几张她和家人朋友在一起的照片。然而，你可以通过阅读她在 Facebook 好友页面上的评论了解到，她嘲笑别人在二手商店买衣服；她很穷，根本无力为公益筹款活动捐款。这些信息显然是矛盾的，你会相信哪个版本？答案是沃尔特所说的"个人信息的担保价值"，或者他提出的"在线信息在披露某人实际特征方面的合理性"。[12]

我们在现实世界中对他人的观察不再那么重要，也不太会影响到我们的沟通行为，因为我们会通过解读社交媒体提供的线索形成印象。

6.4.2 媒体多元化理论

新技术最重要的好处之一是它能够帮助人们维持关系。尽管我们可能会经常与 Facebook 好友当面沟通，但我们仍然使用社交媒体来强化这些联系。大多数关系都带有媒体多元化特征，也就是说我们不止通过一种社交媒体维护这些关系，越是关系密切的人使用的社交媒体形式就越多。[13] 卡罗琳·海顿维特（Caroline Haythornthwaite）的媒体多元化理论解释了个人人际网络中的强关系和弱关系。强关系包括与朋友、情侣和家庭成员的关系，这些关系表现出的行为反映了强烈的情感、依赖、亲热和亲密无间。

相反，弱关系表现为联系较少、关系疏远、没有亲密的特征。[14] 根据媒体多元化理论，人与人之间使用社交媒体数量的多少与关系强弱密切相关。具体来说，强关系使用多种社交媒体，而弱关系只使用一两种社交媒体。想想你和你最好的朋友，你们可能会使用多种社交媒体来保持这种紧密的联系。你们可以在 Snapchat 上互动，定期发短信、打电话，甚至一周几次 Skype。而弱关系，例如在学校上大班课认识的熟人或在 Facebook 上认识的网友，你可能也会不时地在他的朋友圈里发表评论，但你们应该很少会通过电话、短信或 Skype 聊天。社交媒体是帮助我们维持、稳固社会关系的重要手段。

虽然关系密切的人使用社交网站相互沟通，但绝大多数主要通过 Facebook 维持的关系实际上都很脆弱。事实上，根据学生反馈，他们在 Facebook 上的朋友圈中，只有大约 1/3 的人是"真正的"朋友。[15] 尽管通过社交网站也可以互发消息，但绝大多数好友从来没发过消息。看看你的

媒体多元化理论
通过一种以上的社交媒体建立关系，关系越密切的人之间使用的社交媒体形式就越多。

强关系
例如与朋友、情侣和家庭成员的关系。

弱关系
联系较少、关系疏远没有亲密的特征。

Facebook 好友列表，其中有多少人是你经常保持联系的？你认为自己与其中多少人有很强的社会关系？纵观你好友列表上的所有人，估计没几个人是纯粹通过 Facebook 保持关系的。

Facebook 和其他社交网站作为关系维护工具的成功，源自它们广泛但有选择性的影响力。你可以与强关系保持更密切的联系，但你也可以同时与多个弱关系沟通。你可以在 Twitter 或朋友圈中向所有朋友分享订婚的消息，你也可以选择谁可以在朋友圈看到这个消息。如果你经常使用 Facebook，你可能会定期分享照片。即使你所有的 Facebook 好友都没有对你新发布的照片发表评论，但只要在 Facebook 上看朋友圈更新，就有助于建立人际关系。[16]

潜在关系
社交圈中尚未激活的关系。

人们不仅使用社交网络来维持现有关系，也会通过社交网络建立新的关系。社交网络是很多潜在关系的大本营，这些潜在关系是各种社交圈子中尚未激活的部分。[17] Facebook 上好友的好友是潜在关系的一个很好的例子，也是新关系的来源。此外，人们还可以通过一些交友网站等寻找新的伙伴。（问问你的爷爷奶奶，公开征友并不新奇，报纸、杂志上总是有相亲分类广告。）

6.4.3 媒体丰富度理论

媒体丰富度理论
通过某特定渠道，可沟通的语言和非语言信息数量。

正如我们在本章前面所讨论的，社交线索决定了我们通过新媒体沟通的质量。媒体丰富度理论对沟通渠道的评价标准是：通过渠道可沟通的语言和非语言信息数量。[18] 例如在当面沟通时，可能双方都有很多信息提示。双方都是物理环境的一部分，可以利用相同数量的语言和非语言信息，如面部表情、手势、眼神交流、身体动作和声调。双方在沟通过程中也会受到同样的干扰和噪声。当物理课上某个鲁莽的人（肯定没上过沟通课！）打断了你和别人的谈话，你们会委婉地让他离开。所有这些社交线索对你如何发送、接收和诠释信息都很重要，当面沟通可能是最丰富的沟通形式。图 6-2 列出了沟通信息渠道的丰富度差异，注意图右侧当面沟通的位置。当你越来越往左边看的时候，你可以看到随着社交线索丰富度的

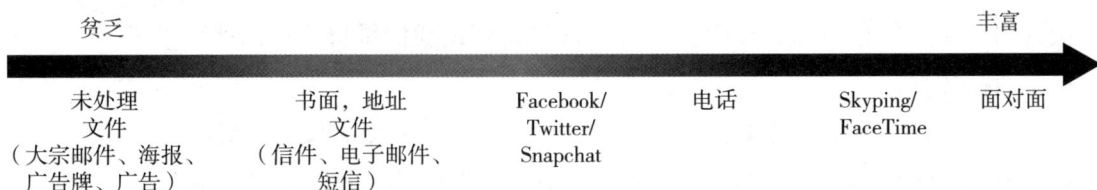

贫乏					丰富
未处理文件（大宗邮件、海报、广告牌、广告）	书面，地址文件（信件、电子邮件、短信）	Facebook/Twitter/Snapchat	电话	Skyping/FaceTime	面对面

图 6-2　沟通渠道的丰富度

媒体丰富度理论有助于根据各沟通渠道可提供的信息的丰富或贫乏特征对沟通渠道进行分类。

降低，社交媒体沟通功能的减弱。

　　某些形式的社交媒体几乎不提供发送者的任何身份信息。人们大多会选择匿名，并有可能导致不可控的沟通情境。图 6-2 左侧这类简配化媒体，就更容易使人们操纵、夸大或扭曲他们所呈现的在线身份。缺乏丰富的社交线索，会让你感到更安全，让你敢于给报纸编辑写一封令人讨厌的匿名信、在某人的博客上发表坦率的评论，或在 Yelp 上写一篇关于公司的严厉投诉。除了 FaceTime 和类似应用，大多数社交媒体都会将沟通限制在文字和声音上，缺乏身体接触或在共同空间里所能表现的那些关键线索。

6.5 社交媒体和新技术的消极面

　　在有关沟通和新技术的研究中，最受关注的问题之一是：互联网的使用在多大程度上造成了诸如抑郁、孤独和线下社交减少等不良后果。[19] 研究表明，个人可能会强迫性地使用互联网。对于那些对上网无法自控的人来说，沉迷网络可能会导致抑郁、孤独和线下接触受限。这些感觉和行为都属于互联网滥用的症状——一种以认知行为症状为特点的综合征，我们可以从社会、学术和专业角度看到这些症状带来的消极后果。[20] 互联网重度依赖者会发现自己逃避当面沟通，感到抑郁和孤独，他们很可能属于互联网滥用。

互联网滥用
一种以认知行为症状为特点的综合征，我们可以从社会、学术和专业角度看到这些症状带来的消极后果。

6.5.1 强迫或过度使用互联网

　　个人的互联网滥用，也就是强迫性或过度使用互联网。强迫性使用互联网包括一个人无法控制、减少或停止使用互联网。[21] 例如一个人发现自己被手机上的新邮件提示吵醒，他可能不由自主地在半夜回复该邮件，这种行为可能就属于强迫性使用互联网。过度使用互联网，是指一个人在上网这件事上花了太多时间，甚至上网的时候会失去时间概念。[22]

强迫性上网
无法控制、减少或停止使用互联网。

互联网过度使用
是指一个人在上网这件事上花了太多时间，甚至上网的时候会失去时间概念。

　　如果你发现自己强迫性或过度使用社交媒体，你可能需要采取行动来改善你的行为，请借鉴下面的参考指南。

参考指南

避免强迫或过度使用互联网

1. **禁用智能手机的"推送"通知、电子邮件的功能。**如果你觉得自己的注意力总被智能手机吸引，那么很有可能你手机上的各种应用都被设置成了自动推送通知或自动接收信息状态。所以你会不断地收到新信息，并感到有必要对该信息做出反应。与其不断被收到的信息声音干扰，不如关闭应用程序上的推送通知，把邮箱设置为手动查看新邮件，如有必要，等你有空闲时间的时候再查看你的电子邮件和社交媒体。

2. **如果你真的打算学习，别带手机。** 据同学们反馈，备考的时候受各种社交媒体干扰很大。如果你发现自己经常处于这种情况，可以把智能手机设为静音，最好关机，还有笔记本电脑，学习的时候也不要用。如果你的课堂笔记记在了笔记本电脑上，那就打印出来看纸质版。用钢笔或铅笔记笔记，这会让你更容易记住知识点。有研究表明，用笔和纸做笔记的学生，学习成绩更好。[23]

3. **请你的朋友帮你。** 如果你总觉得有必要回消息或邮件而导致当面交谈经常中断，可以请你的朋友帮助你改善你的行为。如果

你正在和朋友当面交谈，无意中在 iPhone 上查看新邮件，那么你的朋友应该立刻提醒你，让你注意到你对社交媒体的依赖。如果你积极尝试改善自己的行为，身边朋友可能是你最好的资源。如果你发现自己正处于这种情况下，现在就要努力纠正这种习惯。如果你因为回消息中断谈话，你的大学朋友可能会理解；但在工作场合，你的上司可能不会理解你。

4. **必要时寻求专业帮助。** 一个人因为强迫或过度使用社交媒体而寻求专业帮助，似乎不可思议。谁都不希望这是真的，但研究表明这正成为新常态。如果你十分依赖社交媒体，同时感到孤独、沮丧，并且回避当面沟通，你可能需要寻求专业帮助。如果发现你的朋友有类似的情况，要鼓励他寻求帮助。社交媒体为沟通提供了许多重要的好处，但同时也带来一些潜在的不良后果。

6.5.2 煽动或挑衅

　　匿名通信早已有之。在有来电显示之前，恶作剧电话曾经非常普遍。你现在仍然可以给报社编辑写匿名信、使用虚构角色开通博客，或用假名创建 Twitter 账户。社交媒体则为煽动和挑衅提供了巨大空间，那些蓄意敌对、攻击性或侮辱性的在线内容，通常只是为了激起愤怒。新技术沟通的匿名性，为通过博客、电子邮件、Twitter 和 Facebook 等社交媒体进行激烈且往往毫无意义的沟通打开了大门。

煽动或挑衅
那些蓄意敌对、攻击性或侮辱性的在线内容，通常只是为了激起愤怒。

　　当友好而富有成效的在线讨论被侮辱和攻击取代时，就会爆发骂战。这种现象在网上的群体互动中很常见，在这种互动中，敌意会不断升级，并引来更多的参与者。其他参与者可能会插话、敦促参与者换话题或停止互相攻讦，直到人们失去兴趣，论战才渐渐平息。但是，如果是你自己深度参与了一场激烈的网络攻讦呢？想象一下，你在一个关于家庭宠物的在线讨论小组里看到一个帖子（一个明显的挑衅帖），上面写着"在割草的时候，地球上所有的猫都应该被绑起来"。如果你是一个爱猫的人，你或许会立即做出反应，加入这场口水战。这时候，我们要暂停一下，深呼吸，并借鉴下面的参考指南。

参考指南

避免在网上煽动或挑衅

1. **完全忽略煽动或挑衅**。你的第一反应可能是私信或公开回击。那些发布攻击性内容的人可能只是哗众取宠，还有些煽动或挑衅可能源自网络新手和（或）素质低下的人群。你的回应可能正中对方下怀，而且极有可能丝毫改变不了对方的行为。

2. **私下回应**。写一封电子邮件，表达你对帖子信息的不满。把你的话指向挑衅的内容，而不是针对煽动或挑衅的发帖者。

3. **请求管理员介入**。看到煽动或挑衅内容，你可以考虑向管理员发送信息反映情况。对那些频繁且极端的煽动或挑衅内容，你还可以向平台管理员投诉。

6.5.3 不适当的自我表露

自我表露或向他人透露关于自己的信息，是我们加强关系的最有力的沟通方式之一（第 13 章中将讲述更多关于自我表露的内容）。然而，如果一个人分享信息太多、太快，或透露了外人认为不合适的信息，就会适得其反。社交媒体可以加强我们进行自我表露的速度和深度。社交媒体的便利性、传播力和移动性助长了不适当的自我表露，特别对于分手的情侣。发送性短信是指通过短信在智能手机之间发送色情信息或照片的行为。MTV 和美联社合作，对性别歧视现象进行了深入调查。调查结果显示，30% 的美国青少年参与了某种形式的裸体性短信，10% 的美国青少年与他人分享自己的裸照，55% 的美国人将性短信转发给了不止一个人。[24] 在我们的社交媒体时代，不恰当的自我表露不仅仅是口头言语上的，发消息前要三思。如果收到性短信，请立即删除，不要损害你的在线形象或在朋友面前的个人形象。

> **发送性短信**
> 是指通过短信在智能手机之间发送色情信息或照片的行为。

许多通过社交媒体展示的不恰当的自我表露，可以用去个性化效应的社会身份模型（SIDE 模型）来解释。SIDE 模型描述了个体会在多大程度上根据社会而非个人身份参与行动。他们的行为常常受到具体社交媒体工具特征的影响，包括匿名性。[25] 例如，我们可以用虚假 Twitter 账户做一些其他途径不能做的事。SIDE 模型解释说，某些新技术的匿名性，使用户的行为方式相比在其他场景的个人化，更具有社会性——这也是技术对用户行为的普遍影响。尽管某些技术的匿名性可能会诱使你做一些平时不会做的事情，但请牢记，社交媒体的影响力和可复制性，可能会将不适当信息披露给许多无意的接收者。

> **去个性化效应的社会身份模型（SIDE 模型）**
> 描述了个体会在多大程度上根据社会而非个人身份参与行动。

6.5.4 网络跟踪和网络欺凌

网络跟踪
指个人反复使用社交媒体跟踪或骚扰他人。

社交媒体为网络跟踪和网络欺凌等攻击性行为提供了便利。网络跟踪是指个人反复使用社交媒体跟踪或骚扰他人。这种行为可能包括对他人进行诬陷或威胁；持续监视一个人的 Facebook 个人信息；为性目的招揽未成年人；人肉搜索等。经常在 Facebook 上关注好友动态的用户有时被称为 Facebook 爬虫。当然，并不是说你一直关注你朋友的 Facebook 个人信息就是网络跟踪，因为你很可能没有恶意，只是在使用社交媒体维持人际关系。然而，如果一个人定期监控前女友的 Facebook 页面，了解她何时将恋爱状态更改为"恋爱中"，然后用粗鲁、伤害性和攻击性的 Facebook 信息攻击她，那么这个人就不再只是一个网络跟踪者，他的行为已经升级为网络欺凌。

网络欺凌
通过社交媒体进行的辱骂性攻击。

网络欺凌包括通过社交媒体进行的辱骂性攻击。社交网站提供了一个开放的论坛，一些不良分子借此贬低或威胁他人，而不会有太大的报复风险。从罗格斯大学学生泰勒·克莱门蒂（Tyler Clementi）的自杀可以看出，在青少年和儿童甚至是大学生中，这个问题都有严重的后果。泰勒没有告诉任何人他的绝望，除了 Facebook 的状态更新，也没有留下任何关于他决定自杀的线索。泰勒的故事凸显了新技术的消极面所导致的不幸后果。

交际与成功

处理网络欺凌问题

网络欺凌通常发生在 Facebook、Twitter、电子邮件、手机、即时消息和网站上。它通常是有意且反复的，被个人或群体用来伤害他人。有鉴于此，请回答以下问题：

1．如果你是网络欺凌的受害者，你如何应对？
2．如果你发现网络欺凌，你做何反应？
3．你有哪些应对网络欺凌的能力或想法？

6.6 通过社交媒体提高沟通能力

社交媒体的使用作为有效的沟通方法，在很多方面都挑战了传统观念，即认为最重要的人际沟通只会发生在当面沟通的场景中。[26] 社交媒体提供了更多的沟通机会、有助于自我表露和社交联系、便利、容易使用，但社交媒体也有其消极的一面，会助长攻击性、孤独和抑郁。在考虑如何使用社交媒体与他人建立联系时，可以借鉴下面的参考指南。

参考指南

提高社交媒体沟通能力

1. **监控自己对社交媒体的使用和公开发布。** 就像用 Fitbit（计步器品牌）计步一样，意识到如何才能不被信息"绑架"，或至少对你使用的社交媒体做出更明智的选择。
2. **批判性地评估你所使用的信息。** 记住，你通过社交媒体收到的每一条信息都有其来源，你有必要质疑其可信度。通过了解社交媒体来源的观点、目标和策略，你可以更好地决定是接受还是抵制该信息。
3. **既考虑好处，也考虑后果。** 社交媒体为加强和维护我们与亲人、朋友的关系提供了许多便利，使我们有更多的资源促进人际

关系。但也要记住使用社交媒体可能的后果。数字消息可以被复制、存储、轻松发送，展示在数百人（甚至数百万人）面前。我们的"精简版"信息也可能被误解，并可能导致人际冲突。

4. **记住，社交媒体的发展速度很快。** 与电视、广播和报纸等传统媒体相比较，社交媒体发展迅速，正迅速改变我们与他人沟通的方式。我们应当继续关注社交媒体的最新变化，不断思考新技术带来的利弊，这将有助于你通过新技术取得成功并掌握有效的沟通。

》小结

6.1 社交媒体和新技术环境下的人际交往

以计算机为媒介的沟通是指通过电子邮件、社交媒体、聊天室、博客、应用程序，甚至网络游戏等一系列新技术实现的沟通，社交媒体通常被视为在线平台，允许人们发布公开信息，维护和查看拥有共同兴趣的用户列表。

6.2 媒体技术发展史

新技术的迅速发展导致了**媒体的融合**，或者说，在我们的日常生活中多种形式的技术媒介和线下沟通的结合方式。媒体的多任务处理，是指媒体的多功能化或同时使用多种媒体类型。

6.3 通过社交媒体沟通与当面沟通的异同

有几个概念可以帮助我们理解线上沟通与线下沟通的区别。这些概念有助于我们理解在这个越来越依赖社交媒体的时代，我们是如何与他人建立联系的。

- **互动性**是指社交工具促进群体或个人之间达成社会互动的能力。
- 社交媒体工具的**时间结构**是指发送和接收消息

所需的时间。

- **社交线索**是信息的语言和非语言特征，这些特征提供了有关语境、含义和参与者身份的更多信息。
- 社交媒体的**可复制性**是指为其沟通和沟通的信息提供了易被复制并转发的环境。
- 与当面沟通不同，社交媒体的**存储功能**允许以数字方式保存信息，并使其他人可以访问到这些信息。
- 与当面沟通不同，社交媒体有巨大的**传播力**，或者说有能力在本地和远程与无数个体建立联系。
- 不同形式的社交媒体具有不同程度的**移动性**，或者说是设备的便携性和固定性。

6.4 社交媒体理论与新技术

幸运的是，当下流行的关于社交媒体的理论，可以帮助我们了解在复杂的语境下沟通是如何进行的。

- **社会信息处理理论**认为，线上人际关系的发

展，取决于掌握彼此信息的程度以及根据这些信息形成的印象。

- **媒体多元化理论**认为，人们会通过一种以上的社交媒体建立关系，而那些关系更密切的人之间会使用更多的社交媒体。
- **媒体丰富度理论**对沟通渠道的评价标准是通过某特定渠道，可沟通的语言和非语言信息的数量。

6.5　社交媒体和新技术的消极面

在有关沟通和新技术的研究中，最受关注的问题之一是：互联网的使用在多大程度上造成了诸如抑郁、孤独和线下社交减少等不良后果。

- 这些感觉和行为是与**过度使用互联网**相关联的症状，这是一种以某些认知行为症状为特点的综合征，我们可以从社会、学术和专业角度看到这些症状带来的消极后果。
- 社交媒体为**煽动**和**挑衅**提供了巨大空间，那些蓄意敌对、具有攻击性或侮辱性的在线内容，通常只是为了激起愤怒。
- 自我表露或向他人透露关于自己的信息，是我们加强关系最有力的沟通方式之一。然而，如果一个人透露个人信息太多、太快，或者透露了外人认为不合适的信息，就会适得其反。
- 社交媒体为一些攻击性行为创造了有利条件，例如**网络跟踪**——反复使用社交媒体跟踪或骚扰他人；还有**网络欺凌**——通过社交媒体对他人进行辱骂性攻击。

6.6　通过社交媒体提高沟通能力

- 监控自己对社交媒体的使用和公开发布是很重要的。
- 严格评估你所使用的信息。
- 仔细考量使用某些社交媒体平台的好处和后果。
- 关注社交媒体的发展更新。

》问题讨论

1. 随着年龄的增长，你在使用媒体的多元化方面发生了哪些变化？
2. 当面沟通和通过社交媒体沟通有什么区别？
3. 在大学里，你会如何描述你与亲人朋友之间的关系？
4. 你认为自己或你的密友有过度使用互联网问题吗？
5. 你如何批判性地评估你每天接触的社交媒体信息？

第 **7** 章
沟通过程中的倾听和思考

本章导读

我们经常被要求同时做多个任务，特别是在听的时候。有些工作要求我们同时做两个或两个以上的任务。倾听既需要集中注意力，也需要思维活跃。通过训练和实践，如果学会利用非倾听活动作为倾听的补充，并且在与他人沟通时不需要太多思考，我们就可以很好地同时处理多个任务。

章节大纲	学习目标
7.1 有效倾听的重要性	描述倾听是如何帮助你在生活的各个方面与他人建立联系的
7.2 倾听是一种复杂的认知过程	解释倾听是一种复杂的认知过程
7.3 倾听的功能	描述倾听行为的四种不同功能
7.4 有效倾听的障碍	选择具体的态度和行为，帮助你克服倾听障碍
7.5 批判性倾听与批判性思维：信息分析与评价	举出你必须成为一个批判性倾听者 / 思考者的例子
7.6 提高倾听能力	描述一个优秀倾听者的言行

最近的一档深夜评论节目聊到：这个世界太混乱了。主播说："选择性报道和假新闻满天飞，而且，那些新闻主播和写手，在网上批评别人的时间比他们发表真实信息的时间还多。"[1] 他的观点和很多人对媒体信息的看法相似，就像他和他的技术总监聊的：这样的混乱会"导致信息疲劳"。[2] 最终的结果是人们不再倾听和分辨真假。很多人难以区分事实和虚构，有些人甚至拒绝接收他们认为不可靠的消息来源，但他们真的能区分真新闻和假新闻吗？

很多人都不善倾听。我们不善倾听有各种原因，原因之一是我们不需要对倾听负责。如果我们第一次听到某个新闻没听清楚，不要紧，等一下会重播；如果我们没注意刚才老板或教授说了什么，没关系，他们肯定会重复，不行问问别人就好了。我们很难有效地倾听，还因为真正的倾听和思考，需要付出很大的努力，或有些内容我们不想听。我们应该学会有效倾听，提出辨别性的问题，并权衡我们所收到的信息，以确定其真实性或有效性。本章将讲到有效倾听和权衡信息的指导原则。

问题与思考

1. 举两三个因为收到相互矛盾的信息而感到头疼的例子。
2. 如何区分独立信息和矛盾信息？
3. 如何获取更多的辅助信息？
4. 描述一个你认真倾听并通过合理提问了解实情的积极例子。

本章将帮助你理解倾听，并找到成为有效倾听者的方法。为了提高倾听能力，你需要了解有效倾听的重要性、倾听的要素、倾听的功能，以及最常见的倾听障碍。分析和评估你听到的信息，并把倾听和思考联系起来，这两者是独立但相关的认知过程，同时也要学会区分倾听和听觉。

由于大多数人认为倾听是自然而然的，往往认为它是一项简单的任务。然而，倾听实际上是相当复杂的。学者们一致认为，倾听整体上来说类似于沟通，与思维过程密切相关。包括哈菲尔德（Harfield）、布朗内尔（Brownell）、贾努西克（Janusik）、沃尔文（Wolvin）和科克利（Coakley）在内的倾听学者都指出，倾听是一种区分于其他智力活动的独立行为。[3] 研究倾听的学者和教师都认为，听觉和倾听不是一码事。倾听是一种持续的认知活动，被定义为通过感官接收刺激信号，从刺激信号中建构含义，并对刺激信号做出反应的主动过程。[4] 而听觉只是耳朵接收声音的被动生理过程。没有听觉就无法倾听，但听到声音却不等于倾听。倾听与听觉的区别是什么？

倾听
一种认知活动，对刺激信号接收、构建含义并做出反应的过程。

沟通学者一致认为，倾听与听觉的主要区别在于，倾听是一个主动的认知过程，而听觉是一个被动的物理过程，只有接收声音和没有接收声音两种情况。只要你听觉正常，你的耳朵就会接收声音。[5] 你不必在听觉上下功夫，听觉是无处不在的。有的人可能有极好的听觉，却可能是个糟糕的倾听者。另外，倾听是认知性的，是积极主动的，需要能量、欲望、

听觉
耳朵接收声音的被动生理过程。

专注和注意力。

　　同样是听课，学生的学习类型却各不相同，最常见的学习类型有视觉型、动觉型和听觉型。视觉型学习者需要看到讨论的内容，白板上的字体和图形、Powerpoint 或 Prezi 演示文稿等有助于视觉学习者；动觉学习者需要体验；他们需要四处走动，触摸事物，观察事物的运行，把物品拆开或凑在一起；而听觉学习者更善于通过倾听接收（处理）信息，这种学习者不需要模型或实践经验，因为他们只需要倾听和思考信息。

　　你是哪种类型的学习者？在你的学习中，倾听扮演什么样的角色？什么样的活动能帮助你倾听和学习？

　　在常规教育中，倾听、分析、处理和记录信息的技能常常被忽视。你认识多少人受过正规的倾听训练？一个典型的大学生可能学习过不少关于阅读、写作或口语的课程，但很少有学生参加过倾听课程。不仅正规的倾听教学机会很少，并且非正式的倾听训练机会也很少见。然而，作为一名学生，大约 50% 的时间要花在倾听上，倾听是最常用的语言技能。[6]北爱荷华大学的研究生萨拉·贝克（Sarah Baker）做了一项研究调查，发现在对伍德社区学院毕业生的招聘中，雇主对基本沟通技巧看重的因素中，100% 认为倾听是第一技能。[7]许多针对企业高管的调查也显示，所有大学毕业生都需要加强沟通技能，其中倾听技能更是首当其冲。[8]在很多其他调查和研究项目中，无论评价新人还是职位提升，倾听能力都被雇主列为最重要的沟通技能之一。尽管无数研究表明了倾听技巧至关重要，但正如罗伯特·博尔肯（Robert Bohlken）、劳拉·贾努西克（Laura Janusik）、卡罗琳·科克利（Carolyn Coakley）和安德鲁·沃尔文（Andrew Wolvin）等多名倾听学者所说，倾听在学校里得到的指导少之又少。[9]即便在使用本教材的课程中，直接探讨倾听问题的课程时间和讲义也大概只有 7%。[10]

7.1 有效倾听的重要性

　　在我们的日常生活中，低效的倾听更是普遍存在，大多数误解都是由于不良的倾听习惯造成的。倾听能力差会造成严重的个人、职业和经济问题，常常表现为浪费时间、客户关系欠佳、造成返工等。对学生来说，没有好的倾听习惯会导致错过约会、误解指导、作业不正确或不完整、成绩不好和失去机会。在人际关系中，不善于倾听会导致误解、争吵、失去友谊等。

　　当你意识到你每天醒着的时候，有多少时间是在倾听，你可能会感到

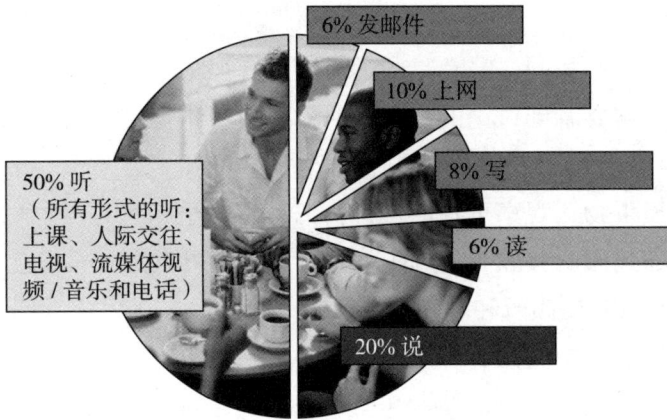

图 7-1　大学生在交际行为中的时间比例

图中显示了典型的大学生如何度过清醒的时间。这个图表中给出的比例是平均值，当然，对于具体的人和场景，比例会有很大不同。

惊讶：你不说话或不看书的时候，可能不是在听某件事就是听某个人讲话。许多倾听学者发现，大学生花在倾听上的时间占 50% 或更多，花在说话上的时间差不多占 20%，而阅读和写作的时间加起来不足 20%（见图 7-1）。[11] 伊姆霍夫（Imhof）和魏因哈德（Weinhard）发现，德国小学生的倾听时间大约占课堂时间的 66%。[12] 美国的研究也有类似的结果，表明倾听是学生在课堂上最主要的活动。[13] 这些研究应该有助于你认识到倾听的重要性。

从早上起床到一天结束，我们一直都处于"听"的状态。但大多数人很少会思考，倾听在日常生活中所扮演的角色。父母和孩子常常互相抱怨："他们不听我的。"这样的抱怨也经常发生在合作伙伴之间、员工和老板之间、老师和学生之间。你甚至可能听到朋友对你说："你真的应该倾听自己的声音。"尽管"倾听"似乎很简单，但我们中的许多人并不是有效的倾听者。

毫无疑问，沟通，尤其是倾听，在我们的生活中扮演着重要的角色。鉴于沟通在我们的生活中占据了如此多的时间，我们更需要尽可能多地学习有效倾听。我们生活、工作在一个全球化的世界。仔细倾听来自其他文化和背景的人的信息，是一种重要的生活技能。技术和设备（平板电脑、iPad 和智能手机）的普及会产生干扰，并造成倾听障碍。此外，身边到处都是吸引我们注意力的电子信息，这些干扰无处不在，很难排除。倾听学者认为，我们可以通过认知、情感和行为策略来减少媒介、自身或其他外部干扰。《高质量组织内的倾听》（*Listening in the Quality Organization*）一书的作者沃尔文认为，组织中的个人必须是有效倾听者。他在该书中指出了倾听在沟通过程中的作用，并为人们如何成为更有效的倾听者提出了建议。他总结道："高质量的倾听是 21 世纪高质量组织的基准要素，一些组织已经做到了这一点，而另一些还尚未形成倾听文化……的确，实现这一目标的挑战是巨大的，但回报无疑也是丰厚的，我们的经济、技术、政治和社会生活都依赖于高质量的倾听。"[14]

交际与成功

你对有效倾听的看法

想一想你认为谁是优秀的倾听者，然后回答以下问题：

1. 你认为这个人表现出的哪些行为是优秀倾听者的特征？

2. 他们所表现出来的哪些言行让你感觉到他真的在听？

3. 你如何判断此人是否理解了你的信息？

4. 你如何将自己的倾听行为与你认为的优秀倾听者的倾听行为进行比较？

5. 作为一个倾听者，你认为你的朋友会如何评价你？

7.2 倾听是一种复杂的认知过程

理解倾听概念的一个好方法是把它看作一个过程。倾听不是某个自然发生的事件，而是一个持续的过程。由于我们是具有强烈视觉识别能力的社会人类，所以定义过程的最好办法就是借助一个模型。本书就是借助哈菲尔德认知倾听模型（HCLM$^{©}$）来定义"倾听"的。HCLM$^{©}$ 模型背后的哲学主张是：倾听过程必然伴随活跃的认知过程。

7.2.1 哈菲尔德认知倾听模型

HCLM$^{©}$ 既是一个认知模型，又是一个关系模型。从认知的角度来看，该模型能够让人们认识并促进对于"倾听不是一个自然事件"的理解。倾听不仅仅是一种生理活动，更多的是一种认知功能。当我们倾听时，大脑会发生很多神经或精神活动。这个模型同样适用于解释人际互动关系。该模型支持这样一个观点：相比于为了理解而倾听，人们更倾向于为了回应而倾听。因此，它也是一个关系模型，因为这个模型的各元素之间有全面的交互。该模型的目标是展示人与人之间的互动，并直接关注讲话者的内容，而非表达行为本身。听者根据自己的生活经验和观点，而不是讲话者的观点赋予信息含义。图 7-2 说明了认知倾听的过程。

该模型识别并定义了良好倾听的组成部分和细微差别，其特点在于把倾听细分为一些基础元素。HCLM$^{©}$ 模型定义了我们倾听的方式，以及在倾听过程中可能影响我们的事情。模型中倾听过程的每一个组成部分都是与理解力相关的、相互联系的，这些成分相互连接的方式与脑细胞相互连接和相互作用的方式很相似。当某个环节失效或缺失时，倾听过程便开始失效或缺失。

认知在倾听过程的各个组成部分和整个 HCLM$^{©}$ 模型中都起着重要作用。我们根据自己的思维偏好，下意识地筛选我们需要的信息，并将其语

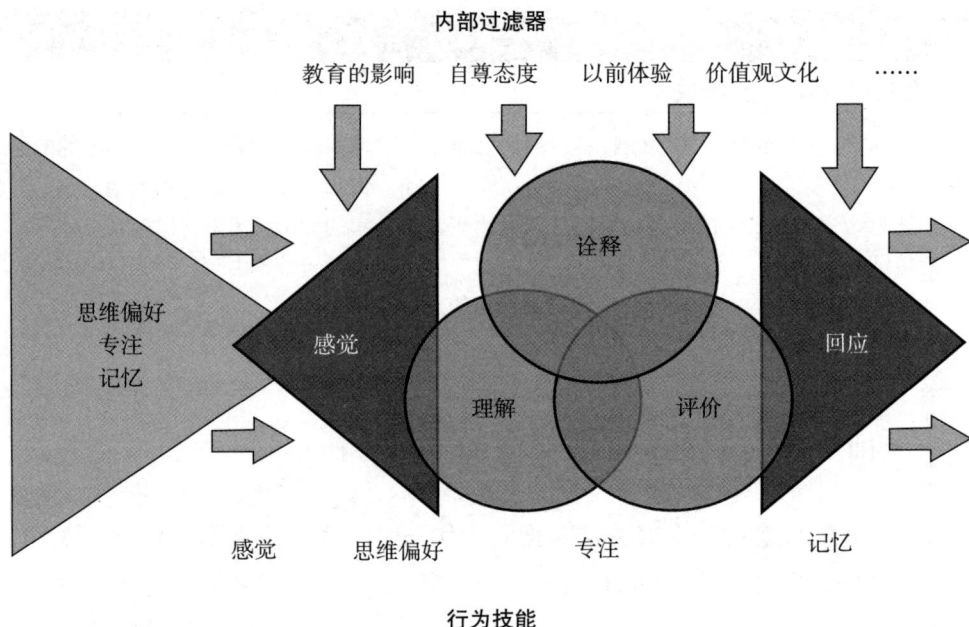

图 7-2 哈菲尔德认知倾听模型 [15]

资料来源：由德怀特·R.哈菲尔德描绘，经许可使用

境化。专注和注意力是用于特定时刻根据自己的心智水平及时分辨重要和次要信息的。记忆为我们提供了信息和图式素材库，帮助我们识别和理解我们接收和处理的信息。

我们的感官通过听觉、嗅觉、视觉、味觉和触觉（甚至包括皮肤上的汗毛）接收信息，并将信息传送到大脑进行处理。大脑通过我们的思维偏好、集中注意力的能力，以及大脑将信息与存储在记忆中的数据进行比对的能力，将这些电脉冲转换成信息。

诠释、评价和理解都是用来解读刺激信号的认知功能。对信息的解读是我们构思回应的前提。我们的思维偏好、专注能力和记忆能力，都会影响我们的解读能力，而解读能力使我们能够构建和发出回应，这个回应使倾听过程形成了闭环。

位于模型顶部的是内部过滤器。内部过滤器就是诸如价值观、态度、自尊、文化和教育影响等概念。这些因素是根据我们自己的生活经历和生活状况而产生和存在的，它们都会影响我们的倾听。模型中的内部过滤器列表并不详尽，每个人拥有的内部过滤器列表可能非常广泛，有些人可能有几页长的内部过滤器列表，每个人都有自己的内部过滤器列表。绝大部分内部过滤器都是基于感性的，但也并非完全如此。

位于模型底部的是行为技能。行为技能通过建立或识别倾听礼仪和实践的能力，更加直观地影响我们的倾听。行为技能是我们在倾听的时候表现出来的身体特征。我们应该不断练习和培养行为技能，使自己成为更好的倾听者。在任何时候，我们只能表现出自己感到舒适的行为技能。如果我们在某一天或某段时期情绪很低落，我们的行为技能就有可能受到影响。例如，我们可以强迫自己在特定的情况下有更好的眼神交流，但这并不自然，很可能会被讲话者看出来，反而导致自己失去信誉。当我们走在不断自我完善的人生道路上、努力培养内在力量成为更好的倾听者时，保持内心的舒适至关重要。[16]

下面我们来探讨 HCLM[©] 模型中的各个概念：感觉、信息处理（评价、诠释和理解）、记忆和回应等。

7.2.2 感觉

正如前文所述，听觉是耳朵接收声音的生理过程。准确地接收声音需要听者将注意力集中在讲话者/声源上，区分不同的声音，并集中注意力。[17] 鉴于听觉和倾听的不同，回答这个问题：当你在学习时播放音乐，你只是听到了音乐声，还是真在倾听音乐？这些声音只是为你提供了听觉背景，只有当你启动其他的倾听步骤，你的听觉才会成为倾听。注意，倾听是一种认知活动。它始于大脑，在大脑中处理，最后大脑告诉我们如何反应。新的研究表明，倾听受所有感官的影响：听觉、嗅觉、味觉、触觉和视觉。[18] 听的过程从大脑开始，所有通过感官接收的信息都在大脑中处理。因此，听者通过所有感官接收信息，大脑处理/理解、使用和存储信息以备用。

7.2.3 信息处理：评价、诠释和理解

信息处理的过程就是通过评价、诠释和理解来解读听到的信息。在当今世界的快节奏下，我们的时间、精力和注意力都显得十分宝贵。我们每次进入一个倾听的状态，都必须对信息进行评价（评价是指评估信息的意义）。信息是否重要？是否可信？然后，我们根据诸如我们的思维偏好、关注信息的程度、现有的知识水平、比较新旧信息的方式以及副语言或表达习惯等要素来诠释信息。副语言（非语言信息，如语调）、手势或肢体语言，也可能是我们理解信息的重要因素。诠释刺激信号，就是赋予它含义，这样我们就可以理解信息。理解，就可以用自己的想法和语言解释自己头脑里的东西。那么，这里就有一个问题：我们的理解是否与发送者传递的信息相吻合？[19]

信息处理，意味着对信息进行权衡，并对你感觉到的刺激信号（听、看、闻、尝或触摸）赋予含义。准确听从指示的能力，是衡量我们是否倾

评价
评估信息的意义。

诠释
解释信息的含义。

副语言
说话的声音，包括沉默。

理解
对自己头脑中的信息进行解读的过程。

信息处理
给大脑选择和关注的刺激信号赋予含义。

听（处理）了感知信号的方法之一。每个人都经常处于这样的状况：我们必须处理信息并找到共同的含义。我们过去的经验在信息处理中起着重要的作用，你会将新的声音和想法与你以前听到或感觉到的声音和想法联系起来，并加以比较。例如，要学习统计学，你必须先学习代数和其他数学原理。如果你没有这方面的准备知识，这并不妨碍你认真听统计学老师讲课，但是由于你无法诠释她所说的，也就无法理解她讲的内容。无法理解会降低你的倾听效果。

7.2.4 记忆

作为一个学生，你一定明白记忆或回忆一些往事的重要性，大多数老师和老板都希望你能回忆起课堂上或会议上听到的东西，并将其应用到工作中。研究人员说，短时记忆和长期记忆都是必不可少的记忆过程，适用于不同的情况。倾听学者劳拉·贾努西克发现，当向人们展示一系列彼此没有关联的句子，并要求他们记住每个句子的最后一个单词时，每 7 个句子他们平均能记住 2.805 个单词。在一个动态的会话倾听任务中，人们被要求记住一系列相关的问题并做出回应，人们可以记住和回应 2.946 个问题。[20] 这个发现表明，相比于不相关的话题，相关的话题更容易被记住。当你回忆时，其感知的过程（选择性感知和选择性注意）也可以看作一个信息筛选的过程。我们往往只记住支持自己观点的信息，而遗忘其他信息。记忆能帮助你完成任务。当雇主希望你获取并应用知识时，记忆在你的工作职责中也显得十分重要。记忆在你的家庭和友谊中也同样扮演着重要的角色。

回忆
从存储的记忆中调取信息；重新思考某事物。

7.2.5 思考

许多学者认为，倾听是一种认知结构，即大脑是倾听过程的中心；倾听是我们如何接收各种信息，以便立即或将来处理、存储和（或）使用。而且，记忆或"回忆"是倾听过程中的关键环节。神经科学的研究为理解记忆在大脑中的特定位置，以及加强学习、倾听和记忆的方法开辟了新途径，大脑比我们以前想象的更有可塑性和灵活性。诺贝尔奖得主、科学家埃里克·坎德尔（Eric Kandel）毕生致力于研究大脑的工作原理，以及人们如何更好地记住他们需要记住的东西。因此，最新的倾听研究表明，教会人们如何有效倾听的同时，也要教会人们如何记忆。

德怀特·哈菲尔德（Dwight Harfield）开发了哈菲尔德认知倾听模型（图 7-2），以扩大和增加对认知过程和倾听的重视。他还发明了两个代表大脑功能的模型见图 7-3 和图 7-4。[21]"思维偏好的理念"是由研究人员奈

德·赫曼（Ned Herrmann）在 1991 年负责通用电气（General Electric）高
管培训时创立并推广的。赫曼通过问卷调查进行了实验，并开发了一个评
估工具来衡量四种不同思维方式下的思维强度和语言偏好。他认为，大脑
可以隐喻性地分为理性自我、安全自我、感受自我和经验自我四个特定的
象限，每个象限都有自己的特点和语言。

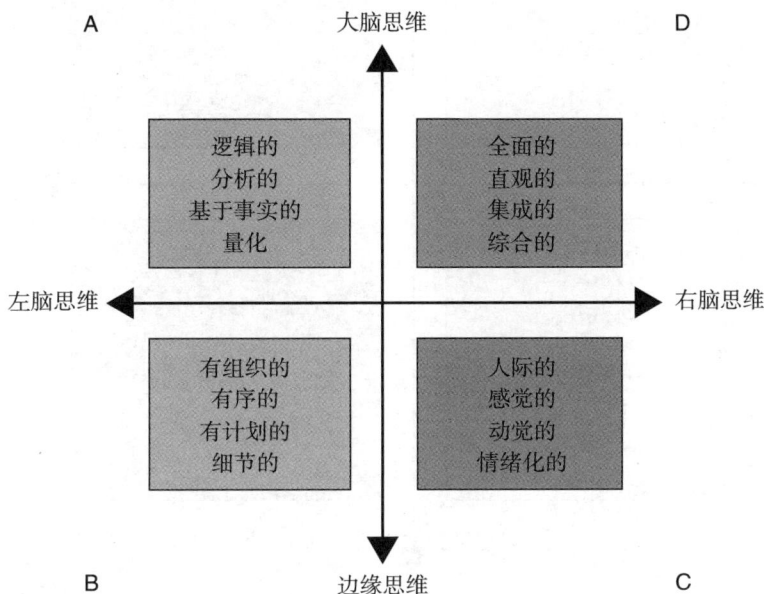

图 7-3　全脑模型

这个图描绘了大脑的四个象限，并确定了每个象限中出现的思维类型。奈德·赫曼创立了
大脑支配的概念，以此演示大脑不同部分是如何分工的。

　　赫曼的工作使他能根据个体的最佳认知偏好来确定一个人的"轮廓"。[22]
我们的心理偏好所导致的行为差异，就像左右手使用习惯一样，是人的支
配类型不同的正常表现。每个人在精神和身体上都有支配性的偏好，精神
性支配偏好最终会影响我们的行为。各象限代表着不同的语言、感知、价
值观、天赋以及认识和存在方式。根据各自的心理偏好和心理逃避不同，
每个人都是这些模式的不同组合。

　　图 7-3 中的全脑模型描述了大脑象限的概念和结构基础。左侧两种结
构通常被称为"左脑思维"，右侧两种结构被称为"右脑思维"，上面两种
结构被称为"大脑思维"，下面两种结构被称为"边缘思维"。[23]

　　四种"自我"模型（图 7-4）以一种更为行为化的方式展示了我们思
维特征的组合：

这些人关心"是什么
或为了什么"

A

理性自我

这些人关心"为什么
或者会怎样"

D

经验自我

```
┌─────────────────────┐  ┌─────────────────────┐
│       分析          │  │       推断          │
│       量化          │  │       想象          │
│     合乎逻辑        │  │       推测          │
│       现实          │  │       浮躁          │
│     喜欢数字        │  │     打破规则        │
│       懂钱          │  │     喜欢惊喜        │
│  清楚事物的运行规律 │  │     好奇/贪玩       │
└─────────────────────┘  └─────────────────────┘

┌─────────────────────┐  ┌─────────────────────┐
│     未雨绸缪        │  │     对他人敏感      │
│     有章可循        │  │     好为人师        │
│      执行力         │  │     接触很多        │
│       可靠          │  │     乐于助人        │
│     有组织          │  │     有表现力        │
│     很整洁          │  │      情绪化         │
│       守时          │  │       话多          │
│     有计划          │  │     感觉丰富        │
└─────────────────────┘  └─────────────────────┘
```

B

安全自我

这些人关心"怎么样"

C

感受自我

这些人关心"是谁"

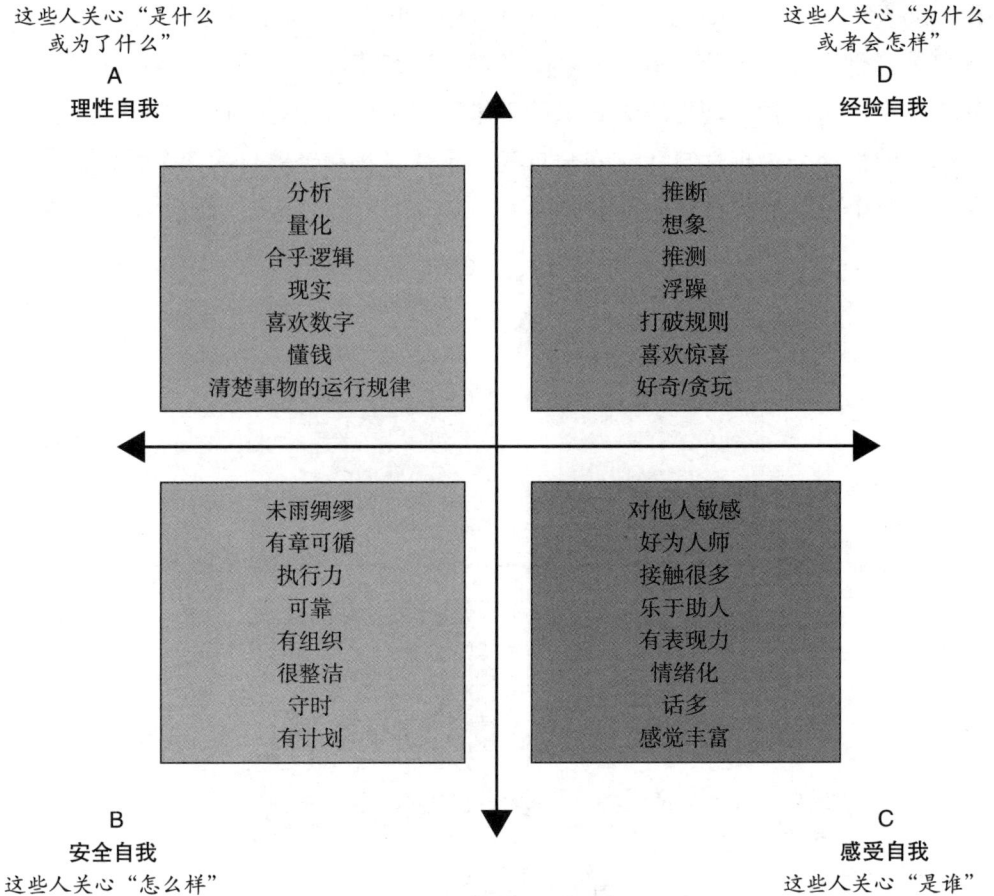

图 7-4　四种不同的自我

该图确定了大脑四个象限中每一个象限的具体思维功能。赫曼认为每个象限将思考者引向不同的
行为。

- 左脑负责语言能力，包括说、读、写和数字思维。对大多数人来说，分析信息和处理顺序问题主要在左脑进行。左脑解决问题的方法是基于事实的、分析性的、逻辑性的，喜欢按逻辑顺序来呈现文字、数字和事实。

- 右脑负责视觉空间和情感，包括同时处理、模式识别、创造性与整体思维、空间感知与几何及结构。我们在大脑中绘制地图旋转形状的能力主要在右脑中完成。右脑能够策略性地寻求洞见、图像、概念、模式、声音和动作，所有这些都是基于对整体的直觉。

　　左右脑分别有各自的功能、各自的信息处理方式，以及各自的"认知模式"。大脑的构成是互补的，每一部分都丰富了彼此，每一部分都对人类思维至关重要。大脑支配是指我们对学习、理解、表达或沟通方式的偏好，这些被称为思维（认知）偏好或认知偏好模式（PMK）。

我们的思维偏好或者说认知偏好模式，使得我们对于更喜欢学习或做什么，以及如何去做的选择方面，形成了强烈的对比。当我们需要解决一个问题的时候，思维偏好是我们大脑中最强大的决定因素，甚至可能凌驾于我们受过的专业训练。例如，偏左脑思维的人可能更喜欢学习工程或法律；相比之下，右脑思维的人可能更喜欢学习心理学或音乐。再比如，如果两个人都学习舞蹈，左脑思维的人可能会学习编舞、历史、名字的考证等；而右脑思维的人可能会通过观看和表演来学习舞蹈。[24]

专注和注意力　如今，我们的文化在很多方面制约了人们的专注和注意力，具体如下。

- 电影和电视节目为了吸引观众，充斥着简短、刺激或令人惊心动魄的镜头；
- 我们的社会和教育体系被简化；
- 人们获取的信息简单化，缺乏动脑机会；
- 我们不断被灌输大量宣传，让我们相信别人告诉我们的，而不是相信自己的独立思考；
- 我们相信自己可以一心多用：大家事情太多了，忙得不可开交，只能尽力同时做多件事；
- 日常生活中，越来越复杂的电子技术向我们提供大量的碎片信息；
- 我们有越来越多的途径和机会与他人接触，即便我们不想，甚至从来没有直接见过或听说过那些人。

以上种种情况都导致我们缺乏集中注意力的能力。如何集中精力，对于我们如何学习（即我们如何获得知识和技能）和记忆（我们如何存储和检索信息）至关重要。如果你想掌握和保存某些信息，首先必须密切关注它。[25]注意力是一个重要的属性，如图 7-5 所示。繁体汉字"聽"符合中国人对倾听过程的看法，反映了我们在本章所描述的倾听的复杂性。

7.2.6 诠释

当我们诠释时，我们只是试图理解

图 7-5　专心倾听

繁体汉字"聽"，包含了倾听所需要的各个要素：眼睛、耳朵，尤其是心，心字上的"一"代表专一。

许多东方文化都有类似的象形字来诠释在他们的文化中倾听的重要性（倾听需要主观参与的一个例子）。

诠释
理解讲话者所表达的含义，并让他/她知道你听明白了。

所收到的信息。诠释过程分为两个部分，其一："你要全面考虑沟通情境，这样你才能更好地从讲话者的角度理解其所说的意思。"[26] 其二：你要让讲话者知道你理解了他传达的信息。在诠释环节，具体的沟通情境和非语言信息发挥着重要作用。有效倾听者知道，面部表情、姿势、眼神交流（或缺乏眼神交流）、沉默，甚至副语言都会对信息产生影响。有效倾听者会努力让自己对这些沟通要素保持更大的敏感性。

7.2.7 评价

评价
听者分析证据，从观点中将事实分类，确定讲话者的意图，判断讲话者陈述和结论的准确性，以及判断个人结论的准确性。

在评价环节，听者分析证据，从观点中将事实分类，确定讲话者的意图，判断讲话者陈述和结论的准确性，以及判断个人结论的准确性。一旦开始评估我们接收并理解的信息，我们就可能不再接收和关注其他传入的信息。本章随后将进一步讨论信息的分析和评估。

7.2.8 回应和发送反馈

回应
回应是听者公开的语言或非语言行为，它向讲话者表明什么信息已经收到，什么信息还没收到。

听者接收完消息，可以通过口头或非口头方式验证消息的接收情况，或表明信息接收不足，以保持与发送者的互动关联。这种验证称为"回应"或"反馈"。回应是听者的公开行为，它向讲话者表明什么信息已经收到，什么信息还没收到。回应包括完全沉默（没有听到信息、忽略信息或对信息内容感到愤怒）、微笑或皱眉（同意或不同意信息）以及要求澄清所收到的信息。

反馈是成为一个有效倾听者所需技能的重要组成部分。反馈是对接收者回应的再回应，有助于确保顺利理解，并帮助讲话者确定沟通是否成功。反馈应该与情境相适应，并且应该是经过深思熟虑的、清晰的。当掌握信息的每一个细节都非常重要时，要阐述或重复发送者的信息，以验证你对信息的接收、理解、回忆是否准确无误。这也是向发送者表明，你正在积极倾听并接收他要传达的消息。

伪听
听者对讲话者点头、微笑、注视等，但是注意力集中在别的事情上。

上课的时候，学生会有意无意识地向教师发出反馈。然而，有些学生的回应可能并不诚实，甚至可能是在"伪听"。他们可能早已神游，但仍然通过点头、微笑、看着老师等方式表明他们正在倾听、理解并同意老师说的话，实际上他们什么也没听进去。遗憾的是，这种行为会导致更多的信息模糊与混乱。如果那些感到迷糊的同学承认自己没听进去，老师可能会改进他们的讲课。活跃的倾听者总是尽力从所讲内容中抓住更多信息，以确保所接收的信息准确和完整。既然倾听和思考之间有很强的联系，我们也需要考虑如何使用"短时记忆"来更好地提高效率。

如果你想记住存储在短时记忆中的信息以备不时之需，你就必须想办

交际与成功

倾听与思考

倾听学者安德鲁·沃尔文说过，倾听可能是人类最复杂的行为之一。[27] 我们在本章中已经讨论了倾听技能的重要性和用途、倾听过程包含的环节及其涉及的思维。现在我们来探讨一下倾听和思考之间的联系。德国倾听学者玛格丽特·伊姆霍夫（Margarete Imhof）发现，如果学生在听课之前保持积极主动地思考，他们就能够在比较难或新的课上表现出更好的理解能力。学生被要求在上课前先预习，也就是对最难的那些课程，要带着疑问去寻找答案。伊姆霍夫建议学生在参加沟通活动之前准备好自己的问题，然后在沟通过程中尽量寻找自己感兴趣的或可能用得上的领域。[28]

问题与思考

1. 找一个你平时不看的脱口秀或电视新闻节目。在看节目前，列出你关注的问题。观看 30 分钟，努力让自己专注于节目内容，不要被其他人打断（关掉手机，让计算机进入休眠状态，一个人待在房间里）。
2. 30 分钟后，检查你的问题有多少得到了解答。专注于自己关心的内容，会让你的倾听有什么不同吗？
3. 即使你不同意他们的观点，你也能看出来别人是如何论证自己观点的吗？

法将其导入长期记忆中。倾听学者朱迪·布朗内尔（Judi Brownnell）提出了五种储存记忆以便日后使用的方法。[29]

- **关联**。或许你已经在使用这种方式将某些未知的事物与已知的事物联系在一起。情境常常会激发联想。如果你记得汤姆是你在多伦多碰到的一个文身艺术家，而且你叫过他的名字，这些线索可以帮助你记住汤姆这个人，他在哪里，他是做什么的。

- **归类**。把信息分类有助于你记得更牢和更久。你去超市采购前可以按照商品所在货架的位置来列购物清单。记住内容分类对于备考、确定哪些内容需要列入报告中，以及计划要完成哪些任务，都很有帮助。由于逻辑顺序便于记忆检索，分类可以有效地提高你的工作效率。

- **中介**。有意义的信息更容易被想起，不相关的信息很难记住。中介的工作方式如下：（1）将外来词或无意义的音节组成有意义的词。比如我曾经去丹麦寻找亲戚，那个街道名称在丹麦语中是"山上的教堂"的意思，于是我们先找建在山上的教堂，然后再找街标，这样就很容易找到我们要去的地方。（2）用所列项目的首字母构成单词。例如，ALS 或 Lou-Gehrig 比 Amyotrophic Lateral Sclerosis（肌萎缩侧索硬化症）更容易记忆。通过"创造单词"提高你回忆信息的能力。（3）通过一个词关联多个词或想法。如果你需要记住猫、球和枕头，你可以把它们和单词柔软（soft）联系起来，这可以帮助你关联看似不相关的事物。

- **图像**。大多数信息通过视觉或听觉两个感官通道进入你的记忆。要利用这一点，你可以从所提供的信息中提取视觉或心理图像，以此形成视觉记忆。如果你想记住某件事，你就要在脑海中创造出这些信息的生动形象，以便日后回忆和使用。
- **记忆术**。你创造了各种方法来理解所呈现的信息，并使用视觉意象使印象更加生动。当你把有意义的文字和生动的图像结合起来时，你便能更快、更准确地回忆起信息。

记忆只是思维过程的一个方面。我们记得越多，就越能有效地分析、评估，并将概念应用于我们获取的信息。通过记忆和思考，我们可以成为更好的倾听者和信息使用者。

参考指南

短时记忆

许多倾听学者都提出了增强短时记忆的方法。朱迪·布朗内尔的下列方法可以让你把信息记得更久。

1. **重复**。你可以重复一些事情来记住它们。当你不得不去买一堆学习用品，又没有清单的时候，你可以边走边重复你的需求："订书机、订书钉、索引卡、美术专用笔、笔记本电脑包、倾听课教材。"只是用这种方法，任何形式的干扰都可能让你忘记清单中的一些或大部分内容。

2. **分组**。当你有很多事情要记住的时候，你可以把它们归类，这样你就没必要记那么多细节了。研究人员建议我们每次记不超过7条独立信息。如果你使用分组，不要超过7个类别，好让这些信息在用到的时候还能记得，这样也有助于将信息转移到长期记忆中。

3. **识别逻辑模式**。如果你能识别出所听信息的模式或主题，那么通常会更容易记忆，至少在短时间内是如此。按某种顺序排列的数字、单词缩写或助记符（比如通过 "every good boy does fine" 和 "face" 来记住高谱号音节上的音符）就是启蒙老师们用来帮助你记住他们所教学科内容的逻辑模式。

7.3 倾听的功能

早上，你在闹铃声、室友在宿舍吵闹地晃来晃去声或嘈杂的电视声中醒来；你穿衣服的时候，听到消防车从街上呼啸而过；你听歌曲；你在学生会参加了一个关于取消学术计划的热烈讨论；然后你临时抱佛脚地跑去上了考前最后一次课；晚上，你去听音乐会；音乐会结束后，你遇到了一个因考试没考好而郁闷的好友。

一天当中，出于不同的目的，你听了很多声音、很多话。你为了按时起床而设置闹铃；你倾听朋友们对取消学术计划的意见；你倾听教授上课，以获取有关某一科目的信息；你倾听音乐会，以获得乐趣；你倾听朋友的烦恼，以了解他/她的感受。在不同的情境下，倾听有着不同的功能并会用到不同的技能。我们接下来详细了解一下倾听的各种功能以及所用到的倾听技能。

7.3.1 信息性倾听

你可能会花大量的时间倾听以获得信息或获得某种理解。你通过倾听老师对过程、感知、非语言和语言沟通、著名的讲话者等类似话题的探讨来学习语言技能；你每天都会听到各种信息，比如新闻、天气预报、体育比赛情况、指示说明、命令、作业、名称、号码和地点等信息。

信息性倾听
倾听以获得理解。

7.3.2 评价性倾听

评价性倾听用于判断或分析信息。司机听到引擎盖里有吱吱声，会摇下车窗仔细倾听，以找出产生噪声的确切位置和原因。老师通过听学生们的演讲评价他们的表现，并为他们打分。在大多数情况下，我们都应该评价性倾听：不断地判断证据、论据、事实和价值观。质疑，才能让我们成为有效倾听者。我们被信息轰炸包围，不断被劝说相信、接受、购买。虽然有时候我们只是想泛泛而听，但只要我们去听，就一定要对听到的内容进行判断和评价。

评价性倾听
通过倾听判断或分析信息。

7.3.3 共情性倾听

共情在所有人际关系中都是一项重要技能或特征，在倾听时尤其重要，因为它能让你与他人建立关系，使你成为更好的倾听者和朋友。我们对共情的定义是：对他人的情感、想法或态度的心理认同或替代体验。换句话说，我们有能力认识并在某种程度上分享另一个人所经历的情感（例如快乐或悲伤）。[30] 共情性倾听发生在你倾听他人所经历的事情，并试图理解他人的想法和感受时。共情不是同情，同情只是为对方感到难过。共情意味着你试着把自己放在别人的位置去理解这个人经历了什么。当我们倾听别人的问题时，可能会发现很难避免做出判断，但这正是我们以共情的方式倾听必须做的。共情性倾听可以是一个治愈和抚慰的过程。共情性倾听表示我们意识到、欣赏并理解他人的感受。能够共情的倾听者通过表达

共情
对他人的情感、想法或态度的心理认同或替代体验。

共情性倾听
倾听以理解他人的想法和感受。

感知验证
通过提问核实自己的理解是否正确。

对讲话者所说所指的理解创造一种支持性的氛围，他们还通过感知验证以及对讲话者的提问反馈并确认感觉，以确保正确理解其观点。倾听者总是很真诚，他们不做判断，让讲话者随心所欲地讲出自己的想法。[31] 关心一个人需要极大的敏感度，也需要传递这种敏感度的能力。倾听并不容易，用共情性倾听更是困难。然而，如果我们不能对他人产生共情，我们也就无法理解他人。

7.3.4 娱乐性倾听

娱乐性倾听
为了快乐、个人满足或欣赏而倾听。

　　当我们纯粹为了快乐、个人满足或欣赏而倾听时，这种倾听就是娱乐性倾听。例如，我们经常听音乐，理由仅仅是因为我们喜欢听。对大部分人而言，电影或电视带来的视听享受是一样的。

交际与成功

倾听行为

　　一个简单的实验说明了人们更容易记住什么，以及记住多长时间。用 3 分钟对朋友读一条新闻或讲一个故事，然后让朋友复述关键信息。多找几个朋友做这个试验。大多数人只能说出他们听到内容的大约 50%。24 小时之后，让每个人再次复述这些信息。

问题与思考
1. 与你的朋友讨论你从这个练习中学到了什么。
2. 有人做得比别人更好吗？如果有，你认为他们为什么能做到？
3. 分享你从这个练习中学到的倾听知识。

　　为了享受而倾听，不仅仅是坐着让声音进入我们的耳朵，它也涉及思考的过程。我们会对我们的感觉进行评估，以理解一些信息，或者希望对其有更多的了解。当我们听音乐时，我们试图在歌词和乐器中找到一些个人价值或相关性。即使我们是第一次看歌剧，不懂这门艺术，我们也可以一边欣赏歌剧，一边努力去理解它。换言之，为了享受而听和其他类型的倾听是一样的：我们在这个过程中对听到的信息进行选择、关注、理解、评价和记忆，根据听到的内容来构建含义，并以某种方式对其做出回应。

7.4 有效倾听的障碍

　　为什么大多数人都是不合格的倾听者？答案出人意料地复杂。我们的倾听质量随着时间和情境不断变化。我们已经提到过技术对倾听的影响——感官过载、各种技术引起的分心、媒体的信息战，都使倾听变得困难。造成倾听低效还有一些其他原因。语境决定了具体障碍的破坏力，有些障碍可控，有些则不可控。"倾听研究之父"拉尔夫·尼科尔斯（Ralph Nichols）指出了有效倾听的障碍。[32] 尼科尔斯和其他研究人员在随后重复了这项研究，并发现了类似的结果。尽管这些障碍可能不完全，但它们是最常见的。倾听和沟通一样，是一种习得性行为，所以我们可以学会如何克服影响我们倾听效果的障碍。

7.4.1 认为话题或讲话者无趣

我们对一个话题或讲话者感兴趣的程度和重视程度，通常决定了我们在倾听上付出的努力。如果我们判断某个主题或某个人是无趣或无聊的，往往会导致我们得出结论，认为其所呈现的信息并不重要。然而，事情未必如此。看似枯燥或无关紧要的内容，对于我们通过考试、正确分配任务、学习某些东西、听从上司的指令、做销售或掌握某个职业技能，可能非常重要。换句话说，一个合格的倾听者会保持开放的心态。

7.4.2 评价讲话者而非所讲内容

你有多少次根据讲话者使用"啊～""嗯～"等虚词的频率来判断一场演讲？有多少次讲话者的音量、发音错误或口音影响了你的看法？你有没有因为关注讲话者的衣着、表情或紧张动作而错过一些信息？当然，讲话者应该尽其所能地消除可能会引起倾听者分散注意力的个人习惯，但倾听者也必须负起接收信息的责任。有效倾听者必须能够忽略别人的表达风格或外表等表面因素，才能专注于讲话者表达的实质内容。简言之，倾听者必须充分关注信息本身，而不是被讲话者或其着装、行为等分散注意力。

7.4.3 过于专注于细节，忽略主旨

许多人都会注意听一些具体信息，比如日期、姓名、定义、数字和地点，认为这些是需要知道的重要信息。果真如此吗？有些情况下具体信息确实是必要的，但我们往往过于注重细节。结果，我们只注意到一些散乱的细节，既不知道它们之间是如何相互联系的，也不知道它们是如何与整个主题联系在一起的。

合格的倾听者专注于主要或最重要的观点，而不是每一个词。当我们忘记了整体想法比围绕它们的细节更重要时，倾听过程的各个环节都会受到负面影响。例如，当你的沟通老师说"一定要在笔记中写下这一点"时，老师希望你注意的内容，比这个提示本身更重要。如果你的上司要求你，某人打电话预约时一定要通知她，你一定要记住这个人的姓名，或许你应该在办公桌上贴一张便签作为提醒。

7.4.4 逃避困难的倾听状况

大多数人都很难跟得上每天的海量信息和日益复杂的技术。发短信、聊天、查看 Facebook、Twitter 或电子邮箱都在占用你的时间。媒体发布的各色消息也会让你分心，你会试图在忙于生活事务的同时理解这些信息的影响和意义。有时候，我们需要通过放弃和忽略某些内容应对过于复杂的倾听环境。

大脑会试图忽略或避开那些令人费解和困惑的事物，要克服这种诱惑，也会耗费我们的注意力和精力。当你面对困难的倾听情况时，通常最好的方法是提问。例如，医生在与患者交谈时经常使用复杂的医学术语，但患者有理解内容的权利，他们可以要求医生解释条款，核实流程，提供完整的信息。同样的原则也适用于课堂或工作场所。当你不理解的时候，你应该毫不犹豫地在适当的时候提问，因为没有理解，你就无法学习。

有时，你可能因为缺乏动力而回避倾听新的和有难度的信息，但我再次强调，你有责任努力倾听。要在沟通过程中有意识地、持续地倾听。通过每次成功地保持倾听，你不仅获得了一些信息，还提高了信心和能力。

7.4.5 无法应对干扰

我们的注意力经常会受到干扰。作为倾听者，我们有责任去适应、抵消或消除干扰，要关注讲话者和他们的信息，不要因为社交媒体等因素而分心。

我们可以控制某些干扰。例如，如果来自另一个房间的噪声打扰了讲话者，倾听者可以关上门，或者请制造噪声的人安静一点，也可以靠近讲话者，或者请讲话者大声一点。

有些干扰因素，必须通过精神上的努力，而不是身体上的努力来克服。背景噪声可能会是一个主要的干扰因素，我们可以通过强迫自己更专心地听讲而忽略它。当令人分心的事情发生时，我们必须有意识地集中注意力，筛选有用的信息并关注它们。我们必须过滤掉无关的噪声和干扰，例如路过的人、电话震动或外面割草机的声音，集中精力倾听对自己重要的声音。我们也要忘记明天的工作，专注于当下的事情。如果不能改变内部和外部的噪声，我们就必须调整内心的倾听行为以理解讲话者的信息。

科技常常会让人分心，因为科技无处不在。当教授或主管在喋喋不休地谈论一些似乎无关紧要的事情（当然我们也不感兴趣）时，我们很容易开始玩手机。要记住，一心多用是不可能的。当你在上课或开会时，要克制给朋友发消息或打电话的冲动，别忘了你是来干什么的，不要让科技造成更多的感官超载。

7.4.6 伪装专注

每个人都会或多或少地假装关注某事或某人。你看起来听得很认真，实际上却早已神游四海。你甚至还可能会心一笑，虽然你只是眼睛盯着对方。在课堂上，你可以假装做笔记，尽管你的大脑根本没有理解老师所讲的内容。

伪装专注可以变成一种习惯，甚至你根本没有意识到自己在做什么，你可能会自动屏蔽讲话者，让思想放飞。如果在讲话结束后，你不能回忆起讲话者的主要目的或所讲要点，那么你很可能是在伪装专注（伪听）。这虽然看起来无害，但这种欺骗行为很可能会导致误解，让人质疑你的可信度和诚意。

表 7-1 总结了无效倾听和有效倾听习惯之间的差异。

表 7-1　无效倾听和有效倾听习惯之间的差异

无效倾听者	有效倾听者
认为话题或讲话者无趣	寻找感兴趣的点——保持开放的心态
专注于讲话者的外表和表达特点	专注于讲话的内容，忽略讲话者的特征，紧跟讲话思路
只听细节	倾听想法和主旨
回避有难度的内容	锻炼思维——保持倾听
容易分心	抵制分心
伪装关注	关注

合格的倾听者需要扪心自问："我真的在关注吗？"当倾听者意识到自己在分心时，应该尽力集中注意力。优秀的倾听者在意识到自己没有认真听的时候，会尽一切努力把注意力转移到讲话者身上。你可能会想："这对我有什么好处？"但是当有人和你分享一些看起来与你无关的内容时，这种情况下，你可以运用批判性思维和批判性倾听技巧，努力找出一些未来可能有用的亮点，即使眼下看起来没用。合格的倾听者表现出的态度、行为和思维，使他们能够专注于他人，他们知道倾听是一个积极的过程，需要精力和努力。

7.4.7 偏见和歧视

自我认知、歧视和个人偏见，会妨碍理解讲话者传递的信息。一些典型的例子包括自我中心、个人利益、偏见 / 教条主义、自我设防和忧虑，或无所不知的态度。[33] 偏见和歧视往往会造成倾听障碍。当对信息内容或讲话者带有偏见时，我们就很难倾听别人的声音。如果讲话者的观点与我们的观点不一样，我们会很容易走神去想别的事情，甚至可能充耳不闻。虽然当我们心态封闭时要做到倾听尤其困难，但了解他人的观点是非常值得的。如果我们屈服于个人偏见，就会自我设限在自己的世界里。

7.4.8 思维偏好

从发送或接收信息的角度来看，我们的思维偏好会在倾听过程中制造障碍。大脑的每个象限都有自己的语言，主导思维处于某个象限的人，可能会严重误解主导思维在另一个象限的人。如果倾听者在讲话者传递信息的象限中的思维偏好非常弱，那么结果可能会更糟。例如，想象一个组织型（见图 7-3B 象限）思考者（这类人属于信息的安全保管者），给同事讲一个工作流程。创造型（见图 7-3D 象限）的同事会把"这就是我们的工作方式，因为我们一向如此操作"这条信息理解并听成"如果这样做，我们可以用更少的时间确保更好的质量。"[34]

7.5 批判性倾听与批判性思维：信息分析与评价

作为倾听者，我们不仅要理解一条信息，而且要尽量做到批判性倾听。批判性倾听包括分析和评估所提供信息的准确性，确定其结论的合理性，以及评价其陈述者。换言之，我们要思考：这个信息是真的吗？是基于确凿的证据吗？完整吗？合乎逻辑吗？讲话者传达信息的动机是什么？

批判性倾听
判断信息的准确性，确定其结论的合理性，并对表达者予以评价的倾听。

我们经常面临选择和决定，例如，除了在学校、家里、工作和娱乐场所收到的人际信息，我们每天还会接触到大量的商业信息。而且我们生活在一个科技世界，我们可以通过搜索引擎找到学校论文和报告的信息来丰富工作报告，甚至可以快速查询城市、国家或公司的很多信息，海量信息资源唾手可得。由于个人能获得的经验有限，大部分时候，我们必须依靠他人提供信息和建议。因此，我们必须判断和评估这些信息，以确定其价值和效用。我们通过批判性思维做到这一点。批判性思维与批判性倾听有着密不可分的联系，因为它们都是我们理解这个世界的重要手段。

批判性思维
分析和评估信息的能力。

批判性思维有很多定义，其中一个定义指出，批判性思维者提出并正确回答恰当的问题，以确定对问题或话题的回应适当。[35] 在早期的一项研究中，批判性思维学者罗伯特·恩尼斯（Robert Ennis）将其定义为分析和评估信息的能力。[36] 仅从这两个定义中，我们就可以看出倾听和思维的关联性了。如果你想理解周围的世界，你就必须仔细倾听，从思想、信息和行动中构建意义。批判性思维对学术机构和用人单位的重要性越来越大，因此越来越多的高校在课程设置中增设了批判性思维的课程或单元，有的甚至提供专门介绍批判性思维者特征的网页。批判性思维基金会网站介绍了批判性思维的定义和批判性思维者的特征。[37]

批判性思维和批判性倾听之间的联系是：批判性思维者有特定的积极态度和心理习惯，他们好奇、灵活、客观、持久、系统、诚实、果断。他们利用自己的批判性倾听能力来评估信息，并从可用的信息中择优选取。批判性思考者能够意识到最适合自己的学习方式，并充分利用机会来提升自己的学习能力。文科教育的目标之一就是鼓励学生学会批判性思考，培养"思维习惯"，使他们成为有效的思考者、倾听者和沟通者。

批判性思维和批判性倾听紧密相关。批判性思考者知道如何分析和评估信息，批判性倾听者知道如何在信息和问题之间建立联系。批判性倾听者还可以利用分析和评估信息的能力，来确定所表述思想的逻辑性，以及讲话者提供的信息是否充分、逻辑是否清晰。批判性思维和批判性倾听是一个复杂过程中密不可分的两个部分。用批判的耳朵倾听包括两个环节：（1）评估讲话者的价值观和意图；（2）判断讲话者结论的准确性。[38]

7.5.1 评估讲话者的动机

评估讲话者的动机通常包括三个信息处理环节：（1）对讲话者的信念做出判断；（2）将自己的标准与讲话者的标准进行比较；（3）评估讲话者所传达信息的价值。

价值观是一种强烈的信念，是沟通过程和每个人的感知系统的核心，它影响着我们对发送和接收信息的感知和诠释。因此，在倾听时，首先要考虑的是通过分析信息确定讲话者的价值观，批判性地思考对方在说什么，将其与我们自己的价值观相比较。我们当然也不应该仅仅因为讲话者的价值观与我们的价值观相冲突而自动忽略信息。但是当我们接收到与自己观念不一致的信息时，比如一个要求我们做某事、购买某物或以某种方式行事的信息，我们应该意识到它背后的目的。

其次要考虑的是，确定信息促使我们遵循还是违背我们的原则或标准。最后要考虑如何判断和回应消息。批判性思维能力有助于我们认识并理解所接收信息背后的动机。

7.5.2 判断讲话者结论的准确性

为了做出准确的判断，并能批判性地思考重要信息，请提出以下问题：

- 讲话者是否有资格得出结论？

- 讲话者是否实际考查过其所谈论的概念或问题？
- 讲话者是否对信息有利益关联？
- 讲话者是否提出了充分证据支持这一结论？
- 证据与结论的相关性如何？
- 是否有相反的证据反驳讲话者陈述的信息？
- 信息是否包含无效或不充分的推理？

交际与成功

倾听自我评估

我们来试着做一个元认知（对认知的认知）活动，用几分钟的时间反思你在各种场景下的倾听，并回答以下问题，然后制订一个具体的计划，充分发扬你已经做得很好的方面，纠正那些影响你倾听效果的方面：

1. 你什么时候倾听效果好？
2. 当你听得很好时，具体的讲话者或情景特征是什么？
3. 找出影响你倾听效果的 4 ~ 5 个要素。
4. 你采取了哪些手段来帮助自己专注于讲话者 / 讲话内容？
5. 当你明白了这些信息或知识今后都是有用的，如何激励自己在工作或课堂上倾听？
6. 找出三种方法来改善你的倾听态度和行为。

参考指南

合格的倾听者

1. **为倾听做好准备。** 学会控制内外干扰。
2. **言行举止要像一个合格的倾听者。** 保持安静，让别人把话说完，不要打断。把注意力集中在对方的说话内容上，而不是观察讲话者本身或其行为上。好的倾听者懂得在适当的时候保持与讲话者的眼神交流，也会在适当的时候提出问题，并且在仔细倾听讲话者的观点时保持灵活性。
3. **做好笔记。** 倾听主要观点，并写下核心要点，不要试图写下每一个字。好的笔记有助于倾听者更好、更长久地记忆，并且形成一个书面提纲。笔记内容简明扼要通常是最好的，这样，你可以仔细倾听讲话者的内容，分析讲话者的意图。笔记字迹工整并尽快回顾笔记，这样会让你容易记住它。最后，如果有必要，整理一下你的笔记，以便条理更加清晰，然后归档备查。不要过分沉迷于记笔记而忽略了有效的倾听。记笔记的目的是帮助倾听，而不是取代它。在有效倾听的过程中，这七个环节都会发挥作用。千万不要为了记下每一件而顾不上思考讲话内容。
4. **提问以澄清信息。** 确保清楚上司或老师的要求。

7.6 提高倾听能力

正确的认知和实践可以让我们成为更好的倾听者。第一，我们必须认识到有效倾听的重要性；第二，我们必须把倾听看作一种需要有意识参与的主动行为；第三，我们必须认识到，倾听的意愿和不断改进的追求，对于提高倾听效率至关重要。

在某些情况下，我们没必要全神贯注地听。比如我们一边听音乐一边和朋友交谈，大部分注意力关注朋友而少部分关注音乐，不会有什么问题。但倾听者需要清楚哪些时候需要全身心投入，这一点至关重要。有效倾听往往需要投入精力和注意力，倾听者需要不断提醒自己，倾听行为对于沟通至关重要。人们需要不同的倾听技巧，这取决于他们的目标是理解信息、评论或评价信息、表现出对他人的同情，还是欣赏表演。根据美国沟通学协会的说法，合格的倾听者能够表现出：（1）对倾听过程的了解和理解；（2）在特定的社交情境和环境中，运用适当而有效的倾听技巧的能力；（3）识别和管理倾听障碍的能力（以上要点本章都有论及）。

合格的倾听者善于倾听。他们为倾听做好准备，并知道自己希望从倾听中获得什么。合格的倾听者也懂得合理安排倾听行为，他们意识到，成为一个优秀的倾听者，是一个主动而复杂的过程。

他们知道自己必须投入注意力，不轻易打断别人，他们注视讲话者，倾听想法，专注于讲话的内容。

交际与成功

倾听与工作面试

大多数人在网上花了很多时间。我们可以在网上倾听吗？如果可以，我们该怎么做？在如今的就业市场中，许多求职者和岗位的初步匹配都是通过某种技术手段完成的。Zoom 或 GoToMeeting 等程序能使雇主和潜在雇员在面试时看到和听到对方。在线面试的前后，可以通过电子邮件提问和回答问题，这样每个人都可以看到候选人是否适合这个职位。在这样的场景下，倾听变得更加重要，因为技术本身会带来一些干扰。北艾奥瓦大学的一位研究生进行了一项研究，以确定 Skype 面试是否会对求职者形成正面或负面的印象。结果显示，通过 Skype 面试的应聘者，比线下面试留下了更多的负面印象。[39]

问题与思考

1. 相比线下面试中的倾听和观察对方反应，你如何适应同样可以视听的在线面试？
2. 与传统的线下面试相比，你认为雇主如何适应通过 Zoom 或 GoToMeeting 的在线面试？
3. 在线沟通时，当你试图解读语言之外的信息时遇到过什么问题？
4. 互联网让我们远离刻板印象，还是让我们更容易产生刻板印象？你为什么这样认为？

》小结

7.1 有效倾听的重要性

倾听是一种关系。也就是说，它依赖于两个或两个以上的人相互交流，并且彼此互为信息发送者和接收者。我们生活的方方面面都需要有效倾听。

7.2 倾听是一种复杂的认知过程

倾听过程由五个相互关联的方面组成，还需要考虑记忆、注意力和专注以及思维偏好。倾听与思维直接关联，这个关联中包含了思维与**信息处理**的结合。

- 哈菲尔德认知倾听模型（HCLM©）阐释了倾听过程的复杂性。
- HCLM 模型将倾听和思维联系起来，以检验并理解倾听作为一种认知结构。
- 要准确地接收声音，需要倾听者将注意力集中在讲话者身上，区分不同的声音，并集中精力。
- 我们知道，过去的经验发挥着重要作用，你需要将新的声音和想法与你以前听到的声音和想法联系起来并进行比较。
- 如果某个话题看起来更有相关性，会比风马牛不相及的内容容易记住。
- 与之前的研究相比，我们认为**记忆**是倾听过程中更为关键的环节。
- 在**诠释**环节，倾听者只是试图理解所收到的信息。
- 在**评价**环节，听者分析证据、从观点中将事实分类、确定讲话者的意图、判断讲话者的陈述和结论的准确性，以及判断个人结论的准确性。
- **回应**是听者的公开行为，向讲话者表明收到或未收到信息。

7.3 倾听的功能

我们倾听的目的是获取信息、评估、共情和娱乐。

7.4 有效倾听的障碍

我们可以使用认知、情感和行为策略来帮助自己成为更好的倾听者。克服内部和外部干扰的方法：

- 倾听者必须专注于讲话者分享的信息，不要被讲话者是谁或讲话者的外貌或行为分心。
- 合格的倾听者专注于主要的或核心的想法，而不是每一个词。
- 我们需要专注和投入精力以克服忽略或避开那些令人费解和困惑的事物的诱惑。
- 作为倾听者，我们有责任去适应、抵消或消除干扰，关注讲话者和他们的信息，不要受来自技术和媒体等因素的干扰。
- 合格的倾听者要思考："我真的在关注吗？"
- 如果我们屈服于个人偏见，就会自我设限在自己的世界里。
- 从发送或接收信息的角度来看，我们的思维偏好会在倾听过程中制造障碍。

7.5 批判性倾听与批判性思维：信息分析与评价

我们应该经常倾听并思考我们所听到的信息。

- 我们应该成为好的信息使用者。
- 我们需要区分事实和观点。

7.6 提高倾听能力

我们都能成为更好的倾听者。我们必须认识到有效倾听的重要性，把倾听看作一种主动的行为，保持倾听的意愿和不断改进的追求。

》问题讨论

1. 为什么我们默认为倾听是自然而然的？
2. 如何以及何时有效倾听是重要的？
3. 有效倾听的特点是什么？
4. 你如何描述倾听与思维的关系？
5. 解释记忆在倾听过程中的作用。
6. 为什么倾听被认为是一种持续的认知活动？
7. 你可以做些什么来提高你的记忆力？
8. 为什么理解倾听的不同功能很重要？
9. 解释共情倾听的含义。
10. 技术对倾听有什么好的 / 坏的影响？

第二部分

面向公众的沟通与交际

第 **8** 章
选择主题并与听众建立关联

本章导读

人们常需要为演讲选择一个主题，以便与听众建立某种关联。有效的演讲者知道，选择与当前或未来相关的主题容易与听众建立关联。

章节大纲	学习目标
8.1 选择演讲主题	按要求选择演讲和报告的主题
8.2 确定演讲的一般目的、具体目的和论点	做一般目的和具体目的的陈述
8.3 听众分析：建立与听众的关联	评估主题的适宜性和相关性，以便与听众建立更好的关联

联系日常生活

当地一家公司欲招聘一名销售助理，对应聘者的要求包括具备有效的口头和书面沟通能力、与他人（单独和集体）良好合作的能力、批判性思维能力、每天处理多个项目的能力，偶尔需要向当地群体和组织介绍公司情况。成功的沟通在所有工作领域都是至关重要的。[1] 2014 年年末的一项调查发现，虽然"雇主希望新员工具备与工作相关的专业知识"，但事实表明，这一点远不如良好的团队合作、决策和沟通技能重要。[2]

沟通技能在工作场所和课堂上同样重要，人们在生活中要做很多陈述，以下是一些老同学分享的例子：

- 莱西在约翰迪尔的一家工厂向同事讲述了新的工作标准。
- 凯利向她工作的医疗诊所患者们介绍了对他们有影响的新报告流程。
- 扎克展示了新的库存程序，该程序采用了 Kohl 公司的新技术，可以节省时间，使员工对客户的服务时间更充裕。
- 童子军队长乔希分享了有关徽章新标准的信息。

老同学们做的这些都是公共沟通活动，尽管每个活动都被贴上了工作的标签。

在课堂、组织、宿舍会议、运动队会议、政府活动，或其他校内外活动中进行有效演讲的能力至关重要。在这些场景下，讲话者是听众注意力的中心。沟通能力是一个人所能拥有的最重要的技能之一，公共演讲和倾听是沟通的两种重要形式。入门级的公共沟通者，经常表现出两种担忧：害怕在别人面前讲话，害怕自己没有什么值得说的。这两个问题将在本部分详细讨论。

学习和实践如何进行有效演讲，会使你受益终身。演讲过程能够培养你研究、组织、倾听和思考的技能，这些技巧对口语和书面都适用。此外，这些技巧还会帮助你获得自信。

问题与思考

1. 在学校和工作中，你是否做过正式或非正式陈述？
2. 找出你喜欢分享的主题。
3. 当你选择演讲或论文主题时，你会从哪里开始？
4. 你对你班上的同学有哪些了解，能够有助你选择一个自己喜欢且与他们有相关性的主题？
5. 在选择演讲主题时，你最关心的是什么？

学生们经常对他们必须在课堂上做演讲练习有所抱怨，因为他们觉得自己永远不会在教室外发表演讲。沟通学教授表示，尽管我们学会交谈已经很多年了，但交谈并不等同于有效的沟通。其中一些同学没有考虑到的是，公共沟通不仅仅是演讲，更不仅仅是谈话，我们还经常要做各种各样的报告。正如你在上面的"联系日常生活"中看到的，雇主更喜欢雇用有效的沟通者。本节的这一部分旨在帮助你成为一个更有效和更有能力的公共沟通者。

主题的选择在沟通过程和英语课堂上（以及在工作或社区场合）都很重要。北艾奥瓦大学语言与文学教授杰西·斯旺（Jesse Swan）博士与学生们讨论如何为他们的课堂论文选择一个主题，他说："我坚定地告诉他们，要站在个人的角度选择主题。"[3] 换句话说，无论你是为演讲选择一个主题，还是在课堂上为论文选择一个主题，它必须有个人的角度，但不跑题且符合场景也同样重要。

现在立刻就开始思考一个演讲的场景、主题以及如何满足听众的需求，这绝不会为时过早。你的任务是选择一个自己感兴趣的主题，一个与你的听众有关联的主题，或一个你想学习和分享的主题。

虽然我们不想让人们发表千篇一律的演讲，但公共沟通的既定原则和参考指南可以让我们万变不离其宗。尽管你可能永远不会成为一名公共演讲者，但你有可能在工作场合、社会活动中或课堂上发表演讲。有时，几乎所有人都会被要求"做报告或发表演讲"。我们甚至可能会被要求组织网络研讨会、做在线培训、进行和评价在线演讲或面试。

8.1 选择演讲主题

演讲是与听众进行有效的口头沟通的艺术。[4] 选择主题是演讲准备的第一步。在关于公共沟通的章节中，你将读到在各种课堂、商务和专业环境中呈现的主题。主题的选择往往是由场景本身、他人需求以及演讲者的地位和资格决定的。仔细选择一个适合你要演讲的场景的主题，需要缜密思考和系统方法。

公开演讲
与听众进行有效口头沟通的艺术。

8.1.1 选择适当的主题

有许多因素可以增强演讲效果，包括研究、组织、措辞和表达，但这些都比不上选择合适的主题重要。在演讲过程中，主题、兴趣和动机对演讲的成功起到至关重要的作用。要确定一个对自己、听众和任务都适合的

交际与成功

关于令人难忘的演讲的思考

你的许多课程都需要论文答辩、演讲或报告。在大多数初级沟通课程中，你可能会做三次或更多次的正式演讲和几次非正式演讲。你每次都需要选择一个主题；完成研究；整理信息；在老师和同学面前准备、练习及演讲。虽然这看起来很吓人，但这是所有人的共同经历，这本书正是为了帮助你完成这一过程。花几分钟的时间仔细回忆一下自己经历过的公开演说，并回答以下问题。有机会的话，与他人分享你的想法。

1. 回忆你听过的令人难忘的演讲或报告。
2. 该演讲令人难忘的是它的内容还是演示？为什么？
3. 你还记得哪些具体内容？
4. 作为一个倾听者，什么样的主题让你感到愉快？
5. 当演讲者让你参与互动时，你如何回应？
6. 用正式或非正式的陈述描述以前的经历，解释你是如何选择主题并为你的演讲做准备的。

主题并不容易。

刚入门的演讲者常常担心自己想不出一个好的主题。你在阅读网络信息或纸质信息、在手机上获取新闻和天气更新、接收 App 提醒，或者看电视的时候，都会接触到大量新鲜又有趣的主题。如果你的演讲并没有被指定主题，那么确定主题的诀窍，一是要符合自己的兴趣和阅历，二是要考虑听众的兴趣和知识水平，最后也要考虑演讲任务的要求。如果你对这个主题非常关注，并热情地与他人分享，你的担忧就会大大减少。

8.1.2 寻找主题的技巧

如果你在思索有趣的主题时遇到困难，以下一些技巧可能会对你有所帮助：自我盘点、头脑风暴、回顾时事新闻、参与社交媒体，以及使用搜索引擎。这五种技术都可以催生一系列可能的主题，然后你可以从中选择最合适的主题。

自我盘点
你了解并感兴趣的主题列表。

自我盘点　自我盘点是一个你了解并感觉有趣的主题列表。该列表可能包括你读过的书籍和报纸文章；你看过的电视节目、TED 演讲或网络视频、你的爱好、你参加的运动，以及社区、州、地区、国家或国际热点问题。以下是一些关于如何自我盘点主题的示例：

书籍、文章、音乐、网络资源、你应该看的电影

巴诺书店百强图书榜（Barnes and Noble's Top 100）

电子游戏是否煽动暴力

奥斯卡获奖影片如何影响我们的社会观

技术 / 媒体

iTouch、Nook、Kindle、eReaders、iPad——下一个是什么

社会事件与 YouTube

社交媒体：Facebook、领英、Twitter——我们将走向何方

校园 / 社区问题

如何避免惊人的大学债务

学费为什么上涨

实习可以增加你的就业机会

区域性、国家性、国际性

网络欺凌制造了一个有害的环境

金融风暴及其对世界的影响

强气候模式是如何形成的

爱好 / 个人

Pinterest（图片社交分享网站）上的帖子会影响你的行为

在线体育游戏

阅读消亡了吗

运动 / 娱乐

步行仍然是一个平衡工作与健康的好方法

什么是最有效的健身策略

冥想减压

健康问题

肥胖等医学问题及其对大学生的影响

锻炼和控制饮食有利健康

营养促进健康

交际与成功

你的自我盘点

我们建议你建立一个自我盘点清单，以此开始思考你可能会为演讲选择的主题。在自我盘点清单中的每个大类别下列出尽可能多的细项，然后检查每一个细项，以确定它是否适合你、适合听众和场景。

媒体资源 / 书籍 / 音乐 / 电影

_____

爱好 / 兴趣

_____

地方 / 州 / 地区 / 国家 / 国际事件或事务

_____

校园或社区的特殊活动

_____

口头禅 / 个人原因

健康 / 运动 / 营养理念

_____

我们应该认识的人

_____

体育 / 娱乐 / 活动

_____

重要发明 / 产品 / 物品

_____

问题与思考

1. 你最感兴趣的是哪一类主题，为什么？
2. 你会避免哪些特定的主题，为什么？
3. 你还将选择其他哪些类别？

　与别人分享你从这个练习中学到的关于个人主题的知识。

另一种自我盘点的技巧是，先从一个宽泛的类别入手，再逐步收窄范围到具体细项。

如果你对环境感兴趣，可以参考下面这个例子：

环境问题

气候变化

供水减少

水资源经济与你的关系

如何经济用水，节约宝贵资源

环境问题这个大类别被细化到一个特定的范围：如何经济用水以节约宝贵资源。

头脑风暴
在有限的时间内产生尽可能多的想法的技巧。这些想法可以用来构思主题、内容信息或问题的解决方案。

　　头脑风暴　头脑风暴是另一种选择主题的有效方法。头脑风暴是一种在有限的时间内产生尽可能多的想法的技巧。留出一小段时间（5 分钟）集中注意力，列出所有能想到的主题。为了保持简单，只写关键词或短语，不要停下来思考这些想法是好是坏。头脑风暴的目的是挖掘更多想法，因此不需要咬文嚼字。你还可以在 YouTube、Twitter 或其他社交媒体上搜索资源，以此激发更多可能的主题。"交际与成功：社交媒体研究"中有具体的介绍。

　　列出尽可能多的想法后，选择那些对你来说最有吸引力的，然后进行一次头脑风暴，列出更多与之相关的想法。例如，"教育"一词可以衍生出一个新列表：

- 远程学习
- 在线课程
- 针对非传统、特殊需要或家庭教育学生的在线课程
- 在线学位
- 学费上涨
- K-12 或大学课程的义务教育

　　只要稍加努力，头脑风暴就能帮助你在短时间内产生许多备选主题，

交际与成功

头脑风暴

　　头脑风暴是一个有效的工具，可以帮助你快速找到一个适用于演讲的主题。试着利用头脑风暴来构思你下次演讲时可能用到的大主题方向。花 5 分钟把能想到的想法全部写下来，不要停下来评估，然后查看你的列表，从中选择有吸引力的大主题方向。接下来，再来一次 5 分钟的头脑风暴，在筛选后的大主题下列出相关的具体主题，

查看列表并执行以下步骤：

1. 确定选择最佳演讲主题的标准。
2. 用这些标准构思出你的主题。
3. 使用你建立的标准来确定你将使用的主题。

　　将你列出的主题优选标准与本章提供的标准进行比较。

而且这个过程可以重复，直到你找到一个合适的主题。

浏览当下媒体内容　构思主题思路的第三种方法涉及大众媒体。搜索引擎让我们可以便捷地获取信息，娱乐网站为我们提供了信息和娱乐，还有其他资源也可以帮助你找到主题。后文将对互联网资源展开讨论。较老但有用的媒体资源包括报纸、书籍、杂志、电视和电影。浏览当下媒体资源是开发潜在演讲主题库的有效方法。请考虑诸如纪录片、新闻特辑、有线电视节目甚至普通电视节目等资源。《读者期刊文献指南》提供了丰富的主题参考，你可以从中找到有关技术、教育、金融、政府、营销、航空安全、健康、技术和娱乐等文章的列表。

参与社交媒体和 TED　大多数人都熟悉 Instagram、Pinterest、Twitter、Snapchat、Facebook 和博客这些流行的应用程序，用户可以在这些平台上创建在线社区，分享信息、想法和个人信息等，从而将书面沟通转化为个人和 / 或组织之间的互动对话。[5] 上面列出的所有社交媒体都可以提供潜在的演讲主题和内容资源。TED 就是一个有特点的网站，它邀请人们讨论当前热点问题并在网站上回应。TED 是一个优秀的创意生产者，也是当前演讲者们在有新闻价值的主题上的专业知识来源。TED 是一个致力于"分享有价值的思想"的非营利组织，成立于 1984 年，并以会议的形

> **浏览当下媒体内容**
> 一种通过查看当下的出版物、电视、电影或其他形式的公共沟通来构思潜在主题列表的技巧。

交际与成功

社交媒体研究

大多数人都在使用社交媒体。如果你计划去旅游，你可以通过 Travelocity、Orbitz、Kayak、CheapFares、Trivago 或某航空公司网站等找到最便宜的机票。你的手机可以帮你规划行程并为你导航。企业可能利用 Facebook 做产品推广和销售，而你也可以利用 Facebook 作演讲的创意来源。如果你对菜谱和做饭感兴趣，有很多网站可以为你提供你想知道或需要知道的任何东西。如果你想找电影剪辑内容，试试 Hulu（美国的一家视频网站——译者注）。YouTube 短视频提供了无限的可能性，从娱乐到政治，应有尽有。

我们不仅可以用网络查询信息，还可以用它选择我们的演讲主题。

问题与思考

1. 做一分钟的头脑风暴，讨论 10 个你感兴趣、有所了解或想进一步了解的主题。

2. 在其中选择五个最有趣的主题。

3. 试用一个你以前没有用过的搜索引擎或一个相对陌生的搜索引擎。点击搜索对话框，输入第一个主题的关键词。看看搜索结果大概有多少？这个数字告诉了你什么？

4. 查看前 10 个搜索结果：滚动列表并阅读链接摘要，选择你最感兴趣的一条。打开后仔细阅读并评估该网站。我们都希望从可信的来源获得最新的客观信息，你如何判断该信息源是否可信？

5. 某个主题看起来还不错？如果是这样，继续往下看；如果不是，回到下一个最有趣的主题，并重复这个过程。

个人头脑风暴和网上浏览相结合，有助于你找到有足够的主题信息。这个过程一般利用网络确定主题，通过搜索引擎可以搜到足够多的信息。

式网聚技术（Technology）、娱乐（Entertainment）和设计（Design）等领域的人才。该组织每年春天在加利福尼亚州长滩和棕榈泉举行两次年度会议，每年夏天在英国爱丁堡举行TED全球会议。目前能找到的近3000场演讲记录，演讲主题从语言到深海生物，无所不包。许多院校现在也提供TED教育讲座，让你了解学生和教授们提出的有趣主题。浏览现有讲座很可能会给你带来演讲主题和内容方面的资源。

不管使用何种媒体来构思演讲主题，有一点需要注意：有些入门级演讲者倾向于在整个演讲中只使用某一个媒体资源。大部分时候，你不能用一份文摘或影评来应付课堂演讲作业，这不太可能被接受。尽管这些媒体资源都是潜在主题的很好来源，但任何一种媒体都只能是一个引子。[6] 具体内容必须适合你和你的特定听众，而且大多数演讲都要求旁征博引。你应该不断地为你的主题添加新的东西——新的见解或新的展示手段。

利用互联网搜索　技术的快速发展、网站数量的不断增加、网络上的海量信息，为我们寻找演讲主题提供了独特的机会。通过一个或多个适用的搜索引擎，可以定位某一主题，并找到关于该主题的任何信息资源。由于网上的信息在发布之前，通常不会经过专家或权威机构的审查或确认，而且任何会上网的人都可以将数据上传到网上。因此，我们需要仔细评判搜索到的信息及其来源。我们将在"信息收集和使用"章节中继续探讨关于互联网的话题（同时复习第6章中的"社交媒体和新技术信息"）。现在，首先要记住：你看到的信息是什么人发布的？他们有认证吗？他们可信吗？信息是什么时间发布的？怎么确定信息是客观的而不是主观的？时效性如何？你怎么知道的？

如何找到你的演讲主题并不是关键问题，重要的是你要尽快开始找。我们根据多年的教学经验了解到，那些成功的学生总是一收到作业就开始寻找主题，而拖延的学生总是更难找到合适的主题。每当你发现一个自己认为还不错的想法时，要立刻把它写下来。你积累的想法越多，就越容易选择一个好主题。此外，你越早选择主题，你就有越多的时间去研究、准备和练习你的演讲。

8.1.3 评估一个主题的适当性

一旦你确定了一个拟订的主题，下一步就是确定它是否同时适合你自己、你的演讲任务和你的听众。

1. 这个主题值得听众注意吗？
2. 听众能否看到你与主题之间的关联，以及他与主题之间的关联？
3. 主题是否符合指定要求？

4．听众是否有足够的知识和背景来理解主题？

5．你能让所有听众都理解这个主题吗？

6．你对这个主题是否有足够的兴趣，使你有动力充分地展示它？

7．你对这个主题的内容准备是否充分？

8．如果你对这个主题还不太熟悉，你能学到足够多的知识来做一次有深度的演讲吗？

9．题目是否适合演讲的场景？

如果你对这些问题中的任何一个回答为"否"，请返回搜索引擎继续查找主题。

参考指南

选择适当的主题

1. **选择有意义的主题**。你的演讲主题越有意义，你就越有可能投入必要的时间和精力去研究和准备你的演讲。你对演讲主题越投入，你的表达就会越热情。演讲者对演讲主题的投入通常会影响听众，吸引他们参与其中。听众对演讲主题的投入程度，可以有效地衡量你作为一个演讲者成功与否。演讲的目标除了完成任务，还要吸引听众的注意。如果你认为自己这个主题很重要，就容易达成效果。

2. **选择能够向听众传达重要或有意义的思想的主题**。这个思想不一定是一个非常紧迫的问题，但至少应该是听众感兴趣的，对他们有一些直接的影响，或者涉及一些你认为听众应该知道的事情。思考以下问题：
   - 听众是否想进一步了解该主题？
   - 听众会相信这个主题是有意义的吗？
   - 听众是否会受到或者你将会受到这个主题的某种影响？
   - 听众是否会从这个主题的演讲中获益？
   - 你讲这个主题会让听众信服吗？

   如果你对以上每个问题都能回答"是"，你就找到了一个合适的主题。

3. **选择熟悉和／或有趣的主题**。这会使你准备演讲和演讲时更轻松、更愉快。比如针对一些关于使用智能手机或其他设备拍摄好照片的知识，就可能组织一场关于如何使用相机或智能手机拍摄好照片的演讲。你也可能想选择一个你感兴趣，但目前知之甚少的主题。例如，你可能对利用冥想减压的想法感兴趣，但不知道具体如何进行冥想以及其他相关的问题，这时你就可以通过研究，学习并分享这类信息。

   选择一个有趣的主题，一定程度上可以吸引听众的注意力，同时增加讲话者的可信度（我们将在第 12 章讨论讲话者的可信度）。

4. **像听众一样思考**。像听众一样评价你的主题。如果你把注意力集中在听众的喜好上，明白听众喜欢的是自己熟悉并感兴趣的内容，会有助于你选择一个有趣的、信息丰富的、有意义的和有潜在价值的主题。听众能够从你的演讲中得到什么？

8.1.4 缩小主题范围

一旦你确定了合适的主题，下一步就是判断主题范围是否足够具体，以满足时间限制和演讲要求。这一步可以为你节省很多时间和减少麻烦，因为一个重点突出的主题比一个过于笼统的主题更容易研究。例如，你可能为一个题为"如何创建一个有效的投资组合"的演讲花费几个月的准备时间，却仍然很难详尽地涵盖所有信息。

如果你把范围限制在最重要的方面（包括素材），语言表达也简洁、高效，你就可以把更多的时间放在演讲内容的深入上。你可以通过选择加入能够阐明某些具体工作优势的实例，进一步收窄主题，增加主题的潜在深度，但要确保有足够的信息来支持你的演讲。

主题越抽象，控制主题范围就越重要，这样才能满足演讲场景的限制。假设你有一个 10 分钟的演讲任务，你希望传递更加丰富的信息。你认为"节日"是一个不错的主题，然而，很显然你不可能在 10 分钟内讲清楚"节日"这么宽泛的主题。所以你可以把主题缩小到"文化节日"这个主题上，但这个主题仍然包含大量的信息，内容太多无法涵盖。于是你决定把重点放在"我家乡的文化节日"上。这个主题好像还是太宽泛了，所以你把主题进一步缩小到一个特定的节日——"圣·帕特里克节"。

这样不断缩小主题范围，可以让你把研究和内容准备的重点放在一个更明确的主题范围内。这对于演讲者和听众都有利，因为这样你就可以在一个重要的概念上呈现更多的实质性内容。演讲者可以根据时间限制、功能、目标、场所和预设演讲要求缩小主题范围。无论在课堂上，还是工作场所或任何你可以发表演讲的场景下，控制主题范围都是你作为成功沟通者的关键技能之一。

8.2 确定演讲的一般目的、具体目的和论点

一旦你选择并缩小了主题范围，接下来就要开始思考如何组织最后的演讲。演讲者在开始准备演讲时，应该清楚了解演讲的一般目的、具体目的和精练的论点陈述。在本节中，我们将简要地讨论这些概念。第 12 章将深入讨论关于"告知性和说服性演讲"的内容。

8.2.1 一般目的

一般目的
演讲的总体目标，通常是三个相互重叠的功能之一：告知、说服或娱乐。

演讲的一般目的或总体目标，通常是达成三个相互重叠的功能之一：告知、说服或娱乐。很少有演讲只体现一个功能。尽管大多数课堂演讲作业都是为了强调某一个功能，演讲本身却包含三个方面的功能。例如，一

篇关于胶带艺术的演讲，首先是为了传达信息，但同时可能包含一些有说服力和娱乐性的元素。然而，如果你被安排了一个告知性或说服性的演讲，你需要仔细考虑如何组织并向听众陈述观点。如果一般目的是"告知"，你就应该着重展示关于一个新颖的、有趣的、有潜在价值的和有意义的主题。

对于课堂演讲作业，你的一般目的通常是由老师指定的，但是对于课堂外的演讲，你就要根据演讲场合、听众对你主题内容的了解程度，以及你期待的听众回应来决定你演讲的主要目的是告知、说服还是娱乐。

演讲通常是为了有目的地影响听众，听众的反应决定了你的演讲是否成功地达到了目的。

告知性演讲　当演讲的一般目的是传达信息时，你需要传达某一特定领域的知识。告知性演讲通过解释某事物的含义或工作原理增长听众的知识或加强听众的理解，根据科罗拉多州立大学（Colorado State University）的"写作指南：信息演讲"定义，"告知性演讲的目的是向听众提供有趣、有用、独特的信息"，[7]是目标清晰、表达准确地分享信息，尽可能使听众获得愉快的学习体验。

无论是描述如何在袭击中保护自己、讨论一项限制出租屋人数的规定、解释社交网站之间的差异，还是报告大学关于尊重校园多样性的建议，你都应该假设你的大多数听众对你准备展示的内容还不了解。要演讲的内容在很大程度上取决于你认为听众知道什么，以及你对这个主题了解多少或者能够了解多少。作为一个演讲者，你的任务是向听众提供比他们能从阅读文章、网络资源或听新闻中获得更多的信息。

当一个主题有争议时，例如，"A 国政府干涉 B 国选举"——演讲者的一般目的不应偏袒任何一方；相反，他们可以选择表述 A 国政府的干预、干预的内容、干预的目的等背景信息。知识丰富的演讲者可能会分析利弊，但不会表态。演讲者只提供信息，让听众得出自己的结论。

说服性演讲　说服性演讲试图通过倡导或影响观点改变听众的信仰、态度或行为。例如，演讲者试图说服听众加入某个活动项目，以限制Instagram 上的帖子诋毁校园文化多样性所造成的损害；或者说服市民为交通拥堵地段绕行请愿；或者让大家接受"美国的道德水平正在下降"这个事实。这些都属于说服性演讲。演讲者必须拿出证据和论据来证明自己的立场，并说服听众接受自己的观点。请注意：说服是很困难的。你只有几分钟的时间让听众思考你的立场，而大多数人很难被某一次演讲说服。选择一个主题并陈述出来，你的听众至少会考虑你的观点。你可能无法太大地改变任何人的想法，但如果你认为你演讲的目的就是让听众启动对某个

告知性演讲
告知性演讲通过解释某事物的含义或工作原理增长或加强听众的知识和理解。

说服性演讲
演讲者试图通过倡导或让听众接受自己的观点改变听众态度或行为的演讲。

主题的思考，你就会成功。

告知和说服的区别并不总是那么一目了然，当你打算说服你的父母借钱给你买最新的 iPhone 时，你的目标就是说服。然而，你的信息包含了告知性和说服性两个要素：告诉他们你的处境和对最新 iPhone 的需求，并说服他们借钱给你。他们可能会接受你的理由，并认同你的需求，但他们仍然可能不会借钱给你。在这个例子中，说服的目的不仅是告知和说服你的父母，你需要最新的 iPhone 和购买它的钱，而且要说服他们采取行动，把钱借给你。告知是说服性演讲的必要部分，但最终的目标是行动。一旦你的父母借给你钱，你就达到了你的目的。

告知性演讲的重点是传达信息，并通过解释、陈述或展示使听众理解自己的观点。说服性演讲的目的是改变听众的信仰或态度，或激励听众以特定的方式行动。行动可以是思考、回应或以某种方式行事。其目的可能是为了健康而食用有机食品、把道德作为社会重点、在当地的食品银行做志愿者或支持更多的校园娱乐机会。

"说服"不同于"告知"的重要和必要的因素是，演讲者希望听众根据表述的信息采取行动（思考、回应、行为）。告知性演讲只是表述知识，而说服性演讲提供了信息和指导，或者行动方向。

娱乐性演讲　娱乐性演讲提供娱乐和消遣。娱乐性演讲可能是戏剧化的或幽默的，通常发生在特殊的场合，如婚礼、退休欢送会、饭后或烧烤活动时。娱乐性演讲通常有三个关键品质：轻松、原创、合宜，有分寸的演讲不会冒犯听众的情感。演讲者可以表现幽默，但不能以冒犯听众的价值观或道德观为代价。优秀的演讲者不会讲冒犯性的话或者暗讽性的故事，也不会不顾场合。

娱乐性演讲
提供娱乐和消遣的演讲。

与电视或网络听众不同，现场听众没那么多选择权，不能用鼠标或遥控器来阻止冒犯性的言语或想法。演讲者必须使用不会伤害到任何人情感的、不违反听众道德原则的、有品位的案例和故事。

使用幽默的表述，演讲者可以创造富有想象力的场景和人物，转换含义，讲有趣的故事，创造有趣的人物形象，或者讲笑话，所有这些都应该在听众乐意听、气氛适宜的情况下进行。然而，这并不意味着一个娱乐性演讲既不能提供信息，也不具备说服力；也不意味着告知性演讲和说服性演讲就一定没有娱乐性。这三种演讲的区别在于，演讲者最重视哪种功能（告知、说服或娱乐），娱乐性演讲首先应该让听众感到愉悦或快乐。

你有可能还会需要做一些特殊场合的演讲，如电梯演讲、演讲者介绍、贺词、悼词或颂词。每种演讲类型的具体内容各不相同，要根据演讲场景决定。

8.2.2 具体目的

演讲的一般目的（告知、说服或娱乐）为演讲的内容提供了方向。确定了一般目的，你就可以确定了你的具体目的。具体目的是一句短语，它精确地定义了你在演讲中要完成的任务。詹娜（Jenna）选择了艾奥瓦州的"民族中心主义"作为她的主题，她演讲的具体目的是"告诉我的同学种族中心主义在艾奥瓦州流行的三种主要形式"。这一清晰而简洁的陈述准确地讲明了演讲者打算做什么以及希望听众了解什么。

有效的具体目的应能够确定：（1）演讲的一般目的；（2）听众；（3）要演讲的确切主题。这三个重要信息有助于演讲者为演讲任务做准备和发表演讲。具体目的明确了听众定位，这一点很重要，因为不同的听众可能需要不同的信息。例如，如果在准备一篇演讲时原本打算仅面向儿童，如果要面向成年人或同时面向儿童和成年人，则必须调整演讲内容以适应特定群体。因此，即使一般目的和具体目的都相同，演讲内容也会因听众的背景、知识水平、对该主题的态度等因素而有所不同。

具体目的
通过一个短语，精确定义了演讲中要完成的任务。

8.2.3 论点

认真写下演讲的具体目的，对于计划和准备一次成功演讲的各个方面都很重要。下面的"参考指南"可以帮助你写下一个有效的具体目的。

制订有效的一般目的和具体目的，可以让你的演讲准备更轻松，它们将引导你的思路和计划。在整个演讲准备阶段，你都要随时准备好调整具体目的。当你研究一个主题时，你可能会发现，一些信息会导致你调整自己的想法，或者你可能会了解到关于听众的更多信息，这些信息会促使你根据他们的需要调整你的具体目的。

演讲的具体目的，是说明你想完成什么以及希望如何影响到你的听众。这也可以作为演讲论点的基础。论点是一个具体阐述演讲中将要讨论的内容的句子。例如，一篇演讲的具体目的是"向听众解释使用 Prezi 作为演示辅助的三个好处"。明确演讲动机，但不对演讲内容展开说。论点应该简洁地陈述内容："Prezi 操作更加简便，节省时间，广受展示者和听众欢迎。"这句措辞清晰的话准确地指出了 Prezi 作为一种演示辅助工具的三个优点。一些沟通学教授把论点看作一个论证，用以说明主题的重要性，同时作为听众应该认真倾听并思考的理由。

如果具体目的是"说服听众抵制学院山（College Hill）社区协会，因该社区减少出租屋数量损害了学生利益"。论点可以这样写："减少出租屋供应的计划明显损害了大学生利益，使他们难以在学校周边找到住处。而且由于上学路远，更多的学生驾车上学会导致学校附近交通堵塞和停车场

论点
通过一个句子，具体阐述演讲中将要讨论的内容。

车满为患。"这个论点提出了演讲者要讨论的三个主要观点：（1）使学生难以在学校周边就近住宿；（2）导致校园附近交通拥堵加剧；（3）造成校园停车位紧张。总而言之，论点应该用一句完整的话来表达。不要用问句，应该使用清楚简洁的语言。

参考指南

具体目的

1. **具体目的应该包含一个可以明确一般目的的动词形式，用以表明演讲者希望达成的行为动作。**

   无效：告知听众冥想。

   有效：告诉听众冥想在减轻压力方面的三种效果。

2. **具体目的应限于一个独立的思想或想法。**下面的无效陈述太长，包含多个主题。一篇完整的演讲可以围绕任何一个主题展开，但最好只选择其中一个主题，并将其作为演讲的目的加以完善。

   无效：说服听众关于酒精的三种影响和防止大学生酗酒的四个途径。

   有效：向听众推广四种防止大学生酗酒的方法。

3. **具体目的不应是提问。**提问虽然可以指明主题，但无法明确演讲的一般目的。

   无效：哪些历史事件改编成了电影大片？

   有效：向听众介绍三部根据历史事件改编的影片。

4. **具体目的要简明扼要，措辞严谨。**如下的无效陈述内容太多、过于笼统，没有明确阐述演讲目的。

   无效：技术改善了我们生活的方方面面。

   有效：告知听众技术增强了随时随地与家人、朋友联系的能力。

这里有两个例子说明了主题与一般目的、具体目的和论点的关系（见表8-1）。

表8-1 主题与一般目的、具体目的和论点的关系

主题	廉价的可再生能源
一般目的	告知
具体目的	向听众介绍风能
论点	风能是一种廉价、易获取、可再生的能源
主题	**通过冥想减压**
一般目的	说服
具体目的	说服听众应该教导学生通过冥想应对压力
论点	我将展示健康课上的冥想教学与在宿舍独自实践相结合的必要性，以此帮助学生消除压力

从这些例子中，你可以很容易地看到，当演讲者从具体目的转向论点时，一个宽泛的主题范围是如何被缩小的。这个过程是准备演讲以满足需求的关键步骤。

8.3 听众分析：建立与听众的关联

选择一个主题，缩小它的范围，明确一个具体目的，并构思一个清晰的论点，这样你就可以把你的演讲与特定听众联系起来。而这些都需要你对听众有仔细的考虑、了解和理解。理顺思路也需要类似的理解和知识。因此，演讲者需要了解关于听众的具体信息。你现在可能已经在沟通课程上相处了几个星期的时间，很可能每个人都参与了课堂活动和讨论。他们说什么，如何行动，他们的非语言沟通等，帮助你形成了对同学的印象。这些印象很重要，但你或许需要更多的信息来深入了解听众，因为这对成功演讲至关重要，所以接下来我们将探讨听众的观点、听众的类型、获取听众的关键信息、研究听众的方法，以及如何使你的演讲适应听众。

听众分析是对听众的性格、态度、价值观和信仰等数据的收集和解释。对听众的分析是准备演讲和发表演讲的重要步骤。听众会积极参与演讲并对演讲者、主题、演讲的内容和方式、其他听众以及场景做出回应。演讲者对听众了解得越多，就越能有针对性地调整自己的演讲。

听众分析
对听众的性格、态度、价值观和信仰等数据的收集和解释。

8.3.1 理解听众的观点

从我们的角度看，听众是指聚集在一起观看或倾听演讲的个体集合。这些个体可能出于各种原因成为听众的一部分，每个人可能有多种动机，听众也可能拥有不同的背景。演讲组织方成员出席，可能只是表达他们的诚意和对这个群体的支持。

听众
聚集在一起看或听某人或某事的群体，如听某场演讲的群体。

个体聚集到一起作为听众的理由是演讲者要考虑的一个重要问题。如果人们来充当听众是因为他们想听演讲，辟如他们想听一些有意义的东西，这顺理成章。但是大多数人都会问一个相同的基本问题："这对我有什么好处？"

这个问题表明，你的听众会根据他们过去的经验与所提供信息的相关性，判断他们倾听的内容。你对你的听众了解得越多（他们过去的经验，对主题的了解，与主题的关系，以及出席动机），就越容易做一个有意义的演讲。例如，假设你作为农业可持续发展和草原植物方面的专家被邀请发表演讲。你决定将演讲题目定为"评估不同草原植物对于野生动物栖息地的价值"。你花了很多时间准备演讲，现在要演讲了。但是你真的准备好了吗？你考虑过你的听众吗？他们是谁？他们对筹款了解多少？他们对可持续性问题的态度是什么？你会把同样的信息提供给生物学家、环保组织、你大学公共关系课上的同学，还是社区邻居？如果你对这四类听众使用相同的方式进行演讲，你估计会得到什么结果？如果你改变演讲方式，能够期待什么结果？这些问题和答案，对于有效的演讲必不可少。

8.3.2 被动参与者与自愿参与者

被动参与者
被要求听某个特定演讲的人。

人们之所以听演讲可能有各种各样的原因，但可以大致分为被动参与者和自愿参与者。被要求听特定演讲的听众称为"被动参与者"。他们也有可能碰巧想听演讲，但他们别无选择，只能参加。部分人可能尤其抗拒参加。

尽管迫使一个人作为听众的情况是极少的，但有时人们是为了避免处罚而出席。例如，老师要求学生准时听报告，或雇主要求员工参加新产品演示。在这种情况下，听众不能缺席，也不能中途退场，否则会受到处罚。为了保证演讲质量，演讲者必须对这类被动参与者有所意识。

自愿参与者
选择听某一特定演讲的人。

与被动参与者相比，自愿参与者选择听某个演讲是因为兴趣或需要。真正的自愿性听众出席是因为他们对演讲者、场合、主题或他们期望听到的内容感兴趣而没有其他动机或强迫因素。

8.3.3 关键性听众信息

你应该收集关于你潜在听众的两类信息：人口统计分析信息和心理分析信息。你对你的听众了解得越多，你就越能适应他们，越可能把你的演讲主题和他们关联起来。

人口统计分析
对个人特征（年龄、性别、职业等）的收集和解释，不包括价值观、态度和信仰。

人口统计分析　人口统计分析是指收集和解释某一群体人员的基本信息，如年龄、性别、文化或民族背景、教育、职业、信仰、社会经济地位、地理位置、政治派别、投票习惯、家庭关系、婚姻和父母状况，听众的人口统计特征越相似，演讲者就越容易满足听众的需求和兴趣。

年龄　当你的听众年龄不同时，你可以相应地选择一系列合适的案例和证据。演讲者和听众之间的年龄差异也会改变所呈现的信息和它们的表达方式。例如，如果听众的年龄集中在 18 ~ 22 岁，演讲者只需要面对一个年龄组；如果听众的年龄在 15 ~ 65 岁，演讲者就必须考虑到若干个年龄组，并在此基础上做出语言和内容的选择。

性别　性别是一个重要的人口统计学特征，它对演讲者是个挑战。演讲者应该考虑到某个性别对异性及同性的态度。正如本书前一部分多次提到的，应该避免基于性别的偏见。演讲者应该对潜在的、基于性别的偏见保持敏感。例如，给女性贴上"被动"标签，或者仅在某些特定领域提供女性的例子，如护理或教学。虽然有些主题可能仍然更适合特定性别，但这样明确区分的情况越来越少。

文化或种族背景　文化或种族背景往往被考虑得不够全面，即便我们生活在一个充满多样性的社会中。演讲者应该对听众中可能的不同背景人群保持敏感。以下沟通要素是由文化决定的，并会影响来自不同民族和种族背景的成员之间的互动：

群体利益	个人需求
语言使用	仪式
多向性或共时性	适当的眼神交流
处理不确定性	适当的握手或接触
高语境与低语境	传统和文化期望
沉默文化	规范的运用
对年龄、阶级和地位的不同看法	

每一个因素都决定和调节着一个人如何创建并传递信息。虽然上述列举并不详尽，但它指出了一些重要的文化和种族要素，供你在做演讲计划时考虑。文化是动态的，也是极其重要的，有助于明确个体与其外部环境的关系。文化是主观的，演讲者必须考虑到文化因素，否则自己的发言可能会攻击和侮辱听众，最终使自己难堪。演讲内容不应冒犯听众的价值观、习俗或信仰。了解他人的文化，以便与他们顺利沟通。

教育　尽管不可能确切地判断听众对某一特定主题的认知和理解程度，但通常可以确定他们的平均教育水平。了解大多数听众是否达到高中、大学或者研究生水平，可以帮助你衡量他们的知识水平和经验，并相应地调整你的演讲。

职业　听众的专业知识水平有助于你判断他们对某些学科的兴趣和熟悉程度。例如，教授持有一种观点，学生却持另一种观点。任何对某一特定课题感兴趣的人，都会试图找到与自己兴趣和职业之间的关联，演讲者对潜在听众的了解有助于利用这样的职业兴趣。

地域背景　了解听众的地域背景可以让你的演讲更有针对性。例如，来自农村的人比来自大城市的人更可能了解和关心农业主题。来自南方的人可能对冬季供暖相关的信息不感兴趣，但如果他们生活在一个产油国，他们可能会对原油价格比较敏感。

群体成员　一个群体是为了某些共同事业或目的而联合在一起的个体的集合，这些事业或目的可能是社会的、专业的、娱乐的或慈善的。当你知道听众的具体利益诉求时，你就可以直接把你的演讲与他们的需要和关注点联系起来。当然，你不可能顾及所有听众，但是通过吸引听众中的主流群体，你仍然可以激发强烈的注意力和兴趣。一名学校社团成员，决定向听众介绍他们的社团以及除社会活动之外的社团职能。她的听众中有四分之三还没加入社团。明白这一点之后，她先聊了聊自己加入社团前的想法。首先，她通过表明自己先前对这类群体的疑虑，与听众产生了共鸣。如果她有四分之三的听众已经是社团成员，那么这种介绍就没有必要。

其他人口统计因素　我们先前提到的婚姻状况、家庭构成和社会经济状况，是人口统计分析的其他可能因素。通过这些分析数据，我们能够了解听众的偏好和兴趣等信息。比如阶层意识，可以透露听众的兴趣点和领会演讲内容的能力。了解更多关于听众的信息，包括你能了解到的他们的共同特征，有助于你更好地把握如何为演讲做准备。

心理分析
收集和解释关于听众的价值观、态度和信仰的数据。

心理分析　心理分析是收集和解释关于听众价值观、态度和信念的数据。心理分析旨在明确听众对演讲者、演讲主题和演讲环境的可能反应。除了与人口统计分析相关的指标项，心理分析还有助于演讲者了解什么促使听众关注特定的演讲信息。听众的规模，演讲的空间环境，听众的知识水平，听众对演讲者、主题、场景的态度等，在演讲的策划、准备和进行中都起着至关重要的作用。

听众人数　听众人数对演讲场景有相当大的潜在影响，并对演讲的方式有很大影响。听众人数越多，就越难使用非正式的会话式演讲风格。听众人数也会影响演讲者对语言、手势的使用，课堂演讲练习和在礼堂中面对几百个人演讲是完全不同的。

听众规模还会影响听众的心理倾向，影响听众之间以及听众与演讲者之间的关系。例如，较小的听众群体中的每一个成员都意识到自己在听众中的独特性，并且每一个成员都能感觉到自己与演讲者有着亲密的关系。随着听众规模的增加，成员们会失去他们作为独特个体的认同感，感觉与讲话者的距离越来越远。有效演讲者应该清楚这一点，并为自己的演讲做针对现场情况的计划。

空间环境　在评估空间环境时，请考虑诸如房间大小、通风、座位安排、照明、音响效果和使用视觉辅助设备的可能性等因素。一些专业演讲者需要专门的设备，如果无法满足其条件，他们可能会拒绝演讲。但有时你别无选择，就要评估空间环境，并充分利用现有的资源。

听众的座位安排通常是预先确定的，就像在教室里一样，但有时稍加调整可以使你的演讲更有效。如果你觉得演讲时走到听众席中更舒服，但是你又正在使用展示工具，这时你可以使用 PPT 遥控笔，这样你就可以自

交际与成功

文化如何影响公共演讲者

丹（Dan）和志保（Shiho）讨论了他们即将完成的任务：做一个以"道德原则"为主题的演讲，时间 10 分钟左右，要求内容丰富。志保说她想谈谈"面子"的概念，但是丹不明白"面子"是什么意思，也不知道这个概念和要演讲的主题有什么关系。志保解释说："面子的意思是一个人不会故意做任何让另一个人失去信誉或地位的事情。"志保说，她通常不会向其他同学请教问题，因为她认为这些问题可能让自己感觉在别人眼里"没有面子"。根据日本人的信仰，有素质的人和有素质的听众不会主动让别人丢面子，他们也会避免因为犯错而丢面子。[8] 丹很困惑，继续问了更

多问题，以了解志保的文化。

每个人都应该对文化视角有所意识，了解它们在演讲情境中如何影响演讲者和听众。思考你所在组织中呈现的文化（或亚文化），然后回答以下问题：

1. 这些不同的文化提倡什么价值观？你是怎么知道的？
2. 文化价值观如何影响一个人对某些主题的反应？举例说明。
3. 如何提高你对文化视角的敏感度和意识？
4. 作为一个演讲者，你可以通过做些什么适应不同的文化价值观？

由走动，免得总要站在电脑跟前。一位演讲沟通学教授被要求向 100 名行政法官发表演讲，她特意提前到达场地，以便查勘房间并评估演讲情况。现场座位被安排成固定的教室式：听众座椅在一个略高的讲台前整齐地排成排，讲台上面放着一个带麦克风的木制大讲桌。教授认为这个环境太过正式，会妨碍她演讲，所以她重新安排了讲台前的区域，以便更靠近听众，可以与大家进行眼神交流。这些简单的改变让她的演讲更随意，也鼓励了听众的参与。有时演讲者不能改变空间环境，但可以通过改变身体位置、离开讲台、找到其他接触听众的更好方法，就像这位演讲者所做的那样。她虽然无法改变座位安排，但可以离开讲台，贴近听众。

空间环境也会影响听众对彼此以及对演讲者的心理倾向。例如，空间环境越宽松，听众之间的关系越开放、越舒服，与演讲者之间的关系也就越近。

如果听众分散在一个大的会议室里，他们就不会有融入感，这种融入感通常发生在人员密集的空间环境中。与他人空间上的亲近可能会产生一种属于这个群体的感觉，这一点可以帮助演讲者融入听众。

知识水平　听众对某一主题的了解程度对演讲的效果有很大的影响。如果听众对某一主题的了解很少或者完全不了解，而演讲者没有意识到这一点，听众和演讲者最后都会感到沮丧。当听众还没有准备好接收信息，或者信息太过技术化，他们难以识别时，演讲者必须以每个人都能理解的方式呈现信息。

面对知识渊博的专业听众，演讲者也需要调整内容以适应场合。在医

疗会议上发言的医生不用解释业内熟知的医疗术语，而这位医生与患者或护理人员交谈时，则需要对医疗术语进行解释。

尽管人们更喜欢自己熟悉且感兴趣的主题，但听众不想听到太熟悉的内容，他们想听更新奇的内容增加他们现有的知识。例如一个学生决定做一个5分钟的演讲分享关于铅笔的信息，在采访了同学们之后，演讲者意识到他们都有类似的回答："除了铅笔是用石墨和木头做的，而且是用来写字的，你还能说些什么呢？"在分析的基础上，这名学生做了一次富有创意、引人入胜的演讲，他以休闲娱乐的方式，详细介绍了铅笔的历史及其对社会的影响。演讲非常成功。

与主题相关的态度和价值观　听众针对主题的态度和价值判断，与他们对演讲者的了解同等重要。如果主题与听众不相干，演讲者就很难让他们倾听。例如，一位学生选择做一场关于个人退休账户的说服性演讲，他对这个演讲主题进行了深入的研究和练习，并发表了热情洋溢的演讲，结果，演讲台下鸦雀无声，更没有人参与。演讲者没有考虑这个主题对于听众的价值，他应该注意听众的年龄。对大多数大学生来说，为退休储蓄并不是一个优先考虑的问题，他们更关心的是怎么付清眼下的账单。演讲者原本可以通过讨论年轻人对退休储蓄的漠不关心，以及说服他们现在就开始

交际与成功

与听众建立关联

听众对演讲者的了解在很大程度上影响着演讲和演讲准备，即使是在各自领域里的名人或著名媒体人，也清楚他们必须与特定的听众建立关联。你可能参加这门课已经好几个星期了，你的老师给所有同学提供了很多互相交流思想的机会，通过参与和观察，班上的每个人都已经对彼此有了一定了解。但是，你的同学对你的了解可能还流于表面。下面我们来看一下，某个同学是如何通过第一句话就与听众建立了关联，并给所有听众留下了深刻印象的。

两年前，我和关系最好的三个朋友从毕业舞会上开车离开。我们决定回家前先去Perkins。我们都没喝酒，在一起度过了一个美好、难忘的夜晚。我无法形容那晚有多么难忘。在去Perkins的路上，转弯时，一辆超速醉驾的车撞上了我们。

我的朋友丽莎在车祸中身亡，我和另一个姐妹也都受了伤被救护车送往医院，幸运的是我俩伤得不是很重，但失去丽莎的痛苦永远难以抹平。由于那场舞会之夜的意外，我有了一个新的人生使命。今天，我想和大家分享，为什么要坚守那句口号："喝酒不开车！"

听众在整个演讲过程中都非常安静和专注。正如这个例子所展示的，分享个人经历有助于演讲者与听众建立联系，使听众保持专注。听众总是会对演讲者形成某种态度，要帮助他们形成一种一直对你的演讲保持关注的态度。

问题与思考

1. 了解其他演讲者与听众有效沟通的方式。
2. 在什么情况下，听众不需要了解演讲者的个人信息？
3. 找出自己有代表性的事件或境遇，让听众对你有更多的了解。

关心，这样的演讲主题对听众会更有意义。

与情境相关的态度　演讲者还应该考查听众与整个演讲活动之间的关系。听众为什么来听演讲？听众的期望会影响他们对情境的态度，进而影响演讲者和演讲主题。如果演讲者打算对一群 17～24 岁的大学生谈社会保障，他就选错了主题，因为这对学生来说还是几十年以后的事。觉得某个主题与自己的情况无关的听众，不太可能去听演讲者的演讲。如果你选择这样一个主题，一定要找到这个主题与你的听众之间的相关性。

8.3.4 了解听众的方法

了解听众最简单的方法是观察。这种方法能否奏效，取决于你对某类听众的熟悉程度以及你准确推断的能力。对于大多数课堂作业类演讲，通过观察带来的信息足够你做演讲计划。但如果你想寻求更具体的数据，就需要进行调查。访谈式调查需要做计划和投入时间，并且效率不高，但它确实能提供获取一手信息和在必要时深挖数据的机会。如果你人手足够，你可以选择用问卷来收集信息。虽然好的问卷需要时间来填写，但它们可以是匿名的，并且比访谈式调查操作起来更便捷。通过问卷调查通常会得到更坦诚的回答，特别是对敏感话题。

观察　观察可能是了解听众最简单的方法。演讲者主要利用对特定听众或类似群体积累经验。通过观察，演讲者记录听众的行为和特征。尽管这种方法严重依赖演讲者的主观印象，但仍然是很有用的。

观察
一种收集听众信息的方法，演讲者观察听众成员并记录他们的行为和特征。

毫无疑问，你已经从课堂作业中了解了很多关于你的听众的信息。你已经知道了学生的数量，男性和女性的数量，以及他们的大致年龄。通过自我介绍、一般性对话和其他互动，你了解了他们的专业、社团、工作，包括他们是走读还是住校，以及他们的兴趣爱好；你了解了同学们的态度、兴趣、价值观和知识水平；你知道你的老师对你课堂表现的看法和期望；你也知道教室的大小、讲台的位置（如果有）、座位安排、视听设备的情况，以及各种空间环境特征。这些都是你通过观察获得的信息。

访谈式调查　访谈式调查是一个精心策划和执行的面对面问答环节，在这个环节中，演讲者需要尽力发掘有助于演讲准备的具体信息。这种访谈调查可以当面进行，也可以通过电话进行。调查的目的是找到可靠的事实依据，并做出总结和诠释，从而决定下一步的行动方向。这种访谈调查可以进行得很快，但是如果你想达到最好的效果，还是需要做大量的计划和组织，也必然要耗费时间和精力。其实也有不少主题不需要做听众调查，但如果你想谈论一些有争议的话题，你至少要做一个非正式的听众调查，以了解他们当前的观点；或者，你也可以设置一个如下所述的问卷，

访谈式调查
为了获取有助于演讲效果的具体信息而精心安排的个人谈话和问答。

以确定对于你的听众，你还需要注意哪些方面，以及他们对你主题的认知度。

问卷调查
一组书面问题，
分发给被调查
者以收集所需
信息。

问卷调查　问卷是一组以收集所需信息为目的而分发给被调查者的书面问题，与访谈式调查中使用的提问技巧相同，在某些情况下，问卷调查比访谈更实用，花费的时间更少。问卷调查的第一个优点是可以同时面对较大的人群，还有一个优点是被调查者可以匿名，这通常会提高回答的诚实度和开放性。虽然学会编写一份优秀的问卷需要时间和实践经验，但以下这些简单的指导原则，可以帮你入门：

1. 想好你到底想收集什么信息。
2. 找到制作多版本问卷的最佳方法。
3. 决定何时、何地以及如何分发问卷。
4. 考虑如何做调查问卷的开场介绍，也要考虑被调查者答卷过程是否需要指导。
5. 确保你的问题清晰易懂。
6. 限制对每个问题的回答数量。
7. 问卷尽量简短。

典型的调查问卷，它的简介应非常简短，问题也必须设置得很清楚，并对可能的回答数量做出限制。

8.3.5 利用信息数据与听众建立关联

任何形式的调查活动，其目的都是收集信息，以使你的演讲更加贴近并适应听众。你能通过这些信息形成一个整体印象吗？你能得出什么结论？你对他们有多肯定？你如何利用收集的信息来改进你的演讲？假设你想了解你们学校的学生对同性婚姻的感受，使用问卷调查了你们学校里的50 名女生和 50 名男生。在统计问卷调查结果时，你发现支持同性婚姻合法化的女生占 79%，而男生只有 25%。这些信息将如何帮助你准备一场演讲，让听众相信同性婚姻应该得到支持？

为了得到最好的结果，调查问卷必须由有代表性的样本人群填写。你还需要确保能够收回足够量的问卷，以便针对调查人群做出可信的统计。如果你希望自己的分析是全面的、正确的，你就应该对你的听众有相当充分的了解，包括了解与听众有关的人口统计、兴趣爱好、知识水平，以及他们对演讲主题、演讲者和整个演讲活动的态度。虽然反馈的信息不可能完全一致，但你应该能够得出一些普遍性的结论。例如，你可能会发现，60% 的听众强烈反对美国政府的医保方案，15% 的人保持中立，25% 的人强烈支持这种医保方案。

如果你的目的是让听众相信，该医保计划将为每个人提供医疗保障，你就必须调整你的演讲，使之适应听众。你该如何鼓励那些反对你的人倾听你的演讲？你说些什么才能吸引那些保持中立或者强烈同意你的人呢？

虽然说服反对你的观点的人并不容易，但你可以先探讨他们的观点，然后讨论自己的观点。你还应该利用可靠、公正的消息源支持自己的观点——人们更容易接受权威信息。此外，你要承认听众的观点也有道理，但是你也要坚持你的观点会带来更好的结果。要记住：说服别人是件复杂的事情，6 ~ 10 分钟的演讲不太可能彻底改变听众的观点。最可能期望的是，你的听众会把你的观点当作思维视角之一。

如果你的调查结果表明，你的听众对你准备展示的内容几乎没什么概念，你就需要激发他们的兴趣，告诉他们为什么应该倾听你的演讲，并向他们展示你的演讲主题与他们个人的关系。专注于帮助他们认识到你所讲话题的价值和重要性，不要忘了清楚地传达自己的热情，这也有助于激发别人的兴趣。或者利用你获得的信息，给你的听众讲一个难忘的故事。

如果你面对的听众与你的观点一致或者对你的主题相当了解，你需要更加注意与听众分享的内容。例如，如果你和你的听众都同意新建一个礼堂，这时要立足于双方已经达成的共识，并继续讨论如何新建。在此过程中，你需要加强他们对礼堂需求的信念。

不管听众对你的主题的立场是什么，你的调查都会让你提前发现它。你可以利用这些信息来达到你特定的目的，调整你的演讲。当然，你掌握的信息越多，就越有能力使你的演讲适应听众。

8.3.6 关于数字化公共沟通的一点提示

今天的人们似乎总是与某件事和／或某个人联系在一起。科技在我们的生活中越来越不可或缺，甚至令人欲罢不能。数字化的公共沟通也随之兴起。例如，有些同学可能会在线远程学习这门课程，面对自己社区的听众做演讲练习，将其录制并上传到网上，以便同学们评论和发表意见。有时，你可能在公司为一些相距很远的人组织一次网络研讨会，或者可以提供在线培训课程，这样人们就可以根据自己的时间，在舒适的家里或办公室里获取信息。你的教授可以通过 BlackBoard 或 D2L（美国著名在线教学展示平台）把他们的课程放到网上，此外，他们还可以通过网络参加学校安排的各种教职员工培训。我们在本章（及后面几章）所讨论的大部分内容，都适用于数字公共沟通以及其他形式。其不同之处在于在线演示具有更好的互动性。在数字活动中，了解听众的需求与线下一样重要。在线演示中，你可以更具创造性，更具互动性，这给了你更多的自由和创造空间。

它还便于你找到更多的数字资源来增强演示效果。事实上，这种形式的演示，可能比常规的线下课堂更具交互性。你可以引用视频案例，进行视频演示，也可以通过互动功能主动吸引听众，就像本书前文探讨的那样。现在许多人都是"数字土著"，比许多教沟通学课程的教授更了解数字技术。做数字演示时，你可以充分利用自己的数字和网络知识。回顾一下我们在第 6 章讨论的社交媒体和新技术。记住，主题的选择，对于数字演讲和在其他场合一样重要。斯蒂芬·J. 林德（Stephen J. Lind）认为"数字演说"是"论点驱动的、有声的、基于（在线）新媒体平台的公共广播（充分利用在线视频的发展和流量优势）。这种新的公共沟通形式介于传统演讲和传媒产品之间，但它绝对仍属于演讲。公共演讲所包含的要素有批判性思维、意义赋予、论点建立、说服理论、普遍性细微差异等，对学生的全面发展具有重要价值"。[9]

》小结

8.1　选择演讲主题

选择主题应该从自己入手，然后考虑听众，最后是演讲的环境和要求等。一些基本的策略可以帮助你定位你的演讲主题。

- **自我盘点**可以让你找到有特殊分享热情的主题。
- **头脑风暴**可以让你的大脑在短时间内挖掘许多潜在的主题，并在其后做进一步深入思考。你也可以利用社交媒体来激发头脑风暴并发现主题。
- **关注时事信息**，可以让你有机会了解哪些纸媒和非纸媒可以提供有用的信息和想法。
- 社交媒体在帮助你定位主题吸引听众方面越来越有价值。
- 你可以浏览大量网络空间，发掘无限多的主题可能。
- 一旦找到一个主题，就需要评估它是否适合你自己、你的听众、演讲场景和任务需求。
- 在开始研究之前，你需要缩小主题范围，以符合时间限制和其他指定规则。

8.2　确定演讲的一般目的、具体目的和论点

目的和论点陈述可以让听众知道你对这个主题的期望和观点。

- **一般目的**陈述指明了你将要发表演讲的类型，包括告知性、说服性或娱乐性演讲。
- 任何具体演讲都符合这三种主要演讲类型的定义。
- **具体目的**陈述，除了确定三种主要演讲类型中的哪一种，还要添加有关具体主题的进一步信息。
- 论点陈述是要让听众明白，你希望他们知道什么，或者做什么，这也是你演讲的目的。

8.3　听众分析：建立与听众的关联

你对听众了解得越多，你就越有可能在演讲中获得并保持他们的注意力。

- 有效演讲者会努力了解听众及其观点。
- **被动参与者**必须出席演讲，而自愿参与者则选择出席、聆听特定演讲者的演讲，或借此机会了解演讲者的想法。
- **人口统计分析**可以帮助你与听众建立更好的关联，因为你可以根据他们的年龄、性别、文化或种族背景、教育、职业、信仰、地域出身或群体成员身份调整主题和演讲内容。
- **心理分析**通过考虑听众的规模、空间环境、听众的知识水平，以及他们对主题和整体情况的态度和价值观，帮助你适应听众。

- 了解听众的常用方法包括**观察**、**访谈式调查**和**问卷调查**。
- 数字演示需要与其他形式的公共沟通一样进行深入研究和准备，特别是在主题选择方面，但数字演示具有更多创造性和互动性，使展示的内容更加鲜活。

》问题讨论

1. 在如今媒体饱和的社会，公共沟通为何如此重要？
2. 有效的公共沟通如何帮你与听众建立关联？
3. 确定三个用于决定某主题是否适合你的课堂或其他公开演讲的标准。
4. 一般目的陈述和具体目的陈述的作用是什么？
5. 你如何围绕论点陈述关于主题的论据，并与听众建立关联？
6. 人口统计分析为你准备演讲和演讲提供了哪些帮助？
7. 为什么演讲者必须与被动参与者建立关联？如何建立这些关联？
8. 为什么你的听众，对你本人和你演讲主题的态度决定了你的演讲成败？
9. 你以前在选择演讲主题时，发现哪些网络和社交媒体资源有用？

第9章
研究：信息的收集和使用

本章导读

你的演讲有很多信息来源。为寻找最佳信息来源做好研究计划对演讲的成功至关重要。你所做的任何研究都应该支持并阐明你的主题，使之对你的听众有潜在帮助。

章节大纲	学习目标
9.1 制订研究计划	制订一个研究计划，收集信息，并为你的演讲寻找支持材料
9.2 研究：收集信息	确定演讲主题的五个主要信息来源
9.3 利用研究来支持和阐明想法	区分四种材料，以支持和阐明你的想法

你可能会认为，一个关于收集和使用信息的章节会很枯燥无聊。其实这个环节不仅会为你的演讲提供不同的研究视角，而且你会发现演讲准备的研究环节是很有趣的。你所有的研究，最终目标是找到围绕主题且有说服力的信息和想法，并可以与听众分享。一篇经过充分研究的演讲，会给你的听众带来启发，满足他们的好奇心。如果你在演讲中充满激情，听众很可能深受吸引，希望了解更多，也因此会听得更认真。如果你的研究能够帮助你找到新颖的方法或观点，并教会听众一些东西，让他们意识到这是他们现在或将来用得上的，那么你的演讲会令人印象深刻，并且容易回想起来。

我们生活在一个信息时代，现在可获取的信息比历史上任何时候都多，获取这些信息的方式也比以往任何时候都多。一个叫《你必须知道的变化》（*Did You Know? Shift Happens*，更新至 2018 年）的视频里展示了这样的内容：

如今《纽约时报》一周所包含的信息，比整个 18 世纪的都要多。[1] 我们可以通过手机访问谷歌，可以通过计算机获取到更多信息，信息世界就在我们的指尖。

演讲者的工作就是从最好的信息源中找到最好的信息，并利用这些信息组织出让听众感兴趣的演讲，将自己的想法传达给他们。

问题与思考

1. 当你有论文或公开报告作业时，通常从哪里开始搜索信息？为什么？
2. 你如何确定你发现的信息是可信、切题、及时和重要的？
3. 你通常从各种形式的社交媒体中寻求什么样的信息？从更传统的媒体呢？
4. 回忆那些人们努力获取信息与他人分享的事件或场景，描述某个场景和结果。

什么让听众印象深刻？对于这个问题，大多数人都能认识到：有价值的信息、有时效的信息、经过精心构思的信息，以及好的故事，在任何类型的演讲中都会令人印象深刻。找到足够的、可信的、切题的、最新的信息，才能创造出令人印象深刻的演讲。收集信息是令人兴奋的，你是否有过沉迷于在网上搜索信息，不知不觉过去了两三个小时，自己都感到吃惊的经历？你收集的信息会成为你演讲的支柱，前提是这些信息要有意义和价值。本章将重点介绍研究过程，以及如何利用收集的信息来支撑和阐明演讲的内容。

9.1 制订研究计划

通过自我盘点、头脑风暴和大量的媒体搜索确定了演讲主题，就已经分析了演讲的基本信息，为准备演讲打下了基础。下一步，你需要思考如何、从哪里着手进行研究，以及你希望达成什么目标：你必须进一步深入了解选定主题，找到证据支持自己的想法，使自己的想法更加清晰，并与听众建立关联。你需要考虑要做哪些背景阅读，什么信息来源将是实现这一目标的最佳途径；考虑所需的支持材料的类型，以及在哪里可以找到这些材料；确定需要多少证据来支撑自己的观点，并说服听众接受你的观点，或认为你的观点值得考虑。这些问题都需要提前仔细考虑，而不要拖到演讲的前一天晚上才考虑。

考虑好上述问题，接下来就是要尽早启动收集比你认为需要的更多的信息，因为材料多多益善。切勿拖延，你拖得越久，可能遇到的麻烦就越多。

做演讲需要花时间。你需要找到正确的参考资料，权衡已经拥有的资源，以便在演示之前进行优化、添加或删除，然后推敲自己的话题。应该去哪里寻找最合适的信息来构思演讲呢？建议你准备一份初步的参考文献清单，把搜索范围缩小到那些最有可能帮助演讲筹备的材料上，确定优先查找哪些材料，这样有了一定内容铺垫后，更便于确定如何组织演讲内容。

你不可能阅读完与这个主题有关的所有材料，所以你必须优选那些能迅速扩充相关知识，并有助于听众理解信息的材料。一旦你阅读过背景材料并做了笔记，下一步就是去寻找你能找到的最好的信息来支撑自己的观点。

在阅读和记笔记的过程中，确保你理解了老师对所需支撑材料数量和类型的说明。使用不同类型的资源很重要，通过各种不同类型的支撑材料来表述你的观点也很重要。丰富的例子、证据、统计数据、媒体数据和社交网络信息，有助于让听众保持专注。

做好笔记，并保持原始资料的完整性，可以避免低效重复。此外，一定要明确材料是"直接引述"还是"转述"，并在演讲中表明资料来源，以免被质疑抄袭。

在某个时刻，你不得不说："够了，够了。"可供利用的信息太多，会让你无法在演讲的时限内讲完所有内容。一旦你觉得已有足够多的内容材料来做演讲，即可停下来分析信息之间的关联和逻辑，从而为你的听众展现最棒的演讲。

制订和执行研究计划的关键在于批判性地思考你的主题和你用于支撑主题并吸引听众注意力的信息。所以，你接下来的任务就是应用你所学到的知识，优选信息，并在准备演讲的时候有效地掌控时间。

9.2 研究：收集信息

当我们需要从自身及自己的兴趣出发开始研究时，大多数人都会选择从网上开始。前面的准备工作完成之后，选择一个你真正喜欢的主题，从互联网开始，再到社交媒体，然后查一查图书馆里的图书和其他纸媒资料，以充实你的研究信息。你需要各种各样的信息来源，而不是只看媒体信息（尽管我们非常依赖互联网和社交媒体，但并非所有信息都可以或应该来自这些信息源）。你还可以利用搜索引擎找到关于主题的资源列表，从中了解到哪里可以获取关于主题的可靠信息。

9.2.1 信息来源：互联网

在互联网上搜索，可能会让人沉迷、获得知识和娱乐、也会有沮丧和趣味，当然也颇耗时间。网络有助于我们在相对较短的时间内获取丰富的信息。互联网上的信息来源纷繁复杂，有些是可靠和可信的，有些则不可靠、不可信。互联网上的内容不会像大部分纸媒一样经过评估和审查，因此你不仅要评估网站上的信息，还要评估负责网站的人员或组织。当你输入"批判性思维"这个词时，会有很多人建议你对网上的信息擦亮眼睛，这并非偶然。许多批判性思维网站的标题实际上等于"批判性地思考网络资源"。以下是关于网络信息需要注意的基本问题。

1. **作者**。材料是谁写的？他们有相关资质吗？其资质适合这个题目吗？如果你有疑问，可以联系作者吗？

2. **出版机构**。谁创建或赞助了该网站？当你查看网页时，你是否看到页眉或页脚显示了一个更大的网站链接？页面上是否有"回到主页"的链接？有些网页旨在宣传某个组织或产品，信息可能带有偏见，你需要对网站做进一步的考查来确定材料的可信度和客观性。此外，你还可以从网址中发现很多东西。检查第一个反斜杠（/）左边的字母，跳过反斜杠，如果你看到一个波浪符号（~），或者如果链接中包含诸如"/users/""/people/"之类的单词，你查看的可能是发表在某个企业官网中的个人页面。既然是个人页面，你就无法判断页面上的信息是否代表组织。但是，如果你知道作者的身份和资格（比如某教育网站的编辑），你就可以确定个人页面的可信度。

3. **时效性**。网站发布、创建或更新的频率如何？此信息一般位于网页或主页的底部。文档是否包含足够有用的最新数据？是否有与该信息相关的日期（例如，1990 年的美国拉美裔人口，这个信息显然不具有时效性）？该网站是否有指向其他失效网站的链接（这通常暗示该站点不是最新的）？

4. **目的**。你能确定网站上这些信息的发布动机吗？他们是为了提供信息、解释，还是为了劝说、宣传、销售或提供娱乐？有时候链接本身会给你一些提示，链接的后缀，例如 .gov 或 .com，可以暗示网站的用途，如表 9-1 所示。

表 9-1　网站域名后缀示例

域名后缀	提示信息
.edu 或 .gov	提供事实信息和相关解释
.com	推广和销售产品，或提供最新信息
.org	影响公众舆论并支持特定组织或事件
.net or .com	娱乐或提供个人信息
.info	专用于提供真正的全球通用数据
.biz	商务专用
.name	表示站点是为个人提供的
.pro	表示专业人员，例如律师、医生，他们注册网址便于专业咨询
.museums	全球博物馆认证地址
.aero	全球公认的航空公司、机场、在线预订系统和相关行业的后缀
.coop	全球范围内的商业合作社，如信用合作社或农村电力合作社

5. **对比**。将网上的信息与其他可用资源对比后有何结论？如果不同的信息源提供的信息存在差异，则需要进一步检查，找到最佳信息来源。同时也要记住，网站变化很快。比如你搜索某个特定主题，看起来搜索结果很多，可是过了一小时再来看，可能发现搜索结果已经翻了四倍，也可能忽然基本搜不到了。此外，搜索引擎也可能在不同的时间针对某个站点采样的多少不尽相同。我们有很多选择，可以先选择某个搜索引擎查找关于某个主题的资料，并找到特定信息；然后使用另一个搜索引擎和（或）另一个网站，核实这些网站的信息是否基本相同。这时你就拥有了一些可比对信息，然后选择最适合自己的网站。我们在搜索的时候，不一定总能找到之前浏览的网站，这时候你可能需要重新搜索或者寻找其他资源。这就是推荐记下网址或者使用书签的理由：你可以返回某个确定的网站，以进一步获得信息，而且可以和其他人分享某个网站。

9.2.2 信息来源：社交媒体

社交媒体，无论对于我们的人际关系，还是对于我们获取和分享艺术、思想和信息，在我们的生活中都占据着主导地位。你可以在社交网络上和亲朋好友分享生活的方方面面及想法，也可以用视频剪辑、艺术形式和图形来加强演讲效果。例如，谷歌不仅仅是一个搜索引擎，你也可以通过它访问文档、艺术品、视频、日历，以及从金融到书籍翻译等任何主题的信息。

一定要检查你的数据来源，考虑信息的可信度。大多数形式的社交媒体都可以为演讲材料提供信息、参考资料和案例，并且由于这些信息的创造性和创新性，更能吸引和保持听众的注意力。维基和谷歌文档等工具使知识分享变得更加容易。如果你还没有使用这些社交媒体工具，你可以通过在线教程学习提升自己。社交媒体可以为你提供很精彩的图片，帮助听众理解你的演讲。技术对教育的影响，有挑战也有回报。一定要花时间仔细思考：你究竟想与听众分享什么，并由此对社交媒体上的信息和图片做出明智的筛选。

乔治·库罗斯（George Couros）在一个叫"关联原则"的网站上指出了社交媒体对教育的五大影响。这些影响还涉及如何利用社交媒体为演讲寻找合适的资源。

1. 免费。对于演讲者，这意味着你在电脑或手机上动动手指就可以获得独特、可访问的免费信息。
2. 减少了隔离。
3. 培养对文化多样性的宽容和理解。
4. 可以激发激情。
5. 教育的世界更加开放（也需要更加开放）。[2]

北艾奥瓦大学的口语沟通老师及演讲专家建议，每 10 分钟的演讲，至少需要 10 小时的研究和准备时间。每个话题和演讲场合都需要不同数量的信息，但毫无疑问，信息越多，你就越有能力设计和准备你的演讲，并使之适应你的听众。当然，信息的质量比数量更加重要，特别是当时间有限的时候。所以提高研究能力很重要，当你精通于研究信息时，你就可以更好地利用时间。

9.2.3 信息来源：演讲者本人

大多数演讲都是从你自身开始的。你是最有价值的信息来源之一。

你自己的经验和知识也可以作为你演讲的内容，并赋予你针对某一主题发言的权威性。阿卜杜拉（Abdullah）是一名来自沙特的留学生，他在沙特学生组织和国际学生组织中都表现得很活跃。当阿卜杜拉被要求在一个跨文化沟通学习班讲述他的国家和文化时，他自然首先想到的是自己的个人经历。他知道自己有很多好的信息可以与听众分享，也知道如何寻找充实自己演讲内容的信息来源。他还计划把自己国家的各个方面与听众能够理解的东西联系起来。想想阿卜杜拉利用对比进行展示的效果：

> 　　沙特的国土面积略大于美国的五分之一，有 2700 万人口，其中 880 万是外国侨民，大约有 150 万是非法移民。沙特不像艾奥瓦州那样拥有广阔的农田和牧场，它只有 1.67% 的可耕地。有一些土地可以灌溉，但不像艾奥瓦州那么多。由于沙特地下水资源大多枯竭，没有河流、湖泊，所以需要大规模发展海水淡化设施。也因此，沙特已经成为国际生物多样性、气候和减少污染等各种协议的缔约国。
>
> 　　沙特的男性和女性都可以服兵役，像艾奥瓦州一样，它也有空军、陆军、海军和特种军事部队。但它的兵役不是强制的，年龄在 18 ～ 49 岁的公民可以自愿参加。
>
> 　　……
>
> 　　从这里，我希望大家可以发现，沙特和美国公民有很多相同的问题和担忧；作为老百姓，我们更多的是相似，而不是差异。

　　阿卜杜拉是否为你提供了一个观察沙特的新视角？他比较了沙特和美国在地理、政治和人口等各个方面，指出了两者的异同。自然，这与同学们之前对沙特的刻板印象有点不一样。于是他鼓励同学们提问，并回答他们的问题，以帮助听众更多地了解他的国家，及其与艾奥瓦州、美国的相似之处。

　　探索你自己在某一学科的知识，组织思想，制订一个研究计划，最终得以更快地完成研究计划。

9.2.4 信息来源：访谈

权威意见
亲历者或权威人士的想法、证词、结论或判断。

　　当然，对于大多数主题，你的一手经验和知识是不够的。你可以通过访谈收集权威意见（亲历者或权威人士的想法、证词、结论或判断）和最新的信息来支持自己的想法。一个好的访谈常常能发现那些从其他渠道无法获得的信息。

　　访谈是一个精心策划的面对面的问答环节，目的是收集信息。访谈需要两个人不断地交换问题和答案，两个人交替说话和倾听，如同社交对话。事实上，社交对话就是最常见的访谈场景，因为这种活动往往同样涉及一系列的提问与回答。让我们一起看看访谈过程中涉及的步骤和需要提问的问题。

1. **确定访谈目的**。你想知道什么？什么信息最有用？如何确定针对主题你需要了解什么？
2. **选择受访者**。你能从谁那里得到最好、最新的信息？他们的权威性如何？受访者是否愿意公开、诚实地提供这些信息？受访者方便吗？还需要采访其他人吗？需要采访多少人才能获得完整、准确的信息？

3. **访谈前进行调研。** 在访谈前，你需要尽可能多地了解受访者和你的话题，这样你就可以问一些有价值的问题来获得最好、最重要的信息。

4. **记录访谈。** 你应该做笔记或做好访谈记录，以便以后能够准确地检索信息。在你做记录之前，一定要先征得对方的同意，并选择最佳的互动方式。可使用"参考指南：访谈记录"中的方法。

5. **准备问题。** 提前精心准备问题，在访谈过程中要灵活地问更多的问题，或者通过跟踪调查挖掘潜在机会。

6. **组织访谈。** 访谈，就像演讲一样，通常有三个可识别的部分：开头、正题和结尾。组织访谈，并提供一个模板来记录受访者的回答。

7. **其他细节。** 得体的着装、守时和专心倾听有助于访谈的成功。访谈过程一定全神贯注、专心致志。如果你在检查笔记或听录音后有什么不清楚的地方，在访谈结束后尽快联系受访者释疑。

8. **在演讲中使用访谈片段。** 如果演讲场所有必要的设备，你可以展示一个（简短的）访谈片段，甚至通过 Zoom、GotoMeeting、Adobe Connect、Skype 或手机与受访者进行实时连线。询问相关人员核实演讲场所是否有硬件支持，以及是否存在技术障碍。

参考指南

访谈记录

1. **请求允许做笔记或访谈记录。** 同时让受访者知道，他们可以检查笔记内容，或者给他们发送笔记副本。

2. **如果你正在录制，请确保录制设备工作正常，并在访谈前进行测试，搞清楚可供录制时长。** 在访谈过程中，记录或录制行为尽量不要太显眼。

3. **尽量保持眼神交流。** 受访者提供的时间和信息是给你的礼物，要尽可能地参与其中，以此表示敬意（这是录制访谈的另一个原因）。

4. **在整个访谈过程中记笔记。** 记下有助于回顾和之后要用的信息。

5. **同意并遵守受访者制定的任何基本规则。** 在演讲前，一定要给让受访者有机会回顾提纲，至少要回顾有关他们自己的部分。

6. **访谈结束后尽快回顾笔记和录音。** 在访谈后的短时间内，你记住的信息越多，从而使誊写记录更有价值。

7. **在整个访谈过程中要有礼貌。** 感谢受访者抽出时间与你交谈。让受访者知道你的联系方式、何时方便联系，以完善你或他们的问题。

交际与成功

对访谈进行思考

如果你访谈的对象是一位专家，或是对你的主题有一手信息的人，你会得到最前沿的信息。对于表 9-2 左侧列出的主题，请确定可以采访哪些人员以获取关于主题的信息。针对每个主题，至少确定两个可能给你提供客观信息的人。

首先确定你要访谈的人，并解释原因。表 9-2 中的第一个主题给出了示例。

表 9-2　访谈主题及受访者

主题	受访者
记忆和大脑	心理学教授，特别是教认知心理学的教授，或者是某个研究记忆的专家；研究"记忆与课堂学习"的教育心理学家；或者把倾听看作一种认知结构的倾听学者。
如何区分真假新闻？	
大学生与第一修正案	
抗争运动	
处理大学生债务	

9.2.5 信息来源：图书馆

并不是所有的信息都是数字化的，一些沟通学教授需要各种各样的资料，只有其中的一部分可以通过互联网获取。利用图书馆进行研究需要付出一定的努力，但是一旦你了解这个系统是如何工作的，并且明白了大多数图书馆基本上都使用相同的系统，你就会发现图书馆对于演讲准备是一个不可多得的资源。图书馆面向读者的服务越来越友好，大多数图书馆都在计算机系统投入了大量资金，帮助研究人员快速、便捷地搜索资料。这些系统一直在不断改进，变得越来越易于操作，你还可以向图书馆员求助。

如果你不知道如何收集材料，当下就是开始学习的最好时间。现在投入一点时间会为将来节约很多时间，你会发现图书馆是一个用来查找信息的方便而愉快的地方。许多大学图书馆都有一个特别区域，可以在那里一边喝咖啡或苏打饮料一边读资料，很多图书馆都会提供参观服务或介绍会，有的图书馆还会提供使用手册或者在线参观，指导读者如何使用图书馆。图书馆的主要信息来源包括图书管理员、图书馆计算机辅助检索程序和电子目录。

图书馆可以为你的演讲材料提供充足的信息来源。许多大学都有自己的网络系统，允许你通过家里或学校的计算机接入图书馆信息平台进行搜索。登录图书馆网站之后，可以根据菜单引导进行查询。了解这些资料在图书馆中的位置，以及它们的可借阅状态。

媒体信息源　大学图书馆可以访问时刊的在线数据库：报纸、杂志、时事通信、摘抄记录和电汇信息。大多数图书馆也会有一个教育资源信息研究中心（ERIC，Education Resources Information Center）数据库。ERIC被称为世界上最大的数字教育文献图书馆，可以查阅会议论文，展示最新研究成果，也代表了该领域专家的观点。在图书馆还可以查询一些政府文件和其他各种信息来源的电子数据库。登录你的图书馆网站，看看有什么可用的材料。经过审阅的电子数据库材料，是提供演讲材料的可靠来源。

在搜索电子数据库时，需要先确定搜索关键词，这样才能最大限度地节约时间和精力。你需要仔细查看每一个搜索选项，尤其注意关键词，以及关键词之间的连接符要求。这样，你就可以利用数据库搜到与目标信息相关的资料。图书馆会提供完整的搜索说明，也可以在搜索页点击"帮助"链接。

最常见的互联网搜索是基于主题的搜索。当你确定了一个一般性的话题（例如，有关第一修正案、其他文化中的交流实践或者出国小知识），你可以搜到关于这个话题各个方面的信息。但是，搜索结果可能太过庞杂，需要缩小主题范围以减少研读负担。每个搜索引擎都会有相应的教程来帮你入门。当你在网上找到信息时，一定要记下具体的书目信息（网址或地址、访问日期、页码、作者或制作人），打印信息，并将其保存在硬盘或书签中。如果创建了书签，还需要把它保存起来。然后和其他渠道搜索信息一样评判所有信息来源和信息的价值及可信度。

文献参考区　大多在图书馆的研究都是从文献参考区开始的。通过书目索引，你可以找到特定主题领域的资源，如字词典、年鉴、传记辅助资料、百科全书、年鉴、地图集、文献、期刊索引。很多资源都是在线的。如果你不确定该用哪些工具或者如何使用这些工具，可以询问图书管理员。

专业索引可用于特定学科，如农业和自然资源、商业和经济、统计、生物和生命科学、计算机、教育和历史。《期刊文献读者指南》是一款很受欢迎的索引，可以用它找到流行期刊的相关信息。期刊提供近三期平装版和永久性的年度精装版，也可以在线查阅。

由于杂志、研究性期刊和报纸拥有关于某一主题的最新可用信息，因此它们是用于演讲写作和研究项目的最常用的印刷资源。如果你想了解关于社会、政治或经济问题的所有最新观点和趋势，报纸和周刊通常是你最好的资源。你可以通过对比多个出版物明辨真假，确保内容和评论的可信度。当你寻求最新研究或经典研究时，由专业组织（如全美沟通学协会、美国心理学协会）出版的期刊将提供最好的信息。

如果你不知道图书馆能为自己提供什么，可以花点时间了解一下。寻求知识并不容易，但是只要经过充分的思考和准备，无论关于哪方面的主题，你都可以找到大量的相关信息。

9.2.6 研究建议

好的研究没有捷径。但不管你使用什么资源，这个过程都可以变得更愉快、更容易。以下是几点建议。

1. **在开始研究之前，先要有一个明确的目的**。明确自己要找什么内容，搜索就容易多了。如果你的演讲是为了说服听众"充足的睡眠对幸福是必不可少的"，那么关键词就是"睡眠"。从这个词开始你的搜索，同时也关注一些健康的生活方式和与健康相关的问题。提前考虑所有可能的研究领域，以确保研究的效果和效率。

2. **尽早开始研究**。找到合适的材料需要一定的时间，因此要尽快开始你的研究。如果你拖到最后，可能会发现缺少必要的信息，或者发现材料收集的难度远超你的预期。

3. **尽可能使用计算机搜索**。计算机是获取关于任何主题的最多信息源的最简单方法之一。如果你不熟悉图书馆的计算机系统，可以求助图书馆员帮你找到你需要的东西。

4. **保存一份资源目录**。当你通过计算机、电子目录、电子数据库和期刊指南找到资料来源时，将它们以同样的形式复制到计算机里，或者打印到一张纸或索引卡（3 英寸 [①] × 5 英寸或 4 英寸 × 6 英寸）上。索引卡很有优势，因为你可以快速地对它们进行排序，可以按字母顺序排序，也可以按对于演讲的重要性排序（存在计算机里的文件同样需要分类）。而且，当前的大脑 / 记忆研究表明，相对于直接在计算机里保存，动手把信息写下来可以使你记住更多的信息。[3] 分别列出每一项，并注意标明其对演讲的重要性。这看起来很乏味，也很费时，但是如果你不努力去记录一些东西，以后要用到时就极有可能必须从头来，因为你根本找不到原来的文件。把这些信息录入计算机里，也有助于保持条理性，从长远来看可以节省时间。如果图书馆的计算机不能保存文件，就把这些文件通过电子邮件发送到自己的电子邮箱里。

5. **将适当的媒介信息源添加到你的信息库中**。经过某领域专家审阅过的材料当然是最好的。有许多媒介信息源可以不受限制地添加到你的资料库中。我们建议将 TED 演讲、存档的新闻节目和纪录

---

① 1 英寸 =2.54 厘米。

片作为来源，至少可以用作对某类信息的初步了解。同时，媒介信息源也为我们提供了独特的视角。

6. **记笔记**。你必须做高效准确的笔记。一旦找到信息，要么手工记录，要么复制以备日后使用。无论是引用原文、总结还是改写，都要求准确、完整地记录原始信息。做充分的笔记，并始终确保完整、准确地标注引用来源，例如图 9-1 所示的注释卡。没什么比一条信息放在你的面前却不能使用更让人糟心的了，因为你不知道信息来源，也无法返回获取更多的信息。你记录的信息越多越好。收集的信息要总是比写演讲稿所需的更多才行。当然，你也可以把笔记录入计算机里，以上原则同样适用。除了上文提到的记忆因素，把信息记在注释卡上的一个优点是可以随意排列和移动卡片，以最符合思路的顺序直观展示。

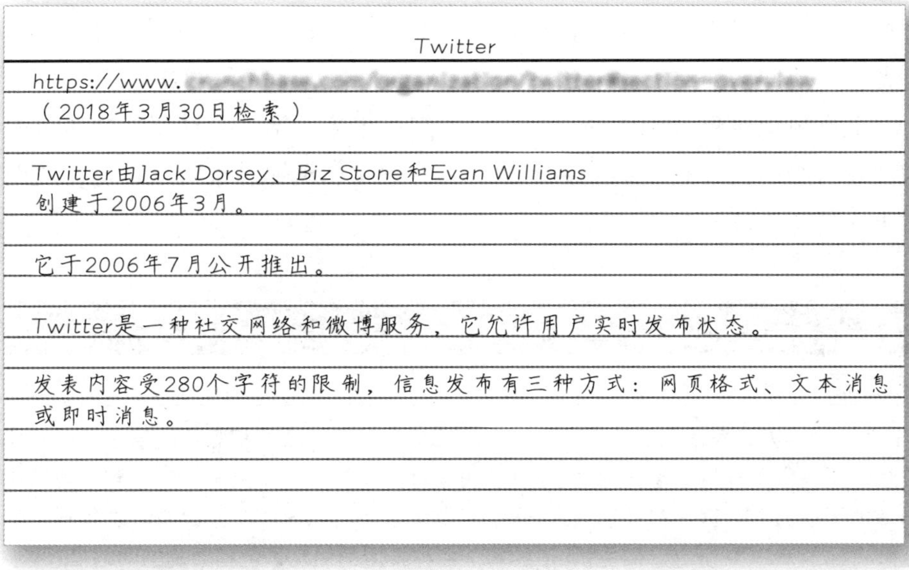

> *Twitter*
>
> https://www.⋯⋯⋯⋯⋯⋯⋯⋯⋯⋯⋯⋯⋯⋯⋯
> （2018年3月30日检索）
>
> *Twitter*由*Jack Dorsey*、*Biz Stone*和*Evan Williams*创建于2006年3月。
>
> 它于2006年7月公开推出。
>
> *Twitter*是一种社交网络和微博服务，它允许用户实时发布状态。
>
> 发表内容受280个字符的限制，信息发布有三种方式：网页格式、文本消息或即时消息。

图 9-1　注释卡示例

如果笔记做得准确和完整，可以为你节省大量的时间和精力。最好记下大量的笔记，并正确标注摘录内容的来源。

9.3　利用研究来支持和阐明想法

两千多年前，希腊著名学者亚里士多德写道，每一个演讲都有两个基本部分：陈述和证明。亚里士多德的这一观点在今天仍然是适用的，无论对于做报告还是非正式场合的讲话，这都是成为一个优秀的沟通者的必要条件。演讲者如何阐明和论证观点，决定了演讲的质量。辅助材料可以为演讲者需要论证或确认的观点提供证据。请看下面这个陈述：

> 如今的学生比上一代的学生聪明得多。为什么？因为学生可以使用计算机技术，比以往任何时候都能获得更多的信息。

从表面上看，这一论断似乎是正确的，但它是否准确？听众会接受它吗？这个陈述是否为第一句话的真实性提供了相关数据来帮助你接受？有什么证据可以证明有机会接触计算机的学生比没有接触计算机的学生进步得更快？我们通过仔细分析发现，这个陈述的可信性还需要斟酌，因为没有证据支持这一断言。

听众是否接受信息，通常取决于演讲者或信息本身的可信度。因此，如果是一位著名的教育专家或研究人员所做的陈述，可能比学生所做的陈述更能为听众所接受。暂且不管数据来源如何，大多数的听众，包括你的教授，在接受某个论点之前都需要一些证据或具体数据。因此，有效的演讲者会在他们的演讲中通过各种各样的辅助材料证明他们的观点。

证据可以论证并阐明观点；它也给演讲带来了活力。证据能使演讲的内容具有吸引力、更生动、更刺激、更有意义、更容易被听众接受，从而对听众更有价值。

交际与成功

查找互联网信息源

斯隆通过在学校学生残障办公室的兼职工作，了解到很多关于该组织所提供服务的信息，但她觉得很多同学不知道她所在的办公室在帮助别人方面做了什么。她想在她的演讲中谈论它们提供的服务。

她在办公室的小册子里找到了有用的支持信息，并采访了她的主管以获取更多信息，但她还想提供一些适用于全美国残障人的信息。她做的第一步是在网上搜索联邦法律对教育机构的相关行政要求。在几秒内就用谷歌搜索搜到相关信息 600 万余条，第一条是弗吉尼亚联邦大学的残障支持服务，随后的链接是美国教育部民权办公室。斯隆查阅了有关法律和服务的信息等搜索结果，使她对其他院校有了更深入的了解。她很快确定，她可以为自己 5 ~ 7 分钟的演讲找到足够的基于各种渠道的信息，包括准确的网络信息。

问题与思考

1. 斯隆是如何按照本章提出的建议来处理演讲主题的？
2. 经过上述努力，她的消息来源有多可靠？
3. 她的消息来源是否符合良好消息来源的标准？
4. 斯隆在谷歌搜索中还可以搜哪些其他问题来获取更多信息？
5. 斯隆还可以查询其他什么信息源？

思考某同学演讲中的如下陈述：

> 高校为残障同学提供众多免费或优惠的服务项目，而特殊服务办公室应该是学生寻求特殊援助的首选之一。

这是可靠的信息吗？演讲者是否解释了为什么这些信息可能很重要？你是否接受了演讲者的话，即特殊服务办公室应该是学生首先寻求帮助的地方之一？表面上，人们可能会说："是的，这似乎是真的。"然而，正如我们从陈述中所读到的，演讲者在这一句话中并没有提供足够的信息让我们能够相信这些论断。我们需要更多的证据。演讲者需要给出充分的证据才能让听众信服。

演讲者的辅助材料的数量和质量，加上演讲者正确使用这些材料的能力，决定了演讲的质量平庸还是优秀。我们接下来将重点介绍几种基本的演讲辅助阐明性材料：证词、示例、释义和统计数据。

9.3.1　证词

亲历者或权威人士的意见或结论被称为"证词"。演讲者利用证词来支持或强化他们希望听众接受的观点。证词的价值既与听众对信息的接受度有关，也与陈述者有关。

证词
亲历者或权威人士的意见或结论。

证词的使用，通常会增加演讲者所表述内容的可信度——这对于任何尚未成为主题相关领域专家的演讲者而言都是必要的。上例中，演讲者自己的经验可以是一种极好的证词形式；当演讲者的声誉和经验不足时，引述一个有知名度和信誉度的权威人士的意见或观点，对于获得听众的认可是很有帮助的。

证词可以支持或阐明材料，也可以两者兼而有之。以下是一个同时做到这两点的证词示例：

> 我一直很敬佩那些为了帮助不幸者而付出自己的时间和其他资源的人，这让我思考了我所在社区的问题。今年，一个四口之家在一场大火中失去了一切，房屋、车库和车辆都被烧毁了。红十字会等组织给这个家庭提供了一些帮助，但最大的帮助者还是那些帮助他们清理被毁财产、重建家园的人。我在房子重建的过程中找到了项目主管，做了一些志愿工作。
>
> 我发现这段经历真的很鼓舞人心，我很高兴自己有机会加入这个特殊的项目。我们永远不知道自己什么时候可能也需要这样的帮助。这让我感觉到自己是在"提前存款"，并且，实际上我在这个过程中也学到了不少东西，比如一些有用的施工经验。

　　这位演讲者利用证词和个人经验来辅助阐明了公民参与志愿活动的重要性。

　　证词可以直接引用，也可以转述。转述是一种能有效压缩冗长内容或阐明技术性文章的方法。有时听众会直接屏蔽用语复杂冗长的演讲者。用你自己的话转化冗长的引述，有助于使原内容符合你讲话的语气。不过当你重新组织措辞的时候，不要违背原话的意思。

　　某些陈述的措辞本身已经很经典，没有办法做更好的转述。例如，约翰·肯尼迪在 1961 年总统就职演说中所做的有力和令人难忘的发言："不要问你的国家能为你做什么；要问你能为你的国家做什么。"像这样的内容只能逐字逐句地引用，引用错误的话会令人尴尬，甚至会破坏你的可信度。仔细检查每个引述的准确性和来源，不要使用断章取义的引述。

　　证词应符合两个基本的标准：其一，被引用的人必须具备专业特长、训练有素、专业知识、认可度和声誉；其二，专家的意见必须能被听众接受和相信。

　　你所引用的人应该是某方面的合格权威。比如，运动员对网球鞋的认可和电影明星对化妆品的认可都是相当可信的，因为他们在工作中会使用这些产品。但是，当名人们为那些和自己的专业领域完全无关的产品做广告时，他们的观点就变得不那么可信了。不要仅仅因为某个人很有名气就打他的旗号。最好的证言来自这样的人：他的知识和经验与这个话题相关，并且被你的听众认可。

　　为了获得最大的可信度，证词也应该来自客观的信息源。当你的话题有争议时，来自权威人士的客观性和中立性就显得尤为重要。例如，在试图说服听众认可如今的汽车比十年前更省油时，引用美国汽车协会的话，比引用某家汽车公司总裁的话会更有说服力。听众倾向于怀疑来自带有偏见或利益相关者的观点。

9.3.2 示例

示例
阐明某一观点的简单的、有代表性的事件或模型。

　　一个示例是一个简单的、有代表性的事件或模型，它阐明了一个观点。当你向不熟悉某个主题的听众呈现复杂信息时，或者当你的目的是告知或指导时，示例非常有用。简要示例、例证和类比是三种有助于阐明信息的示例方式。

简要示例
某个特定例子，用于引入一个主题、阐明一个观点或引发所需的回应。

　　简要示例　一个简要的示例就是某个特定的例子，用来介绍一个主题，阐明一个观点，或创造一个期望的印象，也可以通过一系列简要示例来创造所需的印象：

　　"项目变更"是许多高校对于学术和部门变更的标签。在学校，课程项目的更改通常只有当主持项目的部门确定项目不再可行时才会发生。然而，一个管理者决定根据项目相关专业的毕业率进行项目削减，而忽略其他因素，比如某个项目要求的通识课程核心要求，以及依赖于这些项目的其他专业的数量，从而让学生可以快速毕业。这位管理者只看了课程项目不好的一面——相关专业毕业人数太少，并以预算危机为由关停项目和解雇教员。管理者使用这些指导方针来确定将近 80 个项目要被取消，并且大约 50 名教员由于预算危机而被通知从学校"内退"。这一系列决定，除了这些项目"每年毕业率低"之外没有任何事实依据。

交际与成功

奥普拉·温弗瑞 2018 金球奖演讲

奥普拉·温弗瑞被金球奖授予"2018 年度塞西尔·B. 德米尔终身成就奖"。获奖者要发表获奖感言，并可以自由谈论任何让他们感动的事情。温弗瑞利用这个机会讲述了一系列社会问题，包括种族和性别、争取平等以及对新闻界的攻击。她讲述了自己看到西德尼·波蒂埃（Sidney Psitior）成为第一个获得奥斯卡奖的非洲裔美国人这一创造历史的故事，以及她是多么深受其鼓舞。[4] 她说波蒂埃后来也获得了德米尔奖。她感到很荣幸，可以和目睹她成为第一个获得该奖项的非洲裔女性共同度过这个夜晚。[5] 她描述了那些受害者，或为他人利益而战的人的故事；讲述了自己如何利用工作发出一些有价值的声音；指出人们该如何做出正确的实际行动；最后落足于对未来的畅想。

演讲中听众多次起立为她的话鼓掌。随后，网友在线对温弗瑞的演讲发表评论，一些人呼吁她参加总统竞选。演讲过后两个月，人们仍在谈论这场演讲对他们自己和对社会的影响。

你可以在网上查看她的演讲或是她的演讲稿。看完她的演讲或读了演讲稿之后回答以下问题：

1. 你觉得为什么温弗瑞的演讲受到如此多的赞誉，既有力又鼓舞人心？
2. 温弗瑞说她的演讲不仅涉及娱乐业，她是如何创造了一个不止影响好莱坞的故事？
3. 她是如何利用时事来创造一个引人入胜的故事的？
4. 她提供了哪些证据支持？
5. 关于激情对所选主题的重要性，我们可以从温弗瑞身上学到什么？

例证　一个例证或扩展的示例，就是一个故事、历史案例或轶事，容易引人注目并给人留下深刻的印象。例证通常示例概念、条件、环境，或者阐明某些发现。如果某个示例引用单个具体项目或事件，那么它就是一个例证。因为例证比简要示例提供更多的细节，所以它们在证明时很有用。

一个例证能更加深入地阐述演讲者试图表达的观点，并能赋予信息更多的意义。例证可以是基于事实的，也可以是基于假设的。事实例证说明了实际发生的事情；假设性例证说明了在特定的条件下可能发生的事情。

由于假设性例证是基于推测的，因此要求听众运用他们的想象力，这

例证
一个扩展的示例、叙述、历史案例或轶事，引人注目且令人难忘。

事实例证
存在或实际发生的事物的报告。

假设性例证
在特定条件下可能发生的事件的研究报告。

类示例往往表现为与一般原则或概念有关的小故事。下面是一个帮助学生想象"睡眠剥夺对他们的身体和情绪状态的影响"的假设性例证：

> 罗米萨（Rosmiza）是一个典型的大学生。她每天有 12 小时的全时课程任务，每周还要在学校图书馆工作 10 小时。她很认真，觉得需要花很长时间学习准备演讲。尽管她为自己的任务做了计划，但因为经常感到没有足够的时间来完成所有事情而压力巨大，经常熬夜。在过去的两周里，她熬夜好几次，感觉白天完全不够用。除了疲劳，她还觉得自己感冒了，但她知道自己没时间生病。罗米萨坚持带病学习了一周，但是周末她还必须在图书馆工作 10 小时、完成课堂演讲、写好另一门课程的研究报告、完成阅读作业。当她几乎昏倒在图书馆时，她很惊讶，不得不让朋友把她送回到宿舍。罗米萨的真正问题是睡眠不足，这是大学生中一种常见的现象，尤其是期中备考时。睡眠剥夺是一种生理和情绪上的状态，缺乏睡眠加强了压力因素，导致身体停止工作。她很快意识到，要花一天多的时间才能补上睡眠，这样她才能完成这学期的课程。

参考指南

使用示例

1. **用实例来增加演讲的真实性**。实例建立在基本信息的基础上，能够增加你和你的演讲的可信度。

2. **使用与你的话题直接相关的示例**。如果你试图用不寻常或罕见的案例概括，就有削弱可信度的风险。

3. **使用真实、准确、可验证的示例**。信息源一定要可信，使听众可以验证它。

这个假设性的例证展示了睡眠剥夺对身心的影响。尽管许多学生（以及其他人）认识到睡眠不足会给他们带来更大的压力，也认识到从长远来看，规律作息对他们更有利，但他们还是难以调整。

使用一个关乎听众的假设性例证特别有效。这个例证应该在听众的头脑中形成一幅生动的画面。这个场景越真实，听众就越有可能参与其中。但演讲者一定要说明该例证是事实还是假设的。

类比　类比是对两个在某些本质特征上相似的事物进行比较，通过将未知事物与已知事物进行比较，解释或证明未知事物。

类比有两种。比喻类比是把不同类别的事物进行比较。例如，一位学生在对艾奥瓦州波斯特维尔移民经历的描述中说，她调查过的人表示，他

类比
对两个在本质特征上相似的事物进行比较。

比喻类比
不同类别事物的比较。

们觉得波斯特维尔是一个"熔炉"，是一种新文化与主流文化融合的移民模式。最近的受访者说，他们的移民经历是一种"拌沙拉"，新来者保留自己的文化习俗，不再试图融入其中。[6]

横向类比是对同一类别的事物进行比较并简单对比。例如，两个专业（沟通和英语）、两个搜索引擎（GoodSearch 和 Google）或两种音乐流派（古典音乐和乡村音乐）。

大多数主题可以使用类比。比喻类比使观点生动明了，横向类比则提供了支持论点的证据。类比是有效、有力和创造性地支持和阐明信息的手段。

横向类比
同类事物的比较。

9.3.3 释义

如果你想让听众理解和接受你的演讲，请确定你已经解释了所有不熟悉的词汇和概念，特别是技术术语。对听众来说，没有什么比演讲者使用他们听不懂的术语更令人沮丧的了。大多数情况下，提供的解释多多益善。但也不要解释太过显而易见的东西。你可以通过几种不同的定义吸引听众的注意力。例如，"价值论是哲学研究中研究价值和价值取向的一个分支。理论家为了确保读者理解他们自己的个人价值观会影响他们通过研究构建理论的方式，就会引用价值论。"[7]这个信息解释了价值论是什么，它是做什么的。

逻辑释义是最常见的释义形式，通常包含两个部分，一个是术语的字典定义，另一个是区别于同一类别中其他事物的特征。

操作释义是解释对象或概念的工作方式，给出过程步骤或说明概念术语的度量方式。请看下面的例子：

逻辑定义
由两个部分构成，一个是术语的字典定义，另一个是区别于同一类别中其他事物的特征。

操作释义
解释对象或概念如何工作或列出过程中步骤。

举例释义
阐明一个术语，不是通过描述或给出定义，而是通过提及或展示关于它的一个例子。

> 如果某个学生的专业课拥有 30 小时或以上的学分，平均成绩为 2.80 分（按 a4.0 分制计算），在大多数学校会将其纳为专业课优等生。

举例释义，不是通过描述或给出定义，而是通过提及或展示关于它的一个例子。

参考指南

使用释义

1. **当你怀疑你的听众可能不理解你的意思时，一定要解释某个术语或概念。** 当某术语或概念可能有多重意思时，也需要解释。

2. **释义要简短，切中要害。** 不要使你的解释过于复杂。

3. **使用简洁明了的语言，让听众易于理解。** 通过举例，让释义贴近听众。

商界人士在工作场所谈论"精益战略"。意思是说，我们所能做的一切都是为了让工作场所成为对每个人更好的地方，而不是让它成为对任何人更坏的地方。

9.3.4 统计数据

统计数据
显示关系、总结性或能解释许多实例的数据资料。

　　显示关系的、总结性的或能解释许多实例的数据资料被称为"统计数据"。我们每天都要面对数据分析。"据联合国儿童基金会报道，目前世界上有超过 2.1 亿名孤儿，其中 8600 万在印度，4400 万在非洲，1000 万在墨西哥。此外，联合国儿童基金会说，每天有 35 000 名儿童死于饥饿和营养不良。"[8] 虽然统计数据有时可能是有趣或者令人信服的，但有时也可能令人困惑，难以解释。

　　统计数据使演讲者能够迅速总结大量数据，分析具体事件或实例，找出趋势，并推算未来事件的发生概率，用于阐明和支持发言者的立场。例如，思考这两个语句：

> 世界各地的许多儿童将因艾滋病而成为孤儿。[9]

> 儿童基金会估计，每 14 秒就有一名儿童因艾滋病而成为孤儿。这种疾病使整个国家衰落。我们面临失去下一代的风险。[10]

　　第一种说法很宽泛，可能会误导人。第二种说法列举了具体的原因和数字，让听众更清楚地了解艾滋病对儿童和国家的影响。第二句还引用了信息源，增加了数据的可信度。统计数据可用于强调问题的严重性，如下例所示：

> 截至 2000 年，艾滋病毒／艾滋病危机在全世界让 1300 多万儿童成为孤儿，他们 90% 以上生活在撒哈拉沙漠以南的非洲地区。[11]

统计数据也可以很翔实：

> 艾滋病还影响着发展中国家的经济，因为发展中国家发展经济需要教师、医生和其他专业人力资源。仅在 1999 年，撒哈拉沙漠以南的非洲估计就有 86 万名儿童因艾滋病的缘故失去了教师。[12]

以下四条准则将有助于充分利用你收集的统计数据。

1. 确保你演讲中的统计数据来源中立、可信。你必须仔细评估任何统计资料来源的动机。例如，如果你听到两组关于每加仑汽油燃油经济性的数据，一组数据是福特汽车公司准备的，另一组是消费者报告，你认为哪个更可靠？尽管福特的数据可能是准确的，但听众往往会认为这些数据是带有偏见的。因此，使用更中性的信息源对演讲者是有利的。

很难确定什么样的信息源是最中性的。例如，如果你想向听众介绍非洲孤儿的数量，你会使用谁的统计数据？"百万使团"（Mission One Million）是 2003 年 10 月成立的一个以信仰为基础的组织，目的是满足孤儿和被遗弃儿童的需要。[13]

联合国儿童基金会估计，撒哈拉沙漠以南的亚非拉地区和加勒比地区有 1.32 亿多名孤儿。儿童基金会旨在推动建立一个可以满足每个儿童权利的世界。该组织有能力影响全球范围内的决策者和各种基层合作伙伴，将帮助儿童的各种创新变为现实。[14]

来自这两个信息源的数据可能不同，但它们的目标相似。因此，除非你打算就此问题明确立场，否则选择哪个信息源是值得商榷的。记住，统计数据有很多不同的使用途径，由此可以影响解释和结果。

2. 花时间解释你使用的统计数据。解释你的统计数据并将其与听众联系起来。数据本身没有什么意义，除非你解释清楚。考虑以下统计数据的使用：

> 据估计，生活在撒哈拉沙漠以南非洲沙漠地区的 2000 多万 15 岁以下儿童被艾滋病夺走了父母中的一方或双方。由于已经诊断出大量艾滋病病例，孤儿人数将成倍增长。在撒哈拉以南的 11 个非洲国家，15 岁以下儿童人口中近四分之一将因艾滋病而成为孤儿。[15]

这一解释通过明确提出具体的数据和百分比，提供了有意义的统计数据。

当使用听众可能难以理解或可视化的数据时，演讲者要适当对数据做对比使其更有意义。

3. 谨慎使用统计数据。统计数据很难理解，如果你用得太多，就有可能让听众感到无聊或困惑。仅在必要时使用统计数据，并确保它们易于理解。下面的例子即使是最细心的听众也很难理解：

> 在坦桑尼亚联合共和国姆万扎地区，孤儿家庭无法满足的最迫切需求如下：教材，41%；医疗费用，23%；食物，21%；衣服，11%；其他，4%。

如果数据以饼状图或口头化形式呈现，则更容易理解，如下所示：

孤儿家庭无法满足的最迫切需要

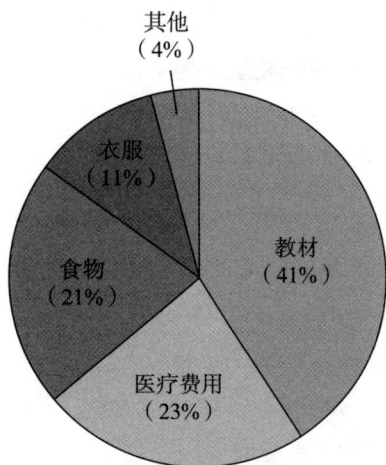

图 9-2　统计数据可视化

带有统计数据的图表可以帮助演讲稿总结复杂的数据，并使听众对你的想法感兴趣。

资料来源：根据《非洲孤儿一代》，第 2 章，联合国儿童基金会，2012 年 3 月 31 日。

在坦桑尼亚联合共和国姆万扎地区，孤儿家庭无法满足的最紧迫需求有三个：40% 以上的家庭无法负担教材，接近四分之一的家庭无法承担医疗费用，五分之一以上的家庭不能为这些孤儿提供足够的食物。[16]

4. 如果可能，把比较大的数字四舍五入。听众更容易理解和记住简单的数字。人们很容易回想起沃伦·巴菲特（Warren Buffett）承诺向比尔和梅林达·盖茨基金会（Bill and Mellinda Gates Foundation）逐年分次捐赠大约 1000 万股伯克希尔 – 哈撒韦公司的股票。盖茨基金会 2006 年获得了其 5% 的股份，价值约 50 万美元，随后几年的数额相当。微小的细节很难记住，但人们更容易记住大概的股票数量及其近似价值。[17]

图 9-2 展示了如何以一种有趣的方式总结和呈现复杂的数据。请注意体会图形如何使你更容易理解所提供的统计数据。

儿童基金会和其他关爱组织向世界上最需要帮助的儿童提供食物、水、衣服、教材和其他必要用品。据儿童基金会称，仅在坦桑尼亚联合共和国姆万扎地区，孤儿家庭无法满足的最紧迫需求包括：41% 无法负担教材；23% 无法承担医疗费用，从而导致更多儿童患病；21% 不能提供足够的食物；11% 不能提供衣服；4% 不能提供其他需要。[18]

参考指南

使用统计数据的技巧

1. **确保你的资料来源可靠、中立。**避免有偏见的信息源，如产品销售或推销服务的信息。

2. **谨慎使用统计数据。**数字可能很有说服力，但要使用得当，否则也会让人觉得索然无趣。

3. **花时间向听众解释统计数据。**解释清楚这些数字是什么意思？数据或统计数据本身没有意义，除非你在演讲中赋予它们意义。

4. **尽可能直观地显示统计数据。**这样可以节省解释时间，并且能帮助你记住细节。

》小结

9.1　制订研究计划

现在，你可以充分利用前几章所学的知识，练习确定主题、准备一般目的和具体目的陈述以及明确演讲论点。

- 及早启动。
- 尽可能多地收集信息。
- 仔细思考你的主题：你应该去哪里寻找最好的信息来构思你的演讲？
- 准备一份初步的参考文献清单。
- 精选材料以提高信息质量。
- 符合辅助材料数量和类型的指定要求。
- 做好记录，并保存关于材料来源的完整信息。
- 知道什么时候该"适可而止"。

9.2　研究：收集信息

许多优秀的信息来源可以帮助你准备你的演讲：

- 互联网可以提供丰富的信息，但一定要仔细评判你在网上找到的信息。
- 社交媒体可以是一个很好的信息来源，因为它可以为你带来灵感和可用的例子。
- 你本人应该是第一信息来源。选择你喜欢和／或对你重要的话题。
- 访谈会带给你关于某个主题的专业前沿信息。
- 媒体信息数据库可以帮你找到时效性强的相关主题。
- 你可以通过图书馆的纸质材料和电子数据库获得大量信息。
- 所有资源都应该是来自可靠发布者的可信、时效、一致的信息。

9.3　利用研究来支持和阐明想法

一旦你选择了某个主题，制订了研究计划，并开始收集材料来支持你的想法，你就需要仔细确认，四种材料中的哪一种材料可以用来支撑你的观点。

- **证词**是由专家或可靠信息源提供的具有时效性和相关性的信息。来源可靠的证词更容易让你获得信任。
- **示例、释义和统计数据**可以使你的主题更加直观清晰。

》问题讨论

1. 为什么制订研究计划很重要？你的研究计划是什么样的？
2. 在开始研究之前，你需要对主题有什么样的了解？
3. 提供三个可供参考的信息源，以阐明和加强演讲。
4. 电子信息资源可以提供哪些独特的视角？
5. 在哪种情况下访谈是最适合的方法？
6. 如果你的演讲题目是"性骚扰"，当你利用图书馆进行研究时，应该从哪里开始？
7. 为什么文献参考区是收集演讲材料的好地方？什么时候做这件事比较好？
8. 找出三个你听别人使用过的优秀的支持和阐明材料。
9. 你应该根据什么来判断信息来源对支持某一特定观点的有效性？
10. 作为一个听众，当你听到有人在演讲中使用统计数据时，你感觉如何？
11. 你为什么要对网络资源进行评判？

第 **10** 章
演讲的内容组织与提纲罗列

本章导读

组织好演讲是演讲成功的关键。听众希望听到一个能抓住他们注意力的开场、对他们有价值且与他们当前或未来相关的内容，以及一个融会贯通的收尾。

章节大纲	学习目标
10.1 组织演讲的主体	确定组织演讲主体部分的方式
10.2 组织演讲的开场	组织演讲的开场部分
10.3 组织演讲的收尾	为你的演讲做漂亮的收尾
10.4 列演讲提纲	通过提纲让演讲保持条理

联系日常生活

沟通学教授经常听到的一个问题是："为什么我们必须使用特定的组织模式？我们在新闻或课堂以外的任何地方都看不到这些模式。"从很多方面说，这个问题问得没错：你在这门课上学习和使用的组织模式非常具体，并且阐明了如何组织你的演讲。当然，没有什么方法是绝对的。虽然你可能不会精确套用这些组织模式，但毕竟你的演讲还是需要条理的，这些模式中至少有一部分对你做任何演讲或报告都是有用的。一旦你学会了精心构建你的演讲，你就能更好地为听众创造一个有组织的演讲。将这些活动视作有效演讲者必备技能和工具的培训。你将通过本课程中使用的组织模式练习演讲的内容组织与提纲罗列。一旦你学会并熟练操作各种模式，你就可以很轻松地将学到的知识应用于不同的主题与场合。

记住，你的目标是通过有组织的演讲练习有效沟通。完成有组织演讲的方法很多，我们在课堂上的练习，可以帮助你明白自己需要什么，以及如何有效地说出自己的需要，这样听众就更容易理解并跟上你的节奏。在课堂上学习和使用特定的组织模式，为课外使用其他形式提供了基础。

问题与思考

1. 确定演讲者的五种组织方式。
2. 列出你做的五件事来帮助你的听众跟随你的想法。
3. 你会给演讲者什么建议来帮助你真正地倾听？
4. 当你在听一个似乎毫无条理的演讲者讲话时，你感觉如何？

你现在完成了演讲者最难的两项工作：选择主题和收集信息。下一个任务是将信息组织成一个序列或组织模式。组织是一种技能，学习和运用组织技能的最佳方式之一就是演讲准备。虽然没有万能模板，但掌握一些组织模式，可以帮助你学会使用更易理解的方式呈现材料。在课堂作业中使用特定组织模式的主要观点是，一旦你成功地使用了这些组织模式中的一种，你就可以继续使用其他方法来组织演讲。

组织你的演讲，需要把它的各个部分组织成一个有意义的系统化整体。演讲通常分为三个主要部分：开场、主体和收尾。在此之前，你已确定了一般目的和具体目的，并且写了论点陈述。这项工作有助于你组织演讲。主体是演讲的主要部分，包含了演讲的大部分内容，所以建议同学们首先学习它，再学习开场和收尾。

组织
把思想和要素整理成一个有意义的系统化整体。

10.1 组织演讲的主体

演讲主体是演讲的主要内容，其组织过程将有助于你进一步明确论点陈述。为了确保演讲主体的条理性，演讲内容必须被拆分为几个精心选择、彼此关联、排列有序、相互支撑、便于陈述的主要观点。

主体
在演讲中落实演讲者一般目的和具体目的的主要内容。

10.1.1 准备演讲的主要观点

主要观点
演讲的主要构成部分。

准备充分的主要观点，即演讲的主要构成部分，对有效的论点陈述（和演讲）至关重要。假设你的目的是让听众了解社交媒体，你打算讨论它的用途和效果。你通过研究选择了一个特定的视角。为了确定你的具体目的和主要观点，顺利完成一场关于社交媒体的内容丰富的演讲，你决定围绕三个问题展开。

1. 什么是社交媒体？
2. 社交媒体是如何改变世界的？
3. 对于有效利用社交媒体，我需要知道些什么？

因为你已经充分研究过自己的演讲主题，所以可以很容易地确定主要观点。以下是一个具有三个主要观点的组织示例。

1. 社交媒体基于网络技术和移动技术，可以发布用户自创内容，可以实现个人、组织和企业之间的交互通信。
2. 社交媒体改变了我们生活的方方面面，包括商业、教育、人际关系、政治活动，某种程度上还改变了我们对全球问题的认知。
3. 社交媒体需要被监控，这样我们才能成为有效的创作者和消费者。

演讲的主体将围绕这三个主要观点构建。这些要点来源于沟通学、传媒学、社会学和教育研究。虽然沟通学教授建议，在 5 ~ 7 分钟的演讲中，主要观点通常不要超过 3 个，但有的时候，根据不同的演讲主题和时间要求，会有 4 ~ 5 个主要观点，也有些只有 2 个主要观点。

不是你收集到的每一条信息都是主要观点。主要观点是有代表性的、总括性的陈述，有助于组织你在研究中发现的许多细节。在本例中，"Facebook" 或 "Snapchat" 很可能是第一个主要观点的两个细分观点，但在简短的演讲中，它们不可能作为完整的主要观点。

联系主要观点、具体目的和论点　主要观点是论点陈述的基础。具体目的和论点将共同决定演讲的方向。下面是根据前面提到的主要观点构建的一个有说服力的论点。

> **具体目的：**　　让听众了解社交媒体对我们日常生活的影响，无论作为创作者还是消费者。
>
> **论点：**　　社交媒体对我们的生活有重大影响，因此，我们需要成为有效的创作者和消费者。

下面是另一个确定目的、论点和主要观点的例子。假设你的目的是让你的听众了解网络欺凌。你的论点陈述可能是这样的：

我们需要明白，社交媒体有它的缺点；我们需要认识到存在网络欺凌，并认识到它与年轻人自杀有密切关系。

这个论点陈述确定了三个主要观点：社交媒体的负面影响、对网络欺凌的解释，以及社交媒体与青少年自杀的关系。或者你被指派做一场演讲，说服听众采取某种特定行动。你对社交媒体这个主题进行过研究，知道它有利有弊，希望听众能监督青少年儿童使用 Facebook 或其他社交媒体。

你可以通过很多方法向听众阐述自己的观点，但要记住，你的最终目的是希望听众了解各种社交媒体的好处和危害。在这次演讲中，你不仅仅是在报道事实，更希望听众能做一些事情。你必须提出一个有说服力的论点，让他们倾听并采取行动。

当你开始应用你的研究时，想想一般目的——说服听众理解社交媒体。然后思考一下："听众了解社交媒体吗？"当你得出答案时，你演讲的主要观点就会随之显现。最终，你的观点可能会确定为：博客、聊天室、Facebook、领英、Twitter 和 YouTube 提供了沟通便利，但它们是双刃剑。基于此，你就可以完善具体目标，陈述论点和主要观点。

具体目的：　　　　让听众认识到儿童和青少年使用 Facebook、Twitter 等社交媒体时需要被监控。

论点：　　　　Facebook、Twitter 等社交媒体方便我们与他人保持联系，但也可能被错误地使用，必须进行监控以确保安全使用。

主要观点：

1．Facebook 和 Twitter 是青少年常用的两种流行社交媒体工具。
2．社交媒体可能会给我们任何人，特别是青少年儿童带来不利影响。
3．应该对青少年儿童接触的社交媒体内容及网络社交关系加以监控。

呈现主要观点　　主要观点，如具体目的、论点等，都需要精心编写。它们在结构上也应该是具体的、生动的、相关的和对应的。（我们使用阿拉伯数字来标明主要观点，你在后面将看到，它们最终会成为演讲提纲中的主要元素。）

具体化　　你的主要观点越具体，就越不容易产生混乱，对听众的意义就越大。如果演讲者讲话含糊其词，过于笼统，就很容易让人误解。演讲中的每一个主要观点都应该独立于其他主要观点，并且简单易懂。比较以下内容。

无效的主要观点：

社交媒体的广泛使用改变了世界，其触手可及，不同年代的用户使用方式也不尽相同。

有效的主要观点：

1. 社交媒体改变了生活的方方面面。
2. 社交媒体的使用存在代际差异。
3. 社交媒体"触手可及"的特点有导致分心和焦虑的风险。

可以看到，第一个例子（无效的主要观点）在一个要点里包含了三个想法，这使其过于复杂。第二个例子（有效的主要观点）将这三个概念拆分成三个独立的要点，从而使每个要点更容易理解。

交际与成功

创建目的和论点陈述

你的任务是准备并进行一次 6 ~ 8 分钟的告知性演讲，从下列主题中选择一个主题，写出一般目的、具体目的和论点陈述。

1. 你也可以准备一场有教育意义的 TED 演讲。
2. 当今世界，倾听是一项非常有用的技能。
3. "为了我们的生命"游行活动要确保安全。
4. 你自己的选择。

使用生动的语言　对语言选择的重要性再怎么强调也不为过。当你倾听或参加演讲时，你会注意到语言及语言的效果。我们用于对话和演讲的语言（口头语言）比书面语言更有趣也更重要。你需要考虑如何做出最佳选择以贴近听众。你的主要观点越生动，就越有可能激发听众的兴趣。主要观点应该是发人深省、引人注意的想法，是从各种支持性参考材料中提取出来的精华。

生动的语言：　　苹果 iBeacon 可能会让你冲动消费，因为零售商会通过数码优惠券和特价优惠来诱惑你。

不太生动的语言：　你手机上安装的苹果 iBeacon 等应用程序，可以发现你在商店的具体位置，并在你接近特定产品时为你提供特价优惠和数字优惠券，吸引你购买原本没打算买的商品。

相比平铺直叙的语言，生动的措辞可长可短，但不应该夸大。任何不生动或不自然的表达，都可能损害演讲者的可信度。要保持良好品位和道德界限。

表达相关性　展示与听众切身利益相关的主要观点可以激发更多的参与和共鸣。例如，不要说"年轻人的肥胖问题已经到了很严重的程度"，而要说"肥胖现象在我们年轻人中非常严重"。直接引用听众的话可以增加你和听众之间的关联度。听众希望知道演讲者的主题与他们有什么关系，以及他们为什么要听。

采用一致的表达结构　各主要观点应该用平行结构来表达，即尽可能使用相似的语法结构和措辞。

表达结构不一致：

1. 世界上最大的健康风险是饥饿。
2. 结核病、疟疾和艾滋病导致的死亡人数的总和也赶不上饥饿导致的死亡人数。
3. 每天会有超过 15 000 人死于饥饿。

表达结构一致：

1. 饥饿是世界上最大的健康风险。
2. 饥饿导致的死亡人数，超过了肺结核、疟疾和艾滋病致死人数的总和。
3. 饥饿造成每天超过 15 000 人死亡。[1]

主要观点结构一致，可以使材料更易于梳理和记忆。针对某一场演讲，听众通常只会听一次。因此，为了演讲效果，你所做的任何事情，都要围绕清晰、突出的主要观点。在上述例子中，演讲者通过持续关注饥饿的影响，并用"饥饿"这个词引导每一个主要观点，来加强与听众的关联。

限制主要观点的数量　演讲的主要观点数量至少取决于 3 个因素。首先，大多数课堂演讲的时间受到现场情况的限制。因此，课堂演讲的主要观点通常会选择 2 ~ 3 个，最多不超过 5 个。

其次，演讲内容，特别是每一个主要观点所需论证材料的数量和构成，影响到观点的数量。要平衡花在每个主要观点上的时间。例如，你被指定做一个 5 ~ 7 分钟的演讲，那么按照计划，开场和总结就不能超过 2 分钟，剩余的时间要平均分配到各个主要观点上。当然，这是一个参考，不可能绝对精准地平衡每个主要观点，有些演讲主题的性质，决定了其中某些主要观点比其他主要观点强调得多一些；或者开场和结尾要长一些。

最后，要便于听众梳理和回忆每个主要观点。如果提出的主要观点太多，听众就不可能回忆得起来。常识告诉我们，3 个主要观点比 5 个主要观点更容易记住。因此，作为一个演讲者，你必须为你和你的听众设定合理的期望。如果你有太多的主要观点，而时间又很有限，你就无法充分展开每一个主要观点，并使之清晰、可信、便于回忆。

为主要观点排序　一旦确定了主要观点，就必须决定演讲顺序。这个顺序需要认真分析，因为顺序决定了你演讲的结构和策略。最有效的演讲顺序取决于主题、目的和听众。常用的基本展现模式有：时间顺序（时间轴）模式、空间模式、主题模式、问题－解决模式、因果（或果因）模式和门罗激励序列（Monroe's motivated sequence，又称门罗五步法）。

时间顺序（时间轴）模式

从某一特定时间点开始，向前或向后展开的展现方式。

时间顺序模式　时间顺序（时间轴）模式表示从特定的时间点开始，向前或向后展开。关键是要遵循自然的时间轴，避免从某个时间段随意跳到另一个时间段。此模式对于推演流程步骤、系列事件关系或思想发展过程特别有用。一些主题适合采用时间顺序模式，例如，如何写出值得一读的博客；如何节能减排，循环利用资源；如何在你的客厅建造室内花园；创建有效网站的技巧等。下面是从特定时间点向前展开的时间顺序模式示例。

主要观点：

1. 建立有吸引力的网站的第一步是获得一个域名。
2. 第二步是选择一个网站服务器。
3. 第三步是设计有吸引力的网站内容。

倒序序列是从某个特定的时间点开始，按时间倒序展开。例如，一个讨论"公民对全球饥饿问题的关注"的演讲，可以按时间倒序排列如下。

1. 世界饥饿人口的数量仍在增加。
2. 在 21 世纪初，人道主义者和活动家开始为消除全球饥饿问题而努力。
3. 饥饿和营养不良，从 20 世纪 30 年代起就被认为是一个重大的全球性问题。[2]
4. 20 世纪 30 年代，时任美国总统赫伯特·胡佛（Herbert Hoover）同诺曼·博洛格（Norman Borlaug）一起，开始大力寻求解决方案，为全球饥饿人口提供食物。

时间顺序（时间轴）模式也可以用来解释一个过程，即通过时间的推移来解释重大历史性问题是如何解决的。

空间模式

根据空间关系组织演讲内容的一种展现方式。

空间模式　在空间模式中，演讲内容是根据空间位置关系来组织的——我们可以去哪里找哪些东西。这种方法特别适用于在演讲中描述距离、方向或物理环境。例如，空间模式可以用来描述如何在院子里建一个浪漫花园、记忆力提升策略或者如何让宿舍更舒适。空间模式可以连接所有主要观点并使其建立关系。以下是根据空间模式组织的主要观点示例。

主要观点：

1. 史密森学会（博物馆）有很多景点，你不可能一次全部看完，所以你必须挑选最经典的地方。

2. 第一站是史密森城堡，这是史密森游客中心所在地，提供免费导游和地图，你可以在这里找准游览方位。

3. 为了充分利用这一天，你可以从城堡出发，乘坐公共交通前往华盛顿市中心的国家购物中心，19 个博物馆中有 10 个都在那里。[3]

4. 选择你最喜欢的博物馆，查看地图，设计一条路线，用最少的时间把你打算去的博物馆浏览一遍。

主题模式　主题模式就是将演讲主题划分为一系列相关的细分主题，每一个细分主题都是演讲的一个主要观点，最后把所有的主要观点串成一个连贯的整体，由此形成一个统一结构。

> **主题模式**
> 把主题拆分成一系列相关细分主题的展现方式。

在其他组织模式不适用于演讲的主题或目的时，我们就可以使用主题模式。主题模式对于诸如"你在技能课上的收获""论文和演讲中语言的使用差异"等主题很有效。下面举例说明如何用主题模式来组织"地球日"演讲的主要观点。

主要观点：

1. 地球日是 1970 年 4 月 22 日由威斯康星州参议员盖洛德·尼尔森（Gaylord Nelson）创立的，旨在引起人们对环境问题的关注。

2. 地球日永远把环境问题置于政治和公众意识的最前沿。

3. 2015 年的地球日活动，有来自世界各地的数十亿人加入，他们就抗击气候变化、植树造林、清理公园和河流发表了看法。[4]

主题模式的正确使用方式，是每一个主要观点要在结构上对应，并且彼此关联。由于主题模式的通用性，它可以满足大多数演讲目的，并有效呈现各种主题材料。

其他几种模式（问题 – 解决模式、因果模式和门罗激励序列）主要用于说服性演讲，将在第 12 章讨论。

选择最佳模式　我们强调了将演讲内容组织模式与演讲的主题、具体目的和论点相匹配的重要性。此外还有一个关键因素不可忽略：你的听众。精明的演讲者可以预料到听众的反应。因此，如果经过分析推测听众可能提出重要问题或反对意见，你就要有相应的内容准备和对策。例如，如果你提倡强制性社区服务，并且确信听众中有人会反对任何形式的强制，你可以按照以下方式组织演讲。

主要观点：

1. 社区服务可以让我们创造一个充满关爱的世界。

2．社区服务可以给我们带来满足感。

3．如今的社区服务有助于建立一种"预存"模式。

文化可能会影响你组织演讲的方式。一些文化和亚文化会使用另一种有效的组织模式。例如，通过思维导图、叙事或讲故事来组织演讲。沟通学老师们认为这些模式特别适用于展示社会问题。还有一些演讲者在一场演讲中有效地使用多个组织模式的组合。如果你对自己的思维组织能力还没有足够的信心，最好在演讲中先使用某一种组织模式，当你适应之后，再扩展到其他模式。

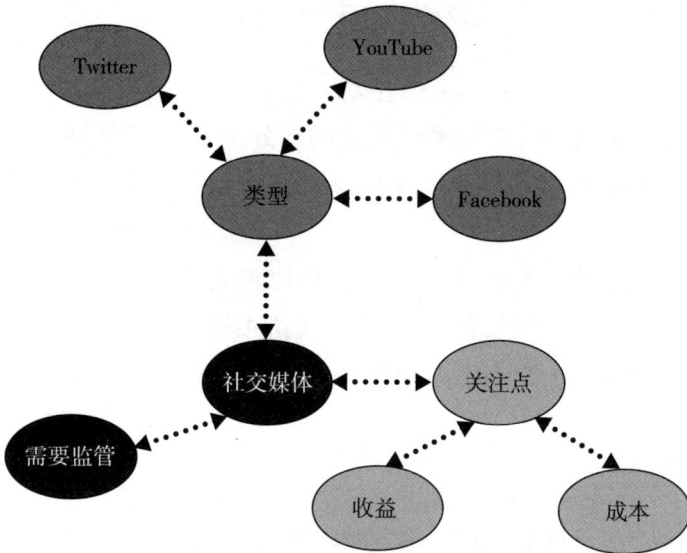

图 10-1　思维导图

无论你选择什么样的组织模式，其核心都在于让演讲变得更有说服力。例如，思维导图[5]是一种组织策略，你可以在其中直观地"绘制"各种想法之间的联系。如图 10-1 所示，在这个思维导图中，我们可以以一个单词或符号为中心，写下关于这个单词或主题的所有想法。比如绘制一个有关社交媒体的演讲思维导图，你可以从一个标有"社交媒体"的圆圈开始，然后围绕这个圆圈来考虑社交媒体的各个方面。

上文提到的另一种策略是叙事或讲故事。演讲中的故事不需要太长，

思维导图
一种视觉组织策略，使用词或符号来识别概念及其相互关系。

交际与成功

了解更多组织方面的知识

作业：学习更多利用网络信息组织演讲内容及列提纲的知识。

打开浏览器，输入"社交媒体和隐私权""什么是 Yammer"或你选择的其他主题，确定哪些问题可能会成为演讲的主要观点。你可能会在 YouTube 上看到思维导图的创作者东尼·博赞（Tony Buzan）的视频，他解释了思维导图[6]，看看这种组织模式是否适合你和你的主题。你也可以搜索"门罗激励序列"（或阅读第 12 章），了解更多关于这种组织方法的信息。最后，在线搜索"演讲组织模式"。

1．阅读一个或多个选项，找到你喜欢的模式，并用思维导图、门罗激励序列、叙事或讲故事的方式创建演讲提纲。

2．讨论你的提纲和你所选择的组织模式的优缺点，然后与你的同学分享。

也不需要遵循传统讲故事的原则。相反，它是一个使主题更加热情、贴近现实甚至充满激情的描述手法。想想你觉得有趣的演讲或课程，演讲者是怎么做的？为什么你觉得很有趣？例如，本书一位合著者回忆了一堂关于世界宗教的课，课堂笔记很容易记，内容令人难忘，教授的演讲也很有吸引力。虽然他的教案已经泛黄，但内容一点都不枯燥乏味。（教授刚上课的时候看了一下笔记本，直到离开教室都没再看一眼。）

叙事或讲故事
一种故事化的组织策略，用于表述思想或情境，但不拘泥于传统的故事结构。

10.1.2 关联主要观点

普通的交谈，可以从一个主题转到另一个无关的主题，而不会失去意义或受到影响。然而，演讲者要想与只听一遍信息且不能随便提问的听众进行有效沟通，就必须把演讲中的思想系统地关联起来。演讲者单独或组合使用的四种最常见的关联手段是过渡语、标示语、阶段预告和阶段总结。

过渡语
连接思想的短语或单词。

过渡语　用于连接思想的短语或单词被称为过渡语。它们在已呈现的内容和将呈现的内容之间搭建一座桥梁。过渡语通常用于演讲的开场和主体之间、主要观点之间、论证材料和视觉辅助工具之间，以及主体和总结之间。过渡语用以回顾之前的信息、预览之后的信息，或总结要点。以下是一些典型的过渡语。

> 从 Facebook 说到 Twitter……
>
> 既然我们已经讨论了互联网的历史，下面我将谈谈它的用途。
>
> 现在我们来看……
>
> 最后一点是……
>
> 另一个例子是……

标示语
向听众表明演讲者下一步走向的字词、短语或简短陈述。

标示语　就像交通标志提示司机交通状况一样，标示语是用来让听众知道下一步情况的单词、短语或简短陈述。以下是一些典型的标示语。

> 下一点是……　　　　首先，让我解释一下……
>
> 我们总结一下这个想法……　当你看到这组数字……
>
> 我要说的第二点是……　最后……

问题也可以用作标示语：

> 我们有多少人受到 2017 年通过的减税计划的影响？
>
> 口头语和书面语有什么区别？
>
> 面对全球大量的孤儿，我们该如何做出负责任的反应？

这类提问，会引起听众对即将揭示的答案的关注。

标示语不仅让听众做好下一步的准备，而且提醒听众，下面的信息很重要。例如：

> 底线是……
>
> 我们可以尝试的解决方案是……
>
> 你必须明白的一件事是……

阶段预告
对将讨论的问题给出预警或预告的简短陈述。

阶段总结
在一个主要观点的末尾给出的简短的回顾性陈述。

阶段预告　所谓阶段预告，是指通过简短陈述预警或预告即将涉及的观点。例如：接下来，我们将探讨解决预算优先权缺陷的可能办法。

阶段总结　阶段总结是在主要观点末尾给出的简短的回顾性陈述。例如：

> 让我们总结一下我们学到的内容：饮食失调症是所有精神类疾病中死亡率最高的，这一精神疾病影响着 800 万美国人，其中包括 700 万女性和 100 万男性，而且往往得不到治疗。[7]

10.1.3 支持主要观点

主要观点本身不过是一些论断，关键是对主要观点进行支撑论证，论证材料要能围绕主题并有逻辑性。演讲的主体从主要观点扩展为提纲形式时要把主要观点细化为细分观点，而细分观点又可以进一步具体到支撑论证。

1. 世界上有超过 10 亿的孤儿。
   （1）10 岁以上的儿童不太可能被收养。
      ①未来的父母想要孩子。
      ②一些人认为残障儿童是高风险、高抚养成本的儿童。
   （2）所有的孩子都需要一个充满爱的家。
2. 撒哈拉以南非洲的孤儿总数超过了丹麦、爱尔兰、挪威、加拿大和瑞典的儿童总数。
   （1）目前，撒哈拉以南非洲地区估计有 5310 万孤儿。
   （2）估计撒哈拉以南非洲地区 12% 的儿童是孤儿。[8]

论证材料应当与演讲的具体目的、论点和主要观点明确相关。

10.2 组织演讲的开场

有经验的演讲者通常在演讲主体准备结束后（而不是之前）再准备开

场内容，因为这个时候对整体内容有更全面的了解。演讲的开场有两个重要功能：激励听众认真倾听和引导他们关注主题。因此，你的开场应该为演讲的主题铺平道路，让听众对你演讲的主要观点有所准备。

你的开场应该基于你在听众分析中收集的信息。如果你的分析是准确到位的，你应该对听众的主流观点及其与自己观点的异同了然于胸。你的开场应该达到三个目标：引导听众了解主题、激励听众倾听、预告主要观点。

10.2.1 引导听众了解主题

根据听众对主题的了解程度，演讲者决定做多少背景铺垫。这个时候是吸引注意力的绝佳时机，给出演讲的具体目的并陈述论点，同时解释对理解演讲至关重要的术语。

> **开场**
> 通过开场白将听众引向主题，并激励他们倾听。

可以吸引听众的注意力并激起他们的兴趣的方法有：提及主题或场合、讲述个人经历或叙事、提出反问、语出惊人、使用幽默或者引述。你应该仔细斟酌这些手段，以适应听众、场合和语境。没有一种方法可以以不变应万变，每种方法都有其局限性。例如，试图用幽默把听众的注意力集中在一个严肃的主题（比如疾病）肯定没效果。在选择开场方法时，考虑一下整个演讲，因为演讲的各个部分必须有机结合，才能达到预期目的。

提及主题或场合　你可能会被要求在某个特殊的场合发言，比如节日、创始人日、毕业典礼或周年纪念日。下面是一个与场合相关的吸引注意力的示例。

> 凯瑟琳·加尔文（Kathleen Galvin）博士一直是我在教学、研究和服务方面的榜样。当被咨询问题时，她乐于授业解惑；当有人需要帮助时，她会身先士卒。如果你查"致力于沟通学"，你会看到她的照片。我很高兴把这个杰出服务奖颁发给加尔文博士。

讲述个人经历　只要你能把自己的经历和演讲联系起来，就尽可用个人经历来开场。个人经历使你的演讲对于你的听众更有意义，也会让听众坚信你对于主题的权威性。下面是一位演讲者利用个人经历开场，讲述她为什么不吃巧克力的内容。

> 我从来不吃巧克力。朋友们总是买巧克力分给我吃，但我不感兴趣。有人教我说不要拒绝摆在你面前的食物，所以当我去参加一个生日聚会时，有人给我巧克力蛋糕和巧克力冰激凌，我就吃了，然后

我差点为此送了命。我才知道自己对巧克力过敏，难怪它对我毫无吸引力。

使用反问　反问是一个不需要回答的问题。在开场中提出反问，通常会鼓励听众思考（提出真正的问题，也是让听众感兴趣并参与演讲的有效方法，但重要的是要让听众知道，哪类问题你真的希望他们给出答案）。此类问题也可以用来制造悬念。下面是一个使用反问的例子：

> 你有没有幻想过随时随地想吃就吃？如果是的话，你可以代表大部分美国公民。

语出惊人　你可以通过语出惊人震一震你的听众。令人吃惊的言论极易引起注意，比如这个例子："现实是残酷的——聚会时间结束了！"骇人听闻的故事也可以用来吸引听众的注意力。

> 说真的，你体内可能有定时炸弹。它在无情地嘀嗒作响，除非你能意识到问题，并改变你的生活方式，否则，这个定时炸弹会导致严重的健康问题，甚至影响你的寿命。这个定时炸弹就是压力。"我们都有压力。"布鲁斯·麦克尤恩博士和乔治·克洛索斯说。当我们感到压力时，我们的身体会做出"要么战斗要么逃跑"的反应，随之分泌的肾上腺素，会使心率和血压升高（使我们做好战斗的准备），并向肌肉输送更多的血液（以便我们逃离）。[9]

使用幽默　一个有趣的故事，一个相关的笑话，或者一个搞笑的方法，不仅能吸引听众的注意力，还能让他们放松。故事和段子必须与演讲内容相关，不能为了搞笑而搞笑。一位演讲者开始发言如下。

> 一位航空公司机长写到，他在一次难忘的飞行中没把握好降落力度，飞机狠狠地降落在了跑道上。这家航空公司有一项规定，要求乘客下飞机的时候机长要站在舱口，微笑着说："谢谢您乘坐 XYZ 航空公司的航班。"
>
> 他说，鉴于他着陆不好，不好意思直视乘客的眼睛，以为会有人嘲讽他，结果好像也没什么人生气。
>
> 最后，除了一个拄着拐杖的老太太，所有人都下了飞机。老太太上前神秘兮兮地问："桑尼，介意我问你个问题吗？"
>
> "当然可以，您说！"
>
> "我们现在是降落还是被击落？"[10]
>
> 你可能好奇我为什么要以一个笑话开始我的演讲，实际上很简

单，我妈和我外婆总是告诉我："笑是良药，包治百病。"而且，我活得越久，发现这话越有道理。笑的确是身心健康的良药。研究表明，笑是消除压力、痛苦和内心冲突的有效方法，没有什么比大笑更能让你的身心恢复平衡。

让我分享一下笑有益健康的 4 个原因。

1．笑使全身放松。

2．笑能增强免疫力。

3．笑会引发内啡肽的分泌。

4．笑可以保护心脏。[11]

使用引述　有时引述可以吸引听众的注意力，如果引述准确，还会增加演讲的可信度。一个学生关于语言的演讲如下。

> 李·艾柯卡曾经说过："用自己的语言和人们交谈非常重要。如果你做得好，他们会说，'天哪，他说的正是我的想法'。一旦他们对你产生尊重，就会对你死心塌地。"[12] 今天我想和大家谈谈语言的力量，以及如何利用语言来帮助大家成为优秀的沟通者。

不管你选择用什么来吸引听众的注意力，并使他们对你的开场白感兴趣，你的演讲都应该围绕主题，并且应该引导听众关注这个主题。

陈述具体目的和论点　成功引起了听众的注意之后，你就需要陈述你演讲的具体目的和论点。我们在前文中已经详细讨论了具体目的和论点陈述。有时，具体目的和论点陈述最好同步进行；但有的时候，应该在演讲开始的时候先摆明具体目的，在开场结束的时候做论点陈述——正好作为整个演讲的预览。在陈述具体目的和论点时，你要把听众引向主题，并给他们一个清晰的指示，告诉他们你演讲的方向。这个预览对于帮助听众回顾你说的话也很重要，因为他们只有一次机会听到你的信息。

10.2.2 激励听众倾听

通过设计开场白来"抓牢"你的听众。你必须在整个演讲过程中抓住听众的兴趣和注意力，而如果你能通过主题本身的意义，以及建立你的可信度来"抓牢"他们，那么这项任务就会变得更容易。

使你的主题变得有意义的一个标准方法是让听众明白他们为什么要来听这场演讲。尽早让听众在演讲中找到倾听的理由。同时，你还应该考虑是否有必要建立自己在你选择的主题上的可信度。

可信度是基于听众对演讲者的能力、经验、性格和魅力做出的可信程度的评价。例如，如果某歌手就移民政策或气候变化需求发表演讲，她就

可信度
演讲者是否可信，基于听众对演讲者的能力、经验、性格和魅力的评价。

必须证明自己与该主题的关系，并说明她是如何成为这一领域的专家的，以确立自己在这一主题上的可信度。

10.2.3 预告主要观点

在开场结束之前，要让听众知道你在接下来的演讲中会讲什么。这就是所谓的预告，它为听众提供了一个路线图，让他们知道你在演讲的剩余部分将带他们去哪里。预告有助于让听众成为更好的倾听者。

我们一起来看一些开场示例，下面的例子展示了如何引导和激励听众，并预告演讲的主要观点。

> 笑是消除压力、痛苦和内心冲突的有效方法。没有什么比大笑更能让你的身心恢复平衡。幽默能减轻你的负担，激发你的希望，改善你的社交，同时让你保持理智、专注、机敏。
>
> 能够轻松而频繁地笑，是强大的治愈和更新能力，也是克服困难、促进人际关系、支持身心健康的巨大资源。笑能让你放松，增强你的免疫力，促进内啡肽的分泌，提升整体的幸福感，并保护你的心脏。[13]

你能找出这个开场中的主要观点吗？看看下面的例子，你能否找到主要观点？

> 奶奶常对我说："没有笑容的一天是浪费的一天。"她是一个聪明的女人，她每天都能保持微笑，这样她就能减轻自己的痛苦，因为她的身体并不好。而且，她让所有孙辈都学会了如何笑和经常笑。和别人一起笑比自己一个人笑更有力量，分享笑容是保持人际关系的最有效工具之一。幽默能提高你与同事、家人和朋友的沟通质量，也能让你更加自然，放下面具，释放压抑，表达自己的真实感受。[14]

这篇开场一次完成了几个功能：吸引听众注意力、将主题和听众及演讲者关联到了一起、建立演讲者对于主题的可信度、指出了演讲的主要观点。

下面的开场示例包含了背景和吸引注意力的因素，它为听众提供了一个聆听的理由，指出了主题的意义，让听众知道"演讲对我来说有什么用"，并陈述了具体目的和论点。

> 三年前，我姐姐和姐夫决定收养孩子，让家里多一些人气。因为世界上有那么多孤儿，他们决定收养一个可能因为年龄或残障而难以被其他人收养的国际儿童。他们开始在网上搜索，发现信息太多了，

必须先确定自己想了解哪些信息。经过梳理，他们知道应该优先考虑的是年龄、性别、种族和医疗需求。我们全家都参与了这个决策过程，这对我们自己做研究也是很有参考价值的。

我们的一些发现可能对你现在或将来有帮助，因为在过去的几年里，待领养孤儿的数量急剧上升。而你或者你认识的人，可能会发现国际领养并非遥不可及。至少当你讨论到这个话题的时候，会有更多的知识储备。当你自己或者你的家人、朋友打算收养孩子时，从哪里着手、如何找到你想抚养的孩子，以及相关法律问题，我将给大家带来一些建议。[15]

交际与成功

演讲开场

第一印象非常重要。研究人员和商界人士都告诉我们，演讲者、面试者和销售人员，必须在 15 秒内吸引听众的注意力，否则就有可能失去听众。沟通学学者大卫·扎雷夫斯基（David Zarefsky）说："演讲的开场白强烈地影响了听众对演讲者的第一印象。"[16]

分析下面的开场白并回答问题。

库克船长船上的人第一次使用冲浪板是在 1779 年 3 月。冲浪很难学，今天我想和大家分享我的冲浪经验、冲浪运动的历史及冲浪的方法。

1. 参考指南中的哪些原则没有运用？
2. 怎样才能使这个开场更加生动、引人注意？

参考指南

完善你的开场

1. **保持开场相对简短。**你的开场应该只占演讲总内容的 5% ~ 10%（30 ~ 50 秒）。

2. **为开场留足准备时间。**因为开场对你演讲的成功至关重要，所以不应该拖到最后一刻匆忙准备它。

3. **使开场富有创造性和趣味性。**想做到这一点，要多准备几个可能的开场，选择预期效果最好的一个。

4. **当你研究你的演讲时，在开场材料上花点功夫。**把有趣的语录、故事、笑话等能让你的开场更加精彩的内容记在笔记本或文档里。但要记住：成功的开场必须紧密围绕演讲主题。

5. **在你准备完演讲的主体内容之后再设计开场内容。**在确定了正文的内容和方向之后，更容易设计开场内容。

6. **写开场逐字稿。**演讲的这一部分太重要了，不能即兴发挥，更不能听之任之。如果你确切知道自己将在演讲开始时说什么，你会更加自信，并且会有一个不错的开场。然后练习开场，直到你能像平常说话一样完美开场。如果你遵循这条原则，你上场的时候就不用拿着提词卡或看着提纲讲了。

10.3 组织演讲的收尾

演讲的收尾应该把听众的思想集中在你演讲的具体目的上，并用一种简洁而统一的方式把你最重要的观点汇聚在一起。收尾应该与开场对应，帮助听众在信息的各个部分以及主要观点之间建立联系。在说服性演讲中，也可以通过收尾来阐明你关于解决问题的行动或策略的建议。无论如何，演讲的收尾都应该强化你希望传达的信息。

演讲收尾和演讲的其他部分一样重要，你应该同样予以重视。特别要注意，避免在这部分讲话中增加新的信息。此外还要记住，作为一名演讲者，你只有一次机会向听众传达信息。重复是帮助听众回顾你的关键信息的重要策略。

10.3.1 表明演讲结束

你需要让听众为你演讲的结束做好准备，否则他们会感觉不太舒服，若有所失。不要直截了当地说你说完了，甚至不要说"最后……"，尤其不要说"这就是我要讲的"。相反，你应该婉转地、创造性地表明：演讲即将结束。举个例子："正如我们所讨论的，有五种方法可以让我们成为更好的倾听者。"

10.3.2 让论点足够清晰

当你只有一次机会让听众听到你的信息时，重复是很重要的。一定要创造性地提醒听众你的中心思想："还记得我刚才说过的吗，有效倾听是我们可以通过学习获得的一项很有价值的技能。"

10.3.3 回顾主要观点

如果你想让听众记住演讲的主要观点，回顾演讲的主要观点就特别有用。例如，一位演讲者向听众介绍了影响有效倾听的障碍，她的演讲总结如下。

> 让我们一起回顾一下，对我们的倾听影响最大的障碍是什么。它们可以是环境上的、精神上的、语言上的或生理方面的干扰。如果你记得这些干扰，以及它们对倾听的影响，你就会成为一个更有效的倾听者。

除了帮助听众记住你的演讲内容，回顾还可以帮你阐明演讲目的和论点。

10.3.4 以一种难忘的方式结束演讲

难忘的方式可以是使用一个吸引注意力的举动、引用一段别人的话，或者发出一个挑战或呼吁。令人难忘的引述是给听众留下持久印象的好方法。如果你的引述是切题的，并能强化你的论点，这个引述会增加你演讲的权威感，也能加强你本人的可信度。重要的是，要随时说明引述的出处，道德感强的演讲者都知道说明论据出处的重要性。

如果你演讲的一般目的是说服，收尾也可以是提出挑战或鼓励行动。下面的收尾概括了演讲的主要观点，同时要求听众采取行动。

> 睡眠专家也是刚刚才开始了解，睡眠不足意味着我们将失去什么。睡眠不足的时候，我们的身体会发生剧烈的变化，而且有很多健康风险。你醒着的时候，荷尔蒙会降到一个很低的水平，甚至近似老年人清晨的低水平。此外，睡眠不足可能导致肥胖、免疫力下降、思维混乱，甚至致癌。你必须调整你的作息表！每天至少保证 8 小时的睡眠。计划好你的工作，这样你就可以心无旁骛地好好睡一晚。如果你真的忙不过来了，学会打个盹儿！小睡 45 分钟左右效果最好，可以有效改善你的健康、心态和思维。我强烈呼吁大家对自己的生活负责，确保睡眠！[17]

用诸如"今天，我们审视了……""刚才，我们一起探讨了……"或者"最后，我想跟大家分享……"这样的短语，向听众表明你的演讲已经接近尾声。这些话术让听众做好了听你总结的准备，随后的收尾让听众知道演讲即将结束，总述并综合演讲所涉及的主要观点。这个时候提出一个采取行动的呼吁，会给听众留下难忘的记忆。

> 饮食失调症在我们的社会中十分普遍。然而，许多保险公司不提供相应的医疗保险。它们筛选出它们认为"法定"的精神疾病，许多人不相信饮食失调症属于这类疾病。
>
> 这意味着，众多饮食失调症患者，如果没在有集体保健计划的大企业上班，可能就无法获得足够的心理关注。
>
> 心理健康保险对于治疗这类疾病是有必要的，因为饮食失调症的治疗费用可以高达数十万美元。是否还记得我之前提到的那个 65 磅重的年轻女子，她在重症监护室待了五个星期。
>
> 请与你的雇主和立法者交谈，调整对全员的政策——不仅仅针对大企业的员工，这样每个人都可以得到所需要的心理治疗。[18]

交际与成功

漂亮的收尾

一个好的收尾应该包含总结和综述，或者说是"画龙点睛"之处。

作者、顾问、经济学家和技术大师杰里米·里夫金（Jeremy Rifkin）1998 年 5 月在俄亥俄州克利夫兰市的城市俱乐部发表了题为"生物技术世纪"的演讲。他的收尾是这样的。

> 所以我希望公众能参与这场辩论。在与全球商界领袖和 CEO 们的合作中，我们远远落后。我可以告诉你们，生命科学行业的发展如此之快，这些人紧跟前沿，他们与公众所理解的差距如此之大。公众急需被普及相关知识，就像我们今天在这里一样，我们需要达成一些共识。

> 我们不能一味把这些问题甩给实验室的科学家，或者相关公司董事会的高管们，因为这些技术的发展不应该完全由市场决定。

> 它们影响到我们的子孙后代。如果这不是我们应该广泛而密切地讨论的技术革命，哪一次算是呢？所以我希望，在未来的几年，我们可以开始讨论这个有关我们进化前途的重大议题。我们如何面对这个基因商业化的世纪，如何启动这项令人生畏的新科学，使我们的孩子受益，造福子孙而不是留下隐患？[19]

问题与思考

1. 我们说，漂亮的收尾会让听众思考和记住一些内容。里夫金做到了吗？
2. 他最后的信息是什么？
3. 这些语句的排列方式对演讲有什么影响？
4. 这个收尾符合"生物技术世纪"这一标题吗？

参考指南

设计收尾

1. **收尾应尽量简短，并以明确的总结性陈述结束。** 收尾应该占演讲总内容的 5% ~ 15%（30 ~ 60 秒）。
2. **收尾不应添加新的信息。** 如果你在演讲的开场或主体中都没有提到某一点，那就不应该在收尾中提及。
3. **收尾的准备不应太仓促。** 留出足够的时间来准备它，并精心设计，但要表述得自然一些。
4. **给听众留下一些难忘的东西。** 多考虑几个可能的结尾，选择最好的那个（即最符合你演讲目的的收尾）。
5. **写收尾逐字稿，然后练习，你就可以平稳、自然而又自信地结束你的演讲了。**

10.3.5 综述和总结

你的收尾应该让听众知道你即将结束演讲，同时还应该清楚地提示听众你的论点和主要观点。从本质上说，收尾可以给听众留下一个总结和综述——通过一些让人难忘的方式融汇你的想法。

10.4 列演讲提纲

列提纲是准备演讲稿最困难的步骤之一。提纲描述了演讲的组织结构，演讲提纲要求按逻辑顺序排列演讲的全部内容，并以标准格式编写。提纲通常也被称为演讲的蓝图或框架，而组织是以系统化和意义化的方式排列思想或要素。关于如何组织你的演讲，可以选择本章前文所讨论的组织模式。组织演讲内容和列提纲都涉及排列信息以形成一个便于理解的顺序，但列提纲是一个更加严格的写作过程。沟通学学者、公共演讲教科书作者大卫·扎雷夫斯基表示："演讲者在两个阶段都依赖于提纲：一是准备演讲内容时，二是发表演讲时。每个阶段都需要不同的提纲。"[20]

列提纲比组织演讲内容更详细，有助于统一和阐明思路，使关系清晰化，并为涉及演讲具体目的的每个主要观点做适当的平衡和强调。列提纲也有助于确保信息的准确和切题。

通过列提纲，你可以一览演讲全貌。提纲可以帮你衡量对每一个主要观点的论证程度，并确定任何需要进一步佐证的主要观点。提纲的编写通常需要三个步骤：建立一个初步提纲，确定演讲的主题和主要观点；将初步提纲扩展为一个完整的整句提纲，使演讲内容得到清晰和充分的表述；将整句提纲精练为一个便于表达的提纲。

10.4.1 列提纲的原则

列提纲时，你应该记住三个原则：等级、协调和对应。等级关系清楚地表明了思想的主次，最重要的观点是主要观点，主要观点由细分观点支撑（也就是说，细分观点从属于主要观点），要用特定的格式规则表示。协调性是指对同等重要的观点使用相同类型的数字（罗马数字或阿拉伯数字）和字母（大写或小写）来直观地表示观点之间的关系。对应是指对所有的思想、主要观点、细分观点和更加细分的观点，使用相近的语法形式和语言模式。如果你用"I"，就必须有"II"；如果你用"1"，就必须有"2"；如果你用"A"，就必须有"B"。每个条目要么都是关键词，要么都是完整的句子，要么都是短语，不能把短语和完整的句子混在一起。此外，正如前面的例子所示，你的语言应该是并列的。例如：

1. 倾听是习得的。[主要观点]
   （1）倾听是可以教的。[细分观点]
   （2）倾听技能必须提高。[细分观点]
      ①你可以改变你的倾听行为。[论据]
      ②你可以改变你对倾听的态度。[论据]

提纲
指按照逻辑顺序排列材料内容，并以标准格式写下来，通常也被称为演讲的蓝图或框架。

等级
清晰地确定思想的层次：最重要的是主要观点，它们由细分观点支持（即细分观点从属于主要观点），用特定的格式规则表示。

协调
具有相同重要性的想法使用相同类别的数字（罗马数字或阿拉伯数字）和字母（大写或小写）直观地表示想法之间的关系。

对应
对所有的思想、主要观点、细分观点和更加细分的观点，使用相近的语法形式和语言模式。

（3）有效的倾听者会避免常见的障碍。[细分观点]

①拉尔夫·尼科尔斯找到了克服倾听障碍的方法。[论据]

a. 找到感兴趣的领域。[对论据的支持]

b. 听重点，而不是细节。[对论据的支持]

②倾听是一个积极的过程，它不只是自然发生的。[论据]

（4）听与思考有关。[支持性观点或细分观点]

2. 倾听是一种认知结构。[主要观点]

下面介绍的初步提纲、整句提纲和演讲提纲范例，都是基于上述提纲规则写出来的，可以作为你准备提纲时的示范。

10.4.2 初步提纲

初步提纲
演讲中可能涉及的所有主要观点的列表。

初步提纲是一份在演讲中提及的所有主要观点的列表。假设你正在准备一个 8 ~ 10 分钟的关于欺凌的说服性演讲。由于时间有限，你知道不可能涵盖所有与主题相关的内容。因为你演讲的一般目的是说服，所以你需要把演讲内容集中在这个目标上。因此，你可以回忆你已经学过的关于主题选择、听众信息分析、信息收集，以及使用支撑和阐明材料的内容，然后确定你的具体目的——说服听众采取行动，反对一切形式的欺凌。基于这个特定的目的，你可以准备一个尽可能涵盖所有相关观点的初步提纲，如下面的范例所示。可用的主要观点这样排列好后，你就会发现，梳

说服性演讲的初步提纲示例

标题： 采取行动打击欺凌行为

一般目的： 说服

具体目的： 说服听众采取行动，反对一切形式的欺凌

可能涉及的主要观点

1. 什么是欺凌？

（1）欺凌的定义。

（2）欺凌的形式。

2. 欺凌的原因

（1）学校里"新来的"。

（2）与其他学生不同。

3. 应对欺凌的办法

（1）大人要及时发现蛛丝马迹，并就欺凌问题教育孩子。

（2）帮助孩子们采取行动反对欺凌。

（3）我们每个人都能做些什么来阻止欺凌。

理自己的思路变得更容易。最后，你就可以确定演讲中要包含哪些主要思
想，并选择最佳的演讲顺序。

交际与成功

用提纲梳理思路

对于一篇题为"让阅读成为你的爱好"的演讲，请按照适当的提纲形式重新排列以下句子。当你浏览这些条目的时候，想想列提纲的原则，确保按逻辑顺序排列内容，把每个句子的编号放在提纲的适当位置。（答案见本章末。）

a. 可以便宜租书的书店很多。

b. 读书是件愉快的事。

c. 读书促进工作进步。

d. 书中有令人兴奋的爱情和冒险故事。

e. 许多平装书的定价在 7.95 ~ 19.95 美元。

f. 爱读书的人在社会上都发展得不错。

g. 书中自有黄金屋。

h. 在书中可以遇到很多有趣的人物。

i. 读书省钱。

1. _____
   （1）_____
   （2）_____

2. _____
   （1）_____
   （2）_____

3. _____
   （1）_____
   （2）_____

参考指南

列提纲

1. **初步提纲应该包含你在演讲中可能涉及的所有观点。**

2. **一个好的提纲应该突出你要讲述的观点的重要性。** 提纲要做到主次分明、协调一致、格式对应统一、思想层次可视化。

3. **可以通过提纲总览内容。**

4. **提纲应该有助于你理清思路。** 它给出了观点罗列的顺序，以及你论证这些观点所需论证材料的数量。

5. **有时，在提纲中写出开场和收尾的逐字稿很有用，这样你就可以确保内容万无一失。** 但这样可能会使演讲者过于依赖讲稿而减少了自由表达和沟通。

10.4.3 整句提纲

整句提纲是在初步提纲的基础上进行扩展，包含你打算在演讲中提及的所有想法。整句提纲是用完整的句子写下你要讲述的主要观点和细分观点，尽管整句提纲不会包含你要说的每一个词，但会让你对演讲内容有更详细的了解。整句提纲的结尾应附上演讲内容所涉及的参考书目或参考

整句提纲
你决定在演讲中使用观点的内容拓展。它确定了你将要涵盖的主要观点和细分观点，以完整的句子为呈现形式。

文献列表。整句提纲有助于你进一步创建演讲提纲，我们将在下文具体讨论。

正如我们在第 8 章中所说的，你可以选择一个主题，作为一个告知性或说服性的演讲来准备和发表。下述整句提纲很好地阐明了这一点。我们以萨拉·约翰森（Sarah Johansen）关于慈善机构"海伦凯勒国际"的演讲为例，先列一个告知性演讲提纲，再做一个说服性演讲提纲。注意，按照惯例，告知性演讲的开场并非仅有一个句子。例如萨拉以一个想象开场，要求她的听众闭上眼睛并发挥想象。如果只有一个句子，听众则无从理解。

告知性演讲整句提纲示例

主题	**主题：** 海伦凯勒国际慈善组织
标题	**标题：** 有远见的慈善机构——海伦凯勒国际慈善组织
一般目的	**一般目的：** 告知
具体目的	**具体目的：** 向听众介绍海伦凯勒国际慈善组织，并提升对其事业的了解
论点	**论点：** 向听众介绍海伦凯勒国际慈善组织的使命和历史、它在防治失明方面的贡献，以及它在全世界范围内发起的减少营养不良问题的行动。

开场

通过吸引注意力把主题和听众关联起来	1. 请大家先闭上眼睛。没有了视觉，你必须依靠其他感官来保持对周边事物的意识。现在想象一下你也失去了听觉。你将如何与他人沟通，并保持对周围环境的了解？（注：由于演讲者使用可视化设备，因此开场可能比其他类型的开场要长。一句话肯定说不清楚。）
方向	（1）海伦·凯勒失聪失明，但她仍然设法过着鼓舞人心的生活，并获得了不可思议的成功，以聪明才智和抱负而闻名。
	（2）她的众多成就之一是 1915 年与乔治·凯斯勒共同创立了海伦凯勒国际慈善组织。
预测演讲的一个主要观点	（3）该组织是海伦·凯勒留给我们的遗产，我们将秉承她的精神和热情，让世界变得更好。

主体

	2. 海伦凯勒国际慈善组织的使命和发展史
背景	（1）海伦·凯勒在两岁的时候因为发烧而失明，不久也失去了听觉。
论证材料	（2）乔治·凯斯勒是纽约人，他在 1915 年卢西塔尼亚号沉没事件

	中幸存，毕生致力于帮助那些在战斗中失明的士兵。
论证材料	（3）乔治和他的妻子向海伦·凯勒寻求帮助，并于 1915 年为盟军士兵和水手设立了一个永久性的盲人救济战争基金，帮助失明的退伍军人学习阅读盲文、制作椅子以及编织。
	①该基金从服务退伍军人扩大到平民，1970 年之后重点转移到在中美洲和亚太地区分发维生素 A 胶囊以防治失明。
支持第一个主要观点的详细论证	②海伦凯勒国际这个名字于 1977 年被采用，不仅为盲人服务，也为那些遭受贫困和有失明风险的人服务。
	（4）海伦凯勒国际致力于改善健康状况，拯救世界上贫穷和弱势群体的视力，并寻求解决方案，以减少导致失明和营养不良的原因及其影响。
	（5）海伦凯勒国际慈善组织现在服务全球 20 多个国家及地区，涉及非洲、亚太地区和美洲等地。
第二个主要观点：该组织的贡献	3.　海伦凯勒国际与防治失明 （1）世界上头号可治愈的失明病是白内障。 　　①根据《人体解剖学原理》一书，白内障是眼睛晶状体透明度丧失，其原因有很多，包括年龄增长和日晒。 　　②海伦凯勒国际慈善组织在欠发达国家培训护士和外科医生，并提供医疗设备，使得每位病人只需 12 美元便可接受白内障手术。
用海伦凯勒国际公共事业的具体论据支持第二个主要观点	（2）维生素 A 缺乏是儿童失明的主要原因。 　　①据《非洲新闻》报道："据估计，每年有 25 万至 50 万名儿童因缺乏维生素 A 而失明，其中一半在失明 12 个月内死亡。" 　　②海伦凯勒国际慈善组织为儿童提供维生素 A 补剂，每年两次，以防治失明。 　　③加里·海特（Gary Heiting）说，维生素 A 有助于保持角膜健康，并有助于防止黄斑变性。 （3）在美国，一个名为"儿童视界"（ChildSight）的项目已经开始实施，该项目是海伦凯勒国际慈善组织的一个分支，它可以对贫困儿童的视力进行筛查，并为他们提供眼镜。
第三个主要观点：这个组织的其他贡献	4.　海伦凯勒国际与减少营养不良 （1）根据海伦凯勒国际慈善组织官网的说法，补充维生素 A "不仅可以防止终生失明，还可以使儿童死亡率降低 25%"。 （2）海伦凯勒国际慈善组织为严重缺乏营养的人群提供低成本的维生素和矿物质补剂。 （3）家庭粮食自产计划在柬埔寨、菲律宾、孟加拉国和尼泊尔建立了自给自足的菜园。
用四个分论点论证第三个主要观点	（4）食物堡垒计划为全世界的家庭和社区提供更营养的食物。

收尾

演讲的总结和综述给听众留下了难忘的信息

5. 海伦凯勒国际慈善组织是一个特殊的慈善机构，专门致力于改善世界各地人们的生活质量。

（1）儿童和成年人失明的治疗，提高了许多贫困国家人们的生活质量。

（2）海伦凯勒国际慈善组织推广的粮食生产和可持续发展计划将明显改善世界饥饿和营养不良问题。

细分观点强调了该组织工作的重要性

（3）海伦·凯勒的遗产将通过这个组织传承下去，并将继续帮助全世界的人们。

参考文献：

Heiting, Gary. "Vitamin A and Beta Carotene: Eye Benefits." *All About Vision*. N.p., June 2011 Web. Retrieved May 19, 2012.

Helen Keller International 2012. Web. Retrieved May 19, 2012.

"Nutrition; A Sweet Potato a Day." *Africa News,* Nov. 29, 2011. LexisNexis. Web. Retrieved May 19, 2012.

Tortora, Gerard J., and Mark T. Nielsen. *Principles of Human Anatomy*, 12th ed. Print. New York: John Wiley & Sons, Inc., 2012. 728.

说服性演讲整句提纲示例

主题：海伦凯勒国际慈善组织——有价值的慈善组织

标题：有远见的慈善机构——海伦凯勒国际慈善组织

一般目的：说服

具体目的：说服听众向海伦凯勒国际慈善组织捐款。

论点：海伦凯勒国际慈善组织是一个值得信赖的慈善机构，值得你为之捐赠。

开场

通过引发关注让听众了解这个慈善组织的工作和价值

有很多可怕的事件影响着全球数以百万计的儿童和成年人，他们比我们在座的人不幸得多，这也是海伦凯勒国际慈善组织努力帮助他们改善视力、营养和生活的原因。

主体

这既是论点，也是第一个主要观点

1. 海伦凯勒国际值得捐赠

（1）"儿童视界"是海伦凯勒国际慈善组织在美国的一个项目，通过筛查视力和为贫困儿童提供眼镜"让孩子看清课本"。

①视力的提高增强了受助儿童的自信，极大地提高了他们的学

	习成绩。
有价值的论据	②汤姆斯已与海伦凯勒国际慈善组织合作，由他们的眼镜工厂向确诊儿童提供订制眼镜。
	（2）海伦凯勒国际慈善组织的另一个计划——维生素 A 补充，在其他国家拯救视力并提高生活质量。
	①这个项目中的每个孩子一年只需花 1 美元就可以得到补剂。
	②海伦凯勒国际慈善组织官网称："维生素 A 补充被认为是世界上最具性价比、优先级最高的公共卫生医疗手段。"
更多的论据	③去年有超过 8500 万粒胶囊被送到孩子们手中。
	（3）为了减少全世界的营养不良情况，海伦凯勒国际慈善组织正在制定帮助发展中国家发展和维持粮食生产的方案。
	①根据艾米丽·希伦布兰德（Emily Hillenbrand）的文章"家庭粮食自产中的性别转变"，由海伦凯勒国际慈善组织发起了家庭粮食自产计划"促进妇女从事小规模农业，有针对性地改善妇女和儿童的营养状况"。
	②家庭粮食自产计划也有助于通过种植蔬菜和谷物创造就业机会。
开始第二个主要观点前的阶段总结	（4）总结一下："海伦凯勒国际比我能想到的任何一个机构都会精打细算。"
第二个主要观点	2.　海伦凯勒国际慈善组织是一个值得信赖的组织
	（1）捐款用途在海伦凯勒国际慈善组织官网上有清楚的说明：85%直接用于项目，2% 用于筹款，13% 作为管理费用。
	（2）海伦凯勒国际慈善组织最新的财务审计报表在官网上向公众开放查阅。
	（3）根据美国商业促进局（BBB，美国民间商务监督机构）的记录，海伦凯勒国际慈善组织满足所有 20 项慈善审查标准。
所有细分观点都提供有价值的论据	（4）它获得了"慈善导航者"（Charity Navigator，慈善评价机构）的四星级评级，这是一个慈善组织能得到的最高评级。
第三个主要观点	3.　你能提供什么帮助
	（1）25 美元可以为一名美国学生提供一副眼镜，50 美元可以建造一个供养 40 人左右的家庭菜园，100 美元可以为 100 名儿童提供一年的维生素 A 补剂，250 美元可以为 5 个人支付白内障手术费用。
	（2）网上捐款是向该组织捐款的最简单的方式。
	（3）通过其他企业援助海伦凯勒国际慈善组织的途径有以下几种。
	① Aframes 眼镜公司将其利润的 5% 捐赠给海伦凯勒国际慈善组织，用于维生素 A 补充计划。
	② Baking for Good 是一家在线烘焙店，客户消费额的 15% 将用于向海伦凯勒国际慈善组织捐赠。
通过论据说明捐赠是如何帮助他人的	③此外，还有一份帮助海伦凯勒国际慈善组织的其他小企业名

单，也可以在官网上查到。

收尾

收尾总结主要观点，强调具体目的（说服听众捐款给海伦凯勒国际慈善组织），并让听众思考他们捐赠的价值

（1）不可否认，我们很难想象失去视力的生活将面临怎样的困难，但我们必须试着设身处地思考。

（2）海伦凯勒国际慈善组织致力于在黑暗中点燃光明，给饥饿的人提供食物，为全人类创造更美好的世界。

（3）海伦·凯勒的一句名言准确描述了海伦凯勒国际慈善组织的奇迹："独木难支，众志成城。"

参考文献

"Charity Review of Helen Keller International." *Better Business Bureau.* N.p., 2012. Web. 23 May 2012.

Helen Keller International. Helen Keller International, 2012. Web. 19 May 2012.

Hillenbrand, Emily. "Transforming Gender in Homestead Food Production." Print.*Gender & Development* 18.3 Nov. (2010).

Sight and Survival. Helen Keller International, 2007. Web. 23 May 2012.

10.4.4 演讲提纲

演讲提纲
简明扼要地起提示作用的提纲，通常是完整句子、关键词和短语的组合。

演讲提纲是对演讲简明扼要地起提示作用的提纲，一般由完整的句子、关键词和短语组成。这是你演讲时最终使用的提纲。作为表达辅助工具，演讲提纲的优点是简洁明了，不占用太大空间，一眼就能理解。演讲提纲应当包含你的主要观点和足够的内容阐述及论证材料。提纲也可以包含你的完整开场和收尾内容，根据自己的情况选择。关键词和短语在演讲提纲中很重要，它们可以提示你需要讲到的信息点。有些演讲者会使用代码、符号，甚至颜色来提醒主要观点、声音停顿、语速变化等。但务必记住，如果你的演讲提纲太长、太复杂或太详细，你很容易陷入笔记中，失去与听众的沟通感。关于海伦凯勒国际的告知性演讲提纲，展示了一个简明扼要并带有标示的演讲提纲范例。

演讲提纲可以很容易地抄到提词卡上。有些演讲者比较喜欢使用提词卡，但是应该尽量控制提词卡的数量及使用频率。调整卡片的数量和类型，只保留起提示效果的关键信息。提词卡比整页纸更好用，通常只需要一只手，所以不影响你做手势。下面是一则演讲提纲示例。

告知性演讲的演讲提纲示例

主题	**主题**：海伦凯勒国际慈善组织
标题	**标题**：有远见的慈善机构——海伦凯勒国际慈善组织
一般目的	**一般目的**：告知
具体目的	**具体目的**：向听众介绍海伦凯勒国际慈善组织，并提升对其事业的了解
论点	**论点**：向听众介绍海伦凯勒国际慈善组织的使命和历史、它在防治失明方面的贡献，以及它在全世界范围内发起的减少营养不良问题的行动。

开场

面向听众。

1. 请大家先闭上眼睛。没有了视觉，你必须依靠其他感官来保持对周边事物的意识。

萨拉可能会用不同字体、不同颜色的笔迹来注释她的演讲大纲，以帮助她记住演讲中的所有内容

　（1）海伦·凯勒失聪失明，仍然设法过着鼓舞人心的生活，并获得了不可思议的成功，以聪明才智和抱负而闻名。

　（2）她的众多成就之一是 1915 年与乔治·凯斯勒共同创立了海伦凯勒国际慈善组织。

展示网站。

　（3）该组织是海伦·凯勒留给我们的遗产，让我们继续前进。

稍作停顿，走动，看着听众。

主体

第一个主要观点

2. 海伦凯勒国际慈善组织的使命和发展史

　（1）海伦·凯勒在两岁的时候因为发烧而失明，不久也失去了听觉。

展示海伦·凯勒小时候的照片。

　（2）纽约人乔治·凯斯勒毕生致力于帮助那些在战斗中失明的士兵。

　　①乔治和妻子向海伦·凯勒寻求支持，并为盟军士兵和水手设立了一个永久性的盲人救济战争基金。

　　②该基金的服务对象从退伍军人扩大到平民，到 1970 年，重点转向防治失明。

　　③海伦凯勒国际这个名字于 1977 年被采用。

　（3）海伦凯勒国际致力于改善健康状况，拯救世界上贫穷和弱势群体的视力，并寻求解决方案，以减少导致失明和营养不良的原因及其影响。

展示世界地图，指出涉及的地区和具体位置。

第二个主要观点

3. 海伦凯勒国际与防治失明
   （1）白内障是致盲的首要可治疗原因。
   ①根据人体解剖学原理，白内障是指晶状体失去透明度。

   展示眼睛图像。

   ②海伦凯勒国际慈善组织在欠发达国家培训医疗队伍并提供医疗设备。
   （2）维生素 A 缺乏是儿童失明的主要原因。
   ①据《非洲新闻》报道："据估计，每年有 25 万至 50 万名儿童因缺乏维生素 A 而失明，其中一半在失明 12 个月内死亡。"
   ②海伦凯勒国际慈善组织提供维生素 A 补剂，每年两次。
   ③加里·海特说，维生素 A 有助于保持角膜健康。
   （3）在美国，"儿童视界"是海伦凯勒国际慈善组织的一个分支机构，负责为贫困儿童提供视力检查和眼镜。

   播放工人递眼镜的幻灯片。

   暂停。

第三个主要观点

4. 海伦凯勒国际与减少营养不良
   （1）补充维生素 A "不仅可以防止终生失明，还可以使儿童死亡率降低 25%"。
   （2）海伦凯勒国际慈善组织为严重营养不良的人群提供补剂。
   （3）家庭粮食自产计划在贫困地区建立了自给自足的菜园。
   （4）食物堡垒计划在全世界提供了更有营养的食物。

   展示海伦凯勒国际慈善组织工作的其他场景。

   暂停。

收尾

5. 海伦凯勒国际慈善组织是一个特殊的慈善机构，专门致力于改善人们的生活。
   （1）对失明的治疗，提高了许多贫困国家人们的生活质量。
   （2）海伦凯勒国际慈善组织对世界饥饿和营养不良问题做出了巨大改善。
   （3）海伦·凯勒的遗产将继续帮助全世界的人们。

   暂停，微笑，收好讲稿，关闭投影，回到座位或等待提问。

交际与成功

文献引用源

网上有很好的资源帮你准备参考页（参考书目、注释页或"摘要"页）《现代语言协会研究者手册》（第 8 版）；《美国心理协会出版手册》（第 6 版）；《芝加哥风格手册》（第 17 版），这些都是很好的资源，可以帮助你整理参考页。

通过完成以下任务，为撰写提纲和参考页做好准备。

A．上网查找文献引用指南。

B．确定如何引用两种不同的印刷源。

C．下一步，确定如何引用网络资源。

D．再找找有没有引用电子邮件采访的例子。如果该网站不包含个人或电子邮件采访或对话，搜一搜其他网站，以确定如何引用采访。

E．把这些网站加入浏览器书签，或者打印出来，这样你就有了一个方便的引用参考素材库（当你需要提交参考页时，这就非常有用了）。

问题与思考

1．你能找到的最好的资料来源是什么？

2．什么样的参考指南对你来说是最有用的？

参考指南

使用演讲提词卡

1．只使用有限的几张卡片（有用，但不能事无巨细地涵盖演讲的所有内容）。其目的是辅助或引导。

2．一定要给卡片编号，这样，如果不小心搞乱顺序，你可以很快重新排序。在卡片左上角标个数字，这样就不会乱。

3．只写单面。记住，卡片是辅助性的，内容不能太细。

4．尽量使用缩写，但是要记住缩写的意思。

5．别把提纲变成了逐字稿。提纲在起到提示作用的同时保持沟通感，才能让演讲更有趣。

6．如果你愿意，把开场和收尾内容写全。不是让你一个字一个字照着读，只是为了有的放矢。

7．卡片上只列主要观点和细分观点。太多的信息会分散你的注意力，可能会让你在看卡片上花太多时间。

8．必要时，写上摘要、统计数据和其他必须准确引用的信息。如果你追求准确，在演讲中涉及这类数据的时候就不能有丝毫差错。

》小结

10.1 组织演讲的主体

- 你现在可以利用你的研究来准备主要观点，展示围绕主题的几个最重要的方面。你的一般目的和具体目的陈述将引导听众，使他们能够认识到你对他们的期望。

- 梳理演讲的**主要观点**，帮助听众理解演讲内容。

- 思考学过的几种组织模式，并为自己的演讲选择最佳模式。

- 在自己的演讲中使用**过渡语、标示语、阶段预告和阶段总结**。

10.2 组织演讲的开场

开场应该引导听众了解主题，激励他们倾听，并为你的演讲指明方向。你应该能够为你的演讲做初步提纲和演讲提纲。

10.3 组织演讲的收尾

收尾可以让听众明白你即将结束演讲，同时你需要对整个演讲内容做总结和综述，使听众进一步明确你做这场演讲的目的，以及你希望听众能收获什么。收尾可以强化你的论点。

10.4 列演讲提纲

- 创建**提纲**有助于保持演讲的条理性，有助于听众跟上你的节奏。
- 为了确保听众明白你的意图，提纲应该遵循三个原则：**等级**、**协调**和**对应**。
- **初步提纲**通常是你写下几个字词或短语来确定内容间的组织关系。
- **整句提纲**提供了一个清晰的总览，但不是逐字稿，它的作用是确保你不跑题，并有助于听众聆听。
- **演讲提纲**有助于提示自己面对听众、微笑、开关投影等，包括为了强调内容重点而走动。

》问题讨论

1. 当你听到一个看起来毫无条理的演讲者发言时，你会做何反应？换一个语言通俗易懂又有条理的演讲者呢？
2. 当你遇到这样的演讲者——不知道自己讲到哪里了，也不知道为什么要选这个主题。对于这样的演讲者，你会做何反应？
3. 针对某个指定的演讲，请你找三个你会考虑的具体想法或策略。
4. 你可能会使用不同的组织策略，为什么还需要掌握本书所讲的组织模式？
5. 想出你可以在这门课上使用的有争议的话题。找出三种方法，通过介绍你的演讲，让听众有兴趣听下去。
6. 我们为什么不可以用"就这样吧"来结束演讲？

参考答案

交际与成功：用提纲梳理思路
一组可能的答案：

1. b
   （1）d
   （2）h

2. i
   （1）a
   （2）e

3. g
   （1）c
   （2）f

第 **11** 章
管理演讲时的紧张和恐惧

本章导读

大多数人在演讲之前都会感觉紧张。精心的准备和练习可以有效缓解紧张，确保流畅发挥。优秀的演讲者会提前做好充分的准备，不会有太多无谓的担心。

章节大纲	学习目标
11.1 管理演讲紧张	找出你管理演讲紧张和社交恐惧的方法
11.2 演讲表达方法	阐明四种演讲表达方法的应用之道
11.3 演讲表达的声音和身体因素	分析自己演讲表达的声音和身体特征，并找到改善的方法
11.4 演示辅助	制作增强演示效果及吸引听众注意的演示辅助资料
11.5 演示软件	探索如何利用软件来辅助你的演示
11.6 练习演讲表达	通过练习课上的演讲表达获取自信

联系日常生活

一想到演讲，估计很多人都会有些发怵。事实上，把当众讲话看作最恐惧的事情的人不在少数。紧张，是一个人在演讲时独自面对一群人的正常反应。

对大多数人而言，演讲时都会在一定程度上感到紧张，有的人还会产生社交恐惧，这比紧张更严重，也更麻烦。但是，不管是紧张还是恐惧，我们都可以通过充分的准备、练习和相应的策略来大幅度降低其影响。

每当有学生来到我的办公室谈到他们演讲时有多么紧张，我通常会先问一些问题，然后告诉他们这样的紧张是正常情况，同时告诉他们，只要运用得当，适度紧张其实更有助于发挥。我们建议同学们把紧张或恐惧看作可以应对的反应。

问题与思考

1. 你对做演讲或报告的感觉如何？
2. 当你在演讲前或演讲期间感到紧张时，会有什么特别的反应？
3. 找出 4 ~ 5 个你用来控制紧张的常用办法和行为。
4. 说说你过去在讲话时是如何控制恐惧的。

演讲是一件令人开心的事情，不过你现在可能还不相信。如果你已经认真完成了准备工作，你会很享受与全班同学分享你的想法的过程。当你做过了研究，思路有条理性，演讲内容也初步形成框架，你就可以专注于演讲的发挥了。

你应该全力准备你的演讲。如果有条件，可以在教室里排练。如果没有条件，就找个与教室差不多的大房间去放声练习。最好能找个陪练，请他对你的演讲内容和形式提些意见。为什么要这样呢？第一，这样可以体会说出口的效果，书面语与口头语的表达效果是不一样的。第二，通过在别人面前练习，你可以得到听众视角的回应，从而做出正确的调整，进而增强演讲的信心。你还在为你的演讲感到焦虑吗？下面的信息可以帮助你改变想法，发现紧张并非一无是处，你可以通过一些行为策略来帮助自己控制焦虑。

11.1 管理演讲紧张

演讲紧张
害怕在听众面前讲话。

社交恐惧
演讲紧张最严重的形式。面对一个人或一群人真实的或预期的沟通时会感到焦虑的综合征。

沟通研究的学者将面对演讲时的焦虑分为两类，一类是"演讲紧张"，这是一种综合性生理反应；[1] 另一类是更加严重的"社交恐惧"，是指面对一个人或一群人真实的或预期的沟通时会感到焦虑的综合征。[2] 一个普遍共识是，我们对怯场和社交恐惧及其应对方法了解得越多，就越能够把控由此引发的紧张行为。

社交恐惧和演讲紧张是沟通研究的两大领域，原因之一是，当众讲话的确是公认的心理挑战。[3] 面对他人说话时，大多数人都会有一定程度的焦虑。根据本书作者的经验，紧张和恐惧有时能让演讲者表现得更好。只有当人们无法应对或不敢面对时，沟通的紧张和焦虑才是个问题。

11.1.1 社交恐惧

我们可以从那些刻意或非刻意保持沉默的人身上看到社交恐惧。他们意识到，沉默比直言不讳更能给他们带来好处，或者说，沟通的坏处大于任何潜在的好处。在社交恐惧群体所害怕的事项中，当众发言便是其中之一（甚至一想到要当众发言就紧张）。然而，并不是每一个害怕当众发言的人都一定有社交恐惧。这个专有名词指的是更深层次的问题，是指几乎与所有人中断沟通。

之所以会产生社交恐惧，一般是因为小时候受到了消极的反馈。童年时不被鼓励沟通，或者因为沟通而受到惩罚的儿童，可能由此认为沟通是不可取的，认为沉默是金。当这些孩子逃避沟通时，其他不知情的人可能会问诸如"你的舌头被猫吃了吗"或"你害怕说话吗"的话，这些话会让紧张的人感到不适，从而使其对沟通的恐惧和紧张变本加厉。社交恐惧症患者害怕在所有环境中说话（甚至思考说话这件事），包括当面的沟通和小组讨论。焦虑或社交恐惧十分常见，本章的重点是帮助人们学会应对那些阻碍人们成为一个有效沟通者的焦虑和紧张。

11.1.2 演讲紧张症状

具体来讲，演讲紧张是指害怕在听众或群体面前讲话。从本质上讲，焦虑是一种生理化学反应，当我们处于焦虑状态时，身体会分泌激素和肾上腺素，最终使我们的身体和情绪反应过度。这些反应和你准备见一个多年没见的朋友，或者第一次参加面试时的反应可能是一样的。你的心跳开始加快，血压开始升高，更多的血糖被泵入循环系统，胃中的食物也会随之翻腾。当体验到这些反应时，你会觉得自己的身体在高速运行，你对此几乎无能为力。这时你应该意识到，有这样的感觉很正常，对大多数人而言，它不会干扰最终演讲的表现。

演讲者经常会出现表 11-1 中列出的有关演讲紧张的行为表现。这些行为既可能单独发生，也可能以任意组合的方式发生，这取决于演讲者的恐惧程度。过度紧张的演讲者也可能会出现一些欲盖弥彰的陈述，他们可能会找些自我批评式的借口或道歉，比如："反正我也不擅长这个。"或者"我也没怎么准备，因为时间不够。"这些说辞往往会引起更多人对演讲者紧张情绪的注意，从而放大问题的严重性，而且通常不会改善演讲者当前的情况。

表 11-1　演讲紧张的行为表现

声音	颤抖、太柔和、单调、太快、没有重点
流利度	结巴、迟疑、笨拙的停顿、忘词、表达障碍
嘴巴和喉咙	呼吸沉重、经常清嗓子、反复咽口水
面部表情	无眼神接触、眼睛到处瞄、面部肌肉紧张、做鬼脸、抽搐
胳膊和手	僵硬、紧张、手足无措、挥手
身体摆动	踱步、抖腿、重心转移
不可见的症状	感觉太热、唾液过多、口干、胃痉挛

注：许多沟通学教授都有这样的行为清单。第一批清单中有一份是几十年前发表的，但仍然有参考价值。

紧张的演讲者常常高估听众对他们行为的关注程度，而听众往往倾向于低估演讲者的紧张程度。

例如，除非紧张引起可观察到的反应或者演讲者的声音听起来很紧张，否则听众无法察觉演讲者的紧张。

11.1.3 演讲紧张的成因

正如医生了解了病因可以更好地治病，我们也可以通过了解紧张的潜在成因从而更好地控制它。很多人头痛医头、脚痛医脚，往往忽略其根源。试图在不了解病因的情况下消除症状，通常会是一场失败的战斗。

如果一个人总是听别人提起"当众讲话有多么可怕"，他就可能产生演讲焦虑。如果发言者认为肯定会搞砸，而且那样很丢脸，就很容易失去信心，也会产生演讲焦虑。

在现代社会里，成功、胜利和"成为第一"常常被一些人认为是最重要的事。只要不能成为成功的人，我们有时就会认为自己是失败的。没有人喜欢失败，因此，我们面临巨大的成功压力。

当我们在某件事上没有获得成功时，常会被鼓励再试一次。但是，如果失败的后果很严重，或是成功的回报似乎不值得为此付出努力，我们就可能更愿意避免尝试。逃避或许会受到惩罚，但我们可能认为这总比失败强。有的时候，大家会对失败表现得更宽容。例如，在一场比赛中，我们假设会有赢家和输家。没有人喜欢输，但只要发挥出最佳状态，即使输了也虽败犹荣。然而，当有人在演讲中犯错时，人们可能会变得挑剔。相比承认这个人是在诚恳地努力，我们更可能会认为是这个人准备不充分或不熟练。害怕在别人面前犯错误而产生的压力是如此之大，以致产生极度的焦虑，甚至有时完全避免开口。只要一面对焦虑就会消极应对，因为这已经成了习惯性反应。我们对演讲场景的反应是学来的，因为演讲紧张是一

种习得性行为，唯一的解决之道就是找出焦虑的潜在原因，然后使用这些
知识来学习应对它。

11.1.4 社交恐惧、焦虑与文化关怀

　　每年，越来越多的国际学生和非英语母语的美国人进入我们的课堂。
由于语言和文化的差异，这些学生的表达焦虑和恐惧超过英语母语者。廖
晓凡在采访留学生和他们的教授时了解到，大多数留学生都很担心在课堂
上讲话："我对你们的语言不够了解，我不知道该如何开口。我在课堂上
回答问题时感到紧张。"他们担心自己不能完全理解作业要求，担心别人
听不懂自己在课堂上的表述，担心在美国的教授和同学们面前"丢脸"。[4]

交际与成功

如何通过技巧应对焦虑和恐惧

　　当你焦虑的时候会发生什么？你是不是感觉像嘴里塞满了棉花、你不停地吞咽口水？有些人会冒虚汗，手心冒汗；还有人脸红，全身都发红的那种，特别是脖子和脸，变得通红通红的。沟通学者詹姆斯·麦克罗斯基和他的同事们对社交恐惧进行了深入的研究。尽管我们知道，大多数人在面对真实的或想象的公众演讲场合，都会经历某种程度的焦虑或畏惧，但社交恐惧会给我们带来一些更严重的问题。幸运的是，有一些策略可以帮助我们应对这样的状况。

　　那些针对特定焦虑课程的指导老师会告诉你：知己知彼，百战不殆。你可以通过各种技巧来应对自己的恐惧。以下是一些具体的步骤。

1. 列出当你想到演讲或当你在做演讲时，因焦虑而产生的身体症状（如口干、脸红等）。
2. 将你的症状与表 11-1 中所列内容进行比较。
3. 当你对自己的演讲做了充分的准备后（在指定的截止日期之前），完成以下内容。
　　a. 做个即兴排练，并录下来。
　　b. 听自己的录音，反思表现好的地方和遇到的问题，以及如何改进演讲。
　　c. 调整并改进你的演讲以减少瑕疵。
　　d. 再次录音，并遵循上述相同的程序，录第

二遍或第三遍。
　　e. 听录音，再次思考任何必要的调整，练习你演讲的新版本。
　　f. 录一段视频，并将链接发送给 5 个家庭成员和（或）朋友，请他们发表意见。
　　g. 利用别人的反馈来思考如何改进你的演讲。
　　h. 根据反馈改进演讲，并录制新的视频。分享给一个老听众（上次分享过）和一个新听众（如室友、同事或同学），并征求他们的反馈意见。
　　i. 利用他们的反馈再次改进你的演讲内容和表达风格。
　　j. 到了这一步，你至少已经做了 5 次试讲，有了相应反馈，而且在演讲之前你还会得到其他人的反馈。
4. 这种准备和练习可以帮你减轻相当一部分的焦虑，因为你已经从别人那里得到了反馈，并且完善了演讲。

　　完成上述步骤并回答以下问题。

1. 说出你处理焦虑的具体步骤。
2. 其他人的反馈是否有助于识别你可能没太注意的紧张症状？如果是，你是如何在随后的陈述中处理这些症状的？

一些留学生会将英语翻译成自己的母语，然后再翻译回来，但这样的过程会很慢，而且表达的内容可能不太准确。他们也觉得自己无法融入课堂学习，他们的外国身份常常使美国本土同学无法与他们沟通。还有一些人说，在教室里当众讲话，与他们平时习惯的说话场景大不相同，这使他们格外紧张。不管哪种情况，他们都觉得自己的差异在某种程度上被解读为不如英语母语学生，而且引起了对他们不恰当的负面关注。对于大多数人而言，面对一群人做演讲本身是件不容易的事，对于来自不同语言和文化背景的人来说，更是雪上加霜。

11.1.5 治疗演讲紧张与恐惧

虽然当众讲话感到有压力和紧张是一件正常的事情，但没有人会对此放任自流。即便是知名的演说家和艺人，在发表演讲之前也会感到紧张，但他们知道应该如何控制。休·杰克曼（Hugh Jackman）是国际知名演员，主持了 2009 年奥斯卡颁奖典礼。在预告会上，他承认自己很紧张，因为要面对很多的行业专家，还有电视机前的观众，如果做得不够好，他会受到很长时间的批评。[5]

很多授课教师都承认，他们在第一次登台讲课之前都会有一定程度的紧张。那些正在参与竞选的候选人也承认，他们在发表演讲前都会有一些紧张，但他们学会了应对。应对焦虑的关键是要有勇于尝试的精神。要管理演讲紧张，我们就必须认识到，失败的可能性总是存在的，但这不能阻止我们去尝试。如果被失败的恐惧打倒，我们可能永远不会行动或学到任何东西。小孩学走路是诠释"学习"的最好例子。一开始，孩子摇摇晃晃，只迈了一小步就摔倒了。但当孩子摔倒时，通常会有人在旁边提供帮助、支持和鼓励，让其继续下去。除此之外，孩子通常会坚持练习走路，不管有什么困难。演讲，就像学走路一样，会涉及很多相同的过程。来自外界的帮助、支持和鼓励很重要，但最重要的是要有坚持到底的决心。

大多数的成功人士会告诉你，在成功之前，他们经历过一些失败和尴尬的时刻。他们的干劲和自信促使他们不断尝试。我们的第一次演讲可能不太好，当着同学的面演讲让我们感觉很紧张。然而，我们很快就会发现，即使是班上最优秀的演讲者也有同样的感受，唯一不同的是他们不怕犯错。我们中的许多人期望完美，往往对自己的要求太过苛刻。一些学生在演讲后说，他们非常紧张，尽管听众没有发现他们紧张的迹象。竞技运动员都明白，要想在赛场上取得优异的成绩，只有充分准备，积极思考，想象成功，练习、练习、再练习。控制演讲紧张也是同样的道理。

发表演讲和在足球比赛中传球看起来风马牛不相及，但两者都要做相似的准备工作。成功的传球需要研究、组织、学习、观察、练习、进取心、表演能力、信心、了解对手的防守（或了解听众）和时机。一个成功的演讲或报告，除了选择合适的主题，还需要上述所有因素。

如果下面的"参考指南：应对你的演讲紧张"中没有一种策略能帮助你减少焦虑，那么你应该寻求专业帮助。患有演讲紧张异常的个体应该知道，与他人说话时的负面情绪并非简单地发生，而是在很长一段时间内发展形成的。因此，这些消极情绪并不会轻易消失。然而，在外界的帮助和自身努力下，我们可以做一些减轻紧张和焦虑情绪的事情。大多数院校都有心理辅导员，他们受过专业的训练，可以帮助你减少在公共场合演讲的恐惧。

系统脱敏是一种放松技巧，旨在减少与焦虑有关的紧张。[6]其目标是帮助建立一套新的、能够轻松应对焦虑事件的个人反应。试想一下：你站在全班同学面前，准备演讲。想象一下，你将要发表的精彩演讲。你自信地把笔记放在讲台上，看着听众，微笑，深呼吸，然后开始讲话。你的听众在整个演讲过程中不时地微笑和点头，你说话时变得越来越放松。当演讲结束时，听众报以热烈的掌声。有人说："那场演讲真不错！"记住这种放松的感觉。想象整个过程，感受自己有多么放松。这种心理排练有助于你将消极的想法转变为积极的想法。

> **系统脱敏**
> 一种放松技巧，以减少与焦虑有关的紧张。

冥想是许多人用来帮助自己放松和专注于手头工作的另一种练习。冥想被定义为花时间沉思的过程。[7]冥想很受欢迎，活动家、演员、运动员、政治家、演讲者以及更广泛的公众都知道冥想的好处。

> **冥想**
> 花时间沉思的过程。

神经科学家发现，冥想是一种有助于减压的方法。许多研究发现，那些通过冥想来集中注意力并放下内心焦虑的人，大脑和身体都能更好、更

参考指南

应对你的演讲紧张

1. **你并不孤单。**几乎每个人都会对演讲或做报告感到焦虑。
2. **充分准备。**你对这个话题了解得越多，投入的精力和热情越多，就越容易把注意力集中在你想要分享的内容上，而不是你正在讲话这个行为上。
3. **知己知彼。**了解你的听众和演讲的环境。
4. **积极思考。**为演讲成功做好心理准备。相信自己将取得成功，你就大概率会成功。
5. **练习，练习，练习，更多地练习。**
6. **寻求帮助。**向你的指导老师寻求更多的建议和其他可取的缓解方法。
7. **不要放弃。**别人都希望你能成功，如果你自己也想成功，那么你一定可以成功。

有效地工作。试试这样做：找个安静的地方，保持站立，闭上眼睛，用腹部深呼吸，保持吸气并数到 10，集中精力屏住呼吸数数。然后，像吹泡泡一样，噘起嘴唇慢慢地吐气，一边吐气一边数到 5，然后安静地等待并数到 10，再重复这个过程。如此闭目重复 10 次，你的呼吸、心率和大脑活动会调适到令你放松的状态。接下来，以舒适的姿势坐下，再重复 10 次。每当你感到焦虑或恐惧时，都可以使用类似方法来缓解你的焦虑或恐惧。在你计划好要演讲的那天，上课前尝试两次或更多的重复练习。就算马上要轮到你发言了，你也可以通过一个简化版的冥想程序平静下来。

冥想可以坐在椅子上，也可以盘膝而坐。无论你尝试哪种形式，记住，其核心功效在于深呼吸和净化思想。[8]

虽然在公众演讲场合克服焦虑不是一件容易的事，但要谨记，有些焦虑是有益的，是在公开场合讲话时的正常反应。当我们询问学生们处理焦虑的具体方法时，他们给出了如下建议。

1. 练习并在头脑中清楚地记住自己的开场白、主要观点和收尾语。学生们相信，一旦他们明确了自己的开场白、主要观点和收尾语，就更容易记住细节。

2. 自信地走到演讲区。学生们相信这有助于建立信心。如果你有信心，就会感到放松。换句话说，积极的行为会带来积极的结果。

3. 在演讲之前做好充分准备。学生和老师建议，在开始讲话之前，确保一切都可控，这样，你更容易保持放松，把注意力集中在演讲上，而不是集中在自己身上。

4. 看着你的听众，多看那些友好的面孔。学生们相信，注视那些可能给予积极反馈的人，有助于创造良好的讲话感觉。

这些建议可能并不新鲜或令人醍醐灌顶，但它们可以实实在在地帮助你成为一个成功的演讲者。你能做的最好的事情就是不断地在课堂上演讲，上更多的课，这样就有机会在训练有素的老师的监督下发言。你会逐渐减少和控制你对讲话的恐惧，但要持之以恒地练习，并遵循本书提供的参考指南和建议。

11.2 演讲表达方法

有效的表达是以一种清晰、有趣的方式传递演讲者的目的和想法，这样听众就会注意倾听并记住演讲者所说的内容。因此，演讲的有效性既取决于演讲的内容，也取决于表达的方式。没有两个演讲者是完全一样的。

例如，任何人都不可能像马丁·路德·金（Martin Luther King Jr）那样有效地发表"我有一个梦想"的演讲。这篇经典演讲由 20 世纪最伟大的演讲者于 1963 年 8 月 28 日面对聚集在华盛顿的 20 多万人公开发表，这些人正在参加一个促进非洲裔美国人平等权利事业的和平示威。如果你听过这段演讲的录音，你就会知道其对听众的影响。他浑厚的男中音里包含着抑扬顿挫的语调和信仰般的热情。尽管演讲中的文字可以重复，马丁·路德·金的风格可以模仿，但场景、时间和环境都无法重建。因此，马丁·路德·金在那一天所起的作用是不可重复的。

一场准备不够充分的演讲可以通过有效的表达来改善，一份优秀的演讲稿则可能被低水平的表达破坏。没有统一的规则能保证在任何情况下都能高水准地表达。唯一不变的规则是你必须做自己！当然，作为一个开始学习演讲的人，关于如何发表演讲你可能有很多问题：我应该用多少个提词卡？我是否需要一个麦克风？我该站在哪里，怎么站？我应该看哪里或者看谁？我应该使用多少种手势？我应该如何以及何时使用我的展示辅助工具？我应该用多大的音量说话？我的语速应该快一点还是慢一点？……

这些问题是有用的，但答案因人而异，因场景而异。但在一个称职的老师的指导下，我们最终都可以通过练习做到合格的表达。自我意识和有效表达的知识也有助于提高表达水平。演讲可以通过很多方式表达，最常见的方式有以下 4 种：即兴、读稿、背稿和脱稿（见表 11-2）。

表 11-2　不同演讲表达方法的优缺点

	优点	缺点
即兴	自发的、灵活的、谈话式的	没有时间准备、不严谨、很难有条理、压力大
读稿	适合用于讲解技术性或细节性的材料，或者要求完全精确和高精度的材料；时间可以控制到秒；有准备	缺乏灵活性、大量的准备时间、难以适应听众的反应、可能听起来很机械、缺乏眼神交流
背稿	适合简短的演讲、演讲人可以专注于表达、更容易保持眼神交流、有准备	不灵活、需要反复练习、演讲者可能忘词或冷场、难以适应听众的反应
脱稿	有条理的、谈话式的、有准备的	可能听起来很机械、对缺乏经验的演讲者来说具有挑战性、需要大量的眼神交流

11.2.1 即兴演讲

没有正式的计划或准备（没有研究，没有组织）的演讲表达被称为即兴演讲。你其实已经使用这种方式很多次了，只是自己没有意识到。无论是在课堂上回答问题、在商务会议上被突然提问，还是与朋友聊天，当你在没有事先准备的情况下发言时，你都是在进行即兴演讲。大多数发言

即兴演讲
一种演讲表达方式，演讲者只需很少或根本没有准备就可以发表演讲。

者会想避免这种做法，尤其是在正式或有要求的情况下。但有时你别无选择。在这种情况下，你就需要较强的自控力，放松并专注于自己想说的话。由于缺乏准备时间，即兴演讲的方式与其他演讲方式不同，这迫使演讲者只能靠临场发挥。

11.2.2 读稿演讲

读稿演讲
演讲者把演讲稿完整地写下来，然后逐字逐句地读出来的一种演讲方式。

逐字逐句地朗读演讲稿称为读稿演讲。使用这种方法的演讲者不用担心失言。在要求每一个字词、短语和句子都必须准确陈述的情况下，适用读稿的方式。使用演讲稿的情况对于政治家、教师和其他需要完整、准确地呈现信息的人，或者那些在陈述后可能会被引用的人来说，并不少见。但对初学者来说，读稿往往是不可取的，因为它会让演讲者关注手稿多过关注听众，并减少与听众的眼神交流。此外，依赖演讲稿的演讲者不能很好地适应听众的反应，因此其演讲听起来可能很机械。他们忙于阅读演讲稿，无暇对听众做出回应。

11.2.3 背稿演讲

背稿演讲要求演讲者能完整地记住自己的演讲内容，通常也是逐字逐句的。这种方式比较适合简短的演讲，如祝酒词、获奖感言和开场白，也常用于演讲比赛和巡回演讲。演讲者常常要记住他们要演讲的某些内容，包括例子、小故事、统计数据、引述等可以在适当的时间调用的素材。政治家、销售人员、导游等通常有一个记忆深刻的话术，以满足他们的需求。

背稿演讲
演讲者逐字逐句完整背诵演讲稿的演讲方式。

背稿有一个好处：在你要说的内容上不会过多地分心，可以多集中精力在你的表达形式上。当然，只有当你非常自信且将演讲稿背得滚瓜烂熟时才能达到这样的效果。背稿的一个缺点是缺乏灵活性，它无法面向听众做适当的调整。新手则会面临另一个不利因素：他们可能会忘词，从而陷入尴尬的场面。此外，背诵的内容很难表达得流畅自然、摆脱机械的痕迹。有效地呈现一个背稿演讲，需要大量的练习和信心。

11.2.4 脱稿演讲

脱稿演讲
演讲者使用经过精心准备和研究的演讲稿，但演讲时只需要提纲或提词卡，演讲过程具有很大的自由发挥空间。

在脱稿演讲中，演讲者使用经过精心准备和研究的演讲稿，但演讲时只需要提纲或提词卡，演讲过程具有很大的自由发挥空间。脱稿演讲是在演讲教学和其他公共沟通场合最常用的方式。例如，当你做工作报告时，你可能会被要求脱稿发言。如果你是一个项目小组的成员，被选派代表小组发言，你也会被要求以脱稿演讲的方式发表你的意见。教师通常要求在沟通课堂上做脱稿演讲，因为这是大多数公开演讲的最佳方式。

脱稿演讲的难度介于背稿或读稿演讲与即兴演讲之间。演讲者根据简短的演讲提纲或笔记，选择演讲时的具体措辞。他们有时更喜欢使用关键词大纲，即简单地用关键词概括演讲的要点和细分点。这有助于演讲者条理清晰、有条不紊地演讲，同时不会过于依赖演讲提纲或笔记。

脱稿演讲一开始可能看起来像即兴演讲一样困难。事实上它要容易得多，因为它减少了记忆负担和演讲稿的写作过程，为准备和练习留下了更多的时间。因此，一旦准备好提纲，你就可以练习自己的演讲了。脱稿的目标是使演讲具有会话性和灵活性。会话性和灵活性是使演讲表达能够吸引听众的两大特征，这使演讲更容易被接受，听众也更容易被表达自然、生动、随性的演讲者吸引。每次你练习演讲时，内容还是那些内容，措辞却可能不断调整。你的目标应该始终是通过适当的表达与听众分享有意义的想法。

脱稿演讲的优点包括：它比即兴演讲更加可控，比背稿演讲和读稿演讲更能让你表现得自然、直接，也比其他演讲形式更能适应各种演讲场合。大多数教师和专业演讲者，更喜欢使用脱稿演讲，因为这可以让他们随时调整节奏以适应听众的反应，比如当听众看起来有些疑惑时，可以停下来让听众提问；发现听众开始走神了，就跳到新的内容上，来拉回听众的注意力。脱稿演讲也能让听众更有参与感。

11.3 演讲表达的声音和身体因素

缺乏翔实的内容和可靠的论证，沟通便是无源之水；但如果没有合适的表达方式，即使是最引人注目的信息，也无法清晰、生动地呈现出来。因为听众是对有效性的最终评判者，你必须通过高水平的表达，让他们尽可能参与其中。听众喜欢感觉自己像是在进行一对一的沟通。试着把你的演讲看作一种对话，把你的听众看作对话伙伴，通过你的声音和身体来创造这种印象。

11.3.1 声音因素

许多初学演讲的人忽视了声音在演讲中的重要性。你的声音应该是悦耳的，容易清晰地与你的思想联系在一起，且能表达一系列情感，能够帮助你表达你想传递的意思。不管你之前投入了多大的精力来准备，演讲的时候看起来越自然、随意、轻松，你的听众就越能专注于你说话的内容，而非你的表达方式。决定传递效果的 3 个方面分别是：声音质量、可理解性和抑扬顿挫。

声音质量　演讲者的声音给听众留下的总体印象被称为声音质量。声音可能是刺耳的、鼻音重的、尖细的、圆润的、嘹亮的或丰满的。态度也可以影响声音的质量，并向听众透露演讲者的情绪，如当下是高兴、自信、愤怒、恐惧还是悲伤。想想当你非常疲倦时，你的声音听起来怎么样？你有没有试图对听你讲话的人隐瞒你的疲倦？可能很难。想想你对某个话题感到特别兴奋时，你觉得你的声音对听众来说怎么样？一般来说，当我们真的对某件事感兴趣时，声音会带着活力和兴奋感，吸引其他人加入谈话之中。声音质量是考查演讲者诚意的一个非常准确的指标。此外，听众倾向于相信，那些声音悦耳且表达方式有趣的人所说的内容更可信，他们也更愿意倾听那些善于使用声音的人演讲。

音质
演讲者的声音给听众留下的总体印象。

可理解性　演讲者声音的可理解性，即听众能听到并理解词句的程度，取决于声音的音量和独特性、发音的准确性和清晰度，以及对音节、单词和短语的强调程度。高度可理解性的关键是有自我意识并充分考虑听众的感受。

可理解性
演讲者声音的音量和独特性、发音的准确性和清晰度，以及对音节、单词和短语的强调程度。

- **音量**。要确定合适的音量，就要考虑讲话房间的大小，并观察听众的反应。听你讲话的人看起来听得很吃力吗？或者相对于当前的空间，你的声音是不是太大了？

- **发音**。我们每个人都会读错单词。例如，像"February"（2 月）这样的常用词经常被误读为"Feb-u-ary"而不是"Feb-ru-ary"。有时我们出于习惯、学习错误或地区口音而误读单词。当我们发音错误时，就会降低可理解性，同时也有降低可信度的风险。演讲者经常省略词尾，这使得人们很难理解其所说的话。例如，把单词"ending"后缀"ing"中的字母"g"省略，会让来自其他文化背景的人很难理解这些词。说："I'm askin'ya…"（我问你……）这样随意的口语，而不是"I'm asking you…"（我问你……）也可能导致可信度降低。在正式场合，合格的演讲者需要确保他们所使用的词汇是清晰、正确和可理解的。一定要根据词典的标准来确保发音准确。

- **语法**。语法正确性是一个重要的考量因素。不仅老师在课堂上会为语法错误和用词不当而烦恼，在课外场景中，我们也会因为自己错误的表达方式而被人侧目。因此，我们在发表演讲之前一定要多加练习，免得被人发现我们漏音、语法混乱和发音错误等。

单词发音错误与各种地方口音或民族方言口音是不同的。方言

　　对受众的影响在很大程度上取决于受众的构成，以及受众是否理解方言特征与标准发音之间的差异。演讲者应该努力搞清楚自己的方言与听众方言之间的异同，并根据实际情况调整演讲内容。

- **清晰度**。良好的发音包括清楚明白地想出并说出词句。生理问题，如腭裂、舌头控制困难或下颌错位，都会造成需要特殊辅助的发音问题，但大多数发音问题都是由懒惰造成的。我们有时会跳过、轻声或含糊不清地说不熟悉的单词，因为我们没有花时间去正确地学习这些单词。人们说"gonna"（将要）而不是"going to"（将要），"didja"（你是否）而不是"did you"（你是否），或者说"dunno"（不知道）而不是"don't know"（不知道）。这些含混的发音不仅会降低表达的清晰度，也会让听众认为你不可信。遗憾的是，除非有人提醒，否则很多人并没有意识到他们的表达是草率的或不正确的。纠正发音错误是非常有价值的，这会让你的发言听起来更明智、更专业，也会进一步建立你作为一个有文化的人的信誉。

- **填充词**。诸如"嗯""呃""啊""然后""那个啥"和"你知道"这样的填充词会让你的听众分心和厌烦。

交际与成功

有效地利用你的声音

　　你认真听过广播记者讲话吗？花几分钟的时间收听当地新闻广播和国内或国际广播。电视新闻播音员和广播电台播音员通常有非常清晰的声音表达。他们不会省略单词尾音，他们有自然而生动的发音模式，他们很少使用填充词，例如"嗯""呃""然后"或"那个啥"，也很少有发音停顿。

问题与思考

1. 认真倾听别人的发言，想想有多少人的声音"清晰易懂"？懂得有效利用声音的人和不会利用声音的人最大的区别在哪里？
2. 频繁使用填充词，比如刚才提到的那几个，会有什么影响？你有用这些填充词的习惯吗？
3. 还有什么声音特征会让你分心？
4. 什么样的发音特点有助于你倾听演讲？

　　抑扬顿挫　语速、声音强度和音调变化的组合，改善了演讲者的整体音质，称为声音的抑扬顿挫。这样的变化会让你的表达更有感觉，重点也更突出。你可以通过改变语速、声音强度和音调，让听众感知你所传达的信息意图上的细微差别，促进听众真正地理解你的意图。

抑扬顿挫
语速、声音强度和音调变化的组合。

- **语速**。演讲者讲话的速度通常为 120 ~ 175 个单词 / 分钟，即所谓的语速。以适当的速度说话需要有一定的自我意识。如果你的语速太快或太慢，或者语速永远不变，就可能使信息的传达效果大打折

语速
演讲者讲话的速度，通常为 120 ~ 175 个单词 / 分钟。

扣。当我们紧张时，语速会不自觉地加快，听众甚至几乎听不懂。我们必须学会在开始说话前深呼吸，有目的地使用停顿来放慢速度并把注意力集中在内容上，从而控制这种过快的语速。

停顿
短暂的停顿，以引起注意、强调重点、实现内容过渡或插入别的想法。

- **停顿**。停顿是一种有效吸引听众注意力的方法，它可以强调重点，使听众能够跟上演讲者思路的转变。停顿既可以作为两个内容之间的区分和过渡，也可以用于强调重点。初学演讲的人需要认识到语速和停顿对演讲整体效果的重要贡献。仔细聆听成功演讲者的演讲，注意他们如何改变语速并使用停顿来表达观点，如何为抛出下一个观点做准备，或对某个观点做巧妙的强调。优秀的演讲者更倾向于在对话风格中做这样的设计。

交际与成功

停顿的使用

不加停顿地朗读下列内容。

　　艾丹表达了自己对公开演讲的恐惧他说站在众人面前演讲比联想到死亡都更可怕他希望自己能避免发表演讲尽管他必须参加口头沟通课程。

现在读同样的内容，用句号和逗号适当停顿。

　　艾丹表达了自己对公开演讲的恐惧。他说："站在众人面前演讲，比联想到死亡都更可怕。"他希望自己能避免发表演讲，尽管他必须参加口头沟通课程。

问题与思考
1. 停顿对你的收听有什么影响？
2. 你在标点处的停顿，是如何帮助你表达意思的？

声音强度
声音的强弱和音量。

- **声音强度**。声音的强弱和音量叫作声音的强度。你必须选择适合听众的音量；你可以利用声音强弱的变化，自信而充满活力地表达你的想法，强调一个重要观点或者抖包袱。学会调控声音的强度，可以大大提高你的演讲效率。

音调
声音在音阶上的高低。

- **音调**。音调是指声音在音阶上的高低。音调的变化可以消除单调、突出关键词，有助于增强听众的代入感，从而持续吸引听众对演讲者和演讲内容的兴趣及注意。

显然，语速、声音强度或音调的变化都会使单词、短语或句子更加突出。变化幅度越大或变化越突然，对单词或语句的强调就越明显。你可以通过这样的强反差，使特定的想法比其他内容更加突出。

11.3.2 身体因素

当你发表演讲时，非语言沟通的意识是必不可少的。影响表达的身体因素包括个人外表、身体动作、手势、面部表情和眼神交流。每一方面都必须很好地协调，紧密围绕你的演讲目的。

个人外表 演讲者的长相、穿着打扮及向他人展示自己的方式，都是非常重要的考量因素。典型的"学生装"并不是通用装扮。一般来讲，你对不同场合的着装要求应该有常识性的认识。例如，帽子、较大的首饰或者鲜艳的衣服，都可能分散听众的注意力（并对人们评价你的演讲有负面影响）。大多数老师也不赞成戴帽子，原因是帽子会遮挡你的面部表情。别人对你形成的第一印象主要来自你的外表。听众可能会因你对他人的态度以及你本人的素质而形成即时的、难以改变的看法。所以，外表也会在很大程度上影响你演讲的可信度。

对非语言沟通和人际关系的研究表明，个人外表在交际中起着不容忽视的作用。外表也会影响演讲者的自我形象，从而影响演讲者与他人的沟通方式。[9]当你发表演讲时，你应该有符合场合的着装。当你的外表看起来舒适得体时，你的感觉也会跟着改变，这对你的表现会产生积极的影响。

身体动作 身体动作与外表密切相关，包括姿势，应该自然放松，但要避免懒散。因为听众的注意力会本能地跟随移动的物体，所以你的动作应该简单而带有目的性。向某一侧、向前或向后移动，可以保持注意力并有助于思想交流。身体动作也可以作为内容要点之间的非语言过渡。有目的的动作和姿势，可以显露自信，表达积极的自我形象。然而，太多的动作或者没有明确动机的紧张动作，会分散听众的注意力，使他们认为你不够自信，继而降低你演讲的可信度。

手势 你可以通过头部、手臂或手部动作帮助自己说明、强调或阐明某个观点。手势应该是自然的，而不是刻意的。例如，当你和熟人谈论一些你会产生强烈情感的事情时，你就会自然地做出手势。如果你感到悲伤、愤怒或者快乐，你会自然而然地做出表达情绪的手势。为了在演讲时做出同样自然的手势，你演讲时就要同样投入。如果你专注于表达你的信息，而不是过度关注你的手势，你会发现自己的动作反而更加自然。

当你初学演讲时，手势可能看起来很刻意，但是没有手势又会看起来很呆板。为了解决这个问题，最好找到愿意向你提出积极的改进建议的人，并当面练习演讲手势。请放心，当你发表越来越多的演讲之后，就会发现手势变得越来越自然。很快，你就可以不用刻意思考，自然地做出有力且流畅的手势，这有助于吸引听众的注意力，让你表达的信息更加饱满。

面部表情 面部表情就是指面部的形态，可以对演讲者的话起到反

手势
头部、手臂或手部动作，有助于说明、强调或阐明一个想法。

交际与成功

非语言行为与信息的有效表达

在你的演讲中，身体和声音会对你的听众产生重要的影响作用。你的呈现方式可以加强或破坏演讲的信息和表达。为了分析其他人在呈现信息时的行为，接下来的几天时间，注意观察教授、同学和其他人呈现信息的情况。信息内容（文字、想法）和表达方式（身体和视觉传递因素）都要观察。记录演讲者的情况和演讲内容，然后回答以下问题。

1. 演讲者是如何利用自己的声音交流思想的？
2. 演讲者何时调整了语速？效果如何？
3. 你观察到哪些身体和声音方面的积极因素？这些积极因素对你和听众有什么影响？
4. 你观察到哪些身体和声音方面的消极因素？这些消极因素对你和听众有什么影响？
5. 哪些表达方式给你留下了特别积极的印象？
6. 本次活动的演讲给你留下了哪些回忆？

映、增强作用，也可以与表达者传达的内容无关。面部表情在很大程度上解释了演讲者表达信息的情感影响。面部是你身体非常明显的一部分，面部表情可以快速、准确地向听众传达很多信息。例如，无论你是认真的、高兴的、担心的还是愤怒的，听众都能"读懂"你的脸。因为你的听众会从你的面部表情推测出很多事情，所以你必须看起来热情友好，这一点非常重要。这样的表现可以告诉你的听众，你对他们以及对你说的内容充满兴趣。当然，当你做演讲时，你的话题、目的、场景还有听众，都会决定什么样的面部表情才是合适的。

眼神交流

演讲者直视听众的程度。

　　眼神交流　演讲者直视听众并进行眼神交流的程度，与面部表情有关。面部表情表达演讲者对信息的感觉，而眼神交流似乎更能表现演讲者对听众的态度。眼神交流是表达过程中最重要的生理体现，因为它展现着演讲者对他人的兴趣和关心，也暗示着自信。大多数演讲指导老师会建议你在演讲时看着听众，而不是盯着他们头顶上方或墙上的某个地方。

　　当你看着听众时，你就和他们建立了一种沟通的纽带。忽视听众的演讲者通常被认为是不自信、不自在、不真诚甚至不诚实的。

　　与听众的眼神交流应该是愉快且尽量照顾到每个人的。你应该争取给你的听众一种感觉：你作为一个个体，在一次偶然的对话中与他们交谈。当面对小群体听众（5～30 人）讲话时，试着轮流看每个人几秒。为了避免眼神看起来太飘忽，你的眼神从一个人转向另一个人时要平稳地移动。对于数量较大的群体，最好扫视听众，偶尔定睛在一个或多个听众身上；不要看别人的头，更不要盯着某个听众看，否则会给人一种愤怒或有敌意的感觉；尽量避免让听众感到不适。我们让学生充当听众来评价演讲者时，他们经常抱怨演讲者与听众缺乏眼神交流，尤其是有的演讲者总是盯着少数几个人看，而忽视了其他听众。如果你总盯着一两个人看，其他

交际与成功

演讲表达

科技已经影响到我们生活的方方面面，包括教师的教学方式、学生的学习方式、候选人的竞选及拉选票，以及商务报告等。用你的浏览器登录美国辩论网，从在线演讲库或 TOP100 演讲中选择一个观看，回答以下问题并分析演讲者。

1. 关于眼神交流、手势和身体动作，你注意到了

什么？实际表达的效果如何？

2. 看一些语言表达的视频，你注意到声音变化、语速、音调、强弱和音量了吗？

3. 评估演讲的整体效果，哪方面奏效了？哪方面还需要改进？

人会觉得被冷落，那些被你盯着看的人也会觉得不舒服。

你的眼神应该表达出你的自信、真诚和笃定。听众应该从你的眼神中读到的信息是：你关心他们，也关心你所讲的内容。一开始，与听众建立眼神交流可能会让你感到有些不舒服，但随着经验的增长，你会愈发自然。你很快就会发现，眼神交流有助于你实现控场，你可以通过眼神交流得到一些反馈：他们能听清我说话吗？他们听明白了吗？他们在听吗？……

当你努力加强积极的声音和身体行为、减少消极行为时，你的表现力将大大提高。表 11-3 列出了影响演讲效果的几种行为。在镜子前观察自己，或者在练习课上向支持你的朋友寻求反馈，以避免出现这些问题。

表 11-3　演讲者使人分心的行为

一般表达	眼神	身体
语速快	眼睛转来转去	紧张、僵硬
语速太慢	看着地板或天花板	慵懒的姿势
叹气	盯着某人或某处看	晃来晃去
紧张地傻笑	缺乏持续的眼神交流	手舞足蹈
不连贯	**声音**	哈着腰
不自然的停顿	语调单一	靠着讲台
面部	唱腔	**脚 / 腿**
愁眉苦脸	鼻音重	拖着脚走路
无精打采的样子	口齿不清	重心变来变去
手部	太轻柔	二郎腿
摆手	声音太大	晃腿或晃脚
玩弄头发或物品（如纸牌或钢笔）		
手插在口袋里		

11.4 演示辅助

　　演讲者在演讲时会面临多重挑战，其中很重要的一点就是如何吸引听众的注意力并向他们清楚地传达信息。你的主题和你的表达（包括口头和非口头表达）对于吸引和保持听众的注意力非常重要。当然，听众本身对内容的了解程度以及对倾听的渴望程度，也对你获得并持续吸引他们的注意力很重要。有些演讲由于内容复杂，就需要借助演示辅助手段。在强化、补充、支持和阐明演讲者的信息时，应使用演示辅助手段。

11.4.1 演示辅助的好处

　　在使用演示辅助之前，你应该想清楚一个问题：这种演示辅助工具会完善我的演示、使我的演示更有趣、让我的听众更容易理解吗？如果答案是肯定的，那么使用演示辅助是有必要的。然而，如果演示辅助仅仅是为了使用而使用，那么它就可能成为一种干扰，会扰乱信息的有效传达。许多指导老师要求学生至少在演讲中使用一次演示辅助，因为通常它的确是很有帮助的。演示辅助，又称视觉辅助或视听辅助，包括诸如图解、模型、实物、照片、表格、图示、图表以及各种计算机文件等工具或设备，演讲者可以使用这些工具或设备来增强内容和传达效果。对于演讲效果的加强，演示辅助都必须围绕一个明确的用意。在当今媒体信息饱和的社会，很多信息都会借助听觉或视觉途径向听众传播。因此，演示辅助可以有效地帮助演讲者表达观点。

> **演示辅助**
> 演讲者用于加强演讲内容和传达效果的工具或设备，如图解、模型、实物、照片、表格、图示和图表等。

　　演讲者在使用演示辅助前应考虑以下 5 个问题。

1. 它会使你的演讲更容易理解吗？
2. 它会帮助你实现演讲目标吗？
3. 如果不使用，听众会认为你没有充分准备吗？
4. 它会吸引听众的注意力吗？
5. 它会提高你演讲的可信度吗？

　　如果以上 5 个问题的答案都是否定的，那么使用演示辅助可能对你的演讲并没有好处。

　　使用演示辅助的好处主要有以下几点。

　　让演讲更容易理解和记住　演示辅助可以使听众更容易理解和记住演讲内容。[10] 当然，这在很大程度上还是取决于辅助手段本身及其使用方式。我们都知道，语言是抽象的，听众必须将其转化为心理图景。但如果不同的听众，特别是有文化差异的听众，对演讲者说的一个或多个词句产生迥异的心理图景，那么听众对演讲内容的理解就会出问题。演示辅助可以创造一个更具体的形象，或者，至少会与演讲者想表达的信息之间产生更强的关联，来更精准地传达演讲的内容。

演讲者在演讲中同时使用语言和视觉元素时，可以更好地控制图像的传达效果。一般来说，当人们同时听到和看到一些东西时，他们可以更好地记住信息。有研究人员发现，使用视觉效果的演示，可以提高演讲内容的记忆率。听众听了带有视觉展示的演讲，他们在 3 小时后可以回忆起大约 85% 的视听内容，3 天之后还可以记得 65% 的内容。[11] 而对于同样内容但不带视觉演示的演讲，听众在 3 小时后可以回忆起大约 70% 的内容，3 天之后仅剩 10%。我们从这个研究中可以清楚地看到，如果视觉内容合适且使用得当，会对信息的记忆产生显著的积极影响。

提高演讲者的可信度　一个出色的视觉演示，可以让你的听众意识到你在准备演讲时付出了巨大的努力。根据研究，听众认为使用演示辅助的演讲者更专业，准备更充分，表达更有趣，更有说服力，内容也更翔实。在某些情况下，特别是在商业或专业的场景中，视觉效果是必要的，被认为是理所当然的。如果你在这种场景中不使用视觉演示手段进行演讲，听众可能会产生你没有准备好的印象，并且认为你没有认真对待听众。我们建议你在演讲前要去了解听众的期望和演讲的场景，以确保你的演讲能与听众建立更成功的互动关系。

当你使用适当的演示辅助时，你也向听众展示了自己是可靠且可信的。你让他们直观地看到你想表达的内容，向他们展示了你希望他们了解的内容。当你的演示辅助内容来自可靠、权威的信息源时，等于告诉你的听众，你接受他们的挑剔和判断，并保证诚实和公正，而这最终会提高你的可信度。

吸引听众的关注和兴趣　获得和保持听众的注意力和兴趣不是一件容易的事情，通常需要演讲者做大量的准备工作以及付出不懈的努力。前文已经说过，当演讲者在声音、手势和动作的使用上不拘一格时，演讲往往会更加成功。同样，演讲者也可以通过增加演示辅助的多样性和趣味性，加强演讲效果。当演讲者使用图片、图示、图表、视频、幻灯片或实物时，展示方式的改变必然会更加吸引听众的注意力——即使只是暂时的。如果演示辅助做得好，而且对听众有价值，那么它不仅会吸引听众的注意，还会使演讲变得更有趣，这应该是每个演讲者都希望达到的目标。因此，如果你精心准备了演示辅助工具，而且有助于听众对演讲内容的理解，那么它们将获得听众的关注，并有效提升听众对演讲的兴趣。

提供支持　演示辅助可以作为一种极佳的论证手段，有助于支持演讲者的观点。假设你的演讲想表达如今的电视节目比两年前更多地涉及暴力内容，那么你可以通过一个图表来支持这一说法，该图表需清楚地说明暴力片数量的增加，并且你可以展示代表这些年来暴力内容升级的视频短片。

演示辅助提供了另一种形式的论点支撑，特别是当辅助资料来自声誉良好的信息源时，你演讲的可信度将会提高。例如，当你展示一个无家可归的家庭住在汽车里的照片时，你可以由此表明贫穷是如何影响人们的生活的，图片将成为演讲内容的有力支撑。演示辅助让你的听众能够直观地看到你的演讲所涉及概念的具象表达，这使你传达的信息更直接、更可信。

有助于演讲表达　演讲者经常会在演讲内容的表达和记忆方面遇到困难。因此，很多演讲者过度依赖讲稿，这会减少他们与听众的眼神交流，使他们的演讲听起来很机械。过度使用讲稿会给人留下一种演讲者缺乏准备和练习的印象。当听众觉察到你准备不足时，你的可信度就会降低，听众倾听演讲的意愿也可能降低。

要想使演讲表达自然、熟练，演讲练习是必须的，使用演示辅助也可以提升演讲的表达效果。

演示辅助使用得当的话，可以起到演讲提纲的作用。每年我们都会开设很多研讨班，所有课程都会使用技术手段展示其代表想法和关键词。这些视觉演示辅助不仅有助于参与者理解演讲内容，而且可以作为一个提纲，提醒演讲者和听众要解决的问题和下一步要做的事情。许多演讲初学者也发现，演示辅助的提示作用有助于减轻演讲焦虑。

比起减轻演讲焦虑，演示辅助还可以使你看起来更有活力。如果使用得当，演示辅助可以让演讲者更轻松地从一个观点过渡到另一个观点，并在演讲过程中变得更加活跃。显然，演示辅助可以增加演讲者的自信心。

研究表明，伴随着音频、视频或其他演示辅助信息，听众的记忆时间会延长。[12] 许多企业会要求员工做演示报告，并使用计算机演示工具。一些公司经理认为，缺少音频、视频或其他视听辅助的展示，演讲效果会大打折扣。尽管教师并不会强求学生在课堂上使用计算机制作的或计算机辅助的演示方式，但重要的是，要知道它们在职场上被广泛使用。越来越多的机构需要计算机辅助演示。比如医生通过多媒体演示辅助工具向患者解释诊疗流程、疾病类型和治疗方案。接下来，我们将讨论演示辅助的类型以及如何在演讲中呈现它们。

11.4.2 选择和使用有效的演示辅助

如果你计划使用演示辅助，请记住以下准则。

（1）演示辅助应该围绕需求，绝不能为了使用而使用。在某些情况下，演示辅助并不适用；但在有些情况下，它们比单独使用文字更容易让人理解。例如，向听众现场展示如何创建幻灯片要比单纯口头告诉他们容易得多，如果能边讲边演示就更容易了。

（2）演示辅助应根据听众的情况进行规划和调整。使用演示辅助时，你应将以下因素考虑在内：听众的年龄大小以及你和听众之间的距离。演示辅助资料应该力求简洁，不要过分拘泥细节。

（3）演示辅助不应支配或代替演讲者的工作。演示辅助应该作为补充，绝不能取代演讲者。不能过分依赖演示辅助，而是要利用它来帮助你阐释观点、想法，或提升演讲的趣味性。在演讲中，演示辅助一般都需要演讲者加以解读，才能传达其应有的含义。

（4）演示辅助应尽可能专业。准确、简洁的演示辅助资料，可以给听众留下良好的印象，充分体现演讲者的能力。演示辅助的内容不应该出现事实或拼写上的错误。它们还应该是明快的、有吸引力的，并确保听众从任何角度观看都没有障碍。听众能够一目了然，加上演讲者的讲解，便很容易理解演讲内容。

（5）演示辅助应力求实用，便于准备、使用和传达。演示辅助资料不应对演讲者和演讲内容造成干扰，更不应该喧宾夺主。

（6）演示辅助应注明资料出处。非原创或包含非演讲者所需信息的演示辅助资料，应直接在听众能看到的地方标示或在演讲中说明资料来源。

（7）视听展示每次只传达一个观点，每页只展示一个图表。记住，演示辅助的目的是阐明和强化演讲者的信息。每份图片、幻灯片、图表或其他计算机生成的内容，仅限于表达一个想法，这样听众就可以在你谈论相关内容时将注意力集中于一点。太多的信息会分散听众的注意力。

在演讲中使用辅助手段需要预先做好计划和协调。它们不应分散听众的注意力，也不应破坏演讲的流畅性。请参阅本章末尾的"参考指南：使用演示辅助"，了解关于演示辅助的更多内容。

11.4.3 演示辅助的类型

演示辅助和呈现方式有很多不同的类型。最常用的演示辅助是用计算机制作的图像、视频和数字视频剪辑，当这些图像、视频或数字视频剪辑不可用或不实用时，则可以展示实物、模型、照片或复印件、图解、表格和图表等。

计算机图片　从网上可以找到数以百万计的可以用作演示辅助的图片。你要做的就是搜索某个特定类型的图片，很可能在几秒内就能找到你想要的。假设你对"大学体育吉祥物"感兴趣，想展示一些图片，谈谈它们的含义、历史或影响。输入关键词"大学体育吉祥物"，你不仅会发现每一个吉祥物的图片，还会发现每一个吉祥物的历史。你想要的任何图像或图表几乎都可以在互联网上找到。只要你会使用在线搜索，任何主题的图片都唾手可得。当然，你要认真核实演示辅助材料的来源并说明出处，在演讲中口头说明信息来源以确保可信度。

视频和数字视频剪辑　无论什么主题，互联网都是个巨大的素材库，当然，你也可以自己做一段数字视频剪辑作为演示辅助。在演讲中使用视频时，视频与演讲内容紧密相关很重要。此外，它不应该支配或分散听众的注意力，适当的短视频剪辑可以有效地加强你的演讲效果。例如，一位学生在她内容丰富的演讲中使用了一段 30 秒的视频剪辑，以说明互联网上的个人信息是如何影响其上大学或找工作的。这段视频清楚地展示了哪些可以、哪些不适合放在网上。

你也可以使用短视频剪辑来演示一个过程，或者展示一段著名的政治演讲，使观点更有说服力。然而，在播放剪辑时，与听众保持眼神交流仍然很重要。视频剪辑不应该占据你演讲的太多时间，例如，在一个 5 ~ 7 分钟的演讲中，视频时长不应该超过 30 秒。对于长一点的演讲（10 分钟或更长时间），视频可以持续 1 分钟或更长时间。在理想情况下，视频剪辑可以很好地辅助说明你的想法或观点，但它不能取代演讲本身。视频可以非常有趣，是表达一个想法的有力方式，但如果它的使用没有经过充分的预演，也可能会造成问题。例如，当设备发生故障或无法定位到所需的画面时，大多数演讲者很难应付这样的场面，演讲的效果势必会受到影响。如果可能的话，把视频下载好随时备用，或者在 PPT 或 Prezi 幻灯片中设置链接，以便轻松访问。

接下来，我们来讨论当计算机图像或视频不可用或不适用时，演讲中可以使用的演示辅助手段。

实物　实物是一种三维展示，它可以将你希望表达的想法、概念或活动，实实在在地呈现在听众面前。如果物体的大小既可以被听众看清，又方便搬到现场来做演示，那么它就可以成为很好的演示辅助。为了确保物品对你的演讲有帮助，你要事先做充分的准备和练习。例如，一件乐器、一件运动器械或一种食物，都可能成为演讲中使用的适当辅助实物。使用一个实物，可以使你的主题变得更生动，但如果这个展示实物太大、太小或太难展示，也可能造成问题。

使用任何物品或道具，都应该有助于使听众专注于你的演讲，而不是分散听众的注意力。例如，宠物一般很难控制，无论是在演讲前、演讲中还是演讲后，都会分散听众的注意力。因此，我们建议不要使用任何你无法控制或有可能分散听众注意力的物品。

模型　当受限于尺寸或成本而无法展示实物时，你应该考虑模型。实物模型或参考物，能够让演讲者将物品放大或缩小到一个方便展示的尺寸，以便在演讲中使用。例如，显示比针尖还小的计算机芯片电路，或显示太大（何况还很贵）的生物燃料发动机的内部构造，都是不切实际的。这类物品就应该使用模型，可以起到与实物展示一样的效果。很多物品和模型都可以通过计算机模拟演示。

模型也可以是与原型实际尺寸等比例大小的。例如，当一个足球运动员或拳击手的头部受到严重打击时，一个医学院的同学想告诉大家大脑受影响的部位，他可以通过展示一个或多个大脑模型来说明这一点。

照片、图片和图表　当模型、实物或计算机图像不可用或不适用时，照片、图片或图表可能就是解决方案。决定使用哪一种形式，取决于你想阐述什么，以及可以找到什么资料。照片是展示细节及周边环境的绝佳工具。例如，一位同学谈到艺术风格，他带来几幅版画说明其不同之处；另一位同学谈到第三世界国家的贫困问题，他带来一组颇有冲击力的照片，展示了生活在极端贫困条件下的人们；还有一位同学谈到全球气候变化对阿拉斯加冰川的影响时，展示了不同时间在阿拉斯加旅行的放大照片，两张同一座冰川的照片，清楚地说明了冰川在短短 5 年内缩小了多少。由此可见，这些照片都有助于强化演讲者的观点。

当照片或印刷品不可用、太小或缺乏足够的细节时，可以使用图片或图表。课堂上用的大多数图片或图表，都不是由专业艺术家用计算机制作或创作的，虽然比较简单，但足以说明问题。图 11-1 展示了一个简单的线条图，显示出工作室改造项目中不同工作区域的位置。

演讲者可以使用建筑设计蓝图、统计数据的表格或图表、公司组织结构示意图、橄榄球比赛的战术草图或不同地区的地图等任何图形化展示。例如，表格是各列数据的有序排列，以突出相似性和差异性，如图 11-2 所示。

表格可以方便地在相对较小的空间内显示大量信息或数据，但它们可能过于复杂或冗长（也可能很无聊），甚至可能需要辅以同样繁杂的解释。与其他展示方式一样，表格必须简洁明了，只有这样，那些重要的信息才更容易被听众理解。

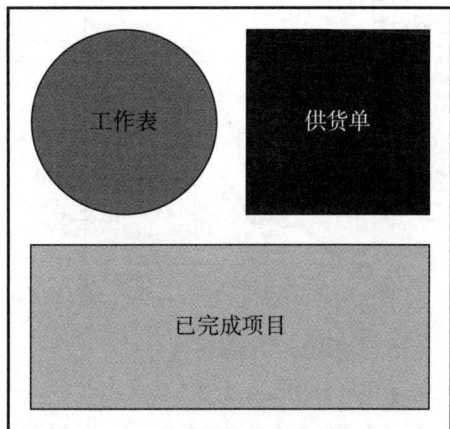

图 11-1　简单线条图示例

线条图不需要十分复杂或精细，实际上，它可以相当简单。

流行药物的用途、成本和功效			
药物	用途	成本	功效
泰诺™ 非处方药	镇痛	19.95 美元 /200 片	全身疼痛减轻；一些副作用（轻微）
奥美拉唑™ 处方药	胃灼热 胃溃疡	145.29 美元 /90 片，40 毫克 / 片	用于治疗酸性炎症和溃疡；副作用小
塞来昔布™ 处方药	关节痛	124.17 美元 /180 片，100 毫克 / 片	急性疼痛缓解；一些副作用，一些主要副作用

图 11-2　以表格形式显示的数据示例

数据越复杂，就越需要解释才能让听众明白表格中的内容。确保表格准确反映演讲内容，并保持简洁。

图表有时更易阐释观点，因为它们能使统计数据更加直观，而且它们可以用更便于读者理解的方式说明数据之间的关系。如图 11-3 所示，折线图特别有助于阐明随时间变化的比较数据，比如几天、几个月或几年内的趋势。

柱状图是比较性展示的另一种简单方法。图 11-4 展示了柱状图如何清楚地阐明了流行文学类型的比较，以及喜欢每种类型文学的群体的性别分布。

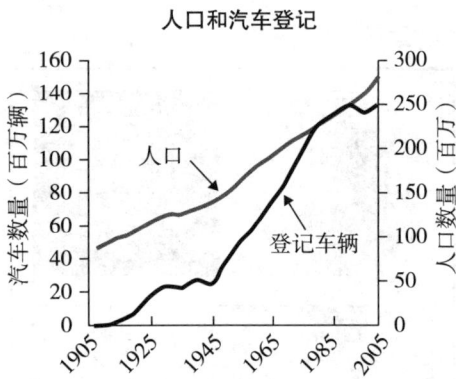

图 11-3　简单折线图示例

折线图可以展示各种数据。这个例子说明了 20 世纪人口和汽车登记数据的对比。

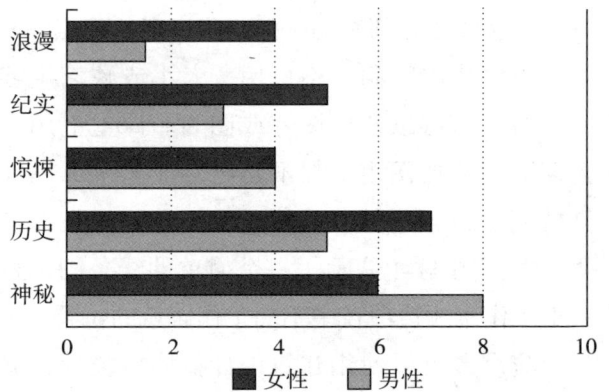

图 11-4　简单柱状图示例

这个柱状图展示了男性和女性最喜欢的图书类型。对比有助于说明各种信息。

饼状图说明了数据的比例分配。饼状图的每一块都代表着整个饼状图的一个百分比，通常用于显示分布模式和财务占比。图 11-5 中的饼状图清楚地说明了拥有健康保险和没有健康保险的人的比例。请注意，饼状图也可以从中心到 12 点位置的半径开始，然后按顺时针方向绘制每个部分，从最大到最小。

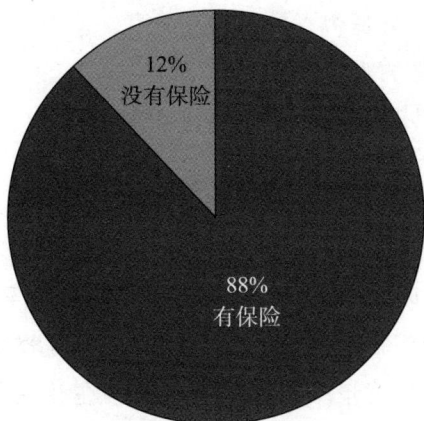

图 11-5　简单饼状图示例

这个饼状图显示了有保险和没有保险的人的比例。它从 12 点钟的位置开始，先展示较大的数字，再顺时针绘制较小的部分。

11.5　演示软件

　　PPT 和 Prezi 都是有效的工具，但如果使用不当，它们可能变成令你的听众讨厌的东西。每种展示方式都有优劣之分，好的演讲强调的是内容，而不是技术。一个合格的演讲者知道所有的演示辅助手段都是为了加强展示效果，而不是成为（或取代）展示。

11.5.1　演讲中是否使用 PPT 或 Prezi 以及何时使用

　　与流行的观点相反，PPT 和 Prezi 都不是最好的演示软件。你上一次被 PPT 或 Prezi 演示打动是在什么时候？大多数公共演讲指导老师对课堂演讲中使用演示软件会有一些限制。当指导老师允许或要求使用 PPT 或 Prezi 时，他们会有特定的使用标准。虽然演讲者应该准备好利用任何现有的演示技术，但也应该对其应用做出谨慎的选择。软件的选择应该根据你演讲内容的需要而定。无论你决定使用什么样的演示辅助工具，都要确保演示辅助能增强演讲效果。如果你在 7 ~ 10 分钟的演讲中有 4 张以上幻灯片，那就太多了。从网上很多商演素材分析，在 20 分钟的商业演示中，最多使用 10 张幻灯片。如果你决定或必须使用 PPT 或 Prezi，请记住以下内容。

　　1．从自己的角度出发，你想达到什么效果？

　　2．PPT 或 Prezi 会增强你的演讲效果吗？

　　3．主题是否恰当？

4. 演讲场所或环境是否支持其使用？

5. 有助于阐明你的观点吗？

6. 你用的幻灯片是否足够，是不是太多了？

11.5.2 创建有效的 PPT 或 Prezi 演示

做出正确的选择很重要。在有效的 PPT 和 Prezi 演示中，颜色的使用、字体的类型和大小，以及图形和图片的使用，都是重要的因素。

颜色　如果你希望自己的演讲能打动听众且内容令人难忘，请选择清晰、干净、不太繁杂的背景颜色和设计。对于在教室中的演示，我们鼓励学生选择中性、蓝色或绿色背景，少用或不用动画或声音。蓝色和绿色让人感觉平静，可读性也比较好。保持内容整洁，使用对比色。字体颜色应该是黑色或白色，有时在较暗的背景上可以用黄色，以便看清内容。红色文字可能会像素化（跳动和摇摆），在黑暗的背景下很难阅读。黄色是一种引人注目的颜色，但过多的黄色会使文字和图像看起来比较刺眼。在不能调节灯光的教室里，最好用一个中性的（米色、灰色或纯白色）背景，配上黑体的标题和副标题。一些颜色可以用于项目提示符或图案。上课前一定要查看教室里的投影设备，确保大小和颜色合适。

字体的类型和大小　Times New Roman、Times、Helvetica 和 Courier 是计算机创建演示文稿的好字体。这些字体简洁易读。避免字体有太多的曲线或附加，这会分散听众的注意力且难以阅读。你可以使用无衬线字体提升趣味性，例如 Helvetica 用于标题，Times New Roman（衬线）用于项目提示符（衬线字体在每个字母的上下两端都有"脚"或"笔锋"）。如果你希望每个人都能看到并阅读你演讲的某一部分，就要确保这些元素足够大，方便阅读。

视觉演示辅助可以极大地提升演讲效果。如果使用得当，视觉演示应该是加强，而不是代替语言。演示辅助的精心运用，可以帮助听众继续沉浸于演讲内容。

展示幻灯片　在你谈到相关内容时，才去展示相应的幻灯片。无关的幻灯片内容可能分散注意力。如果幻灯片上的内容还没谈到，可以先停留在空白页面。如果你打算使用某种幻灯片特效，一定要提前练习。

图形和图片　图形和图片有助于激发和保持听众的兴趣，但要注意使用的比例，以确保听众的注意力集中于你的主题。一个惯常的经验法则是，有图片或图形的幻灯片不应该超过 25%。

互联网上到处都是不错的视频剪辑、电影剪辑、插图和案例。仔细搜索并明智选择你想使用的素材，即可确保你的剪辑品味良好、物尽其用。当然，核实素材来源的可信度（适度引用）也是一项重要工作。如果对某些素材有疑问，要么不用，要么解释清楚为什么选取或如何使用。当然，你也可以创建自己的 YouTube 视频，或者自己拍照，还可以用电脑制作其他演示辅助资料。但始终要牢记一点，确保演示辅助不会喧宾夺主、取代演讲本身。

用 PPT 幻灯片呈现带格式的演讲大纲，也可以为你的演讲分析提供参考。演讲者给自己做的笔记标识可以用红色斜体表示。

带有 PPT 幻灯片的演讲大纲示例

这是一个关于信息设计和传递的课堂演讲提纲。它强调 PPT 应该如何辅助增强演讲效果，而不是成为演讲本身。
演讲者自己的笔记用的是**红色斜体**。

**在 PPT 演示文稿中
使用字体和字形**

（幻灯片 1）

字体使用同一个系列
·有衬线——在一些笔画的末端有结构细节
·无衬线——没有结构细节或花饰
·介于两者之间——较小的花色
·用于何处，为何使用

（幻灯片 2）
在 12 分钟的演讲中，只用 10 张幻灯片：6 张有文本的幻灯片（包括标题页）和 4 张空白幻灯片。每张幻灯片上的信息量是最小的，使用蓝色背景，这样任何人都可以轻松阅读幻灯片内容。

标题：在 PPT 演示文稿中使用字体和字形。

目的：在演讲中向听众介绍 PPT 对字体、字形、图案和颜色的要求。

论点：使用 PPT 需要在字体类型、大小、文本数量、背景设计和颜色上进行仔细选择。

在计算机上启动 PPT 演示文稿。

在必要时才显示幻灯片。

面带微笑，看着听众。

开场：请大家思考一下课堂内外的演讲，简单地记下你对这些问题的答案。这学期你看了多少次 PPT 演示？上一次让你印象深刻的此类演示是什么时候？

暂停。

我们经常被要求制作一个 PPT，我们一般认为这是表达自己想法的最好方式。今天将介绍一些可供选择的字形尺寸和字体，以及背景设计和颜色，以帮助你创建更具吸引力的 PPT 页面，切实提升演讲效果。

主体

1. 字体和字形大小是什么，它们与制作 PPT 演示文稿有什么关系？

    讲话时放映标题幻灯片（幻灯片 1），
    然后转到幻灯片 2，解释字体差异。

    （1）字体是指同一个系列的文字风格（示例）
    ①有衬线
    ②无衬线
    ③介于两者之间

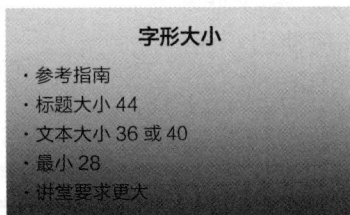

（幻灯片3）

幻灯片强调了演讲的要点，并说明了字形大小和类型。

空白幻灯片将听众的注意力吸引回演讲者身上而不是幻灯片上。

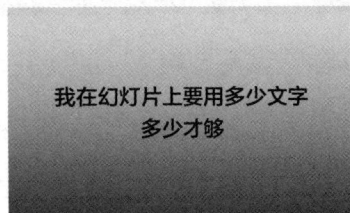

（幻灯片5）

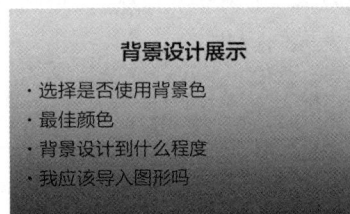

（幻灯片7）

（幻灯片9）

④用于何处、为何使用

　　暂停，切换到幻灯片3，处理字形大小。

（2）字形大小

　　①参考指南

　　②标题大小44

　　③文本大小36或40

　　④最小28

　　⑤讲堂要求更大

　　　　切换到空白页（幻灯片4）。

2.　我在幻灯片上要用多少文字

　　　　放映幻灯片5。

（1）文本应该如何使用

（2）多少才够

　　　　切换到空白页（幻灯片6）。

3.　背景设计展示

　　　　幻灯片7

（1）选择是否使用背景色

（2）最佳颜色

（3）背景设计到什么程度

（4）我应该导入图形吗

　　　　切换到空白页（幻灯片8）。

4.　总则

　　显示最后一张有内容的幻灯片（幻灯片9）和通用指南，

　　　　然后显示最后一张空白页（幻灯片10）。

收尾

　　我们介绍了PPT演示设计的一些基础知识，我希望你知道哪些字体是最适用的，以及在特定情况下该使用何种字号。决定使用背景色或PPT中的某个可用模板，以及是否包含图形，取决于你的演讲主题以及个人喜好，还有你所在演讲场所的条件。在此祝你好运！祝你下一次PPT演示给人留下深刻印象！

　　微笑，提问，回答，取出U盘，入座。

Microsoft®PPT，微软公司。

11.5.3 使用演示辅助：谁才是真正的操控者

请记住，任何技术都只是工具，不应该取代演讲者或演讲内容。威廉·杰尔马诺（William Germano）在《高等教育编年史》的一篇文章中提醒我们："……工具不是朋友，它们往往是竞争对手。"[13] 我们必须学会利用技术或其他演示辅助，让它们为我们服务，而不是取代我们的发言权或成为信息本身。演示手段常常变成内容本身，而不是增强或阐述内容的手段。记住，你才是掌控者，必须如此。你的听众应该记住的是你的观点，因为你的目的就是传达这些观点，而任何演示辅助资料只是为了强化这些观点。

墨菲定律告诉我们，最坏的情况总会发生。但是精心准备的演讲和精心构建的展示手法不见得一定失败。演讲者应该为任何可能发生的事情做好准备。如果你做了研究，整理了资料，对你使用的演示辅助手段做了仔细的选择，并且满怀信心地练习，你就可以克服任何可能出现的困难。当本书作者们在课堂上或研讨会上做演讲时，总会有一个 B 计划甚至 C 计划，比如我们通常会把 PPT 文档存在 U 盘或光盘上。

即便如此，我们还会携带一份打印好的 PPT 文档（我们在每张讲义上彩印 4 页 PPT，并随身携带），这样就算计算机读不出电子文件，我们也可以展示演讲的内容。再者，即使没有任何视觉展示途径，我们也可以拿着讲稿解释 PPT 上的内容，用黑板或白板进行说明。如果投影仪的投影灯坏了，你无法展示辅助材料，这意味着你必须随时有另一种途径向你的听众展示你想展示的内容。如果听众不是很多，我们会带上一些内容最重要（图表、指南等）的幻灯片页面复印件。

重要的是记住我们都不完美，即使出现了设备故障也不要惊慌失措。做最好和最坏的准备，你就能成功地完成你的演讲。

淡定 如果你已经完成了我们在本章中推荐的所有内容，你就已经做好了准备，并且应该感到胸有成竹。当你为任何可能发生的状况都做好充分准备时，调整到演讲的最佳状态就容易多了。

恢复 每个人都会犯错，有时墨菲定律会在我们的演讲中应验。你唯一能做的就是做好准备。如果你已明确主题，准备充分，并且做了认真练习，就不必太过纠结于你控制不了的事情。我们的一位同事在美国教授一个远程学习班，有 25 名学生在现场，10 名学生在圣彼得堡，还有 10 名学生在莫斯科。整个课堂都是通过双向互动技术连接起来的。这间教室是一间"智能教室"，拥有前沿的技术，三个地方的教室能够同时看到学生和老师。我们的同事说，她总是担心技术方面的问题，怕影响授课效果。某

参考指南

使用演示辅助

1. **只在必要的时候展示视觉辅助资料**。不要过早地展示你的演示辅助或等讲完之后才展示，这样会打断听众的注意力。使用 PPT 或 Prezi 演示，尽量设置黑色、空白或白色背景色，避免分散听众的注意力。

2. **展示辅助资料的时间要足够长，以确保每个人都能充分理解内容**。在"太久"和"太快"之间找到最佳平衡点。

3. **辅助资料要做到整洁、简单、尺寸适中、明亮、可读，以确保每个人都能看清**。如果使用数字方式展示，原则是一样的。根据演讲空间的大小，字号大小一般不应该小于 36 磅。对于较大的空间，最好使用 48 或 60 磅。如果你上的是电教课，这些标准对于电视机屏幕也一样适用。

    同时还要注意文本的尺寸、背景和颜色。针对电视机屏幕显示，蓝色背景加白色或黄色文本颜色是最好的选择。但蓝白文本用在展台或其他投影设备，以及许多海报、图示或图表上时效果不佳。颜色太浅在纸制品上基本是看不见的。红色和黑色文本更适用于非计算机辅助演示。

4. **在你即将演讲的场地提前调试设备**。这一步必须提前做好。

5. **不要对着你的展示品或黑板说话**。在与听众保持眼神交流的同时讨论内容。

6. **不要挡在你的演示资料前面**。确定你将放置或展示辅助资料的位置，并使用教鞭或激光笔，避免挡住听众的视线。

7. **练习使用你的演示辅助资料，直到你适应为止**。如果你对自己选择的辅助资料感到不舒服和不熟悉，你的听众会很明显地感觉到这一点。

天，她的学生告诉她："嘿，别担心技术方面的问题！我们都理解，知道这不是能完全控制的。就这样用着吧，不要太关注它，也不要为你无能为力的事情感到抱歉。"[14] 我们很赞同他们的建议：别去担心你无法控制的事情，兵来将挡，水来土掩。

11.6 练习演讲表达

确保有效表达的最佳方法是练习、练习、再练习。早练、多练，直到你对自己的表现感到满意为止。你到底需要练到什么程度，取决于很多因素，包括你当众演讲的经验、你对主题的熟悉程度、你的演讲时长。想做一场完美的演讲没什么捷径可走。

如果你不是背稿演讲，请确保在每一次的演讲中使用稍微不同的措辞。当你背诵一篇演讲稿时，你可能只是记住了字面却忽视了内容。你的目标应该是理解内容，这样你才抓住了演讲的灵魂。

在练习表达时，不要贪多求快。例如，先练习开场，然后一次练习一个要点，最后是收尾。把每个小片段单独排练几次之后，再练习整段演讲，直到掌握全部内容、表达流畅为止。

可能的话，尽量在将要发表演讲的现场练习，或者至少在类似的场景中练习。这有助于你设身处地看到全貌，并计划好演示辅助的位置。经过这样的练习，你会产生自信和渴望演讲的激情。

切记，专注于你在说什么、对谁说。最重要的是：做好你自己！

》小结

11.1 管理演讲紧张

- 焦虑可以通过行为和认知手段予以应对。
- **沟通恐惧**是一种更严重的演讲紧张形式，但它也可以通过准备和练习来缓解，也可以采取积极的态度来适应变化。
- 演讲紧张症状可以通过行为和认知策略加以控制。
- 演讲紧张有很多原因，分析和练习可以减少不佳体验对你的影响。
- 并非所有文化背景下的人都能以同样的方式处理演讲紧张。对一些人来说，试图适应主流文化本身就是一种压力。在这种情况下，学生和教师应该就具体的行为做出某种承诺。
- 演讲紧张通常是可控的。本章提供了具体的策略来帮助你应对紧张状况。

11.2 演讲表达方法

- **即兴演讲**是在可以"即兴发挥"的情况下使用的，通常不应用于正式的演讲。有时在工作场所或社区群体中，你会被要求在没有事先通知的情况下发表演讲。这种表达方式的练习有助于你应对类似场合。
- **读稿演讲**通常是机械的，但在某些情况下也是必要的。在这些情况下，严谨的措辞可能影响策略或使发言人状态更稳定。
- **背稿演讲**的演讲者可以四处走动，但如果忘词了，可能会陷入尴尬的境地。
- 大多数情况下，通常建议采用**脱稿演讲**。演讲者通过充分准备，使演讲如同对话般自然流畅。

11.3 演讲表达的声音和身体因素

- 演讲者需要在**音调**、**音量**、**语气**和**语速**上使声音充满变化，从而提升听众的兴趣并增加说服力。
- 恰当地使用身体动作可以使听众对你的观点产生兴趣。面部表情、**眼神交流**、动作和**手势**都有助于使听众的注意力集中在某个观点上，也有助于在话题切换和过渡时，让听众跟得上你的节奏。

11.4 演示辅助

- **演示辅助**有很多优点。通过辅助手段，你的观点可以令人印象深刻，演讲形式也更丰富。研究表明，有演示辅助的演讲比没有演示辅助的演讲更容易被记住。
- 演讲者应始终记住他们演讲的目的，以及他们希望听众了解的主题。演示辅助可以帮助他们把注意力集中在想法上，并随时调用。
- 虽然主流认为 PPT 或 Prezi 是最好的演示辅助工具，但其他方法在某些情况下同样有效。事实上，一些更"传统"的辅助手段也可以增加演讲的多样性和趣味性，而且有些方面是 PPT 或 Prezi 无法代替的。

11.5 演示软件

- 如果你使用 PPT 或 Prezi，请做出正确的选择：不要在任何一张幻灯片上放置太多的信息；不要使用太多的幻灯片；暂时不用幻灯片时，要转到空白页或关闭演示；注意使用最适合演讲场所的颜色、字体和尺寸。
- 评估你的演讲辅助资料，确保它们能够阐明并强化你的演讲主题。
- 用软件制作有效的演示辅助资料。

11.6　练习演讲表达

- 如果可能，在你要演讲的场所进行练习，调试你将使用的设备。

- 请朋友倾听和观察，然后就你的演讲和表达提出相关建议。
- 练习可以帮你找出需要改进的地方，或者你看起来不太自信的地方。
- 练习环节有助于你发现可能出错的地方，找到替代方案，让你适应可能发生的不利情况。

》问题讨论

1. 解释你在面对他人讲话时的身体和认知行为。
2. 描述在你以前所做的演讲中听众的行为，以克服焦虑。
3. 在本章讨论的表达方式中，哪种最适合你？为什么？
4. 讨论 2 ~ 3 个你认为指导老师推荐甚至要求做脱稿式课堂演讲的原因。
5. 回想某次有效的演讲，哪些声音和身体因素有助于增强演讲的有效性？

6. 你会在什么时候，以及为什么在演讲中使用演示辅助？
7. 演讲中哪些主题或场景不应该使用 PPT 或 Prezi？哪些应该？
8. 当你读完本章内容之后，指出两个你和你同学都会使用演示辅助，而又不会使其喧宾夺主的演讲主题和场景。
9. 为什么演讲者要以听众为导向？

第 **12** 章
告知性演讲和说服性演讲

本章导读

很多职业都要求从业者具备很强的表达大量信息的能力。如果缺乏细致表述的技巧，你和你的听众都可能感到沮丧。

章节大纲	学习目标
12.1 告知性演讲与说服性演讲的区别	解释告知性演讲与说服性演讲之间的区别
12.2 说服性演讲的目标	明确说服的目的
12.3 告知性演讲与说服性演讲的主题	为告知性演讲或说服性演讲选择适当的主题
12.4 准备并发表告知性演讲	准备并完成一场符合指导老师具体要求的告知性演讲
12.5 评价告知性演讲	在课堂演讲之前，评价和评估自己的告知性演讲，并将评价标准应用于其他人的演讲
12.6 说服性演讲	构建并支持说服性演讲
12.7 树立信誉（道德）	解释亚里士多德的演讲感染力：道德、理性和同情，如何增加可信度
12.8 准备并发表说服性演讲	通过仔细研究你的主题、组织内容、提供适当的支持材料、做出有力的逻辑论证，发表你的说服性演讲
12.9 论证谬误	认识到自己错误的想法，纠正并提出符合逻辑的主张及证据
12.10 评价说服性演讲	评价和评估你自己及其他人的说服性演讲

联系日常生活

有些人可能认为，告知性演讲很无聊。什么都离不开事实，告知性演讲的目的是提供潜在有用的信息，这些信息可能会为人们提供与习惯性认知不同的视角，给听众留下对他们有益的新信息，解释并达成与演讲前不同的理解。

通常，当我们向他人提供信息时，实际上是在说服他人——尽管我们并非刻意如此。告知与说服之间并没有清晰的界限。为了说服别人，我们必须利用信息，但我们的目的是向别人传达某种特定的观点并试图让他人接受这一观点，或以某种方式改变他人的行为。当我们和其他人一起合作一个项目时，我们可以说服别人选择一个特定的主题，或者在小组中扮演某个特定的角色。无论在学校还是在个人生活中，我们都在不断地说服别人。

例如，我们可以说服一个室友去看电影而不是做作业，或说服某位家人去看某部电视剧，或者说服你的教授你迟到或缺勤不是想逃课而是睡过头了。不管你是否有意，这些例子在本质上都是说服。说服需要一个你希望实现的特定目标和可信的证据。

问题与思考

1. 你对你的演讲还有哪些顾虑？
2. 与生活中的其他方面相比，你在课堂上接收和分享的信息类型有什么不同？
3. 你每天收到多少次你需要立即使用或将来某个时候会使用的信息？
4. 你认为告知性演讲与说服性演讲的主要区别是什么？

信息
从调查、学习或指导中获得的知识。

我们已经在第 8 章至第 11 章中讨论了演讲的准备过程。现在，我们重点学习告知性演讲和说服性演讲。我们先从告知性演讲开始。在大多数沟通课中，第一次正式演讲一般都会安排告知性演讲，这有什么原因吗？是的，有！我们生活在信息爆炸时代，所做的大部分事情都涉及信息的运用。信息是从调查、学习或指导中获得的知识。[1]

想想这样的场景：打电话指导朋友创建 Snapchat 账户，没在身边也不在计算机前的时候指导别人创建 Instagram 账户，或者在没办法手把手教的情况下向提问者描述如何建立 Wi-Fi 网络。向某个领域的新手解释一些详细而相对复杂的知识或观点，这需要付出足够的精力和时间，还需要注意讲解方式的选择和语言组织。

老师们每天都在告知，很多工作的从业者都需要大量输出信息。如果缺乏细致表达的技巧，那么无论演讲者还是听众都会感到沮丧。为了完善这一过程，这一节主要讨论告知性演讲，从选择主题到发表演讲，教你学会信息展示的相关知识和方法，助力你的个人生活和职业发展。告知性演讲可以为你可能面对的每一种演讲场景打下基础，包括说服性演讲。

12.1 告知性演讲与说服性演讲的区别

一般来讲，告知性演讲的目的是向听众传播知识。告知与说服之间的区别很小。告知性演讲旨在让听众增加知识，说服性演讲旨在让听众改变态度和行为。信息可以在没有任何说服的情况下呈现，但说服不能在没有信息的情况下完成。

举两个说明告知与说服之间区别的例子。你走进苹果商店看最新的MacBook，售货员想要完成销售任务，所以她会尽力说服你买一个。她为你讲解关于计算机的各种信息：速度、存储、灵活性、维护的便捷性、安全性等。所有功能的解释、保修，还有技术支持，都会为你一一讲解。在这个过程中，她是在告知还是说服？她给你提供了大量信息，然后与其他计算机进行比较，看起来给了你购买 MacBook 的许多令人信服的理由。她的确教给了你关于计算机的知识和理解（信息），但她的目标是说服你购买。或许你最终没有购买，但她仍然在做一场说服性的演说，因为她的目标很明确：想卖给你计算机。换个例子，假如你的老板向你解释了如何安全使用设备，他的目的是想让你了解设备是如何运作的，有什么安全机制。他的用意不是说服你，而是告诉你如何安全使用设备。你觉得他这是在告知你还是在说服你？他的目标只是告诉你如何安全使用设备。只有当他试图让你接受某种解决问题的安全方案比另一种更好时，才算是在说服。

理解告知与说服之间区别的关键在于认识到告知可能包含说服的某些要素，但所有说服都必须提供信息。区别告知性演讲与说服性演讲，是演讲者的目标之一。

12.2　说服性演讲的目标

说服是一个沟通过程，包括语言和非语言信息，试图加强或改变听众的态度、信念、价值观或行为。沟通学学者大卫·扎雷夫斯基说："说服策略不仅旨在提供信息，还旨在影响听众的态度和行为。说服策略要求听众做出比信息策略更大程度的承诺。"[2] 是否有可能在不改变行为的情况下改变人们的态度、信仰或价值观？答案是肯定的。例如，你向朋友列举了参加家庭足球赛的理由，你的朋友可能同意你的说法，但仍然不去参加。那么，你的表达有说服力吗？你也许能说服你的朋友，但你不能改变其行为。说服他和改变他哪个更重要？

所有说服的最终目的都是行动或改变。成功的说服可以达成如下目的：强化现有的信念、态度或行为；改变现有的信念、态度或行为；导致新的信念、态度或行为。当你想说服别人不要改变时，你会试图强化现有

说服
一个沟通过程，包括语言和非语言信息，试图加强或改变听众的态度、信念、价值观或行为。

的信念、态度或行为。

当演讲者的主要目标是让听众改变或行动时，演讲者将努力达成以下 4 个子目标之一：被采纳、终止、警示或延续某一特定行为。[3]

说服通常不是一次性的事件；说服往往是随着时间的推移而发生的，说服性信息对听众的影响，可能直到接收完信息之后才慢慢显现。换言之，听众可能会花上几天甚至几周的时间来思考这条信息，然后根据其他的经验和信息，决定是否按照演讲者的要求采取行动或做出改变。

采纳是一个行动子目标，要求听众通过执行演讲者建议的行为，来证明他们接受了某种态度、信念或价值观。你的一个同学可能会在附近的自然保护区做一个关于志愿服务的演讲。如果你以前没有考虑过在自然保护区待上一段时间，或者根本不知道这个地方的设立目的，但听完演讲，你决定去体验一下，此时你所做的就是采纳。你的同学成功地说服了你。这种说服性信息的采纳可能只是暂时的，你可能不会在整个大学生涯或职场中一直坚持参与这个项目，但是你已经对你同学最初的说服性信息做出了积极的回应——采取行动。

终止与采纳相反。终止也是一种行为子目标，它要求听众通过停止某些行为来证明他们对某一态度、信仰或价值观的改变。如果你的诉求是终止，你希望你的听众停止做一些事情，如吸烟、乱扔垃圾、吃太多含糖的食物或下载盗版电影。在这些情况下，你所做的是试图让你的听众停止某种消极的行为。

警示是一种让听众通过避免某些行为证明他们接受某种态度、信念或价值观的行为。警示信息的例子如下：如果你已经习惯了吃丰盛的早餐，现在就不要停止；如果你没有使用非法药物，现在就不要开始；如果你已经注册投票，请继续投票。这种行为类似于终止，同样是你不希望某种消极行为发生，只不过在警示中，你试图预防它发生，而不是终止它。

持续是听众通过继续执行演讲者所建议的行为，证明他们接受某一态度、信念或价值观的行为。例如，继续在社区做志愿者，继续购买和消费更多的有机食品。这种行为类似于采纳，因为你希望一个积极的行为发生，而持续是你试图让听众保持现有的行为，而不是开始一个新的行为。

注意，采纳和终止是要求人们改变他们的行为，而警示和延续是要求人们不要改变，而是继续做他们已经在做的事情，或者不去改变。你能想出曾有人试图说服你为其中一个子目标采取行动的场景吗？它们经常发生在我们与他人的互动中。

让别人改变或保持他们的行为并非易事。演讲者可能不得不承认，态度、信仰或价值观的改变（例如采纳吃更健康食物的建议），只是说服过

采纳

听众通过执行演讲者建议的行为来证明他们接受了某种态度、信念或价值观。

终止

听众通过停止某些行为证明他们对某一态度、信仰或价值观的改变。

警示

一种让听众通过避免某些行为证明他们接受某种态度、信念或价值观的行为。

持续

听众通过继续执行演讲者所建议的行为，证明他们接受某一态度、信念或价值观的行为。

程的一部分，而且几乎总是在行为改变之前发生。并非所有说服性演讲都能促成行动，如果说服性演讲者没有获得听众的行为改变，并不能就此认为自己是失败的。通常，说服随着时间的推移而发生，因此，演讲者往往无法马上验证其传达的信息是否真正具有说服力。通常，听众只有在一段时间内，从不同的人那里听到类似的信息后才会被说服。

尤其是作为一个刚接触说服性演讲的人，不应该总是期望听众在态度、信仰、价值观或行为上会立刻有所改变，而是要努力使别人倾听你的意见，考虑你的观点。

12.3　告知性演讲与说服性演讲的主题

你是否担心你不知道哪些告知性或说服性演讲会让你的听众感兴趣？大多数人都拥有丰富的获取信息的渠道，还有我们从课堂、阅读和其他经验中学到的大量潜在主题。想想其他课程中提到或涉及的主题，如工作场所的社交媒体，互联网，带来更好、更健康生活的生物学发现，计算机与农业，计算机与机械，计算机与艺术，教育改革，医疗进步，非传统保健，全球恐怖主义，21 世纪的性别问题，老年人口对政府机构的影响，公民参与，多元文化等。这个列表可以是无止境的，告知性或说服性演讲的潜在主题几乎是无限的。

当别人看到你分享的信息的价值和用途时，通过沟通与他人打交道就会变得更容易。我们都希望收到的信息是重要的和有用的。我们经常会想："这和我有什么关系？"（"What's in it for me？"缩写为"WIIFM？"）你首先要选择一个自己喜欢并了解的主题，然后你需要考虑：这个主题对听众有潜在的帮助吗？有些题目是"为面试做准备""为求职提供帮助的课程"或"与他人相处"。这些是大多数大学生可能认为有用的题目，即便眼下无法实践，至少将来会派上用场。个人价值不太明显的主题，比如"修改建筑标准"或"度假游览的最佳城市"，可能会显得不那么有趣，所以你必须清楚地回答这个问题：WIIFM？如果你对某件事产生了浓厚的兴趣，那么你的热情本身就可能有助于激发兴趣。尽管你可能还是会怀疑你的主题是否值得分享，但如果结合你的特殊兴趣、过去的经历和专业知识，你一定会发现你有很多东西想要向外界表达。

在决定是做告知性演讲还是说服性演讲时，成功的演讲者下一步考虑的是他们的听众。他们准确而清晰地传达信息，最重要的是，他们通过提供新信息或纠正错误信息，使信息对于听众充满意义且更有趣味——特别是在做说服性演讲时。我们将先讨论告知性演讲的主题，再讨论说服性演讲的主题。

12.3.1 告知性演讲

告知性演讲的主题可以通过多种方式进行分类。其中一种是将主题划分为对象、过程、事件和概念。

对象　关于对象的演讲涉及实物类主题：人、动物、事物、结构和场所。以下是一些可能的主题。

- 航空旅行的相关法律。
- 美国的第一夫人们及其成就。
- 世贸中心一号楼（自由塔）。

这些主题都不够具体，必须缩小范围以满足大多数课堂演讲的指导原则。

以下是一些告知性演讲具体目的的细化内容，可以满足前文提到的指导原则。

- 与听众分享有关全球航空旅行的法律。
- 向听众介绍美国的第一夫人这一角色的历史及其个人成就。
- 与听众分享建设"自由塔"所需的分区审批流程。

以上几条演讲目的陈述都适用于告知性演讲。

过程　过程主题通常专注于解释某件事情是如何完成或如何发生的。以下这些演讲具体目的示例，可用于有关流程的告知性演讲。

- 告知听众大脑如何处理和存储视觉信息。
- 解释糖是如何导致当今北美第一大健康危机的。
- 告知听众普通公民是如何影响立法进程的。

关于过程的演讲通常有两个目的：增进听众对某事的理解，教会听众做某事。这可以涉及任何事情，从了解心肺复苏（CPR）及其救生效果，到如何购买合适的汽车。

过程演讲通常是按时间顺序组织的，即从过程的开始到结束都是循序渐进的。假设你的演讲是关于通过自动体外除颤器（AED）拯救生命，你会带着你的听众走完所有必要的步骤和流程，这样他们就能确切地知道意外发生时该怎么做。

过程的描述通常需要借助视觉辅助工具，有些过程甚至需要实际操作演示才能完全被理解。例如，要告知听众如何用餐巾纸折叠出精美的形状，你可能需要在演讲时当众示范，甚至要求听众跟着你做。

事件　关于事件的告知性演讲是为了讨论事件的发生和场景，下面列举几个可能的主题。

- 大学橄榄球赛。
- 全球金融混乱与改革。
- 美国赛车协会的纳斯卡赛事的受欢迎程度。

上述主题的演讲具体目的可以这样陈述。

- 告知听众，作为大学橄榄球联赛附加赛的一部分，裁判规则是怎样的。
- 与听众分享全球金融混乱和改革对美国的影响。
- 解释纳斯卡赛事的受欢迎程度。

概念　有关概念的演讲，涉及抽象的主题，如信念、理论、思想和原则，其挑战在于要使主题具体化，这样听众就更容易理解。以下是几个基于概念的主题。

- 社交媒体成瘾。
- 全球变暖以及气候变化。

这些主题都太模糊或太宽泛了，缺乏实践指导意义。如果你问其他人关于每个词句的意思，可能会得到各种不同的答案。演讲者必须缩小主题范围，并使其聚焦，以便听众理解主旨。以下是一些基于常见抽象主题的具体目的陈述。

- 分享减少社交媒体使用的方法。
- 分享过度使用社交媒体对抑郁和孤独的影响。

交际与成功

尝试告知性演讲主题

演讲的全过程需要投入大量的时间和精力来做计划、研究、组织、创作和练习。回答以下问题，将为演讲实践提供一些操作性应用标准。

1. 从上一节的每个类别中选择一个目的陈述。
2. 找出你认为对每个陈述都有效的组织模式。

3. 找出两种有帮助的展示辅助手段，说出你认为它们有用的理由。
4. 确定 3 种支持形式，吸引听众注意并帮助他们记住这些信息。

由于概念的抽象性，有关概念的演讲需要投入更多的时间和精力来准备。这些主题需要使用具体的示例、定义和清晰的语言。一场演讲，是关于一个对象、一个过程、一个事件还是一个概念并不总是十分明确的，因为一个主题可能会覆盖多个类别。

通常，演讲者选择强调的具体目的决定了某一类别。重要的是要决定你对这个主题的态度，然后有针对性地准备你的演讲。回顾之前的信息、课堂讨论和讲义，了解有关主题的选择，确定适合你自己和听众的主题（更多主题请参阅本章末尾的附录 12A）。

参考指南

为告知性演讲选择主题

1. **当你准备一场告知性演讲时，你应该从自己入手。**你的兴趣是什么？你最关注的主题是什么？

2. **告知性演讲应该能吸引听众，并提供一些潜在有用或有益的知识。**哪些告知性演讲主题是有潜在应用价值的？请举例说明。

3. **如果你的演讲引人入胜，听众就会认真倾听。**你能做些什么使演讲引起听众的共鸣？

12.3.2 说服性演讲

有些主题比其他主题更容易让人信服，比如当下发生的和有争议的主题就特别适合。本章末尾附录 12A 中的主题列表展示了各种可选用的主题。如果你遵循以下建议，将增加演讲成功的可能性。

1. 尽可能地选择一个你感兴趣的主题，可以是你擅长的、想表达的、需要说的，或者你个人尤其关注的。当然，主题也不总是可以自己选择的，有时别人会为你指定。例如，一名护理主管可能会告诉其中一名护士，她必须向一组来访者讲述使用防晒系数（SPF）30 或更高的护肤品以预防皮肤癌的重要性。当然，这可能不是这名护士最想聊的主题，但她确实是讲这个主题的最佳人选：对这个主题的熟悉、对需求的了解，以及对于这个主题的个人和职业关注。

2. 选择一个值得听众关注的主题。

3. 选择的主题要有影响效果或行动目标。例如，你认为运动和饮食有益健康的观点可能是一个很好的说服性主题，但如果每位听众都身体健康，状况良好，那么你能找到一个强有力的说服策略吗？

说服性演讲经常会遇到一些有争议的主题，也会遇到演讲者的观点与听众的观点产生冲突的情况。例如，演讲者可能希望听众支持更高的学费，因为这样才能保证更高质量的教学，但大多数听众可能认为学费已经很高了。特别是当演讲者的目的是采纳或终止时，演讲者与听众之间的观点一定存在差异，或者没有说服的必要。然而，当演讲者的目标是警示或持续时，演讲者和听众的观点可能会趋于一致。基于这种情况，演讲者的目标应该是强化演讲建议的信念、态度或行为。

演讲者可能希望听众能从一个新的视角来思考一些事情，并试图影响听众接受某个特定的观点。演讲者的目标是让听众认识并接受某个观点是正确的、有效的或有价值的，此类演讲通常涉及事实问题、价值问题、策略问题，或是这 3 类问题的任意组合。

事实问题　事实问题涉及什么是真、什么是假。想想以下问题：用领英有什么好处？谁创建了 Facebook？谷歌的总部在哪里？这些问题可以用一个事实来回答，这个事实可以在参考书或网站上得到证实。因为它们是如此的枯燥，很少有人对它们进行辩论，所以把它们当作说服性演讲的主题就会很乏味。

相反，我们可以把说服性演讲建立在对未来事件的预测上，而这些预测最终有可能成为事实。想想这样的问题：这本教材是文物吗？科学何时才能找到治疗人类绝症的方法？这两个问题都无法做出肯定的回答，但一

事实问题
关于真伪的问题。

交际与成功

日常说服行为

人们通常认为，所谓说服，特指改变某人的想法或信仰的情况。实际上，说服的概念更宽泛。人们的思想和观点不是"是的，我相信"或"不，我不同意"那么简单。大多数人对很多既定想法都有一系列自己的解读。说服性演讲者希望以某种特定的方式，朝着某个特定方向影响他们的听众。很多媒体都谈到过导致 2008—2009 年经济衰退的经济问题。美国的主流经济学家都认为，要从更大的危机和真正的大萧条中"拯救国家"，唯一的途径是提供一揽子刺激方案，以支持金融机构和汽车制造商。美国政府刚一宣布将颁布财政刺激方案，一些记者和公众就开始抨击该救市政策。某些报纸大肆宣扬"该政策的头 100 天是个失败"这样的标题，也有些报纸则称赞这一举措

是锐意革新。

问题与思考

1. 根据以上行为（加强、削弱、转化或诱导某种行为），在你自己的生活中各找出一个对应的例子。演讲者是如何做到的？对你产生了什么影响？准备并讨论这个影响。

2. 在近一两天里，你经历过哪些类型的行动子目标？

3. 说服者是如何试图说服你的？这个说服者有多成功？

4. 选择一个有时效性的主题，但要避免一个常识性的或已经被广泛讨论过的主题，除非你计划为其增加一个新的视角（说服性演讲主题列表可参见本章末尾的附录 12A）。

个说服性演讲者，可以通过构建一个有效的论据来预测每个问题的答案。

说服性演讲也可以基于对事实问题的复杂回答，或对不明确的答案进行考证。例如，为什么风能没有变得更受欢迎？费用太高吗？效率太低吗？风电存储失败了吗？对环境的危害是否太大？尽管没有一个答案能涵盖整体状况，但演讲者可以组织强有力的论证，表明其中某个因素是阻碍风能广泛使用的主要原因。

关于"为什么我们应该减少糖类消费"的演讲可以这样准备。

事实问题的说服性演讲示例

具体目的

论点

具体目的： 让我的听众相信，糖对我们的健康有害。

论点： 通过减少糖类消费解决众多潜在健康问题刻不容缓。

主要观点

1. 七千九百万美国成年人的血糖水平过高。

细分观点

（1）血糖水平的正常范围是……

（2）高血糖是更严重健康问题的警报。

主要观点

2. 我们平时吃糖太多了。

细分观点

（1）垃圾食品。

（2）碳酸饮料。

（3）吃快餐是因为我们赶时间。

（4）吃点甜食才能一整天不饿。[4]

从表面上看，事实问题似乎更适合告知性演讲，而不是说服性演讲，但是你可以考虑一下下面几个主题说服听众的难度：大学体育是一项大生意；一场大火将摧毁加利福尼亚州的大部分地区；埃及金字塔是由一个比当今的我们高明得多的智者设计的。你可以看到，事实问题可以为说服听众提供丰富的可能性。

价值问题

问某事是好是坏、可取还是不可取的问题。

价值问题　价值问题问的是某事物是好是坏，是可取的还是不可取的。价值被定义为指导行为的一种普遍的、相对持久的理念。面对一个价值问题，需要比面对一个事实问题更具判断性反应。以下是一些典型的价值问题：谁是澳大利亚最受欢迎的名人？美国最好（或最差）的 10 位总统分别是谁？素食真的很好吗？对这些问题的回答不仅要基于事实，而且要基于每个人的主观选择：是非对错、道德与否、接受程度、优劣标准。人们经常通过社交媒体发表充满价值取向的评论。

价值问题的答案似乎太依赖于个人立场和主观思考，缺乏客观证据。事实并非如此。说服性演讲者可以利用证据来支持他们的立场，并且能够证明他们的观点是正确的。

价值观因人而异。A 可能认为社交媒体不利于社会发展，B 却认为社交媒体对社会发展是有利的；C 认为酒精在校园里应该是非法的，D 则可能认为这应该是合法的。在价值问题上，一个人的判断并不比另一个人的好或坏，人们的价值观通常是复杂的，因为其根植于情感而不是理性。说服人们改变他们的价值观往往极其困难。演讲者想要在价值问题上树立一个立场非常不易。你需要收集大量的研究和证据，建立一个强有力的论据体系来支撑某种价值观而不是另一种，即便你知道你的价值观是正确的——如同听众也相信他们的价值观是正确的。

价值问题的说服性演讲示例

具体目的	**具体目的：**让听众相信减少混乱会让自己更有效率。
论点	**论点：**减少混乱可以让自己更有效率，心理更健康，也能节省更多的时间。

主要观点

1. 未解决的情感问题往往是生活方式混乱的原因。

细分观点

（1）杂乱无章会影响实际的工作效率。

（2）纪录片《囤积癖》（*Hoarders*）展示了关于"生活中什么最重要"的深刻发问。

（3）"我就喜欢那样摆放，别碰我的东西！"这是那些不爱整洁又喜欢囤积东西的人常说的话。

主要观点

2. 组织专家和心理学家说，杂乱是我们生活中某方面失控的一种迹象。

细分观点

（1）他们说那些与杂乱做斗争的人，只是为了避免对生活中的其他事情做决定。

（2）焦虑、抑郁和悲伤，是我们让杂乱占据自己生活的一部分原因。[5]

策略问题
关于是否应该采取什么行动的问题。

策略问题　策略问题不仅仅是寻求一个判断性的回应或者一个行动方案。价值问题问的是对错，而策略问题问的是应不应该。例如，大学的校医院应该为学生提供节育服务吗？应该禁止所有的塑料水瓶吗？ Facebook 是否应该允许反映暴力袭击等场景的图片传播？策略问题既涉及事实，又涉及价值，从来都不简单。说服性演讲者可以就策略问题输出多种观点，如保护现有的策略、建议修改现有的策略、提供一个新的策略来取代旧的策略，或者创造一个从来没有过的策略。如果你捍卫现有策略，就必须说服听众，现存的策略是最好的；如果你想修改或替换现有的策略，你必须说服听众，旧的策略已经失效，你的改进策略能适应现状；如果你希望制定一项全新的策略，你必须说服听众，你的策略是必要的，也是符合现实需要的。

在讨论策略问题时，说服性演讲者通常会关注以下 3 个方面：需求、计划和适宜性。如果你认为事情的发展并不符合预期，你就应该提议做出改变。当你倡议变革时，必须提供一个相应的计划，或者一个解决方案。这个计划或解决方案将告诉听众你认为应该怎么做。最后，你必须进行论证，解释你的计划或解决方案是否适合实际情况。接下来我们将讨论需求、计划和适宜性的应用。

策略问题的说服性演讲示例

具体目的	**具体目的：**让听众相信，每个人都能改变别人的生活。
论点	**论点：**每个人都可以给别人带来巨大的影响，只要我们肯花点时间给别人一个善意的评价或帮助他人做点什么。
需求	**需求** 1.　1/5 的美国年轻人和 1/4 的美国大学生或成年人患有某种可诊断的精神疾病。 　　（1）自杀是 15～24 岁人群的第三大死因，是 20～24 岁大学生的第二大死因。 　　（2）每年约有 19% 的美国年轻人打算或企图自杀。 　　（3）据报道，44% 的美国大学生有抑郁症状。[6]
计划	**计划** 2.　17 岁的格雷姆·卡尔森（Graeme Carlson）是曼尼托巴省塞尔扣克市的一名 12 年级的学生，他创建了一个网站，致力于帮助其他人对自己和世界感觉更好。 　　（1）格雷姆提到一个新朋友给了他一本书让他读，因为这个朋友觉得他会喜欢这本书。

（2）因为友情和礼物，格雷姆感觉好多了。

（3）格雷姆决定制作一批带有励志信息的乒乓球，称赞他人并先后送出去 500 个乒乓球。

①格雷姆创建了一个网站来推广这种独特的"预支方式"。

②他还创建了 Facebook 页面、Twitter 账户和 YouTube 视频。

③他收到了来自加拿大、美国、欧洲和亚洲各地的反馈信息。

④加拿大广播公司（CBC）在温尼伯（加拿大第八大城市）的办公室订购了 250 个特别设计的乒乓球，以支持其事业发展。

适宜性

适宜性

3. 格雷姆说，当他了解到别人用乒乓球做了什么时，他感觉很好，虽然他仍然患有抑郁症，但他知道人们确实在关心他，这让他感觉更好。

（1）你和格雷姆一样，也可以找到一种独特的方式让别人感觉更好，或者加入这场遍布全球的乒乓球爱心传递。

（2）如果每个人都赞美另一个人，给其一个乒乓球，以此来提醒他人对我们有多么重要，那么这个世界将变得更加健康和快乐。[7]

12.4 准备并发表告知性演讲

关于公共沟通的内容，我们在前文讲述了告知性演讲的原则和技巧，包括主题选择的各个方面、听众分析、信息收集、支持和阐明材料的准备，以及组织、做提纲并发表演讲。这些内容对于告知性演讲的效果至关重要。此外，演讲者应该熟悉对抗干扰和噪声的策略，例如学生迟到、在隔壁教室工作的维修人员、窗外的割草机，以及听众交头接耳。如果你想成功地将信息传递给他人，这些干扰是不容忽视的。为了达成提高听众某方面知识水平这一主要目标，演讲者必须先达到两个次级目标：吸引听众的注意力和增强他们的理解力。

12.4.1 赢得并保持听众的注意力

抓住听众的注意力对演讲的成功至关重要（更多关于激励听众倾听的内容，参见第 7 章）。要做到这一点，你应该遵循一个能有效吸引听众的策略。当你展示信息时，获得和保持听众的注意力是非常重要的。听众必须相信他们能从这些信息中受益，认为这些信息与他们的生活息息相关，并发现这些信息足够有趣，从而愿意倾听。这项任务对于演讲新手来说具有一定的挑战性，但是如果演讲者能让听众成为演讲的焦点，并运用一点创造力，就可以比较轻松地获得并保持听众的注意力。

激发对信息的需求 一位学生以"安全带的好处"作为演讲主题做了一场演讲。在看了同学们对演讲视频的评价和反馈后，他发邮件询问为什么没有人喜欢他的演讲。当我们问他有没有确定班上有多少人不系安全带时，他没有回答。当被问及是否知道他所在州的安全带使用情况时，他也没有相关统计数据。最后我们告诉他，来自公路巡警和交通部的最新统计数据显示，他所在州有 82% 的人已经在使用安全带，他很惊讶。在此应该可以看出听众不喜欢他演讲的其中两个原因：第一，他们中的大多数人已经知道使用安全带的好处，并经常使用安全带；第二，他没有做足够的研究，没有给出让听众感到新鲜的信息。结果，听众自然没有认真倾听的动力。那么，他应该怎么做才能更好地吸引听众呢？他应该先做一个调查，搞清楚听众已经知道些什么，或者他应该仔细研究统计数据。或许他可以通过下面的方法让演讲更贴近听众。

> 我知道你们大多数人在开车或乘车时都已经养成系上安全带的习惯，但你们知道吗？即便在据说安全带的使用率达到 82% 的爱荷华州，因未使用安全带而造成的伤害，仍占所有交通事故死亡人数的 25% 以上。这意味着，若在没有系安全带时发生车祸，那么每六个人中就有一个可能面临生命危险。

这个开场承认了该州使用安全带的比例很高，同时也引起了人们的兴趣，因为它提出了一个反问句，让听众意识到不系安全带的后果。

我们一起来看看演讲开场时可以使用的其他反问句。

- 一些医生认为，高血糖是北美第一大健康危机。你知道吗，大约有 2900 万美国成年人患有糖尿病，而在这 2900 万人中，超过 800 万人未被确诊。[8]
- 我们生活得很幸福，但有的国家甚至没有基本的生活必需品，如食物、清洁水和教育。你知道吗，每 15 秒就有一个孩子死于饥饿。[9]
- 在我们的社会中，饮食失调症普遍存在。当你得知饮食失调症是西方世界所有精神疾病中死亡率最高的疾病时，你会感到惊讶吗？[10]

演讲者也可以使用能够引发听众思考的问题，作为获得和保持听众兴趣和注意力的策略。

信息相关性
让信息与听众相关，给他们一个聆听的理由。

创造信息相关性 当人们相信一场演讲与他们直接相关时，更容易对其高度关注。演讲者通过将主题与听众的需求和兴趣联系起来，给听众一个聆听的理由，从而产生信息相关性。想一想，你打算提供的信息是否与你的听众有关。如果不是，想想你该怎么调整。在我们任教的某个班级，一位同学想谈论她生活所在地区的移民社区（因保持淳朴生活而闻名的社区），所以她选择学习更多相关文化知识，并与全班分享了这些信息。她的演讲很受欢迎，因为她使用了同学们已经知道的事实，然后添加了新的信息。

另一位同学在春假期间为公益组织"人类家园"（Habitat for Humanity）做志愿者。该组织为那些没有稳定、安全住所的人建造家园。他谈到了志愿者相关的工作，同时也聊了很多让人感兴趣的信息，包括有多少房屋已经建成，有多少家庭接受了救助，他还谈到了志愿工作的价值，以及他因为帮助别人而产生的良好感觉。

提供一个新的视角　看起来比较有新意的信息也会吸引听众的注意力。但有人会说："好像没有什么新的东西要呈现。"实际上，讨论一些新的东西并不一定意味着你必须呈现一些听众闻所未闻的内容，你需要提供一个新的视角或维度。传染性疾病、安全性行为、环境污染、安全带的使用和废品的回收利用等都是沟通学教授和其他听众听过很多次的主题。演讲者可以对一个熟悉的主题提供一个新的视角，使其更有趣，从而增加吸引听众注意力的机会。

关注不寻常的事情　有时，关注某个主题不寻常的方面，有助于演讲者吸引听众的注意力。比如演讲者可以这样开场。

在一个处处宣扬男女平等的时代，某些职业的男性比例仍然明显高于女性。其中一个职业领域就是飞行员和飞行教员。你可能会惊讶地发现，培训过最多飞行员的飞行教官世界纪录保持者是来自田纳西州莫里斯敦的伊夫琳·约翰逊（Evelyn Johnson）。根据记录，约翰逊女士飞行时长达5.8万小时，培训了5000多名飞行员，飞行里程达550万英里。这位被称为"鸟妈妈"的女性到2006年因车祸导致腿部截肢后才停止飞行。尽管如此，直到2012年5月10日去世前不久，她还继续管理着当地机场。[11]

12.4.2 增加对主题的理解

一旦演讲者吸引了听众的注意力，就创造了一个增进他们理解的机会。所谓理解，就是解读、把握或丰富某个观点的能力。通过对演讲内容的组织、选择适当的语言和提供清晰的释义，你可以增强听众的理解力。

组织你的演讲内容　在一个组织良好的演讲中，思路应该是清晰有序的，这使得内容材料易于被接受和理解。告知性演讲中最常用的组织模式是时间顺序模式、主题模式和空间模式。有效的组织模式有助于提高演讲者的可信度，提高听众对信息的理解和记忆能力。有两种对于理解告知性演讲和说服性演讲都很有帮助的组织技巧，它们分别是刻意重复和打伏笔。

刻意重复

刻意复述某个想法，以增加听众理解和记住它的可能性。

刻意重复 有计划地重复是对一个想法的刻意重述，以增加听众理解并记住它的可能性。信息的重复，通常有助于我们更完整地记住某件事情。例如，如果你向别人要手机号码，可是拨号前又没什么东西可以写下来，你只能一遍又一遍地默念这个号码，这样才能长时间记忆，直到把它添加到你的联系人列表中或拨打这个号码。

大多数电视广告的核心秘诀就是重复。尽管我们可能会觉得厌烦，但不断重复同一个广告，会让我们在需要购买某种产品的时候想起广告中提到的这款产品，从而增加我们购买的可能性。

你可以在一个告知性演讲中使用同样的原则，从而使听众记住关键的想法。举例如下。

> 医生已经成功地研制出一种治疗乳腺癌的"智能炸弹"，这种"炸弹"能将治疗药物精准地送达癌细胞，却不会伤害健康细胞。这项实验性的"智能炸弹"治疗方案，能够防止癌症恶化，有效延长女性的寿命。这项治疗方案提高了生存率——接受"智能炸弹"治疗的妇女中，有超过65%的2年存活期，而使用标准药物的妇女，只有47%的2年存活期。[12]

你可以把关键信息放在幻灯片或海报上，你也可以将其写在黑板上，以便重复和强调。演讲过程中的阶段性总结和预告也可以包含对要点的重复，以便让听众提前关注演讲中即将出现的内容。

交际与成功

语言要生动

语言可以是枯燥乏味的，也可以是充满吸引力的，让人们不由自主地倾听别人的声音。阅读下面的 6 个句子。

- 华尔街造成了经济混乱。
- 国外汽车厂生产的汽车更好。
- iPhone 很有用。
- 糖会导致许多健康问题。
- 社区志愿精神很重要。
- 毕业后我可以找到什么样的工作？

根据以下建议，看看你是否能把上面的句子变得生动起来。

1. 通过释义、具体化的语言或描述使句子更生动的。
2. 把你的话与原文对比一下。有什么区别？
3. 你把这些句子改得更生动、活泼、简单了吗？
4. 把你调整后的内容和你同学的比较一下，看看有什么相同之处和不同之处？

打伏笔　伏笔类似于路标，预示着即将呈现的信息，同时也是一种提示：下面的话很重要。

> 对所有人来说，参与这场运动是很重要的。如果你了解下一步进程，你就会理解迅速行动的必要性。

这些警告会引起听众的注意，并强调即将发布的信息是必要的和重要的。教师会利用打伏笔来确保学生知道什么是不能遗漏的。看下面的例子。

> 重要提示：我接下来要告诉你们的内容，将会成为你们参与这个团队项目的主要理由。
> 以下概念，对你们理解并完成该项目至关重要。

打伏笔也可以作为呈现主要观点的预告。在开场中埋下伏笔，有助于听众关注演讲内容。例如，一位演讲者在其开场中使用了以下陈述来提示听众，并且指明了达成她演讲具体目的的关键是什么。

> 厌食症、贪食症和暴食症通常在青春期或大学初期出现，但无论男女，其患病迹象在很早之前就已有所表现。有6种迹象可以提醒你注意某个人的饮食失调。了解这些迹象有助于你及早发现潜在问题。[13]

仔细选择用语　将你的用语与听众对主题的熟悉程度相匹配是非常重要的。如果你与专家或熟悉主题的人交谈，可以随意使用技术术语而不必解释；但是如果你的听众对你的主题不够熟悉，你就需要仔细选择你的用语，并解释所有专业术语。有时，你应该完全避免使用专业术语。当这些术语让你的听众感到困惑，或者当你的听众普遍缺乏理解它们的能力或背景时，你就应该果断地避免使用它们。有时演讲者使用太多的专业术语，会使听众反感，甚至产生敌意。演讲者应仔细选择用语，避免产生不必要的问题。尽可能选择具体而非抽象的词，并清晰地描述自己的观点。

使用具体的词句　为了增进理解，演讲者应尽量使用具体的词句。具体的词句是一个人可以通过感官体验到的特定事物的符号。此外，具体的词句代表特定的人、地点、事物或行为。例如，"加拿大曼尼托巴省温尼伯市"就比"加拿大某市"更具体。演讲者熟练运用具体的语言，可以让听众形成与其相近的心理图景。

如果演讲者说某个东西的大小与柚子差不多，听众应该会对他的表达有一个相当准确的理解。具体的词句留给误解的空间更小。

抽象词一般用于思想、品质或关系，比如：正义、平等、快乐、自由或同学关系。这些词的含义往往取决于表达它们的人的经验和意图。如果一位演讲者说"出行安全系统很好"，我们就不知道他指的是空中交通、公路交通、铁路交通还是公共汽车交通，也不知道这里的"好"是个什么概念。抽象语言是不精确的，常常让听众对演讲者的意图感到困惑。

描述
描述性语言的统称。

使用描述　为了使某物更具体，演讲者可以描述其大小、数量、形状、重量、成分、质地、颜色、年龄、强度或适合程度。这些描述性的语言统称为**描述**。演讲者使用的与听众经历相关的描述越多，信息被理解的可能性就越大。一位发言者在谈到网络战争的威胁时，使用了如下描述。

> 根据 PBS 的说法，"合格的接收者"是一个政府演习的代号，在这个模拟演习中，一个黑客小组被组织渗透到五角大楼的系统中，该小组只允许使用常规的计算机设备和黑客软件。虽然面对的都是机密信息，但我们知道最后的结果，黑客能够渗透并控制太平洋指挥中心的计算机，以及美国九大主要城市的电网和 911 报警系统。这一模拟演习显示了我们对真实的网络攻击缺乏防范意识。在演习的前 3 天，没有人相信我们正在遭受网络攻击，整个演习强调了美国对信息技术系统的依赖及其易受攻击的弱点。[14]

演讲者的解释提供了一个具体的案例，描述了该小组在五角大楼利用信息技术完成了什么。这些触目惊心的描述提醒我们，在现代战争中，我们认为理所当然的东西，却可以成为攻击我们的武器。

使用释义　确保听众理解的另一个方法，就是解释所有听众可能不熟悉或复杂的词句。演讲者使用的最常见的释义形式，即逻辑释义，通常包含两部分：一是词典释义；二是对比某一术语与同一类别其他术语的特征差异。一个操作性的释义解释了一个对象或概念是如何工作的，而通过举例来释义则用于解释某个术语或概念，用语言或实物来说清楚一个观点。另外，还有 4 种方法可以清楚地为听众解释一个术语，它们是定义对比、使用同义词、使用反义词和使用词源。

定义对比
显示或强调差异的释义方法。

定义对比　定义对比用于显示或强调差异。当你想区分相似的术语时，这种释义方法是有帮助的。例如，讨论社交恐惧和演讲焦虑的演讲者，将这两个词进行对比，指出社交恐惧是一种个人特质或日常性焦虑，而演讲焦虑则是一种临场状态或情境性焦虑。有社交恐惧的人也可能会有演讲焦虑，但有演讲焦虑的人不一定会有社交恐惧。定义对比也可以指出原因和影响的差异。因此，演讲者可以指出，有社交恐惧的人会主动回避与他人的互动，而有演讲焦虑的人只会在面对听众讲话时感到一种可控的不适。

同义词
一个词、短语或概念，其含义与另一个词、短语或概念完全相同或几乎相同。

使用同义词　使用同义词也有助于阐明一个词的含义。**同义词**是指一个词、短语或概念，其含义与另一个词、短语或概念完全相同或几乎相

交际与成功

具体语言的选择

具体的语言更容易理解。如果我们说的话太过抽象，可能会让听众感到困惑或听错。重写以下句子，使其更具体。

1. 街头暴力现象有所增加。

2. 流感很危险。

3. 许多食品服务项目促进饮食健康。

4. 网络欺凌是我们学校的一个现实问题。

5. 准备好与全班分享你的改变。

同。比如在描述性格外向的交际者时，演讲者使用了"愿意公开交谈"和"在任何情况下都能毫无保留地说话"这两个短语。每个短语都描述了性格外向的交际者所表现出的行为特征。

使用反义词　反义词是指一个词、短语或概念的含义与另一个词、短语或概念相反。例如，一个外向的交际者和一个有社交恐惧的人是相反的。外向的人不害羞、不矜持、不回避交谈，也不害怕说话，非常喜欢和别人沟通。使用反义词有助于听众比较差异，并给听众留下令人难忘的陌生术语释义。

使用词源　词源是一种释义形式，它的作用是追溯一个词的起源和发展。比如一位同学通过词源学来解释奥运会是如何得名的。在希腊计时系统中，"奥林匹克"是个时间概念，是指前后两次奥林匹克庆典之间的4年。这种计时方式在公元前300年左右变得普及，当时希腊所有事件的计时都是从公元前776年，即第一届奥运会开始的。这样的释义为读者提供了一种新颖的记忆关键信息的方法。牛津英语词典和现代英语词源词典都是查找词源信息的权威来源。

当你的听众可能不理解一个术语或概念时，就需要演讲者选择一种释义途径，提供最清楚的解释。在某些情况下，可能需要不止一种形式。因过度释义而犯错误总好过解释不充分，你的听众更想知道你在说什么。

反义词
反义词是指在含义上与另一个词、短语或概念相反的词、短语或概念。

词源
追溯一个词的起源和发展的释义形式。

12.4.3 "提示"在有效的告知性演讲中的运用

遵循以下两条附加的指导原则，对确保演讲成功尤其有帮助：避免假设、内容个性化。

避免假设　一位同学通过强调心肺复苏（CPR）在拯救生命过程中的重要性而谈论与CPR相关的主题。然而，她没有解释CPR这个缩写的含义，她认为每个人都应该知道它的意思。大多数听众确实理解，但也有少部分人不理解。此外，一些人虽然知道缩写的意思，但并不清楚这项技术是如何工作的。至少有一半的同学不熟悉这一技术，演讲因此令人感到困惑和沮丧。一个错误的假设削弱了她在演讲中所做的一切。这时可以通过

参考指南

避免假设

1. 反思一下，你的听众是否已经理解你在说什么。提前进行听众分析是有必要的。如果你正在准备做班级演讲，随机选择一些同学，询问他们对你演讲的主题和相关术语了解多少。
2. 如果你感觉所有听众都听不懂，那么就花点时间简单地释义和解释你的主题。
3. 如果你相信大多数听众已经明白你的意思，就这样说："可能我们中的许多人已经知道安乐死是什么，但对于那些不知道的人来说……"这样，你就承认了那些已经有所了解的人，帮助了那些尚不了解的人。
4. **不要假设你的听众了解介绍性信息，特别是当你不太确定他们是否有所了解的时候。** 如果听众看起来能跟得上你的节奏，你对基本概念的解释就可以一带而过；但如果你高估了听众的接受能力，错过时机后再想重新吸引他们的兴趣和注意力就很难了。

参考指南来避免假设。

内容个性化 当演讲者将主题与听众联系起来，以便听众能够看到自己与信息的相关性时，演讲者提供的就是个性化的内容。卡森发表了一场演讲，讲述了可怕的"新生 15"（传说大学一年级会让人长胖 15 磅），以及大一新生饮食和活动习惯的改变。我就是那些开始发胖的学生之一，但我意识到这样下去是不行的。我将和你们分享我是如何通过自己的方式重回健康轨道的。

内容个性化不仅能引起人们的关注，而且可以激发人们的兴趣。例如，想想你认为最好的指导老师，他们会把普通的材料个性化为内涵丰富、趣味性强的知识。听一串枯燥的事实可能会让人沮丧，但当一场演讲包含具体的个人信息时，它就会变得生动起来。

我们大多数人都对他人感兴趣。如果不是这样，就不会有《人物》杂志，不会有《国家询问者》（*National Enquirer*，美国著名八卦小报），不会有《斯蒂芬·科尔伯特晚间秀》（*Late Show with Stephen Colbert*，脱口秀节目），不会有《幸存者》（*Survivor*，美国真人秀），不会有《艾伦秀》（*Ellen DeGeneres Show*，脱口秀节目），也不会有《菲尔博士》（*Dr. Phil. Stories*，脱口秀节目）。故事比统

教别人冲浪的艺术需要了解听众、周密组织并详细计划。当老师分享个人故事时，听众可能会记住更多。

计数字更可能影响听众。只要有可能，演讲者应尽量具体化、人物化、故事化自己的信息。

一位同学做了一场关于海姆利希急救法的告知性演讲，通过讲述一个4岁的男孩抢救一个3岁小朋友的故事，来介绍一种呼吸道堵塞急救手法。这个男孩看过一档电视节目，节目中就是这种手法救了主角的生命，于是简单地重演了他所看到的。这段戏剧性的、真实的插曲成功地吸引了听众的注意力，为这位同学后面谈论谁开发了这项技术、它是如何工作的，以及它拯救了多少生命做好了铺垫。

参考指南

在演讲中使用个人化信息

1. **使用与你的听众明确相关的例子和信息。**这将有助于你与听众建立更紧密的联系。
2. **得出你的听众可以认同的结论，并解释这些结论对他们可能意味着什么。**这将大大帮助你与他们建立紧密关联。
3. **用与听众身份相似的人举例。**例如单亲父母、国际学生、计算机专业学生、必须开车往返的通勤者等。
4. **列举能影响到听众的主题和事件。**如校园活动、选举、州和地方法律、社会事件、减税或增税、文化项目和职业决策。

12.5 评价告知性演讲

每一位指导老师都会使用特定的标准来评估演讲者在演讲内容和表达方面的能力。以下是世界各地教师使用的一些常见标准。在你准备演讲时要记住这些标准。

我们给出了演讲者自我评价表（见图12-1）和听众评价表（见图12-2）的模板，这样，演讲者和听众都会建立各自的角色意识。

12.5.1 主题

演讲主题应符合以下标准。

- 主题应该能够引起听众的注意。
- 主题应考虑到听众的知识水平。
- 听众应该清楚主题与演讲者之间，以及主题与自己之间的关系。
- 演讲主题应该可以在有限的时间内充分阐述，因此主题应该足够具体，以便充分表述。

在你完成一个告知性演讲之后，花点时间想想你的准备工作和演讲过程，完成以下内容，指出如果你再做同样的演讲时会保持什么、改进什么，并说出理由。

演讲标题_____
时间 / 地址_____
我的主题是_____
我喜欢这个主题是因为_____
我的研究可以这样改进_____
我选择的组织模式是_____
演讲开场_____
演讲主体_____
演讲收尾_____
我对观点的解释应该_____
对观点的支持性内容_____
我的用语应该_____
我的视觉呈现_____
我的语音应该_____
我将主题、想法和语言调整得适合听众的方式是_____
_____
我需要改变的是_____
因为_____
我需要保持的是_____
因为_____
如果给自己打分，满分为 10 分，自己的得分应该是_____
因为_____

图 12-1　演讲者自我评价表

12.5.2 一般要求

下列一般要求适用于所有告知性演讲。

- 演讲的目的应该明确告知并陈述。
- 演讲应符合规定的时间要求。
- 演讲者应引用自身知识以外的信息来源。
- 演讲目的应与任务相关，并与听众相关。
- 演讲应显示出精心的准备。

12.5.3 听众分析

演讲者必须使演讲内容适合听众，这通常需要研究（例如，确定听众过去的经验、信仰、态度、价值观）。演讲者在内容和观点方面所做的选择应该契合听众的利益。

- 演讲应该建立在适当的听众分析基础上。

这张表可以用来评价你同学的演讲，请按照指导老师的要求提供此类反馈。

演讲者＿＿＿＿＿＿＿＿＿＿　　　标题＿＿＿＿＿＿＿＿＿＿

日期＿＿＿＿＿＿＿＿＿＿　　　听众＿＿＿＿＿＿＿＿＿＿

基于课堂、作业和内容的要求，演讲者准备这个主题是通过＿＿＿＿＿＿＿＿＿＿

＿＿＿＿＿＿＿＿＿＿＿＿＿＿＿＿＿＿＿＿＿＿＿＿＿＿＿＿＿＿＿＿＿＿＿＿

我通过演讲理解的一个新的或不同的观点是＿＿＿＿＿＿＿＿＿＿＿＿＿＿＿＿＿

演讲的组织模式是＿＿＿＿＿＿＿＿＿＿＿＿＿＿＿＿＿＿＿＿＿＿＿＿＿＿＿＿

我对演讲内容组织的评价理由是＿＿＿＿＿＿＿＿＿＿＿＿＿＿＿＿＿＿＿＿＿＿

演讲者吸引我倾听的 4 个理由是＿＿＿＿＿＿＿＿＿＿＿＿＿＿＿＿＿＿＿＿＿＿

＿＿＿＿＿＿＿＿＿＿＿＿＿＿＿＿＿＿＿＿＿＿＿＿＿＿＿＿＿＿＿＿＿＿＿＿

演讲者的演讲目的是＿＿＿＿＿＿＿＿＿＿＿＿＿＿＿＿＿＿＿＿＿＿＿＿＿＿＿

支持性材料的类型包括＿＿＿＿＿＿＿＿＿＿＿＿＿＿＿＿＿＿＿＿＿＿＿＿＿＿

关于演示辅助手段，如果使用，有 / 没有增强演讲效果，因为＿＿＿＿＿＿＿＿＿

＿＿＿＿＿＿＿＿＿＿＿＿＿＿＿＿＿＿＿＿＿＿＿＿＿＿＿＿＿＿＿＿＿＿＿＿

演讲者的语言在以下方面帮助 / 阻碍了我，因为＿＿＿＿＿＿＿＿＿＿＿＿＿＿＿

＿＿＿＿＿＿＿＿＿＿＿＿＿＿＿＿＿＿＿＿＿＿＿＿＿＿＿＿＿＿＿＿＿＿＿＿

＿＿＿＿＿＿＿＿＿＿＿＿＿＿＿＿＿＿＿＿＿＿＿＿＿＿＿＿＿＿＿＿＿＿＿＿

演讲者身体表达的可改进之处是＿＿＿＿＿＿＿＿＿＿＿＿＿＿＿＿＿＿＿＿＿＿

我对演讲表达中语音方面的一个意见是＿＿＿＿＿＿＿＿＿＿＿＿＿＿＿＿＿＿＿

演讲者需要加强解释之处是＿＿＿＿＿＿＿＿＿＿＿＿＿＿＿＿＿＿＿＿＿＿＿＿

这场演讲让我特别欣赏的亮点是＿＿＿＿＿＿＿＿＿＿＿＿＿＿＿＿＿＿＿＿＿＿

这个演讲需要改进的一个方面是＿＿＿＿＿＿＿＿＿＿＿＿＿＿＿＿＿＿＿＿＿＿

图 12-2　听众评价表

- 演讲应向听众展示为什么该主题对他们很重要。
- 在一些观点上，演讲者应通过听众熟悉的例子，或根据听众的偏好和体验，与听众建立更紧密的联系。

12.5.4 辅助材料

支持材料提供了有力的论据，证明演讲中传达的信息是准确的和可信的。

- 演讲应该有很好的数据依据。
- 内容引用应完整和准确。
- 用尽可能新的研究数据。
- 演讲者应使用足够的阐述材料。
- 视觉辅助工具（如使用）应适当，以增加听众对演讲内容的理解为根本。

12.5.5 组织

对于告知性演讲内容组织的评价，评价者一般会关注演讲者是否认真计划、准备充分，并能用统一的方式呈现材料。

- 充分重视开场。
- 引导听众关注主题，吸引注意力并激发兴趣。
- 包括一个具体目的和论点陈述。
- 充分解释术语（如有必要）。
- 应是切题的。
- 利于建立可信度。
- 主体的内容组织应清晰易懂。
- 主要观点在结构上应清晰、相互对应。
- 主要观点应围绕演讲目的。
- 观点之间的过渡要有一定的关联性。
- 选择适当的组织模式。
- 充分准备收尾内容。
- 收尾时应通过回顾主要观点来强化演讲目的。
- 应该以一个难忘的观点或陈述收尾。

12.5.6 表达

能够体现演讲者表达技巧的方面包括：演讲者清楚听众的兴趣，全情投入并对所选主题饱含激情，有向听众分享内容的强烈渴望。

- 演讲者的站姿和形体应适当。
- 演讲者与听众应该保持适当的眼神交流。
- 演讲者应遵循关于演讲表达方式的指定要求（使用提词卡及卡片的数量）。
- 演讲者的面部表情应配合传达和阐明思想。
- 演讲者的肢体动作应适当而有效。
- 演讲者应通过适度的音量、语速、对话感、热情的语调、清晰的发音、适当的停顿和声音变化来增强演讲效果。

12.5.7 语言选择

正确的语言选择大大有助于增强和阐明观点。

- 语言选择应适合任务和听众。

- 词句选择应适合听众。
- 语法应适当，并显示大学应有的水平。
- 发音应正确。

演讲者应该习惯于分析自己的演讲。我们经常被要求在工作场所、小组、教室里做报告或提供信息。因为演讲是如此的普遍，所以演讲者必须静下心来，仔细地、批判性地思考演讲、场景、听众和演示。如果我们希望成为出色的公共沟通者，就需要运用批判性思维来客观分析我们的表现，判断我们离成功还有多远。图12-1展示了一个演讲者自我评估表，以促进这一反思过程。

我们花在听演讲上的时间比自己做演讲的时间要多得多，虽然本章节似乎侧重于如何做演讲，但成为演讲或其他类型报告的评论性听众也很重要。图12-2提供了一个听众评价表，供听众直接以书面形式回应演讲者。对于演讲者来说，获得听众诚实和委婉的反馈无比珍贵，对演讲的评价颇有裨益。当然，作为听众，做一个自我评估也是不错的选择，虽然你不会把你的评论交给演讲者。

后文告知性演讲提纲提供了完整的内容。这篇演讲曾在第10章中被用来说明整句提纲和演讲提纲。

现在我们一起来回顾一下萨拉的演讲：你会如何评价萨拉提供的证据？她大部分的演讲内容引用了海伦凯勒国际官网事件报道和统计数据。那么对于其他来源的信息，她是否提供了足够的口头注释，以说明资料是在哪里获取的？这些消息来源可靠吗？通过她的演讲，听众是否认为海伦凯勒国际是个靠谱的慈善机构？如果让你选一句关于这篇告知性演讲最难忘的陈述，你是否会想到"凡事皆有可能"？

12.6 说服性演讲

在说服性演讲过程中，当我们试图解释关于事实、价值和策略的问题时，我们不能总是给出一个正式的逻辑答案来反驳别人的质疑。规范的论证规则并不总是决定谁对谁错。即便你提供了说服性证据来支持你的观点，大多数证据也不是百分之百的清晰，也可能以不同的角度来解释。这些因素使得说服性演讲特别具有挑战性。

古希腊哲学家亚里士多德称，演讲者有3种说服方式：道德、理性和同情。演讲者在演讲中的行为举止都是在创造这3种感染力。亚里士多德认为，演讲者可以通过精神气质或个人的道德品质打动听众。演讲者通过

道德
听众对演讲者品性的定位。

带有评论的告知性演讲示例

主题： 海伦凯勒国际慈善组织

标题： 有远见的慈善机构——海伦凯勒国际慈善组织

一般目的： 告知

具体目的： 向听众介绍海伦凯勒国际慈善组织，并提升对其事业的了解。

论点： 向听众介绍海伦凯勒国际慈善组织的使命和历史、它在防治失明方面的贡献，以及它在全世界范围内发起的减少营养不良问题的行动。

开场

1.　请大家先闭上眼睛。没有了视觉，你必须依靠其他感官来保持对周边事物的意识。现在想象一下你也失去了听觉。你将如何与他人沟通，并保持对周围环境的了解？

（1）海伦·凯勒失明失聪，但她仍然设法过着鼓舞人心的生活，并获得了不可思议的成功，以聪明才智和抱负而闻名。

（2）她的众多成就之一是 1915 年与乔治·凯斯勒共同创立了海伦凯勒国际慈善组织。

（3）该组织是海伦·凯勒留给我们的遗产，我们将秉承她的精神和热情，让世界变得更好。

主体

2.　海伦凯勒国际慈善组织的使命和发展史

（1）海伦·凯勒在两岁的时候因为发烧而失明，不久也失去了听觉。

（2）乔治·凯斯勒是纽约人，他在 1915 年卢西塔尼亚号沉没事件中幸存，毕生致力于帮助那些在战斗中失明的士兵。

（3）乔治和他的妻子向海伦·凯勒寻求帮助，并于 1915 年为盟军士兵和水手设立了一个永久性的盲人救济战争基金，帮助失明的退伍军人学习阅读盲文、制作椅子以及编织。

①该基金从服务退伍军人扩大到平民，1970 年之后重点转移到在中美洲和亚太地区分发维生素 A 胶囊以防治失明。

②海伦凯勒国际这个名字于 1977 年被采用，不仅为盲人服务，也为那些遭受贫困和有失明风险的人服务。

（4）海伦凯勒国际致力于改善健康状况，拯救世界上贫穷和弱势群体的视力，并寻求解决方案，以减少导致失明和营养不良的原因及其影响。

（5）海伦凯勒国际慈善组织现在服务全球 20 多个国家及地区，涉及非洲、亚太地区和美洲等地。

在她的开场中，萨拉利用听众的感官帮助他们体验失去视力的感觉，使其感同身受。这个形式有助于激发听众的兴趣，并把他们带入这个主题。

萨拉在她的每一个细分观点中都强调了海伦·凯勒的成就。

注意萨拉是如何添加特定信息的，以便在演讲过程中为听众提供更多的细节。

在主体的第一个主要观点中，萨拉谈到了海伦·凯勒的背景和乔治·凯斯勒的背景，后者帮助建立了海伦凯勒国际慈善组织。

萨拉详细介绍了海伦凯勒国际慈善组织的历史，以及它用以帮助世界上最无助者的具体战略。

萨拉第一个主要观点下的两级细分观点，介绍了该组织的理念，以及它是如何帮助全球人民的。

第二个主要观点阐述了视力丧失的具体疾病和原因，并介绍了"儿童视界"项目——海伦凯勒国际慈善组织的分支机构，致力于挽救贫困儿童的视力。

萨拉介绍了有关治疗疾病的信息，还展示了海伦凯勒国际慈善组织如何培训医疗团队，以及如何通过提供设备和用品来解决这些问题。

第三个主要观点描述了该组织在减少营养不良及提供所需维生素和矿物质补剂以拯救全世界视力方面所做的工作。在这一主要观点中，萨拉向我们展示了海伦凯勒国际慈善组织如何找到解决健康问题的办法，这些基本保障在发达国家可能被认为是理所当然的。海伦凯勒国际慈善组织提供的医疗保健方案超出了这些弱势群体甚至当地政府的能力范围。

在收尾中，萨拉总结并综合了演讲的要点，同时肯定了海伦凯勒国际慈善组织的卓越工作。

萨拉让她的听众充分认识到了海伦凯勒国际慈善组织在全球饥饿、营养不良和死亡率高的地区所采取的行动及其非凡影响。

3. 海伦凯勒国际与防治失明
 （1）世界上头号可治愈的失明病是白内障。
  ①根据《人体解剖学原理》一书，白内障是眼睛晶状体透明度丧失，其原因有很多，包括年龄增长和日晒。
  ②海伦凯勒国际慈善组织在欠发达国家培训护士和外科医生，并提供医疗设备，使得每位病人只需12美元便可接受白内障手术。
 （2）维生素A缺乏是儿童失明的主要原因。
  ①据《非洲新闻》报道："据估计，每年有25万至50万名儿童因缺乏维生素A而失明，其中一半在失明12个月内死亡。"
  ②海伦凯勒国际慈善组织为儿童提供维生素A补剂，每年两次，以防治失明。
  ③加里·海特说，维生素A有助于保持角膜健康，并有助于防止黄斑变性。
 （3）在美国，一个名为"儿童视界"的项目已经开始实施，该项目是海伦凯勒国际慈善组织的一个分支，它可以对贫困儿童的视力进行筛查，并为他们提供眼镜。
4. 海伦凯勒国际与减少营养不良
 （1）根据海伦凯勒国际慈善组织官网的说法，补充维生素A"不仅可以防止终生失明，还可以使儿童死亡率降低25%"。
 （2）海伦凯勒国际慈善组织为严重缺乏营养的人群提供低成本的维生素和矿物质补剂。
 （3）家庭粮食自产计划在柬埔寨、菲律宾、孟加拉国和尼泊尔建立了自给自足的菜园。
 （4）食物堡垒计划为全世界的家庭和社区提供更营养的食物。

收尾

5. 海伦凯勒国际慈善组织是一个特殊的慈善机构，专门致力于改善世界各地人们的生活质量。
 （1）儿童和成年人失明的治疗，提高了许多贫困国家人们的生活质量。
 （2）海伦凯勒国际慈善组织推广的粮食生产和可持续发展计划将明显改善世界饥饿和营养不良问题。
 （3）海伦·凯勒的遗产将通过这个组织传承下去，并将继续帮助全世界的人们。

参考文献

Heiting, Gary. "Vitamin A and Beta Carotene: Eye Benefits." *All About Vision*. N.p., June 2011 Web. Retrieved May 19, 2012.

Helen Keller International 2012 Web. Retrieved May 19, 2012.

"Nutrition; A Sweet Potato a Day." *Africa News,* Nov. 29, 2011. LexisNexis. Web. Retrieved May 19, 2012.

Tortora, Gerard J., and Mark T. Nielsen. *Principles of Human Anatomy*, 12th ed. New York: John Wiley & Sons, Inc., 2012. P. 728.

萨拉引用了各种信息源的参考信息。某网站关于维生素与保护视力的信息、海伦凯勒国际慈善组织官网提供的对该组织及其工作的独特见解、通过 LexisNexis（世界著名专业数据库）找到的一篇来自《非洲新闻》的报道，还有的来自教科书。多种多样的信息来源为演讲提供了更加丰富的信息。

理性
演讲内容的实质性或演讲者的逻辑性。

同情
演讲者适度地唤起听众的情感共鸣。

他们的道德行为获得人格或声誉。演讲者的一些行为可以树立自己的道德形象，包括说明引述来源、谨慎地赞许、不冒犯听众，以及严于律己。我们经常提到演讲者的可信度，道德感会让听众感觉演讲者是可信的。理性是指演讲的实质性或演讲者的逻辑性。

一个理性的演讲者，会使用合理的论证来支撑论点或支持演讲中的实质性观点。同情是一种情感诉求，可以对听众产生强大的影响，但必须谨慎处理。情感上的诉求可能会成为障碍，显得太过做作或者影响实质性演讲内容的正常表达。因此，演讲者必须谨慎而适度地唤起听众的情绪。亚里士多德的 3 种说服方式都能帮助我们成为一个精心准备的演讲者，并发表一场经过深思熟虑的演讲。

英国哲学家斯蒂芬·图尔敏[15]（Stephen Toulmin）开发了一个模型来帮助呈现日常的说服性论证。虽然并非每个人都使用图尔敏模型来理解和展示论证过程，但对该模型的简短探讨可以帮助听众和演讲者评估论证。图尔敏模型支持说服性立场或论证的方法包括 3 个基本组成部分：主张、数据和保证。主张是说服者想要的或希望被听众相信、接受或完成的内容。主张需要证据，或者是图尔敏所说的数据。数据是用于促使听众接受主张的支持性材料或证据。遗憾的是，主张与数据之间的关系并不总是清晰而无懈可击的。因此，说服者必须解释主张与数据之间的关系。图尔敏将之称为保证。表 12-1 是图尔敏模型的一个应用示例。

表 12-1 图尔敏模型应用示例

主张	尽管风能是一种可实现的、完全安全的、可再生的能源，对环境和经济都有好处，但美国国会似乎更倾心于石油而不是风能，在对石油的研究和其他方面投入了数十亿美元
数据	目前，美国给予每千瓦时 2.2 美分的生产税优惠，以鼓励使用风能。这种税收抵免可能很快就会结束。即便风能是有益的，它的推广也会减缓。"在美国，今年这一块的市场非常非常繁忙……"汤森路透（Thomson Reuters，英加合资商务及智能信息提供商）引述维斯塔斯（Vestas）首席执行官迪特莱乌·恩格尔（Ditlev Engel）的话说，他与欧洲各国部长和高级官员进行了会谈，"但由于美国监管框架可能会失效，明年这个市场可能会下跌 80%"[16]
保证	风能是一种廉价能源。承诺在未来 10 年内达到 25% 的可再生电力标准，将创造急需的新工作岗位，维持现有工作岗位，并大幅减少碳排放

根据图尔敏模型，听众通常可以用 3 种方式回应这些诉求。

（1）他们可以按照表面价值接受主张。这通常发生在按照常识标准认为这种说法可能正确的时候。例如，关于"美国教育计划需要改进"的主张，这从表面上看是可以接受的。

（2）他们可以根据表面价值直接拒绝主张。这种情况通常发生在某种说法存在明显错误的时候，例如声称美国的湖泊和溪流没有污染。当听众对主张有偏见或认为主张与自身没有关系时，也会发生这种情况。例如，如果对一个保护环境的团体声称美国的森林资源没有走向枯竭，他们就不太可能接受这种说法。

（3）听众可以根据他们对数据和保证的评估选择接受或拒绝主张。提出主张的人必须提供证据支持主张或证明主张的真实性。

优秀的演讲者必须做出足够有力的论证，使自己的主张和支持性证据站得住脚。他们能意识到，并不是每个人对证据的理解都和自己一样，即便他们认为自己提供的证据可能是最好的，也无法让每个人都信服。鉴于可信度在说服过程中的重要性，我们将进一步讨论如何建立可信度。

12.7 树立信誉（道德）

作为一位说服性演讲者，你能拥有的最有价值的工具就是听众对你个人的可信度判断。当然，你仍然需要找到并提出合理的论证，以便与听众建立更加密切的关联，除非你被认为是可信的，否则你的逻辑和吸引力作用并不大。当你从演讲一开始就认为自己值得被听众关注时，可信度就已经建立起来了。在本书的很多地方，我们都提到了道德和演讲者的信誉。听众会评估你的能力、性格和魅力。虽然听众是你信誉的最终评判者，但你可以做很多事情来影响他们的判断。

12.7.1 能力

听众根据演讲者所展示的知识量、实践参与情况和是否经验丰富来判断演讲者的能力。演讲者的专业知识越扎实，听众就越有可能接受他说的话。演讲者可以通过以下几种方式建立自己的专业性。

（1）表现自己的实践参与。16 岁的迈克尔是一名高中生，他花了一周的时间去危地马拉执行任务。在那里，志愿者们建造了 10 栋房屋，为村民们提供食物、衣物和医疗用品。尽管他的访问和随后的志愿者服务本身并不能说明他就是志愿活动专家，但由于他亲身参与过，这确立了他作为演讲者的信誉。

（2）关联经验。一位年轻人在红十字会做志愿者，谈到由于疾病和全球性灾难，对献血者的需求日益增加。他列举了地震后送往海地、日本和印度尼西亚的血液及物资的具体统计数字。他自己协助筹措物资的经验，使听众认为他是一个相关知识极其丰富的人。

（3）引用研究。演讲者引用书面资料和专家访谈，可以增加其演讲论证的分量及客观性。引用权威来源的消息，会增加演讲的可信度，并表明演讲者博览群书。假设演讲者试图说服听众他们可以克服沟通恐惧，以下研究可能会提高演讲者在该主题上的可信度。

> 根据沟通学教授詹姆斯·麦克罗斯基（James McCroskey）提出的社交恐惧概念，仅在美国就有成千上万人患有不同程度的社交恐惧。他发表了数百篇关于社交恐惧症状和影响的文章。麦克罗斯基的网站显示，他是 44 本专著及 200 篇专业论文的作者、合著者或编辑。《沉默者：沟通恐惧与羞怯》是一本应对社交恐惧的专著。[17]

12.7.2 性格

听众对演讲者性格的判断，基于他们对演讲者的信任度和道德认同。用于构建演讲者性格的最好方法就是诚实和公平。

可信度
听众对演讲者可靠程度的看法。

可信度　演讲者的可信度，是听众对演讲者可靠程度的感知。他人会根据过去与我们相处的经验来评价我们的可信度。例如，老师可以根据学生是否逃课来判断学生的可靠性，朋友可能会根据我们履行承诺的程度来评估我们的可靠性。

道德　在第一章中，我们将道德定义为个体的道德原则体系，并指出道德在沟通中起着关键作用。这在日常沟通中自不必说，在说服中则更加重要。被认为不道德或不诚实的说服性演讲者，比被公认为道德和诚实的人，更加难以达到说服目的。你必须通过自己的行为，比如在演讲中使用口头注释，来赢得道德声誉。以下原则可以帮助演讲者塑造道德形象。

（1）当信息不是来自你自己的时候，准确引述并说明出处。做演讲的时候，演讲者一定要说明信息来源和他人的想法。如果不提及信息来源，就是在剽窃。向听众提供口头注释，如"以下内容摘自……"或者"此内容援引自……"，要具体说明信息是从哪个媒体来的。

（2）不要为了表明观点而伪造或歪曲信息。切勿编造信息和信息来源、断章取义，或者试图歪曲信息来达到目的。

（3）尊重听众。当听众觉得演讲者很有礼貌时，即便可能不同意演讲者的观点，他们也会愿意倾听。当他们倾听时，演讲者就有机会说服他们。如果听众不同意你的观点，千万不要靠欺骗让他们接受你的观点，更不要嘲笑他们。

口头注释
在演讲中说明特定信息的来源，例如："根据 2018 年 7 月 27 日《新闻周刊》（*Newsweek*）的报道"。

12.7.3 魅力

如前所述，其他因素影响了听众对你的看法。其中包括个人魅力或听众在演讲者身上感受到的吸引力，这有助于增强演讲者的可信度。说到魅力，我们经常会联系到那些极具影响力的领导人。有魅力的演讲者会表现出真心对听众感兴趣，讲话充满活力和热情，而且通常看起来很有吸引力且讨人喜欢。一个可信的演讲者，应该对整个演讲运筹帷幄，与听众产生共鸣，使他们知道信息是真实的，是经过充分准备的，并且是与他们相关的。有魅力的演讲者能够让听众沉浸于他们的信息中。

魅力
听众在演讲者身上感受到的吸引力，有助于增强演讲者的可信度。

听众对演讲者可信度的评价，最终决定了他们是接受还是拒绝你的说服性目标。演讲者应该记住：可信度是要去争取的，取决于他人的感知，并不是一成不变的。演讲者的可信度会随着主题、场景、听众的不同而变化，因此，演讲者必须在每次演讲时树立自己的公信力，以此来增强可信度。

12.8 准备并发表说服性演讲

在课堂上，你通常只有一次机会来劝导你的听众接受你的说服性目的。因此，重要的是要设定可实现的说服性目标，并对前几章中关于研究、组织和收集演讲支持材料的内容多加思考。

12.8.1 研究主题

对说服性演讲主题的研究必须格外深入。演讲者需要尽可能多地收集关于主题的信息，因为知道得越多，就越有能力坚定自己的观点。在做研究的时候，首先要寻找支持和阐明自身观点的证据。如果在这个过程中，演讲者发现了与自己立场相矛盾的信息，然后记录下来，寻找可以用来反驳这些信息的材料。当演讲者的立场有争议时，或者可能与听众的观点有分歧时，主动预测可能的反对意见效果尤佳。如果演讲者对与自己意见相左的观点心中有数，就能够更好地支撑和捍卫自己的立场。

12.8.2 组织演讲内容

一个说服性演讲，需要确定几个影响其内容组织的问题。以下是与说服性演讲具有特殊相关性的问题。

（1）应该提出一个问题的某一方面还是所有方面？这个取决于听众。如果听众大致上支持演讲者的立场，那么展示某一方面就足够了。如果他们的观点有分歧，或者与演讲者的立场相反，那么演讲者从各个角度把问题讲透可能更有效。这个决定还取决于听众对这个主题的了解程度，以及他们对演讲者的可信度评价。如果听众的知识水平和教育水平较高，探讨所有角度有助于减少分歧。

（2）在什么时间节点提出最有力的论证？在演讲开场或收尾时提出最有力的论证比在演讲中间提出更有效。一个好的策略是尽早陈述最有力的论证，然后在最后进行重复。由于听众的注意力在演讲中途飘忽不定，所以开场是现身说法的绝佳时机。

（3）组织说服性演讲内容的最佳方法是什么？最有效的演讲顺序取决于演讲的主题、具体目的和听众。在组织模式中，问题－解决模式、因果模式和门罗激励序列对说服性演讲都很有效。

问题－解决模式
先讨论问题再提出解决方案的演讲模式。

问题－解决模式　遵循问题－解决模式的演讲通常有两个主要观点：一是关于问题；二是建议的解决方案。问题是指需求、疑惑、不确定或困难；建议的解决方案是指，在不产生新问题的情况下纠正或消除问题。问题－解决模式适用的主题如下：当地食品银行的志愿者太少；人们应该多花点时间参观当地博物馆；欺凌行为增加；欺凌或网络暴力导致青年自杀人数增加。

演讲者应正确使用问题－解决模式，不应该仅仅是陈述一个问题和提供一个解决方案，还应该帮助听众理解问题和解决方案，包括解决方案的工作原理。例如，一个宣传欺凌行为法律后果的演讲，使用问题－解决模式的内容示例如下。

问题

（1）近几个月来，美国年轻人自杀的人数急剧增加。

解决方案

（2）每个人，尤其是学生，都必须了解欺凌的后果。由于能力问题、身体缺陷或者仅仅因为与其他人有点不一样就被欺负，可能会导致自杀，最终欺凌者也会面临法律的制裁。

问题 – 解决模式通常包括以下内容。

（1）对问题的定义和描述，包括其症结和规模。

（2）对问题的关键分析，包括原因、当下行动和解决方案的要求。

（3）关于解决方案的各种建议，包括每个解决方案的优缺点描述。

（4）最佳解决方案的推荐和选择，包括充分证明其优于其他解决方案。

（5）对选定方案的深入讨论，包括对如何实施该计划的描述。

因果模式　在因果模式中，演讲者解释事件、问题或问题的原因，并讨论其后果。原因和结果可能以两种不同的顺序呈现。演讲者既可以先描述某些力量或因素，再展示其产生的影响；也可以先描述场景或事件，再指出造成这些影响的力量或因素。

因果模式
演讲者首先解释事件、问题或问题的原因，然后讨论其后果的一种陈述顺序。

演讲者使用因果模式做关于饥饿的健康风险的演讲，以下两种方式可以二选一。

原因

饥饿是世界上最大的健康风险。

后果

仅今天一天，就有 15 000 多人死于饥饿。

问题

饥饿导致的死亡人数比结核病、疟疾和艾滋病死亡人数的总和还要多。

原因

饥饿、营养不良和贫穷造成毫无意义的死亡。[18]

由于因果模式的应用方式很多，所以无论对于告知性演讲还是说服性演讲，它都是一种有用的模式。只要原因与你试图证明的结果直接相关，这种模式对于很多不同的主题来说是很棒的选择，也是一种吸引听众的好方法。

考虑下面的例子，使用因果模式来探讨：饮食失调症导致的无意义死亡的影响。一个演讲者可能会首先谈到：饮食失调是所有精神疾病中死亡率最高的。如今有超过 800 万的美国人患有饮食失调症。事实上，每 100

名学生中就有2人患有不同程度的饮食失调。演讲者也可能改变这一顺序，首先指出，尽管美国有数百万受其影响的男女患者需要强化治疗，但许多保险公司并不为这些普遍存在的疾病承保。[19]

不管实际使用什么样的顺序，一个用因果模式组织的演讲应该包含两个主要观点：对原因的描述和对后续影响的预测或识别。年轻人的饮食失调、电视暴力、"新生 15"以及提高记忆力的新方法等主题，都可以用因果模式来组织。

门罗激励序列　门罗激励序列又称为门罗五步法，是一种被广泛使用的说服性演讲组织模式，是由普渡大学的艾伦·H. 门罗（Alan H. Monroe）教授于 20 世纪 30 年代开发的。[20] 这种模式是专门为帮助演讲者把良好的逻辑和实践心理学结合起来而设计的，它对说服性演讲及销售和市场营销都适用。门罗激励序列特别有效，因为它遵循了人类的思维规律，并且能够激励听众采取行动。这个序列有 5 个步骤，分别是：注意、需要、满足、形象化和行动。

（1）注意。在第一步中，说服者试图创造对某个主题的兴趣，这样听众就愿意听下去。这一步骤在开场中进行，也遵循有效演讲的指导原则。演讲者可以巧妙地说："请注意，这对你很重要。"

（2）需要。在第二步中，说服者通过对错误的分析聚焦问题，并将它们与听众的兴趣、愿望或欲望联系起来。这时演讲者可以说："这些是错误的，我们必须采取措施。"

（3）满足。在第三步中，说服者提供一个解决方案或行动计划，以消除问题，从而满足听众的利益、期待或渴望。演讲者会说："我要提供的是解决问题的方法。"

（4）形象化。在第四步中，说服者需要详细解释解决方案是如何满足听众需求的。演讲者的信息现在变成了"这就是我解决问题的计划，如果你接受我的解决方案，事情就会好很多"。

（5）行动。在第五步，也是最后一步，说服者要求听众承诺将提出的解决方案付诸实施。演讲者的结论是："采取行动！"

12.8.3 辅助资料

在说服性演讲中，演讲者试图通过令人印象深刻的辅助资料影响听众。他们仔细选择这些资料，以构建最有可能打动听众的诉求。在主题和听众分析的基础上，说服性演讲者试图与听众的需求、逻辑或情感联系起来。

激发需求　它是指通过激发人们的身心需求和渴望，促使人们采取行

门罗激励序列
一种专门为说服性演讲而开发的演讲内容组织模式，它结合了逻辑和实践心理学，包括 5 个步骤：注意（attention）、需要（need）、满足（satisfaction）、形象化（visualization）和行动（action）。

激发需求
通过激发人们的身心需求和渴望，促使人们采取行动的尝试。

动的尝试。当然，不同的人有不同的需求，但根据心理学家亚伯拉罕·马斯洛（Abraham Maslow）的说法，大多数人都希望保护和增强影响身体、安全、社交和自尊需求的因素。

根据马斯洛的个人需求层次结构，我们的低阶需求必须先得到满足，才能满足高阶需求。

身体需求　它是我们最基本的生理需要，如食物、水、睡眠、性和其他身体上的满足。安全需求与我们对稳定、秩序和免受暴力、免于压力和疾病、安全以及条理化的渴望有关。社会需求关系到我们被爱和归属的渴望，关系到我们从家人和朋友那里得到爱的需要，关系到我们成为群体成员的需要，关系到我们对他人的接受和认可的需要。自尊需求则反映了我们对被认可、他人的尊重和自尊的渴望。

演讲者可以利用这些需求激励听众采取行动。一个试图推销养老保险的演讲者会把他的呼吁瞄准人们对安全和稳定的需求；一个希望说服人们减肥的演讲者会集中于人们对健康的渴望、他人对肥胖者的评价，以及自尊等需求。人们是否愿意接受想法或采取行动，在很大程度上取决于演讲者是否有能力将信息与听众的需求联系起来。

逻辑诉求（理性）　通过使用证据和证明促使人们采取行动的尝试被称为"逻辑诉求"。当演讲者引导听众思考"是的，这是合乎逻辑的"或"这是有道理的"时，他们是在通过引导听众的推理能力构建一种说服力。为了做到这一点，说服性演讲者会引用证据，如统计数据、案例、证词和任何其他会影响听众的支持材料。

逻辑诉求需要演讲者有能力为自己的观点辩护。当你在说服性演讲中努力进行说服时，你通常会提出一个要求或陈述一个论证或命题，这是你希望听众在你演讲结束后相信的。一个要求或命题通常假定事情的发展存在多个可能的走向。例如，选举进程应该做出改变，或者不应该改变。演讲者通常需要用理由或证据来证明当前某种立场的正当性。这些理由或证据就是所有你能找到的支撑你主张或观点的支持资料，如统计数字、事实、案例、证词、图片、物品等。

在陈述证据时，说服性演讲者通过一系列精心安排的思路引导听众，从而清晰地得出预期的结论。这一系列逻辑可分为以下 4 类：演绎推理、归纳推理、因果推理和类比推理。

演绎推理是一个从一般信息到具体结论的思维过程。它先提出一个大前提（一个概括）和一个小前提（一个具体的实例），进而推导出一个精确的结论（一个关于实例的结论）。比如一位同学做出了如下论证。

逻辑诉求
通过使用证据和证明促使人们采取行动的尝试。

演绎推理
从一般信息到具体结论的一系列思维过程，由大前提、小前提和结论组成。

大前提：	发达国家的人消费了太多的糖。
小前提：	糖会导致健康问题。
结论：	任何人摄入过多的糖都会出现健康问题。

必须非常谨慎地确保前提是准确的，因为错误的前提只能推导出错误的结论。例如以下论证。

错误的大前提：	民主党人的所有观点都是激进的。
小前提：	汤姆是民主党人。
错误的结论：	汤姆的所有观点都是激进的。

在演绎推理能够有效地用作支持立场的证据之前，大前提必须既准确又可辩护。

归纳推理
从具体信息到一般结论的一系列思维过程。

归纳推理是与演绎推理相反的思维过程，它是一个从具体到一般的思维过程。基于归纳推理的论证，通常从一系列相关事实或情境推导出一个普遍性结论。

当有同学讨论保护自己免遭身份盗用的必要性时，可能会引导听众进行以下归纳推理。

事实：	1. 身份盗用是一个日益严重的问题。
	2. 身份盗用会产生毁灭性的后果。
	3. 要找回你的身份并恢复良好的信用是件麻烦的事。
	4. 每 4.5 秒就有一个被身份盗用的新受害者产生。
	5. 你可以保护自己免遭身份盗用。
结论：	除非你采取措施保护自己，否则你可能成为下一个身份被盗用的受害者。

当你的事实能够被证实、事实的数量足够多，且事实和结论之间的联系足够牢固时，归纳推理可以成为说服听众相信你的论证真实可靠的一个极好的方法。

归纳推理也可能被滥用。你是否经常听到这样的说法：所有的大学教授都是激进的自由主义者；所有的汽车推销员都是不诚实的；所有学会计专业的人都聪明绝顶。每一种概括都基于某人过去的经验。然而，现实情况是，有限的历史经验并不足以支持这些结论。

为了避免在使用归纳推理时出现问题，请首先确保你的事实是准确的，并有助于支持你的结论。此外，也要确保你的结论不超出你所陈述的事实。如果你的结论过于笼统，以至于有人能轻易地指出例外的情况，那么你就是在给自己挖陷阱。

　　因果推理是一种将因果关联起来的思维过程。因此，它总是包含"因为"或"由于"这样的因果词。例如，由于温室气体的存在，地球的温度正在上升。如同任何形式的推理一样，因果推理也离不开证据。在本段的例子中，演讲者会持续引用科学证据，将二氧化碳排放量的增加与气温上升联系起来。有关温室气体与温度因果关系的结论，证据越确凿、充分，就越能站得住脚。尽管可能还有其他因素导致全球变暖，但只要该论证基于支持演讲者观点的科学证据，结论仍可以被认为是合理的。

因果推理
把因果联系在一起的一系列思维过程。

　　类比推理是通过对比相似的事物或情境得出结论的一系列思维过程。这一推理的逻辑是：在一种情况下成立的事实，在类似的情况下也成立。如果你认为我们应该尽一切努力利用可再生能源，你可以使用以下理由。

类比推理
通过对比相似的事物或情境得出结论的一系列思维过程。

大前提：　美国使用的大部分能源为不可再生能源，其碳足迹正在危害环境。

小前提：　发展中国家的人们使用的能源大多是可再生能源，其碳足迹并不像美国这么大。

结论：　美国公民可以利用可再生能源来减少本国的碳足迹。

　　如果使用得当且始终围绕结论，类比是有效的推理工具。类比中的关系必须是有效的，结论应该基于所有其他因素都可以等同的假设。例如，我们的例子基于这样的假设，即发展中国家的人们对能源的使用是谨慎的，这是一种积极的行动，美国人最好迎头赶上，加强对日益减少的自然资源的保护。如果这一论证暗示，虽然不可再生能源是一种日益减少的自然资源，但是还有其他可替代能源，那么这一论证就将失败。为了避免在使用类比时出现问题，全面考虑任何可能反驳你观点的信息至关重要。

　　你可能希望你的演讲以一种单一的推理形式为基础，你也可能更喜欢多种推理类型的组合。无论你选择哪种形式，记住：你的论证效果取决于围绕它的证据。

　　情感诉求　它是指通过调动他人的情绪促使人们采取行动的努力。例如，让他们感到内疚、难过、害怕、快乐、骄傲、同情或怀旧。因为情绪是非常强大的动力，这种形式的吸引力非常有效。请注意以下说服性演讲的开场是如何调动情绪的。

情感诉求
通过调动他人的情绪促使人们采取行动的努力。

　　　　我爷爷是一个很好的、有爱心的人。他总是愿意听我倾诉，给我一个可以依靠的肩膀。他也是我认识的最聪明的人之一。在我成长的过程中，爷爷给我建议，帮助我解决各种问题，从完成家庭作业到讨论朋友们不友好的原因，再到帮我找一份暑期工作。然而，今天，我的爷爷不知道我是谁，更不用说喊出我的名字了，他甚至经常意识不到我在他的房间里。说到这里你们应该猜到了，我爷爷患上了阿尔茨海默病，没有治愈的方法。我们对这种疾病还不太了解，然而，我们所知道的是，它带走了一个真实的人和他的思想，留下了一个空洞的躯壳。

情感的吸引力是如此强大，以至于会影响人们去做不合逻辑的事情。例如，当一位同学考试作弊被抓了，她没有逻辑上的正当理由，但这名同学可能会从情感的角度为自己开脱，比如说因为父母对自己成绩的严格要求导致她的学习压力很大。事实上，说服性演讲者常常把逻辑和情感的诉求结合起来，以达到最佳效果。说服性演讲者尤其需要了解本书自始至终强调的道德问题。演讲者必须以吸引听众，但不侵犯其权利且负责任的方式提供有效、可靠的信息。演讲者应公正、准确地表达观点，谨慎地提供信息，并注意策略的使用。一个讲道德的演讲者应谨慎而真实地运用情感诉求。

12.9 论证谬误

谬论
不遵循逻辑规则的有缺陷的论证过程。

　　说服性演讲者和听众，都必须学会分析和评估他人及我们自己对支持说服性信息的推理的使用，尤其重要的是要在演讲中避免因使用有缺陷的论证而使听众质疑你的可信度。那些有缺陷的论证，因为不遵循逻辑规则而不可信，也被称为"谬论"。有缺陷的推理总会发生，而且人们常常无法意识到他们使用了有缺陷的论证。然而，作为一个批判性的思考者，你必须明白什么是谬误，如何发现谬误，为何要避免出现谬误并在沟通中识别他人的谬误。

　　沟通中经常会出现各种不同类型的谬误，在此只列举其中主要的几种。让我们看看推理和论证中的基本谬误。

前提可疑
一种谬误，演讲者作为论据或前提的某事与论证中的结果无关，或无法推导出相应结果。

12.9.1 推理谬误

　　前提可疑　前提可疑是一种常见的谬误，当演讲者的某个论据或前提与其声称的某个结论没有联系或无法推导时，就会出现这种谬误。想知道是什么导致了某些事件的发生，这是人类天性的一部分。如果学费上涨，我们想知道原因；如果国家财政赤字增加，我们也想知道原因；如果学校或购物中心的停车位被取消，我们也想知道原因。

人身攻击
攻击个人而非批评论点本身的谬误。

　　人身攻击　当有人攻击一个人而不是其论点时，那就会陷入人身攻击的谬误，这也被称为"扣帽子"。如果你在回应某个论点时称某人为混蛋，借以驳斥或藐视对方，那么你就是在进行人身攻击。这仅仅是一个烟幕，显示出你无法组织有力的反驳或证据来质疑对方的主张。扣帽子、嘲笑或对他人的人身攻击可以短暂地转移话题，但通常会导致不良争论，且无助于问题的解决。

12.9.2 证据谬误

事实还是想法　对信息的重大误用包括分不清事实和想法。把想法说成事实的人，可能会误导听众，并提出错误的论点。例如，"我们大学对饮酒的政策过于严格"和"我们大学缺少250个停车位"都是信息的陈述。哪一个是事实，哪一个是想法？第一种说法是想法，第二种说法是事实。如何区分这两者？事实是可以核实的。停车位缺乏是可以核实的，而大学对饮酒的政策是否过于严格，这只是一个主观看法。

表达想法有助于进行说服性演讲或辩论，但把想法当作事实，把事实当作想法，则是犯了批判性思维错误。无论哪种情况，都会显得你的论证不足或言过其实，并可能使听众对你的能力甚至道德提出质疑。

偷梁换柱　另一种误用或回避事实的情况是，使用无关信息以转移对真实问题的注意。当演讲者希望将注意力从被质疑或追问的问题上转移开时，就会发生这种情况。你有没有问过某人做错了什么，而他的回答与你所指的事件无关？事实上，这个人可能会改变主题，甚至攻击你的可信度，以避免讨论这个问题。用来转移人们对真实问题的注意力的不相关信息，就被称为"偷梁换柱式的谬误"。

> **偷梁换柱**
> 利用不相关的信息转移人们对真实问题的注意力的谬误。

以偏概全　是一种常见的批判性思维谬误，指演讲者没有足够的数据，仅用个别具体事例便推导出普遍性结论。结论通常来自不充分的数据或案例，人们仅仅根据一个或几个例子进行归纳，这是很常见的。例如，为了证明男生都认为约会强奸在他们学校不会发生，演讲者引用了两三个亲密朋友的意见。演讲者接着陈述了以下结论："在调查我认识的人时，我发现大多数同学不认为约会强奸是我们学校存在的问题。"认为约会强奸不是一个问题的论点，听起来可能令人印象深刻，但这项调查并不代表大部分或有代表性的学生。因此，支持这种说法的论据显然是不足的，这样的论点就可以被驳斥为以偏概全。

> **以偏概全**
> 一种谬误，演讲者没有足够的数据，仅用个别具体事例便推导出普遍性结论。

后此谬误　另一种错误的推论，源自拉丁语的"the post hoc ergo propter hoc"，意思是"在此之后，因而必然由此造成"。例如，你收到一封电子邮件，警告说如果你删除了这封邮件而不发送给49个朋友，你就会倒霉，结果正好你在上班路上发生了爆胎。错误的推理可能会让你相

> **后此谬误**
> 一种推理谬误，在这种谬误中，一个人仅仅因为某件事紧随（接踵而至）另一件事而来，就把前面发生的事归为原因。

信，由于你没有按照邮件要求转发给 49 个朋友，所以带来了坏运气。

非此即彼推论 当有人声称某件事不是对的就是错的，没有中间状态的时候，这种错误的推理被称为非此即彼推论。

非此即彼推论
一种只有两种选择的推理谬误：非黑即白，非对即错，没有中间状态。

当你自己做出或遇到值得怀疑的推论，但又不符合本书提到的这些谬误时，请对论据进行以下测试：论据是否可以简要总结？数据支持这一说法吗？数据与主张之间存在稳固的关系吗？知道某一类谬误的名称并不重

交际与成功

认识说服中的谬误

我们总是被说服我们做某事的企图轰炸。电话销售人员说服我们用信用卡来解决财务问题（可能还会产生新的问题）；4 ～ 5 个直邮广告商寄来的更好的有线和互联网服务报价；还有一堆电话和邮件希望我们为有价值的事业捐款；一位演讲者恳求我们向红十字会地方分会献血。广告商经常用错误的推理让他们的产品看起来更好。他们利用我们的需求让我们关注他们的信息。他们只提供足够的数据来激起好奇心，但不会提供足够的信息来评判产品。如果我们不购买他们的产品或服务，他们要么让你陷入非此即彼的境地，要么"推导"出某种可怕的后果。

你可以做这样一个练习，在两天的时间里，观察并记录身边的说服性尝试，然后确认并创建一个列表，列出有人试图说服你的次数，并分析内容，最后在课上分享你的结果。

1. 在这两天里，有多少不同的说服性尝试？
2. 说服者使用了什么样的推理？
3. 哪些说服策略打动了你？哪些没有？
4. 如果有人成功了，是什么使说服成功了？
5. 某个说服者是讲道德的吗？如果是，他是怎么做的？如果不是，为什么？

要，重要的是分析论点是如何论证的，并用来确定它们是否有效。

12.10 评价说服性演讲

以下是一些用来评估演讲者能力和其说服性演讲有效性的标准。在准备一场说服性演讲时，你应该注意到这些标准。很多用于评价告知性演讲的标准也适用于说服性演讲。以下标准则是说服性演讲评价所特有的。

- 应明确演讲的说服性目的，并做相应陈述。
- 演讲应包括一个目标，即应该要求听众思考某事、相信某事或采取某种行动。
- 支持资料应符合听众的需求、逻辑和情感。
- 辅助资料应包括各种事实陈述、统计数据、个人经验、类比、对比、实例或示例、专家证词、价值诉求和证人陈述。
- 内容组织模式应当适用。

- 演讲者应通过集中精力、激情洋溢和抑扬顿挫传达说服性的态度。

演讲者应该评价自己和他人的演讲。图 12-3 和图 12-4 中的表格可以帮助你分析和反思你所做的演讲或你所听的演讲。

在完成你的说服性演讲后，花点时间反思一下你的演讲。这张表格可以帮助你组织你对演讲的思考。把你放在听众的位置，对演讲每一个方面的评估都要具体。对选择项圈出你认为合理的答案并给出解释。一定要做出解释。

姓名＿＿＿＿＿＿＿＿＿＿＿演讲题目＿＿＿＿＿＿＿＿＿＿＿＿＿＿＿＿＿＿

主题　我会继续讨论这个话题，因为＿＿＿＿＿＿＿＿＿＿＿＿＿＿＿＿＿＿

或者，我会改变我的观点，因为＿＿＿＿＿＿＿＿＿＿＿＿＿＿＿＿＿＿＿＿

研究　你将如何改变你研究演讲的方式？

＿＿＿＿＿＿＿＿＿＿＿＿＿＿＿＿＿＿＿＿＿＿＿＿＿＿＿＿＿＿＿＿＿＿

适当性　这篇演讲对你、对课堂、对情境、对听众、对时间的限制在哪些方面是合适的？＿＿＿＿＿＿＿＿＿＿＿＿＿＿＿＿＿＿＿＿＿＿＿＿＿＿＿＿＿

内容组织　我的内容组织可以通过……改善＿＿＿＿＿＿＿＿＿＿＿＿＿＿

＿＿＿＿＿＿＿＿＿＿＿＿＿＿＿＿＿＿＿＿＿＿＿＿＿＿＿＿＿＿＿＿＿＿

开场　你的开场会改变 / 保留＿＿＿＿＿＿＿＿＿＿＿＿＿＿＿＿＿＿＿＿

演讲的主体　需要＿＿＿＿＿＿＿＿＿＿＿＿＿＿＿＿＿＿＿使之完整。

收尾在以下方面做得不错 / 不好＿＿＿＿＿＿＿＿＿＿＿＿＿＿＿＿＿＿＿＿

我对收尾的修改如下：

对观点的解释和阐述是有效的 / 无效的，因为＿＿＿＿＿＿＿＿＿＿＿＿＿

＿＿＿＿＿＿＿＿＿＿＿＿＿＿＿＿＿＿＿＿＿＿＿＿＿＿＿＿＿＿＿＿＿＿

提出的主张或论证过程很有效 / 需要改变＿＿＿＿＿＿＿＿＿＿＿＿＿＿＿

分析以下每一项并给出完整的回答（至少一个完整的句子）：

对观点的支持（有效的、有价值的、合乎道德的、足够数量的、清楚的）＿＿＿＿＿＿＿

语言的使用＿＿＿＿＿＿＿＿＿＿＿＿＿＿＿＿＿＿＿＿＿＿＿＿＿＿＿＿＿

视觉传达（动作、手势、眼神交流、姿势）＿＿＿＿＿＿＿＿＿＿＿＿＿＿

表达中的语音因素（交谈、真诚、多样、易于倾听）＿＿＿＿＿＿＿＿＿＿

我把这篇演讲调整为适合听众的方式＿＿＿＿＿＿＿＿＿＿＿＿＿＿＿＿＿

如果再做一次演讲，我将改变以下内容：

＿＿＿＿＿＿＿＿＿＿＿＿＿＿＿＿＿＿＿＿＿＿＿＿＿＿＿＿＿＿＿＿＿＿

因为＿＿＿＿＿＿＿＿＿＿＿＿＿＿＿＿＿＿＿＿＿＿＿＿＿＿＿＿＿＿＿＿

你将保持哪些方面？为什么？＿＿＿＿＿＿＿＿＿＿＿＿＿＿＿＿＿＿＿＿

＿＿＿＿＿＿＿＿＿＿＿＿＿＿＿＿＿＿＿＿＿＿＿＿＿＿＿＿＿＿＿＿＿＿

你从这次演讲中学到了什么？＿＿＿＿＿＿＿＿＿＿＿＿＿＿＿＿＿＿＿＿

图 12-3　演讲者自我反省评估表

听众经常被要求对演讲者进行评价。一些教师会让听众完成类似的评估。它为演讲者提供了宝贵的信息。对听众来说，这也是一个很好的批判性思维练习。

演讲者_____主题_____日期_____

1. 这篇演讲在多大程度上符合说服性演讲的标准？_____
2. 演讲者的具体目的是什么？_____
3. 演讲者的论点是什么？_____
4. 哪些论证最可信？_____
5. 哪些论证你持保留意见？_____
6. 你是否相信演讲者提出的主张或论点？_____
　为什么是或为什么不？_____
　_____
7. 关于这个话题，怎样才能改变你的信仰、态度或行为？_____
8. 演讲者和演讲中的立场对你有何影响？_____
　_____
9. 你在这篇演讲中听到了错误的推理吗？是什么样的？如何改进？_____
10. 演讲者为论证、陈述和主张提供了哪些类型的证据和支持？_____
　_____
11. 演讲者可信吗？为什么是或为什么不？演讲者怎么做才能更可信？_____
　_____
12. 演讲者是否合乎道德？公平吗？准确吗？_____
13. 演讲者使用了哪些呼吁类型？_____
14. 对听众来说，演讲好理解吗？内容组织结构清晰吗？_____
　_____

图 12-4　说服性演讲听众评价表

参考指南

对于说服性演讲者

1. **把自己树立为一个有道德的沟通者。** 引用高质量研究数据并口头注释，谨慎使用语言和信息。这将提高你作为演讲者的可信度。
2. **利用重复和复述来帮助听众记住你的演讲。** 这将大大增加你演讲的清晰度。
3. **使用适当的内容组织模式。** 这会使你的演讲更容易理解。
4. **选择适当的支持材料。** 这将支撑你在演讲中的论证过程。
5. **运用合理的推理模式。** 想想图尔敏模型，提出你的主张，用证据（数据）支持你的主张，并展示主张与数据之间的联系（保证），这有助于强化论证效果。

带有评论的说服性演讲示例

具体目的： 说服听众向海伦凯勒国际慈善组织捐款。

论点： 海伦凯勒国际慈善组织是一个值得信赖的慈善机构，值得你为之捐赠。

开场

萨拉的介绍吸引了听众的注意，并传达了她对海伦凯勒国际慈善组织的热情。她把听众导向她的主题，鼓励他们关注，建立了自己的信誉，因为她本人就是这家慈善机构的捐赠者。

在演讲主体的第一个主要观点中，萨拉解释了海伦凯勒国际慈善组织为什么值得捐赠。她强调海伦凯勒国际慈善组织设立了几个项目，包括提供视力筛查、眼镜和维生素 A 补剂，并与营养不良做斗争。她用统计数据介绍相关研究结果。她的信息很有说服力，让听众真心感受到这是一个做善事、做实事的慈善机构。

在她的第二个主要观点中，萨拉向我们展示了海伦凯勒国际慈善组织是如何管理善款的。她提供了具体的信息，并解释了如何分配捐款并将其输送到机构的特定领域。她指出，该组织定期进行财务审计，这些审计数据可在机构官网上公开查阅。

根据 2007 年的短片《视力与生存》，每一分钟就有一名儿童失明，每 5 秒就有一名成年人失明，每年有 600 万 5 岁以下的儿童死于营养不良。骇人听闻的事件影响着全球数百万儿童和成年人，这也是海伦凯勒国际努力帮助改善视力、营养和生活条件的原因，那些人比在座的各位不幸得多。如果像我们这样有能力提供帮助的人不解囊相助，失明和营养不良只会继续困扰贫困国家。我个人是海伦凯勒国际慈善组织的捐赠者之一，因为我坚信它的使命。

1. 海伦凯勒国际值得捐赠
   （1）"儿童视界"是海伦凯勒国际慈善组织在美国的一个项目，通过筛查视力和为贫困儿童提供眼镜"让孩子看清课本"。
      ①视力的提高增强了受助儿童的自信，极大地提高了他们的学习成绩。
      ②汤姆斯已与海伦凯勒国际慈善组织合作，由他们的眼镜工厂向确诊儿童提供订制的眼镜。
   （2）海伦凯勒国际慈善组织的另一个计划——维生素 A 补充，在其他国家拯救视力并提高生活质量。
      ①这个项目中的每个孩子一年只需花 1 美元就可以得到补剂。
      ②海伦凯勒国际慈善组织官网称："维生素 A 补充被认为是世界上最具性价比、优先级最高的公共卫生医疗手段。"
      ③去年有超过 8500 万粒胶囊被送到孩子们手中。
   （3）为了减少全世界的营养不良情况，海伦凯勒国际慈善组织正在制定帮助发展中国家发展和维持粮食生产的方案。
      ①根据艾米丽·希伦布兰德的文章"家庭粮食自产中的性别转变"，由海伦凯勒国际慈善组织发起了家庭粮食自产计划"促进妇女从事小规模农业，有针对性地改善妇女和儿童的营养状况"。
      ②家庭粮食自产计划也有助于通过种植蔬菜和谷物创造就业机会。
   （4）海伦凯勒国际慈善组织在视力和营养不良方面提供的救助方式很多，演讲时间所限，不可能一一介绍，但总而言之："海伦凯勒国际比我能想到的任何一个机构都会精打细算。"
2. 海伦凯勒国际慈善组织是一个值得信赖的组织
   （1）捐款用途在海伦凯勒国际慈善组织官网上有清楚的说明：85%

直接用于项目，2% 用于筹款，13% 作为管理费用。

（2）海伦凯勒国际慈善组织最新的财务审计报表在官网上向公众开放查阅。

（3）根据美国商业促进局的记录，海伦凯勒国际慈善组织满足所有 20 项慈善审查标准。

（4）它获得了"慈善导航者"的四星级评级，这是一个慈善组织能得到的最高评级。

3. 你能提供什么帮助

（1）25 美元可以为一名美国学生提供一副眼镜，50 美元可以建造一个供养 40 人左右的家庭菜园，100 美元可以为 100 名儿童提供一年的维生素 A 补剂，250 美元可以为 5 个人支付白内障手术费用。

（2）网上捐款是向该组织捐款的最简单的方式。

（3）通过其他企业援助海伦凯勒国际慈善组织的途径有以下几种。

① Aframes 眼镜公司将其利润的 5% 捐赠给海伦凯勒国际慈善组织，用于维生素 A 补充计划。

② Baking for Good 是一家在线烘焙店，客户消费额的 15% 将用于向海伦凯勒国际慈善组织捐赠。

③此外，还有一份帮助海伦凯勒国际慈善组织的其他小企业名单，也可以在官网上查到。

收尾

（1）不可否认，我们很难想象失去视力的生活将面临怎样的困难，但我们必须试着设身处地思考：一位由于白内障看不到自己新生婴儿的母亲，一个失明且死于可预防的维生素 A 缺乏症的孩子，一个因为营养不良而致残、再也不能独立生活的男人。

（2）海伦凯勒国际慈善组织致力于在黑暗中点燃光明，给饥饿的人提供食物，为全人类创造更美好的世界。

（3）海伦·凯勒的一句名言准确描述了海伦凯勒国际慈善组织的奇迹："独木难支，众志成城。"

参考文献

"Charity Review of Helen Keller International." *Better Business Bureau*. N.p., 2012. Web. 23 May 2012.

Helen Keller International. Helen Keller International, 2012. Web. 19 May 2012.

Hillenbrand, Emily. "Transforming Gender in Homestead Food Production." *Gender & Development* 18.3 Nov. (2010).

Sight and Survival. Helen Keller International, 2007. Web. 23 May 2012.

萨拉很好地解释了大家能够提供哪些帮助。她分享了各种规模的捐款如何用到最需要的人身上并使其受益。萨拉解释了我们如何捐赠，以及其他机构是如何向海伦凯勒国际慈善组织捐赠的。

在她的收尾中，萨拉希望大家能设身处地为别人着想，并采取行动捐款，以便海伦凯勒国际慈善组织能够帮助更多的人。她让听众相信，每个人的贡献都是重要的，海伦凯勒国际慈善组织值得大家支持。

》小结

12.1 告知性演讲与说服性演讲的区别

- 我们生活在一个以信息为导向的社会，在这样的社会中，表达和接收**信息**的能力至关重要。现在和过去一样，拥有信息并能进行有效沟通的人会拥有权力并获得尊重。

- 告知性演讲是我们被要求呈现的最常见的演讲之一。告知性演讲的目的是增进理解，而说服性演讲的目的是让听众改变态度或行为。信息告知可以在不试图**说服**的情况下呈现，但说服不能在缺乏信息告知的情况下进行。

- 你必须吸引听众的注意力，激励他们倾听，并增进他们对主题的理解。

12.2 说服性演讲的目标

- 说服总是与改变联系在一起的——无论态度还是行为。

- 说服的子目标（**采纳**、**终止**、**警示**或**持续**）代表你对听众改变方式的期许。

- 在设定说服性目标和确定预期目标时要基于现实。

12.3 告知性演讲与说服性演讲的主题

- 告知性或说服性演讲可选择的主题几乎是无限的。选择一些有趣的、有一定知识储备的、可以通过准备和研究深挖的内容。

- 你的告知性演讲主题也应该能引起听众的兴趣，并对听众有潜在的应用价值。你的具体目的和你选择的主题类型将决定你演讲的呈现方式。

- 说服性演讲可以从**事实**、**价值**、**策略**开始。

- 选定其中一个问题，有助于你确定说服性演讲的内容。

- 当你从个人角度着手时，不要忘记了听众而自我陶醉，要关注他们的知识水平和兴趣点。

12.4 准备并发表告知性演讲

- 每个指导老师都有其希望你遵循的特定标准。如有必要，查看你的教学大纲或与老师核实，以确定演讲的内容和表达要求。

- 你的演讲过程要能够获得并保持听众的关注。

- 主题和观点越有现实意义，听众就越可能关注

演讲者的信息。

- 听众想要新颖的想法，并想知道"这与我有什么关系"。

- 如果你给了听众足够的倾听理由，他们就会认真倾听。

- 演讲内容应该条理清晰，让听众清楚来龙去脉。

- 你的语言应该清晰、直接、易懂，让听众可以随时概览主题。

- 对信息进行个性化处理，使其对你和听众都具有相关性。

12.5 评价告知性演讲

- 通过评估标准，你应该对有效的告知性演讲和演讲者的特点有所了解。

- 优秀的公共沟通者会分析他们的听众，以确定自己所选策略的有效性。他们会从各种各样的参考文献中找到充足的信息来源，并努力向听众展示主题的重要性。

12.6 说服性演讲

- 演讲者在演讲过程中的行为和举止，都是在创造亚里士多德所说的 3 种说服方式。

- **道德**是指演讲者的品性。

- **理性**是指演讲内容的实质性或演讲者的逻辑性。

- **同情**是能够感动听众的情感诉求。

12.7 树立信誉（道德）

- 当你被视为有能力、性格良好、有一定**魅力**的演讲者时，听众会认为你是可信的。

- 在演讲中，一定要通过**口头注释**或书面形式指明信息来源。

12.8 准备并发表说服性演讲

- 发表一场说服性演讲，展示你构建和支持说服目标的能力。

- 对演讲内容进行仔细的研究和组织，将帮助你理解你的听众，并达到任务要求。

- 确保包含足够的支持材料，为该主题提供足够的证据。

- 检查你的分析，确保你做出了有力、合乎逻辑

的论证。

自己或听众。

12.9 论证谬误

- 应避免**错误**的论证模式。
- 仔细分析你的论点，确保它们合乎逻辑，没有错误的归因和**以偏概全**。
- 批评思想，而不是攻击持有某种思想的人。
- 不要用谬误的论证推导错误的结论，从而误导

12.10 评价说服性演讲

- 查看指导老师提供的评估标准，以确保自己已经满足这些要求。
- 在演讲之前，将评估标准应用到演讲中，这样你就可以通过这些标准改进演讲。

》问题讨论

1. 什么因素会影响你对有效的告知性信息的看法？什么因素会影响你对有效的说服性信息的看法？
2. 对于选择了告知性演讲主题的演讲者，你会给出什么样的建议？对于说服性演讲呢？
3. 选择 3 个适合做告知性演讲的主题，思考如何

使它们变得有趣，并与听众产生关联。再针对说服性演讲做同样的练习。
4. 演讲者的什么特征能提高你对其的评价？
5. 在说服性演讲中使用的辅助材料，与在告知性演讲中使用的不同吗？解释你的观点。

附录 12A
可选择的演讲主题

以下是一些可选的主题，供演讲参考。所列的条目并不是特定的演讲标题，需要缩小范围以适合演讲设定的具体目的、时间限制或其他要求。几乎任何一个主题都可以用来准备告知性或说服性演讲，关键在于你如何组织这些想法。如果你只是以信息的形式呈现，它就会变成一个告知性演讲；如果你进行论证并使用相应证据作为支持资料，且你希望你的听众以某种方式改变一些东西，那么你做的就是一个说服性演讲。

告知性演讲主题

波多黎各如何应对飓风玛丽亚的余波

食品被贴上"有机"标签意味着什么

素食意味着什么

高血糖流行病

饮食失调症

咖啡因有害健康

咖啡因有益健康

能量饮料的作用

世界性饥饿

"外婆的厨房疗法"如何真正帮助你学习财务知识

绿化

最新的社交媒体趋势

绿色运动

心理健康问题

在线教学

社交媒体改变了礼节

助学贷款监管机构

倾听关乎思考

大脑有哪些功能分区

空间探索与私营企业

如何防范身份盗用

在面试中使用 Skype 的适当方式

领导才能和你

图书馆已经成为过去了吗

遵守道德是老土的行为吗

为什么这么多的新闻主播会在报道中扭曲事实

饮食失调症在我们的社会中很普遍

如何资助贫困的孩子

为什么药品这么贵

什么是自闭症

我们怎样做才能让地球成为更适宜动物生活的地方

说服性演讲主题

美国的新闻被"净化"了——我们如何才能知道真相

必须制止网络欺凌

Facebook 是消除社会不公的工具

Twitter 不仅仅是一种与他人联系的工具

对 Facebook 的监控会进一步控制大众

真人秀之所以受欢迎，是因为……

公民必须对社会负责

志愿者精神如何改变社会和你

发达国家的药品滥用问题

孩子必须学一点财务知识

高糖饮料应该征附加税

我们如何才能降低血糖、变得更加健康

全世界有近 800 万儿童缺乏生活必需品

饮食失调症在我们的社会很普遍

为什么播客（网络音频平台）比广播好

围绕妇女健康的争论

个人改善经济环境的办法

应该促进国际领养

我们怎样才能停止欺凌

迈向绿化的第一步

我们如何解决多任务和空中交通管制的顽疾

坐飞机真的比公路交通安全吗

如何改善公共教育

我们如何改善易货交易体系，从华尔街夺走权力

领导技能是如何帮助团队沟通的

为什么你不应该长期依赖能量饮料

风能，有害还是有益

战胜饥饿——世界头号健康风险

世界饥饿问题和你对解决这个问题的贡献

电子书和学习：两者水火不容吗

第 **13** 章
从建立到破裂：沟通与人际关系的发展

本章导读

发生在两个或两个以上的人之间的人际沟通，可以是随意或正式的、公开或私人的，人们彼此共享部分个人信息。

章节大纲	学习目标
13.1 通过人际沟通建立关系	解释什么是通过人际沟通建立关系
13.2 人际沟通能力	明确人际沟通能力的重要性
13.3 人际沟通理论	六种与人际关系和人际沟通相关的理论比较
13.4 人际关系中的自我表露	概述自我表露、隐私、性别、文化和修辞敏感度在人际关系中的作用
13.5 关系的形成	确认关系发展和成长的阶段
13.6 关系的破裂	确认关系恶化和解除的阶段
13.7 人际冲突	解释什么是人际冲突，什么导致了人际冲突，为什么人际冲突有益，以及应对和解决人际冲突的策略
13.8 提高人际沟通能力	在个人关系和职业关系中运用有效的人际沟通技巧和能力

联系日常生活

问题与思考

1. 技术如何促进或损害了个人的人际关系？

2. 如果把所有社交媒体关停一周，你会有什么反应？

3. 你更喜欢哪种沟通模式：通过社交媒体分享和发消息的沟通，还是当面沟通？为什么？

4. 你有没有在社交媒体的沟通中经历过尴尬？之后你是如何补救的？

很明显，我们正花费越来越多的时间在各种形式的社交媒体沟通上，如 Facebook、Twitter、Pinterest、Instagram、YouTube、Snapchat 和 领 英。Snapchat 的每日视频浏览量达到 100 亿次，同时获得了近 10 亿美元的收入。Twitter 的用户超过了 3 亿 1000 万，Instagram 在 6 个月内新增了 1 亿用户。[1] 皮尤研究中心（Pew Research Center）的"互联网与美国生活"研究项目（Internet & American Life Project）对 18 岁及以上的社交网站（SNS）用户调查发现，受访者倾向于在个人回报和总体满意度方面将 SNS 评为"非常积极"。此外，他们发现，61% 的 SNS 用户体验到了与他人更亲近的感觉，68% 的用户表示他们的自我感觉良好。[2] 毫无疑问，社交媒体正在改变我们与他人见面、互动和建立关系的方式。

无论在咖啡馆、工作场所、图书馆、学生会、宿舍、体育活动或会议上，还是坐飞机、坐火车、上网，或是在任何我们以语言和非语言互动的线上、线下环境中，我们与他人的互动是否成功，或者是否具备有效性，取决于我们的人际沟通技巧。在人际沟通中成为一个称职的沟通者意味着什么？你可以在本章中找到答案。

13.1 通过人际沟通建立关系

与他人沟通并建立关系，是人际沟通的全部内容。我们常常认为这是一种只发生在有密切关系的人之间的互动。虽然人际沟通确实被用于我们的亲密关系中，但它也发生在各种各样其他的语境和场景中，可以是客观的、肤浅的、个人的、亲密的、私人的，或公共的、非结构化的、高度结构化的。我们的人际沟通能力不只与其他人有差别，当我们自己面对不同的场景和不同的沟通对象时，也是有差别的。优秀的人际沟通者知道如何调整并有效地与不同背景的人进行沟通——无论是当面沟通还是通过社交媒体沟通，以建立短期或长期的关系。

交际与成功

电子邮件及其礼节

收件人：profess××××@unl.edu

发件人（格朗）：grantparty××××@gmail.com

回复：我有一些关于课堂的问题

　　嘿，我是你的学生，上课时间是下午 2:30，我不知道你布置的星期二或星期四的课堂作业对我有什么具体要求，你的方向不是很清楚。我认为这门课作业太多了，这周我没有时间做。

　　下周我要出趟远门，所以我要请假一次了。我请假期间会不会错过什么？我很喜欢你的课。

思考上述内容，并回答以下问题：

1. 如果你是收到这封邮件的教授，你会有什么反应？

2. 格朗（Grant）违反了哪些电子邮件礼仪规则（如果有）？解释一下。

3. 按照你认为正确的方式重写这封邮件。

4. 制定一套你认为在发送电子邮件或短信时应该遵循的礼仪标准。你的规则对于所有听众都是通用的吗？解释一下。

13.1.1 关系

　　关系是至少两个人之间的联系。它可以是新的或旧的、短暂的或持久的、肤浅的或深入的、随意的或亲密的、友好的或敌视的、放松的或紧张的、恨的或爱的、重要的或不重要的、好的或坏的、快乐的或不快乐的，等等。人际关系也可以用亲密程度或亲属关系来描述：女友、男友、情侣、伴侣、妻子、丈夫、母亲、父亲、孩子、叔叔、表弟、继父或继子等。

关系
至少两个人之间的联系，可以用亲密程度或亲属关系来描述。

　　有时，人际关系也可以根据人们扮演的社会角色来描述，比如室友、网友、邻居、老板和雇员、同事、同学、医生和病人、前任，等等。

　　人际关系可以用认识的时间来界定，比如"我高中的时候就认识她"或者"他们前几天刚认识他"；人际关系可以基于共同参与的活动或事件——"我们一起打排球""我们一起上瑜伽课""我们一个班的""她跟我是同事"，或者"我们是老乡"；[3] 人际关系有时用场景或偶发事件来描述——"我们是在网上认识的""我们是在飞机上认识的""沟通课我就坐你后面"。不管我们怎么描述，这些都是人际关系。

13.1.2 人际沟通

　　在第一章中，我们将人际沟通定义为：在一段关系中的人，彼此间创造和分享信息。这个定义的含义包括

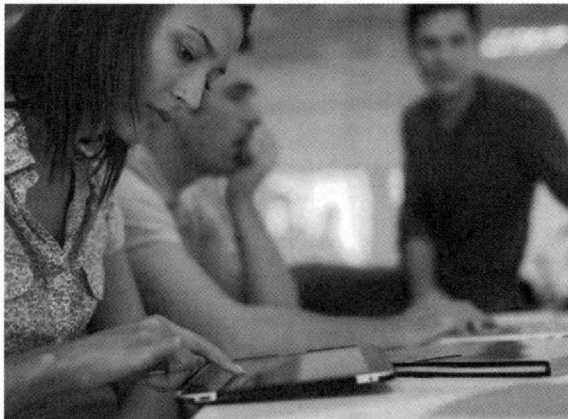

我们将越来越多的时间花在社交媒体上，而不是当面沟通上。你更喜欢哪种交流方式：通过社交媒体收发即时消息，还是面对面的沟通？

以下 3 点：第一，两个或两个以上的人之间才会发生人际沟通；第二，它可以是随意的或正式的、公共的或私密的；第三，共享某些个人信息。

如上所述，人际沟通通常被认为只是关系密切的人之间的互动。当然，这很片面，有些人会通过社交媒体向完全陌生的人或乘坐飞机时邻座的人表露自己或他人最私密的信息，但他们可能不会将同样的信息告诉每天见面的爱人。因此，人际沟通发生在各种各样的语境和场景中，并且表现出不同的特征。我们的交际能力取决于面对不同的人和不同的场景。那些沟通能力强的人懂得如何调整策略，以适应来自不同背景的人，并建立短期或长期的关系。

13.2 人际沟通能力

我们是否了解他人，可能与他们或我们的具体特征没有关系。通常，两个人相互认识的可能性与身体空间的近距离，或者线上的愉快互动（多过消极互动）有关。当你多次遇到某个人并且很容易认出他之后，你可能会和他比较自然地相处，或者至少会有一些寒暄。关系的发展和你的接纳程度，通常取决于你和对方的互动水平。当然，我们都知道，与人互动的效果是时好时坏的。

优秀的沟通者能够认识到，人际沟通不可能总是完美的，但他们通常会继续往这个方向努力。所谓能力，就是懂得随机应变，也就是说，优秀的沟通者能够适应特定的情况和个人。他们善于在任何场景中使用恰当的语言，无论是朋友的婚礼、亲密时刻，还是工作面试。

人际沟通的技巧是什么？沟通学学者认为，以下 5 项技能可以提升人际沟通能力。[4]

1. 在特定情境下适应并知道如何沟通的能力。例如，何时需要共情和安慰，何时交谈，何时倾听。
2. 适应特定的互动并做出适当的沟通行为的能力。例如，知道什么时候要咄咄逼人，什么时候要有所保留或恭敬有加。
3. 理解自己和他人的价值观、信念、态度或感受的能力。换句话说，就是一个人如何看待自己，或者如何看待各种各样的人、问题或事件。
4. 自我监控能力。自我监控是一种在互动之前和互动过程中自我调节的能力，是一种修辞敏感度（见本章后面关于修辞敏感度的讨论）。换句话说，一个自我监控的人会随时关注他人的反馈，并能意识到他们说出口的话可能产生怎样的影响。

5. 公平和道德的能力。这意味着要把对方当作一个独特的个体。这既出于自尊也是对他人的尊重。交际能力强的沟通者对所讨论的所有观点和角度都保持敏感。他们知道每个人对世界的看法是不一样的，因此他们会理解那些持不同意见的人。

下面的"参考指南：有效人际沟通的建议"提供了具体的方法，这些能力可以让你拥有更令人满意的人际关系。

参考指南

有效人际沟通的建议

与他人交谈是一种双向责任，你不能总是说个不停——独白不是对话。要想有效地进行互动，你必须保持注意力专注，努力让对方感到你的存在并令人感觉舒适。以下是一些建议。

1. 与对方交谈时尽量使用对方的名字。记住别人的名字可以使用一些技巧：当你第一次和某人打交道时，至少默念三次对方的名字，必要时可以让对方重述或拼写出来。记得和喊出一个人的姓名，会让人感觉自己在你心目中很重要，这会让对话变得更愉快。

2. 目视对方，但要在眼神交流中力求平衡和舒适。当你看着对方时，表示你正在关注他，并对他感兴趣。这也表明你对自己有信心。

3. 在与来自不同文化或种族背景的人进行眼神交流时要谨慎。例如，在某些文化中，盯着某人或看着某人的眼睛是不尊重的。当你和秉承这些文化的人沟通时，你可能要把注意力放在对方的脸上，而不是直接盯着对方的眼睛。

4. 鼓励对方谈论他自己。人们通常喜欢谈论自己，这可以成为继续谈话的强大动力。仔细倾听，问一些问题，比如"毕业后你打算做什么？""你最喜欢什么（戏剧、电影、书、游戏等）？""你的工作涉及哪些方面？""你业余时间喜欢干什么？""你最喜欢的工作是什么？"或者"说说你的情况"等。如果有必要，使用后续问题和对方继续深谈。

5. 谈话要随意、轻松、积极。如果急不可待地表露个人信息，可能会带来副作用，成为谈话终结者。此外，没人喜欢消极的人或抱怨者，如果你恰巧是这样的人，那么别人再次与你互动的可能性就会大大降低。

6. 要自信并仔细听别人说的话。在聊天中，自信是相当重要的。但自信并不意味着傲慢，而是不惧怕与他人交谈。一般情况下，你有多坦诚，对方就有多坦诚。
你表现出的对他人的兴趣，也会激励对方继续对话，而不是突然结束。

7. 及时了解时事。了解你周围发生的事情：看新闻、上网、定期阅读最新的杂志和报纸。这些知识可能会对你有所帮助，因为时事是闲聊的普遍话题。你对时事的了解会使闲聊变得容易。此外，它还表明你不是一个自我封闭的人。

8. 随意攀谈，有助于减少你和他人关系之间的不确定性。这将增加你建立和发展更持久关系的机会。

9. **知道何时以及如何结束对话**。知道谈话什么时候结束是很重要的。与刚认识的人谈话通常不会持续很长时间，如果聊得太久，就有可能导致无聊或不舒服。即使谈话进行得很顺利，彼此都聊得很开心，也要尽可能在谈话变得不舒服之前结束。结束谈话可能会有些尴尬或困难，因此最好的策略是预先准备好"退出路线"。

当你打算结束对话时，一定要用这个人的名字，比如说："黛布拉，不好意思我先去招呼一下其他客人，很高兴跟你聊天。"或"吉姆，我先去弄点吃的，等下要收桌子了。"

13.3 人际沟通理论

大多数人都希望在人际关系中找到生活的意义，满足各种社会和心理需求。人们保持人际关系的动机当然是多种多样的，但并不总是能被完全理解，比如当有人选择带有虐待、依赖或强迫性的关系时。在这一节中，我们将讨论 6 种理论，这些理论有助于解释为什么我们有如此强烈的愿望与他人互动、形成并保持关系。这 6 种理论分别是不确定性减少理论、不确定性管理理论、社会渗透理论、社会交换理论、人际需求理论和关系辩证理论。

13.3.1 不确定性减少理论

不确定性减少理论

这一理论认为，当我们遇到其他人时，出于了解对方的需求，我们会倾向于用可观察到的外在形象推测对方。

我们对了解他人，以及理解他人行为方式和原因的渴望，可以部分地由不确定性减少理论来解释。[5]由沟通学学者查尔斯·贝格尔（Charles Berger）和理查德·卡拉布雷泽（Richard Calabrese）提出了不确定性减少理论，其核心假设是，当人们见面时，他们在寻求减少对彼此的不了解。某些人对其他人越有吸引力，其他人就越想了解他们。减少对彼此的不确定性的愿望会激励人们进一步沟通。

基于这一理论，贝格尔提出减少不确定性的动力来自以下 3 个先决条件。

1. **对未来接触的预期**：我们很可能再次见到他们。
2. **激励价值或奖励**：他们可以给我们一些我们需要的东西。
3. **异常行为**：某些人会以一种奇怪或不寻常的方式行事。[6]

贝格尔认为，这 3 个因素是我们天生好奇心的一部分，因为我们真的很想对他人多一点了解。无论之后彼此变得多么亲密，人们终究是以陌生人的身份开始一段关系的。

根据这一理论，对于一段关系的发展而言，减少不确定性是必要的；我们想与某人建立关系的愿望越强烈，我们就会做出越多的不确定性减少行为。贝格尔描述了 3 种了解他人的策略。第一种称为"被动"，也就是我们保持距离并观察对方，有的人可能称之为"打量"；第二种称为"主动"，我们向第三方询问关于那个人的信息；第三种称为"互动"，也就是直接与对方交谈，并通过提问来了解具体信息。[7]

　　为了说明这 3 种策略，可以参考如下的例子。奥利维娅（Olivia）在一个聚会上看到萨姆（Sam）穿过一个拥挤的房间，并且对他产生了兴趣。她注意到他一个人站在那里，因此认为他是独自来参加聚会的，但她不能确定（被动策略）。她对萨姆一无所知，不知道他是否已经有女朋友了，如果有，也不知道他对对方是不是认真的。奥利维娅的不确定性很高，但她想更多地了解萨姆的愿望也很高。她给一个认识萨姆的朋友发消息，得知萨姆还是单身，但这个朋友不确定这次聚会萨姆是否约了其他人（主动

随着我们对认识和了解他人的渴望的增加，我们减少对他人不确定性的渴望也在增加。这促使我们与他人沟通。

策略）。奥利维娅的不确定性有所减少，但并没有消除。她认为了解萨姆的唯一方法就是直接和他交谈（互动策略）。她问萨姆是否一个人来聚会，发现他是自己来的，而且他目前还是单身。派对结束了，奥利维娅和萨姆仍在交谈，他们玩得很开心，但现在他们必须决定他们的关系下一步会发生什么。经过近 1 小时的交谈，他们决定互留手机号码和邮箱地址，他们可能会继续保持联系。萨姆在奥利维娅离开后 10 分钟给她发短信："今晚过得很愉快，期待能很快再见面。"

　　当然，有时我们不需要了解某人，也不可能努力去了解，因为我们对这个人没有兴趣，或者我们接触不到这个人。

13.3.2 不确定性管理理论

　　戴尔·布拉舍斯（Dale Brashers）是一位沟通学学者，他提出了不确定性管理理论，这一理论进一步完善了不确定性减少理论。布拉舍斯认为，不确定性比以前想象的要复杂得多。他的研究发现，HIV 携带者有时更喜欢不确定性而不是确定性。[8]

　　不确定性管理理论考虑了人们在心理上和沟通上对不确定性的不同反应方式，特别是在健康决策中。该理论具有 3 个主要特征：①不确定性的解释和体验；②情绪与不确定性的关系；③当不确定性存在时，管理沟通和情绪的方式。[9]尽管布拉舍斯的关注点在于健康，但该理论可以应用于许

不确定性管理理论
一种考虑到人们在心理上和沟通上对不确定性的不同反应方式的理论。

多其他场景。例如，一个人在经历了一段长期关系后分手，他可能被伴侣背叛了，但由于确认这件事可能很痛苦，于是他选择不去确认。不确定性减少理论认为，寻找和获取信息是减少不确定性的最佳途径，但有时减少不确定性并不是目的。不确定性管理理论使我们意识到，我们可以通过不同的方式进行沟通，这取决于我们的目标是增加、减少还是保持不确定性。例如，在诊断出严重疾病的情况下，我们常常会寄希望于另一种可能产生不太确定结果的意见，因为我们希望疾病不会像最初诊断的那样严重。[10]

布拉舍斯说，除了寻求或避免信息，人们还使用其他 4 种方法来管理自己的不确定性。第一种方法，那些生活在不确定性中的人会学着适应它。例如，布拉舍斯和他的同事发现，那些患有严重疾病的人可能更加专注于短期的诊断，而不是长期的展望，因为后者可能更加不确定。第二种方法，依靠他人的社会支持来应对。其他人的积极或令人放心的观点，有可能缓解不确定性或带来希望。第三种方法是在求知欲和保持未知的渴望之间达到平衡。第四种方法，明白哪些信息值得信任，哪些信息需要忽略。[11]

13.3.3 社会渗透理论

社会渗透理论
这一理论认为，随着关系的发展，彼此会更加开诚布公。

社会心理学家欧文·阿特曼（Irwin Altman）和达尔马斯·泰勒（Dalmas Taylor）提出的社会渗透理论，超越了信息收集的范畴，涉及人们彼此是如何相互联系的，以及他们的沟通是如何从闲聊转变为更亲密且更坦诚的谈话的。社会渗透是指在一段关系中，不断增加彼此的信息表露和亲密度的过程。[12] 图 13-1 说明了一段关系变得更加友好或亲密时，人们之间的互动过程。

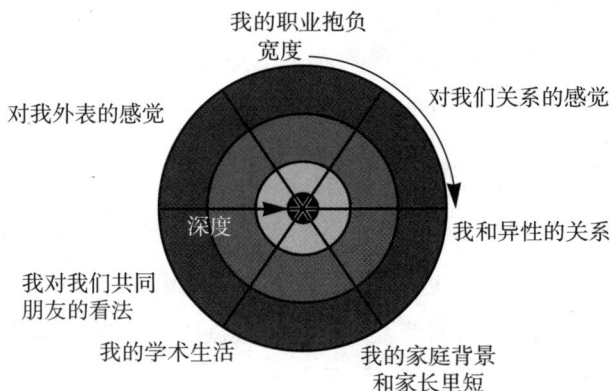

图 13-1 社会渗透模型

社会渗透理论将关系发展描述为从事物性信息和闲聊开始，随着关系的发展，谈话变得更加私人化，包括对自我和价值观的感受。

资料来源：*Social Penetration: The Development of Interpersonal Relationships.* Copyright © 1973 by Irwin Altman and Dalmas Taylor

根据这一理论，随着关系的发展，互动会变得更加私人化也更加亲密。该模型像洋葱或飞镖靶子，表明了渗透的深度和广度。渗透的深度表现为从外部事实信息（外环）到内部情感（圆圈的中心或靶心）的渗透，揭示更多关于自我的私人信息。外圈代表的是肤浅的沟通，比如"嗨，我是南卡罗来纳州克莱姆森的乔"。最里面的圆圈或靶心，代表的是内部和亲密的个人信息，比如"我全心全意地爱你"。随着这段关系变得更加亲密，它将涉及更多的个人信息和隐私。渗透的广度是一个人向另一个人表露的关于自己的信息的范围或领域。因此，要保持持久的关系，袒露的信息必须既有深度又有广度。

渗透深度
对他人坦露自己的深度或亲密度。

渗透宽度
向他人坦露自己的范围或领域。

13.3.4 社会交换理论

社会交换理论是一种解释人们为什么会形成关系的人际沟通理论。你有没有建立过从中可以获得某种好处的关系？肯定有。例如，在遇见某人之后，这个人是否值得进一步相处？我们很可能会打一个小算盘。换句话说，我们会试图确定与对方相处是否划算。不管我们是下意识的还是有意识的，我们都会这么做。

社会交换理论是由社会心理学家约翰·蒂鲍特（John Thibaut）和哈罗德·凯利（Harold Kelley）提出的，该理论基于这样一种假设：人们会权衡与建立关系相关的成本和收益，寻找对自己有利的关系，同时避免那些无利可图的关系。[13]

社会交换理论
基于这样一种假设的理论：人们会有意识地权衡与关系或互动相关的成本和回报。

蒂鲍特和凯利认为，大多数人都有在利益与成本的交换方面建立和维持关系的动机。利益是我们所能感知到的，可以给自己带来好处的东西，具体是指带给我们快乐和满足的事物或关系。例如，良好的感情、地位、声望、经济利益或满足情感需求等，这些都可以被认为是一段关系带来的好处。成本是指我们认为不符合自身利益的消极事物或行为。例如，进入或维持一段关系所需要的时间、体力和情感能量，这些都被认为是关系成本。

利益
任何能带给我们好处的东西。

成本
我们认为不利于自身利益的消极事物或行为。

该理论认为，当我们第一次遇见某人时，我们会在心理上权衡与此人建立关系的潜在回报和成本。例如，你数学不太好，但你又必须学微积分。你跑去上课正好坐在吉姆的身边，你们简单地聊了一下这门课和教授的情况，得知吉姆上过这位教授的其他课，而且成绩很好。由于这种简短的互动，你可以感觉到，与吉姆做朋友会有很多潜在的好处。你知道他可以帮你学微积分，他人挺随和的，而且他好像对学校里的很多事都了如指掌。吉姆同样也衡量了与你建立关系的好处和成本。他觉得与你挺谈得来的，欣赏你坦诚请教的态度。

交际与成功

在线关系

社交媒体确实改变了我们与他人互动和联系的方式。洛丽（Lori）和杰尔姆（Jerome）的第一次接触是在一个约会网站上。他们看了对方的照片和信息，来回发了几天的电子邮件，定期通电话发消息持续了一个礼拜，然后就决定见面增进了解。他们之间的一切都很和谐。经过 6 个月的相处，杰尔姆向洛丽求婚。6 个月后，也就是他们第一次在网上见面近一年后，二人决定结婚了。洛丽和杰尔姆都承认他们在网上遇到过一些挑战，有些人会夸夸其谈或谎话连篇，企图骗取对方的信任。很多人认为在网上认识某人不靠谱，也有人认为这是寻找约会的绝佳途径。

你已经了解了不确定性减少理论、不确定性管理理论和社会交换理论，这些理论都可以让你对在线关系有所认识。

问题与思考

1. 哪种理论最能描述你最近与他人的人际沟通？
2. 社会交换理论在哪些方面有助于你的人际关系发展？
3. 如果洛丽假设杰尔姆在沟通时是诚实的，会冒什么风险（如果有风险）？
4. 社交媒体在你的生活中扮演了什么角色？你认为它与当面沟通有何不同？

吉姆也知道，更好地了解你并建立一段关系可能会有一些潜在的不利因素。如果你只想消耗他的精力和时间来教你微积分，这个潜在的不利因素就更加明显了。吉姆是一个非常活跃的学生，还有一份兼职工作，所以他的空闲时间非常宝贵。但他也知道，你是一个很容易相处的人，通过帮助你，他可以学到更多，从而更好地准备考试。此外，他本身就是个乐于助人的人。当综合考虑了所有优缺点之后，吉姆建议两个人一起备考第一次考试。

社会交换理论认为，如果在一段关系中，可获得的利益大于所有潜在的成本，那么我们很可能会认为这段关系是正确的。

但如果收益（利益减去成本）低于一定水平，我们可能会认为某段关系或互动相对于成本都不划算。利益与成本的比率因不同的人和场景而变化，因此，一个人的利益—成本的理想比率对另一个人来说可能大不相同。如果一段关系是健康和令人满意的，双方的利益—成本比率应该是相等的，从而形成一段持久的关系。

人际需求理论
一种能洞察我们人际交往动机的理论。这个理论包含 3 种需求：情感、归属和支配。

13.3.5 人际需求理论

在人际交往中，我们渴望他人进入我们的生活，也渴望融入他人的生活；努力控制他人，也让他人控制我们；给予他人爱，并从他人那里得到爱。很多相关的文献都在探讨人们的这种社交渴望和动机的前提是什么。威尔·舒茨（Will Schutz）是一位心理学家，也是人际关系领域最受尊敬的权威之一，他的人际需求理论可以让我们对人际沟通行为有更深入的理解。舒茨的理论包含 3 种需求：情感、归属和支配。[14] 虽然存在许多其他具体需求，但根据舒茨的理论，大多数的人际行为和动机可以直接归为对情感、归属和支配的需求。尽管这 3 种需求因人、因情境、因文化而异，但对其的了解和理解，可以帮助我们搞明白，它们是如何影响和激励人与人之间互动的。对大多数人来说，我们的人际需求并不是一成不变的，渴求程度和重要性因环境而异。例如，在一段关系中，给予和接受情感可能更加重要，尤其是当关系加强并走向亲密时；而当一段关系破裂时，包容可能更为重要。我们对自己个人需求和对他人需求的觉察也各不相同，这取决于关系的深度、时机、背景等。每一种需求都促使我们以某种特定的方式与他人互动。

情感需求　所谓情感需求，是指感觉自己被喜欢或被爱的需求。归根结底，我们需要归属和被爱。我们每天都能看到人们为满足这一需求而奋斗。例如，加入社团或接受约会服务的人，都在寻求满足他们对归属感和爱情的需求。根据舒茨的理论，一个人被很多人喜欢，其情感需求就会被充分满足，这样的人被认为具有亲和力。沟通学学者科里·弗洛伊德在对有关沟通情感的研究进行回顾时发现，有能力给予和接受情感的人，通常比很少接受或给予情感的人更健康、更快乐。[15]

归属需求　人际的归属需求，包括我们感到自己的重要性和有价值感的需求。舒茨把个人在这方面的需求划分为正常社交需求、低社交需求和过度社交需求。

低社交需求的人不喜欢和别人在一起，他们觉得和别人沟通有压力。他们往往比较害羞，很难开口跟人交谈。过度社交需求的人无法阻止自己与他人的交往。他们总是试图控制场面，常常语无伦次，很难保持安静。他们更喜欢通过控制沟通主导关系。过度社交需求的人害怕被别人忽视。可能你也认识这样的人，不知你会如何回应他们。正常社交需求的人能够满足自己的归属需求。他们能够处理有人或没有人的情况，很少有什么场景让他们感到不舒服。他们对自己有信心，并且在认为有必要的时候，有足够的自信发言。研究表明，当我们的归属需求尚未被满足时，大多数人都会感到精神和身体上的痛苦，因此我们有动机与他人交往，以便找到归属感。[16]

支配需求　第三种需求是我们在人际关系中获得权力或影响力的冲动。随着我们的成熟，对控制或影响的需求会日益增加，这决定了一段人际关系将如何发展。

在我们觉得满意的关系中，控制权是共享的，每个人都有发言权。这些关系促进相互尊重并分担责任。发言权少得可怜甚至完全没有的关系，

交际与成功

重要的是我

布拉德和佩奇已经约会6个多月了。他们一致认为他们的关系非常密切。他们在最喜欢的餐厅吃了一顿浪漫的晚餐后，布拉德和佩奇回到佩奇的公寓，正当他们深情接吻的时候，佩奇忽然说："布拉德，别这样。我还没准备好。"布拉德说："你在开玩笑？你不爱我了吗？我的意思是，我们已经约会半年了。"佩奇没有立即做出回应，她似乎有点不知所措。最后，她说："布拉德，我知道你对我的感觉，我相信你，但现在对我来说，做爱是不合适的。我也不想在我们结婚前就有个孩子。"

布拉德马上说："但我觉得你真的很在乎我。你知道吗，佩奇，我爱你！"佩奇回答："我知道，但我还没准备好做爱，我真的不想结婚，你必须明白这一点。"

思考上述场景并回答以下问题：

1. 布拉德的沟通动机是出于私心还是出于对佩奇的关心？解释一下。
2. 根据布拉德和佩奇之间的互动，你会如何描述他们的关系？
3. 用社会交换理论描述这种关系。

通常不会令人满意，而且往往会形成单边关系。[17]

当然，有时我们会希望放弃控制权，因为我们可能觉得自己不称职，或者我们不想为发生的事情负责。有时，我们会因为太多的控制权和责任感而感到不知所措，尤其是当我们对自己做出正确决策的能力缺乏信心时。而当我们有适度的控制权时，大多数人都会觉得快乐和满意。

舒茨的需求理论清楚地说明了激励我们与他人沟通的动机。我们与他人发展关系的原因很多，而上述社会需求理论，很大程度上解释了我们建立人际关系的动机。当然，人际关系的建立也还有其他动机：避免或减轻孤独感、更多地了解自己、与他人分享生活，等等。

13.3.6 关系辩证理论

关系辩证理论
一种人际沟通理论，认为矛盾的冲动会推动或拉动我们以相反的方式对待他人。

关系辩证理论认为，人与人之间的关系，同时面临许多不同方向的推力和拉力。例如，你可能想晚上和朋友出去玩，但是你有一份重要的论文几天后就要交了，而你还没有开始写。因此，你必须决定是和朋友在一起，还是开始写论文。或者，你可能希望自己最好的朋友多花些时间陪你，结果当你朋友来陪你了，你又觉得自己需要独处。这可能会导致你的朋友抱怨："我以为你想我们在一起多待会儿，现在我来了，你又跑了。你究竟想干什么？"这些例子说明了由不同方向的推力和拉力产生的相反的冲动或紧张。每个人都有相互对立却又相互交织的欲望，这些欲望以各种方式牵制着人际关系。

这个理论研究通常会涉及3种辩证紧张关系：关联—自主、开放—封闭和新颖—可预测。[18]

关联—自主 人际关系既需要有与他人建立联系的渴望，也需要有保持个人自主性的意愿。我们想与其他人联系，比如伴侣、朋友、父母、兄弟姐妹或同事，但我们也希望在生活中保持一定的控制力、独立性或自主性。我们都希望自己的亲密关系是不分彼此的，但这并不意味着我们要牺牲自己的个性或放弃自我原则。

对大多数人来说，情感需求和归属需求是我们与他人互动的动力。然而，许多人将自己与他人隔离开来，担心自己不会被接受或喜欢，或者与他人相处让他们感到有压力。

当在一段关系中过分强调联系或融合时，它会导致一种被伴侣、朋友、父母、同事压抑或消耗的感觉，因此我们感到被关系束缚和控制，从而使我们失去了自己的生活。亲密关系的最高层次需要一种纽带，这种纽带将我们与另一个人在情感、智力和身体上联系起来，但这绝不意味着，也绝不会要求我们完全失去自我。在健康的人际关系中，保持联系和保持自主的合理平衡是可持续的。从控制和自主的角度来说，在一个方向或另一个方向上太深入的关系，通常是极不稳定的，并且具有潜在的破坏性。

开放—封闭 第二种辩证紧张关系，一方面是开放和表现的冲动，另一方面是封闭和私密的欲望。即便是在新的关系开始时，当我们尽可能多地寻求关于另一个人的信息时，一种反作用力也会告诫我们，不要过早地表露太多关于自己的信息。在关系发展的各个阶段，自我表露和保持隐私之间的这种紧张关系会一直持续。我们知道，公开表达是我们与他人建立亲密关系的必要先决条件。我们也知道，当我们向另一个人展示自己时，我们和我们的关系都会变得更加脆弱。因此，所有人都面临这样一个两难的境地：我们应该在多大程度上对朋友、亲人和浪漫伴侣自我表露或坦诚相见，以及如何把握这个度。过多的自我表露，正如你将在本章后面读到的，会导致关系紧张，这是一种缺乏能力的表现，或者至少是一种不善于沟通的表现。关系的发展依赖于彼此之间信任的建立，当人和人之间的信任，因表露私人信息，或告诉对方他不准备听到的事情而受到侵犯时，这种关系就有恶化或终结的风险。

新颖—可预测 为了发展和建立健康的人际关系，需要一定的可预测性。如果没有某种稳定性或恒常性，潜在的不确定性和矛盾的可能性太大，长期关系就无法维持。因此，我们的关系需要满足一定的可预测性。家庭是大多数人生活中的核心稳定力量，在一个非常不可预测的世界中提供了一个相对安全的锚点。对大多数人来说，可预测性都是一种安慰，我们因此得知在何处安置自己的期望。然而，在一段关系的某些方面，太多的可预测性又可能会使这段关系变得循规蹈矩、味同嚼蜡，因而需要加入一些独特或不同的东西进行调节。在一段关系中，可预测性、恒定性与新奇性、不确定性这两种渴望所产生的辩证紧张，需要一定的沟通能力来缓解，防止破坏性冲突的发生。例如，你的室友想待在家里看一部电影，但你想和朋友出去跳舞。你可以告诉室友想让她和你一起去，明天晚上你会非常乐意陪她一起看电影。推拉关系或辩证的紧张关系，将始终是每一段关系的组成部分，我们选择如何沟通，将会决定关系是向前发展，还是停滞，还是终结。

处理紧张的人际关系　处理生活中的紧张关系，会给我们带来一些有趣的沟通挑战。同样重要的是要理解，关系既有私人的也有公共的，但不会存在于真空中。外部或内部关系的许多紧张或推拉，都会直接或间接地影响关系各方如何处理或管理其辩证紧张关系。沟通学学者莱斯利·巴克斯特（Leslie Baxter）和芭芭拉·蒙哥马利（Barbara Montgomery）提出了一些管理辩证紧张关系的方法。[19] 在处理紧张关系时最不管用的，是否认紧张的存在。有多少次你听到一个面对压力或紧张的人说："一切都很好，没有问题。"否认的本质是回避或掩盖，这通常会导致说谎或欺骗，对象不是你就是其他人。辩证紧张不会因为否认它的存在而消失，它必须通过敞开心扉的沟通处理。如果某个朋友因为学校的事感到十分纠结，而且看起来情绪低落，你就应该继续与其交谈以发现问题。交谈一开始你可以说："我知道你上课很辛苦。我能帮你什么忙吗？"你希望这位朋友能敞开心扉谈谈这个问题，你需要倾听并给予支持。

巴克斯特声称，大多数人会使用各种策略来管理他们的辩证紧张关系。[20] 最常选择的策略是选择、分割、重新界定、折中和重申。

选择策略是指选择辩证紧张的一端而不是另一端的策略。例如，一对想独自度过感恩节假期的已婚夫妇发现，想和他们一起过节的老人让他们陷入了两难境地，最终他们可能会选择和老人一起过节以避免与老人的关系紧张。

分割策略是一种关系双方针对关系的不同方面分别对待的策略。例如，一对夫妇可能会通过分享关于他们共同朋友的信息来调整彼此之间关于开放—封闭的辩证紧张关系，但他们不会讨论各自过去的罗曼史，因为这可能会伤害对方。因此，双方心领神会，有些事情是畅所欲言的，而另一些事情则是秘而不宣的。

重新界定是一种允许重新界定紧张，使紧张被淡化，变得不那么明显，甚至消失的策略。例如，两地分居的夫妇可能会说，距离给他们的关系带来了更多的亲密。尽管这段感情由于身体上的分离而产生了很大的压力，但这对夫妇还是重新界定了距离，认为"路越远，心越近"。

折中策略的特点是妥协，达成协议以缓解紧张局势。例如，你的父母想知道你私生活的一切，并且经常问一些你不想分享的私密事情。你选择回答一些不太私密的问题，但避免了最私密的问题，从而减少了这些问题造成的关系紧张。

重申也是一种策略，在这种策略中，个人认识到辩证紧张总是存在的，因此他们应该接受这种紧张，并应对这种紧张所产生的挑战。例如，你知道一个好朋友在社会问题上持有极端自由化的观点，这与你的观点完全相反。你知道你永远不会同意使用和（或）合法化大麻，但你们还是可能针对此话题做一些有趣的探讨，甚至可能教育对方。你不应该忽视朋友的意见或否认辩证紧张，但你应该把它看作人的一部分。人际关系总是会经历疏远或亲近的牵扯，要发展持久的关系，各方必须进行沟通管理并控制辩证紧张。对辩证紧张不加管理和控制的结果很可能演变为冲突。

13.4　人际关系中的自我表露

人际关系建立在互动的基础上。越是真诚、诚实、开放的互动，就越可能造就更稳固、更持久的人际关系。然而，我们的人际沟通大多是闲聊。这种轻松的交谈可能无法提升自我认知，或满足人际需求，或让我们在人际关系中成长。尽管如此，聊天对于进一步的互动仍然是一个重要的开端。自我表露是一种随着关系变得更紧密而不断调整的互动。

为了减少不确定性，正如不确定性减少理论所建议的那样，为了满足我们的生理和情感需求，我们必须在沟通中表明自己的身份；同时表露关于我们自己的信息，正如社会渗透理论所建议的那样。自我表露，或者自愿分享他人不太可能知道的关于自己的信息，可能像说出自己的名字一样简单、不具威胁性，也可能像表露自己至深的感受一样复杂、充满威胁。

当自我表露发生在相互关爱的关系中时，它通常会带来更大的自我理解和自我完善。此外，我们对他人的自我表露也会鼓励对方做出回应，并创造出一种氛围，这种氛围既可以促进人际沟通，也有助于建立有意义的人际关系。

13.4.1　我们为何自我表露

许多能力使人类区别于其他动物，其中之一就是保存和分享关于我们自己的信息。自我表露的原因很多：为了让别人更好地了解我们是谁、获

自我表露
自愿把别人不太可能知道的关于自己的信息分享给他人。

得同情、了解别人的想法、获得信任，或者与他人建立联系和关系。如果我们要建立和维持关系，自我表露是必不可少的。在这里，我们将讨论 3 个自我表露的原因：自我呈现、关系建设和宣泄。

自我呈现　是一种有目的的自我表露策略，用于展示特定目下的某些方面。例如，在招聘面试自我介绍环节，你常常被要求谈论你的背景、经历和成就。当你向面试官表露他可能不知道的关于你的信息时，你就是在做自我呈现。提供关于自己的信息的目的，是强调你是这份工作的最佳人选。

例如，你告诉面试官你是一个具有高度组织性的人，具有出色的沟通技巧，或者你是一个团队合作者，你喜欢与来自不同背景的人会面并合作。再比如，你可能会表露你的家境贫寒，你曾努力为自己挣学费，你的陈述暗示你是个自给自足的人，希望面试官会对你做出正面的评价。

因此，当我们吸引他人时，我们倾向于用更有利的语言来描述自己，以打动我们想与之建立关系的人。简而言之，我们有时会歪曲事实来加强自己的吸引力。网上交友服务中有很多这样的例子。我们中的一些人给出的自我描述，至少可以说，并不十分准确。事实上，我们中的一些人选择美化自己，因为他们意识到这是一个获得更多联系和建立关系的好方法。显然，如今的印象管理既被用于线上也被用于线下。

关系建设　我们通过自我表露建立或维持关系。通过闲聊或社交对话自我表露，是我们与他人建设关系的一种方式。在某种程度上，自我表露的水平会随着关系的发展而变得更加亲密和开放。当然，这个过程也有例外，互动的深度和数量会因关系的不同而有很大的不同。此外，从轻松的

> **自我呈现**
> 一种有目的的自我表露策略，用于因特定目的而揭示我们自身的某些方面。

交际与成功

闲聊的重要性

《闲聊的艺术》一书的作者德布拉·法恩（Debra Fine）说，通过闲聊与他人沟通的能力能成就大事。[21] 法恩以前是一名工程师，她回忆说，她以前在社交活动中表现得非常不自在，会躲在洗手间里。作为一名职业演讲者，法恩说，通过闲聊与人沟通，是一种后天习得的技能。成功人士知道如何有效地使用闲聊，也知道闲聊在建立和维持人际关系中的重要性。

问题与思考

1. 你觉得闲聊容易还是困难？为什么？

2. 为一般性社交破冰者、商业或职业破冰者制定一套可以改善闲聊效果的小贴士，并与班上的同学分享。

3. 你认为通过社交媒体沟通会影响闲聊吗？如果会，将影响哪些方面？在 Facebook 或 Twitter 上沟通是一种闲聊吗？为什么是或者为什么不是？

4. 你会用什么不同的方式来超越闲聊（逐步深聊）？

5. 什么时候是超越闲聊的适当时机？

社交谈话转向更亲密、更坦诚的谈话，并不一定意味着这种关系将自动变成一种优质的关系。[22]

一段关系，在偶然相识和亲密知己之间的进展轴线上的位置，取决于人们之间的互动方式和他们特定的交际行为。我们与他人沟通的方式，反映了关系的性质和类型。

宣泄　自我表露的沟通可以是一种释放或宣泄的形式。当我们想摆脱那些引起紧张、内疚或悲伤的信息时，这一点尤为适用。[23] 这是一种从大脑中清空一些东西以减轻压力的方法。作为一个学生，可能的例子包括告诉你的父母自己欠债，是因为你一直在赌博；或者你在学校的表现不如他们认为的那样好，是因为你总是睡懒觉。这种表露的好处是，使我们不再独自面对某个问题，并能获得同情或帮助。社交媒体的迅速发展，带来了帮助他人应对失去挚友或亲人的新方法。越来越多的一个或多个家庭成员会准备一个纪念性的 Facebook 页面来纪念他们的亲人。这些页面已经成为一个"地方"，哀悼者可以"访问"他们逝去的亲人，并与其他哀悼者联系，留下吊唁信息，或是分享逝者的故事，并留下针对逝者的信息。这些宣泄信息作为超越躯体的沟通（transcorporeal）的一部分发挥作用——活着的人通过媒体或社交网站向逝者发送数字信息的过程。"超越"表示沟通发生在人类生命状态之外，而"躯体"则表示与物质身体的关系。[24] 死亡的人不再保持躯体的存在。因此，我们将我们的数字信息导向一个处于不同状态的人，而不是一个实际存在的人。

在 Facebook 的纪念墙和群组中经常出现的这种沟通方式，使生者和逝者重新联系起来，帮助我们宣泄失去朋友和亲人的痛苦。

为了减少不确定性，满足我们的生理和情感需求，我们必须在沟通中表明身份并公开自己的信息。当自我表露发生在相互关爱的关系中时，它通常会带来更大的自我理解和自我完善。

超越躯体的沟通　生者通过网站或社交网络向逝者发送数字信息的过程。

13.4.2 我们何时不该表露太多

尽管完全公开可能是一种坦诚，但它也可能是有害的、危险的、不明智的或无知的，也可能对一段关系而言是有害的。某些时候，大多数人都会选择不说出自己的想法，或者不告诉别人一些关于我们自己或他人的事情，因为那样做可能会带来伤害。隐瞒信息有很多原因，但通常是为了保护他人，避免潜在的负面反应，或是为了避免伤害他人或我们自己。因此，自我表露并不总是明智的或适当的。

坦诚地与他人分享我们的感受、想法、关切和秘密，是自我表露的核心。这种坦诚是理想的，但并不总是实际的或明智的。归根结底，自我表露必须基于个人判断，并没有什么严格的规则可依照，关键是要随时关注并保护自己和他人。

13.4.3 自我表露与隐私

隐私

个人、群体或机构关于自己何时、如何以及在多大程度上将自己的信息传达给他人的界定。

什么样的自我表露是过犹不及的，它什么时候会侵犯或影响我们的隐私？隐私是"个人、群体或机构关于自己何时、如何以及在多大程度上将自己的信息传达给他人的界定"。[25] 这些问题不容易回答，因为适合某种情况的问题可能并不适合另一种情况。因此，在人际关系中，人们的一项重要任务是关于隐私边界的协商。[26] 隐私边界的存在方式与个人空间边界非常相似，就像我们控制和保护他人和我们身体上的社交距离一样，我们会界定什么样的距离比较合适，我们对隐私边界的控制也是一样的道理。桑德拉·彼得罗尼奥（Sandra Petronio）是一位沟通学者，也是隐私领域以及我们如何管理隐私边界的专家，她说：

> "泄露私人信息是有风险的，因为在表露自我的某些方面时，存在潜在的易受攻击的可能。从他人那里接收私人信息也可能带来自我保护的需求。为了管理隐私信息的表露和接收，个人会建立一个隐私边界，以减少丢脸的可能，并以此为一种保护手段。此外，人们会使用一套规则或标准来控制边界，并规范私人信息在彼此之间的流动。"[27]

与他人分享越来越多关于自己个人信息的过程，会导致进一步的无所隐瞒，无论是主动的还是被动的。隐私界限似乎是常识，但在一段关系中，双方并不是总能有这个意识。例如，一男一女交往了好几年，两性关系也很亲密，但他们并没有结婚。这对准夫妇可能会试图控制关于他们关系的隐私，因为泄露过去的关系秘密可能会令人尴尬；或者也有可能他们会对外界完全公开自己的这段关系。确定什么应该对彼此保密，什么应该对他人保密，通常取决于关系各方的共同认可并协商一致。

如果一段关系的边界被侵犯或跨越，可能会导致关系紧张，造成不平衡。因此，关系各方之间的谈判往往涉及哪些可以并应该分享，哪些应该禁止。建立边界，是为了自我保护、控制信息的流动，以及避免被攻击。例如，一方侵犯了另一方的隐私时，会试图通过转移话题或远离某个场景重建隐私边界。

13.4.4 自我表露与性别

用"女人"和"男人"这两个词来描述或区分两性之间的沟通是很麻烦的。这样的表达意味着所有的女人和男人都是相同的，这可能是真的，也可能不是真的。例如"女人比男人更经常表露自己的感情"，这样概括所有女人或男人，可能都不准确。有些男人比有些女人表露更多的感情，反之亦然。因此，我们必须小心避免仅基于生理性别差异的刻板印象。[28]

一些研究和一些作者支持这样的观点：男人和女人使用不同的规则和含义进行沟通。德博拉·坦嫩在她的书《你误会了我：交谈中的女人和男人》中回顾了许多研究成果，并认为女人的语言和非语言行为与男人不同。例如，她发现男人与女人相比，说话的私人化或包容性较差，女性比男性更倾向于用实例证实自己的观点。[29]女性更倾向于谈论自己的关系，并表露出更深层次的亲密关系，但男性通常不会把话题集中在亲密关系上。[30]

女性倾向于向与她们关系密切的人表露更多的信息，而男性倾向于向他们信任的人表露更多的信息。男性和女性在减少尴尬和维护隐私界限的防御和保护策略上也有所不同。男性的防御策略包括将事件归咎于其他事情，嘲笑自己的行为或者逃避现实，女性的防御策略则通常包括责备他人和批评自己。无论对"隐私"如何定义或解释，表露的本质就是人们对于私人信息发布的管理和控制。[31]

每个人都应该有一个可以与之分享自己的感受和想法的人，因为这通常会提升自己的幸福和个人满足感。自我表露是我们能接受的最敏感、最美丽的沟通方式，但必须小心而谨慎。

13.4.5 自我表露与文化

一般来说，来自不同文化背景的人倾向于遵循类似的自我表露模式。例如，来自不同文化背景的人，很可能从闲聊开始建立关系，并随着关系的继续产生更亲密的互动。当然，某些文化中也存在的差异，往往集中在最初的接触阶段，而一般来说，当人们成为朋友后，这些差异似乎都会减少。

试着描述一下你自己文化背景的一些特征，看看这些特征是否会影响到你的沟通。你认为自己只是一个美国人，还是会有其他社会群体认同？别人也是这么看你的吗？当你与来自不同文化的人沟通时，你们的沟通有多困难？这些问题的答案将有助于你理解文化差异，以及为什么与不同背景的人沟通比简单地交换信息要复杂得多。这需要思考，承认差异，并做出一些调整，使沟通双方都能充分理解彼此的意图。并非所有人的思维和

交际与成功

技术的消极面：自由与诱惑

Facebook、Twitter、Snapchat、短信等提供了多样的沟通方式，帮助我们保持与他人的联系，拓宽社交网络，并更频繁、更高效地与朋友、家人或同事沟通。但这些沟通方式，包括分享个人信息、观点或照片的自由，都有一个阴暗面。随着新兴沟通工具的出现，风险和诱惑也随之增加，从不太严重的时间浪费到潜在的有害和危险行为，如网络欺凌或色情短信。

这些轻率行为可能会产生持续多年的影响，在申请大学、工作或竞选公职时都会产生问题。

问题与思考

1. 对于其他形式的在线沟通有哪些注意事项？
2. 通过社交媒体自由沟通的责任是什么？
3. 你认为发色情短信应该被视为犯罪，还是仅仅算判断错误？法律是否应该参与监管网络行为？如果是，哪些行为需要监管？
4. 青少年和科技可能是一个有风险的结合。你觉得这是为什么？
5. 随着互联网和其他技术的用户年龄越来越小，可以或应该采取哪些保障措施？

沟通方式都完全相同，当我们与来自不同文化的人沟通时，理解这一点尤其重要。不同的文化对表露的适度性有不同的规范，因此我们必须理解相应的文化差异。

13.4.6 自我表露与修辞敏感

根据沟通学学者罗德里克·哈特（Roderick Hart）和唐·伯克斯（Don Burks）的研究，修辞敏感是一种可供选择的沟通形式，它可以应用于过于开放的自我表露可能有害的场景。例如，你想告诉你的朋友他需要更多的睡眠，因为他每天晚上都在外面鬼混，然后上课睡觉。你没有告诉他你的真实想法，而是提到了一个你在网上读到的关于一个司机睡眠不足导致车祸的故事，希望你的朋友能领会这个信息。它代表了在一段关系的发展中谨慎交流信息的一种方式。[32] 修辞敏感的人可以平衡他们的自我利益和他人的利益。他们可以根据他人的信仰、价值观和情绪调整沟通。考虑对方的观点或感受，并不意味着改变自己，但它确实意味着找到一种有效表达自己的想法而不冒犯或伤害对方的方式。

修辞敏感
一种谨慎的自我表露方法，在开始沟通前先考虑对方的情况和因素。

如果诚实的自我表露是以一种损害双方关系的方式进行的，那么它可能是有害的。修辞敏感的人理解自我表露，知道如何根据特定的听众和场景调整他们的信息。修辞敏感的人通常表现出以下特征。

- 他们接受个体的复杂性，明白每个人都是由多个自我组成的。例如，一个人可能是母亲、女儿、共和党人、移民、虐待受害者、学生和消费者。
- 他们处世灵活，避免与他人刻板地沟通。

参考指南

适当自我表露的建议

在自我表露方面，并没有硬性规定，但在向他人表露自己时，应该有一些基本常识和良好的判断力。以下是一些对适度自我表露有帮助的建议。

1. **使用合理的自我表露**。虽然坦诚的关系是一种理想的关系，但重要的是要认识到情境的约束。例如，可能你小时候曾在一家当地商店偷东西时被抓住。你只偷过这一次东西，还被罚做了一些社区服务。但是，你现在正在竞选公职，你必须决定是否公开你当初偷过东西的事实。这样做很可能会影响你赢得选举的机会。然而，如果你知道你所做的事情早晚会被人挖出来，还不如主动说出来，至少说明你没有任何隐瞒。

2. **让自我表露成为一个双向的过程**。片面的自我表露通常很难保证关系的持久、有意义或健康。一个相互迁就的关系一旦成立，如果某一方自我表露，另一方通常也会跟进。随着个体之间信任度的增加，自我表露就可能扩大，而随着自我表露的持续，人际关系就会变得更加牢固。

3. **根据情境和对象情况进行自我表露**。当我们表露自己的个人信息时，我们就有被伤害或被拒绝的风险。如果我们仔细地将表露的信息与对象和场景相匹配，就可以将

风险降到最低。自我表露应该是一个缓慢的过程，如果像一些人在互联网上所做的那样匆忙表露，很可能会增加不必要的受攻击风险。

4. **考虑多样性**。自我表露的适度性和开放水平因文化、群体和个人而异。不是所有文化的对自我表达的熏陶都和你经历的一样。即使在美国，在不同的群体中，比如在男女之间，也存在表露的文化差异。在你决定向谁表露多少个人信息，以及何时表露个人信息时，要考虑这些差异。

5. **开诚布公**。自我表露的目的是使自我表露的数量和种类满足实际情境。因此，坦诚地与他人分享我们的感受、关切和秘密，是自我表露的核心。然而，这并不意味着我们必须表露一切，也不意味着我们对可能伤害到我们自己或其他人的信息公之于众。

6. **根据个人判断进行自我表露**。最终，自我表露必须基于个人判断，而不是严格的规则。如果使用得当，自我表露应该是我们在进入和维持某段关系时最敏感和最有意义的沟通形式。由于许多原因，我们发现有时很难向他人敞开心扉。然而，当关系建立在彼此关心和真诚沟通的基础上时，自我表露会自然而然地成长和成熟起来。

- 他们不会改变自己的价值观，但可以通过灵活的方式与他人沟通，避免冒犯他人。

- 他们能感觉到什么时候适合沟通，什么时候不适合沟通。[33] 修辞敏感的人理解自我表露，知道如何根据特定的听众和场景调整他们的信息。

- 他们知道如何选择语言，如性别包容的非歧视性语言，他们不会使用引发仇恨或种族歧视的语言，也不会开过分的玩笑冒犯他人。

13.5 关系的形成

两个特定的个体，是否会产生接触，取决于具体的环境和场景。我们每天都受到所遇到的人及其留给我们的第一印象的影响。一段关系发展的方式和理由，首先取决于人和人之间的相互吸引，进而取决于如何在这段关系各阶段中相处和成长。

13.5.1 人际吸引力

人际吸引力
与人互动的欲望基于多种因素，包括身体吸引力、个性、回报、亲近度或相似性。

尽管发展人际关系的过程对一些人来说比其他人更容易，但大多数人对这个过程都是循规蹈矩的。人际吸引力是基于多种因素而产生的与他人互动的欲望，包括身体吸引力、个性、回报、亲近度或相似性。虽然有这些比较明显的指征，但人际吸引是一个复杂的现象。沟通学学者詹姆斯·麦克罗斯基和托马斯·麦凯恩（Thomas McCain）把吸引力分为 3 种类型：①社会吸引力（"他会融入我的朋友圈"）；②身体吸引力（"我觉得他 / 她很性感"）；③任务吸引力（"我对她能完成工作的信心让我想和她一起工作"）。[34]

换句话说，人际吸引力与对他人的评价有很大关系。

任何一个特定的人（包括你自己）都会被某些人喜欢、被某些人讨厌，还有很多人对你没有明确的态度。为什么会这样？这个问题不容易回答，但在某种程度上，吸引力的差异取决于做出评价的人，也取决于评估者与被评估者之间的相同点和不同点。随着熟人从初次见面发展到更亲密的关系，另外两个因素：与人深入交往的需求和对可观察到的身体特征的反应，也开始发挥作用。

是什么带来了人际吸引力和最终的友谊？地球上居住着 70 多亿人，成千上万人都有可能成为你的朋友。然而，这种情况发生的概率极低。任何一个人都能意识到他们的存在，与之互动，但最终只能认识其中的一小部分。然而，社交媒体现在使我们在世界各地拥有成百上千个熟人。大多数在线熟人仅仅是熟悉的网友或朋友，我们可以与他们分享个人信息，但很少与他们成为亲密朋友。

无论是线上还是线下，当两个人接触，并且相互感觉不错时，都是一段潜在关系的起点。他们可能只是泛泛之交，仅限于见面时彼此寒暄，但不会深入沟通。还有另一种可能，他们开始面对面交谈或发消息，记住对方的名字，交换零碎的个人信息，这时他们可能被描述为亲密的熟人或网友。这两个结果具体哪一个会发生，取决于关系双方对于与他人深入交往或归属感（本章稍后讨论）的渴望程度，以及对彼此的可观察特征或对方在线信息所披露特征的反应方式。

"一见钟情"或"惊艳",是不同文化以不同方式表达的一种现象。不管是哪种表达方式,其基本思想都是一样的:有时第一次见到某人会给对方带来强烈的吸引力。我们都听过这样一句话:"美貌是肤浅的",这是一种警示,提醒人们不要过分注重外表。但研究似乎表明,我们虽然想遵循这个建议,但实际上几乎做不到,因为外表始终是我们吸引他人的一个强大因素。[35] 因此,就算我们想这么做,身体也很诚实,很难忽视或避免将外貌吸引力作为建立关系的动力。

身体属性 当我们第一眼就喜欢或不喜欢某些人时,就表明我们观察到了他们的一些东西,得到了积极或消极的信息。例如,如果某个陌生人让你想起你认识和喜欢的人,这种联想会把你的反应投射到这个人身上。[36]

你喜欢某个陌生人,可能仅仅是因为其外表和某人相似。在有的情况下,这种暗示可能与你过去认识的某个特定的人无关,而与你关系密切的一小群人有关,比如某个陌生人带有你老家的口音,而你喜欢你老家的人。同理,与你不喜欢的某个特定的人或你不喜欢的一小群人的相似性,会使你立刻讨厌或避开某个陌生人。正如我们在第 2 章和第 5 章中所讨论的,刻板印象很容易误导对行为的预测。我们的确容易根据表面的特征对他人做出判断和反应。

大多数人都知道,根据他人外表做出带着刻板印象的反应是毫无意义的。事实上,人们确实会对那些看起来非常有魅力的人做出积极的反应,而对那些看起来极其无趣的人做出消极的反应,[37] 而且在与陌生人沟通的早期阶段尤其如此。我们通常根据可观察的特征,如肤色、身高、体重、口音和头发颜色等接受或拒绝一个人。外表吸引力是一个非常强大的因素,会深刻地影响许多其他类型的人际评价。

沟通和吸引力 吸引力如何影响人际关系和人际沟通?根据一项研究,大多数人害怕被比自己更有魅力的人拒绝。许多人倾向于拒绝那些远不如自己有(自认为的)吸引力的人,换句话说,他们的心理独白可能是"我可以做得更好"。一般来讲,大多数人倾向于与那些在吸引力上与我们相似的人相处。

"异性相吸"的观点和"物以类聚"的格言一样古老,但似乎没有什么道理。在戏剧、电影和电视连续剧中,一个熟悉的剧情是两个完全不同的人互相吸引,部分原因是他们彼此差异巨大。比如,想想玛吉(Marge)和荷马·辛普森(Homer Simpson,动画片《辛普森一家》人物),或者是《怪物史莱克》(Shrek)这样的电影。相比之下,这种配对情况在现实生活中的是相当少见的。[38]

　　为什么会发生这些异常，是什么原因造成的？例如，如果一段关系中的一个人比另一个人更具吸引力，人们往往会推断，在这段关系中，吸引力较低的人一定有一个"平衡"不匹配的属性，如财富、权力、智力、性感或名望。例如，在 1991 年的经典动画片《美女与野兽》中，野兽的外表并不吸引人，但他的善良、温柔和勇敢，使美丽的贝尔（Belle）爱上了他，并让人觉得可信。然而，大多数研究的总体结论是，吸引力的基础是相似性，而非差异性。[39]

　　化学或生理吸引　不管我们是否愿意接受，外表确实在决定人际关系中发挥着重要的作用。尽管这种吸引力并不总是能预测一段关系的结果，但研究表明，外表对于吸引注意力很重要。[40] 大多数人都意识到，有时我们对他人的第一印象，以及被他人吸引的原因，并不完全合理。突然的欲望、一见钟情，或者对我们以前没有接触过的人的强烈厌恶，都会让人觉得莫名其妙。许多社会心理学家认为，人际关系的发展与人际关系中个体之间的"化学反应"有很大关系。要么是正确的化学反应，关系继续发展；要么是不匹配，关系永远不会超出最初阶段。化学解释可能有一些道理，但许多其他变量也会影响关系的发展。

　　我们最常被那些支持我们，有着相似兴趣、态度、好感的人吸引。事实上，当被要求描述一个理想的朋友时，人们通常会描述一个与他们对自己的看法相似的人。那些虔诚的人倾向于寻找其他虔诚的人；那些喜欢运动的人愿意与其他体育迷打交道；那些喜欢孩子的人会吸引其他喜欢孩子的人。如前所述，对立有时确实会产生吸引力，但在重要态度或行为方面存在明显不同的关系，往往比没有重大差异的关系更容易紧张和恶化。

通常，对立不会产生吸引力，不过吸引力一旦产生，潜在的相似性就会显现，因为相似性通常是产生吸引力更好的前提。当表面上相反的人被对方吸引时，他们通常会发现有很多共同点，尽管这种相似性对于偶然的外部观察者来说是看不见的。

　　线上关系　根据沟通学学者马尔科姆·帕克斯（Malcolm Parks）和科里·弗洛伊德的说法，人际沟通和关系发展存在相互矛盾的理论。由于在线互动较少受到社交线索（即非语言沟通）的限制，潜在的反馈延迟可能导致不确定，并且难以减少对他人的不确定），个人关系的发展可能会被阻止或至少受到限制。[41]

　　人们普遍认为，线上互动缺乏很多典型的被认为有助于关系发展的线下互动特征。但研究者关注的一个重要问题是，线下互动中存在的因素，对于发展持久关系是否必要。虽然通过社交媒体比线下互动更容易看出来人们在持久的关系中想要什么，但没有明显证据表明在线沟通能够达成这一点。50 岁以上的人在网上往往不太重视个人形象的外表吸引力，而是更关注与性别无关的关系目标。[42] 当然，当我们熟练使用 Skype 和 FaceTime 之后，当面沟通和在线沟通之间的差异就大大减少了。尽管沟通的形式非常相似，但它们可以比线下互动更好地被控制和安排。

帕克斯和弗洛伊德发现，女性比男性更容易建立网络关系，他们还发现年龄和婚姻状况与建立个人网络关系的可能性无关。根据他们的调查结果，已婚和离异的人同样有可能在互联网上建立个人关系。事实上，在帕克斯和弗洛伊德调查的 176 个案例中，约 30% 的人建立了个人网络关系。网络关系越是深入和私人化，沟通就越有可能从计算机或社交媒体转移到更私人和直接的渠道，如电话、信件或当面沟通。[43] 与所有关系一样，网络关系也会经历初遇、维护、有时损坏和终结等阶段。

13.5.2 关系：初遇或相处

马克·纳普和安妮塔·万杰利斯蒂（Anita Vangelisti）等沟通学学者认为，要使关系超越短暂的邂逅，就必须经历不同的成长阶段和沟通模式。[44]

纳普和万杰利斯蒂着重强调了一点：模型简化了复杂的过程。例如，在他们的模型中，不同的发展阶段按顺序临近排列，似乎暗示着当一对沟通者离开一个阶段时，必然进入下一个阶段。这不是他们的本意，每个阶段实际上都包含其他阶段的行为，因此阶段识别就是一个重点的问题。[45]

纳普和万杰利斯蒂进一步解释说，并不是所有关系都以同样的速度、同样的方式或必然的顺序经历各个阶段，许多关系会随着它们的进步或倒退而归属某个阶段。他们指出，我们应该抵制诱惑，不要把"合"的所有阶段全都看作"好"阶段，而把"分"的阶段一律看成"坏"的阶段。事实上，有时结束一段关系可能是件好事，或者相反，与某人变得更亲密未必是件好事。然而，"合"的顺序通常是从初遇到试探、强化、整合，最后是结合。[46]

初遇　初遇是彼此第一次见面和互动的阶段。最初的互动可能包括简短的在线或当面沟通。如果没有交谈，初遇阶段可能就会结束，潜在的关系也就不会进一步发展。而互动是否会继续，则取决于个体所做的各种评估，例如，对方是有吸引力，还是貌不惊人；是平易近人，还是难以接近。如果要发展一段关系，就必须建立一种联系，以激励其中一方或双方继续互动。

在初遇阶段，我们会根据对方带来的综合印象做出重要决定："没错，我想和你交往。"或者"不，我对你没兴趣。"这可能需要 15 秒的时间来决定一段关系的未来。在这一阶段，大多数人都会感到极度敏感和矜持。社交媒体在全球网民的人际交往中扮演越来越重要的角色，但具有讽刺意味的是，尽管在网上交友有潜在的危险，而且需要对他人信息的真实性和准确性进行评估，但社交媒体似乎一直在鼓励人们不要那么谨慎。

试探　试探是一个需要冒险的阶段，因为我们对另一个人知之甚少，你试图弄清这个人是谁。这个阶段可能会非常尴尬，主要包括闲聊："你叫什么名字？""你是哪里人？""你学什么专业的？""你认识某某吗？"这样的谈话在一段关系的建立中有几个重要的作用：①找到可能转向更深层次谈话的共同点和兴趣；②作为潜在朋友的尝试性沟通；③让对方了解你是谁，并为其如何更好地了解你提供线索；④它建立了你与他人分享的共同基础。

一般来说，试探阶段的关系是"愉快的、放松的、公开的、不加批判的、随意的"。[47]根据纳普和万杰利斯蒂的研究，大多数关系在试探阶段过后就不会有太大的进展。然而，保持在试探水平的关系，也可以发展出不错的友谊或成为熟人。

强化　强化阶段标志着参与者在人际关系中的投入和参与程度的增加。简单地说，就是两个人成了亲密的朋友。这种关系的典型表现是更多地分享关于自己和家庭的个人信息、隐私信息，或自我表露。

在这个阶段，分享诸如"我的父母都不错""我爱你""我是一个敏感的人""我曾经在考试中作弊""我的父亲有另一段感情""我升职了""我喝得太多了""我不吸毒"之类的彼此信任的信息是很正常的。虽然这段关系在这个阶段加深了，但在继续发展之前，仍有一种需要进一步认可的谨慎和测试意识。在典型的浪漫关系中，我们看到很多对亲密关系的试探，例如，在握手、拥抱或接吻之前先挨着坐在一起。随着关系的成熟，双方对彼此的需求变得更加敏感。在这一阶段，语言沟通会发生变化，这取决于个体之间的互动方式。例如：

1. 称呼变得非正式——只喊名不喊姓、称呼昵称或爱称。
2. 说"我们"多过"我"——"我们应该这样做"或者"我们这样做吧"。
3. 开始使用私人符号——特殊的俚语、昵称、行话，或具有相互能理解的私人含义的常规语言形式。
4. 因为彼此熟悉，语言开始简化——"收拾厨房"可能变成"洗碗"，或者"我们去睡觉吧"可能变成"睡吧"。

5. 可能会出现更直接的回应——"我们真的有一件好事要做"或"如果你不在身边，我不知道该和谁说话"；有时对这类表达直接回应"我真的很喜欢你"或"我也真的喜欢你，泰勒"等。

6. 越来越多地在对方的日常生活中充当助手，理解对方所说的一切——"换句话说，你的意思是你……"或者"但是昨天你说你……"。[48]

整合　当整合发生时，关系会有一种团结感。其他人希望看到这些人在一起，当他们不在一起的时候，别人会经常问起另一个人。这两个人已经建立了深厚的感情，这段关系对他们来说变得非常重要。个体之间多了一些理所当然。例如，彼此分享是天经地义的，而向对方借钱通常无须正式请求，因为这被认为是自然而然的。

虽然强烈的相互依托是这段关系的特点，但这并不意味着把自己完全

关系在发展的整合阶段，会传递出一种团结感。两人建立了深厚的感情，这段感情对彼此来说变得极为重要。

交际与成功

了解他人：关系是如何开始的

以下是一篇题为"甜甜圈店实验"的文章，作者是加利福尼亚州河滨的一位高中历史教师乔纳森·巴特勒（Jonathan Butler）。巴特勒说，他和他的一帮亲朋好友想在周六晚上做些疯狂的事情。他们厌倦了棋盘游戏和电视节目。因此，他们突然想到，他们一伙人可以在不同的时间三三两两地潜入一家小咖啡馆，直到所有人都坐在柜台周围。他们大概有 10 个人，有些不到 30 岁，有些超过 30 岁；有兄弟、姐妹、朋友、姻亲、父母。他们会分别扮成夫妻聊天，一个老人独自坐着，或者 3 个朋友排成一排。他们的计划是相互搭讪，就像完全陌生的人试图了解彼此一样。这个计划的目的是看看咖啡馆里的其他人会有什么反应。

他们选择了一家甜甜圈店，这家店像开在高速路上的服务区一样缺乏社交气氛。他们其中的一人问收银员："喂，你家甜甜圈里加过增白剂吗？"从这个问题开始，对话开始流动，关系开始形成。

巴特勒写道："谈话内容从食物到政治、到音乐再到那些陌生人在小餐馆之类地方永远不会聊到的话题。"

根据巴特勒的说法，当小餐馆里的人发觉他们在做什么，大家都大笑起来，意识到一群不太可能团结在一起的人已经形成了某种群体。

这个 10 人小组离开小餐馆，回到巴特勒家，被这段经历弄得头昏眼花。巴特勒用这样的话结束了这个故事："在棒球场、杂货店和餐馆，把我们彼此分开的墙有多薄，就像一捅就破的纸。"[49]

想想巴特勒的经历，回答以下问题：

1. 你认为巴特勒最后的陈述是什么意思？
2. 为什么通过社交媒体与陌生人沟通那么容易，但当面沟通却有些困难？
3. 巴特勒在小餐馆的实验，在沟通和关系方面给了我们什么启示？
4. 拥有"交际能力"是什么意思？
5. 你会如何用纳普和万杰利斯蒂的关系发展阶段理论来解释上面的故事？

交给对方。整合阶段的语言和非语言表达形式有很多种。例如，有些人认为他们的关系是特殊的或独特的。有些人赠送戒指、发卡、照片和其他手工艺品，向自己和他人展示他们对彼此的承诺。两人的行为方式可能开始相似。还有一些人通过选择更加亲密的用词来表达团结：我们的账户、我们的公寓、我们的汽车等。

结合　关系发展和成长的最后阶段是结合，公开宣布他们的承诺——一对情侣宣布订婚或结婚。结合意味着承诺已经从私人关系发展到公开见证，从而使关系的破裂变得更加困难。

这一阶段的关系是契约性质的，虽然不需要正式的书面契约，比如结婚证。双方必须理解，一段关系的续存，需要或明或暗的协议来保持。承诺意味着关系是"更好或更坏"，这个承诺是其所在文化和社会的规范、政策或法律来定义的。

维持一段关系需要时间和精力。大多数人在人际关系中，不管他们相处有多好，都理解并接受出现一些冲突是难以避免的。他们还知道，如果处理得当，冲突可以带来更牢固、更持久的关系。

13.5.3 关系维持策略

在本章的前面，我们通过各种人际沟通理论解释了为什么我们寻求人际关系，以及它们对人类幸福的重要性。我们的重点，在很大程度上是如何建立关系并保持积极的互动。然而我们也相信，有时要保持健康的关系，也离不开一些不那么愉快的互动和冲突。

关系维护行为有助于我们明白如何维持一段关系，使其不断成长。在本章的前面，我们从成本和收益的角度讨论了社会交换理论。比如你最近结交了一个新朋友，你和你的新朋友都对这段关系的成本和收益感到满意。两位沟通研究人员劳拉·斯塔福德（Laura Stafford）和丹·卡纳里（Dan Canary）确定了夫妻可以用来建立和维护关系的五种主要行为：积极、开放、保证、融合社交网络和共享任务。[50]

积极　积极的沟通行为使我们身边的人感觉良好或舒适。例如，善于交际的行为包括：表现友好或开朗；耐心和宽容；乐观、礼貌、合作、互补和宽容；避免批评。与典型的以这种方式沟通的人打交道是有趣的和愉快的。有这类行为习惯的夫妻伴侣，经常互相表示爱慕，很少抱怨，并能保持彼此的关系牢固。

开放　当一个人愿意与朋友或关系伙伴就彼此的关系进行沟通时，开放性就产生了。那些使用这种关系维护策略的人，愿意自我表露他们的想法和感受，并询问对方对这段关系的感觉。使用开放策略的人喜欢谈论关系的发展，也喜欢分享他们对关系的需求和愿望。

保证　根据斯塔福德和卡纳里的说法，保证是指一方或双方在一段关系中，用以表明对另一方的承诺或忠诚的语言和非语言行为。人们表示保证时，会表现出对这段关系的承诺，并暗示这段关系会有未来。

融合社交网络　社交网络包括普通朋友、同事和家庭关系。例如，亲密的朋友很可能认识彼此的家人，分享社交朋友和其他伙伴。普通朋友可以帮助一对夫妇维系关系。

共享任务　关系中的每一个人都会做自己需要做的事情，并对自己所面临的问题承担同等的责任。例如，如果一个朋友在你不工作的时候让你把计算机借给她；你也可能会让她用你的车帮你跑腿；如果你的伴侣做饭，那么你可以主动提出洗碗。通过共享任务维持关系需要付出努力和精力，而关系双方都对这段关系做出了贡献，这使得关系更加稳定。然而，有时当一对夫妇努力维持关系时，实际上却表明这段关系陷入了困境。

13.6　关系的破裂

并不是每一段感情都注定要长久，双方处理关系破裂的方式会影响双方的幸福。

13.6.1　表明一段关系陷入困境的迹象

在我们承认一段关系已经结束之前，某些警示信号，以及一些可能的修复策略，可能有助于防止它的破裂。至少有 3 种迹象可以表明关系存在问题：攻击性行为、谎言和背叛。

攻击性行为　一个初步的警告信号是，当一方对另一方的伤害性沟通变得带有一点攻击性时，说明关系正走向破裂。有时，我们会对自己关心的人说出一些说完就后悔的话。然而，无论有意还是无意，当人们越来越频繁地相互说出伤害性的话时，就表明他们的关系可能已经陷入困境。

谎言　恋爱出现问题的另一个征兆是一个人用谎言欺骗另一个人。无论谎言是重大的还是微不足道的，它都会削弱关系的基础，即信任。研究结果表明，当人们发现别人对自己说谎时，他们会对说谎者产生不信任和厌恶的反应。[51]

每个人或多或少都擅长欺骗的艺术。我们都知道，网上约会是现代人的一种交友方式，但并不是每个人都会提供完整的真实信息。研究人员报告，网上的交友档案充满了错误信息和欺骗。一项对在线约会服务用户的调查显示，86% 的参与者认为其他会员虚构了他们的外表。[52]

研究目的是对比在线形象信息与实际观测外貌特征。他们发现，当在线个人资料涉及身高、体重和年龄时，48% 的人谎报身高，60% 的人谎报体重，19% 的人谎报年龄。研究还发现，在身高和体重方面，男性的谎报略多于女性，但在年龄方面，女性的谎报多于男性。[53] 根据研究人员的调查，男性倾向于高估自己的身高，女性则主要低估自己的体重。

同一批研究人员的另一项研究，在那些使用欺骗手段的人身上发现了一些相对诚实的人所缺少的模式。例如，那些不太诚实的人不会用"我"来指代他们自己；他们也会用间接形容词，例如"不无聊"而不是"令人兴奋"，来写自己的个性签名。[54]

考虑到大多数人在某些时候都或多或少存在欺骗行为，那么该如何识别这样的行为呢？答案包括对语言和非语言线索的仔细观察。除了非语言的暗示，如说谎时频繁地眨眼睛或夸张的面部表情，在语调和词句的选择上也会流露出一些迹象。[55] 当人们说谎时，他们的音调往往会升高，特别是当他们有很强的说谎动机时。另一个迹象是，回答问题或描述事件的时间比预期的要长。对谎言的察觉很难明确，因为有些人是非常熟练的欺骗者。

背叛　关系陷入困境的另一个警示信号是背叛。例如，如果你告诉朋友一个私人秘密，而且嘱咐朋友要替你保密，然后朋友把这个秘密告诉了其他人，那么你就遭到了背叛。一些常见的背叛例子包括婚外情、流言蜚语和背后说坏话。欺骗和背叛是相似的，事实上，二者几乎是同义词。不同的是，背叛违背了信任和共同的期望。

受到欺骗和背叛伤害的关系往往难以修复，因为这种失信行为造成的伤害是巨大的。然而，诸如失控的争吵或简单的误解等情况，往往可以得到纠正或解决。在这些情况下，有效的沟通可以修复并有可能挽救关系。

交际与成功

关系中的欺骗

我（达林）一直有点担心奥利维娅，她是如此迷人。她告诉我她和男朋友亚伦分手了。我们开始交往，在彼此的住处过了几个晚上，也曾共度周末。后来我的一位朋友告诉我，她看到奥利维娅和她的前男友在一起，看起来他们并没有分手。我的朋友还说奥利维娅和她的前男友似乎还很亲密。我今天看到奥利维娅了，她的表现并无异常。事实上，她表现得好像一切都很平常。

考虑上述情景并回答以下问题：

1. 你在这种情况下会怎么做？
2. 你会给达林什么样的建议？
3. 这样的情况对一段关系会有什么影响？
4. 奥利维娅可以做些什么来向达林解释她的行为吗？
5. 在达林下结论之前，他需不需要考虑其他的可能？

交际与成功

什么时候可以撒谎

扎克知道，如果斯蒂芬知道自己前几天晚上见过前女友，她会非常伤心。所以扎克告诉斯蒂芬，他和他的教授深夜开了一个会，讨论作业的事。扎克知道，尽管他与前女友的会面完全是清白的，但这会揭开斯蒂芬一个尚未完全愈合的伤疤，她对自己过去的关系感到嫉妒和不安。扎克声称，如果"真相"被发现，他与斯蒂芬的关系将会结束，或者肯定会陷入困境。

思考上述情景并回答以下问题：

1. 知道真相可能会结束他与斯蒂芬的关系，但他爱斯蒂芬，不想失去她，你认为扎克应该怎么做？
2. 假设欺骗在日常生活中非常普遍，那么它的后果是什么？
3. 选择性表达是否等同于撒谎？为什么是或者为什么不是？
4. 为什么在网上撒谎比当面撒谎更容易？

13.6.2 关系分崩离析

大多数人的关系在某段时间，都可能会由于表露、谎言、背叛等原因，产生一定分歧甚至淡化。夫妻之间可以利用关系维护的行为技巧处理这些问题。在分歧时期，关系中的双方如何互动，会直接影响关系的恢复或恶化。在某个时间点对一段关系的承诺，并无法保证另一个时间点关系的持久稳定。当一段关系停止发展，分歧开始出现，关系破裂的过程就开始了。有些关系经历了这个过程中的部分或所有阶段，比以前更加稳固；但当分开一段关系的力量比维系它的力量更强大时，这段关系就会走向终结。

正如他们对关系聚合过程的研究一样，克纳普和万杰利斯蒂也阐述了一段关系在分离时所经历的阶段。根据克纳普和万杰利斯蒂的说法，与聚合阶段类似，分离的阶段也不一定按顺序发展，而且关系很可能会在不同的阶段跳跃发展。分离过程可分为以下5个阶段：分化、约束、停滞、回避和终结。[56]

分化 在分化阶段，个体之间的差异被凸显出来，成为减缓或限制关系发展的力量。

两人的沟通倾向于关注彼此之间的差异，并且对这些差异的容忍度会降低。事实上，曾经被忽略或迁就的分歧，现在成了关注的焦点，给关系及其存在增加了压力。曾经被描述为"我

当一方或双方变得咄咄逼人和／或使用伤害性语言时，这是关系陷入困境的警示信号。随着伤害性语言频率的增加，这种关系很难得到修复。

们的"东西，现在变成了"我的"，比如"这是我的公寓""这些是我的书""他们是我的朋友"。

谈话常常从细微的分歧演变成激烈的愤怒："所有这些就该我做吗？""你啥都不干！""搞得乱七八糟也不收拾，这就是你所谓的朋友？""洗个澡有必要那么久吗，我快付不起水费了。"

冲突开始掩盖关系中更积极的方面，并可能导致关系中的一方或双方受到伤害。

约束　在约束阶段，信息交流减少，一些有争议的话题则完全避免，因为对话只会导致冲突的加深。在此阶段的对话可能包括以下内容："我不想谈论这个问题。""你看不出来我很忙吗？""你为什么老是提起过去？""我们还是做普通朋友，忘掉这一段吧。"私密性的沟通会减少，主动性也会降低，而且随着关系变得更加紧张，沟通也越来越流于表面。互动的数量和表露深度上，类似于聚合过程的初遇和试探阶段："你吃了没？""今天有我电话吗？""我看见乔了，他让我代他问候你。"

处于约束阶段的人们常常在公共场合隐瞒他们的关系。一对夫妇可能会坐在冰冷的沉默中，在开车去参加聚会的路上各顾左右。一旦他们到达目的地，他们就表现出他们的团结——微笑，开玩笑，并且步调一致。当他们回到车里的隐私状态时，又恢复了冷淡的行为。

停滞　在停滞阶段，关系会陷入僵局，双方减少互动，注意回避争议。有些人认为这是一个"无聊"的关系阶段，但双方都不会主动做出改变。一旦关系恶化到这个阶段，修复的希望就渺茫了，除非其中一方有修复关系的意愿。

在停滞阶段，无论口头的还是非口头的沟通，双方都会深思熟虑，双方说什么都是带着某种目的的，互动也是程式化和冷淡的。双方都表现得冷若冰霜，像陌生人一样。

通常停滞阶段不会持续很久，但有时会因为复杂的原因而延长。例如，有些人对失去关系感到非常痛苦，尽管他们知道分手是正确的决定。关系的存在与否可能对孩子或其他人产生重大影响，因此分手更为困难。也有人可能出于对额外痛苦的恐惧而延长这种状况，希望双方还能重回正轨。还有人甚至是为了惩罚对方而刻意延长这一阶段。

回避　在此之前，双方仍然彼此见面，或者还住在一起。但身体或情感上的疏远和最终的分离标志着第四阶段的到来，即回避阶段。这一阶段最基本的信息是"我不想和你在一起了"。就关系双方而言，这段关系已经结束，他们对重建关系没有兴趣。

有时，这个阶段的互动是简短的、直接的、不友好的，甚至是敌对

交际与成功

人际关系的消极面

截至目前，我们所讨论的关于建立和维持关系的大部分内容或多或少都是积极的。我们的目标一直是讨论人际关系的积极方面，并学习如何在人际关系中成为一个成功的沟通者。然而，我们都知道，人际关系有时也会有痛苦和消极的一面。请思考以下场景：

埃莉萨和乔希是在历史课上认识的。乔希身强体壮，相貌英俊，善解人意，性格温和。他们正在约会，似乎是完美的一对。埃莉萨开始花越来越多的时间和乔希在一起，并且越来越少和她的女性朋友聚在一起。埃莉萨觉得这比回答乔希没完没了的关于她在哪里和她每天每时每刻都在干什么的问题要容易得多。埃莉莎的朋友注意到她的性格发生了巨大变化，她对很多遇到乔希之

前喜欢做的事失去了兴趣，她变得性格孤僻和喜怒无常，像是变了一个人。埃莉萨不理解乔希的行为，因为她已经问了乔希上千遍他是否爱她，是否信任她，乔希总是回答："这还用说吗？"

思考上述案例，回答以下问题：

1. 你觉得埃莉萨的表现是怎么回事？
2. 你认为虐待关系中的沟通会是怎么样的？
3. 某人处于虐待关系的警示信号是什么？
4. 说说言语性虐待的例子。
5. 为什么说"如果你爱我，你就应该……"是一个危险信号和潜在虐待的迹象？
6. 技术是如何增加人际关系中的虐待机会的？
7. 如果你发现自己处于虐待关系中，你能做什么？

的："我真的不想见你。""别给我打电话了，我们之间没什么可谈的。""我今晚忙得很，这件事我还要忙一段时间。"

终结　关系破裂的最后阶段，发生在个人采取必要步骤结束关系的时候。终结可能很早，即关系刚刚开始；也可能发生在很多年之后。对于在早期阶段破裂的关系，例如初遇或试探阶段，离别的感觉通常并不复杂或持久。

这一阶段的互动是以自我为中心的，并试图证明这一点："我为这段关系投入了太多，现在该为自己做点事情了。""我到现在才明白我们根本不是同一个世界的人。""我发现我们对于彼此并没有想象中那么重要。"当两个人都知道这段关系即将结束时，他们会用 3 种方式向对方道别：一个总结性的陈述；表示结束或有限接触的行为；对未来关系的评论——如果未来还有关系。[57]

总结性的陈述回顾了这段关系，并为最后的决定提供了一个理由："虽然我们曾经非常相爱，但我们都在这些年里改变了。我们已经不是初次见面时的彼此。"结束行为同时界定了新的接触规则："少点见面对我们都有好处。""我希望你不要老过来找我。"最后，当关系结束时，双方表达对未来的态度："我不想再见到你了。""我们可以偶尔聚聚，但我希望我们只是普通朋友。"

在我们进入、经历和走出关系的过程中，聚合与分离的阶段都是复杂

和连续的。纳普和万杰利斯蒂承认，并非所有的关系都以相同的速度，或总是按顺序通过每一个聚散阶段，但他们认为，大多数关系都会系统地、有顺序地经历各个互动阶段。他们还建议，人们在处理关系聚散问题时可以跳过一些步骤。你可能自己经历过或听说过刚认识就和对方说："嗨，我叫……去你家坐坐好吗，我们好好聊聊。"这样，关系就从初遇阶段直接跳到了强化阶段。在这种情况下，终结也可能突然发生，而且没有任何前兆，从而跳过所有的分离步骤。例如，在 20 世纪 90 年代末的一部热门电影《落跑新娘》（*Runawey Bride*）中，朱莉娅·罗伯茨（Julia Roberts）塑造了一个先后爱上几个不同男人的女性角色，但每次她都会在婚礼上逃跑，留下新郎一个人站在台上，因为她对这段关系没有信心。

13.7　人际冲突

冲突，就像人际关系中的辩证紧张一样，由多种原因造成。大多数冲突是由于观念的不相容阻碍或干扰了他人的利益。

冲突

两个（至少）相互依存者之间显明的矛盾，他们认为不相容的目标、稀缺的资源和来自他人的干扰影响了自己目标的实现。

根据沟通学学者威廉·威尔莫特（William Wilmot）和乔伊斯·霍克（Joyce Hocker）的观点，冲突是"至少两个相互依存者之间显明的矛盾，他们认为不相容的目标、稀缺的资源和来自他人的干扰，影响了自己目标的实现。"[58] 定义中的关键术语是斗争、相互依存的各方、不相容的目标、稀缺的资源和来自他人的干扰。假设你想在周五晚上和几个朋友去跳舞，但是你最好的朋友想去看电影。你们都解释了各自想做什么（显明的矛盾）：你想去跳舞，你们都希望周末能一起度过（相互依存的各方），你们不能在同一个晚上同时既去跳舞又去看电影（不相容的目标），因为时间和金钱有限（稀缺的资源），你们两个人都负担不起，你的其他朋友也不会考虑去看电影（干扰）。你们有不相容的目标，似乎一个人必须输，另一个人才能赢。

"冲突"这个词会很自然地让人想起诸如打架、辱骂、攻击、暴力、虐待、争论、不和、吵架、对抗和分歧等词语。这些词的共同点是都没有丝毫积极的基调，也没有给我们任何理由相信冲突能带来任何好处。但威尔莫特和霍克认为，刺激、强化、帮助、澄清、成长、创造、勇敢、丰富、亲密、适时和活力等概念，也可能与冲突有关。[59]

我们通常会竭尽全力避免冲突，然而事实上，分歧最终会导致妥协，并为每个人找到更好的解决方案。冲突在我们的生活中扮演着如此重要的角色，以至于我们必须了解它的起因，为什么它经常是破坏性的，以及我们如何能够更好地管理它，或者至少控制它。

13.7.1 冲突的起因

冲突发生在许多不同的层面，发生在我们生活的各个方面，无论是在我们的班级、大学、社区、组织还是国家中，冲突是任何关系中自然和正常的一部分。假设你让不同的人描述导致人际关系冲突的主要因素是什么，你认为他们会如何回答？排名第一的答案很可能是沟通不畅或不充分。当然，如果你问同一拨人解决或消除冲突的最佳方法，他们很可能也会说：沟通。沟通既是导致冲突的原因，也是解决冲突的方法，这难道不是很有趣吗？我们通常把冲突的起因和解决归咎于"沟通"，而不是我们自己。换言之，我们自身对冲突不负责任，而是把它归咎于我们的沟通。如果我们有效和谨慎地使用沟通，我们就可以减少或至少更容易地管理冲突。

错误的沟通是导致冲突的社会因素。个人沟通的方式会激怒或惹恼他人，即便这可能不是沟通者的本意。你曾经被严厉地批评吗？你是否觉得这种批评是没有道理的、盲目的、不公平的，对你一点帮助也没有？如果你经历过，你就能理解，这样的批评会让你感到不安、愤怒和逆反，从而为冲突埋下伏笔，即便这样的批评可能并不是目标不相容引起的。

错误的归因，例如归因于他人犯的错，是另一个可能导致冲突的社会因素。[60] 当个人认为自己的目标或利益受到阻碍时，他们通常会试图确定原因。是不是计划不周？只是运气不好？是否缺乏实现目标的适当资源，还是因为有人故意干涉？

如果得出结论是有人从中作梗，就可能会埋下冲突的种子，即便实际上与他人无关。

冲突的另一个原因是错误的看法，我们倾向于把自己的看法视为客观的、能反映现实的，而把别人的看法视为有偏见的或脱离现实的。因此，成见或偏见，通过放大我们与他人，尤其那些我们坚信与自己不一样的人之间的差异，而产生相互矛盾的观点。当我们面对与自己不同的文化时，差异就可能会被放大。

最后，性格特征会导致冲突。这在 A 型个体中尤其常见。A 型个体指那些高度竞争的人，争强好胜，总是风风火火，当别人干扰其目标实现时相对容易发怒的人。由于天性，A 型个体比 B 型个体更容易陷入冲突，后者对周围的事件更冷静，也没那么易怒。

是什么导致了冲突？冲突不仅仅源于不相容的目标。相反，冲突往往是社会因素造成的，如长期的怨恨、复仇的欲望、不准确的社会观念、无效的沟通，以及其他类似的因素。虽然冲突的主要原因可能是目标不相容，但冲突的社会原因也是需要考虑的因素。

13.7.2 冲突一定是具有破坏性的吗

冲突不一定是破坏性的，但当有关各方不愿意就其分歧进行谈判，而是采取伤害性策略的时候，即不惜一切代价取得胜利，情况就变得充满破坏性。以下是冲突可能具有破坏性的一些形式。

- 当冲突的解决以输赢告终时。
- 当个人行为过激、相互回避、彼此隐瞒感情或指责是对方造成的问题时。
- 当它妨碍人们工作或让人们无法自我感觉良好时。
- 当它迫使人们做他们不想做的事情时。
- 当结果比关系更重要时。
- 当冲突是一种形式的欺凌，并且双方之间存在权力差异并形成"赢家通吃"的局面时。[61]

当然，并不是所有的关系破裂都是由冲突造成的，也不是所有的冲突都必定是破坏性或有害的。然而，当冲突导致关系的终结，并使一方或双方感到被愚弄、不能满足或愤怒时，冲突就通常是具有破坏性和伤害性的。

交际与成功

在线冲突

线上沟通和线下沟通一样容易发生冲突。有些人认为，与线下沟通相比，线上沟通更有力、更直接。例如，一位同事给你发了一个政治漫画，贬低你在选举中首选的候选人，说你的候选人是个白痴；你也发回一张政治漫画取笑他的政治候选人。因此，网上的冲突往往更容易升级，而不是化解。

问题与思考
1. 为什么网上沟通特别容易发生冲突？
2. 如何减少网上沟通的冲突？
3. 设计一个用于改进在线沟通礼仪的指南。你会给别人什么样的建议来减少或防止网上沟通冲突？

13.7.3 冲突何时是有益的

大多数人很可能在冲突中看到的是弊大于利。然而，并非所有冲突都具有破坏性。例如，思想上的冲突是没有问题的，但是为了自己的想法而攻击他人，是不可接受的、不合适的。交换有价值的信息或者获得对某个问题更好的理解，都是思想冲突可能带来的好处。以下是冲突的其他潜在好处。

- 它可以暴露出需要解决的问题。
- 它可以让人们聚在一起，明确自己的目标，并寻找新的合作方式。
- 它可以消除怨恨，帮助人们相互理解。
- 它可以激发解决分歧的创造力。
- 它可以促成可接受的解决方案，使人们能够更加和谐地生活。
- 它可以帮助人们关注其他观点。
- 它可以给一段关系带来新的生命，并使之更加稳固。

建设性冲突的特点是我们的导向性、合作性和灵活性。[62] 如果可能，最好达成一个大家都能接受的解决方案。这并不意味着我们在解决分歧时必须皆大欢喜或者模棱两可，但这确实意味着冲突各方必须有谈判的意愿，尊重对方的分歧，并携手解决分歧。

事实上，建设性冲突往往既令人沮丧又困难，还可能充满争议；它需要有知识、有技能、敏感度高、恪尽职守和道德感强的优秀沟通者来推进和解决。许多人认为，他们越是讨论分歧，就越有可能解决分歧。当然，这是可能的；但大多数时候，更多的沟通还可能导致更多的分歧。然而，如果试图解决分歧的当事方能够理解并在沟通中使用冲突管理策略，而不仅仅采用刻板的机械沟通，他们就更有可能达成共识并解决冲突。

13.7.4 人际关系中有效的冲突管理或解决策略

因为大多数人际冲突在时间、压力、精力和其他资源方面都是代价高昂的，经历冲突的人通常会选择尽可能快地解决他们的分歧。当然，有时冲突并不是那么直接，有时冲突的时间捉摸不定。但是，一般来说，这些冲突都不利于一段关系的发展。我们需要学习如何以有益的方式来处理冲突。我们如何处理分歧或矛盾，既可能强化关系，也可能分离关系。换言之，冲突既可以被管理得很好，也可以被管理得很差。

相关研究提出了 5 种解决冲突的选择：让步、迁就、强迫、谈判与合作。[63] 每种策略都涉及不同的结果，这些结果可能是积极的，也可能是消极的，或者对涉及冲突的关系都有影响。

让步 当我们选择在心理或身体上把自己从困境中解脱出来，以避免进一步的冲突时，我们就是在让步。这可以通过转移话题、开玩笑、选择无视或完全脱离场景等来完成。通常，当使用让步策略时，冲突会暂时避免，但不会消失。让步只是暂时逃离冲突，但双方都知道这一问题尚未得到解决。

搁置是避免冲突的一种有力形式。[64] 人们表现出极度沉默，拒绝讨论问题，远离抱怨、反对或攻击的人，称为搁置。考虑一下母女之间的以下讨论。

玛利莎：　我们需要讨论一下你花钱无节制的问题。你用信用卡会让你爸爸和我破产的。

蒂芙：　　这不是个问题，也没什么好谈的。

玛利莎：　我们必须谈谈，因为你毁了我们的信用。

蒂芙：　　别没事找事，我什么也没毁。我会还钱给你的。（转身出门）

蒂芙从冲突中让步并搁置此事，声称自己的一切都在她的控制之中。她认为就信用卡问题继续讨论下去只会加剧她和母亲之间的冲突。她的母亲很可能会对蒂芙的阻挠感到沮丧，这也可以表达出蒂芙对她母亲的不满、我行我素、不屑一顾和叛逆。

研究表明，回避经常被用来管理冲突。[65] 我们中的许多人都希望尽可能回避冲突。一项研究发现，在 50% 的时间里，大学生会使用回避或让步策略来避免冲突升级。[66] 其他研究发现，男性比女性更常使用搁置，因为他们担心无法控制自己。[67]

迁就　一个人如果将迁就作为管理或解决冲突的手段，说明其并不主张自己的需求，而是更愿意与他人和睦相处。这种形式的冲突管理要求一个人屈服于另一个人的需求和主张。[68] 迁就者抛开自己的想法，取悦另一个人，因为维系关系比继续冲突更重要。在某些情况下，当有人为了解决冲突而迁就另一个人时，迁就者就会放弃冲突，因为继续冲突的好处与破坏关系的后果相比是不划算的。所以在某种意义上，这是一种双赢的局面。当然，如果一个人在稳定的关系中总是迁就另一个人，一个人总是赢，另一个人总是输，那么这种不平衡最终会在未来产生更大的冲突。

根据沟通学学者艾伦·塞拉斯（Alan Sillars）和比尔·威尔莫特（Bill Wilmot）的说法，迁就策略包括放弃或屈服、远离、抑制需求或渴望相处。[69] 当一个人放弃或屈服于另一个人时，他基本上会说："就按你的方式做吧""我不想为此争吵"或者"随便"；如果选择了远离，就会说"我不在乎""我不想掺和"或者"我没有时间和你争论"；如果这个人抑制了自己的需求，就会说："没事，你可以自己去"或者"我能搞定，可能要多花点时间"。最后，如果一个人的意图是渴望相处，就会说："合作比得到我自己想要的东西更重要"或"当我们吵架的时候，我很沮丧和痛苦，我们别争了，重新开始吧，我都不知道我们为什么会闹起来"。

强迫　强迫是一个人对另一个人有控制和支配权时的策略。强迫的本质是迫使别人同意某件事，以获得自己所需。我们越是迫使别人做我们想做的事，或同意我们的意见，就越可能导致积怨，进而引发更具破坏性的冲突。

谈判　谈判通常涉及一个互让的过程，导致双方对谈判结果都有部分满意和不满。换而言之，"付出一点，收获一点"，有些人认为这是一种双输的冲突管理方式。只有在双方实力对等的情况下，妥协才具有意义，因为如果一方是弱势的，就不存在真正的妥协。[70]

很多人认为，妥协或谈判是冲突各方解决分歧的好办法。也有人认为这是公平的，因为这意味着双方同样有得有失。表面上看，妥协是解决冲突的合理途径，但它存在潜在的问题。最明显的问题是可能会降低解决方案的质量。当冲突中的一方确实有一个更好的解决方案，然而又必须通过妥协才能达成协议时，这一点就尤其明显。妥协可以是一条简单的解决之道，却可能阻止创造性解决方案的出现。此外，妥协的方案往往不是关系中个人的首选，因为它经常要求一方或双方放弃他们想要的。

尽管谈判或妥协有消极的一面，但这可能是解决冲突的唯一可行的办法。如果有关各方势均力敌，如果没有其他选择，如果结果不是致命的，如果基本价值不受损害，或者是在找到更好的解决方案前达成的阶段性协议，这就更是不二之选。

合作　合作是一种冲突管理策略，需要各方的齐心配合和相互尊重。它通常涉及一系列能够解决各方所关切的问题并使各方满意的解决方案。这是一种围绕"我们"共同的利益而不是以"我"为中心的谈判方式。这可能需要各方付出额外的努力，因为为了找到能使各方达成共识的新路径，需要投入更多的资源和思考。

要使合作成为一种战略，各方都必须意识到冲突的存在，并且必须想办法创造性地解决分歧。当各方都意识到冲突时，他们通常会进行某种对抗，这与回避相反。对抗的程度从非常暴力（媒体经常报道的那样）到相互尊重。合作要想取得成功，双方必须愿意化解分歧，平等以对，坦诚相待，相互体谅，愿意倾听对方的观点。

通常，合作策略被认为能带来冲突各方双赢的局面。各方都会认为，由于愿意就有关问题相互听取意见，他们在解决问题上取得了一些成就。此外，当双方都相信自己有机会表达自己的意见，并真诚地同意解决争端时，这确实是一个双赢的局面。管理冲突的合作策略，是一段关系的最佳策略，因为它表明各方都关心对方的福祉和相互关系。威尔莫特和霍克认为，作为一种冲突管理方式，合作会产生始终如一的积极结果，让冲突各方对自己的决定、过程和人际关系的发展感到满意。[71]

　　许多学者认为，冲突本身是所有关系都无法避免的，但它不见得就是破坏性的，相反它也时常会促使关系变得更加牢固和持久。冲突本身不应被视为消极的或具有破坏性的，而应被视为存在于任何关系中的自然组成部分。

13.7.5 关系修复策略

　　对于冲突各方都希望能维持关系的情况，社交学者史蒂夫·杜克（Steve Duck）提出了以下修复夫妻间受损关系的策略。

- 进行更开诚布公的沟通，并以开放的心态向他人展示自己的意愿。
- 激发对方的积极一面。
- 评估并对比：维持关系的潜在回报和成本，改变或停止付出关系的回报和成本。
- 寻求他人的帮助，以维持关系。
- 双方都必须拥有着眼于对方积极方面的意愿。
- 双方都必须愿意将对方的行为重新理解为积极和善意的。
- 双方都必须持有减少消极情绪并保持平衡的意愿。[72]

　　关系的修复，需要合作并达成一致，双方都要有维护关系的意愿。关系修复还需要一定的人际沟通能力。

13.8　提高人际沟通能力

　　本文的主要目的是鼓励读者成为优秀的沟通者，从而可以与他人建立沟通，发展人际关系，无论私人关系还是职业关系。沟通学者布兰特·伯利森（Brant Burleson）和温迪·萨姆特（Wendy Samter）认为，以下个人技能对发展和维持人际关系十分重要：会话技能（初遇、维持和终结愉快的非正式对话的能力）、表达技能（清晰、明确地传达信息的能力），自我包装技能（使他人对自己感觉良好的能力）、安慰技能（使他人在悲伤或沮丧时感觉更好的能力）、说服技能（使人们改变想法和行为的能力）、叙事技能（通过笑话、八卦、故事和打比方），以及规则意识（帮助违反社会习俗的人有效地改正错误的能力）。[73] 对以上每种沟通技巧，你如何评价自己？大多数人可能自我感觉都是挺不错的，只是在各个方面都还有改进的空间。

　　在本章的剩余部分，我们将提供相关建议，帮助你成为一个更加优秀的沟通者。有效沟通者的特征包括以下几点。

1．处理问题清晰果断，尽量避免含糊不清或抽象的陈述。

2．懂得尊重他人，不会故意出言不逊或乱发脾气。

3．懂得赞赏，让对方感到特别，对对方说他想听到的话，很可能会获得预期甚至意料之外的反馈。[74]

乍一看，这些特征似乎很有道理。然而，这些特征都过于理想化。每个人都可能会想到，在沟通中有点抽象或模棱两可，总比过于清晰或直接要好一些；在某些情况下，生气或发脾气可能是比较合适的；你可能也会想到，过多的赞扬或同意反而会导致不信任。人际关系往往需要多种沟通策略，其中一些可能会既定预期的规范。尽管我们反对不道德、不尊重或粗鲁的行为，但有些时候还是需要采取不同寻常的策略。

下一小节将涉及各种改善人际沟通的行为和行动。

13.8.1 建立相互支持和彼此关爱的关系

建立相互支持和彼此关爱的关系对我们的幸福感很重要，当沟通既积极又具有支持性时，这一关系的建立过程通常更容易。[75]沟通学者埃里克·西蒙（Eric Simon）和莱斯利·巴克斯特（Leslie Baxter）描述了以下积极的亲密关系沟通策略。

1．与对方交谈时表现得开朗、积极。

2．互相帮助，比如帮助对方完成任务。

3．开始庆祝你们共同经历的特殊事件，比如你们相识周年纪念。

4．给对方一些惊喜。

5．一起去你们最喜欢或具有特别意义的餐馆吃饭。

6．创造一个浪漫的环境，比如有烛光和鲜花。

7．给对方有感情价值的东西，如礼物或卡片。

8．找一些需要花时间一起做的事情。[76]

保证包括以下语言和非语言行为。

1．通过亲吻和拥抱表达爱意。

2．大声向对方说出没有他 / 她会是什么样。

3．与对方追忆过去在一起的美好时光。

4．说"我爱你"。

5．表达对这段关系的长期承诺。

6．和对方嬉闹。[77]

研究结果表明，这类行为会增加关系的稳定性和满意度。然而，西蒙和巴克斯特发现，女性比男性更倾向于使用保证和浪漫策略，这表明女性比男性更倾向于主动维护关系。[78]

13.8.2 培养一个支持性的环境

积极和支持性的沟通发生在彼此关爱、开放、灵活、温暖、活跃和接纳的环境中。在这样的环境中，沟通是建设性的，并以个人及其关系为中心。下文罗列了人们在建设性沟通处于关系中心时的感受。[79]

对某人关怀和支持的最有效和最具建设性的方法之一，就是鼓励更多的沟通。

积极和支持性的沟通环境是关怀、开放、灵活、温暖、活泼和接纳。

13.8.3 鼓励更多的沟通

很多人听完别人表达自己的感受，马上表达自己的感受。这给人的印象是，我们有点忽略对方的存在，更不用说对方说的话了。相比之下，有技巧和有爱心的沟通者通常不会立即用主观的想法、判断或感觉做出回应，也不会立刻表达自己的观点。相反，他们会通过不明确的回答来鼓励对方表达更多的想法，例如：

> 有意思。
>
> 嗯哼，接着说。
>
> 是这样吗？
>
> 我懂了。
>
> 嗯，是的。
>
> 真的？

或者他们更直接地要求对方继续，比如：

> 有意思，接着说。
>
> 和我说说。
>
> 我们来讨论一下。
>
> 好好和我聊聊。
>
> 我懂，后来怎么样了？

这样的谈话邀请对于发展深入关系帮助很大。倾听和不急于判断的心态创造了一个积极和支持性的环境，事实上，这种环境告诉对方，他们是有价值的，他们是被爱的，他们可以控制自己的行为。

》小结

13.1 通过人际沟通建立关系

- 与他人沟通并建立关系是人际沟通的全部内容。
- 人际沟通是处于关系中的人之间创造和分享有价值的内容。
- 人际沟通使人际关系得以建立和发展，满足我们的社交需求。

13.2 人际沟通能力

优秀的沟通者能够意识到，在任何情况下都不存在完美的沟通。

他们能够适应不同的情境，并知道什么时候应该同情和安慰；什么时候应该积极地表达，什么时候应该缄默和更加恭敬；理解价值观、信仰、态度和感受；知道如何自我监督；并且认识到这是有效互动的双向责任。

13.3 人际沟通理论

- **不确定性减少理论**认为，当人们见面时，他们往往会寻求减少彼此之间的不确定性。
- **不确定性管理理论**考虑了人们在心理和沟通上对不确定性的不同反应方式。
- **社会渗透理论**研究了一个视角，即人们是如何相互联系的，以及他们的沟通是如何从闲聊走向更亲密、自我表露更深入的谈话的。
- **社会交换理论**认为，如果在一段关系中，获得的利益大于任何潜在成本，那么我们很可能会积极看待这段关系。
- **人际需求理论**包括 3 种人际基本需求：情感、归属和控制。
- **关系辩证理论**表明，人际关系和其中的个体，都面临许多紧张，这些紧张在同一时间推动和拉向许多不同的方向。

13.4 人际关系中的自我表露

- 关系建立在互动的基础上。越是诚恳、诚实、开放地互动，关系就越牢固越持久。
- 我们自我表露的原因很多：为了让他人更好地了解我们是谁，获得同情，了解他人的想法，获得信任，或者与他人建立关系。
- 隐瞒信息也有很多原因，但通常是为了保护他人，避免潜在的负面反应，或避免伤害他人和自己。
- 正如我们控制和保护自身的空间范围，例如我们允许他人接近我们的程度，我们也会控制和保护自己的隐私边界。
- 女性更倾向于谈论自己的关系，并表露出更深层次的亲密关系，而男性通常不会把话题集中在亲密关系上。
- 一般来讲，来自任何文化背景的人都倾向于遵循比较类似的自我表露模式。
- **修辞敏感**是一种可供选择的沟通形式，可用于太过直接的自我表露可能有害的场景。

13.5 关系的形成

一段关系如何发展，以及为什么发展，一方面取决于人际吸引力，另一方面取决于人们如何管理关系的聚合阶段。

- 人际关系取决于人际吸引。
- **人际吸引**是指与某人交往的冲动，是基于身体吸引力、个性、回报、空间接近或相似性。
- 聚合包括以下阶段：初遇、试探、强化、整合和结合。
- 关系维护行为或策略有助于维持关系，促使其成长和稳固。这些行为包括积极、开放、保证、融合社交网络和分享任务。

13.6 关系的破裂

并不是每一段感情都注定要持续一生。双方处理关系破裂的方式会影响双方的幸福。

- 关系陷入困境的警示信号包括攻击性行为、谎言和背叛。
- 根据马克·纳普和安妮塔·万杰利斯蒂的说法，分离过程包括 5 个阶段——分化、约束、停滞、回避和终结。

13.7 人际冲突

冲突是至少两个相互依赖的当事方之间的明显的矛盾，这些当事方认识到目标不一致、资源稀缺和来自他人的干扰。冲突可以发生在不同的情况和背景下，以及在许多不同的层面上。

- 大多数冲突的首要原因是沟通不足。

- 冲突不一定是破坏性的。
- 冲突可能是有益的，并带来更牢固、更好的关系。
- 每种冲突解决策略都可能带来不同的结果，它们对人际关系的影响可能是积极的，也可能是消极的。在让步策略中，我们选择避免进一步冲突。在迁就策略中，我们不强调自己的需求，而是更愿意顺着对方。在强迫策略中，一个人对另一个人拥有控制和支配权。谈判是一个互谅互让的过程，会让各方对谈判结果产生部分的满意和不满。合作需要配合和相互尊重。
- 为了恢复或挽救关系，优秀的沟通者知道如何利用修复策略和有效的人际沟通。

13.8 提高人际沟通能力

人际沟通技巧在发展和维持人际关系中十分重要。

它们包括：**会话技能**（初遇、维持和终结愉快的非正式对话的能力）、**表达技能**（清晰、明确地传达信息的能力）、**自我包装技能**（使他人对自己感觉良好的能力）、**安慰技能**（使他人在悲伤或沮丧时感觉更好的能力）、**说服技能**（使人们改变想法和行为的能力）、**叙事技能**（通过笑话、八卦、故事和打比方），**以及规则意识**（帮助违反社会习俗的人有效地改正错误的能力）。

- 相互支持和关心的关系，对我们的幸福很重要。如果沟通既积极又充满支持，这个关系建立的过程通常更加容易。
- 在一个支持性的环境中，个人之间的沟通常反映出关爱、开放、灵活、温暖、活力和接纳。
- 发展和维持关系的最佳方式是鼓励更有效的沟通。

》问题讨论

1. 讨论 6 种人际沟通理论，并指出哪种理论最能解释我们认识他人并建立人际关系的需求。
2. 你在人际沟通中发现了哪些不恰当的交际行为？你认为这些行为为什么会发生？为什么这些行为会困扰你？
3. 解释在自我表露方面，修辞敏感和诚实的区别。
4. 制定一套你认为通过社交媒体向他人表露个人信息时适用的规则。
5. 在你看来，什么样的沟通行为在人际关系的发展中起着最重要的作用？解释一下。
6. 在你经历过的关系破裂中，有没有类似于纳普和万杰利斯蒂的分离阶段？它们有什么相似之处，又有什么不同之处？
7. 你会给那些想改善人际沟通的人什么建议？

第 **14** 章
群体和团队中的人际交往

→ ## 本章导读

群体工作需要有效的沟通、组织、领导，及合作，以实现群体目标。

章节大纲	学习目标
14.1 小群体沟通	了解群体和团队之间的差异，以及他们在我们日常生活中的角色
14.2 群体的目的和类型	区分线上线下各种不同类型的群体
14.3 小群体的特征	描述小群体的特征
14.4 建立群体文化	解释群体的文化、规模和规则是如何影响群体沟通的
14.5 领导力	了解领导力与领导者的区别，了解各种领导风格及其行为
14.6 群体交往中的道德行为	描述道德在群体交往中的作用
14.7 成员参与	区分群体成员的角色，并解释他们各自的贡献
14.8 管理群体冲突	描述冲突及其影响，以及能够有效应对的冲突管理策略
14.9 问题解决与决策	解释反思性思维过程和功能性沟通理论
14.10 在群体或团队中工作的利弊	说明加入群体的优缺点，以及如何克服缺点
14.11 评估小群体绩效	描述评估行为对于小群体绩效的作用

联系日常生活

埃米（Amy）和她的同学马克（Mark）、萨莉（Sally）和贝萨妮（Bethany）正在图书馆挑灯夜战，奋力完成他们管理课的一个小群体项目。另一个小群体成员苏珊（Susan），因为家里有小孩所以走读。由于是深夜开会，苏珊只能通过 Skype 加入小群体会议。埃米准备了一个议程，希望大家都能专注一点。贝萨妮有点心不在焉，不停地和男朋友发消息。毕竟是通过 Skype 连线，会议刚开始大约 10 分钟，苏珊就听不太清楚其他组员在说什么了。而当苏珊发言时，她的话也只有一半能听清楚。马克感觉很无奈，因为他不得不重复自己的话。萨莉有点恼火，她打开了自己的 Facebook 页面，开始和几个朋友聊其他话题。只有埃米还在努力让小群体继续工作。由于 Skype 的问题，埃米对苏珊说，等明天上课见面再和她细说晚上讨论的结果。埃米继续开会。她问贝萨尼和萨莉一些具体的问题，想听听她们的意见，并把他们拉回谈话中。贝萨尼把手机收了起来，萨莉也关闭了她的 Facebook 页面。之后小群体又接着讨论了 1 小时。小群体讨论结束后，埃米、贝萨妮、马克和莎莉都准备回家的，又临时决定一起吃个夜宵。

他们真的很喜欢彼此的陪伴，发现他们有很多共同点。

还在上学的时候，达娜（Dana）就讨厌开会，因为她一直觉得开会就是浪费时间。她如今在堪萨斯城的一家大型国际金融和医疗保健公司 DST 担任客户主管。对她来说，典型的一天从早上 7:30 开始，送两个儿子上学，然后 8:00 左右上班。对达娜来说，大多数日子都是从与东京、米兰、纽约和芝加哥的同事举行网络会议开始的，讨论对某个国际大客户尽职调查的实施和推进。上午 9:30，她与团队开会讨论客户调查方案的设计。11:00，与本地客户的生产人员会面，讨论另一项调查的结果；中午，和堪萨斯城社区基金会的成员一起参加午餐会，为一个新的儿童足球场筹款做计划。吃完晚饭，晚上 7:30，她要参加社区协会，该协会将开会讨论社区夏季野餐。开会，开会，开会……

问题与思考

1. 作为领导者，埃米有哪些长处和短处？
2. 除了上面提到的 Skype 的明显问题，当一个群体试图完成任务时，社交媒体还可能带来哪些挑战？
3. 描述过去一年你所参加会议的结果，无论是积极的还是消极的。
4. 基于上述场景，你对群体互动，以及一般意义上的群体，如何理解？

就业和招聘数据清楚地表明，团队合作和群体工作经验对于大多数机构来说，既是入职的先决条件，也是职业生涯取得成功的必要能力。尽管一个群体的成功或失败有很多可变因素，过去的成绩并不能保证一个群体未来的成功，但了解关键原则和因素，并提高群体成员和领导者的能力，可以有效提升个人满意和群体成功的机会。

本章解释群体成员如何沟通、小群体与工作团队的区别、小群体的目的和类型、小群体的特征、建立群体文化、领导力、群体交往中的道德行为、成员参与、管理群体冲突、问题解决与决策、在群体或团队中工作的利弊，以及评估小群体绩效。

14.1 小群体沟通

小群体沟通需要多种沟通能力，包括提出有效的问题、倾听、处理人际关系、解决冲突和清晰表达想法的能力。此外，建设性的群体沟通要求群体成员相互尊重，提供可信的信息，相互支持，营造积极的氛围，切磋彼此的想法和立场，相互劝说，并保持较高的道德标准。

14.1.1 群体的定义

为了便于理解，我们将一个群体定义为相互影响、有共同目标、各司其职、相互依赖和相互作用的个体集合。如果缺少元素，那么存在的只是独立个体的集合，而不是一个群体。例如，一群学生站在角落里等公交车，他们只符合群体的部分标准。他们有一个共同的目的（交通），他们既可能相互影响，也可能会给对方留下印象。然而，根据我们的定义，它们并不构成一个群体，因为它们不相互依赖，也不承担任何角色。他们确实有一些共同的基本目标，比如安全到达目的地。然而，他们不希望在未来相互影响，通常也不会将自己视为一个群体的一部分，除非发生某些彻底改变各自身份的紧急情况。

小群体沟通是指在相对较少的人之间交换信息，理想情况下是 5 ~ 7 人，他们有一个共同的目的，比如解决一个问题，做一个决定，或者分享信息。有效的群体沟通需要诚实、灵活、自信、热情、宽容的沟通风格。合格的群体成员能够意识到群策群力的重要性，并确保每个人都有机会参与。他们不仅愿意倾听他人的意见，而且愿意讨论各种想法和问题，无论其他人是否赞同。

群体
相互影响、有共同目标、各司其职、相互依赖、相互作用的个体集合。

左边的照片显示了一组恰好同时出现在同一个地方的人，他们不是一个小群体。右边的照片显示了一个群体，在这个群体中，成员之间相互沟通，分享共同的目标和成果。而且，他们觉得自己实际上属于群体的一部分。

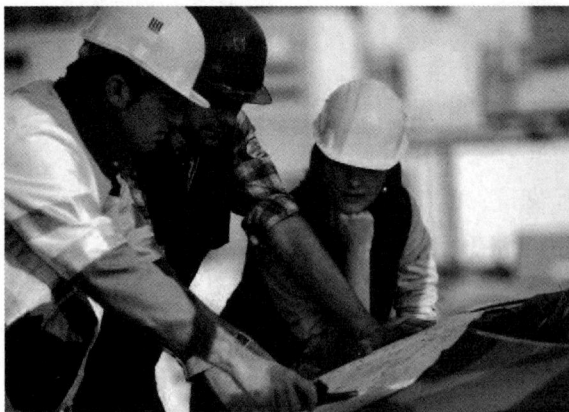

工作团队非常适合解决工作上的问题。每个人都将自己的专业知识带到项目或目标中，并为寻求共同的解决方案与其他人通力合作。

14.1.2 工作团队的定义

因为被称为工作团队的群体在社会上和课堂上都非常普遍，所以有必要引起我们的关注。许多研究群体的学者都认为，群体参与和团队参与之间存在区别。[1] 工作团队是一种特殊的群体形式，其特征是具有不同和互补能力的人之间关系密切，且具有强烈的认同感。与群体类似，工作团队涉及互动、相互依赖、共同目标、个性、承诺、凝聚力和规则。但是，工作团队在以下3个方面确实与群体不同。

工作团队
一种特殊的群体形式，其特点是，具有不同和互补能力的人之间关系密切，且具有强烈的认同感。

1. 工作团队更可能由具有不同能力的人组成。例如，一个外科团队可能包括几名外科医生、一名麻醉师和一些护士，每个人都为手术贡献了不同的技能或观点。一个群体和一个工作团队都由几个人组成，每个人都朝着群体的共同目标工作，但在一般情况下，工作团队中需要有专业化或观点独特的个体。例如，足球队中的球员通常具有特定的分工或角色，有助于提高球队的整体水平。

2. 工作团队通常会建立更多的相互依赖关系。例如，一个体育团队，除非所有的运动员都相信他们是整体的一部分，否则很难获得成功；而在一个解决问题的小群体中，成员可以独立工作，只是聚在一起提出并讨论彼此的解决方案。他们最终也可能会将自己视为一个整体或者不视为一个整体，这取决于群体的沟通和凝聚力，

交际与成功

团队制作短视频

无论你们是一群学生还是一群员工，团队建设和工作团队都将成为你生活的一部分。团队在很多方面都是需要打造的，我们都知道，要有一个成功的工作团队，团队中的每个人都必须各司其职并参与其中，团队必须依靠某种结构才能有效运作。

你的老师会把你班上的同学分成 5～7 个小群体，制作一个关于"沟通的概念"的创意短视频。小群体的任务是创建一个短视频，以创新和创造性的方式讲清楚这个概念。小群体中的每个

人都必须参与视频的制作并向全班展示。

有鉴于此，请回答以下问题：

1. 你对这项任务的最初反应是什么？
2. 你将如何组织小群体，使其能够完成分配的任务？
3. 你认为群体成功完成分配的任务需要哪些技能？
4. 外部观察者如何看待群体的优势和劣势？
5. 群体是否应该成为一个工作团队，如果是，是什么让它成为一个工作团队的？

但这对于群体的整体成功来说并不是必需的。

3．工作团队的成员具有高度的群体认同感，他们更倾向于将自己定位为群体成员，而不是碰巧在群体中的个人。[2]

因此，所有的团队都由群体组成，但并非所有的群体都是团队。

14.2　群体的目的和类型

了解群体的类型及其形成的原因很重要。小群体分为两大类：主要群体和次要群体。每一类服务于不同的人类需求，但每一类的特征在我们参与的所有群体中都存在。

14.2.1　主要群体

主要群体关注成员之间的社会或人际关系，主要用于满足明显的主要需求，就如同我们在"人际交往"模块讨论过的那些需求，包括：包容（归属）和情感（尊重、喜欢、爱）的需求。主要群体通常是稳定的，包括家人、室友、社交聚会的朋友、一起度假的同事以及其他可能共享假期、一起打游戏等的朋友群体。这些小群体有时可能会做出决定、解决问题或承担特定的任务，但他们的主要目的是社交、互相支持、谈论各种话题、发泄情绪、享受彼此的陪伴。

主要群体是人际交往的核心，对理解一般意义上的小群体交往具有重要意义。[3]主要群体的核心目的是实现成员之间的分享、友谊和支持。主要群体不是本章的重点，通常社会学、心理学和人际沟通课程都会对其有所涉及。

主要群体
关注社会和人际关系的群体。

14.2.2　次要群体

次要群体是本章的重点，其存在的意义在于完成任务或实现目标。它们是为了做事而形成的，例如完成一个课堂作业、解决一个问题或者做出一个决定。成员们联合起来一起努力。次要群体的主要目的是完成一些事情，但其也可以帮助成员实现他们对社会化和情感的主要需求。次要群体存在的形式很多，包括：决策、解决问题、委员会、学习和信息共享、治疗或个人成长。[4]

人们会在一些问题上做出集体决定，比如决定校友会的场地布置，在哪里举行舞会，在舞台上表演什么，或者哪台计算机最适合某个部门的需要。对群体来说，就这些问题进行投票表决并不罕见，尤其是没有达成明确共识的情况下。投票时，群体通常会接受多数人的立场。与其他人一起

次要群体
立足于完成任务或实现目标的群体。

讨论备选方案，有助于人们决定哪一种选择不仅对他们自己是最好的，而且对整个群体也是最好的。此外，当群体中的每个人都参与决策过程时，所有人都更有可能接受最终的结果，并促进其执行。大多数人都讨厌别人告诉自己该做什么，但是，如果自己参与了决策，就会变得更加宽容。

小群体也可以很好地解决问题。人们在几乎所有可以想到的环境中组成解决问题的小群体：在工作场所、政府部门、学校，或是在家里。他们试图解决的问题包括如何改善医疗保障、生产更好的产品、更有效或更高效地执行任务、制止暴力、解决校园犯罪问题、改善大学兄弟会的形象，以及如何与兄弟姐妹共享计算机。

如你所见，群体可以服务于多种目的，而且通常是同时服务于多种目的。例如，一个小群体可以解决问题，同时作为其成员学习、社交、宣泄或治疗的渠道。在 20 世纪前半叶，人们习惯于相对独立地工作。即使在大型组织中，人们也是各忙各的，只有在必要时才与他人进行协调。

14.2.3 社交媒体上的群体

社交媒体正在改变我们分享信息和群体工作的方式，因此当面沟通并不总是必要的。随着 Skype、FaceTime 和各种其他社交媒体的出现，人们可以像面对面一样与身处不同地点的其他人进行群组通信。如你所知，群体成员之间的文本和语音沟通都可以通过在线实现。当某些事情必须迅速决定，而不可能同时把所有人聚集到一起时，这种方法或途径可能是有效的。这种通信形式被称作异步通信，这就意味着消息响应具有轻微或长时间的延迟，参与者必须交替发送和接收消息。还有一个缺点是关于非语言沟通，如面部表情和身体表达，在发消息的情况下，声音的表达是极其有限的。

媒介工具能够使用的非语言和语言线索的数量，决定了其丰富性。例如，当面沟通自然是最丰富的，因为它提供了广泛的语言和非语言线索，以传达内涵，并使信息解读更容易。虽然这并不代表在线群组互动必然会导致误解，但它确实意味着相比电话会议、视频会议或线下互动过程，在线文字互动过程中更易发生误解。

面对面的或实时的信息交互被称为同步通信，消息被同时发送和接收。尽管一些在线互动，如 Skype 和 FaceTime 等已经接近实时，但它们仍可能存在一些延迟，沟通各方可能轮流作为信息发送者和接收者。

虽然异步在线互动有它的好处，但它也会带来一些明显的挑战，特别是在使用即时通信工具沟通时。一项研究发现，即时通信工具可以提供类似于当面沟通或电话沟通的社交支持，但彼此之间的疏离感似乎更为突出。[5]研究人员认为，与其说这种疏离感是缺乏非语言沟通，不如说是多任务处理的结果。也就是说，那些正在进行交互的人，可能同时也在进行各种其他活动，如同时与多个人聊天或浏览网页。

随着技术的不断进步，当面沟通在质量和影响力方面最为丰富的观点可能会成为历史。对各种互动形式进行比较的研究发现，"当面交谈可能并不总是丰富、深入和天生优越的沟通方式。"[6]

无论何时，使用技术都会增加误解的可能，因此，我们需要仔细斟酌自己精心编写的消息，并认真解读我们收到的消息，以将误解的可能降至最低限度。将在线沟通与其他形式的群体互动进行比较时，必须考虑多个因素。任何一种形式都有其特有的优点和缺点，没有哪种形式一定比其他形式都要好。在线沟通与线下沟通很大的不同之处在于使用者的舒适程度。那些在社交媒体环境中长大的人，通常比那些缺乏相应生活经历的人更能适应在线沟通。[7]

如今，越来越多的群体互动是通过社交媒体进行的，在某个地点的群体可以很容易地与世界各地的其他群体互动。

交际与成功

加入在线群组

你几乎可以找到关于任何话题的群组，或者你也可以创建自己的群组。你需要先参加一个在线群组来回答下面的问题。在线群组可以让你更容易与和自己有共同兴趣的人联系，讨论体育、健康、人际关系、学校和新闻，并与各种各样的人沟通。

问题与思考

1. 在线沟通与当面沟通有何区别？
2. 你参加过多少种类型的在线群组？
3. 在线群组有哪些有趣和令人兴奋的方面？为什么会比线下的小群体更有趣、更令人兴奋？
4. 群体成员如何帮助建立和维护在线群组的规则？
5. 你在在线群组中遇到过哪些问题？你是如何处理的？

14.3 小群体的特征

小群体的特征包括相互依赖、承诺、凝聚力，以及性别构成等赋予群体独特性的因素。这些特征也有助于确定谁将加入一个小群体，小群体如何运作和实现其目标，以及成员间如何互动。

14.3.1 相互依赖

相互依赖
群体成员之间对彼此的依赖。

一个小群体最基本的特征可能就是相互依赖——群体成员之间是相互依赖的。相互依赖同时也体现在所有其他群体特征中，没有相互依赖就没有群体。相对个人渴望与目标，群体成员更愿意将相互依赖建立在以群体目标为优先的基础上。

当每个个体都能认识并尊重相互依赖在群体续存中所起的关键作用时，群体的功能将是最好的，也最能令其成员感到满足。一个群体的成功取决于每个成员的合作、责任感和朝着共同目标努力的意愿。

14.3.2 承诺

承诺
群体成员共同完成一项令整个群体满意的任务的意愿。

群体的另一个重要特征是对任务、对群体和对群体中其他人的承诺。承诺是群体成员共同努力完成任务并使整个群体满意的意愿。成员能够对群体做出承诺，往往源自群体中志同道合者的人际吸引；态度、信仰和价值观的共同性；能够满足人际需求；以及群体能够提供的回报。盖洛普（Gallup）机构对近 70 个国家和地区的超过 140 万名员工进行的一项大规模研究发现，"相信自己的同事对质量有共同的承诺是成功的关键……"[8]承诺是群体成功的核心，这一点非常重要，因为如果没有承诺，群体只是一群人的个人表演，但有了承诺，人们就能团结成一个强大的整体。[9]

承诺对群体的有效性和最终的成功很重要。你有没有这样的经历：你和其他同学一起做小组作业，其中一两个成员做得最多，甚至全做了，其他人做得很少或者什么都没干？那些做得很少或者什么都不做的人，不仅仅缺乏承诺，还会让那些努力工作的人感到沮丧。要使一个小群体真正有效，所有成员都必须相互承诺，共同完成自己应承担的任务。

14.3.3 凝聚力

凝聚力
一种忠诚，群体成员之间能够相互感觉到的吸引力，以及他们团结一致的意愿。

作为承诺的延伸，凝聚力是指群体成员之间能够相互感觉到的吸引力，以及他们团结一致的意愿。思考两个群体：第一个，成员之间真正地相互喜欢，强烈地希望实现小群体所追求的目标，并且认为他们无法找到另一个更好、更令人满意的小群体；而另一个情况正好相反，成员之间互不关心，他们没有共同的目标，各自在骑驴找马地寻找其他更有回报的群体。以上哪个群体会对其成员有更大的凝聚力？显然是第一个。加入第一个群体的回报大于离开。凝聚力是基于每个成员留在群体中的需求，以及群体为成员提供回报的能力，这使得为群体付出时间和精力是值得的。从某种意义上讲，凝聚力是忠诚或承诺的一种形式。

群体中的凝聚力并不能自动确保成功，当忠诚太过强烈时，它会制造问题，可能导致固守或不愿意改变一个不成功的决定或政策。凝聚力应该是一种积极的力量，它吸引群体成员彼此靠近，并增加有效的群体互动；但如果群体成员只是"为相处而相处"，或者失去质疑群体决策的能力，它就会成为一种消极的影响。例如，你可能是某个俱乐部、联谊会、兄弟会或其他群体的成员，其中一些成员招摇撞骗或使用非法药物，但因为对组织的忠诚而没有人指出问题，即使这些成员的行为最终可能会破坏组织的声誉。

14.3.4 群体行为中的性别差异

男女在群体沟通方式上的差异并非泾渭分明，研究结果也很难避免带有对某个性别的偏向性。研究女性和男性特征的很多研究都会取平均值进行对比，因此很少会考虑具体的个人行为，只得出平均值以供参考。

与生理性别相关的研究表明，由男性和女性共同组成的群体，更有可能由男性主导，而非女性。男性通常会比女性表现出更多与任务相关的行为。也就是说，男性比女性更倾向于以目标为导向，而男性在任务切换时更缺乏耐心。对于他人的评论，女性更倾向于做出积极的回应，她们通常比男性更容易表达自己的个人观点；与女性相比，男性在评论时则要客观很多。[10]

基于刻板印象，人们有时会认为，女性解决问题或做决定的能力不如男性。然而，研究者发现，男性和女性解决问题的能力几乎没有差别。研究确实表明，在解决某些任务中的问题时，如技术或机械问题，男性似乎比女性做得更好，但当男性和女性一起工作，当所有人都有很强的解决问题的动机时，这种差异就会减少或消失。[11]

在群体竞争中，女性通常比男性更愿意与对手合作，更有可能与对手分享资源，而且比起取胜，她们更在乎公平。男性通常比女性更容易采取攻击性行为，并通过蒙骗和欺诈获得优势。此外，男性更可能发生反社会行为，进行报复和言语攻击；女性则倾向于采取社会所认可的行为，比如保持理性和相互理解来解决冲突。[12]

当群体规模不大时，女性更喜欢和其他同性一起工作，而大多数男性似乎没有这个偏好。在对比基于社会性别而非生物性别的性别研究时，我们发现，差异的基础不是生物性别，而是传统上被认为是"阳刚"或"阴柔"的特征。也就是说，具有"阳刚"特征的个体，无论男性还是女性，都比较好胜，试图支配和控制互动。虽然这些特质会导致群体目标的达成，但也会导致群体成员的不满，压制那些被控制成员互动的积极性。那些看起来"阴柔"的人，无论男性还是女性，行为方式与那些"阳刚"的男性和女性真的生活在两个不同的世界吗？约翰·格雷（John Gray）在他的两本书《男人来自火星，女人来自金星》和《当金星女撞上火星男》中讨论了性别差异。格雷的畅销书表明，男性和女性不仅在思维方式上存在差异，在沟通方式上也各有不同。格雷认为，在男女混合的群体中，男性的言论主要是任务导向或工具性的，如提供信息、意见和建议。他们倾向于进行更多的谈论，讲更多的笑话，提供更多的解决方案。相反，女性在沟通中通常会表现出更多的鼓励性和建设性。对别人说的话，她们表示赞同且很感兴趣，还会鼓励他人参与并分享各自的感受，还关注其他群体成员，并认真倾听他们说的话。

问题与思考

1. 根据你在群体中的经验，你认为上述概括是否准确地描述了男性与女性在群体中的沟通方式？解释一下。

2. 对于参与群体的男性和女性，格雷的分析为什么过于简单化？

3. 男性和女性应该怎样调整他们的沟通方式，从而在群体中发挥更大的作用？

人大相径庭，可能会被视为软弱、缺乏控制力，讨好型人格，缺乏成就。[13] 重要的是，要能够平衡"阳刚"和"阴柔"的特征，在专注于群体目标的同时保持群体凝聚力。这项研究有助于解释男女在群体和团队中互动方式的一些差异。然而，我们必须再次强调，许多研究反映的是概括性的而非具体的特征。因此，并非所有的男性和女性都会表现出明显的行为特征。

14.4 建立群体文化

群体文化
群体成员有共同的价值观、信仰、规范和行为模式，并塑造出一个群体的个性。

就像社会、机构和其他大群体一样，小群体也可以发展出独特的文化。"群体文化"是群体成员共同的价值观、信念、规范和行为模式，并塑造出一个群体的个性。[14] 群体文化是由群体成员的互动模式、成员的角色分配、群体的目标、群体的人员构成、成员的行为，以及群体所遵循的规范和规则等多种因素共同构成的。

一个群体的文化是其所有行动和行为的基础。群体文化不是一成不变的，它随着所面临的新情况、新事件以及群体及其成员的需求而不断变化和发展。一个群体的文化表现在其成员如何组织、由谁发起互动、成员允许的互动程度、谁与谁互动、行为的正式或非正式程度、允许的冲突程度、私交水平，以及群体对骑墙态度的容忍度。

14.4.1 群体规模

群体规模是指群体成员的数量，对群体的有效性有重要影响。虽然一个群体没有完美的成员数量标准，但某些规模的群体似乎更适合某些类型的任务。例如，5 人小组在处理智能型任务，协调、分析和评估信息，以及做出行政决策方面最为有效。许多小群体专家建议小群体成员不少于 3 人，不超过 9 人。他们还为一些决策和解决问题的小群体建议设置奇数参与者（5、7 或 9）。奇数成员有助于减少僵局，降低投票平局的可能性。

群体文化是由群体成员的互动模式、成员的角色分配、群体的目标、群体的人员构成、成员的行为，以及群体所遵循的规范和规则等多种因素共同构成的。

　　一个太小的群体会对信息和思想的产出产生局限性，而一个太大的群体则可能抑制每个个体可能的贡献度。在决定一个群体的最有效规模时，可考虑以下几点。

1. 大群体减少了个体互动的时间和数量。
2. 大群体为好胜的成员提供了更多的机会来维护他们的主导地位。因此，不太自信的成员可能会感到自己被孤立，甚至会完全退出这个群体。
3. 大群体使人们难以遵循既定的议程。一个大群体中的人，很容易跑题或引入与群体最初的议程无关的主题。

14.4.2 群体规范

　　群体成员认同并遵守的行为方式被称为"规范"。非正式和正式的群体行为规范都可以决定哪些行为是可以接受的，哪些不行。在大多数情况下，群体的规范是非正式和不成文的。在一些社会群体中，如读书会或烹饪俱乐部，很多行为是约定俗成的，至少包括：成员间相互尊重，准时出席会议，参加大多数聚会，允许他人有时间交流，尊重其他成员的贡献和意见等。

规范
群体成员认同并遵守的行为方式。

　　一个群体要想有效运行，它的成员必须就如何做事达成共识。因此，无论什么规模或任务的群体，都需要建立规范。这样做的原因有很多，最重要的原因是，共同的行为方式可以促使成员实现群体目标，并满足人际需求。如果没有行为准则，大多数群体将是无效的和无组织的。

　　在比较正式的情况下，为了提高效率和秩序，许多群体使用预先制定的规则来指导他们的互动。《罗伯特议事规则》是在召开社会、商业和政府会议方面使用最广泛的权威论著。[15] 此类正式规则规定了成员的角色、会议的召开方式，以及讨论的主题是如何被小群体成员介绍、讨论、接受或拒绝的。当维持正式秩序很重要时，一个群体可以任命一名资深管理员，以确保规则得到正确的解释和遵从。

规范也同样适用于网络群体。例如，群体成员确定了正式和非正式的沟通方式，并设计了成员之间通过电子邮件、Skype 或其他在线方式进行沟通的途径。[16] 群体倾向于使用电子邮件来沟通并协调会议时间，或使用会议计划网站来安排时间并与那些不在场或无法见面的成员保持沟通。随着网络群体的逐渐成熟，对群体规范的遵守也随之成熟。

14.5 领导力

领导力
一种对包括任何有助于阐明目标或引导实现一个或多个目标的行为的影响过程。

领导者
被指派、挑选或崭露头角而担任领导角色的人。

和你的朋友一起试试下面的测试。让他们对自己的领导潜力打分，满分为 10 分，1 分代表非常低，10 分代表非常高。除非他们不同寻常，否则你可能会发现：大多数人会把自己评为中等或高于中等水平。[17] 这表明他们对自己及其领导潜力的看法是积极的。什么是领导力？从某种意义上讲，它像极了爱情：容易识别，但很难定义。领导力是一个影响过程，包括任何有助于阐明群体目标或引导群体实现目标的行为。领导者是被指派、挑选或崭露头角而担当领导角色的人。在大多数情况下，只有一个人有领导的头衔，有时仅仅是因为必须有领导者所以才指定或任命一位领导者，尽管其并不能显示领导力。当没有任命或指派领导时，也有可能会出现一个或两个以上的领导者，并通过他们的领导行为分担领导者的责任。换言之，领导者是一个角色或头衔，而领导力是影响或促进实现一个或多个目标的行为。

14.5.1 领导一个群体或团队

领导者通常是处于群体关注中心的人，或者是群体成员向其汇报信息的人。领导者由其职位或头衔来确定，如警察局长、市长、议会主席、委员会主席、老板、教师、教练、队长、父亲、母亲等。然而，这种识别方法需要谨慎。因为虽然头衔意味着一个人是指定的领导者，但并不意味着这个人有领导力。

另一种识别领导者的方法是观察其在引导他人时表现出来的行为。如果一个人传达了一个方向，而其他人遵循这个方向达到一个目标，那么这个人就是在展示其领导力及促使他人完成目标的力量和能力。

在大多数情况下，领导者的领导力决定了一个群体或团队的成败。诚然，并非所有的成功或失败都与领导者直接相关，因为群体成员、任务的性质以及完成任务所需的信息也与结果有关。领导者的使命是确保完成分配的任务。要做到这一点，领导者必须足够客观，以确定群体的运行情况，以及是否朝着目标前进。这需要领导者能够置身局外，客观地审视群体。

领导者必须能够解决群体的至少两组基本需求，这两组需求也是所有群体共通的。第一，任务需求。任务需求又与两个因素相关，一是任务的内容；二是促成任务的行为，包括定义和评估任务、收集信息、研究问题和解决问题。第二，维护需求。它与一个群体的组织和建设有关，使成员从合作中获得个人满足。维护需求还与无形资产有关，如氛围、组织构架、角色责任、表彰和社会情绪控制。为了同时满足群体对于任务和维护两个方面的需求，小群体中的领导必须履行以下职能。

> 任务需求
> 与两个因素相关，一是任务的内容；二是促成任务的行为。

> 维护需求
> 与一个群体的组织和建设有关，使成员从合作中获得个人满足。

> 启动——为成员讨论做好准备。
>
> 组织——保证成员不偏离轨道。
>
> 保持有效互动——鼓励参与。
>
> 确保成员满意——促进人际关系。
>
> 促进理解——鼓励有效倾听。
>
> 激发创造力和批判性思维——鼓励评价和改进。

14.5.2 领导风格与行为

这一点不是所有的领导者都一样。他们可能在某种程度上表现出某些共同的特征或品质，但更有可能在个人、行为或领导风格上有所不同。研究发现可用两个有用的维度来对领导者进行分类：一个是领导者主要面向任务还是面向关系；另一个是根据他们对群体成员做出的权力让步。

领导力与任务 – 关系导向　尽管领导风格和领导者一样不拘一格，但对领导者行为的研究表明，大多数领导者可以被描述为倡导型（或任务型）领导者或周到型（或关系型）领导者。[18] 倡导型领导者往往专注于完成工作。他们参与组织工作、确保遵守规则、设定目标并确保每个人都知道负责人是谁等。例如，谷歌负责招聘高端人才的副总裁就非常擅长招徕人才，在职位上表现出色，热衷于使用社交网络，在分析新想法时也不关心政治。[19] 你可能遇到过这类领导者，在某些情况下，这种方式可以完成工作或解决问题。然而，采用这种风格的领导者往往会牺牲关系发展，只关注如何提高效率。

> 倡导型领导维度
> 专注于启动工作的领导力维度。

周到型领导者则倾向于关注人际关系，关心群体成员是否喜欢他们。他们会采取一些行动，比如为小群体成员提供帮助，花时间向他们解释某事，以及关注他们的幸福。不注重周到的领导者通常不关心群体成员，也不关心群体成员是否喜欢他们。关于这两种风格的概述，参见图 14-1。

> 周到型领导维度
> 领导力的一个维度，侧重于建立良好的人际关系并受到群体成员的拥护。

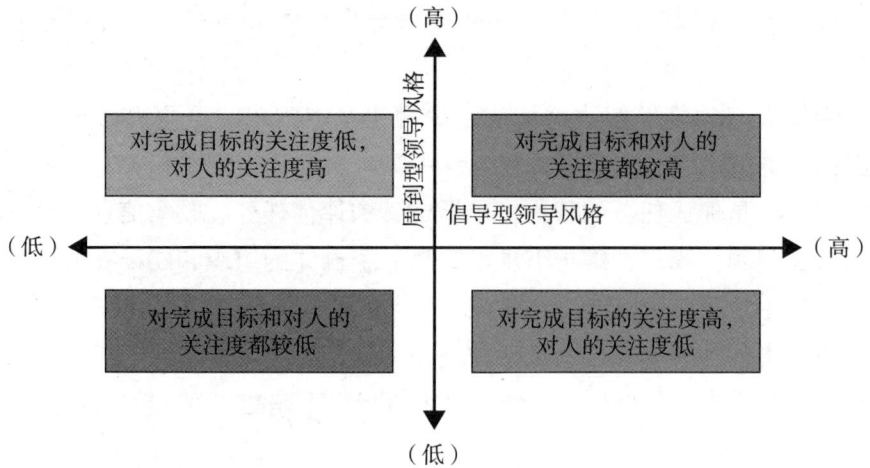

图 14-1　领导风格：任务 – 关系导向

　　这两种风格哪一种更好？二者可能并没有明确的优劣，各有利弊。关心他人的领导者通常会培养更强的士气，但这样的领导者通常难以给出明确的执行指令，或提供关键反馈以提高群体成员的绩效，这就可能导致效率低下或无法及时完成任务。相反，当领导者只关注实现目标时，效率可能很高，但群体成员对结果或领导者没有忠诚度。高层领导更倾向于平衡这两种风格。

　　领导力与权力分配　领导力有时是根据领导者分配给群体成员的权力大小来分类的。研究人员已经确定了 3 种主要的领导风格：专制、民主和佛系，[20] 每种都有独特的群体沟通方式（见表 14-1）。

表 14-1　领导风格比较

专制	民主	佛系
完全控制	分享控制	放弃控制
为群体制定政策并做出所有决策	让成员参与制定政策并参与决策；未经群体成员商议，不做任何决策	给予群体成员制定政策和参与决策的完全自由；只有在被要求时才参与
定义任务并将其分配给成员	可以指导任务分配以确保工作完成，但允许成员自主安排工作	完全避免参与

专制领导者

有控制权的领导者，会在很少或根本不与他人协商的情况下做出决定。

民主领导者

分享控制权并能与他人协商做出决定的领导者。

　　从理论上讲，这 3 种领导风格之间的差异是显而易见的。专制领导者拥有完全控制权，民主领导者分享控制权，佛系领导者放弃控制权。不过，实际上，这 3 种风格并不总是那么清晰。大多数有效的领导者不会一直使用某种固定的风格，而是根据不同的情况改变自己的领导风格。某些情况、群体成员或群体目标要求直接控制，而其他情况则要求很少或根本无须控制。例如，一个在战斗中的军官和一个在医疗紧急情况下的医生，无疑将是专制的领导者。这种情况需要立即采取行动，用表决方式决定可能会延误时机，造成不良后果。专制的领导者可能会对一个群体产生负面影响，就像陪审团主席一意孤行或仓促拍板，迫使其他陪审团成员同意她的意见。

研究人员得出结论，熟练的领导者有能力因势利导，调整自己的行为以满足其特定的约束条件。[21] 领导力要求领导者有能力确定特定情况下最合适的风格和行为。

虽然没有定论，但研究表明，民主领导者在完成任务的同时更能满足群体成员的需求。[22] 专制领导者可能会做更多的工作，但成员的满意度要低得多。最重要的研究发现可能是，专制领导者在群体成员中会产生更多的敌意和侵略性，而民主领导者则产生更多的独创性、个性和独立性。[23]

14.5.3 领导力与性别差异

女性在担任民选职位（如州长、市长和立法者）的领导角色方面取得了很大的进步。她们还被任命为最高法院和内阁成员，在军队中担任高级职务，以及大公司高管。女性也是在组织中创造和建立创造性文化的领导者。她们通过不断推动和创造新的趋势和想法来刺激人们的思维。[24]《财富》500强企业中有32位女性CEO。这是一个新的记录。[25] 虽然有了改善，男女之间的性别差距仍然存在，不仅在领导职位的数量方面，在薪酬方面也是一样的。

早期对小群体领导的研究发现，男性通常以领导者的身份出现。今天看来，生理性别是无关紧要的，主要在于心理性别。以任务为导向的女性和以任务为导向的男性一样经常成为领导者。一项对女性群体的研究发现，那些成功成为领导者的女性，能够将智力与"阳刚"或"中性"（同

佛系领导者
一个放弃控制权的领导者是被动的，如果群体要成功，通常需要其他人来接管。

交际与成功

什么造就了领导者？

想象一下，两组不同的大学生开会讨论他们将如何执行宿舍公共休息室的新规定。在其中一组中，你是唯一一个有备而来的成员，其他成员都不知道这些规则，也不准备讨论这些规则及其执行情况。在第二个小组中，所有小组成员都了解规则，并对贯彻执行都有充分准备。

问题与思考

1. 如果要求你领导这两个小组，你认为你会在每

个小组中使用什么样的领导风格，为什么？

2. 如果你分别身处这两个小组，可能会碰到什么挑战？

3. 解释成为这两个小组的有效领导者所需的特征或技能。

4. 在你确定的素质或技能中，你认为哪一项对两个小组各自最重要？为什么？

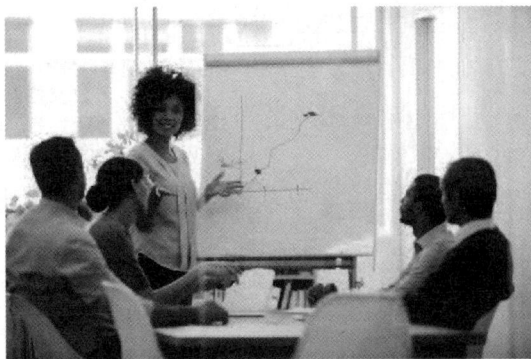

领导风格可以根据领导者分配给群体成员的权力大小来划分。例如，民主领导者指引并领导该群体，尽管他们致力于开放所有观点，但他们只代表该群体的多数派观点。

时表现出"阳刚"和"阴柔"两种特征）结合起来。[26] 一项包含男性和女性的研究发现，无论性别，与"阴柔"成员相比，"阳刚"和"中性"成员更容易成为领导者，而与生理性别关系不大。[27] 与性别和领导力相关的研究表明，男性和女性都具备同样出色的领导潜力，群体成员对两种性别的领导满意度相当。[28] 显然，近年来女性在各个方面都取得了长足的进步，而且同过去一样，女性在各种环境和情况下都被证明是有效的领导者。

男性领导者和女性领导者在领导风格或方式上有区别吗？对此，你怎么认为？这场争论已经持续了 30 多年。玛丽莲·洛登（Marilyn Loden）在其著作《女性领导力：当你不是男生如何在商业上成功》（*Feminine Leadership or How to Succeed in Business without Being One of the Boys*）中指出，男女在领导风格上确实存在差异。[29] 洛登认为，女性领导者通常采用强调合作和间接管理的风格，男性则倾向于表现出"我负责"的指导性策略。然而，最近社会科学家对男性领导者和女性领导者的研究普遍发现，在领导风格方面，男女之间没有一致或显著的差异。事实上，如果你想找出男女领导风格的差异，你必须首先问："哪个女人和哪个男人？" [30] 问题是："谁是对的？"

由于问题的复杂性，找到这个问题的答案并不简单。在对 150 项研究的回顾中，爱丽斯·伊格利（Alice Eagly）和布莱尔·约翰逊（Blair Johnson）发现男女领导风格在两个维度上存在潜在差异：①任务完成与

交际与成功

女性是更好的领导者吗？

一份研究报告《女性领导之道》[32] 表明，有更多的女性在政府和企业中担任领导职务。报告指出，领导能力方面的性别差异通常很小，但女性在被同龄人、下属和老板评价时，从提供高质量工作，到设定目标，再到指导员工等诸多方面的得分，均高于男性。通过对女性高管进行详尽的绩效评估，研究人员发现，在几乎所有被测评的领导技能方面，女性的总体得分都高于男性。

有鉴于此，请回答以下问题：

1. 根据本报告提出的女性是更好的领导者的观点，为什么女性没有担任更多的领导职位？
2. 捍卫或驳斥报告中关于女性是更好的领导者的论点。
3. 当考虑我们通常认为与领导力相关的特质时，这些特质是更"阳刚"还是更"阴柔"？解释一下。

维持人际关系；②参与（民主）与指导（专制）领导风格。[31]

　　性别角色的刻板印象表明，女性领导者可能比男性领导者更关心人际关系，在领导风格上更倾向于民主。然而，伊格利和约翰逊的研究结果并不支持这些成见。他们的研究结果表明，没有证据支持男女在第一个维度（任务完成与维持人际关系）上存在显著差异。然而，在第二个维度上（参与型领导风格和指导型领导风格），男性和女性之间存在显著的差异。伊格利和约翰逊发现，女性在风格上比男性更民主，或更具参与性。你认为是什么导致了这种差异？

　　领导风格的差异可能存在，因为有证据表明，女性通常拥有比男性更好的人际交往能力。新的证据表明，工作场所的性别刻板印象正在减弱，虽然女性还会面临某些障碍。然而，这种因果关系只是推测。因此，对男性和女性领导行为的概括，可能会由于各种原因而产生误导。正是因为人们看待男性和女性的行为差异，像是看待不同文化的社交，因此往往会形成偏见，例如：男性是以任务为导向的和强大的，女性则是情绪化的和无力的。[33] 遗憾的是，当女性违背温暖和母性的传统期待，以更"阳刚"的方式行事时，她们就更容易受到带着敌意和拒绝的对待。[34] 在得出关于领导风格的性别差异，还有这些差异是否（以及在什么情况下）对领导者有利或不利的最终结论之前，有必要进行更深入的研究。[35]

参考指南
群体道德行为

1. **所有小群体成员都应有权陈述个人意见或独特观点。** 不应阻止任何人公开发言，即使在表达不受欢迎的观点时也是如此。反对他人的想法绝对没有问题，然而攻击他人，而不是反驳他人的想法，一定是错误的。

2. **群体成员应当愿意分享所有有利于群体实现其目标的合法信息。** 故意隐瞒可能对群体有利的信息，是对群体信任的侵犯，是不道德的。为保护群体或特定群体成员而对信息有所保留，可能是适当的。例如，不泄露某个小群体成员对另一个成员的评价，可以避免造成不好或伤害的感觉。

3. **所有群体成员都应诚实守信。群体成员不应故意欺骗或提供虚假信息。** 为了说服他人接受某一观点而提供不准确的信息是不可接受的。同样的原则也适用于群体本身：群体不应歪曲事实而得出自己想要的结论。说服别人接受由错误信息支持的结论是一种欺骗。

4. **由群体共享的机密信息应该保密。** 在群体之外分享群体私密信息是极不道德的。

5. **群体成员必须有道德地使用信息。** 成员应该阐明信息的来源，不应伪造数据或信息，并应提供完整的相关信息和观点，以防断章取义。[36]

14.6 群体交往中的道德行为

为了让群体有效地运行，领导者和成员必须遵守道德规范。文明社会中的所有人都应该遵循某些行为准则——法律、规则、标准或商定的规范。重要的是要认识到，群体本身就具有集体主义的倾向，因为成功的群体必须比任何一个个体都重要。这种观点可以提高个体对其他群体成员和群体目标的责任感及使命感。但这并不意味着可以纵容个体的不道德行为，例如通过故意欺骗对方或制造虚假信息和证据来说服群体中的其他人接受特定的观点。

尊重彼此意见，对于群体活动尤其重要，这同时对参与群体活动的群体及其成员提出了一些特殊的道德挑战。这些道德挑战的底线是，每一个群体成员，以及整个群体，必须坚守道德原则，坚持诚实、彼此尊重、公平、灵活，并且对各自的行动和沟通负责。

在相互支持方面有共同纽带和道德规范的群体成员，在考虑自身利益之前会先考虑群体利益。

14.7 成员参与

一个群体的成功，既需要成员积极参与，也需要成员的忠诚。就像领导者一样，群体成员也有相应的责任和角色。

14.7.1 群体成员的角色

群体学者肯尼思·贝内（Kenneth Benne）和保罗·希茨（Paul Sheats）设计了一个群体成员可担任角色综合列表。[37] 贝内和希茨将角色分为以下 3 类：①群体任务；②群体建设和维护；③以自我中心的角色。最成功的群体包括完成任务和建设 / 维护的角色成员，以及避免自我中心的角色成员。

群体任务角色帮助群体完成其任务或目标。它们包括提供指导、提出想法和提出解决问题建议的行为——这些角色被称为"发起人"或"贡献者"。小群体成员也可以扮演信息寻求者或信息提供者的角色。信息寻求者寻找更多的信息或明确的想法，而信息提供者提供的信息包括事实和例子。成员也可以成为一个评价者或批评家，一个评价信息和结论的有效性和准确性的人；一个激励者，一个让群体朝着目标前进的激励者；一个定向者，一个定期总结讨论内容的成员；或者一个协调者，阐明并显示想法、观点和建议，协调群体成员之间关系的成员。

每个小群体成员都必须有意愿为小群体的成功做出贡献并承担责任。成功的群体成果取决于群体成员各司其职、齐心协力。

群体建设和维护角色有助于营造群体的社会氛围；鼓励者给予表扬，承认他人的贡献；和谐者是分歧的调停者，总是努力确保积极的气氛；妥协者试图避免和解决冲突，并找到可接受的解决方案；守门员管理群体中的交互沟通；标准制定者提醒该群体其目标；追随者与其他成员合作；情感表达者表达了群体的情感和态度。

参考指南

计划和管理会议时要考虑的事项

1. 避免召开不必要的会议。
2. 只邀请需要出席的人（不是每个对这个话题有意见的人）。
3. 确定目标，计划议程，并提前分发议程。
4. 如果尚未确定适合的人选，就指派一名领导者，以确保讨论正常进行。
5. 设定开始、休息和停止的时间，并严格遵守。
6. 在讨论过程中，避免出现有人喋喋不休、过于强势，而有人置身事外。
7. 避免谈话内容偏离主题。
8. 确定会议结束后需要采取的后续行动，并设定完成行动的截止日期。
9. 保持跟进以确保成员按照会议的决定行动。

　　资料来源：哈里森会议服务公司、乔治亚大学商学院和乔治亚州立大学。

群体中可能会存在自我中心的个体，他们会产生反作用，其破坏性往往会阻碍群体的进步。自我中心的个体包括自命不凡者、保守者、寻求认可者、插科打诨者、过于强势者、依赖他人者、置身事外者。自命不凡者会通过贬低他人来抬高自己；保守者不接受别人的观点，对一切都持反对态度；寻求认可者和自命不凡者相似，因为他们都想成为群体关注的中心；爱开玩笑的人或喜欢恶作剧的人是大家眼中插科打诨的"小丑"；过于强势者类似独裁者，总想掌控一切；依赖他人者只想满足自己的需求；

置身事外者一副事不关己的态度，既不发表意见也不做事。

在大多数群体中，成员都渴望做出建设性的贡献。然而，你时不时会遇到态度不那么积极的人。为了群体的利益，识别并懂得如何应对他们是很重要的。

14.7.2 群体成员的贡献

领导者和所有群体成员都必须识别并应对起反作用的个体。有时处理这些情况的最佳方法是公开讨论，例如直接对话："约翰，对这个问题你一直保持沉默，你是有什么看法？""萨莉，你开的玩笑似乎表明，你认为这个问题不是很严重。为什么？"有时，冲突需要通过集体投票的方式解决，这样能使成员们了解大多数人的立场，从而让讨论得以继续。

每个群体成员都应该提前研究议程，以便为讨论做好准备。刚开始参加群体讨论的人，最大的问题之一可能就是没有为参与讨论做好准备，因此很多宝贵的时间、精力和投入都白白浪费了。要成功获取群体成果，不仅取决于开放的思想、积极的态度、倾听的能力、贡献的意愿，也离不开充分的准备。

14.7.3 让群体成员达成共识

大多数群体的目标是达成至少让大多数成员同意并接受的决议或解决方案。在达成共识的过程中，假定所有群体成员都能够表达他们的感受和不同的想法，并对成果有平等的发言权。然而，重要的是不要急于达成共识，否则，这个群体就可能成为群体思维的受害者。一般情况下，在有争议的问题上达成共识并不容易，这需要一定的耐心和意愿来达成共识。当然，这个过程也非常耗时。

投入大量的时间来达成共识真的有意义吗？经过反复证明，比起某些单独个体做出的决定，使用有效的群体讨论方式，如公开交流、为讨论做好准备、愿意挑战观点和证据，几乎总能做出质量更高的决定。[38] 还有研究表明，达成一致意见的群体，不管投入多少时间，都更有可能对自己的决定负责，并将一致意见维持得更久。[39]

沟通学学者史蒂文·毕比（Steven Beebe）和约翰·马斯特森（John Masterson）提出了以下 3 条建议，以便达成群体共识：

1. 群体有改变话题和偏离轨道的倾向，所有成员应该努力让自己朝着群体目标前进。群体无法达成共识，往往是因为他们陷入了与目标无关的问题。
2. 成员应该以他人为导向，并对所有想法保持敏感。去倾听，而不是总打断对方，真心诚意地努力把自己的观点放在一边，先试图理解他人的观点。

3. 促进群体成员之间的互动和对话。重要的是，每个人都能感觉到自己的声音被听到了，即便自己的观点与别人的相反，也不会刻意隐瞒。[40]

14.8 管理群体冲突

当你听到"冲突"这个词时，你会想到什么？对大多数人来说，它会让人联想到争论、厌恶、打架、压力、憎恨、竞争、分歧、敌意、不和、摩擦、不团结，等等。所有这些词都和冲突有关。然而，它们只说明了这一概念的消极面。毕竟，大多数人都重视与他达成一致、和睦相处并强调其重要性。然而，我们的社会也喜欢竞争。诸如"爱情和战争是不择手段的（情场如战场）""坚持自己的立场"等说法常被用作美国式的代表。但是，想要与他人和睦相处的愿望和想要在竞争中胜过他人的愿望是相互矛盾的。"如果一个人赢了，那么另一个人一定输了"这一观念在大部分人的心中都早已根深蒂固。

一方面，我们希望避免冲突，维护团结。另一方面，如果我们不陷入冲突，就无法体验胜利的快感。这两个极端之间有没有中间地带？解决冲突的唯一办法就是迫使某人输吗？冲突一定要伤害到别人吗？

当人们聚在一起交流时，冲突几乎是不可避免的，但它并不总是有害的。事实上，冲突可以是富有成效的，如果管理得当，它可以带来更好的决策和解决问题的办法。

14.8.1 冲突与群体沟通

沟通学学者威廉·威尔莫特和乔伊斯·霍克认为，沟通和冲突在以下几个方面是相关的：沟通行为常常会引发冲突，也会反映冲突，沟通是对冲突进行有效或破坏性管理的工具。[41]冲突在第13章中被定义为"两个及以上相互依存的当事人之间显明的矛盾，他们之间有不相容的目标、稀缺的资源和对实现目标的相互干扰。"[42]

群体决策是否有效，以及问题能否得以解决，往往依赖于冲突和分歧的公开化。当群体冲突被理解和控制时，能产生的好处有：对群体成员和问题的更深层次的理解、更多的参与和更大的驱动力、更好的决策和更强的群体凝聚力。当群体乐于协作并接受妥协时，这些好处更有可能出现。

当然，过多的冲突会造成难以控制的紧张气氛，并加剧分歧，出现对

一个由管理层和工人组成的委员会，会议就一项福利问题展开讨论以取得一致意见，直到所有成员达成共识，谈判才会结束。他们通过识别不同的需求，并寻求各种可能的方案来满足这些需求。

个别群体成员的人身攻击现象。如果人身攻击占据了会议的主要内容，就不会产生任何好处，而且通常会发生情感伤害和退出群体的情况，最终导致群体解散。

在合作中，谈判和解决问题是为了找到一个解决方案，从而完全满足群体冲突各方的需求。换言之，即每一方都能达到预期的结果。原则性谈判是一种程序，通过表达不同的需求，以及寻求满足这些需求的可选方案，帮助群体成员通过合作达成协商一致的意见。

根据格洛丽亚·加兰尼斯（Gloria Galanes）和凯瑟琳·亚当斯（Katherine Adams）的观点，冲突可能产生如下的积极结果。

原则性谈判
一种能够考虑各方意见、有助于各群体协商一致的程序。

1. 冲突可以加深对问题和人理解。
2. 冲突可以增加成员的积极性。
3. 冲突可以促成更好的决策。
4. 冲突可以增强群体成员之间的凝聚力。[43]

14.8.2 道德行为与冲突

学者亚当斯和加兰尼斯认为，在发生冲突的情况下，道德行为有利于更好地理解问题并且增强凝聚力，同时最大限度地减少破坏性结果，如伤害感情和人身攻击。[44] 他们列出了一些建议来帮助个人在冲突中表现出道德行为，具体如下。

1. 开诚布公地表达不同意见，把分歧摆到桌面上讨论是很重要的。
2. 就事论事，直截了当，一针见血。
3. 在表达自己的不同意见时，使用修辞敏感。不要过于直白地贬低他人的想法或观点。
4. 批评想法，而不是针对个人。
5. 所提出的不同意见，应基于确凿的证据和严谨的推理，而不是基于谣言、个人情绪或未经证实的信息。
6. 接受不同意见。不要仅仅因为别人不同意你的观点就充满敌意和戒备。保持开放的心态，仔细倾听他人的观点。
7. 即使有人攻击你，也要保持冷静。采取合理的方法，不要将攻击视为个人行为。

8. 尽可能想办法整合观点，并协商分歧。

14.9 问题解决与决策

虽然大多数课堂讨论的目的是共享信息，但其他大多数讨论的目的是解决问题并做出决定。例如，我们如何为新的办公用品筹集更多的资金？如何防止约会强奸？怎样才能消除我们组织中的不道德行为？

在解决问题和做决策时，群体必须考虑各种可供选择的方案，并就解决方案达成共识。为了最有效地做到这一点，他们必须首先采用有组织的、周密的方法来剖析问题。

14.9.1 确定并阐明问题

除非老师指定或者其他因素确定了要讨论的话题，否则课堂群体要做的第一步就是选择一个话题。这并非易事，毕竟要让这个话题对群体中的每个人都很重要，同时让人感兴趣，才能保证讨论的顺利进行。你可以从校园里需要改进的地方着手：体育运动在校园里应该起到哪些作用？是否应该为晚上上课的学生提供更好的保护？周边社区的事情也可以成为讨论话题的来源：可以为市区的公共停车场做哪些事？工商业界应该怎样帮助大学生找到更好的工作？州、地区和国家事务可以提供更广泛的话题：州政府能给大学提供足够的资金吗？联邦政府在向学生提供贷款方面应该扮演什么角色？从数千个主题和问题中进行选择需要时间。然而，如果群体都做了功课，选出一个所有成员都同意的话题应该不难。

选定或提出某一话题或问题后，应以问题的形式进行陈述。在讨论问题时，无论是在课堂上还是其他场景，请记住以下几点。[45]

1. 措辞应反映讨论的目的或手头上的任务。例如，如何使我们的校园成为绿色校园？
2. 措辞应注重实际问题，例如，如何在校园内建立回收计划？
3. 措辞应明确"谁的行为应该发生变化"。例如，我们如何鼓励学生循环利用？

14.9.2 讨论问题和解决方案

在群体环境中，无论在教室还是在其他环境中，确定讨论和解决问题的计划或程序是很重要的。

杜威的反思性思维　20世纪的哲学家约翰·杜威（John Dewey）描述了个人在解决问题时所进行的思维步骤。杜威提出的步骤被称为"反思性思维"步骤，因为它们提供了一种有逻辑的、合理的方法来生成并决定问题的解决方案。[46] 群体经常使用杜威的"反思性思维"步骤这一解决问题和做决策的高效实用的方法。以下是杜威帮助解决问题和做决策的 5 个步骤。

1. 清楚地界定或定义你要解决的问题。
2. 分析问题：这个问题的原因是什么，或者根源是什么？
3. 提出可能的解决方案。
4. 选择最佳解决方案，然后讨论为什么它是最佳的，以及它将如何解决问题。
5. 一旦确定了最佳解决方案，群体就必须立刻决定如何将其付诸实施。[47]

古伦和广川的功能理论　杜威的经典理论侧重于群体问题的解决和决策过程。沟通研究者丹尼斯·古伦（Dennis Gouran）和兰迪·广川（Randy Hirokawa）在杜威的研究基础上提出了他们的功能理论，描述了沟通是如何帮助或阻碍群体解决问题和决策的。[48] 功能理论假设群体希望做出好的决策，并专注于改进群体功能性沟通的途径。该理论还假设群体拥有所需的所有必要的信息和资源，以及完成工作所需的沟通和思考能力。此外，古伦和广川指出，如果这些条件成立，那么群体的成功取决于另外 3 个因素。

1. 任务。功能理论认为，一个群体要成功完成其目标，必须满足以下 5 项任务要求。

- 成员完全理解正在讨论的问题。
- 他们知道成功解决方案的最低标准。
- 他们确定了所有可供选择的合理解决方案。
- 他们根据商定的选择最佳解决方案的标准，评估所有合理解决方案的优缺点。
- 他们选择最佳的解决方案。

2. 群体成员如何使用沟通来克服他们可能遇到的任何障碍。一个群体的成功可能面临许多障碍，举例如下。

- 群体成员可能无法找到所有相关信息，或无法与其他成员共享所有相关信息。
- 相比于将确定最佳解决方案放在首位，一些群体成员可能会将关系放在首位，以避免分歧或迫使他人遵从，并得以推进。

- 一些群体成员可能更关心自己的利益，而不关心什么对群体最有利。

正如本章前面所提到的，对群体成员和领导者来说，应对那些直接影响群体决策质量的成员是很重要的。

3. 群体成员愿意回顾和反思他们的决定。这是一种对决议负责任的态度。

- 如果已做出的决定出现了任何潜在的问题，群体必须愿意重新思考，即便这意味着重新开始。群体应认真回顾决策的过程和结果，以确保做出最好的选择。

在解决问题和做出决定时，明智的做法是设定一个可遵循的计划流程，就像杜威或古伦和广川所建议的那样。反思性思维的步骤应该被当作一种决策方针，而不是处理每个具体问题的精确公式。研究者和群体学者认为，在群体工作中，群体成员更希望有明确的方向和可遵循的过程。[49]制订计划有助于激发群体、成员贡献更多的想法，做出更好的决定，并从根本上节约时间和精力，减少挫折感。[50]

14.9.3 头脑风暴

有时，群体成员发现自己无法形成新的想法，或在解决某个问题的特定方面缺乏创造性。在这种情况下，他们可能会发现头脑风暴很有帮助。头脑风暴可以用在小组讨论过程的任何阶段，以激发话题、信息或解决方案。在头脑风暴会议上，群体成员要尽可能多地提出与主题相关的想法，不管这些想法看起来有多么牵强。其中一个人负责把想法记录下来，供稍后分析。领导者鼓励大家自由发挥、畅所欲言，或者通过深挖已提出的新想法来拓展大家的思路。

头脑风暴小组的领导者应该创造一个开放的氛围，鼓励创造性和自发性。因此，领导者必须是一个精力充沛的人，对新的想法有热情的反馈。领导者应该鼓励和支持所有成员，并激励大家群策群力，即便他们的观点看起来很牵强。例如，领导者可以使用这样的提示语："我们至少再提出两个想法！""到目前为止，我们做得很棒——我们再试一次，拿出一些更有创意的想法！"

小群体成员和领导者都不得对任何想法表示反对（通过评论或表情传达），除非所有想法都已产生。一旦小群体的想法穷尽或时间截止，就应该对结果进行评估。在这一阶段，成员们应该共同评估每一个想法，其目标是确定哪些想法更值得关注，抛弃那些不可行或内容薄弱的想法，改进不完善的想法，对相关的想法进行巩固，并进一步讨论最合理的想法。

14.10 在群体或团队中工作的利弊

如你所知，你参加过的很多集体活动，无论是学术、体育、娱乐，还是你的个人生活，都各有利弊。了解群体合作的优点和潜在缺点，有助于你设定更现实的期望，在最大限度地减少潜在缺点的同时，充分利用群体的优势。

14.10.1 优势

花点时间思考你所属的所有群体：学生组织、俱乐部、社会群体、工作群体和非正式的朋友群体。你一开始为什么选择加入他们？人们加入群体的原因都是大同小异的。社会心理学家保罗·保卢斯（Paul Paulus）认为，人们加入群体至少有以下 5 个常见原因。

1. 群体有助于满足重要的心理和社会需求。例如，对关注和情感的需求，或对归属的需求。想象一下，与他人完全隔绝，完全独处是什么感觉。很少有人会觉得那样的处境有吸引力。

2. 群体成员帮助人们实现原本可能无法实现的目标。群体使得执行特定任务、解决困难问题或做出复杂决策变得更加容易，而单枪匹马则会难如登天。

3. 作为群体成员，可以获取独自一人难以获得的众多信息和知识来源。

4. 群体可以让人获得安全感的满足。在很多情况下，"团结就是力量"这句老话一点都没错，归属于某个群体可以提供保护和安全，抵御共同的敌人。例如，人们加入社区联防小群体，可以保护自己免受犯罪活动的侵害。

5. 群体成员身份也有助于个人获得积极的社会认同。它成为个体自我概念的一部分。个体所属的群体越有声望、门槛越高，就越能体现个体的身份地位。[51]

参加群体或团队的其他优势包括提升创新和创造力，所谓"三个臭皮匠，赛过诸葛亮"，尤其是面对困难任务或解决复杂问题时。[51] 当你主动参与了他人的讨论而非被动思考时，你更可能记住你所讨论的内容。学者毕比和马斯特森认为，小群体合作有助于提高学习和理解能力。例如，假设你被安排参加考试，让你自学并且不允许提问和回答问题。毕比和马斯特森还认为，讨论比埋头苦干更有助于更好地学习和理解所学内容。[52]

14.10.2 小群体合作的缺点

到目前为止，我们关于群体合作的讨论大多都是积极的，群体合作确实比个人单独工作有更多优势。但是，与群体相关的局限性也会导致效率低下和不太令人满意的结果。

唯唯诺诺　第一个缺点是过分团结会导致个体对群体的顺从和盲目忠诚，这种顺从并不符合个体群体成员的最佳利益。群体可能变得过分团结或投入，从而导致群体思维，群体成员认为群体的和谐比考虑新的想法、批判性地审视自己的假设、改变自己有缺陷的决定或允许新成员参与更为重要。[53]

下面的情况说明了群体思维。学生被要求从解决某一社会问题的 3 种方案中选择一个，并与其他选择相同解决方案的同学一起学习。通常，这 3 种解决方案都会被各自选择，每个小组的任务是捍卫其解决方案，并说服指导老师自己的解决方案是 3 种方案中最好的。为了鼓励学生准备一个有力的论证，他们被告知老师只接受其中一个小组的最佳解决方案。

当这些小组开始工作时，其成员通过适度的努力保持团结，并确定他们的论证。每组选出一名代表阐述各自的论证。在听取每一位代表的发言后，指导老师宣布自己对哪一组提供了最好的解决方案还没有决定。因此，所有小组都有机会继续完善他们的论证。老师还宣布，欢迎不喜欢自己小组解决方案的同学加入另一组。尽管有些人在听取其他小组代表的发言后很想换小组，但没有人真的换组。

为了提高赌注，老师会在周末给排名第二和第三的小组布置家庭作业，而获胜的小组可以不用做。作为回应，每个小组的团结度都会增强。成员们把椅子靠得更近，更有力地讨论他们的解决方案，他们更加公开地支持彼此的观点，共同的目标变得清晰且不容置疑：为了避免周末作业，学生们被激励通过论证说服他们的指导老师。说来也怪，这种特殊的动机可能是危险的。当一个群体的凝聚力和忠诚度太高，当群体面临为了达成共识而牺牲最佳方案为代价时，群体思维更有可能发生。一旦这种集体心态发展起来，整个群体就变得不愿意甚至可能无法改变一个决定，即使他们意识到这是一个糟糕的决定。

对群体思维的研究表明，这是一种真实而普遍的现象，并解释了一些灾难性的群体决策。[54]根据组织行为学专家欧文·贾妮斯（Irving Janis）的研究，8 种症状会导致群体思维。这 8 种症状可以分为以下 3 类。

群体思维
一种功能失调。在这种失调中，群体成员更看重群体的和谐而非新观念，不能批判性地审视各种想法，对有缺陷的决定犹豫不决，或缺乏允许新成员参与的意愿。

1. 高估群体的权力和道德。

- 认为自己群体是无懈可击的幻觉造成过度乐观，并鼓励铤而走险。
- 法不责众的信念。

2. 封闭性。

- 对于可能导致成员在做决定前质疑其观点的负面信息，有将其合理化或掩饰的倾向。
- 对其他群体抱有刻板印象，认为他们太软弱和愚蠢，不值得真正尝试对分歧进行谈判。

3. 整齐划一的追求。

- 对偏离群体的差异性十分敏感，即成员倾向于尽量减少其独特性，并怀疑自己的个人价值。
- 基于自我省察和沉默意味着同意的假设，一种众志成城的幻觉促使成员遵守主流观点。
- 通过证明其异议与大多数群体成员的诉求相悖，对于异见人士施加压力，迫使其顺从。
- 设置"墙"以屏蔽威胁信息，防止群体成员受到反对信息的影响，这些信息可能会打破他们的夜郎自大。[55]

合理的程序可以尽可能避免群体思维，举例如下。

- 指派一名小群体成员为"魔鬼代言人"，故意质疑和批评小群体的行为。
- 鼓励成员"找茬儿"。
- 确保每个群体成员都有发表意见的机会。
- 鼓励个人表达不同意见，而不要因为这样做而受到群体的惩罚。
- 制定一项规定，防止领导者抢先陈述自己的结论或意见。
- 邀请外部专家加入小群体或对结论进行审查，以确保所有意见都得到考虑。[56]

小群体工作的耗时性　群体合作的第二个缺点是决策或解决问题的过程可能很耗时。当一个群体处理某事时，几乎总是需要更长的时间来完成。群体成员越多，实现群体目标所需的时间就越多。个人往往能在更短时间内完成一项任务。例如，如果你参加一个数学测试，你可能会默默地读每一个问题，在草稿纸上验算，然后尝试解决问题。但如果是一个小群体，你首先要讨论每一个问题，决定该如何解决这个问题，然后制定出这个问题的解决方案。换句话说，小群体工作不同于个人工作，因为成员之间必须进行互动。

不均衡的互动　第三个缺点是互动不均衡。互动不均衡的原因之一，是每个成员都有不同的沟通风格和对群体的满意度。一些成员可能会主导甚至支配对话，而其他成员可能根本没有贡献。此外，这个群体中最具攻击性和支配性的人，并不见得总有最好的主意。

不公平的工作量　群体合作的第四个缺点是成员往往认为工作量不公平。我们从学生那里最常听到的抱怨是，他们认为一些小组成员缺乏积极性，没有尽到他们应有的责任。这也被称为社会性惰化。社会性惰化是指个人加入一个群体后会产生工作积极性降低的趋势。[57] 例如，假设你和其他几个沟通专业的同学正在组建一个沟通俱乐部。你的首要任务是制定规章制度，并获得大学的批准，让俱乐部进入校园。小群体中的每个人都知道这项任务并同意提供帮助。大家计划召开一次会议来讨论相关问题。然而所有小群体成员都会付出同样的努力吗？可能不会。有些人会尽他们所能去行动，而另一些人做得很少甚至什么都不做，他们可能会提一些想法，但不会认真对待这项任务，因为他们忙于做其他事情。社会性惰化者也可能不负责任，因为他们认为反正事情有人做，所以就不按时参与群体工作或根本不露面。缺乏主动性似乎是社会性惰化的主要原因。

> **社会性惰化**
> 个人加入群体后工作积极性降低的倾向。

虽然没有什么神奇的程序或行为清单来减少社会性惰化，但这里有一些建议可供参考：把成果归功到个人，增加对任务的使命感和重要性的意识，确保每个人的贡献独一无二而非不加区分，建立群体凝聚力。如果这些建议不起作用，在可能或合理的情况下，开除群体中吃闲饭的人。

失败的压力　第五个缺点是水桶效应。最差的成员决定了最终的成果，因此对于那些能力出众的成员，没必要完成超出最低限度的工作。事实上，那些不合群、超越其他群体成员的人可能会发现，自己因违反群体规范而受到嘲笑、责难，甚至情况更糟糕。例如，萨姆还有两周毕业，她将开始新的工作，担任一家全国经销商的销售代表。在组织行为课上，她被分配到一个人数众多的小组项目。她知道无论她在小组项目上做什么，都会通过考核，无须投入太多。因此，

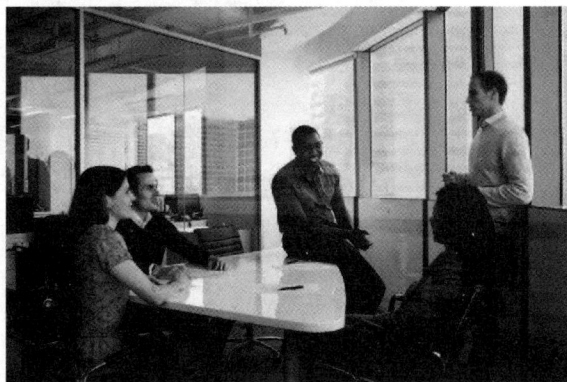

群体合作的一个缺点是，并非所有成员都致力于做他们分内之事。

交际与成功

有效群体

想象一下，你是一个校园小群体的成员，院长委托你们制定校园绿化改进方案。这个小群体由各种各样的学生组成，都是由院长亲自挑选的，一切似乎都很完美，除了最近遇到个人危机的一位成员：他心烦意乱，经常查看短信。他的举动影响了小群体关注手头问题的能力。鉴于此，请回答以下问题：

1. 你将如何处理这种情况？
2. 你会对正在经历危机的小群体成员说什么？
3. 你会对其他群体成员说什么？

当她和小组成员见面时，她说："嘿，伙计们，我们没必要把这个任务看得那么严重。我们所要做的就是完成任务。"怂恿大家应付了事的结果是，萨姆把群体引向失败，或者至少是在做一个低于平均水平的工作。

反群体现象
不喜欢群体。

反群体现象　第六个缺点是一些人在以前所处的小群体中有过消极的经历，他们缺乏在群体中有效的沟通技巧，或不喜欢小群体工作。这种对群体的厌恶被称为"反群体现象"。[58] 对一些人来说，群体工作是如此令人厌恶，他们会尽可能地避免身处群体之中。在我们的经验中，最讨厌加入群体的人，通常是那些几乎没有技能，或是缺乏群体交流素质的人。

14.11　评估小群体绩效

对于群体和群体成员来说，让大家了解每个人都对群体成败负有责任是很重要的。群体有责任解决自己的问题，或至少应该尝试这样做。当然，当一个小群体无法解决某个问题时，或者如果小群体内部出现了分裂，有时需要一个外部协调人，但只有在所有其他努力都失败之后，才应该出现这种情况。

为了确保成功，每个小群体都必须定期评估其有效性。评估可以在任何时候进行，但在一项任务结束之后和另一项任务开始之前，评估尤其有效。

评估在课堂练习中也很重要。当学生学习群体沟通时，他们需要老师的反馈来评估自己。这种自我评估应考虑如下问题。

1. 我们是否有效地利用了时间？如果没有，为什么？
2. 每个人都拥有参与的机会吗？
3. 有人主导讨论吗？
4. 大家会倾听其他人的发言吗？
5. 是否每个人都为讨论带来了足够的信息和研究？

6．是否鼓励观点的碰撞且有足够的表达自由？

7．群体沟通是否在议程范围内？

8．成员对讨论的方向满意吗？如果不满意，为什么？

9．我们是否为会议设定了现实的目标？

10．我们能完成任务吗？如果不能，为什么？

为了使评估产生效果，评估结果必须向群体所有成员公布。这种共享的一个关键要素不能有强迫的气氛。领导者和所有成员必须自愿接受评估，而不带有排斥的态度。如果群体没能完成工作，或者群体成员情绪不高，就必须采取纠正措施。

》小结

14.1 小群体沟通

- 小群体沟通是指在相对较少的人之间沟通信息，最好是 5 ~ 7 人。
- 在小群体沟通中，大家有共同的目的，相互影响，承担角色，相互依赖，彼此互动。

14.2 群体的目的和类型

- **主要群体**关注社交或人际关系，包括家人、好友、邻居、同事和社交网络上的好友。
- **次要群体**是以完成任务或实现目标为使命的小群体，包括决策、解决具体问题、临时委员会、学习和治疗小群体。
- 社交媒体改变了群体会面的方式和时间，并使成员在不同地点的群体能够在必要时快速做出决定。

14.3 小群体的特征

- 一个群体最基本的特征是其**相互依赖性**或成员之间的彼此依赖。
- 成员对群体的忠诚是群体成功的关键。
- **凝聚力**是群体成员之间的吸引力，这一点很重要，但当凝聚力变得太强时，它会干扰良好的决策。
- 男女在群体沟通方式上的差异并非泾渭分明，研究结果也很难避免带有对某个性别的偏向性。

14.4 建立群体文化

- **群体文化**是群体成员共同的价值观、信念、规范和行为模式，塑造了群体的个性。
- **群体规模**对群体的有效性会产生重要影响；群体太小会限制信息和想法；群体太大会限制个人发挥。
- **群体规范**，由群体成员制定并希望共同遵守的非正式或正式的行为准则或规则，指导群体的互动。

14.5 领导力

- **领导力**是一个影响过程，包括特定的行为，而领导者则是被指派的，或是从群体中出现的角色。
- 领导力是一种有助于明确群体目标或引导群体实现目标的行为。
- 领导风格可以用两种方式来衡量：一种是基于不同的侧重点，任务导向（关注成就）或是关系导向（关注人）；另一种是根据**领导**向成员放权的程度（专制、民主或放任）。
- 关于性别角色的刻板印象认为，女性领导者比男性领导者更关心人际关系，在领导风格上更民主。

14.6 群体交往中的道德行为

- 想要让群体有高水平的表现，领导者和成员都必须遵守道德规范。群体成员应有权公开发表意见，在群体内共享信息，诚实守信，在有要求时对共享信息保密，并且对信息的使用要符合道德标准。

14.7 成员参与

- 群体是否成功，取决于群体成员能否履行各种角色，如群体的任务角色、构建角色、维护角色等。以自我中心的角色也会发挥作用，但可能会适得其反，具有破坏性。
- 群体的任务角色有助于完成群体的任务或目标，群体建设角色和维护角色决定了群体的整体风气。
- 自我中心者对群体带来的影响通常是负面的，对群体具有破坏性；处理其负能量和破坏性行为的最佳方法是公开讨论。

14.8 管理群体冲突

- 群体可能会经历冲突，有人的地方就会有冲突。然而，训练有素的群体知道如何使用原则性谈判来化解冲突，这是一种帮助群体成员通过共同寻找满足不同需求的替代方案达成共识的程序。
- 有效的群体决策和问题的解决，通常取决于冲突和分歧的公开化。
- 与线下沟通相比，在线沟通更可能产生关系冲突和任务冲突。
- **原则性谈判**，一种能够考虑各方意见、有助于各群体协商一致的程序。
- 道德行为可以帮助群体加深对问题的理解，增强群体凝聚力，同时将破坏性结果降至最低。

14.9 问题解决与决策

- 大多数小群体沟通的目标是解决问题或做出决策。
- 要有效地做到这一点，小群体必须能够清楚地陈述问题。
- 反思性思维侧重于决策过程，包括了解问题、定义和描述问题、得出可能的解决方案、评估优缺点，然后选择最佳解决方案。功能理论关注的是沟通过程，假设群体能够在拥有所有可用信息和资源的情况下做出最佳决策。
- 群体有时会发现自己缺少新的思想或难以决策，这时头脑风暴可以是一个选择。
- 大多数群体的目标是在决策过程中达成共识。

14.10 在群体或团队中工作的利弊

- 成为群体成员有助于满足心理和社会需求，实现个人可能无法实现的目标，获得多种信息来源，满足安全需求，并有助于个人的社会认同。
- 以下是群体合作的缺点：成员可能变得过于团结或投入，可能导致**群体思考**，耗费时间，不是所有成员都平等地做出贡献，**社会性惰化**可能影响结果，可能出现失败的压力，可能出现**反群体**现象。

14.11 评估小群体绩效

- 为确保持续的成功和进步，小群体应定期进行自我分析，并寻找需要改进的领域。

》问题讨论

1. 说明为什么理解如何在群体或团队中工作很重要。
2. 提出能提高群体工作效率的行为的建议。
3. 你认为哪个群体特征（相互依赖、忠诚、凝聚力、群体规模或群体文化）对一个群体的成功最重要？为什么？
4. 讨论你班上的适用于群体的两个准则。
5. 描述最近发生的群体思维事件及其原因。
6. 解释你认为女性和男性在参加群体讨论时存在的差异（如果有）。
7. 社交媒体在哪些方面改变了我们群体工作的方式？
8. 描述成为一名有道德的群体成员意味着什么。
9. 根据你的经验，一个社会性惰化者会如何影响一个群体的氛围、动机和生产力？
10. 描述一个群体或团队的称职领导者。
11. 你怎样才能让那些孤僻的群体成员回到讨论中，而不让他们感到难堪？
12. 确定你认为可以有效评估一个群体的标准。

第 **15** 章
工作中的沟通与交际

本章导读

通过在工作场所与同事的开放式沟通，获取成功的职业生涯和幸福生活。

章节大纲	学习目标
15.1 沟通与职业成功	描述成功职业生涯所需的条件，以及雇主看重的求职者品质
15.2 求职	解释如何有效求职
15.3 准备面试	解释准备工作面试的步骤
15.4 面试	以高效、干练的风格向潜在雇主描述自己，向他们提供聘用你的信息和理由
15.5 获得工作机会	解释雇主接受或拒绝申请人的理由

联系日常生活

瑞切尔（Rachelle）是两个孩子的母亲，她常为自己没能接受完整的大学教育感到遗憾。现在，孩子们已经在上中学，可以独立生活了，因此瑞切尔和老公认为现在是她继续修完沟通学位的时候了。由于长期远离职场，瑞切尔不清楚沟通专业的就业前景，因此她通过顾问、就业服务办公室和互联网了解情况。

今年 5 月即将毕业的马库斯（Markaus）正在老家内布拉斯加州奥马哈一家大公司谋求公关职位。通过一位朋友介绍，马库斯联系到了 S&S 航运公司的人事主管，询问公司公共关系部门招聘的事。

大三的学生埃登（Edden）正在寻找一个关于市场营销的实习机会，以便在正式上班前积累一些经验。她通过学校实习办公室联系了几家营销公司，准备面试一个助理的职位。

迪翁（Dionne）上大学的时候需要挣点钱来付房租。她决定找一份兼职，准备去当地一家服装店面试。

问题与思考

1. 以上哪些人最能代表你和你的未来？解释一下。
2. 你应该什么时候开始以及如何为你的职业生涯做准备？
3. 描述实习的价值。

无论你是大一新生还是即将毕业的大四学生，为你的未来做准备永远不会为时过早。准备工作的重要部分是启动，只有未雨绸缪的人，才能做到有备无患，拥抱成功的职业生涯。本章将探讨工作上的沟通，以及你应该为实习和求职面试做些什么准备——你可能遇到的问题，以及如何在面试中给人留下最佳印象。[1]

15.1 沟通与职业成功

除了在你的专业领域获得的大学学位，你在各种环境下有效沟通的能力，对于你选择的任何一个职业以及你的成功都是至关重要的。几乎每一本与商业沟通相关的教科书和大量的研究报告都指出，有效沟通的能力在职场是必不可少的。[2] 例如，一项针对《财富》1000 强企业的 1000 多名雇主的研究表明，大多数员工平均每天要收发 178 条信息。[3] 在组织中担任不同领导职务的员工，平均每周工作时间的 80% ~ 90% 都在进行沟通。在任何职业中，沟通都是普遍存在的，它的有效性对于企业和个人的成功至关重要。这一点在许多关于这一主题的研究报告和教科书中都会着重强调。然而，真正关乎每个企业或组织成功的，是其沟通的整体质量。

很难找出哪个职业领域或具体工作是不需要一定沟通能力的，无论是书面的还是口头的，或者两者都需要。在过去的几年里，当雇主被问到：应届生对于进入职场是否准备充分，他们的回答不是"毫无准备"就是

"准备不足"。不仅雇主，政治家和高等教育专业人士也表达了这种担忧。他们担心的原因是，他们认为高等教育未能弥合所谓的技能差距。应届生所拥有的技能，和雇主对空缺职位的技能需求之间的差距越来越大。我们需要回答这一问题："学生应该掌握哪些具体的技能、知识和能力，以便在一个不可预测和竞争激烈的 21 世纪经济环境中茁壮成长？"[4]

美国全国大学与雇主协会（NACE）在 2017 年 8 月至 10 月间对 1000 名雇主进行了调查（回收了 201 份完整的调查，回收率为 20.5%），调查内容涉及他们在招聘新员工时所需的技能和素质。调查结果汇总见表 15-1。大概的结论是，雇主们想要灵活多变、适应力强的人才。

表 15-1　雇主对职业能力的基本需求的评分

职业能力	加权平均评分 *
批判性思维 / 解决问题的能力	4.62
团队合作	4.56
专业化 / 职业道德	4.46
口头 / 书面沟通	4.30
领导力	3.82
数字技术	3.73
职业生涯管理	3.46
全球 / 多元文化流畅度	3.01

*5 分制，其中 1= 不重要，2= 不是非常重要，3= 有点重要，4= 重要，5= 十分重要。
资料来源：美国全国大学和雇主协会《2018 年就业展望》

在同一项调查中，NACE 询问雇主们，在招聘的时候希望应届生能在多大程度上满足职位需求。值得注意的是，接受调查的雇主发现，平均就四年制本科毕业生而言，很少有人十分精通符合职位需要的职业能力，多数求职者对于职位需求的能力都能做到"非常熟练"，然而，这也意味着还有一半的毕业生无法做到"非常熟练"。

在同一项调查中，NACE 让雇主评估雇员其是否具备所需的熟练程度或专业水平，以及雇主希望雇员具备的基本能力。雇主认为，职位所需的职业能力熟练度与雇员们自认为的职业能力熟练度（数字技术除外）之间似乎存在很大差距。最大的差距与批判性思维 / 解决问题、专业精神 / 职业道德、口头 / 书面沟通以及领导力有关，所有这些都是雇主视为基本技能的核心能力。职位需求与职业能力熟练度的完整数据见表 15-2。

表 15-2　职位需求与职业能力熟练度的对比

职业能力	重要性 *	熟练度 **
团队合作	97.5%	77.0%
数字技术	64.2%	65.8%
批判性思维 / 解决问题的能力	99.2%	55.8%
专业化 / 职业道德	100%	42.5%
口头 / 书面沟通	95.9%	41.6%
领导力	68.6%	33.0%
全球 / 多元文化流畅度	31.1%	20.7%
职业生涯管理	47.1%	17.3%

** "熟练度" 的百分比代表的是，在所有做出答复的雇主中，按照 5 分制，应届生对该能力的熟练度是 "很熟练"（4）或 "十分熟练"（5）的。

* "重要性" 的百分比代表的是，在所有做出答复的雇主中，按照 5 分制，该能力对于准备就职的应届生而言是 "重要"（4）或 "十分重要"（5）的。

资料来源：美国全国大学和雇主协会《2018 年就业展望》

　　大学毕业后，你会发现自己在工作中仍要继续学习。区别只是不在教室里学习了，转而参加培训班或在职学习。你很快也会明白，毕业之后与人打交道的方式与在学校没有什么区别。本书的前几章学起来并不难，其中的内容对你未来的成功至关重要。你应该清楚的是，你对沟通及其在日常生活和未来职业中的作用了解得越多，你就越有可能在生活和工作两方面都获得成功和满足。

　　内布拉斯加大学林肯分校就业服务部前助理主任凯利·史密斯（Kelli Smith）博士建议，学生要在团队建设和团队合作方面积累尽可能多的经验。[5] 史密斯表示，公司需要的是能够与他人合作的个人。一位公司招聘人员问学生以下问题："当你作为团队中的一员工作时，你会扮演什么独特的角色？" 史密斯说："对许多规模精简、管理职位较少的组织来说，聘用具有团队合作精神的人非常重要，因为他们更注重团队合作。" 当你和其他人一起工作时，你的角色是什么？是领导者、组织者、创意提供者还是其他什么？史密斯博士还说，实习对于获得工作经验很重要。史密斯建议学生们参加与毕业后要找的工作有关的实习。她说，有过实习经历的学生可以标榜自己做过这项工作或类似的工作，因此比没有经验的学生有更好的就业机会。史密斯说："这样的经历（实习）也是建立人际关系和帮助学生决定某个职业是否适合他们的关键。"

　　几乎每一个职业都需要写作、演讲、阅读、倾听、决策、研究和推理等技能。此外，大多数组织都希望雇用具有领导能力、人际沟通能力、组织能力和说服能力的人。对高水平的专业职位来说，许多特征都很重要，包括雄心、自信、竞争力、可靠性、主动性、积极性、责任感和反应能力。[6] 获得上述技能和行为习惯的方式在很大程度上取决于你自己。不管你多么天资聪颖或学富五车，如果缺少这些职业能力，获得一份高水平或专业性的工作，就算不是不可能，也是极其困难的。

　　许多专业领域的雇主也在寻找有创造力的求职者。求职者是真实自然的吗？一些招聘人员会忽然问一些离题的问题，只是想看看这是否"干扰"了一个求职者。当面对困难时，求职者会如何应对？求职者能否给出有创造力的答案？这对大多数雇主来说都很重要，因为在与客户打交道的商业环境中，员工往往不得不应对突然的变化和不熟悉的问题。雇主最看重的是求职者或雇员的个人品质，如自信、自我激励、雄心壮志和竞争本能。雇主表示，他们通常可以通过求职者的自我展示，以及他们在校期间从事的活动或工作的类型，了解他们是否具备这些素质。接下来，我们将讨论你在毕业后为了获得第一份工作所必须考虑的事情。

15.2　求职

　　对于那些抢手的职位，优秀的求职者激烈竞争的情况司空见惯。根据就业服务统计数据，求职者平均每周花 15 ~ 25 小时找工作。那些积极性很高的人会把求职本身当成一项工作。一个人花在找工作上的时间越多，其收到工作邀请的可能性就越大。[7] 建立人际关系网是找工作的方法之一，下面我们谈谈这个方法。

15.2.1　人际关系

　　报纸和在线广告、专业杂志、求职服务、教过你的老师，以及从事你感兴趣的工作的人，都可以给你带来很好的求职线索。但找到工作最有效的方法是利用人际关系。人际关系是指能够提供就业信息或职位的人际关系网。亲戚、朋友、同学、同事、校友，以及参加社交或专业聚会的人，都是潜在的信息来源。如果你身边有人不知道哪里有工作机会，让其发动自己的人际关系，然后联系那个有相关资源的人。你的人际关系可以从一个人扩展到另一个人，你从每个新联系人那里获得信息。许多社交网站，如 Facebook、领英和 Twitter，在寻找工作机会时都可能会有所帮助。领英是将在职者和求职者联系起来的最知名的网站，拥有超过 5 亿的用户，并且还在不断增长。[8] 许多雇主通过搜索网络和网站来寻找合格的求职者。领英允许用户列出自己过去的经历、奖项、演讲或投资方面的技能等个人信息。但是，不要把领英当作一个被动的资源，用户发布信息后就等着招聘单位向自

关系网
能够提供就业信息或职位的人际关系联络。

己伸出橄榄枝，应该通过领英研究行业、雇主和意向机构的关键人物。与专业团队或校友会的联系，扩大潜在的人际关系。领英允许用户（包括雇员和雇主）在近似真实职业关系的在线网络中创建个人资料并相互联络。[9]

交际与成功

通过社交媒体拓展人际关系

许多在线资源可以帮助你找工作，同时为面试做准备。领英是一个很多专业人士都愈发青睐的专业网络，它为专业人士和潜在员工提供各种支持，目前在 200 多个国家和地区拥有 5 亿多注册用户。[10]领英提供了一种通过社交媒体与他人联系的极好方式。同样，Facebook 和 Twitter 也是联系职业人士的常用方式。

登录领英，学习如何利用它寻找和准备一份工作。访问领英在线学习中心，获取可用的信息和特定资源。花点时间回顾"学习网络研讨会"，清楚如何在线展示自己并融入网络社交。完善个人资料，包括专业总结、工作经验和教育经历。

问题与思考

1. 你或你认识的人有通过社交媒体建立过人际关系吗？你或对方的经历有哪些积极和消极的体验？
2. 解释在寻找工作时，传统的人际关系是如何发挥作用的。

为什么要建立人际关系？答案很简单：这是一种最好的战略方法，你可以用它找到工作或就业机会，并帮助你成为专业人士。许多雇主都会依靠组织内外的其他人推荐某个人担任各种职位，经常有很多好的职位不会对外公布，这被称为"隐性就业市场"。因此，与你在工作中已经认识的人以及你在招聘会上遇到的人建立关系，或者通过老师介绍，再或者与家人、朋友或者其他人讨论你的职业计划，这些都很重要。在社交媒体上发布你的求职意向信息也是个不错的选择。

15.2.2 招聘会

大多数学校都会开展校园招聘，这对学生建立人际关系以及寻求实习或工作都很有帮助。学生只需联系学校的就业服务办公室，问清楚下一次校园招聘什么时候开始即可。你应该在时间允许的情况下尽可能多地参加招聘会，也不一定非要等到大四才去参加招聘会。如果还没毕业时你就与某个机构保持联系，你与这个机构的关系会更加密切，毕业后获得该机构实习或工作的机会就会大大增加。

一些人才市场、招聘机构甚至雇主，都可能会举办"虚拟"招聘会，求职者可以通过某种形式的远程沟通（如电子邮件、视频、电话）在规定的时间内进行沟通。这类活动主要是提供雇主和求职者双向展示的平台。

如果你打算参加你们学校或社区举办的招聘会，就应该尽可能专业地做好准备。如果你是大一、大二的学生，也可以去了解一下招聘会是个什么情况，作为一个旁观者观察招聘会上的人和事。如果你已经大三、大四，你就要与专业对口的单位取得联系。为了在招聘会上获得好的经验，你可以做以下准备。

- 检查你的个人资料，确保你在任何平台上提交和发布的信息都是最新的。
- 了解哪些单位会出席招聘会，并对其进行深入研究。
- 更新你的简历，如果可能，针对求职方向进行调整。
- 注意自己的着装。
- 清楚自己要说些什么（准备一个"电梯演讲"——1 ~ 2分钟的自我介绍）。[11]

招聘会当天，如果你想给雇主留下深刻的印象，以下是一些建议。

- 优先考虑你最想见的雇主。
- 将简历的一些纸质材料装在文件夹中，随身携带。
- 与招聘人员打招呼时，要坚定地握手，保持眼神交流，表现出热情和兴趣。
- 询问招聘人员是否有在线申请途径，特别是当招聘人员没有或不能留下你的简历时。
- 一定要询问联系方式或索要名片。[12]

15.2.3 互联网

准备就业面试最有价值的工具之一是互联网。你可以通过网络学习如何为面试做准备、写一份简历、研究某个机构、寻找工作机会、了解面试常见问题，甚至获得关于面试穿着的建议。大多数学校都有就业服务办公室，你可以上门或通过官网与他们取得联系。就业服务中心的网站是一个非常有价值的信息来源。例如，内布拉斯加大学林肯分校的就业服务中心提供了与求职面试相关的几乎所有方面信息，比如"求职准备"区域提供了有关人际关系、求职策略、简历技巧和模板、求职信撰写和参考模板、面试小技巧等信息。

此外，找到最适合自己的求职网站。例如，有些网站可能以地理位置为重点，帮助你了解某个区域的就业机会；或者以行业为重点，如政府、非营利组织或教育机构；还有的侧重职位类型，如专门针对实习的网站。

求职者通过在线方式与潜在雇主联系越来越普遍。如果你准备在线求职，这里有一些建议：

- 尽可能仔细、彻底地校对信息，请有编辑能力的人检查，以确保信息无误。

- 遵循网站要求填写信息。但是，在提供个人信息（如社会保险号码）时应格外小心。除非确定网站是安全的，否则建议你不要提供你的社保号码。

- 在填写任何内容之前，请先完整了解整个申请页面，做到有计划地填写。了解"提交"选项的要求，以确保有效提交。

- 针对你感兴趣的每个职位分别提交申请。根据需要更新或改进你的个人资料，以适合对应的职位。

- 有的网站可能不要求或不允许提交附件，但通常会有开放的文本框，可以用来填写求职信的大部分内容。

- 提交在线信息之后，直接与雇主联系，了解所招聘职位的具体情况，确认对方已经收到了你的材料。[13]

以下是一些通过电子邮件求职的附加建议。

- 适当的邮件用户名会让你看起来更靠谱。

- 使用有信息量的简短主题，并包括你的姓名（例如，"销售代表职位申请－玛丽·史密斯"）。

- 使用雇主要求的格式，并在正文或附件中附上你的简历。要像一封正式的商务信函一样写这封邮件，使用恰当的问候语。

- 如果你通过电子邮件附上简历和求职信，请使用标准字体，如 Times New Roman 或 Arial。你可以用 PDF 格式，便于在各种电子邮件或浏览器中直接查看。[14]

15.3 准备面试

虽然对部分同学而言离工作或许还有几年时间，但现在就开始做准备绝不会为时过早。为面试做准备需要周详计划，并考虑一下用人单位对求职者的期望。最初的准备工作通常只需要花 20～30 分钟，这与你花在获得大学学位上的时间相比是很短的，但你花的这个时间对于你的未来可能至关重要。申请者没有做好充分的计划会给人很敷衍的印象，这样的印象会自始至终影响整个面试过程。给人的印象是敷衍冷漠还是积极认真，完全取决于你自己。你要考虑的第一件事是列出你迄今为止取得的成就，以及如何向他人展示这些成就。这通常通过简历完成。

15.3.1 写简历

除了课堂学习，通过课外实习或兼职等培养自己的能力也十分重要。你还应该考虑加入或入选学生组织、为社区组织做志愿者，或帮老师做科研项目。大多数人都记不清很久之前取得的成就，因此做一份经验和技能清单作为成就记录是很重要的。

简历是一份书面文件，它可以简要而准确地描述一个人的基本信息、教育经历、专业资格和经验。写得好的简历会增加一个人留下好印象的机会，而一份槽糕的简历会严重危及一个人的机会，即使这个人的真实水平很不错。简历是你的个人营销工具，表明你是合格的候选人，或者你是特定工作的理想人选。如果简历做得很好，并且有效地表明了你的优点，那么你很可能会收到面试邀请，或者至少是与雇主的后续互动。以下是撰写一份有效且组织良好的简历时需要考虑的细节。

> **简历**
> 简明扼要地描述个人的基本信息、教育经历、专业资格和经验的书面文件。

1. 所有页面边距应设置为 1 英寸。
2. 字体应易于阅读，用 10 号或 12 号字体。
3. 粗体字、下划线和斜体字用于内容强调，或者区分内容模块。
4. 简历的长度限制在一页，除非在你所申请的领域，一页以上是典型的做法。
5. 如有必要，你还应该为在线求职申请单独准备一份无格式简历。
6. 按时间顺序列出各类经历，由近及远。
7. 如果你写课程平均绩点，就应该精确，不要四舍五入。[15]

你的简历应该包含的内容，参考如下列表。

1. 联系信息，即姓名、地址、邮编、电话、电子邮件、个人网页或其他。
2. 学历，即学校名称、所在地、学位（全称）、毕业日期、专业。
3. 强烈建议列出你的工作经验、技能、参加过的活动、荣誉 / 奖励和其他相关经验。
4. 职业生涯规划，或者所修课程介绍，这些可选填。
5. 不包括推荐信。可以列出来，但推荐信具体内容单独成页——仅在需要的时候提供。[16]

简历是一种非常强大的沟通方式。由于它代表求职者，所以必须准确、完整和整洁。简历的内容和布局因人而异。最安全的通用规则是保持简单，限制在 1 ~ 2 页，按时间由近及远地列出每个部分中的条目。雇主们都很忙，没有时间阅读过于冗长复杂的简历。

在写简历时，你应该使用项目符号来描述和展示你的成就。有效的要点陈述包括回答"什么""如何""为什么"。你已经知道雇主在寻找一个雇员，现在你必须向雇主表明你有他们正在寻找的东西。只有通过展示你现有的成就，或者你即将取得相应成就的行动，才能做到这一点。

用动词起头列出每个成就要点。"你的终极求职指南"提供了动词的例子供你参考。以下列表包括与特定申请人特征相关的动词。

- **领导力或主动性**：完成、取得、影响、管理、激励、协调、培训。
- **团队合作或人际关系**：帮助、鼓励、咨询、支持、互动、参与。
- **解决问题**：解决、改进、增强、确定、调整、调解、总结。
- **书面沟通**：撰写、记录、起草、撰写、评论、编辑。
- **口头沟通**：协商、卖出、讨论、提倡、说服、促进、介绍。
- **分析性**：分析、评估、验证、估计、比较、预测、研究。
- **技术**：审核、设计、修改、测试、建造、计算、演示、安装。
- **组织或细化**：修订、安排、合并、优先、执行、计划、组织。
- **创意**：展示、创造、设计、推出、营销、生产、开发。

15.3.2 简历示例

"参与式"简历的适合拿奖学金、加入课外拓展项目或者找兼职的学生（见图 15-1）。一份按时间顺序排列的简历适合想要获得经验的学生（见图 15-2）。图 15-3 所示的是为启动或找下一份全职工作而设计的简历。

许多就业顾问建议大学生在简历紧随介绍信息的位置写一个简短的职业目标，目标应尽可能具体。举例如下。

- 期望在大公司或机构中担任公关主管。
- 期望获得销售、广告或市场方面的经验。

在简历的教育部分，申请人应列出所就读的学校、获得的学位、专业、辅修专业、特殊专业，以及奖学金，可以选择性地附上成绩单。

经验部分应包括所从事过的带薪和无薪工作、工作的日期和地点。如果申请人有过许多兼职工作，只列出几个最重要、最新和最相关的工作。如果合适，在面试中讨论其他工作经验。记得写清楚从事的每份工作的具体职务。每一条陈述以一个动词开头，后面紧跟有关职责的详细信息。你可以用具体数字、涉及金额或关键词让读者更好地了解你的技能程度。

在课外活动部分，申请人应列出所有参与过的由官方、社会和专业机构组织的活动，也包括体育活动。这个部分展示了求职者的业余爱好、全面性以及社交、领导和组织技能。对于在其他领域表现出类似技能的有经验的或年龄较大的求职者来说，此类信息不太重要。

把你的推荐信单独列在一页上，以便在需要时提供出来。尽管你现在可能没打算申请工作，但了解你的教授，并确保他们认识你，这绝对是个明智的选择。选择合适的时间（也许是办公时间）和理由（讨论论文或作业）去拜访你的教授，这样他们就会认识你。如果教授们知道你是谁，那么他们做你的推荐人或给你写推荐信就更容易，而且这样的推荐人会更私人化、更可信。

除非得到某人的许可，否则不要将其列入推荐人名单。当要求个人作为你的推荐人时，给他们一份你的简历，告诉他们你在找什么样的工作。虽然有些雇主可能会要求书面推荐信，但大多数雇主只会要求提供联系方式，以便他们可以直接与你的推荐人沟通。你应该确保这个人可以提供一个积极的推荐。如果这个人拒绝或者看起来犹豫不决，就去找其他人。请参见图 15-4 中单独的推荐信及其格式示例。

写完简历后，请仔细校对，以防出现错误和遗漏，然后请就业服务办公室的顾问或教授提出改进建议。

如果你遵从了上述操作步骤，你填写的简历应该就是合格的。

交际与成功

网络的负面影响

一些雇主现在要求求职者提供简历和推荐信的同时还要附上社交媒体账号。不要求社交媒体账号的公司会采取其他措施，要求潜在员工在面试时与 HR 互加好友或登录公司电脑。还有的雇主要求被雇新人签署不诋毁协议，这些协议从根本上阻止了雇员在社交媒体上说或写任何关于雇主的负面信息。[17]

问题与思考

1. 如果有人向你提出这些要求，你会如何回应？
2. 如何避免社交媒体页面对你是否被录用产生负面影响？

15.3.3 创建网站或博客

如今，许多求职者成功地利用社交媒体或自建网站，将自己的简历或作品集发布给他人。通过这一做法，如果你很谨慎并遵循本章建议的指导方针，你就创造了另一条途径和有效的方法，推销了你自己，以及你必须提供的内容。你应该通过专业一点的页面，展示你的创意、设计、技术和写作技巧。

简历示例 1：参与式

面向申请奖学金、出国留学或兼职的学生。

赖利·格林

北 17 街 860 号 #304 | 亚伯公寓 | 林肯市 ××××

402-555-×××× | ××××.greene16@gmail.com

目标

争取赴新西兰留学研究和生活所需的奖学金

教育背景

内布拉斯加大学林肯分校

文学学士

专业：未申报

毕业日期：20×× 年 5 月（预计）

平均绩点：#.##/4.00

内布拉斯加州林肯市北星高中

高中

毕业日期：20×× 年 5 月

工作经验

内布拉斯加州林肯市赛百味

三明治制作师，20×× 年 6 月至今

- 在结账时做非正式的口头满意度调查，表达对客户体验的关心
- 在钱款方面注重细节和准确性
- 通过沟通明确客户需求，并根据规格定制三明治

内布拉斯加州林肯市私人家庭

保姆，20×× 年 10 月—20×× 年 5 月

- 每周两次看护 3 名小学适龄儿童的安全
- 创造适龄教育机会，促进创新和学习进步

领导经验 / 志愿者服务

内布拉斯加州林肯市扶贫服务中心

志愿者，20×× 年 6 月至今

- 在活动中为百余人准备食物，重点强调已知的食物过敏原
- 协调"青春日"活动，在个活动中，6 ～ 12 年级的女生可以为即将到来的新学年免费选购新衣服，以图开门大吉。

内华达州林肯市北星高中管弦 & 仪仗队

首席号手，20×× 年 9 月—20×× 年 5 月；成员，20×× 年 10 月—20×× 年 5 月

- 根据表现力和领导力在 20 余名队员中争得首席
- 每天练习 2 小时，同时兼顾学习和其他活动

荣誉

詹姆斯·坎菲尔德奖学金。内布拉斯加大学林肯分校，20×× 年 8 月至今

技能

计算机：Word 和 PowerPoint

外语：西班牙语基本的书面和会话

小贴士：如果你仍处于专业选择阶段，标明"未申报"，但要写清准备申请文科还是理科学位。记住，一旦确定专业，就要写清确切的专业和学位名称。

小贴士：如果你的平均绩点或核心课绩点为 3.0 或更高，就将其列出。

小贴士：你可以在简历上写高中学习和经历，但这些信息到了大三之后就没必要保留了。

小贴士：如果你仍在任的职位，可以在句首使用一个强有力的现在时态动词展开描述。

小贴士：如果是已经卸任的职位，可以在句首使用一个强有力的过去时态动词展开描述。

小贴士：如果你在一个组织中担任过多个职位，可以先列出组织名，然后罗列职位，这样可以节约空间。

小贴士：在"技能"部分，重点关注与你的领域相关的"干货"或"技术性"技能，如果可能，用项目符号逐条展示。

图 15-1 "参与式"简历

在将高中简历转换为大学简历时，过渡简历很有用。学术简历在申请学术奖学金、奖励、荣誉、研究生院或专业学校时非常有用。

摘自内布拉斯加州工会"2017—2018 年终极求职指南"就业服务第 22 页。经内布拉斯加大学林肯分校就业服务中心许可转载。

简历示例 2：获取经验

适合申请实习、研究机会或寻求专业相关工作经验的学生。

赖利·格林
北 17 街 860 号 #304 | 亚伯公寓 | 林肯市、××××
402-555-×××× | ××××.greene16@gmail.com

目标
利用分析、沟通和团队合作的技巧，在目标公司获得店铺行政管理见习职位

教育
内布拉斯加大学林肯分校
文学学士，20×× 年 5 月（预期）
专业：心理学；平均绩点：#.##/4.00
奖学金：詹姆斯·坎菲尔德奖学金和全球门户奖学金
新西兰林肯大学
新西兰游学（历史学分 6 分），20×× 年夏季

工作经验
内布拉斯加大学林肯分校，内布拉斯加大学基金会
校友联络人，20×× 年 9 月至今
• 工作 3 个月内劝说校友捐款超过 20 万元
• 在打电话之前分析潜在捐赠者的信息，挖掘促进捐赠的针对性资源

内布拉斯加州林肯市赛百味
三明治艺术家，20×× 年 6 月—20×× 年 8 月
• 在财务交易方面注重细节和准确性，确保积极的客户体验

活动
内布拉斯加大学林肯分校大学生心理健康组织
成员，20×× 年 10 月至今
• 从同学和老师那里了解更多心理学领域的知识

内布拉斯加大学林肯分校大学计划委员会（UPC）
成员，20×× 年 1 月至今
• 团队合作，协调和促进校园娱乐教育活动

志愿者服务
南达科他州松岭 ASB 社区服务
参与者，20×× 年 3 月
• 在松岭印第安人保留地的奥格拉拉苏族部落总部当志愿者
• 辅导小学生，为升学目标提供指导

内布拉斯加州林肯市扶贫服务中心
志愿者，20×× 年 6 月—20×× 年 10 月
• 活动协调，用社区捐款支持有需要的家庭和个人
• 每月为约 100 个人提供补充营养援助

技能
计算机：Word、PowerPoint、Excel
外语：西班牙语基本的书面和会话

小贴士：提供一个链接到你的领英个人资料、专业介绍页面或博客的网址，这样有助于社交并与雇主分享更多信息。

小贴士：如果在申请某个职位时包含"目标"部分，写清楚具体的职位和部门名称。

小贴士：确保你的学位、专业和平均绩点（如果包括）准确可信。

小贴士：在实习阶段，雇主并不要求你有大量的相关经验。对于那些看起来与你的职业目标关系不大的工作经验，可以通过强调承担的责任和义务加以变通。

小贴士：除了列出承担过的职责和义务，还要表明具体的成就或成果。

小贴士：在描述工作经验时，通过数据表明成绩和你承担的业务规模。

小贴士：灵活调整简历的格式和内容结构，突出不同的活动和经历。

图 15-2 按时间顺序排列的简历

实习简历强调了在校学习情况和期望的实习领域。求职信是在求职者不确定某个雇主招聘哪些工作或职位时使用的。

摘自内布拉斯加州工会"2017—2018 年终极求职指南"就业服务第 23 页。经内布拉斯加大学林肯分校就业服务中心许可转载。

简历示例3：求职

适合寻求全职机会的求职者。

赖利·格林

1234 肯尼迪大道 | 内华达州林肯市 68512 | 402-555-×××× |
××××.greene16@gmail.com

教育

内布拉斯加大学林肯分校
文学学士，20××年5月（预期）
专业：心理学；平均绩点：#.##/4.00

新西兰林肯大学
新西兰游学（历史学分6分），20××年夏季

相关经验

内布拉斯加大学林肯分校，内布拉斯加大学基金会
校友联络人，20××年9月至今
- 通过敏锐的演讲和倾听技巧说服校友和其他相关人士做出经济贡献
- 工作前三个月募捐超过20万美元，位居校友联络人募捐排行前10%

密苏里州堪萨斯城塔吉特百货公司（Target）
店铺行政管理见习职位，20××年5月—20××年8月
- 每天与超过50个客户互动，通过有效的客户服务、组织和多任务处理能力，改善客户体验并解决所有问题
- 在所有部门（包括电子部门）接受交叉培训，以满足客户的个性化需求

内布拉斯加大学林肯分校心理学系
"研究方法和数据分析"科研项目参与者，20××年8月—20××年12月
- 利用 Microsoft Excel 和 SPSS 分析复杂统计数据以检验科研项目的假设
- 运用批判性思维技巧，评估基于数据的研究结论的合理性
- 利用自己的学术写作能力，用简洁而详细的海报形式展示科研项目

活动

内布拉斯加大学林肯分校大学生心理健康组织
副主任，20××年1月至今
- 通过社交媒体公告、课堂访问和传单招募潜在的新会员，会员总数增长5%
成员，20××年1月至今
- 通过与同学和教职员工建立关系学习更多心理学领域的知识

内布拉斯加大学林肯分校大学计划委员会（UPC）
成员，20××年1月—20××年12月
- 对脱口秀演员和相关团体进行研究和拓展，并根据需要进行跟进
- 5人为一个团队，为校园社区协调和推广娱乐性教育演讲

志愿者服务

南达科他州松岭 ASB 社区服务
参与者，20××年3月
- 在松岭印第安人保留地辅导小学生，并鼓励他们参加课外活动

荣誉节选

美国国家心理学荣誉学会会员，20××年10月至今
詹姆斯·坎菲尔德奖学金（基于学术成就），20××年8月—20××年5月

其他经验

三明治制作师，内布拉斯加州林肯市赛百味，20××年6月—20××年8月

小贴士：直接在职位描述中加入与你的技能和经验相关的内容（不要在简历或求职信中用红色字体来突出显示你想要强调的部分）。

小贴士：设置一个"相关经验"栏，用以强调重要的经验，无论是有无回报的工作。

小贴士：相关课程作业中可以突出雇主感兴趣领域的成就、知识或技能。

小贴士：如果你在一个组织中担任过多个职位，可以先列出组织名，然后罗列职位，这样可以节约空间。

小贴士：此外，不相关的经验可以简要列出，以显示工龄，以及时间管理、财务处理、公众合作等能力。

图 15-3　求职简历

简历是不拘一格的，具体格式或形式取决于申请人的经验和技能。

摘自内布拉斯加州工会"2017—2018年终极求职指南"就业服务第24页。经内布拉斯加大学林肯分校就业服务中心许可转载。

赖利·格林

北 17 街 860 号 #304 | 亚伯公寓 | 林肯市，NE××××

402-555-×××× | ××××.greene16@gmail.com

推荐信

芭芭拉·赫胥黎博士（Dr. Barbara Huxley）

心理学教授

内布拉斯加大学林肯分校

伯内特宿舍 123 号

邮政信箱 880055

内布拉斯加州林肯市 68588-0055

402-472-××××

邮箱：××××@unl.edu

指导教授

小贴士：使用与简历相同的联系人信息标题和格式。

苏珊·彼得斯（Susan Peters）女士

店铺经理

塔吉特百货公司

8509 国道

密苏里州堪萨斯城，邮编 64114

816-562-××××

××××.peters@TArget.com

前任主管

小贴士：选择对你的职业道德、技能和性格有发言权的专业推荐人，不包括家人或朋友。

肯·史密斯（Ken Smith）先生

校友联络总监

内布拉斯加大学基金会

1010 林肯购物中心 300 室

内布拉斯加州林肯市，NE68508

402-458-7272

××××@nufoundation.com

现任主管

图 15-4　推荐信页面

推荐信应该页面整洁，提供足够的个人信息及其可信度。联系方式应该是最新的、完整的、准确的。

摘自内布拉斯加州工会"2017—2018 年终极求职指南"职业服务第 25 页。经内布拉斯加大学林肯分校职业服务中心许可转载。

15.3.4 通过网络研究目标机构

在参加面试之前，你应该知道公司的全名和历史背景资料；公司的总部、工厂、办公室或商店在哪里；公司提供什么产品或服务；公司的经济增长和未来前景。这些知识可以向面试官展示你的主动性，可以作为讨论的话题点。这也表明了你对公司很感兴趣，而不是给人一种"是份工作就行"的印象。

首先对机构进行在线搜索。全面搜索网站；页面上通常会有一个"关于我们"或"机构信息"的链接，描述机构的历史、位置、服务、产品、子公司等。你可能会发现更多的网站，在新闻中发现有关该机构的信息，竞争对手的信息，以及其他的小道消息，这些都将清楚地表明你已经做了充分的功课，并对机构真正感兴趣。如果你在网上找不到所需的信息，你也可以访问你们学校或就业服务资料库。

15.3.5 写求职信

求职信常作为简历的补充，用来概述你申请某份工作或职位的原因。它还描述了你的资历、经验或背景的概况，以帮助雇主确定你是否适合某份工作。求职信应清楚地把你的简历和雇主提供的工作描述联系起来。如果求职信与职位描述相吻合，招聘人就可能会让你的简历通过筛选。

如果可能，建议你为每个职位或工作量身定制求职信。一封有效的求职信需要花费时间、思想和精力。在你开始写求职信之前，你应该做如下准备。

- 对意向机构进行调查研究。
- 反复查看工作描述，特别是对工作的核心要求。
- 专注于你已有的适合这份工作的技能和经验。

在草拟求职信时，你应该做如下准备。

- 展现你专业和自信的态度。
- 一定要仔细校对你的信件，确保没有拼写或语法错误。
- 当你发送普通邮件或电子邮件时，在求职信中附上一份简历。[18]

求职信和工作描述示例，见图 15-5。

如今，通过电子邮件发送求职信是很普遍的。如果你通过电子邮件发送求职信，建议精简你的求职信内容，并附上一份简历。其次，确保你的电子邮件的专业性，不要出现任何拼写和语法错误。你最好把你的电子邮件发给专业人士修改。这可以表明你已经做了充分的功课，而且显得更加个性化。请参见图 15-6 电子邮件发送求职信示例。

职位描述示例

技术销售代表

YYY 公司连续五年被评为"最佳工作场所"，我们正在为技术销售代表一职寻找敢于挑战自我的候选人。在 YYY 公司，我们通过加强团队合作来满足客户需求，并保持行业领先。我们的目标是对我们的客户乃至全世界带来积极的影响。

这个初级销售职位的主要职责是与内外客户保持沟通，管理整个销售过程，包括定期拓展与跟进，保持对产品的深入了解，并能够识别客户的独特需求，以提供合适的产品。客户的成功就是我们的成功。

职位要求：
相关专业学士学位。
拥有书面和口头沟通技巧，能够熟练向同事 / 客户适当解释复杂概念。
独立工作及团队合作的能力。
较强的解决问题和批判性思维能力。
能够结果导向自我激励。
熟悉微软办公软件。

求职信示例

赖利·格林

1234 肯尼迪大道 | 内华达州林肯市 68512 | 402-555-×××× | ××××.greene16@gmail.com

20×× 年 10 月 7 日

凯西·贝克（Kathy Beck）女士
人力资源总监
YYY 公司
老切尼路 4444 号
内布拉斯加州林肯市，NE68516

亲爱的贝克女士：

　　我所学的心理学专业，加上我的销售经验以及对技术的兴趣，为我在 YYY 公司担任技术销售代表一职打下了良好的基础。我是在 Husker Hire Link 发现这个求职机会的。YYY 在业界享有很高的声誉，公司因为对员工的培养和对客户服务的投入而获得"最佳工作场所"奖，这也符合我的工作风格。我渴望将我的理论知识和工作经验中获得的技能应用到这个职位中，从而对贵公司产生积极的影响。

　　无论去年夏天在 Target 公司担任店铺行政管理见习生，还是目前在职的内布拉斯加大学基金会校友联络人，都让我积攒了强大的销售和客户服务经验。通过这些工作经历，我很好地理解了如何与不同的客户建立关系。因此，在与 YYY 的各类客户合作以满足他们独特的技术需求时，我会积极创新个性化销售方法。此外，我经历过的两份工作都要求我在日常工作中既能独立处理问题又保持团队合作，因此我有能力运用必要的组织和沟通技能，能根据轻重缓急安排工作，从而为 YYY 公司和客户取得最佳结果。

　　解决问题的方法和批判性思维是我在每一节心理学课堂上都喜欢并使用的技能。具体来说，在我的"研究方法和数据分析"课程中，我会定期审查研究报告，以根据数据评估其方法和结论的有效性，并向同学和教授以口头和书面形式解释复杂的概念。此外，我学习了 SPSS，并自学了 Microsoft Excel，以便对复杂问题进行详细分析，这也激发了我对技术的兴趣。因此，我渴望进一步了解有关 YYY 产品的更多信息，并且对于我有能力以技术销售代表的身份简单有效地与客户进行沟通充满信心。我了解什么可以激发人们的思想和行动，从而总是能够找到一种引起客户共鸣的销售方式。简而言之，我希望帮助客户获得成功。

　　感谢您百忙之中考查我对技术销售代表职位的申请。从所附的简历中可以看出，我从销售经验和理论学习中掌握的沟通力、解决问题的能力，以及批判性思维能力，将帮助我胜任这一职务。我将在两周内就申请进度及可能的面试与您联系。我的联系方式可以在上方的信头中找到。我为这个机会感到兴奋。

您真诚的，
赖利·格林
附件

> **小贴士**：你可以使用简历的联系人信息标题，而不是标准业务格式的联系人信息。

> **小贴士**：直接在职位描述中加入与你的技能和经验相关的内容（不要在简历或求职信中用红色字体）。

图 15-5　含职位描述的求职信示例

摘自内布拉斯加州工会"2017—2018 年终极求职指南"职业服务第 28 页。经内布拉斯加大学林肯分校职业服务中心许可转载。

求职电子邮件示例

在某些时候，你可能会被要求通过电子邮件申请。在这种情况下，使用求职信的精简版本作为电子邮件的正文。

技术销售代表职位申请表—赖利·格林

From:

To: kbeck@yyycompany.com

Cc:

Subject: 技术销售代表职位申请表—赖利·格林

📎: 赖利·格林简历 .pdf（15.5KB）

> **小贴士**：作为附件的简历存为 PDF 格式，并用自己的名字命名（例如：赖利·格林简历 .pdf）

亲爱的贝克女士：

　　作为一名有销售经验且对技术感兴趣的心理学专业学生，我很高兴在 Husker Hire Link 上看到 YYY 公司正在招聘技术销售代表职位。我很渴望将我从销售经历中获得的技能应用到这个职位中，以便对以客户为中心的组织产生积极的影响。

　　无论在塔吉特公司担任店铺行政管理见习生，还是担任内布拉斯加大学基金会校友联络人，都让我积攒了强大的销售和客户服务经验。通过这些工作经历，我很好地理解了如何与不同的客户建立关系。因此，在与 YYY 的各类客户合作以满足他们独特的技术需求时，我会积极创新个性化销售方法。此外，我经历过的两份工作都要求我在日常工作中既能独立处理问题又保持团队合作，因此我有能力运用必要的组织和沟通技能，能根据轻重缓急安排工作，从而为 YYY 公司和客户取得最佳结果。

　　感谢您百忙之中考查我对技术销售代表职位的申请。我随信附上的简历中会进一步详细说明我符合这个职位的沟通、解决问题和批判性思维能力。我将在两周内就申请进度及可能的面试与您联系，并进一步讨论这个职位。

您真诚的，
赖利·格林
402-555-5555
×××.greene16@gmail.com

图 15-6　通过电邮发送给专业人士的精简化求职信

摘自内布拉斯加州工会"2017—2018 年终极求职指南"职业服务第 29 页。经内布拉斯加大学林肯分校职业服务中心许可转载

15.3.6 准备好问面试官的问题

　　为面试做准备时，列出一些可能要问面试官的问题。有时，面试官可能会选择少说话或完全不说话，在这种情况下，你有必要通过提问或强调自己的优势让谈话继续。提问的方式很重要，例如，如果你知道有出差机会，而你也愿意出差，你应该问："这份工作有哪些出差机会？"而不是问："这份工作要出差多久？"前者可以比后者传递出更多的热情。你还可能会问的问题包括："有新员工培训计划吗？""从这个职位开始，后面有哪些晋升机会？""我能继续我的学业吗？""您为什么来这里工作？""在这里工作，您最喜欢的是什么？"

15.3.7 模拟面试

强烈建议你在正式面试前参加几次模拟面试。大多数院校的就业服务中心提供模拟面试。这些有助于你为可能被问到的问题做好准备，并就如何更有效地展现自我给出建议。这些模拟面试也可以录像，这样你就可以看到你是如何被选中参与面试的，你可能需要做什么来创造更好的印象。

如果就业服务中心不提供模拟面试，就请指导老师、朋友或同学和你一起排练。模拟面试应该尽可能真实，这样才能让你对真正的面试有更真实的体验。

15.3.8 面试时如何着装

面试着装的首要目标是让自己的形象符合工作和公司的要求，同时你也对自己的外表感觉良好。着装要尽量追求完美，穿着天然面料、熨烫平整的职业装。虽然如今在很多工作场合，穿休闲装是可以接受的，但是在面试时穿得正式一点更明智。面试着装的一个实用建议是，穿比你平时工作着装"更职业"的衣服。着装的意义不在于着装本身，而是体现自己的专业化和职业化。

15.4 面试

研究表明，大多数面试官在面试的前 30 秒内，会对应聘者形成深刻的印象。如果你一开始就表现不佳，那么不管你在接下来的面试中表现得有多么出色，你得到这份工作的机会都很渺茫。这似乎很不公平也很肤浅，但人们确实会根据第一印象来评判他人，而且这种印象会持续很久。

15.4.1 创造良好的第一印象

想想就业或实习面试的本质——推销。你必须推销你自己，而自我推销的最好方法就是彻底了解自己，了解自己的长处和短处。如果你给招聘人员留下了积极的第一印象，他们就很可能会对你表现出积极的态度，介绍更多关于工作的详细信息，反过来向你推销他们的机构，并最终减少提问的时间。[19]

作为一名求职者，你要能够在外表、自信、准时和其他有必要的地方表现出良好的判断力和常识。保持和面试官的眼神交流，这表明你很自信。大多数面试官会与应聘者握手致意，握手的力度要坚定而自信。

在离开之前，试着弄清楚面试之后的具体流程及时间；告别时握手，感谢面试官为你抽出时间面试。

如果你准备充分并遵循上述简单建议，你就能够避免任何严重的问题。

成功的应聘者在回答问题前会仔细聆听并思考整个问题。他们是诚实的，虽然有过排练和准备，但不会给出套路化的答案。他们会热情、积极地谈论自己和他们的经历，并向面试官提问。以下是面试官提出的一些常见问题和可能的回答。

1. **"可以和我说说你自己吗？"** 这不是邀请你讲述你的生活史，面试官正在寻找有关你的性格、资历、抱负和动机的线索。下面是一个正面回应的好例："高中时，我参加过一些竞技体育，每次我都会努力提高自己的参赛成绩。大学期间，我在一家服装店兼职，发现我自己容易把东西卖出去。销售很重要，但对我来说，确保顾客满意更重要。没过多久，回头客专程找我服务。我很有竞争意识，做到最好对我来说很重要。"

2. **"你为什么要为我们工作？"** 这是一个显而易见的问题，如果你对这家公司做过调查，你应该能够给出一个很好的答案。把你的理由组织成几个简短的句子，清楚地说明你的兴趣点："贵公司是电子领域的领军机构，也是财富500强企业，公司的管理非常先进。"

3. **"我为什么要聘请你？"** 再说一次，你不应该长篇大论，但你应该提供你的资历概要，要积极地表现出你有能力胜任这项工作："根据我的实习和相关兼职经验，我完全可以胜任这份工作。"

4. **"到目前为止，你对自己的成长感觉如何？"** 不要自作谦虚地主动揭短。"我认为我在学校表现很好。事实上，在一些课程中，我获得了全班最高的成绩。""作为 ×× 公司的实习生，我获得了几年来最高的评价。""我在大学排球队打过球，也做过兼职，大学四年收获颇丰。"

5. **"五年后你想做什么？"** 明白自己能实现什么。你可以通过了解这家公司的其他员工前5年所取得的成就作为参考。"我希望在工作中做到最好，因为这一行的许多人都被提升为区域经理，所以我也在计划这一点。"

6. **"你最大的弱点是什么？"** 你不能说你没有任何缺点来回避这个问题，毕竟人无完人。最好的方法是承认你的弱点，但要表明你正在努力克服它，并有一个改进的计划。如果可能，举出一个对公司有利的弱点。"我不太擅长做更多细节的工作，但我一直在努力，并且在过去几年里已经有了很大的进步。""我是一个完美主义者，在一份报告写得无懈可击之前根本停不下来。"

7. **"你最大的优势是什么？"** 不要自吹自擂或过于自负，但要让雇主知道你很自信，知道自己的长处。"我相信我最大的优点是坚持不懈。当我完成一项工作并且结果满足预期，会感到一种真正的成就感。我给自己定了一些很高的目标，比如希望成为最优秀的毕业生。尽管我起点不高，但我还是通过优秀毕业论文达成了目标。"

8. **"你设定过什么目标，你是如何实现的？"** 这个问题考查的是你制订行动计划和实现计划的能力。"去年，在为我们乐队巡演筹款而开展的一家杂志促销活动中，我定下的目标是比上一年达到的金额增长 20%。我请去年的每一位顾客为我推荐一到两位潜在客户。我不仅实现了自己的目标，而且还成为这一领域的顶级销售人员。"

以下是面试中常见的几个问题：

- 你理想的工作是什么样的？
- 在什么样的管理下，你认为最有利于你的工作能力发挥？
- 你在大学里留下了什么样的成果？
- 领导者和经理有什么区别？是什么激励你早上从被窝里爬起来？
- 你认为自己会冒险吗？说说你最近面临的一次危险？
- 哪 5 个特点能使你成为一名优秀的销售人员？

无论你被问到什么问题，你都要诚实、简单明了地回答。大多数面试官都希望看到积极的陈述、表达清楚的想法、有说服力的内容，以及在压力下清晰的思维。

很多雇主会采用行为面试的方式。雇主不会直接问你是否拥有某项特定的技能或特质，而是在你提到某项技能或特征的时候要求你提供一个具体的例子。对于这样的问题，可以讲一个简短的描述性故事，并清楚地交代。

- 开始（所面临的情况或挑战）。
- 过程（你采取的针对性的行动）。
- 结束（结果）。

如果你没有与应聘所要求的直接相关的工作经验，可以提供类似的经验。尽可能选择有积极结果的故事，但如果故事没有积极的结果，你可以强调从中取得的收获和经验。

15.4.2 面试与技术

美国每年举行超过 1.5 亿次就业面试，数十万工作岗位被填补。调查显示，82% 的公司正在或将要使用 Skype 等视频会议技术进行招聘面试。[20] 虽然该技术让远程面试越来越接近线下面试，但二者之间还是存在显著差异。有些人认为，面对屏幕更难自在地互动。由于视觉线索只限于看到参与者的上身或面部，因此非语言线索较少。一项研究发现，雇主难以"解读面部表情、眼神交流和坐立不安等非言语行为"且无法确定"暂停是由于技术问题，还是求职者被难住了"。[21] 如果你被要求通过视频面试，请确保在面试前调适设备；保持整洁、专业的背景和着装；为了保持眼神交流，眼睛看着镜头而不是屏幕或键盘。

许多雇主利用电话面试确定和招聘求职者。电话面试通常用于筛选候选人，缩小对求职者面试邀请的范围，也能为外地求职者节约交通成本。随着智能手机的普及，电话面试也是一种挑战。应聘者应确保手机已充满电，并且信号很强。你可以购买耳机以提高音质，并在面试期间保持双手自由。

15.4.3 写感谢信

每次面试后，你都应该发一个简短但专业的感谢信感谢面试官。感谢信应该尽快发出，但内容更重要。无论你是否认为自己会被录用，都应该发一封感谢信。手写感谢信是一种非常私人的表达感谢的方式，很可能会给面试官留下最好的印象。如果大部分与雇主的通信是通过电子邮件进行的，则可以通过电子邮件发送正式的感谢信，这同时也是在向雇主提供一个及时的回复。

15.5 获得工作机会

我们已经为启动自己的事业做了大量的准备。最后还有一些注意点可以帮助我们以最好的方式展现自己。

15.5.1 获得工作机会的要素

成绩优异、拥有相关工作经验、积极参加课外活动、个性健康阳光、优秀的书面和口头沟通能力，拥有这些优点的求职者，比那些不具备这些素质的人更容易获得工作机会。根据大学就业研究所内部简讯中杰森·迈尔斯（Jason Meyers）的说法[22]："听起来太理想化了不是吗？也许是这样，但一个努力获得这些品质的候选人，以及一个勤奋、成熟的人，理应获得一个光明的职业前景。"[23]

迈尔斯在文章中引用了一项研究，该研究要求招聘人员描述他们认为一个全面发展的人应该具备什么样的素质。他们列出了：成熟度、团队合作能力、良好的职业道德、优秀的决策技能、优越的工作习惯和出色的判断力。迈尔斯引用的另一项研究发现，招聘人员在求职者中寻找的最受欢迎的特征符合两类：一是可量化特征，如平均成绩、教育程度和工作经验；二是人际特征，如沟通技能、个性、职业和管理技能。研究表明，能够在可量化特征和人际特征之间取得平衡的人，才是理想的求职者。[24]

似乎那些准备充分的人，有优秀沟通技巧的人，成熟的、有动力的、努力工作的、擅长团队合作的人，能够做出好决策的人，总是被需要的。你必须思考，你现在符合这些品质中的哪些方面，并且如何在那些还不够优秀的方面提升自己。你还必须能够通过事实证明你的确拥有这些品质。

15.5.2 导致拒绝的因素

许多公司的雇主被问到："哪些负面因素最常导致求职者被拒绝？"以下是他们的回答。

1. 个性消极或印象差。更具体地说，就是缺乏动力、野心、成熟、进取心或热情，不知道怎么称呼面试官，或者毫无敬意地直呼其名。
2. 无法沟通或沟通能力差。
3. 能力不足或缺乏相应训练。
4. 简历上写的技能和经验过于夸张。
5. 缺乏具体目标。
6. 外表邋遢。
7. 未能清理自己的社交媒体账户，其中包含可能是好的或坏的甚至不堪入目的垃圾图片。
8. 对工作性质缺乏兴趣，态度不积极，或在面试中表现出轻微的傲慢。
9. 不愿意出差或搬迁。
10. 面试准备不足和／或迟到。
11. 缺乏经验。
12. 抑郁倾向。[25]

记住，求职被拒还有一个重要因素，就是求职者与职位的供需比例。当然，你可以通过充分准备，以积极、充满活力的方式展现自己，以此增加获得工作的机会。

》小结

15.1 沟通与职业成功

要想拥有一个成功的职业生涯，有效沟通的能力是必不可少的。

- 沟通的有效性对于任何一个商业组织及个人的成功都是至关重要的。
- 在工作中建立人际关系与在大学里大同小异。
- 实习对于获取经验和建立人脉很重要。
- 几乎任何职业都需要特定的技能，如写作、演讲、阅读、倾听、决策、解决问题、研究和推理。

15.2 求职

即使在经济繁荣时期，也总是有很多人在竞争最好的岗位。要想获得最好的工作，需要付出很大的努力。

- 找工作最有效的方法之一就是建立人际关系。
- 参加招聘会可以让你有机会与来自不同机构的人一对一沟通。
- 在参加招聘会时，要以专业人士的形象做好准备，确保给人留下良好的印象。
- 在准备面试和找工作的过程中可使用的另一个有价值的工具是互联网。

15.3 准备面试

为面试做准备应该尽早开始，因为面试需要很多的计划和思考，要为或许是你生活中最重要的一场沟通做好准备。

- 简历需要展现课堂内外的各种技能和活动。
- 简历是一种极其强大的沟通形式，它要求简洁、准确地展现一个人的资历和经验。
- 应聘者应准备好询问面试官的问题，并穿着得体。

15.4 面试

- 就业面试或实习面试的本质是一种"推销"。
- 成功的求职者在回答之前会仔细聆听他们提出的每个问题。
- 创造良好印象：做好准备，研究意向机构或公司。
- 写一封感谢信。

15.5 获得工作机会

我们已经为启动自己的事业做了大量的准备。最后还有一些注意点可以帮助我们以最好的方式展现自己。

- 为了确保得到工作机会，做好充分准备并证明为什么自己是这份工作的最佳人选。
- 一个准备充分的求职者会思考，他们与职位描述及雇主对新员工的素质期待之间，差距如何。
- 意识到并避免可能导致被拒绝的因素。无法有效沟通是被拒绝的主要原因之一。其他原因包括消极的个性、缺乏能力、过分夸大技能、培训不足、缺乏具体目标，以及社交媒体账号未能清理垃圾信息。

》问题讨论

1. 描述你认为雇主希望雇员具备的素质。
2. 你会向刚刚踏上社会开始求职的人推荐哪些步骤或参考事项？你认为求职过程中最重要的事项是什么？
3. 解释一个人在参加就业面试之前应该考虑哪些内容。
4. 了解自己的优劣势是如何帮助你在面试中取得成功的。
5. 简历应该包括什么，不应该包括什么？
6. 为什么参加招聘会是个好主意？
7. 解释为什么求职者可能会被拒绝。

附录
媒介公共演讲

学习目标

A.1 媒介沟通：介绍	A.5 准备在线演示
A.2 在线演示的类型	A.6 练习在线演示
A.3 在线演示的优缺点	A.7 录制和发布在线演示
A.4 如何吸引听众	A.8 网络礼仪：数字公民的素质

　　你在妈妈生日那天给她打电话，然后用 Skype 聊天；你用 FaceTime 来联系你正在欧洲度假的朋友；你通过 WebEx 参加一个网络研讨会，学习如何在工作中使用新的软件系统。在所有这些例子中，你使用的都是媒介沟通，包括任何使用技术（或其他媒介）将说话者和听者联系起来的书面或口头沟通。从以往历史来看，媒介沟通包括写信或发电报。随着计算机、手机和互联网成为主流，媒介沟通开始关注文本沟通——电子邮件、文本信息和聊天室。实时视频聊天、YouTube 视频和视频会议的发展，在塑造媒介沟通方面发挥了重要作用（Herring，2010）。通信技术的快速发展改变了我们的生活方式以及人与人的互动，因为技术和媒介沟通已成为日常生活的一部分（Lee and Oh，2017）。

你可以使用媒介沟通与世界各地的朋友保持联系。

A.1 媒介沟通：介绍

在全球化的时代，利用媒介进行沟通能够让你以一种有效且高效的方式进行沟通，而不受地理位置的限制。例如，你可以在家里或办公室舒适地进行在线演示，而不是花两天时间去参加 1 小时的研讨会。同样，如果你在一家跨国公司工作，你可能会使用媒介沟通参加一个虚拟团队会议，而不是坐飞机赶去外地开会。这样的在线沟通形式，不仅减少了出差，为你和公司节省成本，还可以让更多的听众有机会参会。

你可以通过媒介公共演讲向不在场的团队成员展示商务方案或前沿信息。

虽然媒介沟通有很多好处，但它确实也存在一些挑战。与当面沟通相比，在维护人际关系、管理印象、有效协作和决策等方面使用媒介沟通可能会遇到挑战（Lee and Oh, 2015）。然而，随着虚拟现实和 360 度视频功能的出现，媒介沟通可能很快就会变得更接近于当面沟通。随着这些技术变得越来越普遍，媒介沟通正在迅速改变。

媒介沟通有多种形式。本章主要讨论其中的一种——媒介公共演讲。当你准备向远程听众做演讲或报告时，就会涉及媒介公共演讲。你很可能会发现，在学校、工作单位和社区生活的各个领域，媒介公共演讲都有用武之地。例如，在学校，你可能会做以下这些事。

- 准备并录制演讲，上传至在线课堂。
- 通过 Skype 参加奖学金或实习的面试。
- 为大学的宣传视频提供个人故事。

在工作上，你可能会做以下这些事。

- 与客户召开虚拟会议，以确定如何处理新项目。
- 准备并录制一个推销视频，发送给客户。
- 为新员工录制培训视频。
- 向在另一个州的公司 CEO 提交商业提案。

在社区中，你可能会做以下这些事。

- 在视频网站上发布信息视频。
- 参加你支持的非营利组织的在线董事会会议。

- 录制一段励志视频，发送给正在经历困难时期的朋友或家人。

想一想：你是否需要像面对面陈述一样为在线陈述做好充分准备？对在线演讲，你是否会有同样的焦虑感？你可能会发现，线下公共演讲的许多基本原则对于媒介公共演讲仍然适用。但是，你还需要考虑更多因素，例如你是选择直播还是录播，如何向你可能不太了解的听众演讲，以及你将使用什么技术方法。本章将对这些因素展开讨论。下面我们总结一下媒介沟通中的关键概念。

A.2 在线演示的类型

用于媒介公开演讲的在线演示通常包括文本、音频或视频。这些演示分为两类：同步和异步。同步演示即直播；异步演示是预先录制，其后观看或收听录播内容。

同步演示
直播形式的演示方式。

在同步演示中，你可以向听众实时发表你的演讲，虽然你和听众身处不同的地方。在这类演示中，你可能会使用流媒体视频软件，如 Skype 或 FaceTime，或网络会议专用软件，如 WebEx。通过流媒体视频，你只需要面对摄像机和戴好麦克风，就可以直接面向听众讲话。在演示过程中，你可以在屏幕上看到听众的现场视频和自己的视频。同样，听众也可以通过智能手机、计算机或投影上的流媒体视频看到你。使用 WebEx 等演示软件，你还可以共享文件、通过聊天框回复听众，或使用屏幕共享。屏幕共享功能可以让在线听众实时共享演讲者的计算机屏幕或桌面。

异步演示
预先录制，之后观看或收听录播内容的演示方式。

混合的演示，既直播也录播。现场演示可以同步在线直播，也可以录制上传。

一些同步演示可以将音频和视频分开，音频通过电话会议共享，视频或文本通过计算机屏幕共享功能共享。

屏幕共享
与听众在线共享演讲者的计算机屏幕或桌面。

与同步演示不同，异步演示是需要预先录制的，你的听众将在随后收看或收听录播内容。例如视频、数字广播和视频点播。数字广播只使用音频。视频点播与数字广播类似，只是它包含图像或视频剪辑。异步演示的听众通常会在线收听或收看演讲，或者将其下载到电子设备（如智能手机或计算机）上。尽管这两种方法都需要网络连接，但对于在线流媒体播放的演讲，对网络要求更高。下载演讲内容，只需要短时间联网，然后听众

数字广播
仅提供音频的在线演讲。

视频点播
带音频、图像或视频剪辑的在线演讲。

混合演示
结合现场、直播和录播的演示。

可以保存演讲文件并随时随地播放，不再需要联网。

　　混合演示结合了直播和录播的各个方面。它可以有两种形式：第一种，你可以通过媒体直播演讲（同步），但同时录制演讲过程，听众也可以看录播回放（异步）；第二种，一边现场演讲一边直播（同时上线录播内容）。

A.3 在线演示的优缺点

　　在线演示既有优点也有缺点。我们先讨论优点，再探讨缺点。有些优点和缺点是异步和同步演示共有的，有些则只对应于其中一种演示。

A.3.1 在线演示的一般优势

　　在线演示有四个特殊的优点：灵活性、节约时间和成本、更大的听众规模，以及易于保存演讲内容。

　　灵活性　不同于线下会议，在线演示会给你和你的听众带来灵活性。对于同步演示，尽管演示的时间是固定的，但是你和你的听众可以选择任何方便的位置。例如，你可能是在办公室或会议室，而你的听众则可能在单位、家、公园，甚至在度假。对于异步演示，灵活性不仅体现在地点上，还体现在时间上：你可以在方便的时候录制演示内容，听众也可以在方便的时候观看或收听演讲。如果你和你的听众身处不同的时区，这种灵活性则尤为重要。

在线演示可用于新员工培训，相比于为每届新人进行现场演示，在线演示可以为培训师节省大量的时间。

　　节省时间和成本　在线演示可以节约时间和成本。很多时候，将演示文稿数字化带给听众比将听众带入演示文稿更具成本和时间效益。一旦你购买了设备和软件，直播一个演示，或者录制和上传一个演示所需的成本都很低，你可以使用这些设备和软件为你的听众带来无数次的演示。相比之下，如果你和你的听众都必须到一个特定的地点参加线下会议，那么每个人都会在这个活动上花费大量的时间和金钱，出差开会节省的时间可以用来完成其他工作任务。

　　在线演示省钱省时间还有一个原因，就是你不需要重复同一内容的演讲。例如，如果你负责新员工培训，你就可以通过预先录制培训内容节省大量的时间，没必要一遍又一遍地重复相同的内容，省下的时间就可以用来完成其他任务。

更大的听众规模　在线下会议中，听众人数受到会场的限制。无论是在一个可容纳 10 人的会议室，还是一个可容纳数万人的体育场，空间都是有限的。然而，在线演示听众人数是不受限制的，特别是录播内容，可以随时随地观看。例如，如果你通过 YouTube 视频或 TED 演讲吸引了大量粉丝，你的演讲可能会被全球数百万人观看。现场会议不太可能接触到如此规模的听众。就算你的演讲没打算吸引数百万人，与现场演讲相比，你也可以将你的演讲分享给更多听众。

易于保存演讲内容　你可以保存你的在线演示，然后将其上传分享给你的听众，以便随时点播。上传演示内容可以让你的演讲展示给更多的听众，这些内容可以为潜在的听众服务很多年（只要格式兼容）。

A.3.2 同步演示的优点

同步演示有两个特有的优点：听众互动和听众反馈。

听众互动　同步演示的最大优势之一是能够与听众进行互动。根据你使用的直播软件，你可以看到或听到听众的提问。例如，如果你正在主持一个网络研讨会，你的听众可能会通过打字提问或评论，这些内容你可以在屏幕上看到，然后你可以实时地回应这些问题。同样，如果你正在与一个小组进行电话会议，并且共享你的屏幕，那么电话会议的其他参会者可以通过语音询问他们在屏幕上看到的内容。这种类型的互动为你（随时调整内容以适应特定听众）和你的听众（随时得到解答）提供了很大的便利。

听众反馈　同步演示的另一个重要优势是你能够接收听众的反馈。如果通过实时视频连接你可以看到听众，则可以在听众看起来困惑、无聊或不感兴趣的时候调整演讲内容。如果你无法通过视频看到现场，而听众集中在 1 ～ 2 个会场，则可以通过驻场辅助人员帮助你反馈现场信息，从而了解听众对你的演讲的参与度。

A.3.3 异步演示的优点

异步演示有 3 个关键优势：克服时间、地理和语言障碍；可编辑或重录；方便听众控制。

克服时间、地理和语言障碍　异步演示克服了 3 个特定的障碍：时间、地理和语言。异步演示克服了时间障碍，因为你可以在任何方便的时候录制演示文稿，无论是下午 3:00 还是凌晨 3:00。同样，每个听众都可以在方便的时候观看或收听你的演示内容。这种灵活性对那些在世界各地设有办事处的公司尤其有帮助。例如，如果需要向中国的员工进行培训演示，可以选择在美国的工作时间录制演示内容，而此时中国的员工正在睡觉，那么中国的听众就可以在他们的工作时间观看演示内容，而此时美国的员工则在睡觉。这样就可以随时向听众传达信息，而不必考虑时间是否合适。录制演示还可以让听众在最适合自己日程安排的情况下观看，而无须围绕你的日程安排做计划。

异步演示克服了地理障碍，因为你和你的听众可以身处天南海北。例如，你可能人在纽约，而你的听众遍布洛杉矶、北京、东京、伦敦、悉尼、圣保罗和开普敦。知名演讲者的异步演讲可能会吸引全球的听众。克服时间和地理障碍的能力使得单次的演讲可以惠及尽可能广泛的听众。

异步演示比同步演示更容易克服语言障碍，因为在录制演示时，你可以为演示添加视频，而不需要同步翻译。CC 字幕（一种可隐藏字幕）不仅有助于听障听众，还可以翻译成多种可选语言以扩大听众范围。尽管新技术已经实现了对直播和录播内容的自动文本转录，但对录播内容的转录和翻译显然更容易。

因为全世界的听众都可以观看异步演讲，所以通过媒介的演讲可以克服地理障碍。

可编辑或重录　使用异步演示，你（或技术支持人员）可以编辑演示内容，甚至在需要时重新录制演示内容。在演讲过程中，很多事情都可能出错，包括技术故障、口误或不当着装。而对于录播的演示内容，你可以在上传前检查视频或音频，以确保演示内容完美无缺。

方便听众控制　如果你是听众而不是演讲者，异步演示的一个主要优点是你能够随时暂停，或者选择收看演示的全部或部分内容。例如，如果你在观看演示的时候接到一个重要的电话，可以暂停视频稍后再看；或者，你看完一个要点，开始看下一个要点之前，先暂停视频写一些笔记；如果你在理解某个概念时遇到困难，你可以回拖进度条重看一遍。

下面我们总结一下在线演示的劣势。

A.3.4　在线演示的一般缺点

与线下演示相比，在线演示也有几个明显的缺点或障碍，包括感官上的限制，缺乏与听众的关联度，以及容易分心。

感官限制 在线演讲难以像线下演讲那样充分地吸引听众的眼球和耳朵。媒介的扁平性（二维屏幕相对三维现场）减少了手势、面部表情和其他非语言信息的传递。如果只呈现音频，或者视频的灯光或声音质量不高，非语言信息限制会更加严重。为了克服这些限制，你应该确保合适的光线并使用高质量的设备。另外，你还需要了解一些技术细节，比如注意镜头范围，手势不要超出镜头范围，以及使用多种屏幕信息模式来吸引听众的感官。

缺乏与听众的关联度 由于在线演讲固有的感官局限性，通常你不得不更加努力地与听众沟通。你必须增加活跃度，说话抑扬顿挫，保持眼神交流等。虽然通过摄像头进行"眼神交流"似乎是不可能的，但说话时直视镜头给人的感觉就是你在直视听众，从而增强听众对演讲的参与度。你还可以通过引用知名机构的例子或者讲一些与听众相关的故事建立与听众的共鸣。寻找共鸣有助于你与听众建立互信，从而增加听众的参与度。

分心 因为你和你的听众不在同一场所，所以双方都会分心。例如，你可能会发现，只要你直播或录制视频，邻居的狗就开始吠叫，同事走进办公室开始聊天，或者你的室友突然闯进来告诉你一个好消息。作为听众，你同样可能会遇到一系列干扰，比如电话铃声、孩子吵闹、吃饭或一心多用要忙别的事。分心的时候，可以先暂停录制调整一下。

然而，无论演讲者还是听众，都必须努力限制干扰，以增强任何在线演讲的效果。

A.3.5 同步演示的缺点

与异步演示相比，同步演示有两个主要缺点：技术故障和对听众的便利性较低。

技术故障 同步和异步演示都依赖于技术，技术故障对这两种类型的演示都有破坏性。然而，同步演示中的技术故障比异步演示技术故障要更加严重。如果你没有备选方案，一个失败的网络连接，一个坏掉的麦克风或糟糕的视频质量，都可能完全破坏同步演示。在异步演示中，这些技术故障都有机会修复，也可以重录。但

如果你没有备选方案，网络连接失败会完全破坏一场同步演示。

对同步演示来说，快速修复技术故障并继续演示是难以做到的。

听众的便利性较低 虽然同步在线演示在地理位置上比线下演示更方

便，但有两个主要原因使它不如异步演示便捷。第一，对于同步演示，你和你的听众必须同时在线。当你和你的听众在不同的时区或不同的国家时，安排一个大家都方便的时间是件极其复杂的事情。第二，同步演示的时候，听众不能暂停或回放，也就无法看到他们错过的内容，也没时间记笔记。

A.3.6 异步演示的缺点

与同步演示相比，异步演示有一个明显的缺点：缺乏听众互动。在同步演示中，听众通常有机会在演示期间或之后提问，但在异步演示中却做不到这一点。作为演讲者，你也不能从听众那里得到实时反馈，因而无法在听众看起来不够投入的情况下调整演讲风格。因此，你必须更加努力地准备清晰的表述内容，充满活力且易于理解。这种缺点可以在混合演示中得到一定程度的克服，因为录制过程中包含听众互动。但是，看录播的听众都不太可能与你直接、即时地进行互动。

A.4 如何吸引听众

本章多次提到听众，我们就先花点时间来更详细地理解一下"听众"。在线演示可能涉及一对一、一对多或多对多的交互。一对一演示可以是一个销售人员对一个客户的销售演示；一对多的演示就是我们最熟悉的演讲场景：一个演讲者面向大量听众演讲，如 TED 演讲；至于多对多演示，比如某个研究及开发团队向董事会提出一个创新想法。不管听众的规模有多大，你都需要考虑目标听众、非固定听众、公共与私人听众，以及如何吸引听众的注意力。

A.4.1 目标听众

主要听众
演讲的主要目标听众。

准备在线演示时，你必须首先考虑你的目标听众，即你的主要听众。在同步或混合演示中，你的主要听众是现场听众；在异步演示中，你的主要听众是你最希望影响的群体；在业务环境中，主要听众可能是那些需要立即与之讨论以推进项目的人；在社区环境中，如果你正在准备一个视频，内容是如何更换汽车机油，那么你的主要听众很可能是汽车 DIY 新手。

次要听众
混合演示中所有看录播的听众；异步演示的非目标群体。

你的演示也可能有次要听众。对于混合演示，次要听众是所有观看录播的人。对于异步演示，次要听众是指非目标群体。例如，业务演示的次要听众，可能是对项目不太重要但以某种方式参与的个人。而上述视频的

（a） （b） （c）

在线演示可以是（a）一对一、（b）一对多、（c）多对多

次要听众，可能是更有经验的机械师或者学习汽车知识的小朋友。

对于混合和异步演示，主要听众通常更为重要，但不应忘记次要听众。次要听众通常是非固定听众。

A.4.2 非固定听众

在线下演示中，你的演示可以针对特定的出席听众。通常，听众会有一定的人口统计或兴趣特征。相比之下，对于在线听众，你可能了解很多，也可能不太了解。如果你是为一个商务会议或课堂准备的演示，你的听众应该是有限的和已知的。然而，对于一个要上传到互联网上供所有人观看的演讲，听众则是非固定的。非固定听众是指没有特定规模、没有特定人口统计特征的听众。听众可以是一个人，也可以是数百万人。当你面对非固定听众时，你只需要锁定对你的内容感兴趣的群体。当你面对非固定听众演讲时，你一定要注意对各种群体的包容性。

非固定听众
无法确定规模和人口统计数据的听众。

A.4.3 公共听众与私人听众

你还需要明白你的演示面向的是公共听众还是私人听众。非录制的商务电话会议一般面向私人听众。而大多数在线演示，特别是那些以某种方式录制或保存的演示，都会有公共听众。即使你不希望听众对外传播，听众也可能在你不知情或未经允许的情况下录制并下载你的演示内容，或者将演示内容展示给其他听众。作为演讲者，你应该始终假设，你上传或在线发送的信息可能成为公共信息。

在线演示会受到很多人的关注，听众各自持有不同的观点。由于在线沟通的匿名性（例如发布视频的评论），作为一个演讲者，听众可能会对你严厉且无情。你需要明白，你很可能会遇到伤害性的恶意评论，你不应该太在乎匿名听众的个人评论。

A.4.4 吸引听众的注意力

在线演示时，你可能会感到吸引并保持听众的注意力不是一件容易的

事。你可以通过以下几种策略吸引听众的注意力。

- **保持精力充沛**。你要对你展示的话题表现出热情，并通过微笑和兴奋表达这种热情。这种充满活力的演讲，会比气定神闲的风格更能吸引听众的注意力。
- **保持专注**。在发表在线演示时，不要试图通过阐述太多要点或偏离主题征服听众。要让演讲简单易懂，最好选择两三个相关的点，然后把它们讲透，不要试图覆盖每一个没有深度的点。你也可以使用"路标"帮助你的听众跟上你的思路，让你在整个演讲过程中专注于主题。
- **强调共鸣**。如果你了解你的听众，试着与每个听众建立个人关联。如果你不了解你的听众，那么就使用那些听众能认同的故事或熟悉的关联点。例如，你可以引用听众熟悉的名人、公司或事件。如果你能够把这些关联点分布在你的演讲中，你会更长久地保持听众的兴趣。
- **提出反问**。反问是激发听众思考，但不需要口头回答的问题。例如，你可以问："你在社交媒体上花了多少时间？"短暂沉默并让听众有时间思考他们自己的答案，这会给你的演讲带来戏剧性的效果，使演讲更加个性化，并有助于调节你的演讲节奏，让听众保持专注。
- **突出要点**。要点是总结演讲核心观点的令人难忘的句子或短语。在讲到核心内容时重复你的要点，可以吸引听众，并使你的核心观点令人难忘。
- **使用多样性**。站在原地一动不动，声音单调乏味，也没有手势，这样的风格注定造就一场单调乏味的演讲。多样性可以给演讲增添情趣，吸引听众。增加多样性的方法包括不断调整镜头角度、语调、位置、手势、面部表情、视觉辅助内容等。

A.5 准备在线演示

准备在线演示不仅仅是写演讲稿和练习，它还包括思考你将要做的演讲的类型，决定你将使用的视觉辅助工具和技术，选择合适的服装和背景，以及为可能碰到的技术问题做准备。

A.5.1 选择演示的类型

在你开始准备做演示之前，你必须决定你要以什么形式进行演示，是同步还是异步？是只包含音频还是同时包含音频和视频？你是否需要其他演示辅助工具，比如图形或幻灯片？会不会用到屏幕共享？你需要别人来操作摄像机还是你自己来？所有这些因素都对你如何准备及发表演讲产生影响。

A.5.2 使用演示辅助工具

许多在线演示都会用到演示辅助工具。如果你正在准备一场销售演示，你可能需要在你的演示中展示一些产品。如果你要展示你过去几个月里所做的研究成果，你的演示中可能会用到包含图形和表格的幻灯片；如果你谈论你的个人经历，你可能需要展示与你经历相关的图片或视频；如果你准备讲软件培训课程，你可能需要使用屏幕共享来演示如何操作软件。也有的时候，你的演示辅助可能只是你讲话的视频。

一个精彩的在线演示，会涉及各种演示辅助工具。例如，假设你正在做一个关于水肺潜水的演讲。你可以先播放一段你亲自介绍水肺潜水的视频；然后，当谈论水肺潜水设备时，你要通过展示这些设备解释不同的装备及其使用方式；接着，使用幻灯片展示一些标有最佳潜水地点的地图；最后，在演讲结束时，你可以讲述有关水肺潜水的个人故事，并展示你最近潜水之旅的图片和视频。使用各种辅助工具不仅有助于吸引听众的注意力，也有助于你更清楚地表达信息。

如果你的演讲使用了视觉辅助工具，记住要留出足够的时间，让听众充分理解每一页展示画面。一方面，过快的视觉浏览会让听众感到困惑，你很可能会因此失去他们的注意力。另一方面，花太多时间在任何一种视觉辅助工具上，都可能会让你的听众感到无聊。你使用的视觉辅助工具，既要种类丰富能吸引听众的注意力，也要留足够的时间让听众完全理解，在两者之间保持平衡。

A.5.3 选择技术

基于你要做的线上演示，选择正确的技术对于演示的成功至关重要。如果你只使用音频，那么声音的质量对于演示效果起决定性作用。请选择一个能清楚传递声音的麦克风，讲话时与麦克风保持稳定的距离。如果你同时使用音频和视频，请选择一个能够录制高质量视频和音频且易于操作的摄像工具。你的音视频质量越高，演讲效果就越好。如果你打算使用数字视觉辅助工具，就要选择功能强大的视觉演示软件，不管你要展示的是图形、表格、照片、插图、视频还是其他格式的内容，都要不受限制。

A.5.4 "舞台"布置

当你选好你要使用的技术后，你就需要考虑一下演示的"舞台"，选择一个相对专业的背景。对于商业演示，你的背景可以是会议室或办公室；针对学校的演示，你的背景可以是图书馆书架或宿舍；对于儿童书籍的介绍，用幼儿园作为背景很合适。无论你选择什么样的背景，要确保它干净整洁，不会让听众分心。你的听众并不想看到你没清洗的脏盘子、到处乱扔的衣服或成堆的文件夹。

你所需的背景环境，还有噪声干扰情况，都是选择演示地点需要考虑的因素。如果你住在嘈杂的宿舍里，那么你的房间就不是录制演讲的最佳场所。找一个背景噪声最小的地方，比如图书馆或其他安静的地方。一定要在门上贴个便条，写上：录音 / 录像中，请勿打扰。

对于视频演示，灯光是首要考虑的因素。灯光太强会使画面发白，而灯光太弱又会使画面变暗、有噪点。要使用置于相机背后的主光源，并直接对准你。光线应使房间足够明亮，让你和你的视觉辅助内容清晰可见，但又不要太亮，以免反光。

录制或拍摄时，使用脚架支撑相机，可以减少抖动。

如果你打算在整个演示中全程出镜，那么另一个需要考虑的重要因素便是服装的选择。一般来说，单一的中性色是最好的选择。避免格子和条纹，以免对某些听众造成视觉干扰。还要避免白色或黄色，因为它们可能导致反光。不要穿可能与背景融为一体的颜色，相反，你的衣服颜色跟背景颜色应该有一定的区分度，以免分散注意力。如果你打了耳洞，最好避免佩戴摇摆晃动的耳饰，这可能会对你的演示造成视觉和听觉上的干扰。

最后，在设置"舞台"时，你应该考虑镜头的位置。摄像的取景要足够宽，以确保你的各种动作或手势不会超出拍摄区，也要足够近，能让观众看清你的面部表情。一般来说，相机能拍摄到的范围至少在你的腰部以上；不要只拍摄你的头部，因为这样容易让听众感觉无聊。此外，相机应该放置在与眼睛平齐的位置，便于你尽可能多地直视镜头。直视镜头会让听众感觉你在与他们进行眼神交流，这样他们会更加专注。镜头应固定在三脚架或其他稳定的物体上，以避免摇晃。

A.5.5 技术障碍的应对

最后一项重要的准备工作是应对技术上可能出现的障碍，这也是线上演示所独有的。如果你在直播过程中突然断网了，你会怎么做？或者视频加载失败，你会怎么做？

要想尽量避免传输或录制过程中可能出现的技术障碍，第一步便是反复调试你的设备。提前检查所有的设备，确保它们能正常运行；如果你的相机是用电池的，请确保电量充足；如果你的演示内容是录制到存储卡上的，请确保有足够的存储空间；如果你的计算机连了电源线，请确保接线安全可靠；如果你正在使用网络，请确保网络连接稳定可靠。在大多数情况下，直接使用以太网连接（网线）比 Wi-Fi 连接更可靠，传输速度更快。但如果无法插网线，必须使用 Wi-Fi，一定要在信号强的地方录制或传输。不过，可能的设备问题并不是唯一的障碍，你使用的文件或软件也可能导致问题。如果你在演示中会用到视频或其他媒体，那么链接到本地文件要比链接到互联网页面更可靠。

如果你必须使用某个超链接却无法打开，可以尝试使用另一个网络浏览器，或者在不中断演示的情况下刷新页面。

最坏的情况莫过于设备故障致使演示文件无法打开。所以，你应该始终存有可用的备份文件，将演示文件保存到多个位置，确保你随时能找到备用文件。安排一个可作为备选的演示场地。如果可能，还可以准备一个可替换的演示模式。如果你的演示是录播，当第一次录制失败了，可以留出时间进行第二次或第三次录制。这些额外的备选步骤，可以在意外发生时更容易应对。

A.6 练习在线演示

在发表或录制线上演示之前，你至少要先试讲几次。如果你要做一个同步演示，你还要花时间来准备问答环节（Q&A）。

A.6.1 练习演示

在试讲或正式演讲时，有些实用的技巧可以让你的演讲更加精彩。

- 想象你是在对现场听众讲话，而不是对着镜头，这样可以让你更有活力，并且有助于你更好地与听众沟通。可能的话，可以考虑邀请你的朋友来做临时现场听众。

- 演讲的语速不要太快也不要太慢。在句子或段落的结尾处、在主要观点之间的自然停顿处停顿，可以减慢你的演讲速度，使你的演讲更容易理解。

- 相比线下演讲，你的声音要更加抑扬顿挫、使用更多的手势。但是，要避免使用过高或过低的声调，因为这不利于传递信息。同样，不要做太夸张的手势，也不要跑出镜头范围。

- 使用类似于在会议室讲话时的音量，这有助于你将声音保持在正常的音量范围之内。

当你练习演讲时，尽可能让你的练习内容与实际演示时保持一致。你要使用相同的技术设备，邀请你的摄像师一起练习，穿正式演示时的衣服，使用相同的背景，站在同一个位置。先试录制一小段，然后回放检查音量，确保声音足够大。如果你做的是直播演示，可以考虑让别人远程观看你的练习，以检测信号强度，并确保你所使用的各种媒体软件都能通过网络正常运行。

在你练习的过程中，记得录制你的演示，以便分析改进。是讲得太快还是太慢？声音是太大还是太小？你和听众保持眼神交流了吗？你有没有移出镜头范围？你的视觉辅助展示够精细吗？你的背景看起来专业吗？光线充足吗？你所有的设备都能正常运行吗？高质量的试讲和分析，可以帮助你磨炼演示技巧，呈现出最佳的演讲效果。

A.6.2 练习问答环节

如果你将进行一场同步演示，那么你可能要花一些时间进行问答。因此，你不仅要练习演示，还要回答一些问题。你可能要先分析你的演示，然后预想听众可能会提问的问题，这样你就可以准备答案了。另外，你也可以考虑邀请一些朋友观看你的演示并提问。你朋友的提问可以在以下几个方面改善你的演示。

- 你可能会发现，在你的演示中有一些缺乏说服力或不清楚的地方，你可以进行修改。

- 他们提的问题会让你知道，听众可能会产生什么样的疑问，这样你就可以提前准备好这些问题的答案。

- 激发自省式思维，思考自己没有准备或没有想到的问题。

A.7 录制和发布在线演示

一旦你已充分准备并进行过反复练习，就可以正式发布演示。本节将教你一些关于如何发布专业的同步或异步演示的最终提示。

A.7.1 录制技巧

为听众录制或传送演示内容是媒介演示的关键步骤。我们可以通过几个简单的准备步骤，确保这个过程尽可能顺利地进行。首先，熟悉如何正确使用设备。无论你使用的是专业摄像机、手机，还是只有麦克风，都要了解它们是如何操作的。了解如何调节声音和灯光、如何对焦和变焦、如何便捷地启动和停止录制。这些准备工作可以帮助你录制出高质量的视频或音频。

你还必须了解如何使用软件。如果你在进行现场直播，就需要用某个软件来播送，要熟悉软件操作和每个按钮的功能。如果你正在录制你的演示供日后上传，要确保了解如何使用各种软件来保存和编辑你的演示文件。

如果是录制异步演示文件，请多留出一些时间，以便进行多次拍摄、编辑演示内容。如果第一个版本出现问题，你需要有时间完整地录制第二个或第三个版本，从而更正第一个版本中出现的错误。如果你能够熟练使用剪辑软件，你也可以剪辑演示文件。但是，如果你录制的是课堂演讲作业，请先确保你的老师允许对演示文件进行剪辑，因为有些老师认为这样做是一种作弊。

由于你所使用的技术具有一定的复杂性，你会发现单凭自己的力量对演示进行全面操控是非常困难的。因此你要敢于向他人求助。尤其是要请一个人来帮你管理摄像机，避免开始和停止录制时的尴尬，摄像师可以调整镜头远近、选择聚焦在你身上或根据需要聚焦在视觉辅助工具上，甚至可以通过调整拍摄范围让演示内容更加丰富多彩。这个人还可以帮助你调节光线和声音，或者协助你试用视觉辅助工具。在录制最终版本之前，一定要和你的协助团队一起练习。

最后，在你发表或录制演示之前，关闭所有可能让你分心的设备。把手机关机或调至静音状态；关闭计算机上你演示时不需要的文件或应用程序；在门上贴一个

使用视频或音频剪辑工具，可以让你的媒介演示看起来更专业。

你"正在录音 / 录像"的便条，以免有人进来打扰你；关掉你正在听的音乐或其他背景噪声。清除所有可能让你或你的听众分心的东西。

A.7.2 在线演示的"要"与"不要"

在准备和发布正式演示时，了解一些基本的在线演示注意事项是很有帮助的。在线演示"要"做的事项包括以下几点。

- **要自信。** 你的听众能看出你很紧张，或者准备不够充分。多做练习，可以让你的演示更加轻松，而不需要频繁地看笔记。看着听众的眼睛（直视镜头），因为眼神交流会让你看起来更值得信任，也表明你对自己的演讲很有信心。

- **要斟酌你的外表和声音的各个方面。** 仔细检查你的背景、服装、化妆、配饰、灯光、声音、视觉辅助工具等演讲的各个要素。如果你在准备过程中仔细考虑了所有这些因素，你就能减少听众被这些因素分散注意力的可能性。

- **要确定合适的拍摄范围。** 确保你和你的视觉辅助工具都在镜头范围内，你的手势始终也要保持在拍摄范围内。如果有摄像师操作，摄像师可能需要在你做演示的时候练习调节镜头远近，这样才能达到理想的取景效果。你和摄像师保持良好沟通对于成功配合至关重要。

- **要使用与讲话内容相匹配的面部表情和语调。** 如果你在谈论悲伤的内容，语气就不能过于激动。同样，如果你在谈论令人兴奋的事情，声音就不能过于单调。如果你可以通过情绪传达内容，听众也更容易感受到这些情绪，这有助于他们保持专注。

- **要能够使用多种模式调动听众的感官。** 使用各种视觉辅助工具，改变摄像机角度，改变你的语音语调，让听众参与进来。通过你的风趣幽默、个人故事或听众熟悉的例子与听众沟通。你所做的一切吸引听众的注意力的事情，都会让你的演讲变得更棒。

- **要考虑听众的理解。** 分析你的视觉辅助内容，确保你的听众可以轻松看懂并理解它们。组织好你的演示流程，以便前后衔接合理顺畅，确保你选择的用语能清楚地表达你的想法和它们的含义。使用容易被听清和理解的语速和音量。没有人希望听众听自己的演讲听得很吃力。从听众的角度思考你的演示，试着发现并消除可能的瑕疵。

在线演示的一些"不要"包括以下内容。

- **不要使用难以阅读的视觉辅助内容**。准备视觉辅助工具时，请确保你选择的字体大小方便阅读。如果你用的是幻灯片，不要在同一张幻灯片上放太多内容。相反，每个视觉辅助内容使用一张幻灯片。确保图片和表格都有相应的说明且易于理解，不要使用听众不认识的缩写。有时，对你来说一清二楚的信息，对听众来说却可能感到困惑。让你的朋友先看看你的视觉内容，指出所有看起来不够清楚的地方。

- **讲话时间不要超过规定时间**。对于同步演示，尊重听众的时间尤其重要。如果你有一个具体的时间限制，比如5分钟或1小时，确保你的演讲符合这个时间范围，包括问答环节。演示试讲有助于搞清楚内容的实际耗时，从而调整你的演示内容，直到符合时间限制。

- **不要让技术故障毁了你的演示**。如果你要做一场直播视频演示，而你的摄像头坏了或联不上网，要确保你有备用方案，比如使用电话会议或其他连接方式。要做到即便你的视觉辅助工具无法使用，仍然可以向听众传达信息。如果你的听众是在一个场地，考虑提前把幻灯片或其他数字视觉辅助内容传给他们，以防你在演讲时无法显示。

A.8 网络礼仪：数字公民的素质

任何时候你想上传内容到网上，都必须遵守网络礼仪，或表现出适当的网络行为（Ribble，2017）。网络礼仪始于对数字公民素质的讨论。**数字公民**是指利用技术与他人沟通并参与社会活动的人。良好的数字公民素质，意味着你知道如何在网上做出安全、明智、合乎道德的决定（《通识教育》）。如果你想利用科技与社会互动，你就必须对你上传或发布的内容负责任，因为即便你认为你发的帖子是私密的或临时的，但大多数发布在网上的信息也难以保证不会被传播。那么，在媒介公众演讲的环境中，数字公民素质又意味着什么呢？让我们从两个角度来看这个话题：演讲者和听众。

数字公民
利用技术与他人沟通并参与社会活动的人。

A.8.1 演讲者

如果你要进行媒介演示，那么良好的数字公民素质就要求你确保演讲内容能够面向所有受众。你要保持语言和视觉辅助内容的"干净"，不要使用带有脏话或性暗示的内容。如果你的视觉辅助工具包括视频或图片，应确保其中不含非法行为的内容，如未成年饮酒、吸毒或不良驾驶习惯。记住，演示应该有助于建立你的数字声誉，因为它可能会被你未来的雇主看到。不恰当的内容可能会损害你获得理想工作的机会。如果你的演示必须包含诸如医疗图片或刑侦图片，那么就请附上警告：部分演示内容可能会引起受众不适。

做一个良好的数字公民，意味着你不仅要避免不当内容，而且要尽量为你的听众考虑。做好充分准备，并让听众充分参与（如前所述），表明你尊重他们的时间。使用愉快的语调，而不是愤怒或单调的语调，也有助于你吸引听众，而不是疏远他们。

最后，成为一个优秀的数字公民意味着你要与受众互动，并有礼貌地回应任何提问或意见。在同步演示中，与受众的互动意味着设置问答环节，要做好准备并给出深思熟虑的答案。在异步演示中，与受众互动可能意味着你要定期检查是否有人发布了问题或评论，你要对这些帖子给出完整的回答。然而，如果有人试图挑起争论或对你无礼，不要回应，否则会使情况变得更糟。面对这类人要保持平常心。

A.8.2 听众

如果你是听众而不是演讲者，你也有义务成为一个良好的数字公民。或许有时你可能只是简单地看一场演讲，完全没有与演讲者互动，但其后你可能会通过在线提问或发表评论的方式进行互动。如果你决定和演讲者互动，你的问题应该是经过思考的，并且适用于这个话题。此外，不要取笑或贬低演讲者，也不要挑起争论，这种态度是对演讲者和其他听众的不尊重。尽管持有相反观点并进行建设性的探讨是没问题的，但试图诋毁他人或让他人看起来像个无赖，这不是一个优秀的数字公民该有的表现。

数字公民通过技术手段与他人沟通。

在演讲过程中你也要认真倾听，不要分心，尤其当你的分心会干扰到演讲者或其他听众时。将手机关机或调至静音模式，切勿在演示过程中使用手机或其他设备，除非你在用设备做笔记，或以某种方式参与演示。如果你正在参加一个电话会议，环境噪声有点大，请先把麦克风静音，轮到你发言的时候再打开。演示期间不要一心多用，相反，你要通过集中注意力和做笔记来积极倾听，并写下你想提问的潜在问题。做笔记和集中精力会让你从演讲中得到最大的收获。

》附录回顾

媒介沟通是我们日常生活中不可或缺的一部分。通过提升沟通技巧并增加自信，培养与媒介演讲相关的技能，将使你对未来的雇主更具吸引力。在线演示可以是同步的、异步的或交互的，每种形式的演示各有优缺点。一般性的优点包括灵活性大、节省时间和成本、能够面向更多听众，以及能够保存演示文件等。缺点包括感官上的限制、减少了与听众的关联，以及注意力容易分散。部分缺点可以通过使用策略吸引听众的注意力缓解，例如表现出精力充沛、保持专注，以及使用各种演示辅助。

准备在线演示的一个重要方面包括选择最好的技术工具和"舞台"设置。你的演示应该是专业的，你的技术条件应该是最高质量的。练习你的演示并为技术上可能出现的障碍做好准备，这些都是做好演示的关键。

虽然媒介公共演讲的很多细节可能看起来很让人崩溃，但只要你努力掌握媒介公共演讲的技能，你一定可以成为一个充满创造力的演讲者。记住，如果你乐在其中，充分考虑听众的需求，并且专注于演讲主题，听众就会享受你的演讲。

》参考文献

Common Sense Education. n.d. "Digital Citizenship." Accessed May 30, 2018.

Herring, Susan C. 2010. "Computer-mediated Conversation Part I: Introduction and Overview." *Language@Internet 7*, article 2. Accessed May 18, 2018.

Lee, Eun-Ju, and Soo Youn Oh. 2015. "Computer-mediated Communication." *Communication*. Accessed May 18, 2018.

Ribble, Mike. 2017. "Digital Citizenship: Using Technology Appropriately." Accessed May 30, 2018.

术语表

A

abstract word　抽象词　思想、品质或关系的象征。

accommodation　调适　通过调整自己的语言和说话风格以更好地与他人沟通的过程。

achievement culture　成功文化　一种重视自信、成就、抱负和竞争力的文化。

ad hominem　人身攻击　攻击个人而非批评论点本身的谬论。

adoption　采纳　听众通过执行演讲者建议的行为来证明他们接受了某种态度、信念或价值观。

advance organizer　伏笔　提示听众后面会讲重要信息的语句。

analogy　类比　对两个在本质特征上相似的事物进行比较。

androgyny　中性　一种社会性概念，同时具有男性和女性特征。

antonym　反义词　反义词是指在含义上与另一个词、短语或概念相反的词、短语或概念。

anxiety　焦虑　忧虑、紧张或不安的感觉。

appeal to needs　激发需求　通过激发人们的身心需求和渴望，促使人们采取行动的尝试。

artifacts　形象配置　用以传达个人信息的个人饰品或物品。

asynchronous　异步通信　参与者轮流充当发送者和接收者的沟通渠道。

attitude　态度　关于自己、他人、事件、想法或物品的评价性感觉或思考方式。

attribution　归因　人们试图理解他人行为背后的原因和动机的复杂过程。

audience analysis　听众分析　对听众的性格、态度、价值观和信仰等数据的收集和解释。

audience　听众　聚集在一起看或听某人或某事的群体，如听某场演讲的群体。

autocratic leader　专制领导者　有控制权的领导者，会在很少或根本不与他人协商的情况下做出决定。

B

behavioral affirmation　行为强化　只看到或听到自己想看到或想听到的东西。

behavioral confirmation　行为确认　我们对某个群体的预判刚好实现。

belief　信念　不需要绝对的证据而对某事的真实性。

benefit　利益　任何能带给我们好处的东西。

body　主体　在演讲中落实演讲者一般目的和具体目的的主要内容。

brainstorming　头脑风暴　在有限的时间内产生尽可能多想法的技巧。这些想法可以用来构思主题、内容信息或问题的解决方案。

breadth of penetration　渗透宽度　向他人坦露

自己的范围或领域。

brief example　简要示例　某个特定例子，用于引入一个主题、阐明一个观点或引发所需的回应。

bypassing　误读　由于语言的符号性而在发送者和接收者之间发生的误解。

C

captive participant　被动参与者　被要求听某个特定演讲的人。

causal reasoning　因果推理　把因果联系在一起的一系列思维过程。

cause–effect pattern　因果模式　演讲者首先解释事件、问题或问题的原因，然后讨论其后果的一种陈述顺序。

channel　信息渠道　使信息在信息源和接收者之间流动的媒介。

charisma　魅力　听众在演讲者身上感受到的吸引力，有助于增加演讲者的可信度。

chronemics　时间学　研究人们如何感知、组织及利用时间进行沟通的学科。

closure　完整化　补充细节以便使感知到的实体或信息变得完整。

co-culture　亚文化　存在于一个更大的、主导性的文化之中，但区别于主流文化。

code-switch or style-switch　代码转换或风格转换　来自亚文化的人会说他们自己文化的语言，但在需要和适当的时候会转换到主流文化语言。

cognitive complexity　认知复杂性　衡量我们处理和存储简单到复杂信息的能力。

cohesiveness　凝聚力　一种忠诚，群体成员之间能够相互感觉到的吸引力，以及他们团结一致的意愿。

collectivistic orientation　集体主义取向　为了集体利益而放弃个人利益的倾向。

commitment　承诺　群体成员共同完成一项令整个群体满意的任务的意愿。

communication apprehension　社交恐惧　演讲紧张最严重的形式。面对一个人或一群人真实的或预期的沟通时会感到焦虑的综合征。

communication competence　沟通力　指有效沟通的能力，即能够准确、成功地传递信息所需的表达力和理解力。

communication via social media　通过社交媒体沟通　以数字设备或平台（智能手机、短信、Facebook、Twitter、Snapchat 等）为媒介进行的沟通。

communication　沟通　通过人类的符号互动，即时分享和创造意义的过程。

communications　通信　通常表示媒介沟通和大众沟通的传递系统。

complementing　补充　使用非语言线索来完成、描述或强调语言线索。

compulsive internet use　强迫性上网　无法控制、减少或停止使用互联网。

computer-mediated communication　以计算机为媒介的沟通　通过各种新技术实现的沟通，包括电子邮件、社交媒体、聊天软件、博客、应用程序，甚至至网络游戏等一系列新技术实现的沟通。

conclusion　收尾　通过结束语把听众的思想拉回演讲的具体目的上，并以简洁统一的方式将最重要的观点汇聚在一起。

concrete word　具体词　具体词描述特定的事物，这些事物可以被指认，也可以被亲身体验。

conflict　冲突　两个（至少）相互依存者之间显明的矛盾，他们认为不相容的目标、稀缺的资源和来自他人的干扰影响了自己目标的实现。

connotation　内涵　文字的主观含义，取决于某个字词唤起了何种感觉或联想。

consideration　周到型领导维度　领导力的一个维度，侧重于建立良好的人际关系并受到群体成员的拥护。

context　语境　沟通发生所处的广泛情境或场景。

continuance　持续　听众通过继续执行演讲者所建议的行为，证明他们接受某一态度、信念或价值观的行为。

contrast definition　定义对比　显示或强调差异的释义方法。

convenience　便利　人们通过社交媒体与他人沟通的容易程度。

convergence　趋同　讲话者根据对方的沟通方式调整自己的语言或非语言行为。

coordination　协调　具有相同重要性的想法使用相同类别的数字（罗马数字或阿拉伯数字）和字母（大写或小写）直观地表示想法之间的关系。

costs　成本　我们认为不利于自身利益的消极事物或行为。

credibility　可信度　演讲者是否可信，基于听众对演讲者的能力、经验、性格和魅力的评价。

critical listening　批判性倾听　判断信息的准确性，确定其结论的合理性，并对表达者予以评价的倾听。

critical thinking　批判性思维　分析和评估信息的能力。

cultural rituals　文化仪式　人们、组织或机构共有的惯例、行为、庆祝活动等。

culture shock　文化冲击　指当出现文化冲突，或者一个人的原生文化被反驳或破坏时，所经历的心理不适。

culture　文化　对影响相对较大群体行为的信念、价值观、规范和社会实践的统称。

cyberbullying　网络欺凌　通过社交媒体进行的辱骂性攻击。

cyberstalking　网络跟踪　指个人反复使用社交媒体跟踪或骚扰他人。

D

dating　日期标注　根据时间来对人、想法、事件和对象进行分类的索引形式。

deceiving　欺骗　通过使用非语言暗示来制造错误印象或传达错误信息以故意误导他人。

decoding　解码　将符号化的信息转化为对意图理解的过程。

deductive reasoning　演绎推理　从一般信息到具体结论的一系列思维过程，由大前提、小前提和结论组成。

definition by example　举例释义　阐明一个术语，不是通过描述或给出定义，而是通过提及或展示关于它的一个例子。

democratic leader　民主领导者　分享控制权并能与他人协商做出决定的领导者。

demographic analysis　人口统计分析　对个人特征（年龄、性别、职业等）的收集和解释，不包括价值观、态度和信仰。

denotation　外延　文字的客观含义，这也是词典标准的释义方式。

depth of penetration　渗透深度　对他人坦露自己的深度或亲密度。

descriptive feedback　描述性反馈　向信息发送者描述自己对邮件的理解。

descriptors　描述　描述性语言的统称。

deterrence　警示　一种让听众通过避免某些行为证明他们接受某种态度、信念或价值观的行为。

dialectical theory　关系辩证理论　一种人际沟通理论，认为矛盾的冲动会推动或拉动我们以相反的方式对待他人。

discontinuance　终止　听众通过停止某些行为证明他们对某一态度、信仰或价值观的改变。

discrimination　歧视　这是一种助长偏见的语言或非语言沟通行为，这些行为包括根据种族、性别、残障等因素排除或拒绝他人获得产品、权利或服务。

dominant culture　主流文化　社会中当权阶层掌握的关于价值观、信仰、态度和目标等的习得系统。

doublespeak　双言巧语　故意玩弄文字来扭曲含义。

dyadic communication　二元沟通　仅在两个人之间进行的信息交互。

E

either–or reasoning　非此即彼推论　一种只有两种选择的推理谬误：非黑即白，非对即错，没有中间状态。

emotional appeal　情感诉求　通过调动他人的情绪促使人们采取行动的努力。

empathic listening　共情性倾听　倾听以理解他人的想法和感受。

empathy　共情　对他人的情感、想法或态度的心理认同或替代体验。

encoding　编码　信息源将人们的想法或感受转化为构成实际信息的词句、声音和其他物理表达的过程。

entertainment speech　娱乐性演讲　提供娱乐和消遣的演讲。

environment　环境　沟通发生时的心理环境和物理环境。

ethics　道德规范　个人的道德原则体系。

ethnocentrism　民族中心主义　一种习得性信仰，认为自己的文化优于其他文化。

ethos　道德　听众对演讲者品格的定位。

etymology　词源　追溯一个词的起源和发展的释义形式。

euphemism　委婉语　一种无冒犯性或比较温和的表达方式，代替了可能引起冒犯、尴尬或不悦的表达方式。

evaluating　评价　听者分析证据，从观点中将事实分类，确定讲话者的意图，判断讲话者陈述和结论的准确性，以及判断个人结论的准确性。

evaluation　评价　评估信息的意义。

evaluative listening　评价性倾听　通过倾听判断或分析信息。

example　示例　阐明某一观点的简单的、有代表性的事件或模型。

excessive internet use　互联网过度使用　是指一个人在上网这件事上花了太多时间，甚至上网的时候会失去时间概念。

expert opinion　权威意见　亲历者或权威人士的想法、证词、结论或判断。

extemporaneous delivery　脱稿演讲　演讲者使用经过精心准备和研究的讲稿，但演讲时只需要提纲或提词卡，演讲过程具有很大的自由发挥空间。

eye behavior　眼部行为学　包括眼睛的任何运动或行为，属于人体动作学中面部表情的下一级分支。

eye contact　眼神交流　演讲者直视听众的程度。

F

facework　面子　一个用来描述我们用言语和

非言语的方式来维持自己的形象的术语。

facial expressions 面部表情 能反映、增强、反驳，或表现出与讲话者的话语无关的面部形态。

facial management techniques 表情控制术 控制面部肌肉以隐藏不适当或不可接受的反应。

factual illustration 事实例证 存在或实际发生的事物的报告。

fallacy 谬论 不遵循逻辑规则的有缺陷的论证过程。

feedback 反馈 信息接收者根据信息对信息发送者做出的回应。

figurative analogy 比喻类比 不同类别事物的比较。

flaming or trolling 煽动或挑衅 那些蓄意敌对、攻击性或侮辱性的在线内容，通常只是为了激起愤怒。

force 声音强度 声音的强弱和音量。

full-sentence outline 整句提纲 你决定在演讲中使用观点的内容拓展。它确定了你将要涵盖的主要观点和细分观点，以完整的句子为呈现方式。

functional approach 功能性方法 一次使用一个以上的非语言线索来确定含义。

fundamental attribution error 基本归因错误 把别人的行为归因于他们是"某种人"，而不是任何可能影响他们行为的外部因素。

G

gender-inclusive language 性别包容性语言 既不歧视女性，也不歧视男性。

gender 性别 与所习得的男性和女性行为相关的社会性概念。

general purpose 一般目的 演讲的总体目标，通常是三个相互重叠的功能之一：通知、说服或娱乐。

gesture 手势 头部、手臂或手部动作，有助于说明、强调或阐明一个想法。

go viral 病毒式传播 形容通过"感染"受众和用户来影响数量庞大的受众。

grammar 语法 规范单词组成短语和句子的规则。

group culture 群体文化 群体成员有共同的价值观、信仰、规范和行为模式，并塑造出一个群体的个性。

group 群体 相互影响、有共同目标、各司其职、相互依赖、相互作用的个体集合。

grouphate phenomenon 反群体现象 不喜欢群体。

groupthink 群体思维 一种功能失调，在这种失调中，群体成员更看重群体的和谐而非新观念，不能批判性地审视各种想法，对有缺陷的决定犹豫不决，或缺乏允许新成员参与的意愿。

H

haptics 触觉 触觉沟通或接触沟通，是最基本的沟通形式之一。

hasty generalization 以偏概全 一种谬误，演讲者没有足够的数据，仅用具体事例便推导出普遍性结论。

hearing 听觉 耳朵接收声音的被动生理过程。

high-context culture 高语境文化 在高语境文化中，沟通行为真正的意图是从语境或场合推断出来的。

hyperpersonal communication 超人际沟通 数字沟通可能会存在一些夸大，因为与传统的当面交互相比，其语境为信息发送者提供了很多通信优势。

hypothetical illustration　**假设性例证**　在特定条件下可能发生的事件的研究报告。

I

idioms　**习语**　某些内涵无法通过字面理解的词语。

illustration　**例证**　一个扩展的示例、叙述、历史案例或轶事，引人注目且令人难忘。

impression management　**印象管理**　塑造自己的正面形象以影响他人对自己的认知。

impromptu delivery　**即兴演讲**　一种演讲表达方式，演讲者只需很少或根本没有准备就可以发表演讲。

indexing　**索引**　通过区别对待陈述所指的特定的人、概念、事件或对象来减少"一概而论"的技巧。

indiscrimination　**一概而论**　对个体差异的忽视，以及对相似性的过分强调。

individualistic orientation　**个人主义取向**　倾向于强调自己或个人，而不是群体的目标和成就。

inductive reasoning　**归纳推理**　从具体信息到一般结论的一系列思维过程。

information overload　**信息过载**　难以对巨量信息进行整理和利用。

information processing　**信息处理**　给大脑选择和关注的刺激信号赋予含义。

information relevance　**信息相关性**　让信息与听众相关，给他们一个聆听的理由。

information　**信息**　从调查、学习或指导中获得的知识。

informative speech　**告知性演讲**　告知性演讲通过解释某事物的含义或工作原理增长或加强听众的知识和理解。

initiating structure　**倡导型领导维度**　专注于启动工作的领导力维度。

intelligibility　**可理解性**　演讲者声音的音量和独特性、发音的准确性和清晰度，以及对音节、单词和短语的强调程度。

intentional communication　**有意识沟通**　沟通者有意地将信息发送给特定接收者。

interactivity　**互动性**　是指社交工具促进群体或个人之间达成社会互动的能力。

intercultural communication　**跨文化沟通**　拥有不同文化、不同世界观的人之间的沟通。

intercultural sensitivity　**跨文化敏感度**　对自己的行为可能冒犯他人的觉知力。

interdependence　**相互依赖**　群体成员之间对彼此的依赖。

interference　**干扰**　任何改变信息预期意图的因素。

internal preview　**阶段预告**　对将讨论的问题给出预警或预告的简短陈述。

internal summary　**阶段总结**　在一个主要观点的末尾给出的简短的回顾性陈述。

interpersonal attraction　**人际吸引力**　与人互动的欲望基于多种因素，包括身体吸引力、个性、回报、亲近度或相似性。

interpersonal communication　**人际沟通**　在人际关系中创造和分享意图。

interpersonal needs theory　**人际需求理论**　一种能洞察我们人际交往动机的理论。这个理论包含 3 种需求：情感、归属和支配。

interpret　**诠释**　解释信息的含义。

interpretation　**诠释**　赋予刺激信号以含义。

interview　**访谈**　一个精心策划和执行的问答过程，旨在交换双方所需的信息。

intrapersonal communication　**自我沟通**　理解自己内心信息的过程。

introduction　**开场**　通过开场白将听众引向主

题，并激励他们倾听。

J

jargon　行话　某些群体或特定学科使用的语言，可能因为其技术性或过于专业化而不为大众理解。

K

kinesics　身势语　也被称为"肢体语言"；通过面部或身体传达信息的任何动作。

L

laissez-faire leader　佛系领导者　一个放弃控制权的领导者是被动的，如果群体要成功，通常需要其他人来接管。

language　语言　语言是一个由信号、声音、手势或符号组成的结构化系统，用以表达和理解一个社区、国家、地理区域或文化传统中的人们之间的思想和感情。

latent ties　潜在关系　社交圈中尚未激活的潜在关系。

leader　领导者　被指派、挑选或崭露头角而担任领导角色的人。

leadership　领导力　一种对包括任何有助于阐明目标或引导实现一个或多个目标的行为的影响过程。

listen for enjoyment　娱乐性倾听　为了快乐、个人满足或欣赏而倾听。

listening for information　信息性倾听　倾听以获得理解。

listening　倾听　一种认知活动，对刺激信号接收、构建含义并做出反应的过程。

literal analogy　横向类比　同类事物的比较。

logical appeal　逻辑诉求　通过使用证据和证明促使人们采取行动的尝试。

logical definition　逻辑定义　由两个部分构成，一个是术语的字典定义，另一个是区别于同一类别中其他事物的特征。

logos　理性　演讲内容的实质性或演讲者的逻辑性。

low-context culture　低语境文化　在低语境文化中，沟通的内容由表达的信息决定，而不是由沟通的场合推测。

M

main points　主要观点　演讲的主要构成部分。

maintenance needs　维护需求　与一个群体的组织和建设有关，使成员从合作中获得个人满足。

manuscript delivery　读稿演讲　演讲者把演讲稿完整地写下来，然后逐字逐句地读出来的一种演讲方式。

mass communication　大众沟通　专业人士通过广播、电视、报纸和杂志等传统媒体渠道与大众进行沟通。

media convergence　媒体融合　各种形式的技术媒介和线下沟通的结合。

media multiplexity theory　媒体多元化理论　通过一种以上的社交媒体建立关系，关系越密切的人之间使用的社交媒体形式就越多。

media multitasking　媒体多任务处理　同时使用多种媒体。

media richness theory　媒体丰富度理论　通过某特定渠道，可沟通的语言和非语言信息数量。

mediated communication　媒介沟通　使用技术或其他媒介将演讲者和听众联系起来的任何书面或口头沟通。

memorized delivery　背稿演讲　演讲者逐字逐句完整背诵演讲稿的演讲方式。

message 信息 信息是由信息源产生的沟通内容。

metaphor 隐喻 一种修辞手法，它把两件事或两种思想关联起来，而不是简单地画等号。

mind mapping 思维导图 一种视觉组织策略，使用词或符号来识别概念及其相互之间的关系。

miscommunication 沟通偏差 社交媒体自然会一定程度上影响沟通的清晰性。

monochronic culture 共时性文化 人们坚持使用时间表、重视准时性、任务过程不间断、满足最后期限和遵循计划。

monroe's motivated sequence 门罗激励序列 一种专门为说服性演讲而开发的演讲内容组织模式，它结合了逻辑和实践心理学，包括 5 个步骤：注意（attention）、需要（need）、满足（satisfaction）、形象化（visualization）和行动（action）。

muted group theory 沉默群体理论 该理论认为：沉默群体（妇女、穷人、残障人、老年人、非裔人、拉丁美洲人等）往往没什么自由或能力说表达自己的旨意选择时间和地点。

N

narrative or storytelling 叙事或讲故事 一种"故事化"的组织策略，用于表述思想或情境，但不拘泥于传统的故事结构。

networking 关系网 能够提供就业信息或职位的人际关系联络。

nonverbal communication 非语言沟通 传达具有社会含义信息的所有行为、符号、属性或对象，无论它们是否有意。

norms 规范 群体成员认同并遵守的行为方式。

nurturing culture 教养文化 重视人际关系和生活质量的文化。

O

observation 观察 一种收集听众信息的方法，演讲者观察听众成员并记录他们的行为和特征。

oculesics 目光学 对眼部运动或眼睛行为的研究。

online communication attitude 在线沟通的态度 决定我们通过社交媒体与他人互动的方式和展现自己的方式。

online communication apprehension 在线沟通焦虑 因社交媒体沟通产生焦虑和紧张。

online self-disclosure 在线自我展示 个人通过社交媒体进行不同程度自我调节的自我表达方式。

online social connection 在线社交 认为在线沟通能促进社交。

operational definition 操作释义 解释对象或概念如何工作或列出过程中步骤。

oral footnote 口头注释 在演讲中说明特定信息的来源，例如："根据 2018 年 7 月 27 日《新闻周刊》（Newsweek）的报道"。

organization 组织 整理、构建或分类。

organizing 组织 把思想和要素整理成一个有意义的系统化整体。

other-enhancement 他人强化 为了让他人感觉良好而赞美他人。

outlining 提纲 指按照逻辑顺序排列材料内容，并以标准格式写下来，通常也被称为演讲的蓝图或框架。

overaccommodate 调适过度 基于对另一个群体的错误认识或成见而过度调整自己的语言。

P

paralanguage 副语言 说话的声音，包括沉默。

paralanguage or vocalics 副语言或发声 我们说话的方式，或所说的话。

parallelism 对应 对所有的思想、主要观点、细分观点和更加细分的观点，使用相近的语法形式和语言模式。

pathos 同情 演讲者适度地唤起听众的情感共鸣。

pause 停顿 短暂的停顿，以引起注意、强调重点、实现内容过渡或插入别的想法。

pendulum effect 钟摆效应 由于使用极端化语言来描述和捍卫各自对现实的看法而导致的个人或群体之间的冲突升级。

perception checking 感知验证 通过提问核实自己的理解是否正确。

perception 感知 选择、组织和诠释信息的过程，使我们所收到的信息具有个性化的含义。

perceptual set 感知定式 对事件、对象和人固定的、先入为主的观点。

personal-social identity continuum 个人—社会身份连续体 自我可以分为两个层面：在个人层面，强调个人的独特性；在社会身份层面，自我被认为是某个群体成员。

persuasion 说服 一个沟通过程，包括语言和非语言信息，试图加强或改变听众的态度、信念、价值观或行为。

persuasive speech 说服性演讲 演讲者试图通过倡导或让听众接受自己的观点来改变听众态度或行为的演讲。

pitch 音调 声音在音阶上的高低。

plagiarism 剽窃 使用他人的信息、语言或想法而不标明原创者，让别人误以为是原创者的行为。

planned repetition 刻意重复 刻意复述某个想法，以增加听众理解和记住它的可能性。

polarization 极端化 从极端的角度看待问题的趋势。

polychronic culture 多向性文化 一种可以同时面向多人并处理多项任务的文化。

post hoc ergo propter hoc fallacy 后此谬误 一种推理谬误，在这种谬误中，一个人仅仅因为某件事紧随另一件事而来，就把前面发生的事归为原因。

power distance 权力差距 不同文化群体对权力分配公平性的期待和接受程度。

preliminary outline 初步提纲 演讲中可能涉及的所有主要观点的列表。

presentational aids 演示辅助 演讲者用于加强演讲内容和传达效果的工具或设备，如图解、模型、实物、照片、表格、图示和图表。

presentational outline 演讲提纲 简明扼要地起提示作用的提纲，通常是完整句子、关键词和短语的组合。

primary group 主要群体 关注社会和人际关系的群体。

principled negotiation 原则性谈判 一种能够考虑各方意见、有助于各群体协商一致的程序。

privacy 隐私 个人、群体或机构关于自己何时、如何以及在多大程度上将自己的信息传达给他人的声明。

problematic internet use 互联网滥用 一种以认知行为症状为特点的综合征，我们可以从社会、学术和专业角度看到这些症状带来的消极后果。

problem–solution pattern 问题–解决模式 先讨论问题再提出解决方案的演讲模式。

process　过程　一系列不断变化的活动。

proxemics　空间关系学　研究个体在沟通时对空间和距离的使用。

proximity　邻近归类　两个或多个相互邻近的刺激信号的组合。

pseudolistening　伪听　听者对讲话者点头、微笑、注视等，但是注意力集中在别的事情上。

psychological analysis　心理分析　收集和解释关于听众的价值观、态度和信仰的数据。

public communication　公共沟通　信息由一个人发出，而由多人接收的过程。

public speaking　公开演讲　与听众进行有效口头沟通的艺术。

Q

question of fact　事实问题　关于真伪的问题。

question of policy　策略问题　关于是否应该采取什么行动的问题。

question of value　价值问题　问某事是好是坏、可取还是不可取的问题。

questionable cause　前提可疑　一种谬误，演讲者作为论据或前提的某事与论证中的结果无关，或无法推导出相应结果。

questionnaire　问卷调查　一组书面问题，分发给被调查者以收集所需信息。

R

rate　语速　演讲者讲话的速度，通常为120 ~ 175 个单词 / 分钟。

reasoning by analogy　类比推理　通过对比相似的事物或情境得出结论的一系列思维过程。

receiver　接收者　分析和解读信息的个体。

red herring　偷梁换柱　利用不相关的信息转移人们对真实问题的注意力的谬误。

regulating　调节　使用非语言提示来控制沟通的节奏。

relationship　关系　至少两个人之间的联系，可以用亲密关系或亲属关系来描述。

remembering　回忆　从存储的记忆中调取信息；重新思考某事物。

repeating　重复　使用非语言暗示来传达与语言信息相同的意思。

repertoire　沟通素材库　有效沟通者积累的巨量沟通行为参考素材，可供随时选用。

replicability　可复制性　为沟通和沟通的信息提供很容易被复制并转发的大环境。

responding　回应　回应是听者公开的语言或非语言行为，它向讲话者表明什么信息已经收到，什么信息还没收到。

reviewing the current media　浏览当下媒体内容　一种通过查看当下的出版物、电视、电影或其他形式的公共沟通来构思潜在主题列表的技巧。

rhetorical sensitivity　修辞敏感　一种谨慎的自我表露方法，在开始沟通前先考虑对方的情况和因素。

résumé　简历　简明扼要地描述个人的基本信息、教育经历、专业资格和经验的书面文件。

S

secondary group　次要群体　立足于完成任务或实现目标的群体。

selection　选择　筛选刺激信号。

selective attention　选择性注意　有选择地注意特定信息而忽略或轻视其他信息。

selective exposure　选择性接触　通过刻意选择体验或避免特定的刺激信号。

selective retention　选择性记忆　对我们已经选择、组织和诠释过的信息的处理、存储和检索。

self-concept 自我概念 是一个人对自己感知的有组织的集合，包括对自己的信念和态度。

self-disclosure 自我表露 自愿把别人不太可能知道的关于自己的信息分享给他人。

self-enhancement 自我强化 为了保持自尊，努力使自己感觉良好。

self-esteem 自尊 一个人对自己的感觉和态度。

self-fulfilling prophecy 自证预言效应 在自己或他人的期望引导下，以可预见的方式行动。

self-image 自我形象 一个人对自己的心理图景。

self-inventory 自我盘点 你了解并感兴趣的主题列表。

self-monitoring 自我监控 改变行为以适应特定情境的意愿；对自己是如何影响他人的感知；以及调节非语言暗示或其他因素以改变他人印象的能力。

self-presentation 自我呈现 一种有目的的自我表露策略，用于因特定目的而揭示我们自身的某些方面。

semantics 语义学 对含义的研究，或对词语与思想、情感和语境之间的联系进行的研究。

sex 性 男性和女性之间由基因决定的结构和生理上的差异。

sexist language 性别歧视语言 造成性别刻板印象或暗示一种性别优于另一种性别的语言。

sexting 发送性短信 是指通过短信在智能手机之间发送色情信息或照片的行为。

signpost 标示语 向听众表明演讲者下一步走向的字词、短语或简短陈述。

silence 沉默 相对长的时间不发出声音。

similarity 相似性 在大小、形状、颜色或其它特征上彼此相似的刺激信号的组合。

slang 俚语 用以保持群体内部沟通含义的语言。俚语词汇变化频繁，且专属于特定地区和（或）群体。

small-group communication 小群体沟通 在一个小群体（最好是 5 ~ 7 人）成员之间交换信息，他们有共同的目的，例如完成任务、解决问题、做决策或分享信息。

social cues 社交线索 信息的语言和非语言特征提供了有关语境、含义和参与者身份的更多信息。

social exchange theory 社会交换理论 基于这样一种假设的理论：人们会有意识地权衡与关系或互动相关的成本和回报。

social identity theory 社会认同理论 我们有一个个体身份，这是我们对自己独特个性的感知；我们还有一个社会身份，这是我们自我概念的一部分，来自我们的群体成员身份。

social information processing (sip) theory 社会信息处理理论 这种理论认为，线上人际关系的发展，取决于掌握彼此信息的程度以及根据这些信息形成的印象。

social loafing 社会性惰化 个人加入群体后工作积极性降低的倾向。

social media 社交媒体 高度便利的技术工具，进一步促进了人际沟通、互动和联络。

social network 社交网络 由友谊、家庭、共同兴趣、信仰或知识关联起来的一群人。

social penetration theory 社会渗透理论 这一理论认为，随着关系的发展，彼此会更加开诚布公。

social identity model of deindividuation effects (side) model 去个性化效应的社会身份模型（SIDE 模型） 描述了个体会在多大程度上根据社会而非个人身份参与行动。

source　信息源　信息的创建者。

spatial pattern　空间模式　根据空间关系组织演讲内容的一种展现方式。

specific purpose　具体目的　用简短的语句描述演讲中要完成的任务。

speech anxiety　演讲紧张　害怕在听众面前讲话。

statistics　统计数据　显示关系、总结性或能解释许多实例的数据资料。

stereotyping　刻板印象　对事件、对象和人进行分类，而不考虑其独特的个人特征和品质。

strong ties　强关系　例如与朋友、情侣和家庭成员的关系。

subordination　等级　清晰地确定思想的层次：最重要的是主要观点，它们由细分观点支持（即细分观点从属于主要观点），用特定的格式规则表示。

substituting　替代　当使用语言无法表达、不受欢迎或不适当时，使用非语言提示代替语言信息。

survey interview　访谈式调查　为了获取有助于演讲效果的具体信息而精心安排的个人谈话和问答。

synchronous　同步通信　参与者可以同时充当信息发送者和接收者的通信渠道。

synonym　同义词　一个词、短语或概念，其含义与另一个词、短语或概念完全相同或几乎相同。

system　系统　由若干相互作用、相互依存的部分组成的整体。

systematic desensitization　系统脱敏　一种放松技术，以减少与焦虑有关的紧张。

T

task needs　任务需求　与两个因素相关，一是

任务的内容；二是促成任务的行为。

temporal structure　时间结构　指发送和接收消息所需的时间。

territoriality　领地意识　明确某个区域为个人专属的需求。

testimony　证词　亲历者或权威人士的意见或结论。

thesis　论点　通过一个句子，具体阐述演讲中将要讨论的内容。

time-sequence (or chronological) pattern　时间序列（或时间轴）模式　从某一特定时间点开始，向前或向后展开的展现方式。

topical pattern　主题模式　把主题拆分成一系列相关细分主题的展现方式。

transactional　交互　沟通双方同步发送和接收信息，也就是说，编码和解码同时发生。

transcorporeal communication　超越躯体的沟通　生者通过网站或社交网络向逝者发送数字信息的过程。

transition　过渡语　连接思想的短语或单词。

trustworthiness　可信度　演讲者是否可信，基于听众对演讲者的能力、经验、性格和魅力的评价。

U

uncertainty avoidance　不确定性规避　通过文化性的行为调整减少不确定性的过程。

uncertainty management theory　不确定性管理理论　一种考虑到人们在心理上和沟通上对不确定性的不同反应方式的理论。

uncertainty reduction theory　不确定性减少理论　这一理论认为，当我们遇到其他人时，出于了解对方的需求，我们会倾向于用可观察到的外在形象推测对方。

understanding　理解　对自己头脑中的信息进

行解读的过程。

unintentional communication 无意识沟通 沟通者无意中发送信息，或发送的信息不是针对该接收者的。

V

verbal immediacy 语言的直接性 识别并表达讲话者的感受，使信息与倾听者更加相关。

vividness 生动 积极、直接、鲜活的语言，使信息具有兴奋感、紧迫感和有力感。

vocal pauses 声音停顿 一个迟疑，通常持续时间很短。

vocal quality 音质 演讲者的声音给听众留下的总体印象。

vocal variety 抑扬顿挫 语速、声音强度和音调的变化。

voluntary participant 自愿参与者 选择听某一特定演讲的人。

W

weak ties 弱关系 联系较少、关系疏远没有亲密的特征。

word 文字 代表其命名的对象或概念的符号。

work team 工作团队 一种特殊的群体形式，其特点是，具有不同和互补能力的人之间关系密切，且具有强烈的认同感。